Gérard Mermet

AVEC LE CONCOURS DE BERNARD CATHELAT ET DU C.C.A.

FRANCOSCOPIE

LES FRANÇAIS :
QUI SONT-ILS ? OÙ VONT-ILS ?

Conception et création Alain Boudier
Illustrations sur ordinateur Pierre Dusser
Dessins Nicolas Guilbert

LIBRAIRIE LAROUSSE

17, RUE DU MONTPARNASSE · 75006 PARIS

INTRODUCTION

I L'INDIVIDU

2 LA FAMILLE

3 LA SOCIÉTÉ

© **Librairie Larousse, 1985.**

Toute reproduction, par quelque procédé que ce soit, de la nomenclature contenue dans le présent ouvrage et qui est la propriété de l'Éditeur, est strictement interdite.

Librairie Larousse (Canada) limitée, propriétaire pour le Canada des droits d'auteur et des marques de commerce Larousse. — Distributeur exclusif au Canada : les Éditions Françaises Inc., licencié quant aux droits d'auteur et usager inscrit des marques pour le Canada.

ISBN 2.03.50 3001.3

- *Si vous êtes un lecteur pressé, faites une « lecture en couleur ».* Afin de faciliter la lecture et la mémorisation, les informations importantes ou synthétiques ont été sorties du texte et imprimées en couleur.

- *Si vous voulez tout savoir sur le(s) sujet(s) qui vous intéresse(nt),* utilisez l'index, les nombreux renvois prévus dans le texte... ou lisez le livre entièrement.

A Francine, Kiki, Roger, Micheline,
René, Céline, Maurice, Alexandra,
Léonard. Et Bernard.

Les Français en transit

La fin du millénaire commence. Il ne s'agit pas de brandir l'épouvantail usé de la peur collective qui s'empare des hommes à l'approche des grandes échéances calendaires. Mais il se trouve que cette fin de millénaire coïncide avec une période de **mutation** unique dans l'histoire de l'humanité.

Les Français vivent, depuis une quinzaine d'années, des transformations qui touchent aux fondements mêmes de la société : valeurs, morale, technologie, économie, culture, professions, démographie, institutions... Les années qui nous mènent à la fin de ce millénaire seront celles de la **transition** entre deux civilisations. Un 'entre deux France' plein de promesses mais aussi de menaces.

Comment s'étonner, dans ces conditions, du formidable besoin d'**explication** qui se manifeste aujourd'hui face à une révolution dont chacun est à la fois l'acteur et le témoin ? Pris dans le tourbillon des informations quotidiennes, partielles ou contradictoires, beaucoup ressentent de la frustration, voire de l'angoisse. Les médias, qui décrivent avec précision ces soubresauts de l'histoire, éprouvent une difficulté croissante à les expliquer.

L'objectif de ce livre est donc de rendre les choses plus claires. En répondant à deux questions essentielles. **Comment vivent les Français aujourd'hui ? Quels sont les grands courants qui annoncent la société de demain ?** Il propose la synthèse de ce qu'il est indispensable, important ou utile de savoir sur les différents aspects de la vie quotidienne de nos concitoyens. Ce travail n'avait jamais été fait.

Outre les approches classiques (statistiques, compilation des travaux des experts), nous avons fait appel aux méthodes d'investigation sociologique les plus actuelles, réunies pour la première fois dans un livre.

Les Styles de Vie. En même temps qu'elle change, la société invente de nouveaux instruments pour mesurer son évolution.

L'étude des Styles de Vie mise au point par le C.C.A. (Centre de communication avancé, fondé par Bernard Cathelat) est le mariage heureux de la sociologie et de l'informatique. Son intérêt, déterminant à nos yeux, est qu'elle ne part d'**aucun a priori**. Elle analyse les façons de vivre des Français et les regroupe en grandes familles (Mentalités et Socio-styles) ayant des comportements semblables dans la vie. À une époque où la notion de classe sociale s'estompe, les approches socio-économiques classiques, qui résument chaque individu par son âge, son sexe, sa profession, son lieu d'habitation, sont insuffisantes pour expliquer les transformations de la société. La connaissance des Styles de Vie des Français est donc de plus en plus précieuse. Elle permet de mettre en évidence les courants de fond qui traversent la société et facilite leur compréhension. C'est pourquoi nous l'utilisons régulièrement tout au long de ce livre, et de façon systématique à la fin de chaque chapitre, en forme de synthèse. (La présentation générale des Styles de Vie est donnée en annexe, p. 414.)

L'opinion publique. Les médias réalisent chaque année plusieurs centaines de sondages, dont chacun dévoile un aspect particulier de ce que pensent les Français d'aujourd'hui. Ils n'avaient encore jamais été utilisés ensemble. Avec l'aide d'Eric Stemmelen de l'A.E.S.O.P. (Association pour l'étude des structures de l'opinion publique) et du C.E.S.E.M. (Centre d'études socio-économiques et de management, fondé par Jacques Antoine), nous avons comparé les sondages existant sur chaque thème et analysé leur évolution dans le temps. Les résultats sont d'autant plus révélateurs que les attitudes d'aujourd'hui préfigurent souvent les comportements de demain.

Le contenu des médias. Les médias sont les miroirs de notre société. Ils nous renvoient l'image, parfois grossie, de ce que nous sommes à un moment donné. La masse des informations disponibles est considérable. Le C.D.E. (Centre de documentation EUROCOM, dirigé par Claude Barrière) nous a aidé à en faire l'inventaire. L'analyse de son contenu fournit un panorama précis et significatif des préoccupations actuelles des Français. L'utilisation des médias n'aurait pas été complète sans celle de la **publicité.** Rien de ce qui est 'récupéré' par la publicité n'est gratuit. Il était donc intéressant de montrer comment les grands mouvements de l'époque sont renvoyés en images aux consommateurs. Des images qui vont bien au-delà de la simple illustration…

Ce livre se veut donc celui d'un généraliste, décrivant la société à l'aide de ses instruments les plus récents et les plus fiables. Il fait le point sur l'état des Français au crépuscule du siècle. Il décrit leurs satisfactions et leurs angoisses, leurs désirs et leurs craintes. Il montre que, malgré les difficultés, la formidable machine à s'adapter est en marche.

Sous les coups de boutoir de la crise à plusieurs visages se profilent déjà les idées, les courants et les hommes qui feront la société de demain. Le compte à rebours est commencé…

Gérard Mermet

• Ce livre n'a pas pour objet de prendre parti, mais de présenter et d'analyser des faits. Il s'efforce donc de montrer, démontrer, ouvrir des pistes de réflexion, plutôt que juger, condamner ou militer.

• Toutes les informations mentionnées sont celles qui étaient disponibles au 31 janvier 1985. Les statistiques présentées sont les plus récentes existant à cette date. Un certain nombre d'entre elles sont inédites.

• La description détaillée des Styles de Vie (nécessaire pour lire les cartes qui figurent dans le livre) est donnée p. 414 à p. 425.

QUELQUES CHIFFRES POUR BROSSER LE DÉCOR

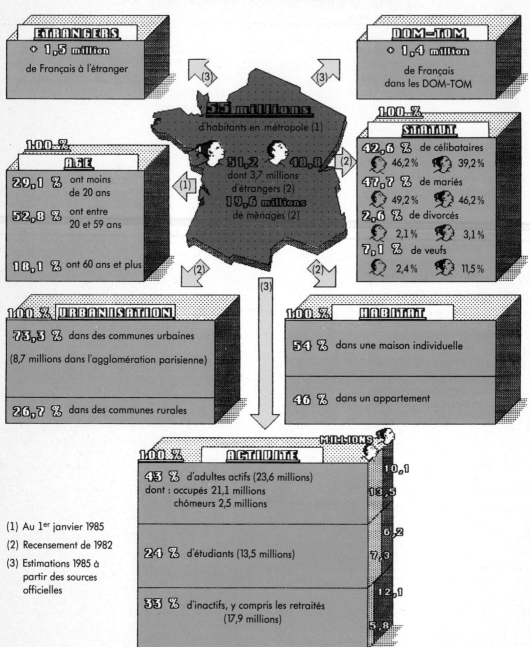

ÉTRANGERS

+ 1,5 million

de Français à l'étranger

DOM-TOM

+ 1,4 million

de Français
dans les DOM-TOM

(3)

(3)

55 millions
d'habitants en métropole (1)

51,2   48,8
dont 3,7 millions
d'étrangers (2)
19,6 millions
de ménages (2)

(1)

(2)

1.00.%
AGE

29,1 % ont moins
de 20 ans

52,8 % ont entre
20 et 59 ans

18,1 % ont 60 ans et plus

1.00.%
STATUT

42,6 % de célibataires
46,2%   39,2%

47,7 % de mariés
49,2%   46,2%

2,6 % de divorcés
2,1%   3,1%

7,1 % de veufs
2,4%   11,5%

(2)

(2)

(3)

1.00.% URBANISATION

73,3 % dans des communes urbaines

(8,7 millions dans l'agglomération parisienne)

26,7 % dans des communes rurales

1.00.%   HABITAT

54 % dans une maison individuelle

46 % dans un appartement

MILLIONS

1.00.%   ACTIVITE

43 % d'adultes actifs (23,6 millions)
dont : occupés 21,1 millions
chômeurs 2,5 millions

24 % d'étudiants (13,5 millions)

33 % d'inactifs, y compris les retraités
(17,9 millions)

10,1

13,5

6,2

7,3

12,1

5,8

(1) Au 1er janvier 1985

(2) Recensement de 1982

(3) Estimations 1985 à
partir des sources
officielles

Les 36 commandements
de la nouvelle société

Qui sont les Français d'aujourd'hui ? Comment vivent-ils ? Que pensent-ils ? C'est à ces questions que s'efforce de répondre ce livre. Avant d'entrer dans le détail de leur vie quotidienne, nous vous proposons un résumé, une vue d'ensemble de l'état des Français. Dans cette période de transition entre deux types de civilisation, nous avons tenté de repérer les grandes tendances qui nous paraissent annoncer l'avenir. La nouvelle société se dessine déjà. Voici les 36 commandements sur lesquels elle devrait s'appuyer. Vous en trouverez la description complète, chiffrée, documentée dans les différents chapitres du livre. _____

1. Le corps redécouvert

Après avoir été considéré pendant longtemps comme un outil, le corps devient aujourd'hui une vitrine, destinée à donner aux autres et à soi-même une bonne image de soi. La santé, la forme, l'apparence prennent donc une importance croissante, justifiant les efforts de prévention, d'hygiène, d'exercice et les dépenses de soins médicaux. Beaucoup plus qu'une mode, le retour du 'physique' est un nouvel art de vivre qui concerne aussi bien les hommes que les femmes. Être bien dans sa peau, pour être mieux dans sa tête. _____

2. À chacun son look

Les modèles collectifs, quels qu'ils soient, ont fait faillite. L'heure est donc à la personnalisation. Des vêtements à la coiffure, en passant par les accessoires, le vocabulaire ou les comportements, tout est bon pour se créer une apparence. La crise actuelle de l'identité s'accompagne d'une volonté d'affirmer son unicité. _____

3. L'homo communicus

Les Français entrent dans l'ère de la communication. De plus en plus, les médias concurrencent l'école pour leur apprendre les 'choses de la vie'. La formation par l'information joue un rôle capital, aussi bien dans le cadre professionnel que dans les attitudes vis-à-vis des grandes questions d'actualité. _____

4. L'ère du temps

Depuis le début du siècle, l'espérance de vie moyenne à la naissance s'est allongée de vingt-six ans. Parallèlement, la durée du travail a baissé de façon spectaculaire (moins d'heures par semaine, moins de semaines par an). Disposant de plus de temps, les Français cherchent aujourd'hui à mieux l'utiliser. L'emploi du temps traditionnel de la vie (un temps pour apprendre, un pour travailler, un pour se reposer) ne correspond plus ni à leurs souhaits ni aux contraintes économiques. À mi-chemin de cette révolution du temps se profile déjà une nouvelle civilisation. _____

5. Les valeurs traditionnelles en berne

Travail, Famille, Patrie ; Liberté, Égalité, Fraternité. Les grands slogans ne font plus recette. Certaines valeurs du passé sont rejetées avec plus ou moins de force (travail, égalité) ; d'autres réapparaissent sous d'autres formes (famille, patrie). Le discours du citoyen est de plus en plus éloigné de celui du consommateur. Quant à la religion, elle se meurt, mais Dieu est toujours vivant. Face aux promesses d'un hypothétique paradis, les Français préfèrent profiter du temps qui passe ; vivre 'ici et maintenant' plutôt 'qu'ailleurs et plus tard'. Leurs aspirations s'inscrivent dans le court terme et leurs comportements tendent à ignorer la morale religieuse traditionnelle. _____

6. Une valeur d'avenir : l'égologie

Dans un monde dur et dangereux, l'individualisme devient peu à peu la seule valeur sûre. Celle qui, finalement, commande toutes les autres. La volonté de vivre pour soi, en dehors de toute contrainte, en écoutant ses propres pulsions, est le dénominateur commun de la société actuelle. Elle traduit à la fois la rupture avec le passé récent et l'angoisse du lendemain. _____

7. Le second souffle du féminisme

L'image et le rôle de la femme ont plus changé en vingt ans qu'au cours des vingt siècles passés. Après avoir investi beaucoup de places fortes masculines, le féminisme semble aujourd'hui reprendre son souffle. En conquérant le droit à l'égalité, les femmes ne voudraient pas perdre leur droit à la différence. Le balancier se remet donc en marche, à la recherche de nouveaux compromis acceptables par les deux sexes. _____

8. Bonheur : aujourd'hui plus qu'hier, mais bien plus que demain

À titre individuel, les Français se disent plutôt heureux. La plupart d'entre eux ont réussi jusqu'ici à 'passer entre les gouttes' de la crise, de sorte qu'ils ont le sentiment d'être des îlots de bonheur dans un océan de difficultés. Mais ce bonheur est d'autant plus éclatant qu'il est fragile. S'ils jugent leur situation présente plutôt meilleure que celle de leurs concitoyens, c'est l'inquiétude qui domine lorsqu'ils pensent à leur propre avenir. _____

9. Couple : être heureux ensemble... et séparément

La diminution du nombre des mariages (au profit de la cohabitation), l'augmentation du nombre des divorces, la réduction du nombre des naissances pourraient laisser prévoir la mort du couple. Pourtant, si l'on est plus instable aujourd'hui qu'hier, c'est parce que l'on demande plus à la vie à deux. Devant la perspective de cinquante ans de vie commune, beaucoup de jeunes sont pris de vertige et hésitent à s'engager à long terme. Si les nouveaux couples veulent toujours être heureux ensemble, ils veulent aussi l'être séparément. _____

10. Un nouveau partage des rôles

Les couples d'aujourd'hui ne se reconnaissent pas dans l'image traditionnelle de la femme au foyer et du mari chef de famille. Les rôles de chacun se rapprochent et une nouvelle distribution des rôles est en train de s'opérer. Les prérogatives de chaque sexe tendent à s'estomper, dans le sens d'une répartition plus égalitaire. Que ce soit pour faire la vaisselle... ou l'amour. _____

11. Le sexe ne fait pas le bonheur

Comme celui du féminisme, le balancier de la sexualité cherche son point d'équilibre. La libération sexuelle des années 70, en particulier celle des femmes, a eu un impact considérable sur la vie intime des couples (à l'intérieur comme à l'extérieur). Depuis, beaucoup de Français ont découvert que la sexualité ne fait pas forcément le bonheur quand elle n'est pas le prolongement de l'amour. Ils souhaitent aujourd'hui réconcilier le corps et le cœur, et trouver le juste milieu entre la chair faible et la chair triste. __

12. La fin des familles nombreuses

Il manque 160 000 enfants par an à la France pour assurer le remplacement des générations. Les explications proposées à la 'dénatalité galopante' de ces dernières années ne manquent pas : généralisation des moyens de contraception, légalisation et remboursement de l'avortement, coût croissant de l'éducation des enfants, travail des femmes, etc. Mais les raisons principales sont d'ordre psychologique ; dans un climat d'individualisme croissant, donner la vie et profiter de la vie peuvent apparaître contradictoires. D'autant que la crise et les incertitudes qu'elle fait peser sur l'avenir fournissent de solides alibis. _____

13. Jeunes : adolescents plus tôt ; adultes plus tard

La permissivité croissante de la société et les stimulations multiples des médias font que les jeunes d'aujourd'hui sont souvent plus précoces que leurs parents, dans leurs attitudes aussi bien que dans leurs comportements. Mais, s'ils arrivent plus vite à l'adolescence, beaucoup semblent moins pressés d'assumer l'âge adulte et les contraintes qu'il implique. Face à l'incertitude et aux menaces, la famille leur apparaît comme une source de chaleur et de sécurité qu'ils hésitent à quitter.

14. Famille, je vous aime

Malgré les difficultés du moment, malgré le chemin parcouru en une génération, parents et enfants s'entendent plutôt bien. Pris entre la volonté de 'vivre leur vie' et le souci d'aider leurs enfants à faire la leur, les parents font de plus en plus d'efforts. Comme s'ils voulaient se faire pardonner de les avoir mis au monde et de ne pas leur consacrer tout le temps qu'ils souhaiteraient. La famille change de forme, mais elle a encore de beaux jours devant elle.

15. L'école en question

Au palmarès des responsables de la crise, l'école est souvent citée. On lui reproche de ne pas former les jeunes à un travail, d'ignorer ce qui se passe autour d'elle, bref de ne pas savoir s'adapter aux nouvelles réalités. À travers elle, c'est la pesanteur de l'État et son impuissance à épargner aux Français les conséquences de la crise qui sont dénoncées. Paradoxalement, la contestation concerne l'ensemble des parties prenantes, à l'exception des élèves pour qui les diplômes sont un passeport de plus en plus nécessaire, quel qu'en soit, finalement, le contenu.

16. La maison au centre de la vie

Face à un présent difficile et à un avenir incertain, les Français se replient sur eux-mêmes et sur leur foyer. Outre le confort qui rend la vie plus agréable, ils disposent de plus en plus des équipements de loisir et de communication qui leur permettent de se distraire, de se former ou de s'informer, hors de la société et de ses inconvénients. En attendant, peut-être, de travailler à domicile.

17. Consommation : entre l'être et le paraître

La société de consommation n'est pas morte. Le 'je consomme, donc je suis' des années 60 a pourtant évolué. On achète aujourd'hui plus pour s'épanouir que pour se montrer, plus en fonction des satisfactions personnelles qu'en fonction du statut social. Dans la lutte qui l'oppose au citoyen, le consommateur a nettement pris l'avantage. Le droit à la consommation est aujourd'hui prioritaire. Tout ce qui vient menacer la multiplicité des choix, la sécurité des produits ou le pouvoir d'achat est ressenti comme une grave atteinte à la liberté individuelle.

18. La vieille France

Un adulte sur trois a plus de 60 ans ; 11 millions de personnes sont à la retraite. Le troisième âge n'est déjà plus celui de la vieillesse et de la misère, même s'il reste souvent celui de la solitude. Les 'nouveaux vieux' refusent de se marginaliser ; ils veulent continuer à jouer un rôle dans la société. Celle-ci ne pourra d'ailleurs pas longtemps se passer de leur contribution, pour des raisons à la fois humanitaires et économiques.

19. La société d'excommunication

Depuis quelques années, les Français éprouvent des difficultés à vivre ensemble. C'est que, pour la première fois de leur histoire, la plupart ont quelque chose à perdre : l'acquis de trente années de prospérité et de croissance ininterrompue du niveau de vie. Alors ils cherchent à désigner des responsables : la politique, les immigrés, les pays étrangers, etc. Les bonnes manières et les grands principes s'effacent au profit du 'chacun pour soi'. L'état de grogne succède à l'état de grâce.

20. L'insécurité sociale

Amplifiée par les médias, récupérée par les politiques, l'insécurité est l'une des caractéristiques de l'époque. Elle traduit à la fois la dégradation des relations entre les individus et l'incapacité croissante de la société à intégrer la totalité de ses membres. La marginalisation et l'exclusion guettent tous ceux qui, par malchance ou par choix, ne disposent pas d'un emploi et d'un revenu. À l'autre bout de la chaîne se développent les réactions d'agressivité et d'autodéfense. Au total, le sentiment d'insécurité croît encore plus vite que l'insécurité.

21. La technologie contestée

Les Français reconnaissent l'importance du progrès technique dans leur vie quotidienne. Mais leur gratitude vis-à-vis du passé fait place à une angoisse croissante face à l'avenir. Après les applications militaires des nouvelles technologies (armes, bombes, etc.), ce sont les utilisations pacifiques qui les inquiètent. La pollution est déjà le prix à payer pour les progrès passés ; ceux de la biologie et de l'informatique leur apparaissent comme des menaces sur l'avenir de l'homme et sur sa liberté. _____

22. De l'État-providence à l'État-d'exception

Après avoir constaté l'échec de l'État-providence, les Français souhaitent pour l'État un rôle à la fois plus efficace et plus effacé. S'ils restent attachés aux institutions, ils condamnent la bureaucratie qui les étouffe. Les pouvoirs publics doivent intervenir à l'échelon national et assurer la justice, tout en laissant aux citoyens le soin de gérer les affaires au niveau local et régional. Chacun pour soi et l'État pour tous ! _____

23. Ni gauche ni droite, les Français ambidextres

Entre les 'droitiers contrariés' et les 'déçus de la gauche', la politique ne fait plus recette, sauf pour l'extrême droite qui a su cristalliser les mécontentements. Plus encore que les partis, ce sont les hommes qui sont rejetés. Les idéologies ne mobilisent plus guère, en dehors d'un néolibéralisme aux contours assez flous pour que chacun puisse aujourd'hui s'en réclamer. Les Français réclament de nouveaux hommes, capables de réalisme, de charisme et de 'parler vrai'. _____

24. De l'économie officielle à l'économie parallèle

Pour résister à l'inflation, qui rend les produits chers et restreint le pouvoir d'achat, les Français ont développé une économie parallèle à double face, qui échappe en bonne partie à la comptabilité nationale. La première face, légale, est l'économie domestique ; faire les choses soi-même coûte généralement moins cher que de les acheter tou-

tes faites. La seconde, illégale, est le travail noir qui, bien qu'il coûte à la collectivité, constitue une véritable soupape de sécurité à la crise. _____

25. Un monde fou, fou, fou

Pour les Français, le monde extérieur apparaît de plus en plus comme une menace. Les quatre grands défis mondiaux (la faim, les droits de l'homme, les risques de guerre et ceux de crise financière) font courir de graves dangers à l'humanité tout entière. Ces risques leur paraissent d'autant plus grands que les phénomènes internationaux ne semblent plus obéir aux mécanismes classiques. Plus près d'eux, l'Europe continue de ne pas exister, ni dans les esprits ni dans les cœurs. _____

26. Le droit au travail bafoué

Avoir un emploi est aujourd'hui une chance. Ne pas risquer de le perdre est un privilège. Avec la vie professionnelle, c'est toute la vie des Français qui est en train d'évoluer. Une situation nouvelle qui bouleverse les classes sociales et leur hiérarchie renforce l'individualisme, le corporatisme et la xénophobie, et assombrit les couleurs de l'avenir. Le chômage est le cancer de la société. _____

27. Le grand chambardement des métiers

En quarante ans, l'économie française est passée de l'agriculture aux services, des 'cols bleus' aux 'cols blancs'. Les salariés, les fonctionnaires, les cadres ont remplacé les paysans, les artisans et les commerçants. Loin d'être achevé, le mouvement s'accélère aujourd'hui. De nouveaux secteurs, de nouveaux métiers, de nouvelles fonctions voient le jour. La vie professionnelle est de plus en plus caractérisée par la mobilité. Choisie ou imposée. _____

28. L'entreprise réhabilitée

Le tournant se situe à la fin de 1982. Après avoir cru aux vertus du dirigisme étatique et salué, en majorité, les nationalisations, les Français ont pris conscience du rôle prépondérant et difficile des entreprises dans la survie économique. Le phénomène s'est accompagné de la dégradation de l'image du syndicalisme, jugé rétrograde et trop politisé, et de la montée de l'état d'esprit libéral, ultime recours à la crise. Un consensus national indépendant de toute prise de position politique est en cours. _____

29. La révolution interrompue

Mai 68 avait montré l'émergence d'aspirations nouvelles vis-à-vis du travail. Quinze ans après, la crise a plaqué sur le rêve sa dure réalité. La révolution n'a pourtant pas avorté ; elle est seulement mise entre parenthèses. L'évolution technologique et les nécessités économiques vont, sur le long terme, dans le même sens que les aspirations des Français : un travail plus enrichissant, plus libre, moins pénible et moins long. En attendant, la tentation du débrayage est forte chez la plupart des salariés. Et il y aura un mauvais moment à passer pour les travailleurs. _____

30. L'argent n'a plus d'odeur

Depuis toujours, les Français entretenaient des rapports ambigus avec l'argent. Le grand courant actuel du réalisme et du libéralisme est en train de modifier ces rapports. Comme l'entreprise, à laquelle il est souvent associé, l'argent est en voie de réhabilitation. Même la gauche admet aujourd'hui qu'il n'est pas obligatoirement malsain de s'enrichir, à condition que la collectivité y trouve son compte. Est-ce la fin du 'péché capital' ? ____

31. Le nivellement par le milieu

L'éventail des salaires tend à se resserrer depuis 1968. Les revenus disponibles des ménages (après cotisations, prestations sociales et impôts) sont encore plus proches. Cela favorise l'extension des catégories moyennes et diminue le sentiment d'appartenance à une classe sociale. Les hiérarchies traditionnelles entre salariés et non-salariés, entre cadres et non-cadres, entre patrons et employés sont en train de s'estomper. Les vrais privilèges ne sont plus attachés aux titres et aux revenus, mais à la tranquillité et à la sécurité de l'emploi. _____

32. La société centrifuge

Les systèmes de protection sociale ont freiné les effets de la crise, mais ils ne les ont pas empêchés. La société actuelle engendre une nouvelle forme de pauvreté, conséquence des grandes mutations qui s'opèrent. Un travailleur sur dix n'a plus d'emploi ; un Français sur dix ne dispose pas d'un revenu suffisant pour vivre décemment. La société d'hier était 'centripète' ; elle s'efforçait d'intégrer la totalité de ses membres. Celle d'aujourd'hui est 'centrifuge' ; elle tend à exclure ceux qui ne parviennent pas à se maintenir dans le courant. _____

33. Le temps des cigales

Les Français sont aujourd'hui plus enclins à dépenser leur argent qu'à l'épargner. Il faut dire que, pour maintenir leur niveau de vie, beaucoup n'ont pas eu le choix. Mais la possibilité de consommer est devenue, plus qu'un simple plaisir, le symbole de leur liberté. En même temps que les modes de vie, les priorités de dépenses ont changé. La part consacrée à l'alimentation et à l'habillement diminue au profit de celles concernant le logement, la santé et les loisirs. L'évolution des prix relatifs (accroissement comparé des prix de vente des produits et des revenus) n'y est pas étrangère. _____

34. Les loisirs ne se cachent plus

Dans une société qui n'est plus en mesure de reconnaître le droit au travail, c'est le droit au loisir qui s'impose. Ni récompense ni parenthèse, la conception actuelle du loisir répond à la volonté de liberté et d'individualisme. La diminution du temps de travail a permis l'augmentation du temps libre. L'évolution sociale a permis sa valorisation. La crise, qui aurait pu retarder le processus, l'a au contraire accéléré. Mais, en matière de loisirs, la France est coupée en deux. Ce n'est plus le sexe, mais l'âge qui sépare ces deux moitiés. La frontière se situe à 40 ans et rappelle tout le chemin parcouru depuis mai 68.

35. McLuhan contre Gutenberg : le match du siècle

L'audiovisuel avait fait une entrée fracassante avec la radio et la télévision de la 'première génération'. Avec les radios libres, le magnétoscope et l'ordinateur arrive la seconde génération, celle de la communication 'interactive', permettant la participation de chacun. Dans l'orchestre des médias, la presse (surtout les magazines) et le livre ont réussi à trouver leur place, en offrant à leurs lecteurs un choix de plus en plus large, correspondant à des attentes de plus en plus spécifiques. Entre McLuhan et Gutenberg, la 'cohabitation' paraît à la fois nécessaire et possible. _____

36. La tête et les jambes
Entre la culture de l'esprit et celle du corps, la tendance est aujourd'hui au mélange des genres. Les sports des années 80 (jogging, aérobic, tennis, voile, U.L.M....) traduisent à la fois le souci d'être en forme et celui de progresser à titre individuel. La place croissante que prennent les activités manuelles et artistiques (bricolage, jardinage, cuisine, musique, etc.) montre le besoin, partagé par le plus grand nombre, de retrouver une vie créative refoulée par la présence de la machine. Même pendant leurs vacances, les Français recherchent des activités 'intelligentes', susceptibles de leur apporter un enrichissement personnel et culturel. _____

1
L'INDIVIDU

Le baromètre de l'individu (*)

Les tableaux présentés sont tirés des études annuelles de l'Association pour l'Étude des Structures de l'Opinion Publique (AESOP) sur la population adulte (18 ans et plus). Les enquêtes n'ont pas été effectuées en 1979 et 1980. Par contre, deux enquêtes ont été conduites en 1981, avant et après l'élection présidentielle. Les chiffres mentionnés correspondent au cumul des réponses 'bien d'accord' et 'entièrement d'accord' aux affirmations proposées.

Il faut chercher à travailler le moins possible.

77	78	79-80	81	81	82	83	84
13,6	17,6	?	21,0	22,3	20,5	19,8	15,3

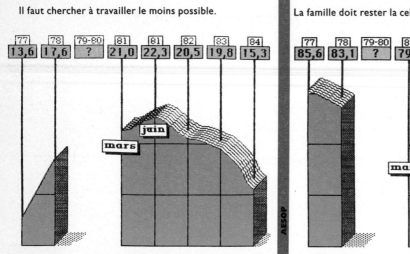

La famille doit rester la cellule de base de la société.

77	78	79-80	81	81	82	83	84
85,6	83,1	?	79,4	77,7	77,8	75,2	78,3

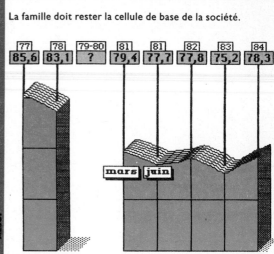

AESOP

(*) Chaque chapitre est introduit par un Baromètre qui indique l'évolution de l'opinion publique (population de 18 ans et plus) sur les principaux thèmes abordés dans le chapitre. Une vision globale de cette évolution est donnée en synthèse à la fin du livre.

On doit se sacrifier pour la patrie.

77	78	79-80	81	81	82	83	84
29,7	25,6	?	26,1	31,6	26,7	25,5	21,8

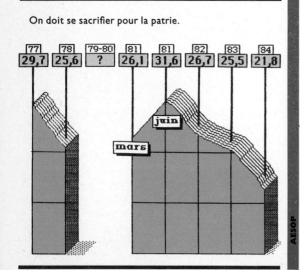

Dieu existe.

77	78	79-80	81	81	82	83	84
46,2	42,7	?	42,4	47,2	40,8	41,5	46,1

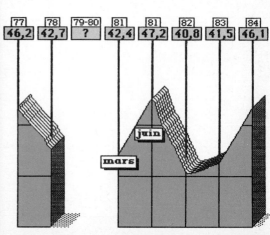

AESOP

Être bien dans sa peau pour être mieux dans sa tête

LE RETOUR DU CORPS

Après une assez longue période d'oubli, le corps est la grande affaire des années 80. Si les Français ne veulent pas chasser le naturel, ils font tout pour l'améliorer. Beaucoup plus qu'une mode, le retour du 'physique' est un nouvel art de vivre : être bien dans sa peau, pour être mieux dans sa tête.

Du 'corps-outil' au 'corps-vitrine'

Les années 50 et 60 sont celles de l'accession au confort. La voiture, la télé, les machines industrielles et domestiques sont autant d'incitations à la paresse physique. De sorte que les Français oublient un peu l'existence de leur enveloppe charnelle. La fatigue dont ils souffrent concerne d'ailleurs plus leur esprit que leur corps. Le 'stress' est à la mode.

Pendant les années 70, le 'stress' de la croissance se transforme en 'spleen' de la non-croissance.

La fatigue nerveuse des années fastes fait bientôt place à une fatigue plus existentielle. Après avoir consulté leur médecin pour le 'stress', les Français retournent le voir pour le 'spleen'. Avec lui remontent à la surface des formes d'angoisse oubliées : peur de vieillir, peur de mourir, peur de perdre ce qui est acquis. Bref, les Français sont mal dans leur peau.

La solution s'impose alors avec évidence. Pour être mieux dans sa peau, il suffit de s'en occuper davantage ! C'est de cette constatation que part le grand mouvement de reconquête du corps qui marque la première moitié des années 80.

Le corps, aujourd'hui, ne sert pas à agir, mais à communiquer.

Le **corps-outil**, celui qui permet de bouger et de 'faire' des choses, ne joue plus que les seconds rôles. C'est le **corps-vitrine** qui est en haut de l'affiche. Sa mission est de donner aux autres une image valorisante de celui qui l'habite. Mais il doit aussi rassurer l'individu à qui il appartient. La vitrine doit donc être vue de l'intérieur comme de l'extérieur. Le corps est aujourd'hui un miroir à double face.

*Être bien dans sa peau
pour être mieux dans sa tête.*

Telle est bien la préoccupation des Français d'aujourd'hui. Beaucoup font de leur corps l'objet privilégié de leur sollicitude, sachant qu'ils travaillent du même coup pour leur esprit. Il s'agit d'abord de le maintenir en état : les dépenses de santé (p. 17), le sport (p. 383), l'introduction de la diététique dans l'alimentation (p. 149) sont chargés d'y pourvoir. Il s'agit aussi de l'embellir : c'est le rôle des soins de beauté (p. 8), qui ne concernent plus aujourd'hui seulement les femmes. Il s'agit enfin de le personnaliser : les efforts vestimentaires permettent à chacun de se créer un 'look', un style, qui n'appartient qu'à lui (p. 9).

Le corps a ses raisons,
que la raison ne veut plus ignorer.

Lorsqu'on regarde les Français, on se dit que leur apparence physique doit finalement plus à leurs efforts qu'à ceux de la nature. S'il est difficile à quelqu'un de s'enlaidir, il lui est de plus en plus facile de corriger certains de ses défauts. Non contents d'être plus grands que leurs parents (ci-après), les Français s'efforcent aussi d'être plus 'beaux' (p. 6) et plus 'propres' (p. 8) qu'eux.

Taille et poids : la croissance sans crise

Est-ce la conséquence d'une alimentation plus équilibrée, d'une meilleure hygiène, ou de phénomènes génétiques complexes ? Les Français, en tout cas, grandissent régulièrement ; contrairement à ce qui se passe dans beaucoup d'autres domaines, l'écart de taille entre les sexes tend même à s'accroître.

*En un siècle, les hommes ont grandi de 7 cm,
les femmes de 5 cm.*
● *Taille moyenne : 1,72 m pour les hommes,*
● *1,60 m pour les femmes.*

Douze centimètres séparent aujourd'hui le 'Français moyen' de son épouse.

*Il y a un peu plus de grands,
mais beaucoup moins de petits.*

Comme toutes les moyennes, ce grandissement moyen cache une réalité plus complexe. Les conditions plus favorables de développement des jeunes enfants permettent aux facteurs génétiques d'influer normalement sur leur croissance. De sorte que les plus petits sont de moins en moins nombreux. À l'inverse, et pour des raisons semblables, les gens anormalement grands sont plus rares.

D'après certains experts, cependant, le grandissement général serait dû au métissage de plus en plus fréquent entre les nationalités de race blanche plutôt qu'à l'évolution des conditions de vie et d'hygiène.

La hiérarchie sociale reproduit celle de la toise.
● *Un cadre supérieur mesure en moyenne
7 cm de plus qu'un agriculteur,
5 cm de plus qu'un ouvrier.*
● *Chez les appelés du contingent,
un étudiant mesure 4 cm de plus
qu'un jeune agriculteur.*

Y aurait-il un lien entre la profession et la taille ? (v. graphique p. 5). On trouve des résultats similaires si l'on compare le niveau d'instruction et la taille, ce qui n'est pas étonnant lorsqu'on connaît la relation étroite existant entre les professions et les diplômes (p. 121). _____

Une explication généralement proposée est celle du lien entre réussite sociale et prestance physique. Le type de société dans lequel vivaient nos ancêtres tendait à privilégier ceux qui pouvaient s'imposer physiquement. La pratique du duel, jusqu'au XIXe siècle, en est une illustration. La taille, manifestation de cette force, a donc pu jouer un rôle dans la constitution d'une hiérarchie sociale. Les différences ainsi créées ont pu être maintenues, voire amplifiées par les ma-

Les gens du Nord sont les plus grands ; les plus petits sont ceux de l'Ouest :

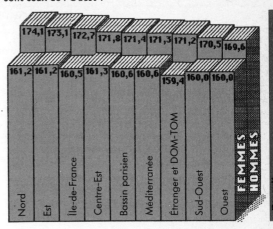

La taille des Français

Plus on est âgé, plus on est petit :

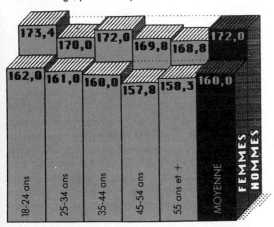

La hiérarchie sociale, suit, en moyenne, celle des tailles :

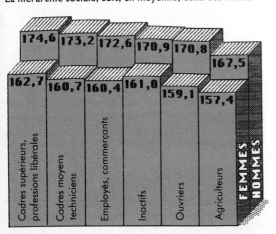

riages fréquents entre des personnes aux caractéristiques sociales et physiques proches. Une vérité toujours d'actualité (p. 79). _____

La taille est une donnée physique sur laquelle on ne peut guère agir, au moins à titre individuel. Il en va différemment du poids, sur lequel les comportements de chacun ont un effet important. _____

Depuis 1970, les hommes ont grossi de 3 kg pendant que les femmes perdaient 600 g.
● Les hommes pèsent en moyenne 75 kg ;
Les femmes, 60 kg.

'Big' n'est pas toujours 'beautiful'

D'après les médecins spécialisés, on est obèse lorsqu'on pèse au moins 15 % de plus que son poids théorique, obtenu à partir de la formule de Lorentz :

$$\text{Taille (en cm)} - 100 - \frac{(\text{Taille} - 150)}{4}$$

Il y aurait donc en France environ 12 millions d'obèses (un homme sur quatre, une femme sur cinq). Mais le nombre de ceux qui s'estiment trop gros est très supérieur. Au cours de leur vie, 51 % des femmes et 37 % des hommes ont eu au moins une fois la volonté de maigrir. 77 % de ceux qui sont passés à l'acte ont effectivement maigri (dont 57 % ont connu un résultat relatif et peu durable).

Le Point/Indice-Opinion (mai 1984)

L'hérédité joue un rôle déterminant dans le type de constitution (il en est ainsi chez certains obèses). Mais le mode de vie de chacun (alimentation, exercice, soins, etc.) fait le reste. C'est sans doute ce qui explique que les Françaises ont grandi et minci, tandis que leurs maris grandissaient et grossissaient.

Les statistiques montrent que plus on est âgé, plus on est lourd (v. graphique ci-dessous). Comme elles montrent aussi que plus on est âgé, plus on est petit, cela signifie que les risques d'être obèse augmentent avec l'âge.

Le poids des régions :

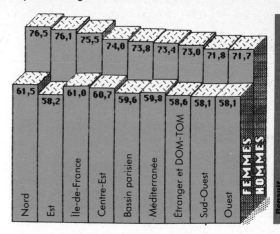

Poids plumes et poids lourds

Le poids des ans :

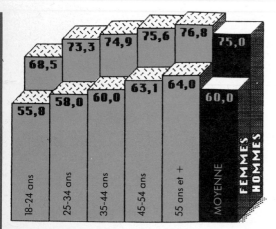

Le poids des professions :

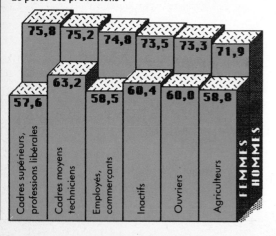

Beauté : de la reconquête

Faut-il aider la nature ? Oui, répondent de plus en plus massivement les Français. Les attitudes vis-à-vis de la beauté restent pourtant différentes selon les personnes, en particulier selon leur âge. Pour les plus âgés, la beauté est d'abord le fait d'une apparence propre et soignée. Les plus jeunes sont attachés à l'entretien du corps et surtout à son embellissement.

Plus beau que moi, tu meurs !

Les Français se trouvent-ils beaux ? Les différents sondages réalisés sur le sujet montrent une certaine modestie, puisque près de la moitié des interviewés ne se prononcent pas. Parmi les autres, bien peu (environ 2 %) se trouvent très séduisants. Les réponses des femmes sont pratiquement identiques à celles des hommes. Les jeunes sont plus sûrs de leur charme que les moins jeunes. Au box-office de la beauté qu'on se reconnaît, ce sont les yeux qui triomphent. On est, par contre, beaucoup moins satisfait de son nez et de ses dents. 13 % des Français seraient d'ailleurs prêts, s'ils en avaient les moyens, à envisager une opération de chirurgie esthétique. Modestie réelle ou affectée ? Ces chiffres montrent en tout cas que l'ère des 'm'as-tu-vu', si elle a jamais existé, est aujourd'hui révolue. Les canons de la beauté ont changé en même temps que la société. Et les émules d'Aldo Maccione ou de Miou-Miou ne sont guère moins nombreux que les admirateurs de Catherine Deneuve ou d'Alain Delon.

*Les femmes veulent être belles
à la fois par plaisir et par nécessité.*

En utilisant des produits de beauté, les femmes obéissent à une double motivation : être plus belles ; rester jeunes plus longtemps. Prendre soin de son corps est ressenti comme une nécessité, mais aussi et surtout comme un plaisir. Celui de mettre en valeur son apparence physique, mais aussi de pouvoir affirmer sa propre personnalité. Des motivations que l'on retrouve à des degrés divers dans toutes les catégories sociales.___

Les hommes s'intéressent aussi à leur beauté.
● *57 % des hommes estiment que l'homme d'aujourd'hui doit être très soigné ;*
● *82 % pensent que c'est un progrès d'utiliser des produits jusqu'ici réservés aux femmes ;*
● *13 % considèrent que c'est une mode un peu ridicule qui passera.*

Le grand mouvement de reconquête du corps ne touche pas seulement les femmes.

MINCIR
UNE NOUVELLE EFFICACITÉ
CHEZ BIOTHERM.

Ecom-Univas

Parmi les canons de la beauté,
la minceur a repris ses droits.

Les Styles de Vie et la beauté

		RIGORISTES	MATÉRIALISTES	ÉGOCENTRÉS	ACTIVISTES	DÉCALÉS
FEMMES	**La beauté, c'est...**	● Ne pas déplaire aux gens qui vous entourent ● Avoir des vêtements qui vous vont bien	● Plaire d'abord aux gens que vous aimez et qui vous aiment	● Plaire à ceux que vous aimez pour les *Vigiles* et les *Défensifs* ● Être bien dans sa peau pour les *Frimeurs*	● D'abord se plaire à soi-même, être gaie et souriante	● Être bien dans sa peau quelle que soit son apparence
	Le maquillage, c'est...	● Rester naturelle ● Être propre et soignée ● Rouge à lèvres et à ongles seulement	● Soigner, embellir et rajeunir son corps et son visage ● Mais rester classique et discrète	● Avoir un visage bien maquillé pour les *Vigiles* et les *Défensifs* ● Se métamorphoser pour les *Frimeurs*	● Exprimer sa personnalité avec un maquillage discret et naturel	● Changer de tête et de style selon son humeur ● Se déguiser ● Se maquiller beaucoup ou pas du tout
HOMMES	**La beauté et l'apparence, c'est...**	● Être propre c'est suffisant ● Savon et produit pour la barbe uniquement	● S'entretenir et avoir bonne mine ● Utiliser des produits d'hygiène parfumés (savon, bains moussants...) ● Mettre de l'eau de toilette	● Se transformer pour les *Frimeurs*, utiliser lotions et masques ● Être propre et avoir bonne mine pour les *Vigiles* et les *Défensifs*	● S'embellir grâce au sport et à la diététique ● Soigner la peau du visage et du corps avec des crèmes ● Se faire greffer des cheveux	● Changer de tête ● Se maquiller comme les femmes si on en a envie et que les circonstances le permettent ● Utiliser des fards pour corriger les défauts

C.C.A.

V. description des Styles de Vie à la fin du livre.

Les hommes sont de plus en plus nombreux à redécouvrir son existence. L'égalité des sexes se fait dans un sens inhabituel puisque ce sont les hommes qui prennent modèle sur leurs homologues du 'beau sexe'. Mais il faut reconnaître que leurs tentatives sont jusqu'ici limitées à ce qui ne risque pas, à leurs yeux, de diminuer leur virilité (crème pour les mains, eau de toilette, pommade pour les lèvres...). L'attitude des hommes vis-à-vis de la beauté varie beaucoup en fonction de leur Style de Vie.————————

Les Français utilisent aussi d'autres armes pour la reconquête.

Les produits de beauté permettent d'agir en surface, en embellissant le corps ou en rendant moins apparents les effets de son vieillissement. Mais les Français se tournent aussi vers des moyens d'agir en profondeur. Non contents de cacher leurs petits défauts physiques, ils cherchent à les faire disparaître. Remodeler son corps selon son propre désir, c'est l'ambition de ces femmes et de ces hommes qui souffrent en silence (mais aussi en musique) dans les salles d'aérobic, de culture physique, de danse, dans les cabines de sauna, ou sur les tables de massage. Une souffrance apparemment supportable, puisqu'on se bouscule pour la subir.————————

Les marchands de muscle ne s'y sont pas trompés. Les tristes salles de gym d'antan ont fait place à de véritables 'stations-service du corps', intégrant toutes les dernières techniques. Le 'polysensualisme' (p. 56) s'y exprime de façon particulièrement évidente : l'oreille écoute la musique stéréo ; le nez s'imprègne des odeurs de transpiration ; l'œil est allumé par la plastique des corps, mise en valeur par des tenues 'sexy' aux couleurs vives ; le toucher concerne le corps tout entier, au contact de divers éléments ou matières (eau bouillonnante des bains Jacousi, mousse du tapis d'exercice, etc.). ————

Hygiène : la face cachée de la beauté

Pour la plupart des Français, la beauté c'est ce qui se voit. Or, l'hygiène corporelle est

Les redresseurs de corps

Gym, aérobics, musculation, jogging… tous les moyens sont bons pour se faire ou se refaire une silhouette. Le précepte de l'âme saine dans un corps sain revient en force après des siècles d'oubli (p. 383). Aujourd'hui, le corps ne doit pas seulement être sain, il doit être musclé. L'attrait de jambes et d'abdominaux d'acier n'est plus l'apanage du sexe dit 'fort' ; les femmes sont en train de conquérir l'un des derniers bastions de la suprématie masculine. Lasses d'offrir au regard des hommes des formes rondes et amples, attributs classiques de la féminité, elles se fabriquent aujourd'hui un corps ferme et fort. Les modèles des Françaises ont nom Jane Fonda, Victoria Principal (alias Pamela Ewing), Véronique et Davina. Le pain étant devenu plus facile à se procurer, c'est aujourd'hui la forme que l'on gagne à la sueur de son front.

généralement peu apparente. C'est pourquoi, peut-être, elle ne semble pas occuper une place essentielle dans les préoccupations de nos compatriotes.————————

Au palmarès de la propreté individuelle, la France ne se situe pas au premier rang.
● *Un Français sur deux va se coucher sans se laver les dents.*
● *Un homme sur cinq garde son linge de corps plusieurs jours de suite (10 % seulement des femmes).*
● *Un Français sur quatre se lave les mains une seule fois par jour.*

Pourtant, les produits d'hygiène sont de plus en plus sophistiqués.

● *Chaque Français utilise en moyenne environ deux savonnettes par an.*

Les chiffres sont implacables. Pourtant, des progrès ont été réalisés : les Français se lavent les cheveux de plus en plus souvent (1,9 fois par semaine en moyenne, contre 1,2 fois en 1974) et leurs logements sont de mieux en mieux équipés sur le plan sanitaire (p. 130). Ils semblent en tout cas utiliser leurs douches et baignoires, si l'on en juge par le développement spectaculaire des achats de bains moussants (56 % des femmes et 30 % des hommes en utilisent chaque fois qu'ils prennent un bain).

Moins de brosses à dents que de mâchoires

Les Français ont acheté en 1984 près de 40 millions de brosses à dents. Sachant qu'il y a environ 50 millions de mâchoires susceptibles d'être brossées, et qu'une brosse à dents a une durée de vie moyenne de 3 mois, il faudrait donc que chaque Français achète 4 brosses par an, soit 5 fois plus qu'aujourd'hui. Des enquêtes montrent d'ailleurs qu'un Français sur deux n'utilise jamais de brosse à dents. Un calcul semblable montre que la consommation de dentifrice est très inférieure à ce qu'elle devrait être pour un brossage satisfaisant.

Le niveau d'hygiène est lié aux habitudes culturelles.

La carte de l'hygiène est simple et bien connue. Elle sépare en gros le Nord et le Sud, le bassin méditerranéen et les pays d'influence anglo-germanique. C'est ainsi que les habitants des régions proches de la Belgique, du Luxembourg, de l'Allemagne ou de la Suisse consomment plus de savon et de dentifrice que ceux des régions proches de l'Italie ou de l'Espagne. Si le niveau d'hygiène d'un pays est lié à son développement économique, celui de ses habitants dépend pour une large part des caractéristiques culturelles nationales. À niveau de vie égal, ce sont l'habitude et la pression sociale qui font préférer l'achat d'une télévision à celui d'une baignoire.

À CHACUN SON LOOK

Du vêtement à la coiffure en passant par les accessoires ou la façon de bouger, tout est bon pour se créer une apparence. La mode fut pendant longtemps un phénomène de masse. L'heure est aujourd'hui à la personnalisation.

L'habit fait toujours le moine

Tout ce qui touche aux caractéristiques physiques est difficile à changer. Le poids, les traits du visage ou l'aspect de la peau demandent à ceux qui n'en sont pas totalement satisfaits des efforts éprouvants et constants (p. 6). En matière de 'look', au contraire, la liberté de manœuvre est très grande et les résultats sont garantis. Qui n'est pas capable de passer en trois minutes du rôle de jeune cadre responsable à celui de père de famille décontracté ? Changez votre costume trois-pièces contre un pantalon de velours et un pull-over, vos mocassins contre une paire de tennis ou de charentaises, et le

Le look est une notion trop personnelle pour qu'on s'habille tous pareil.

tour est joué. Apparence, tout n'est qu'apparence... _____

La part des dépenses d'habillement diminue régulièrement.
- *12 % du budget des ménages en 1870.*
- *8,6 % en 1970.*
- *6,6 % aujourd'hui.*

La France continue d'être, aux yeux des étrangers, le pays du bon goût et des beaux habits. De fait, la haute couture française tient toujours le haut du pavé, malgré les efforts des Américains et, plus récemment, des Japonais. Mais qu'en est-il de la façon de s'habiller des Français ? _____

Sans pour autant porter de jugement sur la qualité et le 'chic' des vêtements d'aujourd'hui, on est amené à constater que les Français consacrent de moins en moins d'argent à leur habillement. _____

Ce phénomène n'est pas limité à la France ; on le retrouve dans tous les pays européens. Il concerne l'ensemble des catégories sociales, même si le 'branché' des quartiers chics s'intéresse plus à la 'fringue' que le 'loubard' de banlieue. _____

Les dépenses restent très inégales.
- *33 % des hommes*
achètent 75 % des vêtements de dessus masculins (pantalons, vestes, costumes, chemises, pulls, imperméables, manteaux).
- *30 % des femmes*
achètent 70 % des vêtements de dessus féminins.

Le jean craque

Beaucoup plus qu'une mode, le jean était depuis des dizaines d'années l'un des symboles de la civilisation occidentale et de celles qui cherchaient à lui ressembler. De l'enfant de 2 ans au retraité de 75 ans, le jean avait sa place dans toutes les garde-robes, souvent en plusieurs exemplaires, aux formes et aux usages différents. Mais le jean n'est plus ce qu'il était, même si les Français en ont acheté plus de 10 millions en 1983 (dont 50 % en traditionnel Denim), soit plus de la moitié des pantalons vendus. Le grand gagnant est le pantalon de loisir (velours ou autre) qui représente plus du quart des achats de pantalons de femme. Même tendance chez les hommes, qui abandonnent de plus en plus le classique pantalon de

ville, au profit de tenues plus décontractées. Rejetant le jean, qui apparaît trop comme un uniforme à une époque où chacun cherche au contraire à se singulariser.

Si les Français achètent de moins en moins de vêtements, ils s'efforcent aussi de les payer moins cher, en utilisant de façon systématique les moyens qui s'offrent à eux : périodes de soldes, dépôts-vente, circuits 'parallèles', 'discounters', etc. En même temps, les motifs d'achat évoluent. Le vêtement n'est plus depuis longtemps un produit de première nécessité. Le souci du confort et de la durée, la recherche de l'originalité sont des critères qui pèsent de plus en plus sur les achats. _____

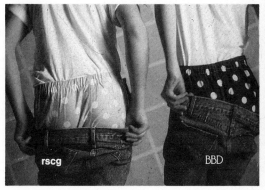

rscg   BBD   RSC et G

Après le jean-uniforme,
la fantaisie reprend... le dessous.

Chaussures :
le look se lit de bas en haut

Les années 70 avaient été celles de la chaussure utilisée à contre-emploi. Les tennis, baskets et autres chaussures de sport servaient plus à se rendre au bureau, à l'école ou au marché qu'à évoluer sur les courts ou dans les stades. La chaussure d'aujourd'hui est moins le symbole de la décontraction que celui de la personnalisation. _____

Les Français sont les plus gros acheteurs de chaussures d'Europe :

- *5 paires par personne et par an ;*
- *4 pour les Anglais ;*
- *2,5 pour les Italiens.*

Les accessoires deviennent une partie essentielle de l'habillement

Les compléments traditionnels du vêtement (chapeau, gants, etc.) sont en voie de disparition, malgré quelques tentatives périodiques de réhabilitation. Les accessoires jouent aujourd'hui un rôle à la fois psychologique et économique. Ils permettent de modifier à peu de frais l'apparence d'un vêtement éventuellement ancien et de donner au look une touche encore plus personnelle : montre de gousset, boucle d'oreille, nœud papillon, tatouage, pour les hommes ; écharpes, ceintures, sac, collier fluorescent, pour les femmes. La chaussette, longtemps austère et neutre, ne se cache plus.

Dans sa partie la plus dissimulée (au moins du plus grand nombre), le look change aussi. Il fait aujourd'hui une place à des dessous plus 'folklo', avec le retour en force du caleçon chez les hommes, ou plus 'coquins', avec le retour (plus timide) des bas et porte-jarretelles chez les femmes.

La 'nouvelle cravate'

Le port de la cravate coupe la France en deux : un Français sur deux en porte tous les jours de semaine (mais un sur cinq en porte rarement ou jamais). Les Français achètent en moyenne une cravate par an (8 pour les Américains, 5 pour les Espagnols), mais ceux qui en portent régulièrement en achètent 4. Tout homme possède en moyenne 15 cravates (dont la plupart démodées !). 70 % des cravates sont achetées par des femmes, principalement pour la fête des Pères et à Noël !

Comme la chaussure, la cravate a trouvé une nouvelle jeunesse en se donnant une nouvelle signification. Traditionnellement synonyme de sérieux, adulte, obligatoire, elle est aujourd'hui 'détournée' par les jeunes pour devenir objet de fantaisie, de séduction ou de personnalisation. La cravate ne sert plus à marquer l'entrée dans l'univers des adultes et le début de la vie active. Une façon, peut-être, de refuser une séparation trop nette entre jeunesse et âge adulte, entre vie personnelle et vie professionnelle.

LA MAGIE EST EN VENTE

Ecom-Univas

Clin d'œil ou provocation,
la cravate n'est plus ce qu'elle était.

Autre ingrédient du look, les lunettes. Sur les 23 millions de Français qui en portent, beaucoup choisissent avec soin la monture qui leur donnera l'air le plus sérieux, le plus jeune, le plus intelligent… ou le plus drôle. Il faut encore citer au nombre des accessoires la barbe, portée par environ 7 % des hommes et qui peut complètement transformer les visages et les looks, et même valoir comme signe d'appartenance à une idéologie.

L'anti-mode est à la mode

La façon de s'habiller a toujours eu une signification sociale. L'aristocrate ne s'habillait pas comme le domestique, ni le patron comme l'ouvrier. Le type de vêtement porté a longtemps été un signe d'appartenance à une catégorie particulière (souvent une classe sociale). Une sorte de carte de visite que l'on n'a pas besoin de sortir de sa poche. Aujourd'hui, les Français veulent faire de l'habillement un signe distinctif de leur personnalité plutôt que de leur classe sociale. Et, si leur façon de se vêtir peut encore être rattachée à celle d'un groupe, celui-ci est davantage caractérisé par une façon de vivre commune que par une profession, un âge ou un revenu semblables. Bref, par un Style de Vie. Le look est en effet l'un des critères de différenciation les plus clairs entre les Rigoristes, Matérialistes, Activistes, Égocentrés ou Décalés (v. carte p. 13).

Joël Le Bigot, Institut de l'enfant. *Le Journal du textile* (sept. 1983).

La mode de 0 à 20 ans

On distingue différentes périodes dans les rapports des enfants avec la mode. Dans les milieux urbains, où on les confie très tôt à la maternelle (après la crèche), les enfants de 2 ans (surtout les filles) commencent à s'intéresser à ce qu'ils portent. Cet attrait pour le vêtement augmente ensuite avec l'âge, en même temps que s'accentue la différence entre filles et garçons. Alors que l'intérêt évolue progressivement chez les garçons pour devenir de l'"attention" vers 14-15 ans, le phénomène, chez les filles, est plus brutal jusqu'à 5 ans, puis connaît un palier entre 5 et 8 ans pour se manifester à nouveau entre 8 et 11 ans. C'est vers 14-15 ans que filles et garçons s'intéressent à leur silhouette complète (le look). Alors que la mode des enfants entre 2 et 12 ans est assez unisexe, avec une importance particulière des pièces du bas (le pantalon), l'intérêt se déplace vers le haut à partir de 11 ans. La naissance de la poitrine crée chez les filles la hantise du transparent, la peur du moulant. À 15 ans, la mode se vit au pluriel. Elle peut aller de la silhouette 'punk' à une allure assez efféminée chez les garçons.

Au seuil de l'âge adulte, l'adolescent a déjà emmagasiné toutes les données vestimentaires qui détermineront son 'look' jusqu'à 20-25 ans.

par des coiffures délibérément outrancières leur refus de s'intégrer totalement au monde des adultes. Les Beatles des années 60 avaient choqué le monde entier par la longueur de leurs cheveux (celle-ci passerait d'ailleurs inaperçue aujourd'hui). Plus récemment, les punks ont montré une grande créativité, à la fois dans la coupe et dans la couleur. À la différence des vêtements, les cheveux sont partie intégrante du corps. La façon dont ils sont coiffés a donc des implications personnelles assez fortes. La longueur, la coupe, la couleur, l'addition éventuelle de produits voyants ou odorants sont rarement dus au hasard. Même chez ceux qui n'attachent pas à leur coiffure une importance considérable.

- *10 % des Français ne vont jamais chez le coiffeur.*
- *4 % (surtout les femmes) y vont au moins une fois par semaine.*
- *30 % y vont au moins une fois par mois.*

Le look n'a pas d'âge.

Coiffure : la querelle des anciens et des modernes

Comme le vêtement, la coiffure est un moyen de personnalisation de plus en plus utilisé. Les jeunes ont souvent voulu affirmer

La coiffure des Styles de Vie

Le choix du type de coiffure se situe entre deux options contradictoires :

— la *norme* : raie sur le côté pour les hommes, permanente pour les femmes… Des coiffures nettes, pratiques, faciles à entretenir, classiques et passe-partout ;

— la *personnalisation* : du naturel (cheveux courts) à l'exotique (coiffure rasta)… Des coiffures qui permettent d'exprimer sa personnalité ou d'affirmer sa différence (page suivante).

Les gestes : mieux qu'un long discours

L'apparence ne s'arrête pas à l'allure physique, aux vêtements et à la coiffure. Les gestes sont un révélateur important de la personnalité. Une heure passée à la terrasse d'un café suffit pour s'en convaincre ; le ballet plus ou moins harmonieux des bras, des jambes et des têtes des passants en dit long.

Pourtant, si l'on connaît bien la façon de manger ou de s'habiller des Français, on connaît moins leur façon de bouger. Parmi les rares études sur le sujet, celle de l'Américaine Laurence Wylie — citée dans *Français qui êtes-vous ?*, ouvrage collectif réalisé sous

Les Styles de Vie et le look

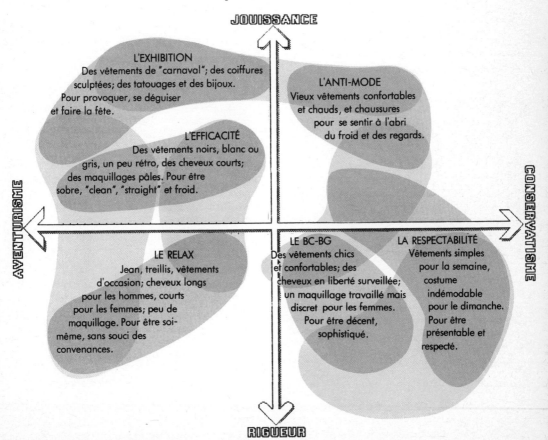

JOUISSANCE

L'EXHIBITION
Des vêtements de "carnaval"; des coiffures sculptées; des tatouages et des bijoux. Pour provoquer, se déguiser et faire la fête.

L'ANTI-MODE
Vieux vêtements confortables et chauds, et chaussures pour se sentir à l'abri du froid et des regards.

L'EFFICACITÉ
Des vêtements noirs, blanc ou gris, un peu rétro, des cheveux courts; des maquillages pâles. Pour être sobre, "clean", "straight" et froid.

AVENTURISME

CONSERVATISME

LE RELAX
Jean, treillis, vêtements d'occasion; cheveux longs pour les hommes, courts pour les femmes; peu de maquillage. Pour être soi-même, sans souci des convenances.

LE BC-BG
Des vêtements chics et confortables; des cheveux en liberté surveillée; un maquillage travaillé mais discret pour les femmes. Pour être décent, sophistiqué.

LA RESPECTABILITÉ
Vêtements simples pour la semaine, costume indémodable pour le dimanche. Pour être présentable et respecté.

RIGUEUR

V. description des Styles de Vie à la fin du livre.

la direction de J.D. Reynaud (La Documentation française) – révèle des particularités intéressantes du comportement gestuel des Français.

La tension musculaire est permanente.

Ce qui frappe tout d'abord, lorsqu'on examine au ralenti les films des mouvements usuels, c'est le degré de tension musculaire. Pratiqué dès le plus jeune âge, le contrôle des muscles de tout le corps explique la rigidité du torse, la poitrine bombée, les épaules hautes et carrées des Français. Des épaules d'ailleurs particulièrement expressives : ramenées vers l'avant, accompagnées d'une expiration ou d'une moue, elles disent tour à tour le doute, le regret ou l'impuissance.

L'avant-bras joue un rôle essentiel.

Lorsqu'ils sont debout, les Français ne basculent pas le bassin comme le font les Américains. Leurs pieds sont distants d'environ douze centimètres, l'un posé en avant de l'autre. Cela permet un balancement d'avant en arrière, contrastant avec le mouvement latéral des Américains. Mais c'est la mobilité du poignet et du coude qui est la plus étonnante pour l'observateur. Les mouvements gracieux et compliqués de la main participent à la conversation, complétant efficacement ce qui est exprimé par les mots. C'est peut-être pour cette raison que mettre les mains dans ses poches n'est pas une attitude très courante, les Français préférant garder une certaine liberté de mouvement en mettant (quelquefois) les poings sur les hanches ou, plus souvent, en croisant les bras.

Lorsqu'ils sont assis, les Français aiment croiser les jambes, tout en les gardant parallèles, contrairement aux Américains qui préfèrent poser un pied sur le genou opposé (ce qui serait considéré comme impoli en France). Ils gardent parfois les bras croisés, ou bien utilisent une main pour caresser la bouche, les cheveux, ou soutenir le menton. Pas de pieds posés sur une table ou une chaise, pas de mains sur la tête comme on le voit couramment outre-Atlantique, dans la plupart des classes sociales.

La démarche générale du corps est guidée par la tête.

On peut distinguer un Américain d'un Français à cent mètres. Le premier a tendance à balancer les épaules et le bassin, et à faire des moulinets avec les bras. Le second s'efforce d'occuper un espace plus restreint : pas de balancement sur le côté ; la jambe est projetée très loin en avant et tend le genou. Le pied retombe sur le talon, le torse demeure rigide et ce sont les avant-bras et la tête qui amorcent le mouvement.

Bien sûr, les gestes varient selon les individus et les catégories sociales auxquelles ils appartiennent. Les gens 'bien élevés' font plutôt moins de gestes que les autres, les hommes moins que les femmes. Le langage des mains, que les Français imaginent propre aux Italiens, appartient cependant au patrimoine national (de la main tendue pour dire bonjour aux pouce et index frottés l'un contre l'autre pour exprimer l'idée d'argent, en passant par l'index accusateur...).

Le dictionnaire des gestes, qui reste à créer, constituerait un complément utile (et drôle) de celui des mots.

La parole a un double langage

S'il est établi que les gestes ont précédé la parole (p. 13), celle-ci a pris depuis une éclatante revanche. Les mots utilisés sont tous porteurs de deux messages ; celui du dictionnaire et celui de l'individu qui les prononce. Le premier est parfois approximatif, tandis que le second ne laisse rien au hasard.

La façon de parler est déjà un long discours.

Autant que les mots eux-mêmes, la manière dont ils sont utilisés est révélatrice de la personnalité. Écoutez parler des étrangers dans une langue qui vous est inconnue et vous aurez quand même une idée assez précise de chacun d'eux. De la même façon, lorsque des étrangers non francophones écoutent une conversation entre Français, ils sont frappés par des comportements qui leur paraissent caractéristiques. Ainsi ressentent-ils souvent un rapport de force entre les divers intervenants. Il est courant, dans beaucoup de pays, d'attendre que celui qui parle ait terminé pour prendre la parole, après un bref silence marquant la fin du dernier monologue. Les Français sont si impatients de s'exprimer qu'ils commencent à parler sur le dernier ou l'avant dernier temps du monologue précédent. Bien des étrangers ont des difficultés à participer à des discussions avec des Français, leur tour étant souvent pris par plus rapide qu'eux. Leur autre motif d'étonnement est de voir les conversations de groupe entre Français éclater fréquemment en plusieurs dialogues croisés, parallèles ou simultanés.————————

Les 'mots pour le dire' caractérisent bien l'époque où ils sont inventés.

Si les Américains éprouvent quelque difficulté à dialoguer avec les Français, ils doivent cependant reconnaître au passage beaucoup de mots qui leur sont familiers. La « balance commerciale » du vocabulaire entre les deux pays est en effet largement déficitaire pour la France. Si le **surf**, le **marketing** ou les **week-ends** ont depuis longtemps envahi la conversation et les médias, le **fast-food**, le **jogging** et le **walkman** sont d'acquisition plus récente. L'invasion touche en priorité les domaines liés à la consommation et aux pratiques professionnelles. Le publi-postage n'est pas prêt de remplacer le **mailing**, et les **cibistes** n'ont pas encore trouvé de mot français pour qualifier leur passe-temps (leur **hobby**). Pourtant, les activités plus abstraites sont de moins en moins perméables au langage anglo-saxon. Les jeunes d'aujourd'hui sont **branchés** plutôt que **cool** et préfèrent le **verlan** à la langue de Shakespeare. S'ils continuent d'acheter les produits d'outre-Atlantique, ils s'intéressent moins aux modes de vie et aux idées qui y prennent naissance. Le modèle américain a vécu (p. 228). Les modèles japonais, suédois, allemands, voire brésiliens ou australiens, ont fait faillite ou restent intransportables.————————

Les mots nouveaux sont arrivés

Le dictionnaire est au langage ce que le droit est aux mœurs. Il consacre les usages et reflète fidèlement l'époque qui leur a donné naissance. Ainsi, la cuvée 1985 du *Petit Larousse* marque l'entrée de 77 mots nouveaux et de 53 personnalités.

Parmi les mots, certains sont déjà sur toutes les lèvres et font depuis quelque temps la une des médias : **aérobic, basic, démotiver, écolo, eurodevise, franchisé, hebdo, look, recentrage, sida, superforme, vidéoclub,** etc. D'autres sont plus techniques et révèlent l'importance croissante de la technologie : **audiodisque, autofocus, hypocalorique, mésothérapie, page-écran, privatique, surligneur, télétravail,** etc.

Certains mots courants ont pris, au fil du temps, une acception nouvelle. C'est le cas du verbe **brancher**, dont les jeunes font aujourd'hui une consommation journalière. Branché, le *Petit Larousse* l'est aussi, avec les 22 expressions nouvelles de l'édition 85 : **avoir les boules, retourner à la case départ, film catastrophe, chasseur de têtes, prendre un gadin, être en rouge, ne pas pouvoir saquer quelqu'un,** etc.

Quant aux personnalités, les stars des années 80 telles que **Steven Spielberg** ou **Montserrat Caballé** voisinent avec des valeurs sûres comme **Astérix, Tintin, Ray Charles, Jerry Lewis, les Rolling Stones, Tino Rossi**... et d'autres moins connues (**Chon Tu-hwan, William Golding, Gina Pane, Fred Sinowatz,** etc.).

À travers les mots, et au-delà d'eux, c'est le spectacle étonnant et fascinant de notre monde en mutation que nous offre chaque année le dictionnaire.

Entre deux mots,
l'époque incite à ne pas choisir le moindre.

La santé n'a pas de prix

MALADIE
L'ENNEMI PUBLIC Nº 1

Les Français n'ont jamais eu aussi peur de la maladie. Malgré les progrès considérables de la médecine, les démons restent nombreux à rôder autour d'eux. Des maladies de cœur au cancer, en passant par la grippe, ils continuent de frapper sans relâche. Profitant des erreurs de la civilisation... et des petites faiblesses de chacun.

Quand on a la santé...

En une génération, la médecine a réalisé des progrès immenses. La polio était vaincue en 1953. Un an après, la chlorpromazine ouvrait l'ère nouvelle des neuroleptiques, clôturant celle des camisoles de force. Les nouvelles techniques d'exploration du corps (scanner, R.M.N. ou résonance magnétique nucléaire, etc.), l'utilisation de la cortisone, le développement progressif des greffes d'organes (poumon, rein, cœur...) ou celui des organes

artificiels constituent d'autres étapes importantes dans la lutte de l'homme contre la maladie. Pourtant, ces victoires n'ont pas éloigné la peur d'être malade. On peut même dire, paradoxalement, que celle-ci n'a jamais été aussi présente qu'aujourd'hui. Le bonheur ne se conçoit guère sans la santé.____

Prévention, le mot des années 80

Toutes les époques ont leur mot magique. Celui des années 50 était **reconstruction**. Le mot d'ordre des années 60 était **dynamisme**. Nous vivons aujourd'hui avec le mot **prévention**. De la prévention routière à celle de la délinquance, la société actuelle cherche à se garantir par tous les moyens contre les risques qu'elle engendre. Les Français font de la prévention un véritable art de vivre. Les sommes considérables qu'ils investissent en soins corporels et médicaux, en assurances et assistances de toutes sortes en sont la démonstration.

Cette soif insatiable de prévention répond à l'angoisse d'aujourd'hui. Ce n'est pas seulement contre le chômage, la guerre, la laideur ou la maladie qu'on veut se prémunir. C'est au fond contre la mort que les Français se battent inconsciemment. L'allongement de la vie, les progrès de la médecine et de la science leur feraient presque croire qu'une victoire définitive n'est pas totalement exclue. Une évolution qui n'est pas sans conséquences sur leurs relations avec la religion (p. 52), qui rend peut-être l'idée de la mort un peu trop présente et concrète.

S'il constitue la preuve de l'attachement de chacun à sa propre vie, le souci de prévention est aussi semble-t-il la marque de sa vulnérabilité.

*Pour être riche et heureux,
il faut être en bonne santé.*

Plus que jamais, la santé apparaît comme une condition nécessaire pour réussir sa vie. Dans une société de plus en plus concurrentielle, seuls ceux qui sont en possession de tous leurs moyens peuvent tirer leur épingle du jeu. Trouver un emploi, un partenaire, obtenir de l'avancement, profiter pleinement de ses loisirs, tout cela requiert, pour le moins, d'être en bonne santé. Ceux qui sont beaux et en pleine forme sont les mieux armés pour réussir. Les Français l'ont bien compris depuis quelques années, qui redécouvrent leur corps (p. 3) et s'appliquent à le maintenir en état. Dans une époque éprouvante, la santé constitue un capital précieux. Aussi précieux que le temps, dont elle est l'allié le plus sûr. ─────────────

Être en bonne santé,
un souci de tous les instants.

*Les dépenses de santé
ont été multipliées par 6 en 12 ans.*
● *En 1984, chaque Français
a dépensé environ 6 000 francs pour sa santé.
Il dépensait 870 francs en 1970
(+ 7 % par an en francs constants).*
● *Les dépenses de santé des ménages
représentent aujourd'hui
14,8 % de leur budget (contre 9,4 % en 1970).*
● *La collectivité prend en charge
75 % des dépenses totales de santé
(et 94 % des dépenses d'hospitalisation).*

Dans le budget des ménages, ce sont les dépenses de santé qui ont le plus augmenté au cours de la dernière décennie. C'est dire toute l'importance que les Français y attachent, que ce soit pour guérir la maladie ou la prévenir. Le ralentissement des dépenses observé en 1983 et en 1984 ne doit pas être attribué à un changement de comportement vis-à-vis de la santé, mais aux différentes mesures prises par le gouvernement pour équilibrer les comptes de la Sécurité sociale, et donc décourager la consommation médicale. ─────────────

À chaque maladie son image

La façon dont chaque maladie est perçue par les Français est plus ou moins sombre et angoissante selon les cas. L'imagerie populaire ne colle d'ailleurs pas toujours à la réalité : le cancer est plus fréquemment guéri qu'on ne l'imagine, tandis qu'on meurt encore beaucoup des maladies de cœur et de l'alcoolisme. La fréquence et la gravité des 'grandes maladies' ne sont pas toujours correctement perçues. Les Français, qui sont pourtant très amateurs d'informations dans le domaine médical, ont tendance à confronter ces informations à leur propre expérience et à celle de leur entourage, donc à les déformer. ─────────────

Maladies cardio-vasculaires : 36 % des décès.
● *15 % des Français entre 30 et 70 ans
souffrent d'hypertension artérielle,
mais 80 % l'ignorent.*
● *60 % des obèses meurent
d'un accident cardio-vasculaire.*
● *Entre 35 et 65 ans,
les hommes meurent 3 fois plus
des maladies cardio-vasculaires
que les femmes.*

On continue de mourir davantage des 'maladies de cœur' que de toute autre maladie, même si on meurt plutôt moins que dans d'autres pays (v. graphique ci-après). Plus de la moitié d'entre elles concernent le cerveau (maladies cérébro-vasculaires) et les arrêts cardiaques (ischémies). Viennent ensuite les problèmes liés à l'hypertension. L'hérédité, mais aussi les modes de vie sont les princi-

Les maladies qui tuent

Principales causes de mortalité (1983) :

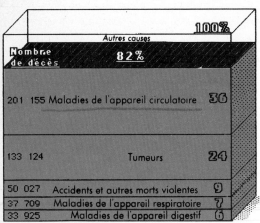

Sur 553 729 décès   Année 1978

paux responsables de ces maladies. Les hommes ont le cœur plus fragile que les femmes.

Cancer : 200 000 personnes atteintes chaque année.
● *Le risque augmente à partir de 50 ans (mais il diminue à partir de 80 ans).*
● *Le cancer du sein représente 46 % des cancers des femmes (utérus : 15 %).*
● *Le cancer du pharynx représente 16 % des cancers des hommes (poumons : 14 %).*

Le cancer reste pour les Français la maladie la plus tragique, la menace la plus redoutée. Les différentes formes de tumeurs atteignent en fait relativement peu de personnes chaque année. Mais leur gravité est élevée par rapport aux autres formes de maladie.

aujourd'hui environ 800 000 anciens cancéreux guéris. Les nouvelles méthodes thérapeutiques (immunothérapie, chimiothérapie, utilisation du laser), l'utilisation de nouveaux médicaments (interféron) ont permis des progrès sensibles. Les recherches effectuées dans le monde entier laissent espérer à moyen terme des progrès décisifs. Peut-être le cancer sera-t-il, en l'an 2000, une maladie comme les autres. Peut-être même ne sera-t-il plus...

Maladies nerveuses : un Français sur cinq est concerné au cours de sa vie.
● *Les hôpitaux psychiatriques abritent en permanence 115 000 malades.*
● *Ils en soignent chaque année 200 000.*

Les troubles du système nerveux se traduisent par une modification de comportement affectant l'ensemble de la personnalité. Les névroses et les psychoses en sont les manifestations les plus courantes.

La lutte finale ?

On estime que le taux de survie au cancer est en moyenne de 40 %. Le pourcentage est très variable selon le type de cancer. Il est par exemple de 95 % pour le cancer de la peau, de 90 % pour celui de la gorge, de 60 % pour celui du sein. On compte

Ça vous névrose ou ça vous psychose ?

Où finit la névrose, où commence la psychose ? La névrose serait une maladie mentale qui ne touche qu'un secteur de la personnalité. Tandis que la psychose serait une forme d'obsession liée à un problème social. Agressivité, érotomanie, infantilisme, mégalomanie, narcissisme, complexe de persécution sont les manifestations possibles de la névrose. Un spécialiste donne cette comparaison saisissante (bien que caricaturale) des deux maladies : le psychotique pense que 2 et 2 font 5 et il en est ravi ; le névrosé, lui, sait que 2 et 2 font 4, et il en est désespéré…

Maladies professionnelles :
le travail n'est pas toujours la santé…
● *En diminution régulière : 4 000 cas en 1983,*
contre 10 000 en 1950.
● *La silicose (maladie des mineurs)*
devient rare :
500 personnes atteintes en 1983,
contre 8 500 en 1954.

La plupart des maladies professionnelles sont des affections pulmonaires provoquées par l'inhalation de poussières métalliques ou minérales (pneumocomioses) ou des affections de la peau (dermatoses). De nombreuses maladies, de nature psychosomatique, ne sont pas prises en compte du fait de leur relation incertaine avec le travail : ulcères, maux gastro-intestinaux, troubles du sommeil, dépressions, bronchites, asthme, etc. Les statistiques seraient évidemment plus lourdes si l'on devait considérer le stress comme une maladie professionnelle… Les maladies professionnelles classiques sont en tous cas en forte régression.

Maladies sexuelles : 25 ans de croissance.

La recrudescence de ces maladies est particulièrement forte depuis 1958, en particulier chez les femmes. Trois raisons expliquent cette évolution :
— une plus grande mobilité des individus sur le plan international (tourisme, travail) ;
— l'accroissement de la liberté des mœurs sexuelles dans la plupart des pays développés ;
— la rapidité de contagion de certaines maladies vénériennes (blennorragie, syphilis, parasitoses, etc.).

Grippe : 4 millions de Français
touchés chaque année.
● *2 278 morts en 1983 (15 070 en 1969).*
● *20 millions de journées d'arrêt de travail.*
● *Coût : 3,5 milliards de francs.*

La grippe est bien un véritable fléau économique et social. La prévention est cependant largement utilisée. Chaque année, des millions de personnes se font vacciner (encadré). Avec des résultats variables, selon la précision avec laquelle les 'virus de l'année' ont été identifiés.

Les Français prennent leurs précautions

En 1983, 9 % des Français se sont fait vacciner contre la grippe. La proportion atteignait 20 % chez les plus de 65 ans et 58 % chez les plus de 75 ans, pour qui elle était gratuite (le taux de vaccination n'était que de 43 % en 1982).

Handicapés : des millions de marginaux

Les handicaps ne sont pas des maladies comme les autres. La souffrance y est plus souvent morale que physique. Leur autre caractéristique commune est, dans la plupart des cas, que l'espoir de guérison y est faible ou nul.

6 millions de Français
souffrent de handicaps physiques.
● *70 000 sourds.*
● *17 000 sourds-muets.*
● *4 millions de malentendants.*
● *65 000 aveugles et amblyopes*
(vue très affaiblie).

Une société encore mal adaptée

La plupart des handicapés font des efforts considérables pour s'insérer dans la société. La réciproque n'est pas évidente. Malgré les incitations des pouvoirs publics, les difficultés pratiques surgissent à tout instant devant ceux qui ne disposent pas de toute mobilité. Escaliers, ascenseurs, portes d'entrée, toilettes, magasins, trottoirs dont le franchissement ou l'accès leur sont interdits sont autant d'obstacles. Par rapport aux efforts réalisés dans des pays proches (Allemagne, Suisse), le retard de la France paraît important. Face aux handicapés, les Français ont mauvaise conscience. 'J'y pense et puis j'oublie…'

● *2 millions de Français atteints de parésie (difficulté à se déplacer) ou de paralysie totale.*

Mis à part ceux qui sont héréditaires (environ un quart), la plupart des handicaps physiques sont dus à des causes socio-économiques : accidents, conditions de vie n'ayant pas permis un développement normal de l'individu. Des causes qui se traduisent par deux types de difficultés : anomalies des sens, anomalies des organes moteurs.———

*La France compte environ
1 300 000 handicapés mentaux.*
● *La moitié souffrent de déficiences légères.*
● *75 % ont moins de 20 ans.*

La moitié des handicapés mentaux sont des déficients intellectuels légers, susceptibles de s'adapter à la société. Parmi les délinquants et marginaux, environ 200 000 personnes sont des irresponsables, victimes d'un handicap prononcé. La durée de vie moyenne des handicapés mentaux est beaucoup plus faible que celle de la moyenne des Français. C'est ce qui explique que la plupart d'entre eux sont des jeunes.———

Alcoolisme, tabac, drogue : les maladies volontaires

Certains plaisirs de la vie peuvent contribuer à raccourcir sa durée. C'est ainsi que beaucoup de Français ont 'creusé leur tombe avec leur fourchette'. Certes, la qualité de l'alimentation s'améliore lentement (p. 149) et la consommation d'alcool et de tabac tend à diminuer. Mais le 'verre de trop' est encore à l'origine de nombreux accidents (p. 26). La cigarette, elle, continue d'être responsable de dizaines de milliers de cancers chaque année. Quant à la drogue, elle promet un paradis qui ressemble étrangement à l'enfer.———

*La consommation d'alcool
est une vieille tradition française.*
● *42 % des maladies de l'appareil digestif sont des cirrhoses du foie.*
● *Elles sont responsables de 6 % des décès.*

D'après les experts, l'alcool serait l'une des principales causes de la surmortalité masculine (p. 40). Les hommes boivent plus que les femmes. Ils ont donc plus d'accidents de la route, plus d'accidents du travail, plus de cancers, plus de maladies pour lesquelles l'alcoolisme est un facteur aggravant ou décisif.———

Un verre, ça va ; trois verres...

Les habitudes de consommation d'alcool dépendent surtout de l'âge, du sexe et du métier. Les plus âgés sont les moins nombreux à boire régulièrement. Mais c'est entre 45 et 54 ans que les hommes consomment les plus grosses quantités (35 à 44 ans pour les femmes). Les métiers où l'on boit le plus sont ceux de l'agriculture, de l'artisanat et du commerce, où les traditions sont les plus solidement installées. La consommation moyenne des Français est de 3 verres (30 g d'alcool) par jour.

Les femmes sont généralement beaucoup plus sobres que les hommes : 39 % d'entre elles consomment régulièrement des boissons alcoolisées, contre 66 % des hommes. Parmi les consommateurs occasionnels, les femmes boivent trois fois moins que les hommes.

S.E.S.I.

Robert et Partners

1 verre, ça va. 3 verres... BONJOUR LES DÉGÂTS !

cfes comité français d'éducation pour la santé

Les jeunes ne sont pas à l'abri des vieilles tentations.

Tabac : les hommes s'arrêtent de fumer, mais les femmes prennent le relais.
● *43 % des hommes
et 16 % des femmes fument régulièrement.*
● *16 cigarettes par jour en moyenne
pour les hommes,
12 pour les femmes (fumeurs réguliers).*

- *5 % des hommes fument régulièrement la pipe, 7 % le cigare.*
- *Au cours des cinq dernières années, 14 % des hommes ont arrêté de fumer et 4,5 % seulement ont commencé.*
- *Dans la même période, 4 % des femmes ont arrêté, alors que 9 % ont commencé.*

"j'arrête."
"je stoppe."
"basta."
"terminé."
"fini."
1984. ouf! on respire

de comité français d'éducation pour la santé

Les hommes s'arrêtent,
mais les femmes commencent.

Longtemps considéré comme inoffensif, le tabac s'était forgé au cours des siècles une solide image sociale. Dans les salons, la cigarette 'posait' ceux qui en faisaient usage. Dans les bureaux, elle aidait à la concentration. Dans la vie en général, elle facilitait le contact entre les individus. Il n'en est plus de même aujourd'hui. Dans les lieux publics, il se trouve souvent quelqu'un qui se déclare indisposé par la fumée ou qui rappelle complaisamment l'histoire de son voisin de palier, mort d'un cancer de la gorge après de terribles souffrances. La cigarette n'est donc plus l'attribut social indispensable qu'elle était et qui permettait, en fonction de la marque utilisée et de la façon de fumer, de se construire à peu de frais une image de loubard, d'aristo, d'aventurier ou de père tranquille.

Cette évolution explique sans doute la lente diminution du nombre de fumeurs parmi les hommes (9,5 % de moins en 5 ans). Il faut par contre chercher une autre explica-

tion à l'attitude des femmes, qui sont de plus en plus nombreuses à fumer (5 % de plus en 5 ans). Celle qui vient à l'esprit est l'égalité croissante entre les sexes, dans tous les domaines de la vie quotidienne.

Il faut noter enfin que la consommation d'alcool et celle de tabac sont liées : 32 % des hommes et 6,5 % des femmes fument et consomment régulièrement de l'alcool. Ceux qui n'ont jamais fumé sont, pour la plupart, ceux qui boivent le moins. S'il est vrai que 'plus on boit et plus on a soif', il est vrai aussi que plus on boit et plus on a envie de fumer (ou de se droguer, p. 22). Il est vrai enfin 'qu'un malheur ne vient jamais seul'…

Les femmes enceintes fument de plus en plus

En 10 ans, le nombre de femmes enceintes qui fument a augmenté de 50 %. Le phénomène touche toutes les classes sociales sans exception. Il expliquerait la stagnation relative du poids des bébés à la naissance observée au cours de ces 10 dernières années, malgré la baisse importante du taux de prématurité.

I.N.S.E.R.M.

Drogue : les paradis artificiels conduisent en enfer.
- *400 000 personnes se droguent régulièrement.*
- *20 fois plus qu'en 1970.*
- *7 % des lycéens seraient concernés.*
- *23 615 intoxiqués ont été interpellés en 1983.*

La toxicomanie (état de dépendance vis-à-vis d'une substance particulière) est en forte augmentation. Plusieurs millions de Français auraient fait l'expérience d'une drogue douce. Les chiffres sont encore plus spectaculaires dans certains pays comme les États-Unis : un Américain sur cinq déclare avoir consommé au moins une fois du cannabis ; 16 millions sont des utilisateurs réguliers ; un tiers des étudiants fument de la marijuana. En France, parmi les personnes interpellées pour usage de drogue, 80 % ont moins de 25 ans ; 15 % seulement sont des femmes.

La nature des produits utilisés par les drogués varie beaucoup selon les périodes. En fonction de la disponibilité des produits. En fonction aussi de la mode créée dans les milieux de drogués et propagée par les médias. En 1982, 58 % des intoxiqués interpellés par la police utilisaient le cannabis, 32 % l'héroïne. Ces chiffres ne reflètent sans doute pas la situation exacte, la majorité des personnes n'ayant pas fait l'objet d'un contrôle policier utilisant d'autres drogues, telles que la cocaïne ou l'opium.

Les études réalisées au cours des dernières années (en particulier par l'I.N.S.E.R.M.) montrent une forte corrélation entre l'usage du tabac ou de l'alcool et celui de la drogue. L'essai d'une drogue est 6 fois plus fréquent chez les gros fumeurs que chez les non-

fumeurs, 5 fois plus parmi les consommateurs d'alcool, 3 fois plus parmi les utilisateurs de médicaments psychotropes (maladies nerveuses).

Migraine, stress, insomnie, suicide : les maladies du siècle

L'évolution de la science a favorisé le progrès. Dans ses applications médicales, le progrès a permis de faire reculer la maladie. Mais voilà que la maladie se venge en s'inventant de nouvelles formes. Le mal de tête, le stress, l'insomnie, le mal de dos ou même le suicide sont, semble-t-il, le tribut à payer à l'agitation et au confort caractéristiques de l'époque. Au point que certains se demandent aujourd'hui si les victoires remportées sur la poliomyélite ou le tétanos compensent les millions de dépressions, de nuits blanches et de dos en compote.

Il n'y a pas de drogués heureux

C'est parce qu'on est mal dans sa peau qu'on se drogue. S'il est parfois vrai que la première expérience se produit par jeu, par goût de la nouveauté ou par défi, sa poursuite est due, dans la plupart des cas, à des problèmes personnels. Lorsque le monde réel apparaît trop dur et trop froid, on en cherche un autre dans lequel on espère se sentir mieux. C'est parce que ça ne va pas bien qu'on se drogue et non pas le contraire.

L'image que les jeunes drogués ont d'eux-mêmes est beaucoup moins favorable que celle des non-drogués. Les premiers se jugent beaucoup plus pessimistes, tristes, inquiets, énervés, fantaisistes, paresseux, dépensiers, mal organisés, sans ambition, mal dans leur peau. Même ceux qui ne consomment que des drogues 'licites' (alcool, tabac, médicaments psychotropes) sont beaucoup plus nombreux à avoir le cafard que ceux qui n'en utilisent pas (55 % contre 21 %). Ils sont même 13 % à avoir des idées de suicide, contre 3 % des non-consommateurs de ces drogues du quotidien.

La toxicomanie augmente d'environ 20 % par an depuis 5 ans. Comment ne pas rapprocher cette évolution de celle qui s'est produite sur le plan économique et social ? Les perspectives offertes aux jeunes ne sont guère attirantes. La plupart se font une raison et tiennent bon. D'autres se laissent au contraire gagner par les difficultés ; et en général ne trouvent guère de compréhension auprès de leur entourage. De fortes corrélations existent, en effet, entre l'usage des drogues et le type de relations au sein du milieu familial. Plus la vie familiale paraît peu dynamique et peu attractive à l'enfant, plus il a tendance à lui trouver des substituts. La drogue est bien souvent l'un d'entre eux.

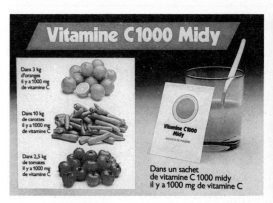

Les produits-tonus
sont de plus en plus appréciés.

8 millions de Français sont migraineux.

Le doute a longtemps plané sur la réalité physiologique de la migraine. Atteignant principalement les femmes, sans symptôme apparent, elle pouvait passer, selon Balzac, pour 'la reine des maladies, l'arme la plus plaisante et la plus terrible employée par les femmes contre leurs maris'. Ce doute est aujourd'hui largement dissipé, car les manifestations qui accompagnent la 'migraine commune' sont connues : modifications de l'appétit, barre sur l'estomac, troubles intestinaux, dépression ou euphorie, prise de poids. Le tout accompagné de douleurs souvent hémicrâniennes, débutant le matin.——

couvercle saute, où la personnalité craque. La palette des manifestations est large : de la perte de sommeil à la dépression totale, accompagnée parfois de la tentation extrême, celle du suicide.——————

20 millions de Français sont insomniaques.

90 % des migraines pourraient être soulagées

l'Express (décembre 1983)

Selon le Dr Marc Schmob, neurologue et psychiatre, la moitié des maux de tête sont d'origine psychique (anxiété, dépression) et touchent également les deux sexes. Les autres sont des migraines chroniques, dont les deux tiers touchent les femmes (le facteur hormonal jouant sans doute un rôle essentiel). Les recherches ont montré que la migraine s'accompagnait de la libération d'une substance particulière, appelée *sérotonine,* entraînant une constriction vasculaire cérébrale, responsable de la douleur. On sait aujourd'hui supprimer les facteurs déclenchants de la migraine. Dans la majorité des cas, un traitement périodique d'entretien, avec un médicament spécifique de crise bien dosé, suffit à supprimer la douleur. D'autres formes de traitement font appel à la chaleur (rayons infrarouges), au froid (cryothérapie), à l'électricité (électrostimulation) ou au laser. Mais la réalité est autre. La douleur, sous toutes ses formes, a des aspects subjectifs devant lesquels les médecins ne sont pas toujours très à l'aise.

Stress : le 'cumul des mandats' est difficile à assumer.
- *19 % des Français ont déjà fait une dépression (dont 40 % plusieurs fois).*
- *45 % pensent que cela pourrait leur arriver.*

Le stress n'est pas à proprement parler une maladie. Tout se passe, ici, dans la tête. L'accumulation de difficultés ou de frustrations dans la vie professionnelle, familiale ou personnelle en est la cause principale. Dans la vie moderne, chacun doit tour à tour assumer les responsabilités d'employé ou de patron, de parent ou d'époux. Une tâche souvent épuisante dans une société qui ne pardonne guère les faiblesses et les erreurs. Les nuisances de l'environnement (bruit, pollutions, agressivité ambiante, voir p. 194) viennent encore ajouter à cette difficulté.——

Vient un jour où la coupe est pleine, où le

Le sommeil des Français

Même si tous ne souffrent pas d'insomnie, beaucoup de Français dorment moins qu'ils ne le souhaitent. La moyenne est d'environ 7 heures 30. La durée du sommeil est très variable selon les individus :

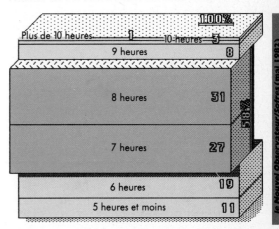

Plus de 10 heures	1
10 heures	3
9 heures	8
8 heures	31
7 heures	27
6 heures	19
5 heures et moins	11

100 %

le Nouvel Observateur/Sofres (mai 1982)

Une durée de sommeil inférieure à la normale n'est pas nécessairement un handicap. Napoléon, Victor Hugo, Raymond Poincaré se contentaient de 3 à 5 heures par nuit. Ce qui, apparemment, ne nuisait pas à l'intensité de leur vie diurne.

Impact

Les Français investissent dans le sommeil (campagne Epéda).

• *3 millions prennent chaque soir une 'pilule' pour dormir.*
• *À partir de 40 ans, un Français sur trois est atteint d'insomnie (un sur deux à partir de 60 ans).*

Les raisons invoquées à ces difficultés sont principalement les ennuis de santé, l'inquiétude dans la vie professionnelle, les problèmes affectifs ou familiaux.

En 1983, plus de 12 000 Français se sont suicidés.
• *Les trois quarts étaient des hommes.*
• *Net accroissement depuis quelques années : 8 700 en 1977, 10 500 en 1980.*
• *En 1983, plus de 150 000 personnes ont tenté (sans succès) de se suicider.*
• *Les manœuvres se suicident 3 à 4 fois plus que les contremaîtres ou les cadres supérieurs.*

Les chiffres officiels sont d'ailleurs probablement sous-estimés, beaucoup de suicides étant camouflés en mort accidentelle ou en disparition.

Si, chaque année, un grand nombre de personnes tentent de se donner la mort, c'est le plus souvent pour attirer l'attention sur leur détresse. Une forme d'appel au secours particulièrement dramatique. On peut y voir un effet de l'évolution de la société qui, en même temps qu'elle distribue le confort et le pouvoir d'achat, exclut du partage un nombre croissant d'individus (p. 315).

La loi du silence

Association Phénix/Ipsos (mars 1984)

On parle peu du suicide en France, et si quelques vedettes du cinéma (Patrick Dewaere) ou de la politique ont fait la une des médias, le suicide de l'homme de la rue reste le plus souvent discret. Deux raisons principales expliquent ce silence : la religion et la morale qui en est issue ont fait du suicide un sujet tabou ; l'entourage se sent toujours un peu responsable de n'avoir pas su empêcher le geste fatal.

51 % des Français connaissent dans leur entourage un ou plusieurs cas de suicides ; 18 % avouent y avoir pensé plus ou moins sérieusement comme un recours possible. Ce taux est encore plus élevé chez les personnes seules (veufs, divorcés ou célibataires). Les agriculteurs, les provinciaux, les personnes âgées tendent à considérer le suicide comme un acte de folie ou de lâcheté, les plus jeunes, les commerçants, les artisans et les industriels le voient au contraire plutôt comme un acte de courage.

ACCIDENTS
LES MALADIES
DE L'ENVIRONNEMENT

La route, la maison, le travail blessent ou tuent par an des centaines de milliers de personnes. La perte individuelle et collective est considérable.

La route tue autant que la guerre

• *Entre 1960 et 1984, 320 000 Français sont morts sur la route.*
• *8 millions ont été blessés.*

Un bilan insupportable sur le plan humain. Détestable aussi sur le plan économique, puisque chaque décès dû à un accident de la route coûte environ 1,8 million de francs à

La voiture coûte encore plus cher qu'on ne croit.

Une amélioration lente,
mais régulière

Évolution du nombre des accidents corporels des blessés et des tués :

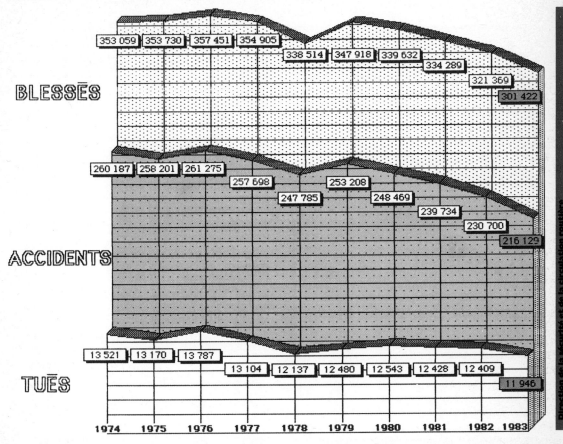

la collectivité. La facture globale annuelle atteint 80 milliards de francs...———

En 5 ans,
le nombre d'accidents a diminué de 15 %.

L'amélioration du réseau routier, la limitation des vitesses, l'abaissement de la puissance moyenne des voitures, l'impact des campagnes sur la sécurité routière, l'accroissement de la vigilance des policiers et des gendarmes, expliquent en grande partie cette amélioration.———

La proportion d'accidents mortels reste élevée.
● *4,4 tués pour 100 millions de kilomètres parcourus en France.*
● *2 fois plus qu'en Grande-Bretagne, aux États-Unis ou au Japon.*

Si la situation est à peu près stable sur les autoroutes, elle tend à se dégrader sur les routes nationales. On y compte, en effet, un quart seulement des accidents, mais un tiers des blessés et deux tiers des tués. Parmi les pays occidentaux, la France est l'un de ceux où l'on meurt le plus sur la route.———

*La vitesse est responsable
d'un accident sur trois sur autoroute.*
● *Un sur deux sur les autoroutes urbaines.*

Les causes des accidents sont bien connues. La vitesse occupe toujours la première place.

Vitesse et précipitation

Principales causes d'accidents sur route (1983) :

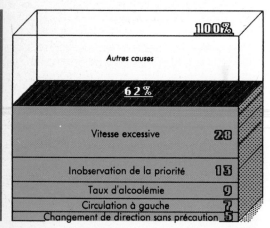

Gendarmerie nationale

100 %
Autres causes
62 %
Vitesse excessive 28
Inobservation de la priorité 13
Taux d'alcoolémie 9
Circulation à gauche 7
Changement de direction sans précaution 5

Les infractions au Code de la route restent nombreuses, malgré les campagnes d'incitation à la prudence largement diffusées par les médias. La campagne 'respect des feux rouges' n'a pas eu l'impact espéré (un automobiliste sur cinq avoue brûler des feux rouges). Les piétons des grandes villes, Paris en tête, en sont chaque jour les malheureuses victimes : la traversée des rues, petites ou grandes, devient une véritable aventure dont les risques sont réels. Chaque année, des milliers d'enfants y laissent leur vie. Les personnes âgées, plus prudentes mais moins mobiles, ne sont pas épargnées. ────

*L'alcool est présent
dans la moitié des accidents mortels.*

La moitié des conducteurs impliqués dans un accident mortel dépassent le taux d'alcoolémie de 0,8 gramme par litre. L'importance de l'alcool est d'ailleurs sous-évaluée dans les statistiques, du fait de l'impossibilité de pratiquer l'alcootest sur les morts et les blessés graves. ────

Le danger, ce n'est pas toujours les autres.
● *48 % des accidents mortels
ne mettent en cause qu'un seul véhicule.*

Contrairement à une idée répandue, les accidents ne sont pas systématiquement dus à la rencontre de deux véhicules. Dans la moitié des cas d'accidents mortels, on se tue tout seul. L'alcool y est bien souvent pour quelque chose, beaucoup plus que les défaillances mécaniques (ci-dessous). ────

*Les erreurs humaines
sont de loin les plus nombreuses.*
● *2 % seulement des accidents
sont dus à des défaillances mécaniques
(mais on estime que 40 % des véhicules
sont en mauvais état).*
● *11 millions de Français voient mal au volant :
— 11 % d'entre eux ne portent pas de lunettes,
— 35 % de ceux qui en portent
ont une correction mal adaptée.*

Les statistiques montrent que les malvoyants ont une fréquence d'accidents au moins double de celle des autres. Un solide argument à l'appui de ceux qui demandent l'examen de la vue obligatoire pour tous les conducteurs. Comme cela se pratique couramment au Japon (tous les 3 ans), en Suisse (tous les 5 ans), en Espagne et en Italie (tous les 10 ou 5 ans selon l'âge), etc. ────

La sécurité peut-elle se décréter ?

Faut-il laisser à chacun la liberté de choisir sa façon de conduire, à l'intérieur du cadre, supposé connu, du Code de la route ? Les partisans du libre arbitre répondent par l'affirmative et condamnent aussi bien le port obligatoire de la ceinture que l'examen systématique des véhicules dans des centres agréés.

Les autres, marqués par le 'traumatisme de Beaune' (été 1982) et par les abus fréquents dont ils sont les témoins, démontrent que la ceinture sauve des vies humaines, de même que la limitation de la vitesse. Ils demandent plus de contraintes et de contrôles. Pour faire en quelque sorte le bien des Français malgré eux. Faire confiance ou légiférer, c'est choisir entre la liberté individuelle et la sécurité collective.

Accidents du travail :
un million par an depuis trente ans.
● *1982 : 930 525 accidents*
ont entraîné un arrêt de travail,
● *96 848 une incapacité permanente,*
● *34,5 accidents/million d'heures travaillées,*
● *27 millions de journées de travail perdues.*

Le nombre des accidents du travail est à peu près constant depuis 1950. Le 'taux de fréquence', ou nombre d'accidents avec arrêt par million d'heures travaillées, a, par contre, tendance à diminuer. Cette baisse est due à une réduction des risques, mais aussi à la diminution du nombre des ouvriers, particulièrement exposés à ces risques.————

Le nombre des décès diminue régulièrement.
● *1970 : 2 268.*
● *1975 : 1 986.*
● *1982 : 1 359.*

Les accidents du travail sont moins fréquents dans les tranches d'âge élevées, mais ils sont plus graves : le taux de fréquence est 5 fois plus élevé chez les ouvriers que chez les autres travailleurs.————

On meurt aussi sur le chemin du travail.
● *1982 : 155 000 accidents de trajet.*
● *1 024 morts.*

La fréquence et la gravité des accidents du travail sont très variables d'un secteur d'activité à l'autre. La moitié d'entre eux se produisent dans le bâtiment et la métallurgie. La hiérarchie des décès selon le secteur est semblable. Les secteurs où on meurt le plus sont le bâtiment, les transports et la manutention, la métallurgie et l'alimentation. Le risque d'accident est maximal entre 20 et 29 ans. Il décroît ensuite régulièrement avec l'âge.————

La maison tue 2 fois plus que le travail.
● *2,3 millions de blessés*
dans des accidents domestiques en 1983.
● *60 % étaient des hommes.*
● *250 000 personnes ont été hospitalisées.*
● *5 000 morts.*

Plus nombreux que les accidents du travail,

les accidents domestiques sont aussi plus graves. Parmi les pays industrialisés, la France est le plus touché : 23 décès pour 100 000 habitants, trois fois plus qu'au Japon ou en Grande-Bretagne. Du bricolage à l'électrocution, en passant par la chute dans la baignoire, les pièges de la maison sont nombreux.————

Les enfants sont les plus menacés.
● *2 500 morts en 1983.*
● *100 000 ont fait une chute grave.*
● *50 000 ont été intoxiqués.*

L'absorption de médicaments pris au hasard sur une étagère est responsable de beaucoup d'accidents chez les enfants de 3 à 6 ans. Il faut citer aussi l'ingestion d'objets les plus divers (cacahuètes, pépins, haricots, clous, boutons, capuchons de stylo…), qui peut parfois se terminer de façon tragique. Les brûlures, les chocs électriques, les chutes constituent d'autres types de risques que les parents peuvent éviter dans une large mesure : en rangeant les produits nocifs hors de portée des enfants, en camouflant les prises électriques, en évitant les meubles aux angles vifs. Un souci permanent qui vaut très largement le temps qu'il nécessite.————

LES FRANÇAIS ET LA MÉDECINE : DÉFENSE TOUS AZIMUTS

La santé est le capital le plus précieux des Français. C'est pourquoi ils investissent de plus en plus pour la préserver. Leurs rapports avec le corps médical évoluent. Le médecin traditionnel descend de son piédestal et les patients n'hésitent pas à faire appel à d'autres formes de médecine. Plus douces, plus naturelles ou plus exotiques.

La santé n'a pas de prix.
● *Entre 1978 et 1983,*
les dépenses de santé ont augmenté de 80 %
(2 fois plus que l'inflation).
● *Les Français ont vu en moyenne*
5,2 fois un médecin en 1982 (3,5 en 1970).
● *Ils ont acheté 26 unités*
de produits pharmaceutiques (18 en 1970).
● *Ils ont passé 3 jours et demi à l'hôpital.*

L'offensive-santé des Français depuis quelques années montre l'intérêt fondamental qu'ils attachent à la bonne marche de leur corps. D'autant que les dépenses de santé proprement dites ne sont que la partie apparente d'un dispositif plus vaste, qui inclut les dépenses liées à la prévention : activités sportives, hygiène, alimentation, etc.——————

La consommation médicale est très inégale.
● *13 % des familles effectuent 55 % des dépenses.*
● *4 % des familles*
'monopolisent' plus des trois quarts
des indemnités journalières versées.

Les consommations médicales moyennes cachent en fait de très profondes disparités entre les Français. Il est évident que les malades ont avec la médecine des rapports plus fréquents que n'en ont les bien-portants. Il n'est pas surprenant que les personnes âgées voient un médecin plus souvent que les autres (environ 7 fois par an contre 5). Les différences qui séparent en ce domaine les sexes et les professions méritent par contre quelques explications.——————

Les femmes font plus attention
que les hommes.
● *Consultations et visites (moyenne annuelle) :*
5,9 pour les femmes ; 4,5 pour les hommes (1980).
● *Achats de médicaments :*
29,5 conditionnements pour les femmes ;
22,9 pour les hommes (1980).
● *Nombre d'examens :*
3,2 pour les femmes ; 1,7 pour les hommes (1980).

D'une manière générale, les femmes se sentent plus concernées que les hommes par leur état de santé. D'ailleurs, la santé n'est-elle pas le prolongement (ou la source) de la beauté, laquelle est encore traditionnelle-

ment une affaire de femme ? Outre cette préoccupation (difficile à mesurer dans l'absolu), il faut dire que les femmes ont des raisons particulières de se rendre chez le médecin : périodes de grossesse, choix et suivi des méthodes contraceptives, ménopause, etc. Allant plus chez l'homme de l'art, il est normal qu'elles achètent plus de produits pharmaceutiques et parapharmaceutiques.——————

Les cadres et employés
font plus attention que les autres.
● *Nombre de consultations et visites (1980) :*
Le plus : cadres moyens, 5,5 ; employés, 5,2.
Le moins : professions libérales, 3,4 ;
agriculteurs, 3,7 ; patrons, 3,9.

Est-on plus souvent malade quand on est cadre que lorsqu'on est agriculteur ou membre d'une profession libérale ? En tout cas, les pratiques sont différentes d'une catégorie à l'autre. La santé paraît en effet moins préoccuper les professions libérales, les agriculteurs et les patrons. Des catégories qui semblent avoir en commun deux caractéristiques : des horaires de travail très chargés et une couverture sociale moins favorable que celle des salariés. Ceci expliquerait-il cela ?

La quantité de soins n'est pas la seule différence entre les professions. La façon dont ils sont pratiqués oppose par exemple les cadres supérieurs aux agriculteurs et aux ouvriers non qualifiés : les premiers se rendent beaucoup plus fréquemment chez les spécialistes, tandis que les seconds restent fidèles aux médecins généralistes.——————

La médecine traditionnelle désacralisée

Les Français ont de nouveaux rapports avec la médecine traditionnelle. Pendant longtemps, ils avaient considéré le médecin comme le détenteur unique d'un pouvoir magique, celui de guérir la maladie, de prolonger la vie. Mais les temps ont changé. Les Français en savent un peu plus sur leur corps et sont de plus en plus décidés à le prendre en charge (p. 4). De leur côté, les médecins ne sont plus en position de force. Leur nombre a beaucoup augmenté (120 000, soit 1 pour 450 habitants). Certains d'entre eux (en particulier les plus jeunes) sont aujourd'hui contraints de prospecter la clientèle afin de l'attirer dans leur cabinet. Par ailleurs, la concurrence des autres types de médecine se fait de plus en plus pressante (ci-après). —

Les Français jugent les médecins

Santé-Magazine/Sofres (nov. 1983)

Lorsqu'ils s'expriment sur leurs relations avec les médecins, 84 % des Français se déclarent satisfaits. 48 % considèrent que les médecins se soucient autant qu'hier de leurs malades, 13 % qu'ils s'en soucient plus, mais 34 % qu'ils s'en soucient moins. 66 % considèrent que leur médecin est disponible et qu'il les examine avec attention, mais 16 % regrettent qu'il ne leur explique pas assez clairement ce dont ils souffrent.
48 % estiment que les médecins prescrivent les médicaments en quantité normale, 47 % qu'ils en prescrivent trop (1 % pas assez).
81 % ont un médecin qui les suit de façon régulière.

Pour rester en bonne santé,
il n'y a pas que les médecins.
• 1978 : 53,7 % des Français sont d'accord sur le fait que 'le maintien en bonne santé est l'affaire des médecins'.
• Ils ne sont plus que 44,4 % aujourd'hui.

La médecine deviendrait-elle un service comme les autres ? Se rendra-t-on bientôt chez le médecin comme on va chez le garagiste ou le plombier ?—

Si les attitudes changent, les comportements changent aussi. De plus en plus de malades, petits ou grands, pratiquent l'automédication. Ils se prescrivent eux-mêmes des médicaments, remettant à l'ordre du jour les 'remèdes de bonne femme' que le développement de la médecine (et de la Sécurité sociale) avait fait disparaître. D'autres se tournent vers des thérapeutiques nouvelles. Un nombre croissant de malades mettent en concurrence le diagnostic, autrefois sacré, de leur médecin avec celui d'autres hommes de l'art (36 % demandent l'avis d'au moins un autre praticien). Même lorsqu'ils ont consulté un médecin, les Français gardent une possiblité de choix personnel. Un tiers des patients ne suivent pas les ordonnances à la lettre : certains n'achètent pas tous les médicaments prescrits ; d'autres enfin n'en consomment qu'une partie.—

Le droit à la mort

Les Français acceptent de moins en moins de laisser au médecin ou au chirurgien l'exclusivité des décisions concernant leur santé. La plupart veulent être informés de ce dont ils souffrent et pouvoir discuter des moyens à mettre en œuvre.

Les médecins sont partagés entre le droit des malades à la vérité (44 % y sont favorables) et la décision unilatérale du praticien de dire ou non la vérité (43 %). Dans les cas extrêmes, patients et médecins s'accordent à condamner l'acharnement thérapeutique. Si seulement 26 % des médecins sont favorables à l''euthanasie active' (volonté du malade de mettre fin lui-même à ses jours), 90 % accepteraient de donner des calmants, avançant ainsi le moment de la mort.

Le droit à la santé n'est donc pas dissociable du droit à décider soi-même de sa propre vie, voire de sa mort (ci-dessus). Si les Français ont tendance à rechercher l'assistance de l'État dans certaines circonstances pratiques (éducation, chômage, Sécurité sociale, retraite, etc.), ils souhaitent garder la maîtrise des grandes décisions qui concernent leur vie en général.—

Médecines douces : à chacun sa vérité

Le développement considérable des 'autres médecines' depuis quelques années est un événement social d'importance. On peut y voir, en effet, la conséquence de plusieurs 'tendances lourdes' de la société actuelle.—

Une plus grande ouverture d'esprit.

Elle a permis à des techniques 'venues d'ailleurs' de s'implanter avec succès. C'est le cas, par exemple, de l'acupuncture. L'ouverture des frontières économiques, l'accroissement des moyens d'information, la démocratisation des voyages, l'attirance croissante pour les 'solutions des autres' président vraisemblablement à cette évolution des habitudes.—

*L'intérêt croissant
pour la 'pluridisciplinarité'.*

Il amène les Français à préférer l'utilisation de méthodes complémentaires à celle d'une méthode unique. Pourquoi la médecine chinoise ne pourrait-elle pas aider à soigner des maux pour lesquels la médecine française traditionnelle est inefficace ?—————————

Le besoin de 'retour aux sources'.

Il explique la redécouverte des techniques anciennes, telles que phytothérapie, homéopathie, ou aromathérapie. Dans un monde de haute technicité et de pollution, les secrets naturels des ancêtres ont un côté rassurant, voire salvateur.————————————————

L'individualisme.

Toujours lui. Il trouve son compte dans la multiplicité des solutions offertes. Chacun peut ainsi 'personnaliser' son approche des problèmes de santé et affirmer son unicité.

La clientèle de ces autres médecines est aujourd'hui principalement composée des membres des catégories moyennes (un Français sur trois a déjà eu recours à une médecine douce, surtout l'homéopathie et l'acupuncture). Des médecins traditionnels eux-mêmes ont commencé à réagir : 10 % d'entre eux ont déjà intégré une médecine non institutionnelle dans leur pratique professionnelle.—————————————————

Dans une civilisation que l'on peut qualifier de 'dure', les médecines douces apportent une sensation de retour aux sources, s'appuyant sur des besoins individuels profonds. Les médecines douces sont en quelque sorte à la santé ce que l'écologie est à la politique. Chassez le naturel, il revient au galop. ——————

Instruction :
la lutte des influences

L'ÉCOLE :
UNE CERTAINE IDÉE
DE LA VIE

Pour les adultes d'aujourd'hui, l'école a plus été un moyen de formation générale (malgré quelques 'bavures' spectaculaires) qu'une préparation concrète à la vie professionnelle. Plus que jamais la possession des diplômes reste le plus sûr moyen pour 'réussir' dans la vie.

N.B. Il n'est question dans ce chapitre que de l'instruction qui a été reçue à l'école par la population adulte. Le fonctionnement actuel de l'école est analysé dans un autre chapitre ('La School Generation').

Diplômes :
des jokers dans le jeu de la vie

École-diplôme-métier. Cette trilogie n'est pas, semble-t-il, près de se démoder. Si l'on

mesure la réussite d'un individu à la place qu'il occupe dans la hiérarchie des professions, c'est à l'école qu'elle se prépare le plus souvent. Bien sûr, le 'déterminisme scolaire' souffre quelques exceptions. Mais, à une époque où l'offre d'emplois est tragiquement inférieure à la demande, les plus diplômés sont généralement les mieux servis.————

Un Français sur trois n'a pas de diplôme.

Pourtant, le chemin parcouru depuis le début du siècle est considérable : un Français sur mille était alors bachelier. Le nombre des Français pouvant se prévaloir d'une quelconque 'peau d'âne' s'accroît régulièrement. Il y avait en 1968 2,7 % de diplômés de l'enseignement supérieur. Quinze ans après la 'révolte des étudiants', la proportion atteint 7,5 %.————

Diplômes et métiers forment une association à but très lucratif.
Parmi la population active :
* *20 % ont au moins le baccalauréat ;*
* *22,5 % seulement n'ont aucun diplôme.*

Pourquoi ceux qui travaillent sont-ils plus diplômés que les inactifs ? L'explication tient d'abord au nombre élevé des retraités. Ceux-ci ont connu l'école à une époque où

Les hommes un peu plus diplômés que les femmes

Population de plus de 15 ans, non scolarisée (1983) :

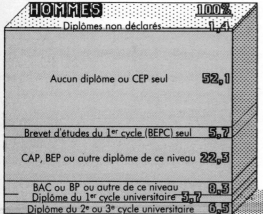
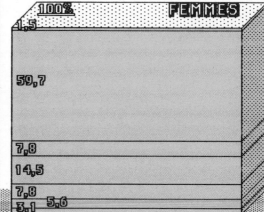

HOMMES 100% / 100% FEMMES

	HOMMES	FEMMES
Diplômes non déclarés	1,4	1,5
Aucun diplôme ou CEP seul	52,1	59,7
Brevet d'études du 1er cycle (BEPC) seul	5,7	7,8
CAP, BEP ou autre diplôme de ce niveau	22,3	14,5
BAC ou BP ou autre de ce niveau	8,3	7,8
Diplôme du 1er cycle universitaire	3,7	5,6
Diplôme du 2e ou 3e cycle universitaire	6,5	3,1

I.N.S.E.E.

il était rare de poursuivre de longues études. L'autre explication est que beaucoup d'inactifs sont des femmes, et celles-ci sont en moyenne moins diplômées que les hommes.

Y a-t-il un rapport entre les études effectuées et le métier pratiqué ? Le diplôme est-il encore le passeport qui permet de franchir les frontières des 'meilleures' professions ? La réponse est clairement 'oui', et les chiffres sur lesquels elle s'appuie sont éloquents :⎯

● *4 % des agriculteurs ont le bac,*
contre 76 % des cadres supérieurs.
● *50 % des ouvriers n'ont aucun diplôme,*
contre 9 % des employés.

La hiérarchie des professions, qui est aussi celle des revenus, est véritablement calquée sur celle des diplômes. Difficile de 'faire son trou' sans l'indispensable sésame. Bien sûr, les portes de la direction générale s'ouvrent parfois à l'autodidacte, mais c'est généralement parce que, ne disposant pas de la clé, il les aura enfoncées. Restent les métiers moins codifiés où les qualités personnelles sont plus prisées que les parchemins. Devenir G.O. au Club Méditerranée, accéder au poste de chef de rayon dans un hypermarché ou chef de chantier sont des rêves accessibles à ceux

dont les souvenirs scolaires sont vagues ou inexistants. Mais il leur faudra le plus souvent 'refaire le handicap', à coups de cours du soir, de promotions successives. Moins de temps libre, plus d'acharnement, tel est le prix à payer par ceux qui, pour une raison ou une autre, n'ont pas obtenu dès l'école le droit d'être ce qu'ils sont.⎯⎯

Managers : les diplômes paient

Formation des patrons et cadres gagnant plus de 900 000 francs par an :

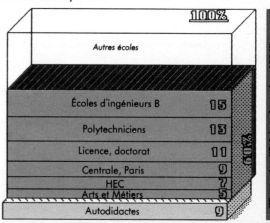

100%

Autres écoles	
Écoles d'ingénieurs B	15
Polytechniciens	13
Licence, doctorat	11
Centrale, Paris	9
HEC	7
Arts et Métiers	5
Autodidactes	9

l'Expansion ('Salaires des cadres 1984')

Qu'ont-ils appris à l'école ?

Les diplômes jouent un rôle évident, même s'il est discutable : celui de la sélection. Il est intéressant d'examiner si leur contenu constitue une préparation véritable aux carrières auxquelles ils permettent d'accéder. Apprend-on à l'école ce dont on a besoin dans la vie ?————————————————

La culture classique domine largement.
- *53 % des Français ont suivi des études classiques.*
- *28 % ont suivi des études techniques.*
- *19 % ont suivi successivement les deux filières.*

Plus de la moitié des adultes d'aujourd'hui ont flirté dans leur jeunesse avec les déclinaisons latines, le grec ancien ou la littérature française. Cela montre bien le décalage entre la nature des études et celle des activités professionnelles. La carte des métiers ne 'colle' pas aujourd'hui à celle des formations. La constatation n'est pas nouvelle et on peut d'ailleurs lui trouver des explications valables. D'abord, nul ne peut savoir, dix ou vingt ans à l'avance, où le conduiront les chemins de la vie professionnelle. Difficile, donc, de s'y préparer. Ensuite, l'école s'est souvent considérée elle-même comme un moyen 'd'apprendre à apprendre', tout en dispensant une culture générale minimale, en particulier dans l'enseignement secondaire. Enfin, l'évolution des besoins des différents secteurs de l'économie a connu un rythme de changement difficile à suivre pour un système éducatif immense, traditionnel, donc peu mobile.————————————————

L'orientation scolaire tient plus au hasard qu'à un choix délibéré.
- *Pour 70 % des adultes, le type d'études suivi a été dicté par les circonstances.*
- *Pour les autres, il a été guidé par les parents, professeurs, etc.*

L'imparfaite adéquation des types de formation proposés par l'école à la réalité économique n'est pas la seule responsable du décalage décrit précédemment. Le rôle de l'orientation scolaire est tout aussi important. Elle est dans bien des cas indépendante de la réalité économique.————————————————

Le type d'orientation suivi doit plus au hasard (proximité d'une école, places disponibles, etc.) qu'à des choix délibérés de la part des intéressés ou de leur entourage.————

Qu'ont-ils retenu ?

On sait ce que tout élève est censé apprendre à l'école. Il suffit pour cela de se référer aux

Culture générale : les Français n'ont pas la moyenne

		% de réponses justes
1.	Pouvez-vous citer quatre auteurs français du XVIIIe siècle ?	15,3
2.	Qui a peint 'la Joconde' ?	66,4
3.	Qu'est-ce qu'un quintal ?	60,3
4.	Citez quatre capitales d'États africains	27,8
5.	En quelle année a eu lieu le sacre de Charlemagne ?	32,7
6.	Où se trouve Budapest ?	57,1
7.	Qui a composé 'la Sonate au clair de lune' ?	18,6
8.	Qu'est-ce qu'un alexandrin ?	28,6
9.	Qu'est-ce qu'un triangle équilatéral ?	58,4
10.	En quelle année Christophe Colomb a-t-il découvert l'Amérique ?	15
11.	Citez un os du bras	48,1
12.	La Bastille a été prise le 14 juillet 1789. Qu'était la Bastille ?	80,8
13.	Qui a écrit 'le Cid' ?	46,4
14.	Quelle note donne le diapason ?	43,5
15.	Dans quelle ville se trouve la Maison-Blanche ?	78,1
16.	Dans quelle ville se trouve la place Rouge ?	81,1
17.	Qui a écrit 'Eugénie Grandet' ?	32
18.	Qui a découvert le vaccin contre la rage ?	88,3
19.	Qui était Rodin ?	44,4
20.	Pouvez-vous citer une défaite de Napoléon ?	65,8
21.	En quelle année a été votée la loi de séparation de l'Église et de l'État ?	12,8
22.	Qui a écrit 'la Marseillaise' ?	63,7
23.	Quelles sont les cellules du sang qui assurent la défense de l'organisme ?	45
24.	Nommez un grand écrivain allemand	39,1
25.	Nommez un grand écrivain italien	16,3
26.	Quelle est la population de la France ?	51
27.	Quelle est la population de la Chine ?	38,4
28.	En quelle année s'est installé le régime communiste en Russie ?	37,2
29.	Où coule l'Amazone ?	60,5
30.	Que s'est-il passé à Diên Biên Phu ?	40,8
31.	En quelle année Hitler a-t-il pris le pouvoir en Allemagne ?	49,2
32.	Qui a écrit 'le Rouge et le Noir' ?	55,3

Sur trente-deux questions posées, treize obtiennent plus de 50 % de réponses justes. (V. page suivante.)

Enquête *le Point-Infométrie,* décembre 1983

programmes, généralement copieux, de chacune des classes de la scolarité obligatoire. On sait moins ce qu'il en reste, dix, vingt… ou cinquante ans plus tard. Les résultats sont parfois surprenants. Ainsi, la note moyenne obtenue par les Français au questionnaire élaboré par le journal *le Point* et *Infométrie* (page précédente) pour tester leur culture générale était de 9,4 sur 20. Un score qui paraît décevant lorsqu'on sait que chacune des 32 questions posées fait partie des programmes de tout élève ayant suivi l'école jusqu'à 16 ans. Cependant, la moyenne générale dissimule de fortes disparités entre les diverses catégories de Français. _____

En matière de culture générale :
● *Les hommes font mieux que les femmes ;*
● *Les Parisiens mieux que les provinciaux ;*
● *Les sympathisants de droite*
mieux que ceux de gauche ;
● *Les cadres*
mieux que les employés ou les ouvriers ;
● *Les jeunes moins bien que leurs aînés.*

Réponses

1. Voltaire, Rousseau, Diderot, Montesquieu. — *2.* Léonard de Vinci. — *3.* 100 kilos. — *4.* Alger, Tunis, Dakar, Abidjan, Rabat, Le Caire, Brazzaville, Tripoli, etc. — *5.* 800. — *6.* Hongrie. — *7.* Beethoven. — *8.* Un vers de douze pieds. — *9.* Un triangle dont les trois côtés sont égaux. — *10.* 1492. — *11.* Humérus, radius, cubitus. — *12.* Une prison. — *13.* Corneille. — *14.* Le 'la'. — *15.* Washington. — *16.* Moscou. — *17.* Honoré de Balzac. — *18.* Pasteur. — *19.* Un sculpteur. — *20.* Waterloo. — *21.* 1905. — *22.* Rouget de Lisle. — *23.* Les globules blancs. — *24.* Goethe, Marx, Nietzsche, Brecht, Kant. — *25.* Dante, Moravia, D'Annunzio, Pirandello. — *26.* 54 millions. — *27.* 1 milliard. — *28.* Octobre 1917. — *29.* Brésil (principalement). — *30.* Défaite de l'armée française face au Viêt-minh. — *31.* 1933. — *32.* Stendhal.

Les jeunes apprennent
peut-être moins à l'école,
mais plus à la télévision.

On est surpris du mauvais score des 16-24 ans au questionnaire du *Point* (8,4 sur 20). Les réponses aux questions auraient pourtant dû être toutes fraîches pour eux. D'autant qu'il ne s'agissait pas de réciter par cœur les fleuves et les départements, mais de répondre à de véritables questions de culture générale. Les enseignants auraient-ils donc raison de se plaindre, chaque année, de la dégradation du niveau de leurs élèves ? La vérité est plus complexe. Si les élèves retiennent moins de ce qu'ils apprennent à l'école, c'est peut-être parce que leur attention est attirée par d'autres formes d'apprentissage. La famille et surtout les médias sont en effet de sérieux concurrents de l'école (p. 36). Les images d'archives, la voix d'Alain Decaux ou les invités de Bernard Pivot font sans doute plus pour faire connaître l'affaire Dreyfus que beaucoup de cours d'histoire… Et puis, les jeunes semblent préférer la culture 'utile' à celle qui permet de briller dans la conversation. Un questionnaire portant sur les derniers vainqueurs de Roland-Garros ou sur les performances de la navette spatiale aurait sans doute obtenu de bien meilleurs résultats auprès d'eux. On apprend peut-être moins en classe, mais plus à la maison. Moins sur le passé et plus sur le présent. La vraie culture générale est-elle de pouvoir réciter trente vers de *l'École des femmes* ou de savoir converser avec un ordi-

Les perles… de culture

Si la tristesse a pu étreindre les correcteurs du questionnaire *le Point-Infométrie* (voir page précédente), l'hilarité les a sans doute gagnés à la lecture de certaines réponses :

— Qu'est-ce qu'un quintal ? Un fromage.
— L'auteur de la *Sonate au clair de lune* ? John Lennon.
— Qu'est-ce qu'un alexandrin ? Un apéritif ; un digestif.
— Un triangle équilatéral ? Un triangle à 3 côtés ; un triangle à 2 côtés parallèles.
— Un os du bras ? Le doigt ; le radium ; le cumulus.
— La note donnée par le diapason ? 8 sur 10 ; un bruit sourd.
— Rodin était un 'penseur'.
— L'auteur de la *Marseillaise* ? De Gaulle ; Robespierre ; Gainsbourg.
— Hitler a pris le pouvoir en 1605.
— À Diên Biên Phu, la Vierge est apparue.
— C'est à 'Waterpolo' que Napoléon a connu la défaite.

nateur ? C'est le vrai débat. Les jeunes, pour leur part, ont déjà tranché._____

Les 'bavures' du système

Certes, la grande majorité des Français disposent du bagage nécessaire à leur intégration sociale. Mais on constate tout de même quelques 'ratés' spectaculaires._____

3 millions de Français ne savent pas lire.)

Un chiffre étonnant, lorsqu'on sait que l'enseignement est obligatoire jusqu'à 16 ans. Cela incite à se poser des questions sur l'efficacité globale du système éducatif et sur sa capacité à réduire les inégalités entre les individus. L'évolution à laquelle on assiste depuis plusieurs décennies se développe en effet dans deux directions opposées : d'un côté, l'accroissement réel du niveau d'instruction moyen ; de l'autre, un nombre croissant de laissés-pour-compte._____

On estime que 4 à 6 % des Français ne savent ni lire ni écrire. Ce ne sont pas seulement comme on le croit des Français d'origine étrangère. La plupart n'ont pas appris à l'école (ou mal), d'autres ont oublié, faute de pratiquer._____

Ce phénomène ne concerne pas que la France, puisqu'on considère que 10 à 15 millions d'Européens sont analphabètes. Beaucoup d'autres éprouvent des difficultés à lire dans leur propre langue. C'est le cas par exemple de 15 % des Américains._____

S'il est difficile de recenser précisément cette forme très grave de handicap social, il est encore plus ardu d'y remédier. La plupart des personnes concernées s'efforcent de cacher leurs problèmes, craignant de perdre leur dignité. Sans cesse confrontées à la 'civilisation de l'écriture', elles vivent une humiliation quotidienne. Qui se traduit souvent par l'isolement, la honte, voire le mépris de soi. Car le malheur guette celui qui ne peut pas comprendre ni s'exprimer, dans un monde où tout est communication. De la société de communication à celle de 'l'excommunication', il n'y a qu'un pas (p. 167).

Le français tel qu'on l'écrit

Si la plupart des Français savent écrire, bien peu le font en respectant l'orthographe. Dans une enquête réalisée en décembre 1983, *V.S.D.* et Ipsos demandaient à un échantillon représentatif de la population d'écrire les vingt mots suivants. Les pourcentages figurant entre parenthèses indiquent les réponses erronées (l'orthographe indiquée est la bonne) : prud'homal (75 % de fautes), ressusciter (73 %), glu (65 %), dilemme (63 %), aux dépens (61 %), misogyne (60 %), ammoniaque (59 %), rhododendron (59 %), flamant (50 %), solennel (38 %), anticonstitutionnellement (38 %), rythme (37 %), licenciement (34 %), hasard (21 %), trafiquant (20 %), orthographe (16 %), il jette (14 %), langage (14 %), davantage (9 %), hirondelle (7 %).

Beaucoup d'enfants sont dans l'impossibilité de profiter normalement de l'école.

Parce que plus fréquemment malades, ils sont plus souvent absents que les autres. Parce qu'ils doivent, très tôt, aider leurs parents dans les tâches quotidiennes. Parce que la société qui leur est présentée à l'école ne ressemble pas à celle dans laquelle ils vivent. Ne pouvant faire l'expérience concrète des choses apprises, elles leur paraissent artificielles et ils les oublient très vite. L'école renforce donc les écarts existant à la naissance. La vie les amplifiera encore, jusqu'à rendre impossible toute intégration sociale. C'est à ce processus, entre autres, que l'on doit le développement rapide du 'quart monde' depuis quelques années (p. 315)._____

À quoi sert l'école ?

Donner à chacun les connaissances de base qui lui seront nécessaires dans les différentes étapes de sa vie, telle est la mission théorique de l'école, sur laquelle tout le monde ou presque peut s'accorder._____

Le programme minimum est sans doute d'apprendre à lire, écrire et compter. Il est assez largement réalisé, même si un nombre non négligeable d'enfants passent encore à travers les mailles du filet scolaire, malgré les efforts réalisés depuis des décennies._____

Le programme maximum est de préparer chacun à un métier. L'appréciation est ici moins facile à porter. Il faut distinguer entre le niveau des connaissances dispensées et leur nature, plus ou moins adaptée aux métiers en question et à l'économie dans laquelle elles s'insèrent.

En pratique,
l'école permet à ceux qui y réussissent
d'obtenir des diplômes.

Ces diplômes leur donnent la possibilité (sinon la garantie) d'accéder aux professions les plus élevées dans la hiérarchie sociale et les mieux rémunérées. On peut évidemment se demander si les capacités scolaires sont les mêmes que celles qui sont indispensables dans l'exercice d'une profession, mais c'est là un autre débat. Les non-diplômés devront en général se contenter des autres postes, quitte à rattraper peu à peu le temps perdu. Au prix de beaucoup de talent et de volonté.

Pour la plupart des Français, l'école reste un outil de sélection, plus que de préparation véritable à la vie d'adulte. Il serait évidemment injuste de lui jeter la pierre et de rejeter un système qui n'a pas peu contribué au progrès social et économique. Mais il serait tout aussi anormal de ne pas dénoncer ses faiblesses.

ENVIRONNEMENT : L'ÉCOLE DE LA VIE

La famille, les médias, la formation permanente,
sont devenus des concurrents de l'école
traditionnelle. Si les domaines qu'ils couvrent
sont souvent complémentaires, les types
d'apprentissage qu'ils proposent sont différents.

La 'formation par le milieu' reste en tout cas irremplaçable. Car les choses de la vie ne s'apprennent pas à l'école.

Famille : la transmission du savoir-être

Le rôle joué par la famille dans l'instruction des Français est subtil et difficile à analyser. Mais il est considérable. Plus sans doute que l'enseignement reçu à l'école, celui dû au milieu familial laisse des traces indélébiles. On se souvient plus des paroles prononcées par ses parents que de celles prononcées par les maîtres (sauf peut-être lorsque ceux-ci sont illustres). L'idée que l'enfant se fait de la société dépend plus des situations vécues en famille que de la présentation formelle qu'en font les professeurs.

L'origine familiale
reste un des principaux facteurs d'inégalité.
• Un enfant de cadre ou d'enseignant
dispose, à 7 ans,
d'un vocabulaire 2 à 3 fois plus riche
que celui d'un enfant d'ouvrier.
• La probabilité d'accès
à l'enseignement supérieur
est 20 fois plus grande
pour un fils de cadre supérieur
que pour un fils d'ouvrier.

C'est une évidence, mais il faut bien la rappeler : le fils du chirurgien n'a pas eu dans sa vie d'enfant les mêmes expériences que celui du manœuvre. Le premier a été amené tout naturellement à s'intéresser à la culture, aux discussions de portée générale. Le second n'en a guère eu la possibilité, ramené qu'il était aux réalités matérielles et aux difficultés qu'elles engendrent. La science, la littérature, l'histoire, la géographie ont été ressenties différemment par l'un et par l'autre. Même s'ils avaient été dans les mêmes classes, ce qui est fort improbable (p. 117), les deux enfants seraient sans doute devenus des adultes différents. Ce n'est pas par hasard que le taux de redoublement au cours préparatoire est trois fois plus élevé chez les enfants d'o.s. que chez ceux des cadres (p. 118). Sans nier l'influence, sans doute considérable, de l'hérédité, il est certain que les différences de vocabulaire, d'ouverture d'esprit jouent en défaveur des enfants des milieux modestes.

Une origine modeste peut aussi être un atout

On peut fort heureusement trouver dans ces inégalités quelques lueurs d'espoir. Sans insister sur le fait que l'argent ne fait pas le bonheur (les sondages et les faits divers le prouvent abondamment), il faut rappeler quelques vérités. D'abord, la notion d'effort est peut-être plus naturelle à ceux qui ont à assumer leur avenir qu'à ceux qui héritent (au propre et au figuré) d'avantages divers. Il est peut-être aussi plus facile, dans une conjoncture défavorable, de conquérir que de préserver. Des réussites exemplaires, dans l'industrie (Bernard Tapie), le commerce (Édouard Leclerc), le sport (Yannick Noah) ou le 'show-biz' (Johnny Halliday), sont là pour le prouver.

Il est clair enfin que le sort des catégories modestes s'est beaucoup amélioré depuis quelques décennies. L'émergence des 'classes moyennes' (p. 318) en est une illustration. La formation reçue dans un milieu familial modeste n'est donc pas obligatoirement un handicap. Il est réconfortant de savoir qu'elle peut, dans certains cas, constituer un facteur d'égalisation sociale.

Médias : la formation par l'information

Presque tous les Français disposent d'un poste de télévision et d'au moins un poste de radio (p. 363). La plupart d'entre eux lisent en outre un ou plusieurs journaux ou magazines (p. 374). La diffusion fantastique de ces moyens de communication est sans doute l'un des phénomènes majeurs de la société actuelle, au point même de la caractériser.

*Pour la première fois
depuis le début de leur histoire,
l'immense majorité des Français
ont les moyens
de recevoir tous ensemble
la même information.*

Et cela, sans distinction d'âge ou de revenu. Les Français utilisent d'ailleurs très largement les appareils dont ils disposent : 2 heures 3/4 par jour en moyenne pour la télévi-

sion (p. 357) ; 3 heures pour la radio (p. 365) ; sans compter le temps de lecture des journaux et magazines. Bien sûr, chacun peut en principe suivre des programmes différents selon ses goûts, mais la télévision et la radio (en dehors des radios libres) offrent des choix finalement limités.

*Une même masse d'informations arrive
au même moment
à un nombre considérable de gens.*

Cela ne peut être sans effet sur leur formation, leur culture générale ou leur façon d'être. Même si leur impact est différent et variable selon les individus, les médias constituent une sorte de bagage commun dispensé de la façon la plus démocratique à tous les Français. Le *Journal de 20 heures* à la télévision rassemble en un soir plus de monde que n'en rassemblera jamais pendant toute sa vie le meilleur professeur d'université.

*La révolution de la communication
ne fait que commencer.*

Le développement prochain des satellites accélérera son aspect planétaire, tandis que le câblage des villes renforcera la communication locale ou régionale. La généralisation des techniques de télématique permettra à tous l'accès aux banques de données,

Un homme informé en vaut deux.

sources spécialisées d'informations. Chacun disposera chez lui d'un système complet et personnalisé (p. 362). À la différence d'aujourd'hui, il faudra faire des choix entre des possibilités extrêmement nombreuses. Avec le risque de créer de nouvelles inégalités : certains maîtriseront mieux que d'autres les systèmes ; certains consacreront l'essentiel de leur temps à leur formation ; d'autres à leur distraction. Après avoir contribué à la réduction des inégalités culturelles entre les Français, les médias pourraient donc, à l'avenir, tendre à les renforcer._____

Formation professionnelle : perfectionnement et rattrapage

Les plus démunis, les exclus de la connaissance (p. 35) ont pour la plupart peu de chance de combler leur retard. D'autres, pourtant, peuvent y prétendre. L'instauration, en 1971, de la loi sur la formation permanente aura été une étape de première importance sur le chemin de la lutte contre les inégalités. Une porte s'ouvrait devant tous ceux qui, pour des raisons diverses, n'avaient pas profité de l'enseignement scolaire, et qui, conscients de l'insuffisance de leur instruction, avaient le désir de progresser. _____

Le système bénéficie autant à l'économie qu'à l'individu.

Depuis sa création, le système a permis à des millions de Français de progresser dans leur métier et donc d'accroître leur rôle dans l'économie nationale. Le resserrement des catégories sociales en a sans aucun doute largement profité. Même ceux qui n'ont pas, jusqu'ici, bénéficié du système savent que, désormais, les jeux ne sont plus faits dès la sortie de l'école. Une seconde chance est

Former sans déformer

3 millions de personnes actives (hors fonction publique) participent chaque année à des stages de formation (une personne sur six).
En 1982 :
● 60 % étaient des ouvriers et employés,
● 27 % étaient des techniciens,
● 13 % étaient des ingénieurs et cadres (alors que les cadres et techniciens ne représentent que 11 % environ de la population active, hors fonction publique),
● 69 % des stagiaires étaient des hommes,
● 31 % étaient des femmes (alors que leur part dans la population active est de 41 %).

ministère de la Formation professionnelle

toujours possible. Il est bon de le savoir, même si l'on ne s'en sert pas… _____

Le système, tel qu'il est appliqué, n'est pas sans défaut.

Le principal est sans doute qu'il tend à privilégier ceux qui le sont déjà. Les entreprises ont en effet favorisé plutôt le perfectionnement de leurs cadres et techniciens que celui de leurs ouvriers. Elles ont également tendance à privilégier la formation des hommes par rapport à celle des femmes (encadré). Enfin, des abus ont été çà et là constatés. Tel ce comptable à six mois de la retraite qui s'initiait… à l'ébénisterie._____

Ces défauts devraient être peu à peu corrigés. La restructuration en cours de l'industrie obligera l'État et les entreprises à s'intéresser en priorité à ceux qu'elle menace le plus directement. Il se trouve que ce sont plutôt les ouvriers et employés (p. 252). C'est donc logiquement à eux que devrait s'adresser l'effort de formation au cours des prochaines années._____

L'ère du temps

LA VIE À RALLONGE

Depuis le début du siècle, les Français ont gagné en moyenne 26 années de vie supplémentaire. La France sera-t-elle demain peuplée de centenaires ? La conquête du temps est la grande affaire d'aujourd'hui. Avec, d'un côté, les espoirs les plus fous et, de l'autre, les inégalités les plus criantes.

L'inégalité devant la mort

On parle beaucoup de l'inégalité devant la vie. On dénonce moins souvent celle qui sépare les êtres devant la mort. Pourtant, cette inégalité-là est la plus fondamentale, la plus cruelle, la plus inacceptable. On sait que la vie est plus longue en Europe qu'en Afrique ou en Amérique du Sud. On sait moins que certaines catégories de Français vivent en moyenne 20 ans de plus que d'autres. Le sexe, l'hérédité, la profession, le mode de vie expliquent ces écarts gigantesques. Certaines de ces causes sont irréversibles : on ne peut modifier son hérédité ; il n'est pas facile de changer de sexe. Il est heureusement possible d'agir sur d'autres facteurs. Bien sûr, on doit garder à l'esprit que les chiffres qui suivent constituent des moyennes établies pour des groupes d'individus. **La durée de vie d'un individu particulier appartenant à l'un quelconque de ces groupes n'est évidemment pas prévisible.** Ce n'est pas parce que les voitures durent en moyenne 12 ans qu'on ne pourra pas garder la sienne en état de marche pendant 20 ans. Une précision réconfortante, qui montre que, finalement, le destin d'un être lui appartient (au moins en partie).

L'inégalité des sexes :
les femmes vivent en moyenne 8 ans de plus que les hommes.
Espérance de vie à la naissance :
- *Femmes : 78,8 ans.*
- *Hommes : 70,6 ans.*

L'espérance de vie est la moyenne des années de vie d'une génération imaginaire qui serait soumise toute sa vie aux quotients de mortalité par âge (nombre de décès dans un groupe donné pendant une année donnée par rapport à la population du groupe en début d'année) pendant l'année d'observation.

Le prétendu 'sexe faible' prend ici une revanche éclatante. Et l'on comprend alors pourquoi les 'vieux' sont en fait le plus souvent des 'vieilles' (p. 152).

Les raisons de cette plus grande longévité des femmes sont difficiles à cerner avec précision. Elles tiennent probablement à un mode de vie plus favorable : moins de risques d'accidents (travail, transport), du fait d'une vie plus sédentaire et de métiers moins dangereux. Leur constitution générale est peut-être aussi plus résistante. Dès les premières années de la vie, on constate que les petites filles sont moins fragiles que les petits garçons. Leur mortalité infantile est d'ailleurs inférieure (p. ci-contre). Mais l'une des causes essentielles semble être que les femmes consomment beaucoup moins d'alcool ou de tabac (p. 20) que les hommes.

La différence de mode de vie entre les deux sexes n'est pas spécifique à la France. Pourtant, les Françaises sont championnes d'Europe quant à l'écart d'espérance de vie entre hommes et femmes (8 ans, contre 6 ans en moyenne pour le reste de l'Europe).

L'inégalité des époques.

Mieux vaut être né d'hier que d'avoir vu le jour au siècle dernier, surtout si l'on est un homme ! C'est en tout cas ce que suggère l'évolution spectaculaire de l'espérance de vie depuis plus de deux siècles.

Les hommes auraient donc 'gagné' 27 années de vie depuis 1900, pendant que la durée de vie des femmes s'allongeait de 31 ans ? La vérité est moins simple. Ces chiffres prennent en compte la mortalité infantile (nombre d'enfants décédés avant l'âge d'un an, pour 1 000 enfants nés vivants). Cette cause de mortalité a considérablement diminué dans le temps, du fait de l'amélioration des conditions de vie des mères, des progrès de la médecine et des techniques d'accouchement.

L'inégalité commence tôt

La mortalité infantile est plus forte chez les garçons (12 %00) que chez les filles (9 %00). Elle est plus élevée dans les familles nombreuses (y compris pour les premiers-nés), chez les immigrés et dans les familles dont les parents ont le niveau d'instruction le plus faible. Elle augmente avec l'âge de la mère (elle double entre 30 et 40 ans). En 1955, le taux de mortalité infantile atteignait 36,5 %00. Il n'est que de 10 %00 aujourd'hui.

Le moindre nombre de décès avant un an explique en partie l'allongement de la durée

La vie, la mort, la guerre

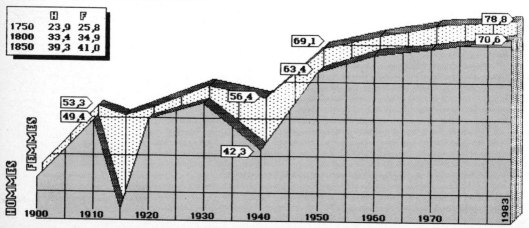

Évolution de l'espérance de vie à la naissance :

	H	F
1750	23,9	25,8
1800	33,4	34,9
1850	39,3	41,0

FEMMES
HOMMES

49,4 53,3 42,3 56,4 63,4 69,1 70,6 78,8

1900 1910 1920 1930 1940 1950 1960 1970 1983

la Tendance au vieillissement de la population française, D. Waltisperger et J.-M. Costes, S.E.S.I.

de vie moyenne. L'amélioration des conditions de vie (en particulier l'hygiène), les progrès considérables de la prévention et de la guérison des maladies ont également largement contribué à la diminution de la mortalité à tous les âges.————

En fait, en un demi-siècle, les Français de 40 ans n'ont gagné que 6 ans d'espérance de vie supplémentaire et les Françaises, 8 ans.

On a une idée précise de l'influence de la mortalité infantile en observant l'évolution de l'espérance de vie des adultes de 40 ans, selon les époques. On constate que l'allongement de la durée de vie est en réalité moins grand que ne le mesure l'espérance de vie à la naissance.————

L'inégalité des âges.

Plus on est âgé et plus on a de chances de vivre longtemps. De toutes les inégalités, celle-ci est sans doute celle qui choque le moins. Le bon sens incline à penser que les risques de décès à 20 ans (accident, maladie, guerre, etc.) sont plus élevés que ceux que l'on court à 60 ans, après avoir traversé sans encombre 40 années supplémentaires. Il est donc logique que l'âge moyen de décès probable des personnes aujourd'hui âgées de 60 ans (77,4 ans pour les hommes, 82,3 ans pour les femmes) soit plus élevé que celui des jeunes de 20 ans (71,8 ans pour les hommes, 79,6 pour les femmes).————

L'inégalité des professions.

On sait qu'il vaut mieux, si l'on veut vivre longtemps, être une femme qu'un homme. Si l'on peut en plus choisir sa profession, il faut s'intéresser de préférence à celles d'enseignant, ou de cadre supérieur. C'est en tout cas ce que disent les chiffres de l'espérance de vie selon la profession. Le même écart de 8 ans, qui sépare l'homme de la femme, sépare aussi le manœuvre du professeur.————

L'explication par les écarts de mortalité infantile (p. 40) ne tient plus, puisqu'il s'agit

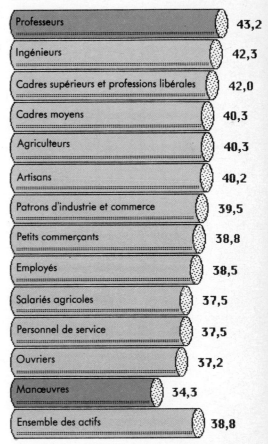

Le professeur vit 9 ans de plus que le manœuvre

Espérance de vie à 35 ans, selon la profession (pour les hommes) :

Professeurs	43,2
Ingénieurs	42,3
Cadres supérieurs et professions libérales	42,0
Cadres moyens	40,3
Agriculteurs	40,3
Artisans	40,2
Patrons d'industrie et commerce	39,5
Petits commerçants	38,8
Employés	38,5
Salariés agricoles	37,5
Personnel de service	37,5
Ouvriers	37,2
Manœuvres	34,3
Ensemble des actifs	38,8

I.N.S.E.E.

d'adultes ayant 35 ans. Par contre, le risque d'accident mortel intervient, en particulier pendant le travail. Il est beaucoup plus élevé chez les manœuvres que chez les professeurs (p. 269). De sorte que, si l'on élimine cette cause non négligeable de mortalité, on retrouve des écarts un peu moins élevés entre les professions. En dehors de ces risques spécifiques, on peut dire que ce n'est pas le fait d'exercer un certain métier qui explique une durée de vie plus ou moins longue, mais l'ensemble des répercussions que ce métier implique sur le style de vie en général (sédentarité, fatigue, stress…)._____

L'inégalité des modes de vie.
● *Le risque de mort subite*
est 5 fois plus élevé chez les gros fumeurs.
● *Les hommes de 40 ans*
pesant 30 % de plus que leur poids idéal
ont 2 fois plus de risque que les autres
de mourir d'une maladie cardio-vasculaire
dans les 10 ans.
● *Ce risque est multiplié par 5*
pour les personnes atteintes d'hypertension.

Plus difficile à mesurer, mais tout aussi réel, est l'impact du mode de vie sur sa durée. La qualité de l'alimentation, l'hygiène corporelle, la consommation d'alcool ou de tabac sont autant de facteurs influant sur l'espérance de vie._____

Vivre longtemps implique donc une certaine discipline personnelle. C'est parce qu'elle est plus courante chez les femmes que celles-ci vivent plus longtemps. En somme, le secret est très simple : pour vivre vieux il faut vivre mieux._____

Les riches meurent plus vieux que les pauvres

Espérance de vie à la naissance selon les pays :

LES PAYS RICHES (1980)

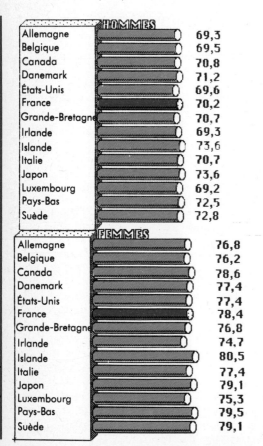

HOMMES	
Allemagne	69,3
Belgique	69,5
Canada	70,8
Danemark	71,2
États-Unis	69,6
France	70,2
Grande-Bretagne	70,7
Irlande	69,3
Islande	73,6
Italie	70,7
Japon	73,6
Luxembourg	69,2
Pays-Bas	72,5
Suède	72,8

FEMMES	
Allemagne	76,8
Belgique	76,2
Canada	78,6
Danemark	77,4
États-Unis	77,4
France	78,4
Grande-Bretagne	76,8
Irlande	74,7
Islande	80,5
Italie	77,4
Japon	79,1
Luxembourg	75,3
Pays-Bas	79,5
Suède	79,1

LES PAYS PAUVRES (1975-1980)

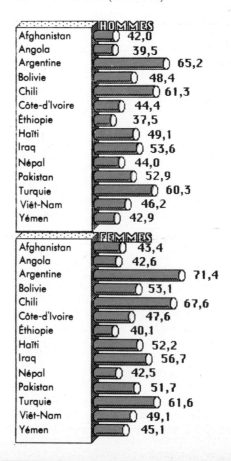

HOMMES	
Afghanistan	42,0
Angola	39,5
Argentine	65,2
Bolivie	48,4
Chili	61,3
Côte-d'Ivoire	44,4
Éthiopie	37,5
Haïti	49,1
Iraq	53,6
Népal	44,0
Pakistan	52,9
Turquie	60,3
Viêt-Nam	46,2
Yémen	42,9

FEMMES	
Afghanistan	43,4
Angola	42,6
Argentine	71,4
Bolivie	53,1
Chili	67,6
Côte-d'Ivoire	47,6
Éthiopie	40,1
Haïti	52,2
Iraq	56,7
Népal	42,5
Pakistan	51,7
Turquie	61,6
Viêt-Nam	49,1
Yémen	45,1

O.N.U. (O.M.S.)

L'inégalité des pays.

Les hommes des pays riches vivent long-temps, et les femmes plus encore. La situation est très différente dans les pays dits en voie de développement, qui cumulent les handicaps de la malnutrition, du manque d'hygiène, de l'insuffisance des soins et de l'inexistence de la prévention.

On trouve pourtant de beaux vieillards dans les pays défavorisés ; leurs photos ornent bien souvent les catalogues de voyage. C'est que, ici encore, la mortalité infantile explique une partie de l'écart considérable entre les durées de vie moyennes. Ce taux, descendu à des niveaux très faibles dans les pays développés (environ 1 %), dépasse 10 % dans des pays comme l'Inde, le Sénégal ou l'Égypte. Cela signifie qu'un enfant sur dix mourra avant son premier anniversaire.

Demain, tous centenaires ?
● *Plus de 5 000 Français sont centenaires.*
● *215 000 ont au moins 90 ans.*

L'allongement considérable de la durée de vie constaté en France depuis un ou deux siècles semble autoriser tous les espoirs.

Roy Walfold, célèbre biologiste américain, affirme dans son livre *la Vie la plus longue* (Éditions Robert Laffont) qu'il sera bientôt possible de vivre jusqu'à 130 ans. En l'an 2000, le vieillissement devrait être considérablement ralenti et, pourquoi pas, stoppé, écrit-il. Il suffirait, selon lui, de conjuguer la diététique et la pharmacopée…

Chacun se prend donc à rêver de fêter un jour son centième anniversaire, entouré de trois ou quatre générations remplies d'admiration devant la vigueur de l'ancêtre. Un rêve encouragé par tous ceux qui considèrent que la mécanique humaine est faite pour durer plus d'un siècle, si elle est bien entretenue.

Les arbres ne montent pas jusqu'au ciel.

D'autres experts sont pourtant moins optimistes. Les causes de décès les plus anciennes (mortalité infantile, certaines maladies,

etc.) ont déjà été réduites de façon spectaculaire. Reste maintenant à vaincre les grandes maladies (cancer, maladies cardiaques, etc.) qui continuent d'abréger anormalement la vie. Le chemin risque d'être long et difficile. D'ailleurs, si l'on regarde la courbe d'évolution de l'espérance de vie (p. 40), on s'aperçoit qu'elle monte moins vite depuis le début des années 60. Va-t-elle atteindre un palier ou un sommet ? On sait, de toute façon, que les plus grands arbres ne montent jamais jusqu'au ciel…

Tendances récentes : surprises à l'Est comme à l'Ouest

L'évolution constatée depuis quelques années fait apparaître des phénomènes nouveaux et inattendus. Ils touchent de façon différente les pays de l'Europe de l'Est et ceux de l'Occident.

À l'Est, la durée de vie moyenne est en train de baisser.

Après avoir stagné depuis 1970, l'espérance de vie tend à diminuer depuis 1977 dans les pays du bloc socialiste. L'U.R.S.S. et certains de ses satellites, tels que la Pologne, semblent particulièrement touchés. Les causes principales en seraient l'alcoolisme et… la planification. L'alcoolisme fait augmenter le nombre des accidents de la route : on constate, par exemple, que certains pays de l'Est connaissent un nombre d'accidents semblable à celui que connaît la France (qui n'est pourtant pas un modèle, voir p. 24), avec un nombre de voitures beaucoup moins élevé. La responsabilité du système planificateur est plus subtile. L'organisation de la santé, très centralisée, ne permet pas de soigner efficacement les cancers ou les maladies cardio-vasculaires, principales causes des décès. Les équipements hospitaliers, mal entretenus, se dégradent, et leur nombre est insuffisant pour faire face à l'accroissement de la population. Par ailleurs, les médecins sont invités à ne pas prescrire les médicaments les plus coûteux, qui sont généralement les plus efficaces. D'où la montée de certaines maladies, et la lenteur des progrès réalisés vis-à-vis de certaines autres.

*À l'Ouest,
l'écart entre la durée de vie des hommes
et celle des femmes s'accroît.*

On pensait que les causes de cet écart étaient liées à des modes de vie différents entre les sexes (p. 40). Le rapprochement des conditions de vie des hommes et des femmes, auquel on assiste depuis un certain nombre d'années (p. 62), aurait dû réduire les différences de durée de vie. C'est le contraire qui semble se produire dans les pays occidentaux les plus développés.——————

Combien d'années vivrez-vous au XXIᵉ siècle ?

Espérance de vie en fonction de l'âge :

	Âge en 1985			Âge en l'an 2000	
	Hommes	Femmes		Hommes	Femmes
0	71.16	79.71	0	73.88	83.37
1	70.87	79.33	1	73.40	82.87
5	67.02	75.45	5	69.47	78.93
10	62.11	70.52	10	64.53	73.97
15	57.20	65.58	15	59.58	69.00
20	52.50	60.71	20	54.77	64.07
25	47.87	55.85	25	50.02	59.16
30	43.17	50.97	30	45.24	54.24
35	38.46	46.14	35	40.46	49.35
40	33.84	41.35	40	35.75	44.50
45	29.41	36.65	45	31.23	39.72
50	25.26	32.06	50	26.99	35.03
55	21.37	27.57	55	23.00	30.41
60	17.69	23.20	60	19.22	25.88
65	14.32	18.98	65	15.75	21.47
70	11.25	14.95	70	12.57	17.23
75	8.61	11.32	75	9.83	13.33
80	6.46	8.23	80	7.57	9.91
85	4.81	5.86	85	5.84	7.17
90	3.64	4.18	90	4.61	5.14

la Tendance au vieillissement de la population française, D. Waltisperger et J.-M. Costes (S.E.S.I.)

On observe depuis quelques années un accroissement dans la surmortalité masculine (rapport entre les probabilités des décès à un âge donné des hommes par rapport aux femmes). Dans la tranche d'âge de 40 à 44 ans, elle est passée de 2,15 au début des années 70, à 2,25 à la fin de la décennie. Dans la tranche 60-64 ans, elle est passée de 2,40 à 2,54 dans la même période. On retrouve ce phénomène chez les personnes âgées, bien

que l'accroissement soit moins prononcé (1,31 contre 1,29 pour les 80 ans et plus).——

Pourquoi, alors que les (mauvaises) habitudes telles que l'alcool, le tabac, le goût du risque sont de moins en moins le monopole des hommes, les femmes n'en subissent-elles pas à leur tour les conséquences ? Réponse des spécialistes : les femmes consomment de toute façon beaucoup moins de tabac et d'alcool que les hommes (p. 20) ; elles bénéficient en outre d'une meilleure surveillance médicale (p. 28). Il est établi que les machines régulièrement entretenues durent en général plus longtemps que celles qui ne sont révisées qu'en cas de panne ou d'accident. Il est logique qu'il en soit de même des individus, qui savent bien qu'il vaut mieux 'prévenir que guérir'.——————

UN AUTRE TEMPS, POUR D'AUTRES MŒURS

Le temps dont les Français disposent a considérablement augmenté, et la façon dont ils l'utilisent a beaucoup évolué. Mais la distinction entre temps subi et temps choisi ne les satisfait pas vraiment. Pas plus que le découpage traditionnel école-travail-retraite. C'est tout l'emploi du temps de la vie qui est aujourd'hui mis en question. Le début, peut-être, d'une véritable révolution.

La vie devant soi

Le capital-temps des Français est de 71 ans pour les hommes, 79 ans pour les femmes (p. 39). Une durée de vie moyenne à laquelle personne ne rêvait il y a cent ans. Mais que font donc les Français de toutes ces années ?

Réponse : ils passent le tiers de leur temps à

dormir et consacrent 3 fois plus de temps à se divertir qu'à travailler (ci-dessous)._____

Un temps pour chaque chose

Répartition du temps d'une vie pour un Français d'aujourd'hui :

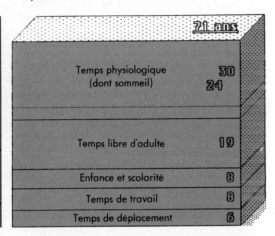

*Le temps libre d'une vie
est aujourd'hui 6 fois plus long qu'en 1800.*

Le temps a beaucoup changé... au fil du temps. Il s'est globalement 'dilaté', mais les différentes parties qui le composent ont subi des déformations très différentes._____

Il y a près de deux siècles, nos ancêtres vivaient deux fois moins longtemps (p. 40) et consacraient la moitié de leur vie éveillée au travail. Le temps libre restant était donc très limité : moins de trois ans. Heureusement, les incitations au loisir étaient moins nombreuses. Aujourd'hui, les Français disposent de beaucoup plus de temps. La part qu'ils consacrent au travail est 3 fois moins élevée qu'en 1800. La période de l'enfance s'est un peu étirée, du fait de l'allongement de la scolarité (p. 116). Seul le temps accordé au sommeil et aux divers besoins d'ordre physiologique n'a guère évolué. Même si beaucoup d'entre eux dorment mal (p. 23), les Français continuent de passer quelque 8 heures par jour dans leur lit. Ceux qui travaillent ont, par contre, tendance à consacrer

Le temps à géométrie variable

Évolution de l'emploi du temps de la vie du Français moyen selon les époques (en % du temps total) :

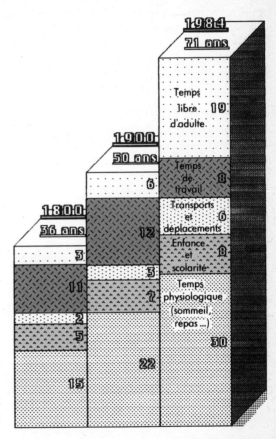

moins de temps à leurs repas (p. 145). Au total, ce sont tout de même plus de 40 % des années de la vie qui sont consacrées à ces activités peu compressibles. Ce qui ne veut d'ailleurs pas dire qu'elles soient désagréables._____

Mais le véritable bouleversement est celui du temps libre de l'adulte, multiplié par 6 depuis 1800. Bien sûr, la majeure partie de ce temps-là n'est disponible qu'au moment de la retraite. Les 22 millions de Français actifs n'ont pas troqué la 'vie de travail' de leurs ancêtres contre une 'vie de loisirs'. La plupart ne pourront vraiment profiter de ce temps libre qu'après 30 ou 40 ans de labeur.

Les jours des Français se suivent et ne se ressemblent pas

L'emploi du temps de la vie des Français fait apparaître de profondes différences entre les individus, dès la fin de la période scolaire. La répartition temps de travail-temps libre varie principalement selon qu'on est actif ou pas.

Mais ces définitions officielles ne reflètent pas toujours la réalité : certains inactifs (les femmes en particulier) travaillent plus que beaucoup d'actifs. On peut, pour simplifier, diviser chaque journée en trois types d'activités distincts :

— **le temps physiologique**, évoqué précédemment, regroupe le sommeil, l'alimentation et les soins personnels (toilette, etc.) ;
— **le temps subi** est celui consacré au travail (y compris les trajets), à la formation et aux tâches domestiques ;
— **le temps libre** (ou 'temps choisi') est celui qui est consacré aux activités de loisir et à la vie sociale.

Parmi les actifs,
les hommes ont chaque jour une heure de loisir de plus que les femmes.

L'emploi du temps des adultes actifs fait évidemment une large place au travail. Si les femmes y consacrent 1,3 heure de plus que les hommes, c'est parce que s'ajoutent à leur travail rémunéré 4 heures quotidiennes pour les tâches domestiques.

La vaisselle ou les courses ne prennent aux hommes que 1,4 heure par jour, mais ils passent un peu plus de temps que les femmes sur leur lieu de travail (6,7 heures contre 5,4 — durée journalière calculée sur une base de 7 jours). Le temps physiologique des deux sexes est comparable. Les hommes restent un peu plus longtemps à table (1,9 heure contre 1,6 heure), tandis que leurs épouses prennent un peu plus de temps pour s'oc-

cuper d'elles-mêmes (1,3 heure contre 1,2 heure). Au total, les femmes actives sont donc pénalisées d'une heure de loisir par rapport aux hommes. Ce qui représente tout de même le quart du temps libre quotidien.

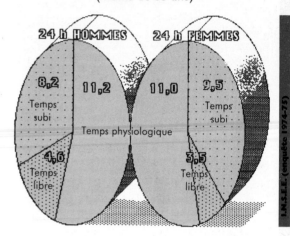

La journée moyenne des actifs
(moins de 65 ans)

Temps exprimé en heures et en dixièmes d'heures (moyenne sur 10 mois de l'année, hors juillet et août, week-ends compris).

Parmi les non-actifs, l'écart se creuse entre les hommes et les femmes.

La différence d'emploi du temps entre hommes et femmes est encore plus marquée quand ils n'ont pas d'activité professionnelle. Les hommes sont de plus gros dormeurs (9,3 heures contre 8,5 heures). Les femmes 'inactives' passent tout de même 6,6 heures au ménage et autres travaux domestiques (2,4 heures pour les hommes). De sorte qu'au concours du temps libre les hommes sont encore les grands gagnants, avec 7,4 heures par jour, soit 2,2 heures de plus que leurs compagnes.

Les personnes âgées ont du temps à revendre.

La journée des plus de 65 ans ressemble un peu à celle de leurs cadets non actifs. S'ils consacrent moins de temps aux travaux do-

La journée moyenne
des non-actifs (moins de 65 ans)

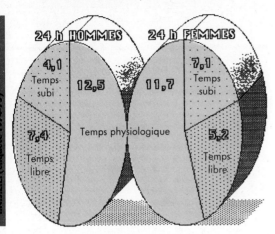

La journée moyenne
des plus de 65 ans

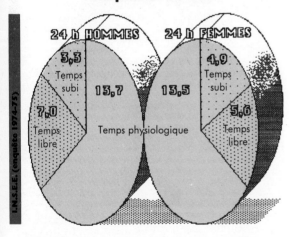

Une journée comme les autres

Selon une enquête réalisée pour Radio Monte-Carlo en 1983, 31 % des Français (de plus de 18 ans) se lèvent entre 7 et 8 heures. 9 % sont des 'lève-tôt' (avant 6 heures), tandis que 5 % font la 'grasse matinée' et se lèvent après 9 heures.

Le petit déjeuner est une institution sacrée pour la plupart, bien que 2,5 % avouent ne pas en prendre (p. 149). Les autres choisissent à 62 % le café, qui devance largement le thé (11 %) et le chocolat (6 %).

18 % s'habillent ensuite en tenant compte du temps prévu par la météo. Les Niçois, étonnamment, sont les plus attentifs (25 %). Trois Français sur quatre regardent par la fenêtre en se levant. Peut-être pour vérifier les prévisions entendues à la radio...

L'activité de la journée, qu'elle soit professionnelle ou domestique, est coupée par le repas de midi. Contrairement à une idée répandue, 73 % des citadins (actifs et inactifs) et 54 % des Parisiens prennent leur repas à domicile (17 % sur leur lieu de travail).

Le déjeuner est suivi d'une sieste dans 20 % des cas. Une pratique plus répandue dans le Sud (28 % à Nice, 25 % à Marseille), où elle fait depuis longtemps partie des habitudes.

Le repas du soir commence le plus souvent entre 19 et 20 heures. Il précède la soirée, dont une partie est traditionnellement consacrée à la télévision (un Français sur deux regarde le *Journal de 20 heures* ; ils sont encore plus nombreux à regarder les émissions de 20 h 30, en particulier le film de TF1).

La fin de la soirée se déroule selon un cérémonial qui comprend le plus souvent la toilette (72 % des citadins) et le brossage des dents (80 % selon les déclarations, ce qui n'est pas tout à fait cohérent avec les statistiques disponibles par ailleurs, voir p. 9). Un Français sur deux se désaltère avant d'aller au lit ; 45 % lisent un livre ou un journal.

Enfin, la journée s'achève par le coucher, prélude à un repos bien mérité. À 10 heures, 53 % des Français sont au lit. Ils sont 85 % une heure plus tard à se laisser aller aux rêves les plus variés.

Les samedis et les dimanches occupent une place à part. Les horaires, les activités, les motivations sont radicalement différents de ceux de la semaine. Si 31 % des Français affirment ne pas avoir de jour préféré, 22 % ont une prédilection pour le samedi, 18 % seulement préfèrent le dimanche. Quant au lundi, il est considéré par 37 % des Français comme le plus mauvais jour de la semaine.

Comme on pouvait s'y attendre, ce sont les jours de congé qui ont la faveur de nos concitoyens. On retrouve une tendance identique en ce qui concerne les mois : août arrive en tête (24 %) devant juillet (21 %). L'étalement spontané des vacances n'est pas pour demain.

mestiques, c'est principalement que leurs foyers comptent moins de personnes. Les enfants étant partis, les courses et le ménage leur demandent moins de temps. C'est peut-être pourquoi ils ont tendance à en consacrer davantage aux repas, moments importants de la journée, souvent prolongés, l'après-midi, par la sieste. Pour beaucoup de personnes âgées, le temps est une matière première à la fois abondante (dans le cadre d'une journée) et rare (pour l'avenir). _____

Du temps libre, pour quoi faire ?

Selon le joli mot d'Elsa Triolet, 'le temps n'est que l'activité de l'espace'. Les Français en ont une conception beaucoup plus concrète. Pour eux, le temps est la substance essentielle de la vie. Il s'agit donc, très simplement, d'en avoir le maximum, et de l'utiliser au mieux.

Le temps s'achète, comme le reste.

Les dernières décennies ont été marquées à la fois par la conquête du confort matériel et par celle du temps libre. Tandis que la durée de vie s'allongeait, la part du temps subi ne cessait de diminuer. La réduction du temps de travail quotidien, l'accroissement de la durée des vacances n'en sont que les aspects les plus apparents. Car la société moderne offre bien d'autres moyens de gagner du temps. Les produits alimentaires (en poudre, concentrés, congelés, surgelés, en conserve, lyophilisés, précuits, etc.), l'équipement électroménager (machines à laver le linge ou la vaisselle, four à micro-ondes…), les moyens de transport (avion, T.G.V., transports urbains) ont une raison d'être commune : faire économiser du temps. Car c'est bien du temps qu'on achète, chaque jour, en s'offrant un hamburger, les services du pressing, ceux d'une femme de ménage ou d'un jardinier…

PRESTOU : A TABLE EN 3 MINUTES.

LUSTUCRU

Le temps,
c'est (de plus en plus) de l'argent.

Les Français veulent gagner du temps pour en avoir plus à perdre.

La grande affaire de cette fin de siècle est celle du temps. Les Français des années 80 se plaignent davantage du manque de temps (43 %) que du manque d'argent (27 %). Ils n'en ont pourtant jamais eu autant à leur disposition (p. 317). Pourquoi alors cette fuite en avant ? D'abord, parce que le temps, c'est la vie, et qu'on n'en a, par définition, jamais assez. Ensuite, parce que, pour la première fois de leur histoire, la plupart des Français ont résolu une partie des problèmes d'ordre matériel, qui occupaient leur esprit. Si la société de consommation est toujours d'actualité (p. 139), elle est maintenant tenue pour acquise. Les Français ont donc le temps… de penser au temps. Sa conquête quantitative est maintenant bien avancée. Reste à réaliser celle, plus difficile et personnelle, de la qualité du temps. Le succès du livre de Jean-Louis Servan-Schreiber *l'Art du temps*, édité chez Fayard, confirme bien cette passion nouvelle des Français pour le temps.

Que faire de ce temps de vie supplémentaire gagné sur la mort ? Les solutions ne manquent pas. Car, si les marchands sont nombreux à nous vendre du temps, certains nous proposent aimablement d'en perdre. Au premier rang, on trouve les fabricants de programmes de télévision, qui 'prennent' à chaque Français près de trois heures de ses journées. D'une manière générale, les invitations au loisir ne manquent pas. Elles tendent d'ailleurs à se multiplier, avec l'avènement de la fameuse civilisation des loisirs (p. 345).

Mais cette vision marchande du temps ne fait cependant pas le tour du problème. La conquête du temps n'a pas le divertissement pour unique objet. Elle représente pour chacun la possibilité de gérer lui-même le temps dont il dispose. Un pas important vers la **maîtrise de son propre destin**, revendication essentielle de l'époque.

Gagner du temps pour pouvoir le perdre à sa guise, tel est l'étonnant paradoxe de la vie quotidienne des Français d'aujourd'hui.

La grande révolution du temps est commencée

Les Français ont, en un siècle, gagné beaucoup de temps. Même si on peut discuter les détails, il ne fait pas de doute que la civilisation du travail est en train de faire place à celle du temps libre, deux fois plus abondant (voir p. 45). Cependant, les structures de la société restent calquées sur le modèle précédent, organisant la vie autour du travail, activité pourtant de plus en plus minoritaire dans l'emploi du temps de la vie.

Les temps changent.

Les ruptures traditionnelles du temps social (fins de semaine, congés payés, retraite, etc.) étaient hier considérées comme des progrès.

Elles commencent aujourd'hui à être vécues comme des contraintes. Les Français souhaitent pouvoir faire leurs courses tard le soir, utiliser les services publics sept jours sur sept. Ils veulent pouvoir choisir les dates de leurs vacances et, pour ceux qui ont des enfants, ne pas dépendre du calendrier scolaire.

Bien plus, ils se demandent aujourd'hui si le découpage de la vie en trois périodes successives (un temps pour apprendre, un autre pour travailler, le dernier pour se reposer) n'est pas totalement artificiel. Pourquoi ne pas apprendre quand on en a envie ou quand c'est nécessaire ? Pourquoi ne pas 'se mettre en retraite' à différentes époques de sa vie, afin de s'orienter vers un autre type d'activité, prendre un peu de recul ou simplement profiter de la vie ? Pourquoi ne pas travailler de façon plus modulée, tant qu'on en éprouve le besoin ou l'envie, tant qu'on en a la capacité ?

Le temps est aussi en train de changer.

Ainsi, le rêve d'un 'autre temps' s'installe peu à peu dans l'esprit des Français. Les intellectuels, les rêveurs et, d'une manière générale, les 'Décalés' (p. 422) conduisent le mouvement. Mais voici que des experts commencent à se pencher sur le problème et à dire que l'utopie sociale pourrait avoir des justifications économiques. Qu'on pourrait mieux partager l'emploi, mieux adapter la formation aux besoins de l'économie en même temps qu'on rendrait les gens plus heureux.

Bref, que l'on pourrait prendre le chemin d'une autre société, caractérisée par une plus grande harmonie entre les nécessités collectives et les aspirations individuelles.

La voie vers cette **nouvelle civilisation**, que chacun estime aujourd'hui inéluctable et nécessaire, passe sans aucun doute par la révolution du temps. Alors, vive la Révolution !

Valeurs : un amour de 'soi'

LES VALEURS TRADITIONNELLES EN RÉSERVE

Travail, Famille, Patrie ; Liberté, Égalité, Fraternité. Les grands slogans à la gloire de l'Homme et de la République ne font plus recette. Quant à la religion, son rôle traditionnel de référence morale est de moins en moins apparent. Pourtant, si les vieilles valeurs semblent désuètes, certaines réapparaissent sous d'autres formes, moins grandiloquentes. Et, si les Français ne vont plus à l'église, ils sont toujours aussi nombreux à croire en Dieu.

Vingt ans de contestation

Les manifestations de la morale sociale sont empreintes, depuis l'après-guerre, d'un libéralisme croissant. Les contraintes collectives sont de moins en moins fortes et leur impact sur la vie privée des Français beaucoup moins sensible, favorisant ainsi l'individuali-sation des comportements. Ce relâchement des contraintes s'est traduit, par exemple, par la disparition du carré blanc à la télévision, la régression progressive de la censure au cinéma, la libéralisation des relations sexuelles, la légalisation de l'avortement.

Ce grand mouvement de remise en cause des rapports d'autorité avec les principales institutions se poursuit depuis vingt ans.

L'Église, l'armée, l'entreprise, l'État ont connu tour à tour la contestation. Celle qui toucha l'école en mai 68 fut la plus spectaculaire. Dès 1965, certains phénomènes, passés presque inaperçus, annonçaient déjà la 'révolution des mœurs'. La natalité commençait à chuter. Le chômage s'accroissait, tandis que, pour la première fois depuis vingt ans, la productivité du capital diminuait dans l'ensemble des pays occidentaux, préparant le terrain de la crise économique des années 70. La pratique religieuse régressait, en particulier chez les jeunes. Le nu faisait son apparition dans les magazines, dans les films et sur les plages.

Ce goût de plus en plus affirmé pour la liberté et la levée des tabous qui pesaient depuis des siècles sur la société allait progressivement donner naissance à une nouvelle échelle des valeurs. Avec, en contrepoint, la remise en cause presque systématique des valeurs traditionnelles.

Travail, Famille, Patrie : un tiercé dans le désordre

La fameuse devise ne fait plus vibrer les cœurs ni les esprits et s'en est allée rejoindre le Panthéon des formules usagées. Non pas que les mots eux-mêmes soient bannis du vocabulaire commun. Mais leur sens a évolué et l'on ne ressent plus aujourd'hui le besoin de les accoler pour en faire un tout cohérent et symbolique.

*Pour beaucoup,
le travail est fait pour gagner sa vie
plutôt que le paradis.*

Les Français ne sont pas foncièrement opposés au travail, même si la proportion de ceux qui sont délibérément 'pour' a baissé depuis 1977 (p. 242). Il n'occupe pourtant plus une place prioritaire dans l'échelle des valeurs actuelles (p. 59). C'est que le rapport des Français avec le travail est en train de changer (p. 277). 'Gagner son pain à la sueur de son front', 'se tuer à la tâche', etc., sont des expressions que l'on n'entend plus guère. Le travail n'est plus un but en soi, une raison de vivre, mais un moyen de gagner sa vie ou, si l'on a de la chance, une possibilité de s'épanouir à titre personnel (p. 281). Ce n'est plus, en tout cas pour les plus jeunes, le moyen de contribuer à la prospérité générale.

*Tous pour un… mais chacun pour soi,
c'est la nouvelle devise de la famille.*

Dans un monde froid, dangereux et dur, la cellule familiale représente un havre de paix. Mais elle ne doit pas étouffer l'individu ni l'empêcher de vivre sa vie (p. 77).

C'est toute la contradiction des sentiments des Français vis-à-vis de la famille. Celle-ci ne sert plus seulement aujourd'hui à élever des enfants, dans le but conscient ou inconscient de se perpétuer.

Certains la veulent plus ouverte sur l'exté-

rieur, d'autres cherchent au contraire à s'y cacher confortablement. D'autres enfin la considèrent comme un port d'attache où ils viennent se reposer entre deux épisodes de leur vie personnelle (p. 82).

'La famille est le seul endroit où on se sente bien'

Pourcentage de réponses favorables :

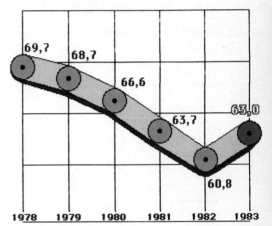

*L'attachement à la patrie
n'apparaît guère en temps de paix.*

Certes, le nombre des patriotes est très inférieur à celui des partisans de la famille ou du travail. Certes, le patriotisme arrive au dernier rang des préoccupations des Français (p. 59). Mais comment s'étonner que l'amour de la patrie ne soit pas placé sur le même plan que l'amitié, la liberté ou la justice, dont les récompenses sont plus immédiates ?

Les Français n'ont pas envie de projeter leurs craintes et leurs espoirs sur une entité abstraite. Ce serait en quelque sorte **vivre par procuration**. Aucune cause ne leur paraît aujourd'hui suffisamment importante pour qu'ils lui donnent la priorité absolue.

La vie appartient à celui qui en est le dépositaire ; telle est l'une des grandes idées de l'époque. Alors, la patrie peut attendre. Jusqu'au jour, par exemple, où elle sera en danger. Alors, renaîtra sans doute le sentiment patriotique, qui n'est finalement rien d'autre que la forme collective de l'instinct de conservation individuel.

Liberté, égalité, fraternité : le discours du citoyen

On entre ici dans un tout autre domaine, celui des intentions généreuses. Et la devise de la République trouve toujours grâce aux yeux des Français. D'autant qu'elle correspond bien aux revendications majeures de la période actuelle, en particulier par ses deux premières composantes.

Ainsi, la **liberté** peut être considérée comme la forme philosophique de l'individualisme.

L'**égalité** est inscrite dans les demandes les plus pressantes de l'époque. À condition bien sûr qu'elle permette à chacun d'égaler celui qui est au-dessus de lui !...

La liberté à droite et l'égalité à gauche ?

Interrogés sur le difficile choix de la liberté ou de l'égalité, comment réagissent les Français ? Ceux qui choisissent la liberté sont plutôt des hommes, ayant un revenu élevé, propriétaires de leur logement, satisfaits de la vie, prêts à se battre pour leur pays.

Les tenants de l'égalité sont au contraire plutôt les femmes, ceux qui ont des revenus modestes et les personnes ayant des problèmes affectifs. C'est ce qui apparaît dans la vaste enquête menée par Jean Stoetzel dans 9 pays d'Europe (*les Valeurs du temps présent*, Éditions P.U.F.).

En termes d'appartenance politique, il apparaît que ceux qui privilégient la liberté sont plutôt à droite, tandis que ceux qui prônent l'égalité sont plutôt à gauche.

L'enquête donne des résultats comparables dans les différents pays. C'est en Angleterre que l'on trouve le plus d'amateurs de liberté (69 % contre 23 % pour l'égalité). C'est en Espagne que l'égalité l'emporte sur la liberté (39 % contre 36 %). Une étude particulièrement intéressante dans le contexte politique français, où la gauche et la droite semblent plus s'affronter sur la défense des libertés que sur celle de l'égalité.

À condition aussi qu'elle ne conduise pas à l'uniformité. Quant à la **fraternité**, elle rallie les suffrages du plus grand nombre, dans la mesure où elle peut s'exprimer par exemple à travers le corporatisme (p. 167) ou les mouvements associatifs de toute nature (p. 172).

Le Citoyen applaudit donc sans réserve au grand discours de la République. Mais il faut savoir que, derrière lui, se cache l'Individu, qui entend bien recevoir sa part de chacun de ces bienfaits.

La religion se meurt,
mais Dieu est toujours vivant.

Les chiffres de la crise

	1970	1981
Catholiques (1)	90 %	84,7 %
Baptisés (2)	84 %	66,0 %
Nombre de prêtres	45 259	38 449
Nombre de religieux	94 686	84 308
Nombre d'ordinations	264	105
Mariages civils/religieux	79 % (en 1954)	61,4 %

(1) Proportion par rapport à la population française totale.
(2) Au cours de leur première année.

Annuaires statistiques de l'Église catholique (Vatican)

Le pourcentage (encore très élevé) de catholiques est en diminution régulière depuis plusieurs décennies. Les Français font de moins en moins baptiser leurs enfants, ils vont de moins en moins à l'église, même pour s'y marier. Bref, l'Église est en crise. Mais qu'en est-il de la religion ?

On assiste à une séparation de l'individu et de l'Église.

Aller à la messe était autrefois une obligation à la fois religieuse et sociale. Les églises sont aujourd'hui de moins en moins fréquentées. Les prêtres y sont d'ailleurs de moins en moins nombreux. Ceux qui restent sont âgés et la plupart ne sont pas remplacés lorsqu'ils décèdent.

Les vocations sacerdotales sont en effet en

constante diminution. Ce qui se traduit par une réduction sensible du nombre des ordinations.

Pourtant, la proportion des Français qui croient en Dieu reste stable (environ 60 %).

La crise de la religion n'est donc pas celle de la foi. Tout se passe comme si les catholiques ne se sentaient plus concernés par les manifestations concrètes de leur culte. Comme si la religion devenait une affaire personnelle, que l'on ne se sent plus obligé de partager avec d'autres.

Les Français préfèrent vivre 'ici et maintenant' qu''ailleurs et plus tard'.

À quoi attribuer ces nouveaux comportements des Français devant la religion ? On peut y voir deux raisons de natures très différentes. La première est historique. Le pouvoir et l'influence de l'Église, considérables jusqu'à la fin du XIXe siècle, ont régulièrement diminué depuis. La disparition des liens officiels entre l'État et l'Église (1905) ne pouvait pas être sans conséquence sociale, en particulier sur le système de valeurs adopté par les individus. En même temps s'opérait un transfert à l'État de la fonction d'assistance aux plus défavorisés, traditionnellement assumée par l'Église. Celle-ci avait donc perdu deux de ses rôles essentiels : proposer (et défendre) un système de valeurs servant de référence commune ; contribuer à l'égalisation de la société. Son utilité apparut alors avec moins d'évidence à l'ensemble des catholiques. L'influence de l'Église sur la vie quotidienne s'en trouva donc affaiblie.

• *Aujourd'hui, lorsque le pape se prononce contre le divorce, la pilule ou l'avortement, 75 % des catholiques déclarent ne pas en tenir compte (45 % seulement des pratiquants).*

Pour la majorité des catholiques, le rôle essentiel du prêtre est de dire la messe, d'aider et de réconforter les plus déshérités, plutôt que d'imposer une morale. Il faut rapprocher cette évolution des esprits de celle qui s'est produite sur le plan économique au cours de ces trente dernières années. La 'société de consommation' a mis au premier plan les valeurs de satisfaction des besoins **individuels**. Prônant du même coup une jouissance **matérielle** et **immédiate**. Dans le même temps, l'Église continuait de prôner des valeurs d'**altruisme**, d'**effort**, voire de **pénitence**. D'un côté, la possibilité, matérielle et morale, de 'profiter de la vie' ; de l'autre, la promesse d'un 'paradis différé' au prix du sacrifice quotidien. Les Français, comme la plupart des Occidentaux, n'ont pas hésité longtemps avant de basculer dans le camp de la facilité.

On attache moins d'importance aux sacrements, mais on prie plus qu'avant

En 1970, 22 % des catholiques allaient à la messe tous les dimanches. Ils ne sont plus que 15 % aujourd'hui ; 35 % n'y vont plus que pour les cérémonies, et 15 % n'y vont jamais (contre 7 % en 1970).

Même chez les pratiquants réguliers, la fidélité aux sacrements est en baisse : 52 % d'entre eux communient fréquemment ; 24 % avouent ne jamais se confesser et 30 % ne le font qu'une fois par an au maximum. De la même façon, les Français (pratiquants ou non) sont moins nombreux à vouloir faire baptiser leurs enfants ou à souhaiter qu'ils se marient à l'église. On note, par contre, un certain retour à la prière : le nombre des pratiquants qui ne prient jamais est passé de 40 à 34 % depuis 1977 ; les non-pratiquants qui ne prient jamais ne sont que 52 %.

Madame Figaro/Sofres (octobre 1983)

Les 'croyances de substitution'

Le besoin de croire est sans doute aussi fondamental que celui de manger. Il le restera tant que les questions essentielles sur l'origine du monde et le sens de la vie resteront sans réponse. L'éloignement de la religion catholique a donc laissé un vide dans la vie des Français. Ils se sont efforcés de le combler de différentes façons, selon leur âge, leur caractère ou leur instruction.

Les Français se lancent aujourd'hui à la recherche des 'religions douces'.

Le parallèle avec la médecine est significatif.

Dans le même temps où les Français s'intéressaient aux médecines douces (p. 29), censées compléter ou améliorer les résultats obtenus avec la médecine traditionnelle, ils se tournaient aussi vers les religions 'venues d'ailleurs' : bouddhisme, hindouisme, etc. Les années 70 ont vu le développement des sectes, dont certaines avaient des vocations plus lucratives que religieuses.

Avec l'astrologie,
les Français ont l'impression d'être
'en direct avec le cosmos'.
● 9 Français sur 10
connaissent leur signe du zodiaque
(12 % seulement leur ascendant).
● 30 000 astrologues réalisent chaque année
6 millions de consultations.
● Les trois quarts de la clientèle
sont des femmes.

Les Français attendent
un signe du ciel.

La France était connue comme le pays de Descartes. Elle est aujourd'hui celui de Nostradamus et de Madame Soleil. Depuis longtemps présente dans les journaux 'grand public', l'astrologie investit peu à peu les différents domaines de la vie quotidienne.

Les indications demandées aux astres ne concernent plus seulement la chance au jeu ou en amour. On les consulte aujourd'hui pour prévoir les événements politiques, embaucher un cadre... ou anticiper les cours de la Bourse.

Alors, superstition, science, ou simple jeu ? La France hésite. Et c'est bien normal, puisqu'elle est née, d'après les astrologues, sous le signe de la Balance...

L'astro-business

Selon une enquête réalisée par *le Point* (décembre 1983), 5 % des Français se rendent chez un astrologue au moins une fois par an. Les trois quarts de la clientèle sont des jeunes de 18 à 25 ans. Le festival de la voyance attirait en 1984 près de 15 000 Parisiens. À Paris encore, l'ordinateur d'Astroflash délivre environ 500 horoscopes par jour. On ne compterait plus les ministres et autres personnalités qui demandent l'aide des astres avant chaque décision importante. Si très peu de Français se déclarent convaincus de la réalité des prévisions de leur horoscope, 60 % le lisent quand même régulièrement. On ne sait jamais...

La presse a compris depuis longtemps tout le profit qu'elle pouvait tirer de cet intérêt des Français pour les astres. Tous les ans, les prédictions astrologiques de *France Dimanche* pour l'année à venir font grimper le tirage de 10 à 20 %. Lancé en mai 1983, le mensuel *Vous et votre avenir* atteignait 170 000 exemplaires après cinq numéros. On pourrait citer aussi les ventes record de *Nostradamus*, revu (et corrigé ?) par Jean-Charles de Fontbrune, et les réactions de panique que ses prédictions ont provoquées. La frénésie astrale ne touche pas seulement les Français.

Les États-Unis comptent près de 100 000 astrologues ; 47 % des Allemands croient à l'astrologie.

UNE NOUVELLE RELIGION : L'ÉGOLOGIE

Dans un monde dur et dangereux,
l'individualisme tend à devenir la seule valeur
sûre. Celle qui, finalement, commande toutes les
autres. Ce mouvement irrésistible marque-t-il

*l'entrée dans une époque égoïste et décadente ?
Prépare-t-il au contraire une société plus
harmonieuse dans laquelle chacun pourra, mieux
que jamais, s'épanouir ?*

Les observations de la société française sont
confrontées à celles réalisées dans une vingtaine
d'autres pays, afin de mettre en évidence des
mouvements de nature internationale.

Les 40 courants qui traversent la France

Les Français ne 'marchent' plus aux grands
slogans qui ont fait leur unité pendant les
moments difficiles. Et, si les fières devises de
la République restent gravées aux frontons
des monuments publics, elles semblent
s'éloigner de la mémoire des citoyens. Les
valeurs qui font vibrer les Français d'aujour-
d'hui ne ressemblent guère à celles qui les
animaient hier.——————————

Les techniques utilisées par la sociologie
moderne permettent de se faire une idée de
plus en plus précise de ce qui se passe dans
la tête des Français. Le travail réalisé par la
COFREMCA apporte un éclairage particulièrement intéressant sur les grands courants qui
traversent la société française et qui expliquent son évolution.——————————

Commencée il y a 30 ans, une observation
systématique a permis d'identifier les principaux courants et leur diffusion à travers la
population.——————————

Un observatoire du changement social

Le 'Système Cofremca de suivi des courants
socioculturels' est une méthode d'observation et
d'analyse du changement de la société. Elle comporte
deux aspects principaux :

1. **L'analyse historique des courants sociaux.**
Réalisée depuis 1953, à partir de près d'un millier
d'enquêtes et d'études bibliographiques, elle a permis
de déceler les courants les plus importants, de les
décrire et de retracer leur évolution depuis 1950.

2. **La mise à jour permanente**
de ces tendances à l'aide d'enquêtes annuelles auprès
d'un échantillon de 2 500 personnes, classées par
rapport à 170 indicateurs différents. Elle permet de
mesurer l'évolution de chacun des courants par son
degré de pénétration auprès de la population. Des
interviews en profondeur aident à analyser les raisons
des changements et à prévoir le développement de
nouveaux courants.

Courants se diffusant dès 1955

*Les descriptions des 40 courants ont été rédigées
par l'auteur à partir des définitions de la
Cofremca. Elles décrivent les courants tels qu'ils
se sont manifestés à l'époque où ils ont commencé
à se diffuser.*

Différenciation marginale. Rompant avec
une longue tradition, les Français commencent à affirmer leur individualité, en affichant
de petites différences de comportement. Les
voitures ne sont plus uniformément noires,
les papiers peints des habitations commencent à se différencier.——————————

**Déclin de la prépondérance de la sécurité
économique.** L'élévation du niveau de vie,
la sécurité de l'emploi, le développement de
la protection sociale permettent à un nombre
croissant de Français de s'ouvrir à d'autres
motivations que celle de « gagner sa vie ».

Recherche de la nouveauté. Certains
Français commencent à s'intéresser à la
nouveauté pour elle-même. Ils sont attirés
par la mode et toutes les manifestations du
modernisme.——————————

Anti-accumulation. La proportion de ceux
qui se sentent obligés de se priver pour
'mettre de côté' diminue. La nourriture, le
linge de maison, l'argent perdent leur côté
symbolique et deviennent de simples objets
de satisfaction. Les fourmis se font cigales.

Hédonisme. La notion de devoir s'estompe
au profit de celle de plaisir. Il n'est plus interdit, au nom d'une morale individuelle ou
collective, de 'profiter de la vie'. Le bien et le
mal deviennent des notions relatives, qui
s'effacent devant celle de bonheur.——————————

**Besoin de réalisation personnelle ('achie-
vement').** Le besoin de se surpasser, de
s'affirmer par ses travaux, très faible vers
1925, s'était beaucoup développé au cours

des années 50. Il demeure très élevé et semble même se renforcer depuis 1980.

Sensibilité au cadre de vie. Les Français sont plus sensibles à leur environnement et cherchent à le rendre plus conforme à leurs goûts personnels pour améliorer leur qualité de vie.

Libéralisme sexuel. La sexualité est perçue de façon de plus en plus 'naturelle'. La disparition des tabous se traduit aussi par une libéralisation de la pratique sexuelle.

Moindre différenciation des sexes. Le partage traditionnel des rôles entre l'homme et la femme évolue. Les femmes veulent pouvoir accéder à tous les domaines jusqu'ici réservés aux hommes. Parallèlement, ceux-ci acceptent plus facilement de montrer des aspects moins 'virils' de leur personnalité.

Souci de son apparence personnelle. Il ne s'agit plus seulement d'avoir l'air propre et beau, mais aussi jeune, moderne, etc. Il s'agit moins, aujourd'hui, de ressembler à un modèle que d'exprimer sa propre personnalité.

Souci de sa santé. La maladie n'est plus considérée comme une fatalité ou un châtiment. Elle a des causes concrètes sur lesquelles il est possible d'agir efficacement. La tendance récente n'est plus seulement à la guérison, mais de plus en plus à la prévention.

Courants se diffusant à partir de 1960

Créativité personnelle. Les Français éprouvent le besoin de créer et d'en tirer des satisfactions aussi bien dans les loisirs que dans la vie professionnelle. La création n'est plus ressentie comme le domaine réservé de l'artiste. Mais les obstacles à la concrétisation de ce besoin restent forts (timidité, incompétence, etc.).

Dévaluation de la supériorité nationale. Le 'complexe du cocorico', qui s'était développé après 1945, s'éteint. Les Français croient de moins en moins à une quelconque suprématie (en particulier économique) de la France.

Sensibilisation à la manipulation. Les Français veulent de plus en plus assumer eux-mêmes leur personne et leur vie. Ils sont donc sensibles aux diverses pressions qui peuvent s'exercer sur eux. Ainsi, la télévision, la publicité, les entreprises, les partis politiques, les syndicats, l'État sont considérés avec suspicion.

Sensibilité à la nature. Ce qui est artificiel, chimique, industriel suscite une certaine méfiance, voire de l'hostilité. Le désir de revenir aux choses naturelles se développe et entraîne les mouvements écologiques. Il s'exprime actuellement de façon plus réaliste : on accepte l'industrialisation indispensable, tout en restant vigilant quant aux risques qu'elle représente (v. Hypernaturel).

Polysensualisme. Le mode de relation avec l'environnement, qui était principalement visuel, se transforme profondément. Le contact avec le monde extérieur tend à devenir une expérience sensuelle totale. De sorte qu'on le perçoit de façon plus affective (moins rationnelle) et plus floue qu'auparavant.

Courants se diffusant à partir de 1965

Déclin du standing. Le souci d'obtenir la considération des autres en montrant des signes extérieurs d'opulence avait été l'un des principaux moteurs de l'expansion économique. Cette motivation a tendance à décliner aujourd'hui chez les plus favorisés, même si elle ne remet pas en cause l'intérêt des Français pour la consommation.

Expression personnelle. La recherche de la sécurité économique et de la considération sociale fait place à celle de l'identité et de la différence.

Automanipulation. L'individu est de plus en plus en prise avec sa vie affective et sa propre personnalité. Il cherche maintenant à les influencer pour devenir tel qu'il voudrait être. L'action qu'il mène peut s'appliquer au très court terme (se mettre de bonne humeur par la création d'une ambiance favorable) ou à plus long terme (évolution progressive de la personnalité, par le yoga ou par d'autres techniques).

Épanouissement professionnel. Un travail sûr, conférant du pouvoir (ou du prestige) et bien payé n'est plus suffisant. Il faut encore qu'il ait un sens et qu'il soit intéressant. Avec la crise, cette motivation profonde a évidemment reculé au profit de la recherche de la sécurité.

Ouverture au changement. Dans un monde qui bouge, il ne faut plus être rigide, afin de mieux s'adapter et vivre plus confortablement.

Rejet de l'autorité. L'acceptation des directives ou des modèles n'est plus automatique. Les structures hiérarchiques s'effritent, l'autorité de l'État ou de l'Église s'émousse. Pourtant, le risque de désordre tend actuellement à faire revenir le balancier du côté de l'autorité.

Moindre attachement à l'ordre. La tolérance s'accroît, notamment chez les jeunes. Elle s'applique aussi bien aux manquements au savoir-vivre, au désordre vestimentaire, à celui de la maison… qu'aux fautes d'orthographe.

Ouverture aux autres. La tendance traditionnelle au repli sur soi ou sur le foyer diminue, en même temps que la reconnaissance du monde extérieur augmente. Il devient nécessaire d'établir le contact avec les autres, pour des raisons professionnelles ou simplement pour ne plus être seul. Pourtant, un mouvement de sens contraire se produit parmi les 'déçus de la société', qui tendent à limiter leurs relations à un petit groupe de gens.

Sensibilisation aux contraintes sociales. Les Français acceptent de moins en moins les conventions et les conditionnements, d'où qu'ils viennent. Des jeunes, des femmes, des employés, des cadres, etc., refusent de 'jouer le jeu' que la société leur attribue.

Ethnicité-folklore. Le renouveau des traditions régionales (coutumes, folklore, cuisine) a d'abord touché, dans les années 60, les catégories 'supérieures' de la population. Il continue de se diffuser à l'ensemble de la population. Ce besoin de retrouver des racines, de se rattacher à ses origines s'opère surtout de façon symbolique ; en copiant les styles de vie, les habitudes ou les vêtements de groupes ethniques dans lesquels les communications directes, d'individu à individu, étaient plus développées.

Intraception. Un nombre croissant d'individus se perçoivent 'de l'intérieur' plutôt qu'à travers l'image qu'ils veulent donner d'eux-mêmes. Cela leur permet de mieux comprendre les autres et la société en évitant de les juger trop vite.

Attirance pour l'irrationnel. Beaucoup de Français, déçus ou effrayés par la science et les choses logiques, se détournent d'elles. Ils s'intéressent à des approches ou des religions différentes.

Cellulisation. La participation à la vie sociale et locale tend à se faire à un niveau primaire et concret. On s'insère dans de petits groupes ou des associations ; on ne se contente pas de lire un journal, engagé ou non. Par ailleurs, l'univers relationnel (des jeunes en particulier) se limite de moins en moins à la classe sociale, au métier et à la famille, pour intégrer des personnes avec qui on a envie de sympathiser.

Courants se diffusant depuis 1978

Vie intense et animée. Certains Français s'ennuient et sont démotivés. Ils recherchent des sensations et des expériences susceptibles de combler le vide.

Intégration de la durée. Le goût pour le passé et la préoccupation de l'avenir avaient été refoulés par la possibilité de jouissance immédiate apportée par la société de consommation. On rencontre aujourd'hui deux tendances contradictoires : d'un côté, la nostalgie du passé et l'intérêt pour un avenir qu'on voudrait construire conformément à ses aspirations ; de l'autre, la crainte d'un futur peu favorable, qui incite à privilégier l'instant présent.

Sensibilisation à la violence. L'esprit de tolérance croissant de certains Français s'accommode mal de la violence. Ceux qui ont le plus de difficultés à suivre une évolution sociale trop rapide se sentent menacés de façon diffuse. La violence, autrefois légitimée par un habillage idéologique, paraît aujourd'hui souvent gratuite. Elle est d'autant plus mal ressentie.⸺

Sensibilisation à sa forme. La conception de la santé change. Elle englobe aujourd'hui le corps et l'esprit et répond à un souci d'harmonie avec soi-même et son environnement.

Goût du risque. Il est lié à la recherche croissante d'émotions et à la difficulté d'obtenir spontanément ce que l'on veut. Dans un monde aux richesses limitées, seuls ceux qui 'tentent leur chance' peuvent espérer en avoir une partie. À l'inverse, certaines personnes ont tendance à 'baisser les bras' devant un avenir imprévisible.⸺

Émotions collectives : certaines personnes éprouvent le besoin de vibrer à l'unisson et de se sentir en harmonie avec des émotions et des orientations partagées par d'autres. Cette attitude est aujourd'hui le plus souvent centrée sur les petits groupes et les relations interpersonnelles.⸺

Nouvelle représentation de la vie et de la nature humaine (paradigme) : depuis le début du siècle, les progrès de la science modifient nos représentations fondamentales. L'incertitude et le hasard prennent le pas sur le déterminisme. La survie de l'espèce paraît être le résultat d'un ajustement des individus à leur environnement. L'idée se répand qu'il faut interférer avec les processus et les systèmes, plutôt que réglementer, légiférer ou punir.⸺

Intégration de l'incertitude et de la complexité : jusqu'à la fin des années 70, la représentation commune de l'avenir était simple : progrès=richesse=bonheur. Les années 70 ont montré les limites de la croissance et la nécessité d'attitudes souples pour faire face à l'imprévisible et s'adapter à la complexité (de la débrouillardise à une gestion flexible de sa propre existence).⸺

Bio-émotivité : le déclin des notions de devoir et d'idéologie permet aux Français d'être davantage à l'écoute de leur affectivité et de leur sensualité. Ce qui est ressenti devient progressivement au moins aussi important que ce qui est compris intellectuellement. L'aptitude à cultiver ses émotions et à se

centrer sur les messages en provenance de son corps tend à se développer.⸺

Hypernaturel : les limites entre ce qui est naturel et ce qui ne l'est pas sont plus floues. L'idée se développe que certaines technologies peuvent produire des résultats aussi bons, voire meilleurs pour l'homme que ce que la nature propose. Le mythe de la nature recule. Les Français seront sans doute de mieux en mieux disposés à l'égard des artifices qui leur permettront de mieux s'épanouir et mieux profiter de la vie.⸺

Désarroi : l'accroissement de la complexité et de l'incertitude de l'époque actuelle entraîne chez certains un sentiment de vide, de perte de sens, de découragement et de crainte pour l'avenir. Ce sentiment peut conduire au repli ou au contraire à la réaction.⸺

Bien sûr, chaque Français n'est pas concerné par l'ensemble des 40 courants identifiés par la Cofremca. La pénétration de ces courants dans la population est d'ailleurs très inégale. Elle est généralement croissante, ce qui montre bien qu'il s'agit là de tendances fortes, dont chacune explique en partie la façon de vivre des Français d'aujourd'hui.⸺

Les règles du 'je'

Le système de valeurs des Français d'aujourd'hui donne clairement la priorité aux aspirations de caractère personnel. Cette préséance du 'je' sur le 'nous' résume bien l'époque, car on la retrouve dans tous les aspects de la vie quotidienne. Chaque Français est de plus en plus conscient d'être unique. Il veut donc apparaître comme tel dans tous ses faits et gestes.⸺

Dans le travail, il recherche une plus grande autonomie, en revendiquant par exemple des horaires personnalisés (p. 344).⸺

En famille, il se montre de plus en plus tel qu'il est au plus profond de lui-même. Fini le temps des maris-héros et des femmes-victimes. Les hommes et les femmes d'aujourd'hui bousculent les stéréotypes. Cela se traduit par une redistribution des rôles à l'intérieur du couple (p. 83) et par un plus grand respect de la personnalité de chacun des membres de la cellule familiale. _____

En société, il fait preuve de plus de tolérance vis-à-vis des gens qui ne sont pas ou qui ne vivent pas comme lui, dans la mesure où leurs actions ne lui portent pas ombrage. Il s'éloigne de plus en plus des modèles, ne pouvant avoir par définition d'autre modèle que lui-même. _____

Les valeurs sûres d'aujourd'hui

		Très ou assez important (1)
1	l'amitié	96 %
2	la famille, les enfants	95 %
3	l'indépendance, la liberté	95 %
4	la solidarité, la justice	90 %
5	la fidélité	89 %
6	le travail, l'effort	89 %
7	le sens du devoir	85 %
8	l'amour	83 %
9	le sens de l'honneur	83 %
10	la promotion sociale, la réussite	82 %
11	l'argent, la réussite matérielle	79 %
12	le sacrifice, le sens du dévouement	77 %
13	le mariage	71 %
14	la sexualité	69 %
15	le patriotisme	55 %
16	la religion, la foi	51 %

le Pèlerin/Sofres (janvier 1983)

(1) Les 16 valeurs étaient proposées aux interviewés, qui devaient dire l'importance qu'ils attachaient à chacune d'elles.

L'amitié passe avant l'amour.

L'amitié arrive au premier rang des valeurs d'aujourd'hui, tandis que l'amour est relégué à la huitième place (enquête *le Pèlerin/Sofres,* v. encadré). Voilà un résultat qui peut surprendre, dans une société où on parle plus d'amour que d'amitié. _____

Il faut, pour le comprendre, revenir au besoin irrépressible d'être soi-même qui caractérise les Français d'aujourd'hui. Ce qui distingue l'amitié de l'amour, c'est précisément que le premier garde intacte la personnalité des deux partenaires, tandis que le second tend à les fusionner. L'indépendance et la liberté seraient en quelque sorte du côté de l'amitié plutôt que de celui de l'amour. Rien d'étonnant, dans ce cas, à ce que ces valeurs soient précisément classées en seconde position dans la hiérarchie actuelle. _____

Les valeurs altruistes sont au bas de l'échelle.

Face aux valeurs délibérément 'égoïstes' du haut de l'échelle, le sens du devoir est, à la septième place, la première valeur véritablement altruiste. On sait, en effet, que beaucoup de Français ont une conception de la solidarité et de la justice plutôt dirigée vers eux que vers les autres (p. 174). Le sens de l'honneur, celui du dévouement, et le patriotisme (p. 201) occupent des places peu élevées dans la hiérarchie. Ce qui est d'autant plus significatif que les interviewés ont sans doute tendance à surévaluer dans leurs réponses tout ce qui peut paraître 'convenable' socialement. _____

La réussite sociale et matérielle est dévalorisée.

La promotion sociale et l'argent avaient fait courir beaucoup de Français entre les années 50 et 70. Il semble qu'ils se soient essoufflés. Ce moindre attachement aux signes extérieurs du statut social est d'ailleurs cohérent avec la désaffection vis-à-vis du travail, pourvoyeur essentiel de ce statut. Est-ce parce que la prospérité économique leur a apporté suffisamment de satisfactions matérielles ? Il semble pourtant que la plupart des Français n'en sont pas rassasiés (p. 321). Est-ce parce que l'argent et la position sociale ne font pas le bonheur ? Cette explication paraît plus probable, car elle correspond mieux à la volonté actuelle de vivre sans modèle. Les 'héros' d'aujourd'hui ne sont pas ceux qui ont la fortune et les honneurs (même si ça n'est pas forcément un handicap !) ; ce sont ceux qui arrivent à vivre en accord avec leurs aspirations profondes, sans avoir à jouer un personnage. On notera toutefois que si l'argent ne fait pas (ou plus) le bonheur, son image a été largement réhabilitée au cours des années récentes (p. 297). _____

Les valeurs et le nombre des années

L'évolution générale de l'échelle des valeurs touche toutes les catégories de Français. Le sexe ou la profession ont relativement peu d'influence sur le classement (p. 59). Des différences sensibles existent cependant en fonction de l'âge.

Les 15-20 ans : l'amitié et l'argent.

Plus que les autres, les adolescents privilégient l'amitié, qui tient une place essentielle à l'extérieur du cadre familial. C'est l'amitié qui, avant l'amour, permet d'établir des rapports avec les autres. C'est aussi par l'amitié que se gagne en partie l'indépendance, autre valeur fétiche des adolescents. Mais c'est l'argent qui en est la condition essentielle, pour s'arracher, peu à peu, à la tutelle des parents.

Les 21-24 ans : de l'amitié à l'amour.

L'amour et l'une de ses composantes majeures, la sexualité, continuent d'attirer les jeunes en âge de se marier. Même si le mariage est de moins en moins le prolongement naturel de l'amour, il reste une solution logique pour créer une famille. Mais ce sont là les seules concessions des jeunes au système de valeurs de leurs aînés. Patriotisme et religion sont rejetés avec force. Au profit de l'indépendance, de la liberté (mais dans la fidélité) qui sont les objectifs premiers.

Les 25-34 ans : construire la famille.

C'est souvent vers 25 ans qu'arrivent les premiers enfants. C'est ce qui explique que la famille soit au centre des préoccupations de cette catégorie, avec ses corollaires, l'amour et la sexualité. Les autres préoccupations sont proches de celles des plus jeunes. Le rejet du patriotisme et de la religion y est aussi fort. Comme l'est, dans une moindre mesure, celui du travail et de l'argent.

Les 35-49 ans : de tout pour faire une vie.

Numériquement majoritaires, ils se situent à

La vie bascule à 35 ans

35 ans représente assurément l'âge pivot. Peut-être parce qu'à 35 ans on a autant d'années à vivre que d'années vécues. Sans doute parce que c'est souvent à cet âge que les modes de vie changent.

Avant 35 ans, on privilégie l'amour, la sexualité, l'indépendance. Après 35 ans, on revient à des conceptions plus traditionnelles : famille, mariage, et plus tard patriotisme et religion.

C'est vers 35 ans que s'effectue le difficile arbitrage entre les rêves de la jeunesse et les possibilités de la vie, entre les interrogations passionnées et les certitudes, réconfortantes ou douloureuses.

la charnière entre la France de l'expérience et celle de l'avenir (v. encadré).

Famille, amitié, fidélité, indépendance constituent leurs pôles d'attraction principaux. L'amour et la sexualité sont encore présents dans la hiérarchie des valeurs, mais leur importance tend à diminuer. Les valeurs plus traditionnelles, telles que le travail, l'honneur, le devoir ou la solidarité, réapparaissent. Le patriotisme et la religion ont à nouveau droit de cité.

Les 50-65 ans : la sérénité.

Famille, indépendance, amitié, solidarité et fidélité constituent, comme pour les 35-49 ans, des valeurs sûres, auxquelles s'ajoutent le mariage. L'amour et la sexualité arrivent assez loin derrière : 30 ou 40 ans de vie commune semblent avoir émoussé l'expression des sentiments pour l'autre et leur manifestation physique. À moins que la pudeur et la réserve n'empêchent d'en parler... On parle plus volontiers, en tout cas, du patriotisme, du sens du devoir et de celui de l'honneur. Comment s'en étonner puisque ces hommes et ces femmes avaient entre 10 et 25 ans au moment de la Seconde Guerre mondiale.

Les plus de 65 ans : les grands principes.

Les plus de 65 ans sont les plus gros 'consommateurs' de valeurs morales. Ils adhèrent massivement à la quasi-totalité des valeurs proposées. La religion et la patrie trouvent dans ce groupe leur clientèle la plus nombreuse et la plus fidèle.————————

L'enthousiasme est beaucoup plus modéré en ce qui concerne l'argent, l'amour et la sexualité. Avec l'âge semblent s'éteindre les passions et naître (ou s'amplifier) les interrogations plus philosophiques de la foi et de la vie après la vie.————————

Il y a donc, dans la vie, un temps pour chaque type de valeur. Celles qui sont liées au plaisir (argent, promotion sociale, sexualité et aussi indépendance) décroissent régulièrement avec l'âge. Il en est de même pour celles qui sont liées aux sentiments (amitié, amour, fidélité). Tout au moins en ce qui concerne leur expression, car l'amour et la fidélité restent des valeurs importantes, mais considérées comme acquises lorsqu'on a 60 ans. Et puis, l'âge tend à privilégier les grands principes qui caractérisent la société traditionnelle : solidarité, travail, famille, patrie, mariage.————————

Les Styles de Vie et les Valeurs

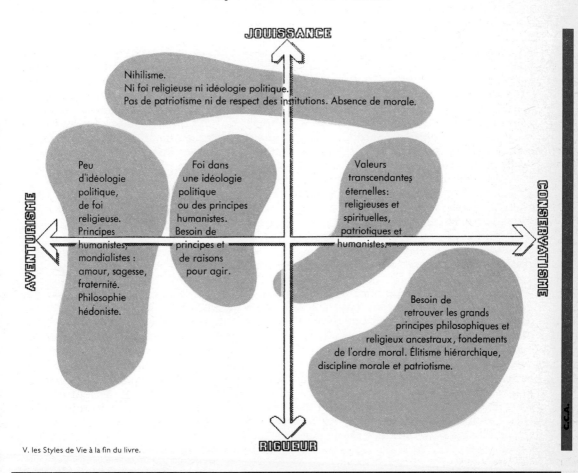

V. les Styles de Vie à la fin du livre.

LE TRIOMPHE DE LA FEMME

L'image sociale de la femme a plus changé en vingt ans qu'au cours des vingt siècles précédents. Au foyer, au bureau, partout, les citadelles masculines tombent les unes après les autres. Les conséquences ne concernent pas seulement les femmes, mais la société tout entière.

La 'nouvelle femme' a vingt ans

Le 'système de valeurs' des Français est cet ensemble de références d'ordre moral qui détermine dans une large mesure leurs opinions et leurs comportements. La façon dont chacun perçoit les autres fait évidemment partie du système. En particulier, le regard que l'homme et la femme portent l'un sur l'autre conditionne la façon dont ils vivent ensemble. Les vingt dernières années ont marqué dans ce domaine un bouleversement profond. Historique.⎯⎯⎯⎯⎯

C'est encore la vague de l'individualisme qui explique l'émergence du féminisme.

La revendication du droit de chacun à disposer de lui-même ne pouvait laisser les femmes indifférentes. Des siècles de dépendance leur avaient fait oublier qu'elles pouvaient un jour exister par elles-mêmes. Le moment venu, elles s'en sont souvenues et ont osé réclamer l'égalité et l'autonomie dont elles avaient été si longtemps privées. Tout en s'efforçant (avec un succès relatif dans les périodes les plus dures de la contestation) de sauvegarder les aspects essentiels de leur 'différence'.⎯⎯⎯⎯⎯

Les femmes ne se contentent plus de la trilogie maison-mère-mari.

Pendant des siècles, les 'trois M' ont bien résumé la vie de la femme, qui partageait son temps entre les travaux de la maison, l'éducation des enfants et la satisfaction des besoins du mari, entre la cuisine et la chambre à coucher. La révolution féministe n'a pas totalement aboli cette triple fonction, mais elle l'a rendue plus acceptable.⎯⎯⎯⎯⎯

La plus grande conquête est celle de la contraception.

L'évolution fulgurante de la condition féminine n'aurait pas été possible sans le développement de la contraception. Auparavant, la vie de la femme était rythmée par la succession des grossesses. C'est en devenant capable de maîtriser ce rythme qu'elle put commencer à conquérir son autonomie. Même si toutes les femmes ne sont pas concernées (p. 65), cette victoire des unes a rejailli sur les autres. Dès lors que l'on pouvait 'programmer' les périodes de maternité, tout devenait possible : l'espoir d'une vie professionnelle plus riche, celui d'un rôle social différent. Sans parler de la sexualité du couple, qui prenait une nouvelle dimension. Pour la première fois, la femme n'était plus déterminée par sa fonction de procréation. Elle devenait un être à part entière, capable de conduire sa vie hors des limites étroites que la nature (largement aidée par les hommes) lui avait imposées.⎯⎯⎯⎯⎯

Enfin, un magazine pour les femmes qui n'ont pas de temps à perdre !

1er numéro le 24 janvier !

La 'nouvelle femme' est souvent active et pressée. Est-ce pour rattraper le temps perdu ?

Eleuthera

Liberté - Égalité - Sexualité.

qu'elles ont du mal à prendre en charge leurs enfants'. Ce mythe aurait permis aux hommes de cantonner leurs femmes dans les tâches domestiques et l'éducation des enfants pendant qu'eux-mêmes jouissaient de l'exercice du pouvoir. Sans demander l'échange des rôles, les féministes revendiquent un meilleur partage en ce domaine. Parodiant Sully, on dira peut-être demain que 'maternage et paternage sont les deux mamelles de la France'.

Nous entrerons dans la carrière...

L'autonomie, pour être réelle, doit être accompagnée de la sécurité financière. Avec le droit au travail, les femmes ont cherché d'abord à ne plus dépendre de l'argent de leur mari. Cela leur donnait un poids nouveau à l'intérieur du foyer, tout en leur apportant des garanties pour l'avenir ; au cas où... Mais la conquête féminine du travail poursuit aussi un objectif plus ambitieux : la possibilité pour les femmes de s'épanouir dans un métier intéressant._____

Un nouveau partage des tâches s'installe dans le couple.

Pour profiter vraiment de l'autonomie ainsi conquise, les femmes devaient encore trouver le temps nécessaire. Et donc partager avec leurs maris le fardeau des tâches quotidiennes. Certes, la répartition des rôles est encore loin d'être égalitaire (p. 84). Mais les hommes mettent de plus en plus la main à la pâte, même si beaucoup restent réfractaires au repassage ou à la lessive._____

C'est peut-être dans l'éducation des enfants que les mentalités ont le plus évolué. Les 'papas poules' ne sont pas encore légion, mais beaucoup de jeunes pères ne se sentent plus 'dévirilisés' lorsqu'ils changent bébé ou l'emmènent jouer au square._____

RSC et G

Liberté - Égalité - Activité.

L'instinct maternel en question

La justification du rôle particulier de la femme dans la société reposait sur deux aspects qui lui étaient spécifiques : la faculté de donner la vie et l'instinct maternel. Le premier n'est pas discutable puisqu'il repose sur une vérité physiologique. Mais le second est aujourd'hui mis en doute par quelques-unes des féministes les plus convaincues. Pour Élisabeth Badinter, l'instinct maternel est un mythe : inventé par la Bible, il fut remis à l'honneur au XVIIIᵉ siècle et amplifié plus récemment par la psychanalyse. Selon elle, les femmes 'commencent à douter de son existence, car nombreuses sont celles qui réalisent

La vie professionnelle commence à l'école.

Les femmes avaient longtemps considéré l'école comme le moyen d'acquérir un 'vernis' suffisant pour discuter avec leur mari et ses relations de travail sans avoir l'air trop en retrait. Elles veulent aujourd'hui y apprendre un métier. Conscientes de l'enjeu, les femmes deviennent donc de redoutables concurrentes des hommes aux examens et concours. D'autant qu'elles travaillent souvent avec plus de détermination et obtiennent de meilleurs résultats qu'eux (au bac, par exemple). Les portes des 'grandes écoles', qui leur étaient pour la plupart fermées, se sont ouvertes peu à peu. Entrouvertes plutôt pour certaines : on trouvait 7 % de filles à Polytechnique, dans la promotion 1981-82, mais 20 % à l'É.N.A., 43 % à H.E.C., 54 % à l'École nationale de la magistrature. Les derniers bastions de la misogynie scolaire tombent un par un. N'a-t-on pas vu quatre jeunes femmes intégrer la promotion 1984 de l'École spéciale militaire de Saint-Cyr. ____

L'égalité professionnelle reste théorique.
* *Les femmes représentent 28 % des effectifs de la formation continue,*
mais 40 % de la population active.
* *Le taux de chômage des femmes est supérieur de moitié à celui des hommes : 12,6 % contre 8,5 %.*
* *64 % des chômeurs de longue durée sont des femmes.*

Il faudrait ajouter à cette liste l'inégalité des salaires versés, à poste égal, aux hommes et aux femmes (p. 305) ou le fait que les métiers accessibles aux femmes restent moins nombreux que ceux des hommes (même si l'on trouve aujourd'hui des femmes P.-D.G., pilotes de ligne, pompiers, militaires, ministres ou... soudeuses).____

Bien qu'officiellement reconnue, l'égalité des sexes vis-à-vis du travail se heurte donc encore à de nombreux obstacles dans la réalité quotidienne. Toutes ces réserves ne doivent cependant pas faire oublier le chemin parcouru au cours de ces vingt dernières années. La loi sur l'égalité professionnelle de juin 1983 (p. 263), l'adoption en juillet 1982 du statut des femmes d'artisans et de commerçants (améliorant leurs conditions de retraite) constituent des étapes importantes. Leurs effets se traduiront pleinement dans une ou deux décennies, au fur et à mesure que s'accroîtra le niveau de formation, condition première de l'accès aux carrières de responsabilité.____

De la femme d'influence à la femme de pouvoir

L'importance sociale de la femme peut se mesurer de plusieurs façons. L'indicateur le plus classique était jusqu'ici sa contribution démographique. L'évolution en ce domaine n'est évidemment pas très favorable (p. 95). La chute des naissances, amorcée il y a quelques années, s'est encore accélérée récemment (p. 96). Mais l'importance de la femme se mesure aujourd'hui à bien d'autres choses qu'au nombre de ses enfants.____

Les femmes d'influence sont passées de l'alcôve à l'Assemblée nationale.

Le bruit court depuis environ 2 000 ans que c'est la femme qui, contre toute apparence, détient le pouvoir. Les hommes, officiellement en charge des responsabilités suprêmes, prendraient leurs décisions à partir des conseils subtilement prodigués par leurs épouses ou leurs maîtresses. La 'politique de l'oreiller' est-elle une réalité qui conditionne depuis des siècles l'évolution de nos sociétés ? Est-elle au contraire un mythe, inventé par l'homme pour maintenir chez elles les femmes qui auraient eu la mauvaise idée d'en sortir ? Il aurait fallu, pour le savoir, dissimuler des micros dans les chambres de Jules César, d'Alexandre ou de Napoléon. Force est, en tout cas, de constater que le rôle politique de la femme est aujourd'hui sorti de la clandestinité.____

Des ministres, des députés, des sénateurs, des maires, des conseillers municipaux du sexe prétendu faible sont là pour le prouver, même si elles demeurent encore largement minoritaires.____

Mais le pouvoir des femmes ne s'étend pas seulement à la politique. Les fils de la toile d'araignée féministe s'accrochent peu à peu à l'ensemble des secteurs de l'activité humaine. Les affaires, spécialité traditionnellement masculine, concernent aujourd'hui quelques femmes qui ont bien d'autres atouts que leur simple pouvoir de séduction. Les professions artistiques peuvent s'enorgueillir de compter dans leurs rangs des femmes de grand talent. La création deviendra-t-elle, comme la procréation, une spécialité féminine ?

Dernier vestige de la misogynie, le vocabulaire des métiers reste fondamentalement masculin. Mais une femme a réussi à franchir l'entrée (pourtant bien gardée) de l'Académie française. Elle pourra y participer aux séances du dictionnaire et y faire valoir un point de vue nouveau…

Demain, le 'nouvel homme' ?

On ne compte plus aujourd'hui les places fortes masculines conquises par les femmes. Et, pourtant, que représentent deux décennies de militantisme face à 2 000 ans de soumission ? Les prochaines années risquent d'être rudes pour les hommes, même si le mouvement féministe cherche aujourd'hui un second souffle ! D'autant que, pour parvenir à leurs fins, les femmes ont repris à leur compte la technique qui avait si bien réussi aux hommes pendant des siècles : la culpabilisation. Afin de mieux enfermer leurs compagnes dans leur rôle maternel et ménager, les hommes leur avaient fait entrevoir les conséquences dramatiques d'une éventuelle désertion du foyer. Afin de mieux prendre le pouvoir, certaines femmes ont malheureusement culpabilisé les hommes en les mettant en face des injustices qu'ils leur avaient fait subir.

La fin du machisme ?

l'Express/Gallup (fév. 1984)

La plupart des hommes se disent favorables à l'accession des femmes aux responsabilités :

● 70 % accepteraient facilement de travailler sous les ordres d'une femme ;
● 80 % que la situation de leur femme soit très supérieure à la leur ;
● 74 % que la France ait une femme comme président(e).

En conquérant le droit à l'égalité, les femmes risquent de perdre leur droit à la différence.

Il en est du féminisme comme de tous les mouvements profonds qui transforment la société. Les revendications qui leur donnent naissance ont généralement un caractère extrémiste marqué qui, résolvant quelques problèmes de fond, finit par en poser d'autres.

La contrepartie des victoires féminines de ces dernières années est la crainte, de plus en plus apparente, d'avoir été trop loin dans l'égalitarisme, et de perdre dans les rapports quotidiens la spécificité (et donc la complémentarité) des deux sexes. Ces risques sont de plus en plus nombreux. Des femmes qui ont 'investi' dans leur vie professionnelle se retrouvent P.-D.G. mais célibataires ; d'autres, à force de vouloir ressembler aux hommes, ont fini par les éloigner. La littérature féminine de ces deux dernières années est pleine de ces histoires un peu tristes de femmes 'libérées' qui regrettent un peu le temps de la 'prison'…

Alors, comme il se doit, le balancier amorce un mouvement de sens contraire. Les femmes ne se battent plus pour l'égalité en général, mais pour un compromis acceptable au sein du couple. La femme fatale, bannie par les féministes des années 70, refait son apparition au cinéma et dans la publicité. Les magazines redécouvrent la femme traditionnelle : *Prima* tire à plus d'un million d'exemplaires et l'éditeur a lancé fin 1984 *Femme Actuelle* ; *7 Jours Madame* a fait un démarrage foudroyant (600 000 exemplaires vendus), tandis que *Femme* (ex-*F Magazine*), *Cosmopolitan*, *Biba* ou *Elle* sont revenus à des conceptions moins militantes de la condition féminine.

Quant aux hommes, beaucoup sont encore sous le coup des profondes mutations qui se sont déroulées sous leurs yeux. Occupés à reconnaître une nouvelle identité à la femme, ils ne se sont pas rendu compte qu'ils risquaient de perdre la leur. Pris entre le souci de rester virils et celui d'être modernes, certains n'ont pas encore réussi à trouver le bon équilibre. Après la 'nouvelle femme', ce pourrait être au 'nouvel homme' d'occuper le devant de la scène.

Heureux et inquiets

LE BONHEUR,
SUR FOND DE CRISE

Malgré la crise et ses conséquences quotidiennes, les Français se disent heureux. Mais leur bonheur est d'autant plus éclatant qu'il est fragile. On est heureux aujourd'hui lorsqu'on a le sentiment d'être 'passé entre les gouttes'. Mais on craint de ne plus l'être demain, si l'orage se transforme en ouragan.

Heu-reux !

Inconscience, goût du paradoxe ? Les baromètres qui mesurent l'indice de satisfaction des Français (leur 'moral') n'ont jamais été aussi hauts (encadré). Surprenant ! Alors que les journaux sont pleins de la guerre, de la crise économique, des mutations technologiques, des tensions internationales, les Français nageraient dans le bonheur ? Heureux, oui, mais inquiets. Inquiets pour leur avenir à court terme et pour celui de leur entourage familial. Chômage, guerre, dimi-

nution du pouvoir d'achat, les démons des années 80 sont là, bien présents dans l'esprit de chacun (p. 167). Et c'est paradoxalement cette inquiétude, ce poids sur l'estomac, qui explique le bonheur des Français. Comme si chaque instant de calme gagné sur des lendemains incertains prenait une saveur particulière. 'Vivez, si m'en croyez, n'attendez à demain…' Telle est la devise de ceux qui, ayant échappé aux grands maux dont tout le monde parle, redoutent d'en être bientôt atteints. Les Français sont heureux, aujourd'hui plus qu'hier, mais aussi plus que demain.

La famille
est le lieu privilégié du bonheur.

92 % des Français sont heureux

le Nouvel Obs./Sofres (oct. 1983)

La crise, quelle crise ? Ils étaient 89 % en 1973 à se trouver heureux. Ils sont 92 % aujourd'hui. La crise, elle existe, mais... chez les autres. 47 % des Français pensent en effet que, dans l'ensemble, les gens sont moins heureux (30 % seulement pensent qu'ils sont plus heureux). Cette impression générale varie selon la sensibilité politique des interviewés. À gauche, surtout chez les communistes, on pense que les Français sont plutôt plus heureux. À droite, on pense que les choses sont bien pires qu'en 1973.

Chacun voit midi... et le bonheur à sa porte.

La crise existe,
mais peu de Français l'ont vraiment rencontrée.

Bien sûr, il y a le chômage. Un travailleur sur dix est aujourd'hui sans emploi. Mais ce ne sont pas toujours les mêmes dix pour cent qui pointent à l'A.N.P.E. Certains d'entre eux ne seraient même pas mécontents, paraît-il, de s'accorder une année sabbatique aux frais de l'État ! La baisse du pouvoir d'achat ? Elle touche en priorité les plus aisés, et elle a été jusqu'ici moins forte que dans les autres pays occidentaux (p. 319). Alors, un pour cent de plus ou de moins, au-delà du principe, est-ce vraiment si important ? Pas assez, semble-t-il, pour remettre en cause le confort et les modes de vie dans leurs grandes lignes. Surtout si l'on tient compte du facteur de régulation considérable qu'est l'économie parallèle (auto-production, travail au noir, etc., voir p. 216). La guerre ? Jusqu'ici, elle affecte les autres. Et son spectre, maintenant bien installé dans l'opinion publique (p. 70), fait d'autant plus apprécier le moment présent. Il faut donc se rendre à l'évidence. La crise existe dans les journaux, dans les conversations du café du commerce, et... chez le voisin.

Des îlots de bonheur,
dans un océan de difficultés...

Certains Français ont le sentiment d'être favorisés par rapport aux autres. Rien d'étonnant a priori. Sauf lorsqu'on apprend qu'ils sont... 60 % à se considérer ainsi. On se dit alors que les médias, en montrant quotidiennement les difficultés de vivre dans la société actuelle, ont beaucoup fait pour le bonheur du plus grand nombre ! Le bonheur, aujourd'hui, c'est en effet de ne pas souffrir des problèmes dont les autres sont affectés. On est donc heureux par différence. On l'est également parce qu'on n'est pas sûr de l'être encore demain. Les Français savourent avec délices un bonheur dont ils pensent les autres privés et dont ils ne savent pas combien de temps il durera. Pour ne pas dire un jour comme Radiguet : 'Bonheur, je ne t'ai reconnu qu'au bruit que tu fis en partant'.

Les nouveaux ingrédients
du bonheur

Les Français ne sont pas seulement heureux parce qu'ils ont l'impression que les autres ne le sont pas (ci-dessus). Quelques raisons objectives justifient ce bonheur de vivre. La famille est une source de satisfaction pour 95 % d'entre eux, même si son importance évolue (p. 76). Le logement, qui en est le cocon, est généralement apprécié des Français. Il faut dire que, dans ce domaine, des progrès considérables ont été accomplis en dix ans (p. 126). Là encore, la situation de chacun semble être meilleure que celle de tous. Pour une raison sans doute analogue, le travail est aussi une source de satisfaction. Le fait d'en avoir un, dans une époque où il est inégalement réparti, représente en soi un privilège dont beaucoup de Français sont conscients (p. 254).

L'argent ne fait plus le bonheur.

Environ 60 % des Français considèrent qu'ils disposent d'un revenu suffisant pour vivre. Opinion évidemment très subjective. Le minimum vital que réclame l'avocat est sans doute plus élevé que celui qui paraît nécessaire à l'employé de bureau ou au manœuvre. Ainsi, les cadres supérieurs ne sont pas beaucoup plus nombreux que les artisans ou les employés à être satisfaits de leurs revenus. Il est significatif qu'une majorité de Français considère que les revenus devraient être liés aux besoins individuels plutôt qu'à ce que chacun apporte à la société. Entre la 'méritocratie' et l'égalitarisme, existe-t-il une troisième voie, compatible avec le souci de 'recentrage' de bien des Français ? Une question rendue plus aiguë par la crise.

Pour beaucoup, c'est à l'État d'organiser la création des richesses et de les redistribuer d'une 'juste' façon. Mais l'affaire se complique s'il faut prendre en compte les besoins de chacun…

Le temps, c'est de l'argent

Préférences (en %)

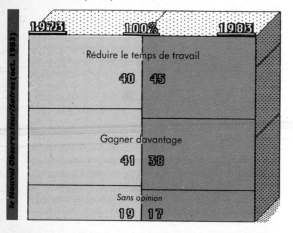

vers les banlieues des grandes villes) ou même de 'rurbanisation' (déplacement vers des zones privilégiées à la campagne, voir p. 123) mis en évidence par le recensement de 1982 et les sondages d'opinion.

- *51 % préféreraient habiter à l'avenir à proximité d'une ville (12 % en ville et 35 % à la campagne).*
- *74 % souhaitent rester dans la même région.*
- *Ceux qui changeraient volontiers le feraient surtout pour habiter une région plus calme (41 %).*

Parisien et banlieusard : l'un chante, l'autre pas

Les habitants de la région parisienne réagissent différemment selon leur éloignement du centre de la capitale. La plupart de ceux qui habitent dans Paris intra-muros ou dans la proche banlieue (la petite couronne) sont heureux d'habiter dans la capitale. Leur satisfaction tient surtout à la qualité de la vie culturelle, aux transports en commun, à la plus grande facilité de trouver un emploi. Mais ils reprochent aussi à Paris l'insécurité, les encombrements et la médiocrité des relations de voisinage.

À l'inverse, la majorité des habitants des banlieues plus éloignées (la grande couronne) rêvent de vivre ailleurs. Leur désir de fuite est principalement motivé par les difficultés de trouver un emploi, le coût de la vie et les problèmes liés à l'environnement (sécurité, pollution, propreté). Ils reconnaissent néanmoins certains avantages à la vie de banlieue : conditions de logement, rapports avec l'administration, vie sociale et associative.

Pourtant, le désir de gagner plus d'argent est en régression (ci-dessus). L'arbitrage entre temps de travail et rémunération évolue. À partir d'un certain niveau de vie, c'est bien le temps qui l'emporte sur l'argent. Les attitudes vis-à-vis de ces deux 'valeurs' sont cohérentes puisque la proportion de gens déclarant disposer d'un revenu 'suffisant' a régulièrement augmenté depuis une quinzaine d'années.

Le bonheur n'est plus dans le pré.

Le cadre de vie joue un rôle souvent essentiel dans la satisfaction de vivre. Après la vague du 'retour à la nature' des années 70, il semble bien que le 'bonheur des villes' concurrence aujourd'hui le 'bonheur des champs'.

Plus précisément, les Français veulent aujourd'hui concilier les avantages de la ville (emplois, loisirs, commerces, etc.) avec ceux de la campagne (calme, verdure, convivialité, espace). C'est ce qui explique les mouvements de 'péri-urbanisation' (déplacement

La 'vocation au bonheur' est une affaire de personnalité.

Certains individus sont plus doués que d'autres pour le bonheur. C'est ce qui ressort en tout cas de plusieurs enquêtes psychosociologiques (encadré). La sensation personnelle d'être heureux ou non est souvent indépendante des critères qui viennent immédiatement à l'esprit : fortune, gloire, beauté, jeunesse, etc. L'idée est d'ailleurs conforme au bon sens populaire (l'argent ne fait pas le bonheur) autant qu'à l'expérience quotidienne (combien de personnages célèbres, riches et adulés n'ont-ils pas traversé de profondes dépressions ?).

Les surdoués du bonheur

Confrontés aux dures réalités de la vie, certains individus s'en sortent toujours mieux que d'autres. C'est la thèse d'un certain nombre d'observateurs de la société. Gail Sheehy propose, quant à lui, 10 explications à leur vocation au bonheur, qui sont autant de recettes de vie :

1 Ils ont trouvé un sens à leur vie.
2 Ils ont connu des difficultés.
3 La vie ne les déçoit pas.
4 Ils ont atteint certains de leurs objectifs.
5 Ils ont trouvé leur équilibre.
6 Leurs amours sont partagées.
7 Ils ont beaucoup d'amis.
8 Leur optimisme reste inébranlable.
9 Ils ne sont pas susceptibles.
10 Aucune terreur ne les hante.

les Obstacles de la vie, Gail Sheehy (Belfond)

Il existe un bonheur d'être français.

Y a-t-il des pays heureux et des pays malheureux ? La capacité d'une nation à offrir le bonheur à ses citoyens est-elle mesurable ? Difficile d'imaginer une sorte de B.N.B. (Bonheur National Brut) qui, comme le P.N.B., permettrait de comparer les différents pays. Sans tomber dans cet excès, des moyens existent pour comparer la satisfaction des habitants de différents pays (p. 71).

Les enquêtes, baromètres et sondages effectués périodiquement à l'échelon international donnent généralement des résultats très favorables à la France, vue par les autres pays. Les Français ne sont pas toujours conscients de l'attirance qu'exerce leur pays sur beaucoup d'étrangers, témoin ce dicton allemand qui dit d'un homme comblé qu'il est 'heureux comme Dieu en France'.

Quand bonheur rime avec peur

Côté pile, c'est le bonheur. Mais, côté face, c'est plutôt l'angoisse ! Chaque médaille a son revers : les Français craignent que celle du bonheur national ne se retourne brutalement.

Leur bonheur est, on l'a vu, surtout individuel. Il n'est donc pas étonnant que leurs craintes le soient aussi en priorité. L'angoisse qui les étreint est de nature éminemment concrète. Pas de préoccupation métaphysique quand le quotidien n'est pas garanti !

Le hit-parade de la crainte

Parmi les questions suivantes, quelles sont les trois qui vous préoccupent le plus actuellement ?

	Enquête Parisien libéré/ Sofres août 83	Enquête Le Figaro/ Sofres août 84
- Le risque d'une crise politique en France	17	21
- La montée de l'insécurité	37	42
- Le paiement des impôts	28	18
- Le chômage *unemployment* (*)	58	67
- Le maintien du pouvoir d'achat (*)	34	32
- Les conflits sociaux (grèves, manifestations)	29	22
- La hausse des prix	32	39
- Les tensions internationales (risques de guerre dans le monde)	37	31
- Aucune de celles-ci	2	—
- Sans opinion	1	1
	% (1)	% (1)

(1) Le total des pourcentages est supérieur à 100, les personnes interrogées ayant pu donner trois réponses.
(*) En août 1983, l'item proposé était : 'La baisse du pouvoir d'achat'.

Sofres/le Figaro (septembre 1984)

La peur pour l'emploi domine.

Elle est suspendue au-dessus de chaque tête, épée de Damoclès forgée par dix années de crise. Avec le premier choc pétrolier arrivait le premier million de chômeurs. On pensait avoir connu le pire avec le second million. Et puis, à force de faire de l'équilibre sur la 'crête des deux millions', l'économie s'est fatiguée. La crainte d'un redémarrage du chômage, peu sensible en 83, est entrée dans les esprits en 84. Elle est aussi entrée dans les faits (p. 250). Malgré les manifestations syndicales, malgré les paroles d'apaisement des discours officiels, les Français savent aujourd'hui que la restructuration de l'industrie sera rude. Même si elle est nécessaire.

L'économie est le principal épouvantail.

Les autres raisons de l'angoisse des Français

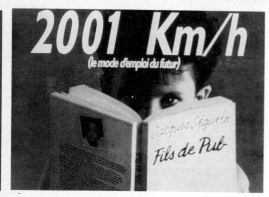

2001 Km/h
(le mode d'emploi du futur)

Jacques Séguéla
Fils de Pub

RSC et G

L'avenir est-il écrit quelque part ?

sont, pour la plupart, liées aux difficultés économiques. Longtemps fermés aux grandes démonstrations chiffrées, les Français vibrent aujourd'hui à l'annonce des indices qui leur sont distillés quotidiennement par les médias. Hausse des prix, déficit du commerce extérieur, cours du dollar, dette extérieure de la France n'ont plus, ou presque, de secret pour eux (p. 210). ———————

Demain, l'angoisse…

Pensez-vous que vos conditions de vie vont s'améliorer ou se détériorer au cours des cinq prochaines années ?

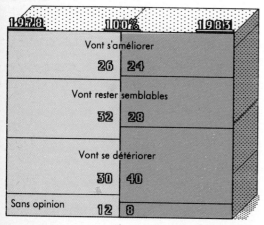

	1978 100%	1983
Vont s'améliorer	26	24
Vont rester semblables	32	28
Vont se détériorer	30	40
Sans opinion	12	8

CREDOC

Guerre nucléaire :
l'escalade des esprits

La peur d'une guerre atomique était déjà présente dans les conversations depuis quelques années. Avec des hauts et des bas, selon les événements politiques et la tension qu'ils engendraient. Il semble qu'un nouveau pas ait été franchi vers la fin de l'année 83, avec l'installation des fusées Pershing en Allemagne fédérale. Les médias, qui évitaient jusqu'alors de trop parler de l'éventualité d'une guerre, l'ont tout à coup intégrée dans leurs commentaires. Même la télévision, qui a généralement tendance à dédramatiser, laissait percer dans ses émissions une inquiétude nouvelle, sensible, depuis, dans l'ensemble des médias.

Si bien que la question ne semble plus être aujourd'hui 'Y a-t-il un risque de guerre nucléaire ?' mais plutôt 'Quand la première bombe va-t-elle éclater ?' Un changement de langage, qui assombrit évidemment l'idée que les Français se font de leur avenir.

*Les craintes collectives
renforcent les craintes individuelles.*

Après moi, le déluge… La formule résume assez bien le comportement des Français dans leur vie quotidienne (p. 53). Elle ne les empêche pas, cependant, de redouter l'avenir tel qu'il se présente à l'ensemble de la collectivité. La peur du déluge, c'est de plus en plus celle de la guerre. Mais, pour la première fois dans l'histoire, il s'agit de la guerre **nucléaire**, qui dépasse dans les esprits toutes les horreurs (pourtant nombreuses) de toutes les autres guerres. Une véritable psychose s'est donc installée, ouvrant la porte à de nouveaux comportements (encadré). Plus rien, désormais, ne sera comme avant. Tant que les armements, à l'Est comme à l'Ouest, n'auront pas été détruits jusqu'au dernier, les hommes et les femmes ne dormiront plus de la même façon. Leur vision de la vie, de la mort, de la société s'en trouvera transformée. Les Français, comme tant d'autres, sont entrés de plain-pied dans la 'civilisation du nucléaire'. Il leur faudra sans doute l'assumer pendant longtemps. ———————

Le bonheur des autres

On sait que le bonheur est une notion vague, subjective et variable dans le temps. On sait moins qu'il est également variable dans l'espace, c'est-à-dire entre les pays. L'Euro-Baromètre, entre autres études, mesure régulièrement le degré de satisfaction des habitants des pays de la CEE à l'égard de la vie en général. Les résultats sont intéressants (v. encadré). Ils font apparaître des écarts importants entre les 'pays heureux', qui sont plutôt ceux du Nord (Danemark, Pays-Bas, Irlande) et les autres, avec en queue de peloton les pays méditerranéens (France, Italie, Grèce).

Le palmarès du bonheur

Sentiments de satisfaction à l'égard de la vie par pays (1983).

	Pourcentage de 'satisfaits' ou de 'très satisfaits'	Pourcentage de 'vraiment heureux'
- Danemark	96	31
- Pays-Bas	92	45
- Irlande	84	33
- Irlande du Nord	89	31
- Luxembourg	93	22
- Grande-Bretagne	87	28
- Belgique	84	28
- Allemagne	83	14
- France	74	16
- Italie	64	9
- Grèce	60	10

Euro-Baromètre

Mais la sensation du bonheur n'est pas une donnée immuable. Elle peut varier de façon significative au fil des années. C'est le cas en particulier en Belgique, où le pourcentage de 'très satisfaits' de la vie est passé de 46 % en 1978 à 18 % en 1983. En France, le niveau est resté stable (et bas) aux alentours de 15 % pendant la période. Aucune explication satisfaisante n'est donnée à la chute spectaculaire enregistrée en Belgique. Les difficultés économiques, souvent mises en avant pour expliquer le bonheur ou le malheur des gens, n'y ont pas été plus sévères que dans d'autres pays européens comme la Grande-Bretagne, l'Irlande ou la France.

D'une manière générale, il semble que la sensation de bonheur, à l'échelon individuel ou collectif, varie dans le même sens que plusieurs facteurs d'ordre subjectif (la confiance à l'égard d'autrui) ou objectif (le niveau de revenu, la prospérité économique nationale, le niveau de sécurité physique). Il semble également que le bonheur ait besoin, pour se maintenir, d'une **amélioration continue** de ces facteurs favorables. C'est ce que le bon sens populaire appelle ne jamais être satisfait de son sort, en vouloir toujours plus. La courbe du bonheur semble donc s'inverser en même temps que celle de la croissance économique.

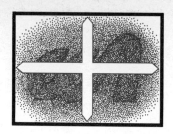

Les Styles de Vie et l'individu

CHACUN POUR SOI ET LA FRANCE POUR TOUS

Les Français se sentent de moins en moins concernés par les formes traditionnelles d'enracinement : patrie, religion, politique, etc. Ils préfèrent mobiliser leur énergie au service de leur propre cause. Ils s'inventent des formes d'attachement plus personnelles, qui s'expriment par les modes de vie. Jamais la France n'a été aussi individualiste._____

Les Français ont rejeté leurs racines

La façon de vivre des Français fut pendant très longtemps conditionnée par leur attachement à des valeurs acquises dès la naissance et rarement mises en question. Le sens de la patrie, la pratique religieuse, l'enracinement culturel à l'histoire, à la région, à la nation constituaient le cadre général à l'intérieur duquel se déroulait la vie. Tous ces grands sentiments d'appartenance à un pays, une religion, une culture, une classe sociale sont aujourd'hui en déclin. Il s'ensuit une déstabilisation mentale qui pourrait amener la société des années 90 à un néoconservatisme semblable à celui qui se produit actuellement aux États-Unis._____

Les raisons de cette rupture du cordon ombilical sont sans doute multiples. Logique de la civilisation matérialiste qui tend à remplacer les formes d'attachement quasi mystiques par la recherche de satisfactions plus tangibles. Doute grandissant vis-à-vis d'un monde où la guerre, la faim, la violation des droits de l'homme sont plus courantes que la paix, la solidarité et la démocratie. Possibilité, entrevue pour la première fois, de maîtriser personnellement son destin, sans recourir aux forces institutionnelles ou spirituelles.

La personne plus importante que le groupe

Élevés dans l'idée que les intérêts particuliers devaient s'effacer devant l'intérêt général, beaucoup de Français n'en sont plus aujourd'hui aussi convaincus. Partant du principe qu'on ne vit qu'une fois, ils souhaitent que cette vie soit heureuse et conforme à leur personnalité profonde. D'où le refus croissant de toute contrainte, qu'elle soit imposée par l'État, la religion, le travail ou la famille.

Alors, les énergies individuelles, jusqu'ici au service de ces grandes causes, se mobilisent aujourd'hui pour que triomphe le 'moi'._____

Les classes sociales sont mortes, vive les Styles de Vie !

Ainsi donc, les Français cherchent à exprimer leurs aspirations les plus profondes de façon **individuelle**. Mais on retrouve dans cette expression les caractéristiques des Mentalités et des Socio-Styles auxquels ils appartiennent (voir p. 414). Ce n'est d'ailleurs pas par hasard si la diversité des personnalités s'exprime, au total, d'un nombre limité de façons. Privés de leurs enracinements traditionnels, qui étaient autant de guides commodes (bien que souvent contraignants), les individus s'efforcent inconsciemment d'en inventer d'autres. Si les modèles anciens étaient lourds à porter, l'absence totale de modèles est plus effrayante encore. C'est pourquoi les nouveaux comportements se sont vite organisés en quelques groupes informels mais cohérents. Ainsi, les Rigoristes investissent une part de leur énergie dans des activités d'autoproduction, telles que le jardinage ou le bricolage, qui leur donnent l'impression d'être un peu autonomes et à l'abri d'éventuelles grosses difficultés (guerre, chômage, etc.). Les Matérialistes et les Entreprenants de la Mentalité Activiste

s'attachent plutôt à leur corps, richesse essentielle. Les moyens qu'ils utilisent sont cependant différents : soins de beauté pour les Matérialistes ; jogging et aérobic pour les Entreprenants. Les Décalés sont attirés par les moyens modernes de la culture individuelle. Grands amateurs de Walkman et de jeux électroniques, ce sont les champions de l'isolement et de l'éphémère. _____

Pour remplacer les anciennes références, les Français sont donc en train de se créer de nouveaux ports d'attache. Ces nouvelles appartenances se décrivent beaucoup mieux en termes de modes de vie et de pensée qu'en termes d'adhésion à une classe sociale, un mouvement politique ou religieux. _____

La carte des Individualismes

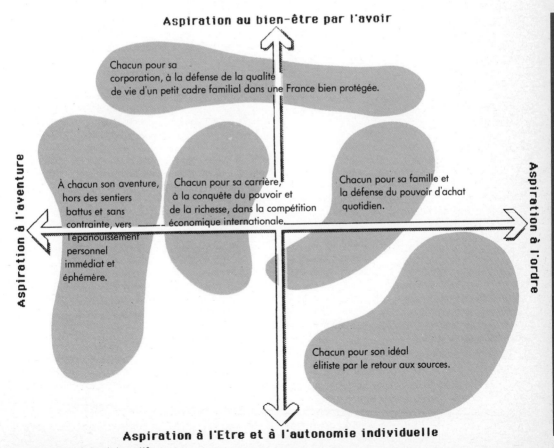

Aspiration au bien-être par l'avoir

Chacun pour sa corporation, à la défense de la qualité de vie d'un petit cadre familial dans une France bien protégée.

Aspiration à l'aventure

À chacun son aventure, hors des sentiers battus et sans contrainte, vers l'épanouissement personnel immédiat et éphémère.

Chacun pour sa carrière, à la conquête du pouvoir et de la richesse, dans la compétition économique internationale.

Chacun pour sa famille et la défense du pouvoir d'achat quotidien.

Aspiration à l'ordre

Chacun pour son idéal élitiste par le retour aux sources.

Aspiration à l'Etre et à l'autonomie individuelle

C.C.A.

Pour lire la carte, voir description p. 415.

Chacun pour soi… et tout pour tous

Tel pourrait être, en caricaturant un peu, le cri de ralliement des Français d'aujourd'hui. Un 'chacun pour soi' vécu différemment par les cinq Mentalités : chacun pour sa **famille**, chez les Matérialistes ; chacun pour son **groupe** et sa corporation, chez les Égocentrés ; chacun pour sa **carrière** ou son objectif social, chez les Activistes ; chacun pour son **aventure** personnelle, chez les Décalés ; chacun pour son **idéal** élitiste, chez les Rigoristes._____

La carte des Individualismes décrit ces cinq façons de concevoir sa place dans la société. Les dimensions qui expliquent le mieux les différences entre ces conceptions sont, d'une part, **l'aspiration à l'ordre et à la protection** ou son contraire, **l'aspiration à l'aventure** (axe horizontal), et, d'autre part, **l'aspiration à la possession matérielle** ou à l'épanouissement intérieur de la personne (axe vertical)._____

2

LA FAMILLE

Le baromètre de la famille

L'encouragement à la natalité est le plus net chez les croyants pratiquants, les plus de 65 ans, les professions libérales et les cadres supérieurs. Après avoir perdu régulièrement de son importance, la famille-refuge fait de nouveaux adeptes, en particulier chez les plus de 40 ans. Mais le mariage apparaît de moins en moins comme un lien éternel, surtout chez les plus jeunes. Ce plus grand désir de liberté se traduit aussi par la volonté croissante d'équilibrer les tâches domestiques au sein du couple (enquêtes auprès des plus de 18 ans).

'La famille est le seul endroit où l'on se sente bien et détendu.'

78	79	80	81	82	83
69,7	68,7	66,6	63,7	60,8	63,0

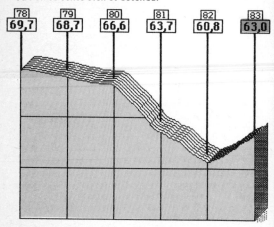

'Il faut encourager la natalité.' (*)

77	78	79-80	81	81	82	83	84
32%	39%	?	36%	36%	33%	33%	40%

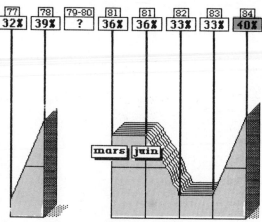

mars juin

(*) Cumul des réponses 'bien d'accord' et 'entièrement d'accord' à l'affirmation proposée.

CREDOC (1), AESOP (2)

'Le mariage est une union...
- indissoluble (1)
- qui peut être dissoute dans des cas très graves (2)
- qui peut être dissoute par simple accord des deux parties (3).'

78	79	80	81	82	83
33,0	31,5	33,5	36,0	35,6	37,5

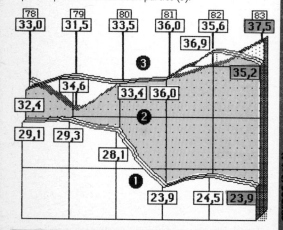

❸ 36,9
35,2
32,4 34,6 33,4 36,0
29,1 29,3 ❷
28,1
❶
23,9 24,5 23,9

'Dans les travaux du ménage et les soins des enfants...
- toutes les tâches incombent à la femme (1)
- certaines tâches incombent plutôt à la femme (2)
- toutes les tâches doivent être indifféremment accomplies par l'homme ou la femme (3).'

78	79	80	81	82	83
60,6	58,0	62,8	61,2	61,5	63,7

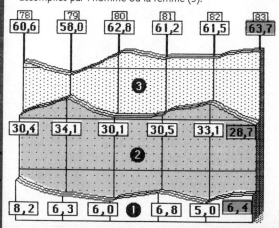

❸
❷
30,4 34,1 30,1 30,5 33,1 28,7
8,2 6,3 6,0 ❶ 6,8 5,0 6,4

CREDOC (3 et 4)

Couple : être heureux ensemble…
et séparément

LE MARIAGE EN QUESTION

La diminution du nombre des mariages, l'augmentation de celui des divorces font craindre à beaucoup la mort du couple. Pourtant, si l'on est plus instable aujourd'hui qu'hier, c'est parce que l'on demande plus à la vie à deux. Les nouveaux couples veulent toujours être heureux ensemble. Mais ils veulent aussi l'être séparément…

Au revoir, M'sieur le Maire

La force des institutions, c'est qu'elles reposent sur une longue tradition et représentent donc des points de repère dans les périodes de stabilité. Mais cette caractéristique devient faiblesse dans les périodes troublées, lorsqu'on s'aperçoit qu'elles ne sont plus adaptées à la situation sociale qui évolue plus vite.___

Le mariage, qui est l'une des plus vieilles institutions, n'échappe pas à cette règle.___

En 10 ans, le nombre annuel des mariages a diminué de 100 000.
● *300 000 mariages en 1983 contre 400 000 en 1973.*
● *11,8 nouveaux mariés pour 1 000 habitants contre 19,4 en 1950.*

L'arrivée à l'âge du mariage des générations de l'après-guerre avait fait croître le nombre des unions, en particulier depuis 1963. On constate, depuis 1973, une baisse régulière des mariages, bien que le nombre des 'mariables' reste stable. Et les cloches des églises sont de plus en plus discrètes le samedi après-midi. La diminution des mariages religieux (p. 52) n'explique pas tout. ___

Pourquoi cette désaffectation croissante pour le mariage ? Est-ce parce que les jeunes refusent les responsabilités et cherchent la facilité ? Rien n'est moins sûr. Si le mariage est en cause, c'est au contraire parce qu'on attend plus de lui que par le passé. Et qu'il ne permet pas, dans sa forme traditionnelle, de répondre à ces attentes nouvelles.___

Chacun des partenaires veut pouvoir 'vivre sa vie'.

20 ans de mariages

Nombre de mariages par an (en milliers)

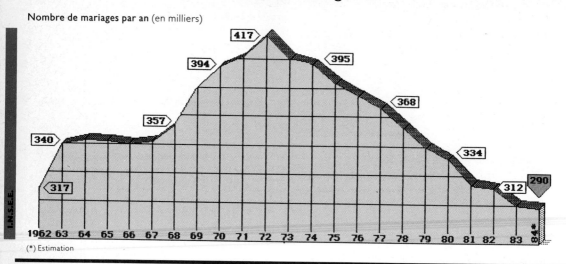

I.N.S.E.E.

1962 63 64 65 66 67 68 69 70 71 72 73 74 75 76 77 78 79 80 81 82 83 84*

(*) Estimation

La montée de l'individualisme (p. 58) ne pouvait pas épargner les relations au sein du couple. Chacun des partenaires veut aujourd'hui s'épanouir sans contrainte. La femme, en particulier, s'était contentée pendant des siècles de sa condition de mère et d'épouse (ou l'avait subie), vivant une vie sociale 'par procuration' (p. 62). Elle veut aujourd'hui profiter de sa liberté nouvelle, durement gagnée. De son côté, l'homme n'accepte pas de renoncer à ses activités et habitudes de célibataire, quand elles lui paraissent enrichissantes. La réussite d'un tel équilibre entre la vie personnelle et la vie du couple n'est pas facile à réaliser. C'est pourquoi la décision du mariage est plus difficile à prendre. C'est pourquoi aussi les constats de son échec sont plus nombreux.————————

À leur mariage, les époux des années 80
ont encore 50 ans à vivre.
● *Au XVIIIᵉ siècle,*
la durée moyenne d'un couple était de 17 ans.
● *Elle est, aujourd'hui, de 47 ans.*

L'allongement considérable de la durée de vie (p. 39) fait que les couples qui se marient aujourd'hui s'engagent en moyenne pour un demi-siècle de vie commune ! Un temps considérable, pendant lequel le pire peut souvent succéder au meilleur !————————

Cette perspective fait sans doute reculer certains, à la veille de la grande décision. Elle explique aussi la plus grande mobilité conjugale que l'on observe actuellement. Si certains trouvent déjà qu'il est difficile en soi de préserver sa propre identité au sein du couple, il leur paraît encore plus difficile d'y parvenir pendant 50 ans. La société bouge, les individus aussi. Même les présidents de la République, élus pour 7 ans, considèrent que la durée de leur 'mariage' avec la France ne devrait pas excéder 5 ans ! Ira-t-on un jour vers un mariage renouvelable par tacite reconduction ?————————

Le changement et la continuité

Si l'on se marie moins, on se marie à peu près toujours de la même façon. Et ce qui change (moins de cérémonie, moins de mariages religieux) ne doit pas faire oublier ce qui demeure (l'âge, la proximité sociale des conjoints).————————

On se marie aujourd'hui
au même âge qu'au XVIIIᵉ siècle.

- *À 18 ans, 10 % des femmes sont mariées, contre 1 % seulement des hommes.*
- *76 % des mariages ont lieu entre 20 et 30 ans.*

En deux siècles, les choses ont peu changé ! Les femmes (plus mûres ou plus pressées ?) se marient en moyenne deux ans plus tôt que les hommes (23 ans contre 25). Après avoir baissé de deux ans en deux siècles, l'âge moyen au mariage tend cependant à augmenter à nouveau depuis quelques années.

Qui se ressemble s'assemble.

Le vieux dicton n'est pas démodé. Dans la grande majorité des cas, les jeunes mariés ont des caractéristiques personnelles et familiales proches : âge, niveau d'instruction, profession, lieu de résidence, etc. Le milieu social d'origine conserve une importance particulière.

Dis-moi ce que fait ton père, je te dirai si je t'épouse...

I.N.S.E.E.

Les statisticiens mesurent la propension des individus à se marier 'entre eux' à l'aide du **coefficient d'homogamie**. Il est par exemple de 10,1 pour les professions libérales. Cela signifie que le nombre de couples dans lesquels le mari et le père de la femme exercent tous deux une profession libérale est 10,1 fois plus grand que si les couples se formaient purement par hasard. Le coefficient est de 9 pour les gros commerçants, de 8,4 pour les industriels, de 5,9 pour les professeurs. Il est de 11,6 pour les artistes et... de 20,7 pour les mineurs.

Les catégories sociales les plus 'fermées' sont les catégories non salariées : professions libérales, gros commerçants, industriels, artistes, agriculteurs. On s'y marie entre gens du même monde.

À l'opposé, certaines catégories se mélangent plus volontiers. Ainsi, les enfants de techniciens, employés de bureau ou de commerce épousent parfois des représentant(e)s d'autres catégories. Le désir d'évolution sociale est plus ou moins fort selon les groupes sociaux. Les fils de contremaîtres épousent plutôt les filles d'entrepreneurs ou de commerçants que celles de contremaîtres ou d'ouvriers. Les fils de cadres moyens épousent des filles de cadres supérieurs, tandis que les jeunes cadres supérieurs trouvent un charme particulier aux filles des membres des professions libérales. Il semble également que les interdits familiaux soient en régression (encadré). Même si on ne peut accorder trop de crédit à des affirmations qui n'engagent guère, on note une évolution par rapport à la déclaration classique 'Je ne suis pas raciste... mais je ne voudrais pas que ma fille épouse un Noir.'

Mariage : des passerelles entre les classes ?

Si vos enfants se marient, la personne dont ils partageront la vie devra nécessairement :

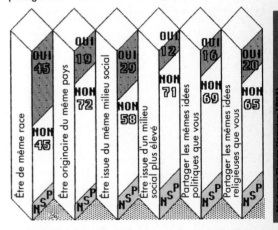

Être de même race — OUI 45 / NON 45 / NSP
Être originaire du même pays — OUI 19 / NON 72 / NSP
Être issue du même milieu social — OUI 29 / NON 58 / NSP
Être issue d'un milieu social plus élevé — OUI 12 / NON 71 / NSP
Partager les mêmes idées politiques que vous — OUI 16 / NON 69 / NSP
Partager les mêmes idées religieuses que vous — OUI 20 / NON 65 / NSP

Madame Figaro (janvier 1984)

Le mariage est de plus en plus 'dédramatisé' et 'désacralisé'.
- *Aujourd'hui, 64 % des mariages sont célébrés à l'église.*
- *Il y en avait 78 % il y a 20 ans.*

La conception du mariage évolue. Si pour un nombre croissant de Français, elle consiste... à ne pas se marier (p. 80), l'institution garde encore des adeptes. Mais la tendance est à sa dédramatisation. Comme si l'on hésitait à lui donner un caractère solennel et définitif. Impression confirmée par la désacralisation croissante du mariage.

L'époque 'grande pompe et petits fours' semble révolue.

Les mariages d'antan réunissaient pendant trois jours famille et amis proches ou lointains. Ils sont aujourd'hui réservés à ceux qui en ont le goût... et les moyens. Les autres se marient de plus en plus dans la discrétion. Le champagne et les cotillons sont aujourd'hui réservés à un nombre plus restreint d'invités, et la fête dure moins longtemps. La crise économique, la hausse des prix du champagne n'expliquent pas tout. Dédramatisé, désacralisé, le mariage devient un événement moins social et plus personnel : l'union de deux êtres mettant en commun leurs qualités et leurs défauts, leurs espoirs et leurs craintes. Devant eux-mêmes et devant la vie, plutôt que devant Dieu et les hommes.————————————

La nouvelle dot

Elle/B.V.A. (janvier 1983)

La dot était autrefois apportée par l'épouse. Le mari fournissait, par son travail, les moyens de subsistance du ménage. Aujourd'hui, les deux époux apportent, à égalité, un petit pécule le plus souvent fourni par les parents. 61,5 % des hommes et 65,7 % des femmes ont reçu, au moment de leur mariage, une aide matérielle des parents. Elle est la plus fréquente chez les enfants d'agriculteurs (76 %) et la moins courante chez les enfants d'ouvriers (58 %). Elle se matérialise le plus souvent par de l'argent (18 %), des meubles (16 %) ou un trousseau (13 %) ; 9 % des couples reçoivent un terrain ou une maison ; 4 % trouvent encore dans leur corbeille de mariage la traditionnelle cuisinière.

La cohabitation à la mode

Pendant des années, on avait peu parlé de cohabitation. Comme si on avait voulu l'ignorer, en attendant que les choses reprennent leur cours normal. Loin de se raréfier, la pratique de la cohabitation s'est au contraire largement développée. De sorte qu'elle constitue aujourd'hui un véritable phénomène de société.————————————

Un million de couples ne sont jamais passés devant Monsieur le Maire.

• *La moitié des couples qui se marient aujourd'hui ont vécu ensemble avant le mariage.*
• *12 % des couples de moins de 35 ans vivent en cohabitation (5 % en 1975).*
• *La fréquence augmente avec le niveau d'instruction.*
• *Elle est 5 fois plus élevée chez les non-croyants que chez les catholiques pratiquants.*
• *La durée moyenne de cohabitation est de 18 mois.*

Encore limitée si on la compare au nombre total de couples (13 millions), la tendance apparaît beaucoup plus clairement chez les plus jeunes.————————————

Il est difficile de tracer la frontière entre le 'mariage à l'essai' (plus sérieusement appelé 'cohabitation juvénile') et le concubinage, qui a un sens plus définitif. Beaucoup de mariages commencent par un concubinage. Un certain nombre de concubinages se terminent, parfois tardivement, par un mariage. Il n'en reste pas moins que la cohabitation s'amplifie, comme elle l'a fait, avec quelques années d'avance, dans les pays scandinaves. En Suède, plus d'un jeune sur cinq, parmi les 18-25 ans, vit en cohabitation.————————————

Ni l'hypothèse d'un allongement de la période de fiançailles ni celle des... incitations fiscales ne constituent des explications satisfaisantes. L'expérience des autres pays montre que la cohabitation n'est pas vraiment considérée comme une étape transitoire avant le mariage. À preuve, l'accroissement du nombre des naissances illégitimes (hors mariage) : 13 % du nombre total des naissances en 1982, contre 7 % en 1975.————————————

Ça n'empêche pas les sentiments...

L'amour et le mariage apparaissent de plus en plus comme deux notions indépendantes. On ne mélange pas les sentiments et les institutions. L'institution est d'ailleurs souvent ressentie comme une contrainte à l'expression des sentiments. Au 'nous sommes mariés, donc nous nous aimons' qui leur semble un peu hypocrite, les jeunes préfèrent le 'nous nous aimons tant que nous n'avons pas besoin de nous marier'.————————

Bonjour M'sieur le Juge

La diminution du nombre des mariages aurait dû logiquement entraîner celle des divorces. C'est tout le contraire qui se produit. Amorcé depuis le début du siècle, le phénomène s'est largement amplifié depuis. De sorte qu'aujourd'hui le mariage est de moins en moins considéré comme indissoluble (voir Baromètre p. 76). ————————

Un quart des mariages contractés aujourd'hui devrait se terminer par un divorce.
● *On enregistre chaque année 8 divorces pour 1 000 couples mariés.*

La situation est beaucoup plus spectaculaire à l'échelle d'une vie : 25 % des couples mariés au cours de l'année devraient divorcer un jour. Encore ces chiffres ne tiennent-ils compte que de la situation actuelle et non de sa dégradation éventuelle. La proportion est double aux État-Unis, où la moitié des couples divorcent au cours de leur vie.————

● *59 % des divorces ont lieu entre 20 et 34 ans.*
● *La durée moyenne des mariages se terminant par un divorce est de 12 ans.*

Le palmarès du divorce

Les employés divorcent 10 fois plus que les agriculteurs. Les professions respectives des époux ont une grande importance. Un couple formé d'une employée et d'un agriculteur a 50 fois plus de risques de divorcer qu'un couple constitué de deux agriculteurs. Un couple où la femme est employée et le mari ouvrier divorcera 2 fois plus que si les deux sont employés, mais un peu moins que s'ils étaient tous deux ouvriers.

Le risque de divorce est d'autant plus grand que l'écart des revenus des deux époux est important. Ainsi, un patron de l'industrie ou du commerce a 3 fois plus de risques de divorcer si son épouse est cadre supérieur que si elle est également patron, 4 fois plus si elle est cadre moyen, 7 fois plus si elle est employée, 11 fois plus si elle fait partie du 'personnel de service'. Il n'a donc pas intérêt (statistiquement au moins) à épouser sa secrétaire ou sa femme de ménage ! Qui racontera un jour la (vraie) fin de l'histoire du Prince et de la Bergère ?

On tend aujourd'hui à divorcer de plus en plus tôt. D'abord parce qu'on attend moins longtemps avant de constater l'échec du couple. Ensuite, parce que les procédures juridiques, moins longues et pénibles que par le passé, ont facilité les démarches des candidats au divorce. Certains prétendent même que cette simplification administrative et le moindre coût des divorces d'aujourd'hui

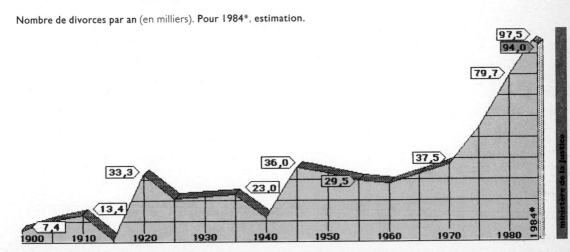

10 fois plus de divorcés qu'au début du siècle

Nombre de divorces par an (en milliers). Pour 1984*, estimation.

97,5
94,0
79,7
37,5
36,0
33,3
29,5
23,0
13,4
7,4

1900 1910 1920 1930 1940 1950 1960 1970 1980 1984*

ministère de la justice

ont déclenché quelques vocations... Mais la principale raison est probablement la plus grande acceptation du divorce par la société. Les 'nouveaux divorcés' ne subissent plus, aujourd'hui, les mêmes pressions familiales et sociales que par le passé. Et leurs enfants sont (au moins vis-à-vis de la collectivité) des enfants comme les autres.————————

La femme joue un rôle prépondérant.
● *Dans 68 % des cas,*
c'est elle qui demande le divorce.
● *Dans 83 % des cas,*
c'est à elle qu'est confiée la garde des enfants.

Si c'est traditionnellement l'homme qui fait la demande en mariage, c'est de plus en plus souvent la femme qui fait la 'demande en divorce'.————————

La législation considérait traditionnellement que la mère était la mieux placée pour assurer la garde et l'éducation des enfants. Les choses sont en train d'évoluer, sous la pression des pères, qui réclament des jugements moins systématiques. Une loi récente précise que 'l'autorité parentale continue à être exercée par les deux parents, qui s'accordent sur les modalités d'exercice de leur droit de garde'. Certains juges sont partisans de la **garde alternée** : l'enfant demeure une semaine, un mois ou une année chez l'un, puis chez l'autre de ses parents. Une solution qui présente évidemment des inconvénients pratiques pour assurer à l'enfant une scolarité normale et un environnement stable. Malgré l'évolution administrative et la meilleure compréhension sociale, le divorce est encore bien souvent vécu comme un drame par les enfants.————————

La vie est trop longue pour n'aimer qu'une fois

Les règles du jeu de la vie à deux sont en train de changer. Parce que la partie risque d'être longue et qu'on craint de ne pas la trouver passionnante jusqu'à la fin. Parce que les deux joueurs jouent sur un même parcours, alors que parfois deux parcours parallèles leur conviendraient mieux. Quitte à ce qu'ils se rejoignent fréquemment.————

On veut vivre plusieurs vies dans une vie.

La perspective de cinquante ans de vie commune est de plus en plus souvent ressentie avec angoisse (p. 78). Les adeptes du concubinage ont choisi de ne pas y entrer par la porte officielle afin de mieux se ménager une sortie. D'autres choisiront plus tard la voie du divorce. La plupart, en tout cas, seront de plus en plus vigilants quant à la qualité de leur vie conjugale, sur le plan affectif, intellectuel, culturel et sexuel. Dès que le doute apparaîtra, ils en tireront les conclusions et partiront vers de nouvelles 'aventures'. Au sens presque philosophique du terme.————————

Le droit à l'erreur
devient une revendication majeure
des couples d'aujourd'hui.

Contrairement à ce que les statistiques semblent indiquer, les Français restent attachés à la notion de couple et à son prolongement naturel, la famille. Plus peut-être qu'hier, ils recherchent l'amour et le respectent. Certains d'entre eux le respectent même tant qu'ils n'acceptent pas de le vivre imparfaitement. D'où le rejet de tout ce qui, légalement ou socialement, les obligerait à composer avec leurs sentiments. Mais l'amour n'est ni garanti par contrat (y compris par celui du mariage) ni éternel. Au nom du réalisme, ils revendiquent donc le droit à l'erreur pour chacun. Afin que cette erreur n'ait pas de conséquences définitives sur la vie de ceux qui, en toute bonne foi, l'ont commise. D'autant qu'en ce domaine, la réussite d'aujourd'hui peut devenir l'échec de demain.————

Le cœur n'a pas changé,
c'est la vie qui est différente.

La vie du cœur est de plus en plus souvent faite d'une succession d'expériences, vécues avec des partenaires différents. Ces expériences ne se limitent d'ailleurs pas toutes au cadre habituel des relations homme-femme, amant-maîtresse. L'homosexualité est de moins en moins marginalisée.————————

La vie en communauté prend des formes

différentes. Des mouvements 'alternatifs' allemands à celui des 'punks' qui s'est développé en Europe, chacun s'efforce d'inventer de nouvelles manières de vivre en société.

Mais ces diverses tentatives ne signifient pas que le cœur a changé. Ce sont les conditions de la vie qui se sont transformées. L'aspiration, récente, d'une vie personnelle riche et sans contrainte est en train de modifier la notion de couple et le rôle des institutions qui s'y rattachent. L'amour, en tout cas, semble y trouver son compte, puisque 84 % des Francais se déclarent amoureux de leur conjoint (p. 87).

UN HOMME <u>ET</u> UNE FEMME

Hier, les deux membres du couple avaient des attributions bien distinctes. D'un côté, la mère-femme au foyer, de l'autre le père-chef de famille. Les couples d'aujourd'hui se reconnaissent de moins en moins dans cette description. Les rôles de l'homme et de la femme se sont rapprochés. Que ce soit pour faire la vaisselle... ou l'amour.

La nouvelle image du couple

L'image du couple traditionnel faisait une large place au devoir, à la contrainte et au sacrifice. Celle du couple moderne est au contraire marquée par une volonté commune de s'épanouir, aussi bien dans le cadre familial qu'au dehors. Entre ces deux visions contradictoires de la vie conjugale, il y a l'espace d'une révolution. Celle du féminisme, bien sûr (p. 62). Du coup, la société est en train de revoir l'image du couple qu'elle présentait jusqu'ici.

Dans le couple traditionnel, l'homme et la femme avaient des attributions bien distinctes.

Dans la formation des visions collectives, quatre acteurs jouent un rôle important : les parents, l'école, l'administration et les médias. La façon dont chacun d'eux met en scène l'homme et la femme détermine largement l'image du couple qui prévaut à un moment donné.

Chaque individu est d'abord marqué par le modèle du couple formé pas ses parents. Les rôles respectifs joués par son père et par sa mère constituent pour l'enfant la première image qu'il a du couple. Les souvenirs qu'il en garde expliqueront en partie ses conceptions ultérieures. La plupart des adultes qui ont aujourd'hui plus de 35 ans ont connu le couple 'classique', composé du père-chef de famille et de la mère-au-foyer. La force, le sens du devoir et la connaissance du monde caractérisaient le premier, tandis que la tendresse, le sens du sacrifice et le retrait par rapport à la société étaient propres à la seconde.

L'image diffusée par l'école tendait à renforcer ces stéréotypes. Les manuels scolaires et l'attitude des enseignants ont une grande influence sur les conceptions des élèves dans tous les domaines. Les portraits qu'ils faisaient du père et de la mère n'étaient pas toujours très nuancés. Dès la maternelle, les premiers livres montraient les parents dans des rôles très conventionnels : papa lisant le journal pendant que maman préparait le dîner (quand elle ne raccommodait pas les chaussettes...). La sortie de l'école est encore souvent appelée 'l'heure des mamans'. D'une façon générale, l'image du père tendait à être plus intellectuelle et autoritaire ; celle de la mère, plus affective.

L'administration a encore accru cette autorité du père en l'officialisant. Le rôle prépondérant de l'homme devint en effet indiscutable le jour où il fut sacré **chef de famille**. Celui qui signait les papiers importants, qui était investi de la responsabilité juridique, administrative, fiscale ne pouvait être contesté dans sa supériorité. Une supériorité renforcée par le fait que c'était lui qui, par son travail, apportait l'argent nécessaire à la famille. Quant aux médias, ils ont longtemps contribué à renforcer cette image, sans avoir le rôle prépondérant qu'ils ont aujourd'hui.

Les nouveaux couples recherchent plus la difficulté.

L'image du couple moderne est conditionnée par le nouveau rôle de la femme.

Ce sont toujours les mêmes acteurs qui déterminent la conception contemporaine du couple. Mais l'image qu'ils en donnent est moins contrastée et laisse place à quelques nuances.

La tradition transmise par les parents est aujourd'hui souvent considérée comme désuète et sert de moins en moins de modèle. Elle fait même, dans certains cas, figure de repoussoir. L'école n'a pas encore adopté 'l'heure des papas' (bien que ceux-ci soient un peu plus nombreux à la sortie des classes) mais la nouvelle génération d'enseignants transmet une vision moins stéréotypée des rôles de l'homme et de la femme, dans le couple comme dans la société en général. La chasse aux descriptions sexistes a commencé dans les manuels, sous l'impulsion de quelques femmes soutenues par l'opinion publique. L'administration elle-même, souvent accusée de conservatisme, a réagi : plus de chef de famille, plus de monopole masculin

dans les formalités administratives ; les femmes, qui ont conquis le droit au revenu par leur travail (p. 63), ont aussi gagné celui plus symbolique, de signer la feuille d'impôts. Les principales institutions de la vie sociale renvoient aujourd'hui une image nouvelle du couple.

Mais ce sont les médias qui ont le plus contribué à cette transformation. Parmi eux, la publicité donne sans doute l'illustration la plus spectaculaire du chemin parcouru. Même si la 'femme-objet' continue d'être placardée sur les murs, des campagnes de plus en plus nombreuses commencent à montrer le couple d'une façon plus égalitaire que par le passé. Avec parfois des publicités-clin d'œil représentant l'homme dans des situations réputées moins 'viriles' : les maris-vaisselle de Paic-Citron ou des gants Mappa, l'homme-cuisinier de l'huile Lesieur ou le mari-prévenant des couches Pampers…

Elle et lui, vus par lui

Voici un certain nombre de mots. Associez-vous chacun d'eux plutôt à l'homme, plutôt à la femme ou de la même façon aux deux ?

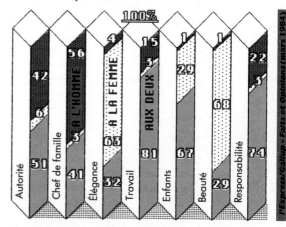

Le partage des tâches : une idée à suivre

Un certain nombre d'activités traditionnellement féminines sont en train de 'tomber

L'homme au foyer

Chez vous, vous arrive-t-il souvent, parfois ou jamais de faire...

l'Express/Gallup – Faits et Opinions (mars 1984)

100 %	LA VAISSELLE	LE MÉNAGE	LA LESSIVE	LA TOILETTE DES ENFANTS	LES COURSES	LE REPAS
SOUVENT	34	20	9	10	53	22
PARFOIS	42	47	14	51		41
			76		37	
JAMAIS	23	33		39	10	37

dans le domaine public'. C'est-à-dire qu'elles peuvent désormais être exécutées indifféremment par l'un ou l'autre sexe. Beaucoup d'hommes (qui n'avaient rien demandé) se seraient bien passés de cette conquête du droit à la vaisselle et aux divers travaux ménagers. Mais ils ont dû s'y mettre, entraînés par le courant féministe.—————————

L'égalité des sexes
passe par celle du fer à repasser.

Le rôle de l'homme est en train de changer.

Cuisine, vaisselle, ménage, lavage, courses, soins des enfants... Autant de domaines jusqu'ici exclusivement réservés à l'épouse modèle. Si l'homme se mêlait quelquefois de cuisine, c'était pour faire déguster à l'entourage admiratif une de ses spécialités. Cuisine-loisir de l'homme contre cuisine-contrainte de la femme. Parfois même, le bon époux condescendait à faire la vaisselle, voire à passer l'aspirateur. Attendant en retour un témoignage de reconnaissance devant cette preuve d'affection.—————————

Ces vieux clichés ne sont pas tous démodés. Mais la participation masculine est plus active. Elle est surtout guidée par un nouvel état d'esprit.—————————

La plupart des hommes
se disent prêts à participer.

Les hommes d'aujourd'hui sont pleins de bonnes intentions. L'immense majorité semble d'accord pour mettre la main à la pâte (voir Baromètre p. 76). Près de la moitié des hommes se disent même partisans d'une répartition totalement 'asexuée' des tâches domestiques. Il n'y a guère qu'une minorité d'irréductibles pour refuser de risquer leur virilité dans de telles aventures. Pour plus d'un tiers, le rôle de la femme reste tout de même essentiel.———————————

Mais la contribution masculine est très inégale.
● Dans les foyers où la femme travaille,
74 % des maris participent aux tâches domestiques.
● Lorsque la femme est au foyer,
il n'y en a que 59 %.

La contribution effective de l'homme aux travaux du ménage est en tout cas inférieure à celle qui apparaît dans les intentions. L'activité la plus fréquente (ou la moins rare) est de faire les courses (v. encadré). Viennent ensuite celles qui concernent les enfants (soins, travail scolaire). À l'opposé, les travaux ménagers (repassage, ménage, cuisine) sont considérés avec beaucoup de circonspection.———————————

La participation masculine est nettement plus développée chez les jeunes ménages de moins de 35 ans. Les plus de 45 ans ont une conception du couple née à une autre époque et confortée par vingt ans de vie commune.———————————

La profession joue aussi un rôle important. Les employés de bureau, les cadres moyens ou les enseignants participent plus que les professions libérales ou les agriculteurs. Force de l'habitude ou moindre disponibilité des maris ? Il semble, en tout cas, que les 'machos' se recrutent plus dans certaines professions que dans d'autres.———————————

On partage mieux les décisions que les travaux du ménage

Il y avait d'un côté les travaux dévalorisés bien qu'indispensables : entretien de la maison, préparation des repas, etc. Et puis, de l'autre, les décisions à prendre, qui conditionnaient le bon fonctionnement du foyer. La femme avait le monopole des premiers, l'homme gardait la haute main sur les secondes. C'est ainsi qu'on se représentait la répartition des rôles entre les époux jusqu'à une date relativement récente. Si le mari participe de plus en plus aux travaux du ménage, la part prise par la femme dans les décisions a, semble-t-il, encore plus évolué.

Le rôle de chacun
est de moins en moins spécialisé.

De la façon de s'habiller au nombre d'enfants souhaité, en passant par la décoration de l'appartement, la vie en commun implique des choix, donc des décisions. Il est bien difficile de les classer par ordre d'importance, même si certaines paraissent avoir plus de conséquences que d'autres.———————————

Les premières décisions

La liberté des mœurs, l'égalité des sexes n'ont pas encore renversé les rôles de chacun au moment de la toute première rencontre. C'est 'lui' qui, dans 47 % des cas, a pris la décision d'aborder l'autre ; 'elle' ne le faisant que dans 10 % des cas. La décision concernant la forme de la vie commune (mariage, concubinage…) est prise en commun dans plus d'un cas sur deux. De même, la date du mariage (lorsque mariage il y a) est décidée par les deux protagonistes dans 60 % des cas.

Madame Figaro/Ifres (févr. 1982)

À l'évidence, le poids de la femme est prépondérant lorsqu'il s'agit de choisir l'ameublement, la décoration de la maison ou l'équipement électroménager (logique, puisque c'est elle, généralement, qui fera fonctionner la machine à laver !).———————————

L'avis du mari est déterminant dans le choix du lieu d'habitation, de l'automobile ou du matériel hi-fi. Mais c'est l'épouse qui, le plus souvent, décide de l'acquisition des biens culturels (livres, œuvres d'art), sauf pour les disques, achetés ensemble.———————————

La concertation gagne du terrain.

La véritable évolution est que de plus en plus de décisions sont prises en commun, qu'elles concernent les vacances, les invitations à dîner ou l'éducation des enfants (bien que, dans ce dernier domaine, l'empreinte de la mère reste forte).———————————

Plus encore que dans les activités domestiques, l'équilibre du couple se réalise lors des décisions concernant la vie familiale. L'égalité de la femme dans le couple se fait donc plus facilement lorsqu'il s'agit d'accroître son influence dans les domaines 'importants' que lorsqu'il s'agit de la restreindre dans les tâches courantes. En d'autres termes, les maris acceptent de faire 'monter' les femmes à leur hauteur plus volontiers que de 'descendre' eux-mêmes à leur niveau.

Argent du ménage : la fin du monopole

Pendant longtemps, les femmes participaient surtout aux **dépenses** du ménage. C'étaient elles qui, dans la majorité des cas, tenaient les cordons de la bourse, gérant en particulier les frais de fonctionnement du foyer : nourriture, entretien, etc. Aujourd'hui, 44 % d'entre elles exercent une activité professionnelle rémunérée. Elles peuvent donc également contribuer aux **recettes,** au même titre que le mari. Cette évolution a, bien sûr, des incidences sur le plan économique : l'impact du second salaire modifie complètement la structure des revenus des ménages (p. 310). Elle en a aussi sur le plan psychologique : avec son salaire, la femme a gagné l'autonomie ; sa faculté d'accroître le budget disponible lui donne accès à la gestion du foyer.

Celui qui a accès à l'argent détient l'autorité.

L'argent a toujours joué un rôle déterminant dans les rapports entre maris et femmes. C'est sur lui que reposait jusqu'ici l'autorité masculine. En accédant par son travail à un revenu personnel, la femme accède du même coup à l'autorité qu'il confère. Un des étalons de mesure de cette évolution est le développement du compte bancaire joint, qui concerne aujourd'hui 70 % des couples. Grâce à lui, la femme peut désormais effectuer des dépenses sur l'argent du ménage sans la signature de son mari. Une évolution qui n'est pas seulement symbolique.

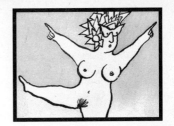

AMOUR, SEXUALITÉ : LE CORPS À CŒUR DES FRANÇAIS

Lorsqu'on parle d'amour aujourd'hui, c'est plus à propos du sexe que des sentiments. La libération sexuelle des années 70, en particulier celle des femmes, a eu un impact considérable sur la vie intime des Français, à l'intérieur comme à l'extérieur du couple. Mais, après la tempête, survient le calme. Le corps ne suffit pas là où le cœur n'est pas.

L'amour à double sens

Dans le vocabulaire français, le mot *amour* tient une place particulière, qui montre autant son importance que son ambiguïté. Masculin lorsqu'il est singulier, l'amour change de sexe dès qu'il y en a plusieurs. Comme si quelque grammairien malin avait

84 % des Français amoureux de leur conjoint

Étonnant ! Dans une société que beaucoup qualifient de blasée, où l'on ne croit soi-disant plus en rien, où l'union entre hommes et femmes cherche d'autres formes, la grande majorité des Français sont amoureux de leur partenaire.

Rassurant en tout cas, et combien sympathique, cet attachement mutuel. Ils sont 86 %, les hommes, à être amoureux de leur femme (7 % seulement ne le sont pas). Celles-ci leur rendent un peu moins : 80 % seulement d'entre elles éprouvent le sentiment suprême, 13 % n'étant pas amoureuses de leur mari. Pudeur féminine ou hypocrisie masculine ? Si chacun est bien sincère, il y a au moins 6 % des couples dans lesquels l'amour de l'homme ne trouve pas d'écho... Preuve supplémentaire de ce bonheur conjugal, 83 % des Français épouseraient la même femme ou le même homme si c'était à refaire.

Paris-Match/B.V.A. (Janvier 1983)

voulu justifier la polygamie des hommes et la monogamie des femmes ! À ces particularités de la grammaire s'ajoutent celles de la signification. L'amour est en effet un mot à double sens. Il y a l'amour que l'on ressent et celui que l'on pratique. Entre l'amour-sentiment et l'amour-physique, le vocabulaire est souvent imprécis. Outre que cela facilite bien des sous-entendus, cela montre combien ces deux sens sont devenus inséparables l'un de l'autre.

Liberté, Égalité, Sexualité

La plupart des Français ont aujourd'hui une vie sexuelle plus riche que celle de leurs parents. Ils s'accordent d'ailleurs à reconnaître que les conditions de vie actuelles sont plus favorables à l'épanouissement sexuel (v. encadré).

Aujourd'hui plus qu'hier...

• 51 % des personnes interrogées considèrent que l'activité sexuelle des Français est plus importante aujourd'hui qu'il y a 10 ou 15 ans (pour 29 %, elle est sensiblement la même). Les femmes sont plus nombreuses que les hommes à partager cette opinion (54 % contre 51 %).

• 54 % pensent que les conditions de vie actuelle sont favorables à l'épanouissement sexuel.

Les conditions les plus favorables sont pour eux la contraception, la réduction du temps de travail, la très grande facilité des rapports sexuels et l'éducation. Par contre, le stress, le chômage et... la télévision sont considérés comme défavorables à une vie sexuelle épanouie.

Paris-Match/B.V.A. (Janvier 1983)

La diminution progressive de la pratique religieuse (p. 52) explique en partie la disparition des vieux tabous. L'éducation des adolescents, qui a contribué à avancer l'âge des premiers rapports (p. 109), est une autre cause de cette évolution. La réduction du temps de travail, la diminution de la fatigue physique qu'il entraîne ont également joué un rôle important ; on fait moins l'amour quand on rentre tard chez soi ou quand on n'est pas en forme. Mais, plus que le supplément de liberté individuelle apporté par les conditions de la vie moderne, c'est sans au-

cun doute l'émancipation féminine qui constitue la cause essentielle de la révolution sexuelle de ces vingt dernières années. La libération des femmes ne s'est pas en effet limitée à la cuisine, au travail ou à la façon de s'habiller. Elle a aussi transformé leur vie amoureuse.

L'évolution de la sexualité a suivi celle de la contraception.

Nul doute que la pilule aura plus fait pour l'histoire de la femme (p. 62) et la sexualité du couple que 2 000 ans d'histoire. C'est donc une fois encore la technologie qui a fait basculer la société dans une nouvelle ère. En donnant à la femme le droit de séparer sa vie sexuelle de sa fonction de procréation, la pilule aura eu une incidence dans de nombreux domaines. La religion, la famille, la démographie, les rapports entre les sexes, la vie professionnelle en ont été bouleversés. On a de la peine à retrouver dans l'histoire de l'humanité des changements aussi profonds et aussi rapides que ceux qui se sont produits depuis 30 ans dans le domaine de la sexualité (ci-dessous).

Trente ans de révolution sexuelle

1956 22 femmes créent 'La Maternité heureuse', association destinée à favoriser l'idée de l'enfant désiré et de lutter contre l'avortement clandestin par un développement de la contraception.

1967 L'éducation sexuelle se vulgarise. On projette *Helga, la vie intime d'une jeune femme*, film allemand qui aura un énorme succès. Sur RTL, Ménie Grégoire réalise sa première émission, qui durera six ans. Surtout, l'Assemblée nationale vote la loi Neuwirth qui légalise la contraception.

1970 Le M.L.F. est créé. Les sex-shops commencent à se multiplier au grand jour.

1972 Procès de Bobigny, où Me Gisèle Halimi défend une jeune avortée de 17 ans.

1973 Hachette publie *l'Encyclopédie de la vie sexuelle*, destinée aux enfants à partir de 7 ans ainsi qu'aux adultes. Elle se vendra à 1,5 million d'exemplaires et sera traduite en 16 langues. L'éducation sexuelle est officiellement introduite à l'école par Joseph Fontanet, ministre de l'Éducation nationale.

1974 Remboursement de la contraception par la

Sécurité sociale et contraception possible pour les mineures sans autorisation parentale.

1975 Loi Veil légalisant l'interruption volontaire de grossesse (I.V.G.).

1978 L'industrie de la pornographie s'essouffle. La fréquentation des salles baisse très nettement, mais elle sera bientôt relayée par les cassettes vidéo.

1980 Loi sur la répression du viol. Les criminels, qui étaient auparavant redevables de la correctionnelle, sont jugés par un tribunal d'assises.

1983 L'I.V.G. est remboursée par la Sécurité sociale. On en pratique environ 180 000 chaque année (p. 98).

Aujourd'hui, la majorité des femmes en âge de procréer utilisent un moyen contraceptif : 28 % prennent la pilule et 14 % portent un stérilet.

Tout compte fait, pensez-vous que la diffusion de la pilule a eu un effet positif, négatif, ou pas tellement d'effet sur la vie sexuelle des couples ?

Paris-Match/B.V.A. (janvier 1983)

ENSEMBLE	HOMMES	FEMMES	100%
Effet positif			
66	64	68	
13 Effet négatif 15		12	
13 Pas tellement d'effet 14		12	
8 Ne savent pas 7		8	

L'amour change de sexe

Traditionnellement, la vie sexuelle des femmes était très en retrait par rapport à celle des hommes. Il ne s'agissait pas pour la femme de faire l'amour pour se faire plaisir, mais pour assurer le plaisir du mari. En une génération, les choses ont bien changé. La majorité des femmes considèrent aujourd'hui l'épanouissement sexuel comme le prolongement légitime de leur épanouissement individuel. Elles sont d'ailleurs de plus en plus nombreuses à y parvenir (v. encadré).

Les femmes sont de plus en plus 'libérées'.
● *48 % déclarent prendre régulièrement*

l'initiative des rapports sexuels (*).
● *61 % des femmes disent pouvoir éprouver des désirs purement physiques (*).*
● *6 % ont déjà fait l'amour dans l'herbe.*
● *5 % dans une voiture.*
● *5 % dans une baignoire.*
(* Enquête F Magazine sur un échantillon non représentatif [v. encadré].)

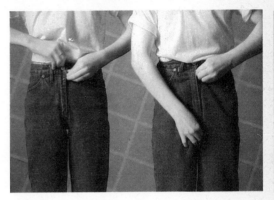

RSC et G

L'amour n'a plus de sexe...
ni d'âge.

Il apparaît que les femmes, longtemps cantonnées à un rôle de soumission, parviennent aujourd'hui à vivre une sexualité plus satisfaisante.

Les femmes libérées veulent assumer leur rôle non seulement dans les phases préalables de séduction (ci-après), mais aussi dans toutes celles qui suivent. Ce mouvement de rééquilibrage des forces au sein du couple a pris une telle ampleur que certains hommes

Satisfaction

Au cours d'une grande enquête réalisée en 1979 auprès de ses lectrices, *F Magazine* avait obtenu 13 000 réponses. Sur cet échantillon (non représentatif de l'ensemble de la population féminine), 51 % se disaient 'très satisfaites de leur vie sexuelle', 47 % disaient avoir 'plusieurs rapports par semaine', contre 18 % un par semaine et 8 % aucun. 2 % des femmes ayant répondu se déclaraient homosexuelles et 8 % bisexuelles.

le ressentent comme une frustration et une atteinte à leur virilité.

---

17 % des hommes atteints de troubles de l'érection

C'est le résultat d'une étude récente réalisée en France. L'impuissance, partielle ou totale, est très variable selon l'âge : 4 % avant 40 ans, 42 % après. Le tabac, l'hypertension, le diabète, l'hypercholestérolémie sont des facteurs de risques. Ce sont, curieusement, les mêmes que ceux des maladies cardio-vasculaires.

Il faut dire que les choses sont allées vite et que tous les hommes n'étaient pas préparés à ce nouveau partage des tâches amoureuses. L'évolution qu'ils constatent chez leurs partenaires surprend parfois même les plus 'modernes'. C'est toute une redéfinition des rapports amoureux qui est en train de s'opérer depuis quelques années. La plupart des hommes s'efforcent d'y participer de bon cœur. D'autres résistent encore dans une lutte qui pourrait bien être vaine.

Amour, amitié...

S'il n'a pas déserté les livres, l'amour-passion se rencontre moins fréquemment dans la vie quotidienne. Parmi les Français, un tiers estiment qu'un bon mariage ne se fonde pas nécessairement sur l'amour. Beaucoup ne se sont pas mariés par amour, mais par raison, par convenance, par obligation, ou... par hasard.

L'amour-passion, qui est à l'origine de quelques belles histoires, est aussi le responsable de tristes déconvenues. Le pragmatisme contemporain tend donc à privilégier l'amour-amitié, moins grandiloquent mais plus sûr. Aux grands élans de la passion, les jeunes préfèrent aujourd'hui les clins d'œil de la complicité et les petites marques de la tendresse.

L'amitié entre les sexes, jadis difficilement concevable, est en train de gagner du terrain. Elle autorise, d'une certaine façon, des rapports plus complets entre des individus qui, souvent, hésitent à donner à l'autre l'exclusivité de leur être.

Le jeu de la séduction se joue aujourd'hui avec de nouvelles règles.

Jusqu'à une date relativement récente, la scène capitale de la séduction entre deux individus de sexe opposé faisait l'objet de règles précises, bien que non écrites. Malgré les nombreuses variantes, la distribution des rôles était quasi immuable dans ses principes : à la femme 'd'amorcer' le contact, au moyen des atouts de sa séduction (beauté, charme, esprit, intelligence...) ; à l'homme de poursuivre par des mots ce qui avait débuté par des signes.

Ce code des premiers rapports entre les sexes a beaucoup évolué. Les femmes, qui ont décidé de rebattre toutes les cartes, s'appliquent aujourd'hui à renverser les rôles.

Le résultat est un certain flottement lorsqu'il s'agit de jouer la grande scène de la 'drague'. Les protagonistes s'observent, ne sachant pas trop qui doit faire quoi, ne connaissant pas à l'avance le texte de l'autre. Mais les rencontres entre les hommes et les femmes, si elles y perdent en confort, y gagnent sans doute en spontanéité...

Les fantasmes de la femme de tête et de l'homme-objet

Les hommes ne sont pas devenus insensibles au charme animal de Raquel Welch ou d'Ursula Andress. Mais la vision qu'ils ont aujourd'hui de la beauté féminine laisse place à d'autres considérations que le simple aspect physique. La séduction que les femmes exercent sur eux peut aussi provenir d'autres aspects de leur personnalité : intelligence, humour, vivacité d'esprit, réussite professionnelle... Quant aux femmes, elles tiennent compte depuis longtemps de ces qualités dans le jugement qu'elles portent sur l'autre sexe. Elles auraient peut-être tendance aujourd'hui à faire le chemin inverse de celui des hommes et à s'intéresser davantage à la séduction physique qu'ils inspirent. Selon un sondage *Elle/Ifop* publié en décembre 1983, leur homme idéal est grand, mince, sportif, rasé, aux yeux bleus. Il ne porte pas de lunettes, a une bouche petite et sensuelle, les cheveux bruns, courts et ondulés. Son corps est plutôt poilu, ses mains sont grandes, longues et musclées. Il ne fume pas, a une odeur parfumée, et son style est décontracté. Toute ressemblance avec un homme existant ou ayant existé...

Les vingt dernières années ont été marquées par une espèce de boulimie sexuelle collective.

Les idées reçues persistent...

Pensez-vous que l'infidélité est plus grave de la part d'un homme ou de la part d'une femme ?

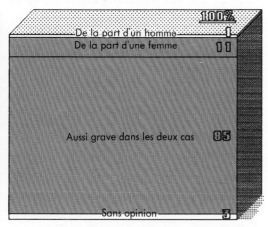

Madame Figaro/Sofres (1983)

De la part d'un homme — 1
De la part d'une femme — 11
Aussi grave dans les deux cas — 85
Sans opinion — 3

... mais les maris sont menacés

Pensez-vous qu'il y a de plus en plus, ni plus ni moins, ou de moins en moins de maris trompés et cocus qu'il y a une vingtaine ou une trentaine d'années ?

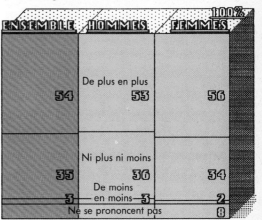

Rigolo I/Ifop (juin 1983)

ENSEMBLE	HOMMES	FEMMES
De plus en plus		
54	53	56
Ni plus ni moins		
35	36	34
De moins en moins		
3	3	2
Ne se prononcent pas		
		8

Après des siècles de tabous, d'interdits et d'effacement féminin dans un domaine où l'homme régnait en maître, la libération des mœurs s'est accompagnée d'une véritable frénésie. Les Français, marqués par les théories freudiennes, se sont efforcés de rattraper le temps perdu, considérant la sexualité comme un produit de grande consommation. Cette période de défoulement général aura permis à certains de vivre une sexualité nouvelle, dans laquelle les seules limites étaient celles de l'imagination. Pour le plus grand nombre, cependant, un reste d'éducation traditionnelle limitait les expériences à ce qui paraissait 'moralement' acceptable. Les femmes ont profité plus que les hommes de cette liberté nouvelle. Elle leur a permis d'exprimer leur propre personnalité et leurs propres désirs, c'est-à-dire de commencer à recevoir en même temps qu'elles donnaient.

La nouvelle infidélité

Pour la plupart des Français, l'adultère a une signification précise, négative et contraire à la morale. Être trompé, cocu était jusqu'ici le signe d'une grande infortune, surtout lorsqu'elle était vécue par l'homme.

La femme, elle, ne devait pas en ressentir la même humiliation. Des siècles de machisme l'avaient habituée à tolérer ces 'petits extras' du mari qui lui permettaient de vivre sa vie sans remettre en question son mariage. Le théâtre de boulevard exploite depuis longtemps déjà ces situations triangulaires dont le cocufiage est le ressort essentiel. Mais l'infidélité est en train de changer de forme.

Homosexualité : la fin du ghetto ?

Longtemps considérée comme une anomalie, voire une maladie, l'homosexualité est en train d'obtenir droit de cité. Les couples d'homosexuels se cachent moins, en particulier dans les grandes villes. Les médias ne les ignorent plus. Plusieurs magazines qui leur sont destinés sont maintenant en vente libre, la télévision leur consacre des émissions. Les partis politiques sont conscients de leur poids électoral et certains formulent régulièrement des propositions en leur faveur en période électorale.

Des homosexuels vont même jusqu'à réclamer la reconnaissance officielle de cette forme particulière de concubinage (Nantes, janvier 1984). Tout cela montre combien la société a changé. Dans le sens d'une plus grande tolérance vis-à-vis de minorités autrefois considérées avec indifférence ou mépris.

Pour les 'nouveaux couples',
les expériences extraconjugales
sont à la fois normales et salutaires.

L'infidélité devient une des composantes de la vie des couples les plus 'modernes'. Mais le mot prend aujourd'hui un sens différent.

Sans aller jusqu'à l'échangisme ou à la sexualité de groupe, qui sont des formes particulières de l'infidélité, c'est le souci de l'épanouissement personnel qui explique le besoin de changer parfois de partenaire. Il faut dire que la plupart des couples qui s'adonnent à ces pratiques ne sont pas mariés. Cocufiage et concubinage se justifient donc mutuellement, dans le cadre d'une union de moins en moins formelle (p. 76).

Les femmes veulent profiter de leur liberté
récemment acquise.

La vie est trop courte, pensent les nouveaux couples, pour ne pas profiter de toutes les occasions qu'elle offre. Les femmes, pour qui la liberté sexuelle est une conquête récente, sont d'autant plus décidées à s'en servir. Beaucoup sont convaincues de la nécessité de vivre à l'extérieur du couple des expériences de tous ordres. Elles y sont d'ailleurs largement encouragées par une partie de la littérature contemporaine et par certains magazines féminins. De sorte que l'infidélité conjugale n'apparaît plus comme une fuite, mais comme un droit, qui n'est pas censé remettre en cause l'attachement au couple mais au contraire l'enrichir et le renforcer.

Tout ce que vous avez toujours voulu savoir sur le sexe...

À quel moment ?

48 % des Français n'ont pas de jour préféré pour faire l'amour ; pour les autres, le week-end arrive largement en tête (surtout le samedi).

40 % n'ont pas de préférence pour l'heure ; pour les autres, le moment privilégié se situe après 20 heures, et de préférence entre 22 heures et minuit.

Combien de temps ?

Pour 60 % des Français, cela dure plus d'un quart d'heure.

Pour 11 %, cela dure moins d'un quart d'heure. Les autres ne regardent pas leur montre...

Dans quelle pièce (autre que la chambre) ?

41 % ont déjà fait l'amour dans leur salle de bains.

39 % dans le salon.

15 % dans la salle à manger.

15 % dans la cuisine.

30 % n'ont connu que la chambre.

Le désir et la réalité

47 % font l'amour moins souvent qu'ils en ont envie (surtout les hommes).

6 % le font trop souvent à leur gré (surtout les femmes).

70 % des Français ont parfois envie de faire l'amour au cours de la journée.

Le sexe et la vie

31 % considèrent que l'activité professionnelle diminue la fréquence de leurs rapports amoureux (11 % seulement pensent qu'elle l'augmente).

29 % pensent que la télé a détérioré à la fois la fréquence et la qualité de leurs rapports amoureux (6 % pensent qu'elle les a améliorées).

Ces chiffres ne reflètent évidemment que les déclarations des Français. Il est donc possible (probable ?) que certaines réponses comportent une part de subjectivité ou d'exagération. Mais il est bien difficile d'en estimer l'importance.

7 Jours Madame/Ifres (octobre 1984)

Le sexe ne fait pas le bonheur

Il fallut quelques siècles à nos anciens pour débattre des mérites comparés du **cœur et de la raison**. Après bien des hésitations, le cœur était sorti vainqueur de la confrontation. Le mariage d'amour avait alors peu à peu éclipsé le mariage de raison.

À ce débat un peu intellectuel s'en est substitué, récemment, un autre : celui du **cœur et du corps**. Au romantisme apparemment puritain du début du siècle répondit la boulimie sexuelle des vingt dernières années. L'immense soif de liberté exprimée par les Français au cours des années 60 concernait au premier chef leur vie amoureuse. Aux tabous et aux interdits succédait une volonté de mettre la sexualité au grand jour, guidée voire imposée par les manuels spécialisés, illustrée par les médias, justifiée par les sexologues.

Pourtant, la révolution sexuelle
n'a pas apporté le bonheur espéré.

Le grand mouvement de libération, qui avait bien réussi sur le plan social, eut des effets plus discutables sur le plan individuel._____

Après l'euphorie des premiers moments, les Français s'aperçurent que la libération sexuelle, comme l'argent, ne faisait pas le bonheur, même si elle y contribuait. C'est cette découverte qui explique l'espèce de déconvenue actuelle vis-à-vis du sexe. Elle montre (si besoin était) que le bonheur ne peut être réduit à ses dimensions matérielles. Alors, le balancier (que l'on imagine toujours stabilisé, mais qui n'interrompt jamais son mouvement) est reparti dans l'autre sens. Traversant au passage les décors qui jalonnent la carte du tendre : séduction, romantisme, chasteté, érotisme, pornographie, infidélité... À la recherche, finalement, d'un 'juste milieu'._____

Après avoir fait la révolution,
les 'éros' sont fatigués.

Si le calme précède la tempête, il est normal aussi qu'il suive la précédente. Et la tempête sexuelle des quinze dernières années devait un jour se calmer. Certains signes laissent supposer que ce moment est proche. Après le temps de la chair, voici venir (ou revenir) celui de la **chasteté**. Le mouvement est encore confus et minoritaire, mais il existe. Un nombre croissant de Français refusent aujourd'hui d'investir leur temps et leur énergie dans une activité sexuelle qui ne les satisfait pas._____

Les raisons de cette évolution sont doubles. D'un côté, les déçus de la sexualité, à qui elle n'a apporté, en guise de bonheur, que des petits plaisirs, ponctuels et limités. De l'autre, le groupe, de plus en plus vaste, des solitaires, qui ne parviennent pas à satisfaire leurs pulsions, par manque de partenaires. Ils se construisent alors une autre vie, dans laquelle le sexe n'a pas sa place._____

Il faut y ajouter une autre catégorie, un peu hybride, qui tente de séparer à nouveau l'amour minuscule (entendez physique) et l'Amour majuscule (entendez sentimental). La sexualité débridée des années 70 avait donné à certains l'impression déplaisante que le premier prenait le pas sur le second. Ils souhaitent aujourd'hui réconcilier les deux aspects, à mi-chemin entre les nouveaux chastes et les tenants de la course au sexe. C'est par eux, peut-être, que se stabilisera le balancier des mœurs. Quelque part entre la chair faible et la chair triste._____

Enfants :
la génération sanctifiée

NAÎTRE OU NE PAS NAÎTRE…

Un Français sur quatre est un enfant. C'est beaucoup lorsqu'il faut donner à chacun une éducation et un emploi. Mais c'est peu lorsqu'il faut assurer la relève des générations et faire marcher l'économie. Le mouvement de dénatalité, amorcé il y a 10 ans, est en train de s'amplifier. Si la situation ne se redresse pas, c'est une véritable catastrophe démographique qui se prépare. Avec des conséquences nombreuses sur les plans économique et social.

La patrie en danger
(de vieillissement)

La France compte aujourd'hui 15 millions de mineurs (moins de 18 ans). La part des jeunes dans la population totale diminue (ci-après). L'arrivée à l'âge mûr des générations nombreuses de l'après-guerre n'explique pas tout. Pas plus que l'allongement de la durée de vie moyenne (p. 39). C'est du côté des naissances qu'il faut se tourner pour comprendre.

Il manque 160 000 enfants par an à la France.
● *Pour que le remplacement des générations s'effectue normalement, il faudrait que chaque femme en âge d'avoir des enfants (de 15 à 49 ans) ait en moyenne 2,1 enfants.*

La France aime les enfants, même si elle en fait moins.

La vieille France

Proportion des classes d'âge

Effectif 1962		100%
15 400	De 0 à 19 ans	33,1
23 105	De 20 à 64 ans	55,1
5 500	65 ans et plus	11,8
2 000	dont 75 ans et plus	4,4

Effectif 1984		100%
16 100	De 0 à 19 ans	29,4
32 500	De 20 à 64 ans	57,6
7 100	65 ans et plus	13,0
3 400	dont 75 ans et plus	6,2

15,6 millions de moins de 20 ans (1982).

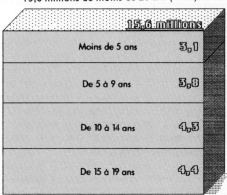

15,6 millions	
Moins de 5 ans	3,1
De 5 à 9 ans	3,8
De 10 à 14 ans	4,3
De 15 à 19 ans	4,4

● *Nous en sommes aujourd'hui à 1,75 (contre 2,84 en 1965).*

Certes, les Français sont de plus en plus nombreux : 2 millions de plus en 10 ans. C'est donc que le nombre des naissances excède celui des décès. Mais c'est parce que la situation démographique est de plus en plus déséquilibrée, dans le sens du vieillissement. Les femmes en âge de procréer ont en moyenne un enfant de moins qu'il y a 20 ans !

Lorsque l'enfant (dis)paraît

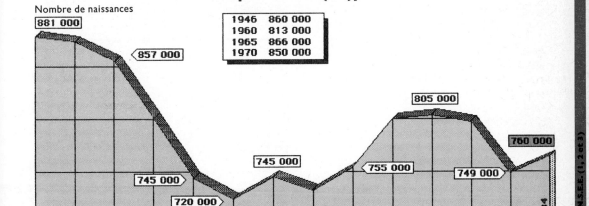

Nombre de naissances

1946	860 000
1960	813 000
1965	866 000
1970	850 000

881 000 — 857 000 — 745 000 — 720 000 — 745 000 — 755 000 — 805 000 — 749 000 — 760 000

1971 1972 1973 1974 1975 1976 1977 1978 1979 1980 1981 1982 1983 1984

* Estimation

I.N.S.E.E. (1, 2 et 3)

1945-1973 : le flux, puis le reflux.

Après la Seconde Guerre mondiale, la France, comme l'ensemble des pays de la Communauté européenne, connaît vingt années de forte fécondité. Mais celle-ci commence à baisser vers 1964. Le nombre annuel des naissances reste cependant stable, aux alentours de 850 000 par an, jusqu'en 1973.

1973-1984 : la valse-hésitation.

Après avoir oscillé autour de 750 000, le nombre des naissances semble vouloir se redresser entre 1979 et 1981. 1982 marque une légère décélération. Les chiffres de 1983 étaient donc attendus avec impatience par les démographes. La surprise fut à la hauteur de l'attente. Il n'y eut que 749 000 naissances en 1983 ; 7 % de moins qu'en 1982. La baisse touche toutes les régions sauf la Corse. C'est dans le 'croissant fertile' de la France (Nord et Ouest) qu'elle est la plus accentuée : moins 10 % environ en Champagne-Ardennes, dans le Nord-Pas-de-Calais et en Franche-Comté. L'estimation pour 1984 est de 760 000.

Le poids des immigrés

Sans les enfants d'immigrés, la démographie française serait encore plus mal en point. Près de 40 % des parents ayant eu au cours de l'année un quatrième enfant étaient des étrangers. D'après James Marange et André Lebon, auteurs d'un rapport sur *l'Insertion des jeunes d'origine étrangère*, la part des moins de 25 ans dans la population étrangère dépassera 50 % en l'an 2000. Leur intégration, déjà difficile aujourd'hui, ne devrait pas en être facilitée.

On assiste à la fin des familles nombreuses.
● *En 1975,*
les ménages avaient en moyenne 1,9 enfant.
● *En 1984, ils n'en ont plus que 1,7.*

Les familles nombreuses, courantes après la Seconde Guerre mondiale, sont devenues l'exception aujourd'hui. Ce sont les agricultrices, les ouvrières, les femmes au foyer (mais qu'elles restent au foyer est plus une conséquence qu'une cause) qui ont le plus

d'enfants. Et ce sont les femmes appartenant aux couches moyennes salariées (surtout employées) qui en ont le moins. Tout se passe comme si la règle (implicite) dans ces catégories moyennes était d'avoir au maximum deux enfants. Afin de limiter les problèmes matériels : taille du logement, de la voiture, pouvoir d'achat nécessaire au-delà de 2 enfants, etc. Afin aussi de préserver une vie personnelle difficilement compatible avec l'existence d'une famille nombreuse (p. 99).

Le rêve...

'D'après vous, quel est le nombre idéal d'enfants pour constituer une famille ?'

	Ensemble	Couples avec enf.	Couples sans enf.
1 enfant	4 %	3 %	5 %
2 enfants	50 %	46 %	60 %
3 enfants	36 %	40 %	24 %
4 enfants	6 %	7 %	5 %
5 enfants	2 %	2 %	4 %
+ de 5 enfants	2 %	2 %	2 %

Enfants Magazine/Quotas (févr. 1984)

...et la réalité

Nombre d'enfants de 0 à 16 ans (en milliers) :

Nombre de Familles	1968	1975	1982	% 1982
	12 054	13 177	14 119	100,0 %
0 enfant	5 813	6 367	7 130	50,5 %
1 enfant	2 622	3 026	3 200	22,7 %
2 enfants	1 891	2 196	2 498	17,7 %
3 enfants	951	959	919	6,5 %
4 enfants	417	362	241	1,7 %
5 enf. ou +	360	266	130	0,9 %
Nombre total d'enfants	13 044	13 287	12 647	

I.N.S.E.E. (Recensements)

Toute l'Europe est touchée.

Depuis 12 ans, tous les pays de la Communauté économique européenne, sauf l'Irlande, sont dans la 'zone rouge', c'est-à-dire que les générations ne se reproduisent plus à l'identique. Malgré la baisse récente, c'est la France qui reste aujourd'hui la plus féconde !

L'Allemagne fédérale, par exemple, évolue rapidement vers une société de retraités, avec un niveau de fécondité de l'ordre de 1,40 (contre 1,75 en France). Depuis 1942, d'ailleurs, elle se reproduit moins que la France. Le ministère de l'Intérieur allemand prévoit une population de 38 millions d'habitants en 2030 contre 61 millions aujourd'hui, si la tendance actuelle se prolonge ! L'Allemagne serait alors confrontée à de graves problèmes de main-d'œuvre et de financement des retraites et des dépenses sociales. Après le miracle économique, c'est un miracle démographique qu'il faudrait à notre voisin.

Les enfants de l'Europe

Taux de fécondité :

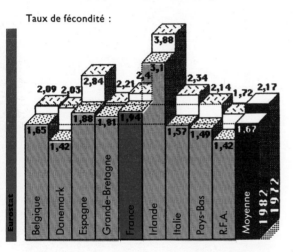

Cette situation défavorable n'est cependant pas nouvelle. Les courbes démographiques montrent bien l'aspect cyclique de la fécondité depuis une cinquantaine d'années. L'Europe avait connu une baisse généralisée du taux de reproduction entre 1930 et 1940, avec un taux de fécondité du même ordre que celui d'aujourd'hui. Qu'en sera-t-il demain ? Le cycle démographique, comme celui de l'histoire, peut-il se reproduire ?

Les moyens de choisir

Que se passe-t-il dans la tête des Françaises et des Français en âge d'avoir des enfants ? On s'est beaucoup interrogé sur les causes

de la dénatalité actuelle, et l'on a dit à son sujet quelques contre-vérités. Certaines ont parfois conduit à des décisions un peu hâtives, ou pour le moins inefficaces. La première explication à la 'dénatalité galopante' de ces dernières années est simple.

L'idée d'avoir des enfants non désirés est aujourd'hui insupportable.

Il s'est passé beaucoup de choses dans la société française depuis la fin de la guerre. L'activité professionnelle de la femme s'est développée ; de véritables mutations psychologiques se sont produites. Dans la vie des couples, il apparaît naturel de choisir le nombre de ses enfants et le moment où on les met au monde. Les mises en garde ou les interdits religieux ne pourront pas renverser un mouvement aussi fort.

L'usage de la contraception s'est étendu.

Parallèlement, des moyens contraceptifs nouveaux, plus sûrs et plus confortables sont apparus. Il y a donc de moins en moins d'enfants non désirés. Les moyens contraceptifs concernent aujourd'hui environ une femme sur deux (p. 89). Aucune étude ne permet d'établir avec certitude une relation entre le développement récent de la pilule et la chute de la natalité. Pourtant, leur utilisation massive chez les adolescentes de 15 à 18 ans a commencé dès 1970-1975. Force est de constater que c'est au moment où ces jeunes filles sont arrivées à l'âge de procréer que la chute s'est accentuée. Cause réelle ou simple coïncidence ?

L'interruption volontaire de grossesse a été banalisée.

L'I.V.G. qui était pratiquée clandestinement, à grands frais (et à grands risques), était un recours ultime et désagréable. Sa légalisation lui a ôté son côté immoral, même si la religion continue de lui être hostile. Son remboursement l'a presque banalisée dans l'opinion publique, en tout cas l'a mise au rang des opérations cliniques classiques. Ce qui ne signifie pas pour autant que l'I.V.G. soit devenue un moyen de contraception.

1,2 million d'I.V.G. en 7 ans

Nombre d'opérations non clandestines pratiquées :

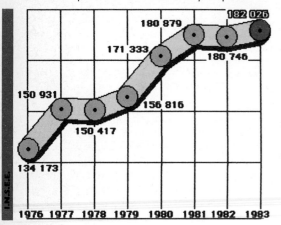

182 025
180 879
171 333
180 746
150 931
156 816
150 417
134 173

I.N.S.E.E.

1976 1977 1978 1979 1980 1981 1982 1983

Profiter de la vie ou la donner ?

La grande vague de matérialisme de ces vingt dernières années avait mis en avant les valeurs de jouissance immédiate. Elle est aujourd'hui renforcée par la vague de l'individualisme, qui prône la liberté de chacun à disposer de sa propre vie. Dans cette perspective, le fait d'avoir à élever des enfants peut apparaître comme une contrainte. Contrainte personnelle dans la mesure où le temps qu'on leur consacre est pris sur celui que l'on pourrait utiliser pour ses loisirs. Contrainte économique, aussi : avoir des enfants coûte cher et réduit donc le budget disponible du couple.

Plus peut-être que le développement de la contraception, c'est celui de la 'contre-acceptation' de l'enfant qui explique l'évolution démographique récente.

*Il est tentant de rapprocher
la baisse des naissances de celle des mariages.*

Bien qu'il soit difficile, là encore, d'établir une relation de cause à effet, l'affaissement du nombre des mariages (p. 78) correspond précisément à celui des naissances. La corrélation ne surprend pas : on se sent moins pressé (au sens propre et au sens des 'pressions' sociales) d'avoir des enfants lorsque c'est en dehors du cadre du mariage. Les jeunes qui, de plus en plus, vivent en concubinage (p. 80) ressentent la présence d'un enfant comme une contrainte. Alors ils ne se précipitent pas...

● *14 % des couples de moins de 35 ans
souhaitent ne pas avoir d'enfant.*
● *16 % souhaitent en avoir
'le plus tard possible'.*

Les justifications ne manquent pas. Le contexte actuel fournit de bonnes raisons à ceux qui cherchent à expliquer leur réticence, qu'ils soient mariés ou non : 'un enfant de plus, c'est un chômeur de plus' ; 'c'est une victime de plus en cas de guerre'... Sans parler, bien sûr, des plaintes concernant le nombre de crèches, de classes maternelles, voire de piscines... Même si l'on peut parfois déceler quelque hypocrisie dans ces déclarations, la peur du lendemain qu'elles expriment n'est pas sans fondement (p. 69). Le résultat est, en tout cas, sans équivoque.

*Le 'double coût' de l'enfant
est un frein à la natalité.*

Les enfants sont devenus plus coûteux dans la mesure où ils viennent concurrencer l'activité professionnelle des mères. Le deuxième salaire dans un ménage permet un accroissement considérable du niveau de vie. Lorsque la venue d'un enfant est incompatible avec le travail de la mère à l'extérieur (c'est le cas très souvent du troisième), cet enfant a un coût double. À son coût direct (éducation, alimentation, etc.) s'ajoute le manque à gagner du salaire de la mère. Les faits semblent confirmer l'importance de cette cause : la baisse de la fécondité, depuis 15 ans, résulte autant de l'augmentation de la proportion de couples sans enfant que de la baisse des naissances de rang 3 et 4 (mais la baisse de 1983 concernait les naissances de rang 1 et 2).

Le prix d'un enfant

La joie d'avoir des enfants est évidemment inestimable. Faisant abstraction de cet aspect affectif des choses, les experts de l'I.N.S.E.E. ont tenté d'évaluer le prix d'un enfant, tel qu'il se présente dans le budget familial. La méthode utilisée est de nature comparative. Si l'on considère qu'un couple sans enfant dépense en moyenne 9 960 francs par mois, que doit dépenser un couple avec un enfant (moins de 16 ans) pour maintenir un niveau de vie équivalent ? Réponse : **1 760 francs par enfant et par mois en moyenne**. Ce coût s'élève à 3 420 francs par mois pour deux enfants et à 5 470 francs pour trois enfants.

Cette estimation ne tient compte ni du travail domestique lié à la présence des enfants (lavage, repassage, préparation des repas, etc.) ni des frais d'éducation, santé, loisirs, etc., pris en charge par la collectivité. Elle intègre, par contre, les transformations du mode de vie rendues nécessaires par la présence d'enfants dans un foyer : surface d'habitation, équipement ménager, voiture, etc.

C'est le troisième enfant qui coûte le plus cher		Le bébé coûte moins cher que l'adolescent	
	Coût moyen mensuel (total)		Coût moyen mensuel
1 enfant	1 760 F	moins de 5 ans	1 370 F
2 enfants	3 420 F	5 à 9 ans	1 660 F
3 enfants	5 470 F	10 à 15 ans	2 250 F

Il faut encore, pour être précis, tenir compte de bien d'autres facteurs. La profession du père, par exemple : le coût moyen est de 1 700 francs pour un père ouvrier, il est de 2 060 francs pour un père cadre supérieur. L'âge des parents a aussi son importance : l'arrivée du premier enfant représente une dépense supplémentaire de 30 % pour un couple dont le mari a moins de 35 ans ; elle est seulement de 11 % quand il a plus de 35 ans (toujours dans l'hypothèse d'un maintien du niveau de vie, et compte tenu de l'écart des revenus). Il faudrait enfin considérer la façon dont chacun nourrit, habille, soigne, éduque, divertit ses enfants pour y voir tout à fait clair. Mais cela est un autre problème, qui n'est pas, Dieu merci, du ressort des statisticiens.

La conscience passive

● *59 % des Français considèrent que le nombre des naissances est insuffisant (54 % en 1975).*

Les Français sont de plus en plus conscients de l'importance du problème de la dénatalité.

Les causes principales sont pour eux le chômage, le développement du travail féminin, la diffusion de la pilule, l'instabilité des couples, l'évolution des valeurs. La politique gouvernementale est jugée plutôt négativement, en particulier les mesures telles que le remboursement de l'I.V.G. ou la campagne d'information sur la contraception. Cette prise de conscience est nouvelle, car la plupart étaient jusqu'ici mal informés des questions touchant à la natalité. L'écart entre le nombre d'enfants souhaité idéalement (en moyenne 2,5 par foyer) et la réalité (1,75) laisse à penser qu'une marge de manœuvre existe pour une politique nataliste. Les raisons invoquées pour expliquer cet écart sont d'ailleurs de nature matérielle et conjoncturelle (chômage, peur du lendemain, etc.). Mais il est possible que ces raisons, par ailleurs crédibles, en cachent d'autres, de pure convenance personnelle…

Face à cette situation complexe, quelle politique nataliste adopter ?

Il semble que l'évolution passée se soit jouée sur la baisse des naissances du troisième enfant. Or celui-ci paraît contradictoire avec l'activité professionnelle des femmes (20 % seulement des mères de 3 enfants et plus travaillent). Pourtant, les tentatives faites dans certains pays n'ont pas donné des résultats spectaculaires (encadré). Reste peut-

Faut-il interdire aux femmes de travailler ?

Le cas de certains pays étrangers proches tend à montrer qu'il n'y a pas de lien direct mesurable entre la vie professionnelle des femmes et le niveau de la natalité. Les **Pays-Bas** sont l'un des pays où la fécondité a le plus baissé (de 3,5 à 1,5 enfant par femme). C'est aussi le pays occidental où le taux d'activité des femmes est le plus faible (moitié de celui de la France). La situation est comparable en **Suisse,** où le taux d'activité et celui de la fécondité sont également faibles. En **Hongrie,** le gouvernement a décidé de rémunérer les femmes au foyer qui avaient un enfant. 75 % des femmes actives ont profité de l'occasion et sont restées chez elles. L'accroissement du taux de fécondité a été très bref ; il est aujourd'hui revenu à environ 1,80.

être à essayer de faciliter le travail à temps partiel, auquel les femmes sont de plus en plus attachées (p. 246). _____

Le problème se complique encore depuis 1983, année où la baisse des naissances était liée à la diminution des enfants de rang 1 et 2. Il faut y ajouter deux autres facteurs 'aggravants' : le retard du premier enfant, lié sans doute au développement de la cohabitation avant le mariage ; le fait que les enfants de familles peu nombreuses ont tendance à vouloir à leur tour moins d'enfants. Enfin, les plus pessimistes des démographes s'inquiètent de la possibilité de choisir le sexe des enfants. Il se pourrait alors (comme le laissent entendre des enquêtes sur ce sujet) que le nombre des garçons soit supérieur à celui des filles, ce qui ne serait évidemment pas favorable à la fécondité... Le risque de cette évolution est, à terme, celui d'une France coupée en deux, dans laquelle 40 % des foyers n'auraient pas d'enfants. On arriverait alors à la 'France du Limousin' dont parle Gérard-François Dumont, dans laquelle les plus de 65 ans représenteraient le quart de la population, soit plus que les moins de 20 ans. _____

Les natalistes convaincus ne manquent pas d'arguments et d'idées pour prêcher des

---

L'avenir : 2 scénarios démographiques

L'évolution future de la fécondité, qui conditionne le renouvellement des générations, est très incertaine, même à court terme. Dans ses projections de population, l'I.N.S.E.E. utilise 2 types d'hypothèses :

1. — Évolution progressive de la fécondité à un niveau stable de 2,1 enfants par femme pour les prochaines générations. Dans ce scénario, l'équilibre serait retrouvé vers 1995. La population de la France atteindrait 62 millions en l'an 2050.

2. — Le niveau de fécondité estimé reste à 1,8 enfant par femme, niveau jamais enregistré sur une longue période (en dehors des périodes de guerre). Dans ce scénario, l'équilibre ne serait jamais atteint, et la population de la France, qui continuerait d'augmenter jusqu'en l'an 2000 (56 millions) compte tenu de la pyramide des âges actuelle, descendrait à 48 millions en l'an 2050.

---

mesures d'incitation financière, sociale ou psychologique. Il n'empêche qu'il est extrêmement difficile d'inverser un courant aussi fort que celui de la dénatalité. Cela revient à s'attaquer indirectement au type de civilisation dans lequel nous vivons. Une tâche d'autant plus difficile que l'intérêt individuel n'a jamais autant primé sur l'intérêt collectif.

Faut-il vraiment s'inquiéter ?

Cette question, la plus importante sans doute, est peut-être celle qui est la moins souvent posée. Il s'agit de savoir si le fait pour un pays de ne pas voir sa population croître sans cesse est vraiment une catastrophe. En France, gouvernement et opinion publique sont majoritairement natalistes. Ils considèrent que les effets de la dénatalité sur l'économie pourraient avoir des conséquences dramatiques sur le plan social (p. 158). _____

*À l'inverse de la France,
certains pays veulent réduire leur population.*

Il ne s'agit pas seulement de pays surpeuplés comme la Chine, où chaque couple n'a droit qu'à un enfant sous peine de mesures de rétorsion. Les Pays-Bas, par exemple, veulent arriver à une diminution d'un tiers de leur population et ne s'inquiètent apparemment pas du vieillissement qu'elle entraînera ni du financement des régimes de retraite. Pour Hervé Le Bras, directeur de recherches à l'I.N.E.D., les perspectives alarmistes d'une France de vieillards ne sont pas réalistes : 'Si le taux de natalité se maintient au rythme actuel, 14 % de la population française auront plus de 65 ans en l'an 2000. C'est un taux très supportable économiquement. En fait, la part de la population active est très élastique. L'arrivée massive des femmes sur le marché du travail constitue une réserve de forces de travail très importante' (*Enfants-Magazine*, février 1984). _____

Certains démographes sont très pessimistes.

Pierre Chaunu annonce un déclin de l'Occident parallèle à son vieillissement. Gérard-François Dumont, fondateur avec Alfred

Sauvy de l'Association pour la recherche et l'information démographique, lance un véritable cri d'alarme : 'L'homme blanc est actuellement devant ce choix : se suicider ou sauver le monde avec lui. La seconde solution est encore envisageable. À condition de raisonner et d'agir en termes démo-politiques' (*L'Express*, août 1984).————————

Alors, le déclin démographique des démocraties en général et de la France en particulier est-il un drame ? La question mérite d'être posée, à condition que ce soit en termes clairs et que le long terme ne soit pas sacrifié au court terme. Un problème qui constitue sans doute un bon sujet de référendum.————————

Tout savoir sur la démographie

Il naît 105 garçons pour 100 filles. C'est ainsi que la nature s'efforce de compenser (partiellement) le fait que les femmes sont plus nombreuses que les hommes dans la société, du fait d'une plus grande longévité et d'une moindre mortalité infantile.

13 % d'enfants illégitimes en 1982. La proportion augmente depuis quelques années. Le phénomène apparaît évidemment lié à la diminution du nombre des mariages et au développement du concubinage. L'attitude beaucoup plus tolérante de la société est une autre explication partielle : on ne parle plus guère aujourd'hui des 'filles-mères' avec la connotation péjorative que le terme dégageait, mais plutôt des 'mères célibataires', appellation plus neutre.

6 000 enfants adoptés par an, sur les 20 000 demandes enregistrées chaque année. 2 500 adoptions relèvent de l'Aide sociale à l'enfance, 1 500 concernent des enfants étrangers, 2 000 sont des adoptions particulières. La France compte aujourd'hui 15 000 pupilles de l'État, un nombre en diminution régulière. Plus de 90 % d'entre eux sont placés dans des familles. Les autres (dont 90 % ont 15 ans et plus) sont accueillis dans des établissements spécialisés.

ADOLESCENTS PLUS TÔT ; ADULTES PLUS TARD

Il est impossible de parler des enfants en termes généraux. Du premier biberon au premier amour, de Blanche-Neige à la Guerre des étoiles, leurs centres d'intérêt se déplacent. L'itinéraire qui mène de la petite enfance à l'adolescence est complexe, et souvent mal balisé. Mais les jeunes Français parviennent, le plus souvent, à trouver leur chemin.

À quoi rêvent les jeunes gens ?

Les jeunes Français d'aujourd'hui vivent, sans s'en rendre vraiment compte, une période passionnante et paradoxale. Jamais, jusqu'ici, le présent n'avait été si riche et l'avenir si pauvre.————————

Riche, le présent l'est sans doute si l'on considère les possibilités qui s'offrent aux jeunes des années 80. Les transports, la télévision, l'ordinateur, l'espace sont des conquêtes magnifiques et récentes. Tandis que les adultes font la fine bouche, les enfants se les sont déjà appropriées.————————

Mais l'avenir est d'une autre couleur. Les perspectives de l'entrée dans la vie active sont alarmantes. La possibilité de s'y épanouir n'apparaît pas avec évidence. Il y a donc deux poids, deux mesures entre la vie facile de l'enfance et celle, plus compliquée, de l'adolescence. On retrouve ces deux aspects dans les préoccupations des jeunes Français.————————

0-12 ans : la vie est un formidable jeu.

Les plus petits (jusqu'à 6 ans) se sentent plutôt bien dans leur peau. Papa et Maman n'épargnent pas leurs efforts pour leur rendre la vie simple et agréable (p. 112). Chaque jour est une véritable découverte. Le monde des adultes leur apparaît comme un gigantesque jeu aux possibilités infinies. Grâce à la télévision, la maison n'a pas de murs ; grâce aux fusées, l'espace n'a pas de frontières. L'école n'est pas encore un outil de sélection ; on s'y fait de bons copains, avec qui on partage ses expériences et ses rêves._____

Jeux et jouets :
la société en modèle réduit

Les jeux et jouets qui ont la préférence des enfants sont un bon reflet de la société à laquelle ils se rapportent. Parce qu'ils sont des reproductions, sous une forme généralement plus simple et surtout plus amusante, des activités des grands. Ce fut le cas par exemple du Meccano qui accompagna le développement de la société industrielle. Le rapprochement est tout aussi révélateur entre les vaisseaux et autres navettes spatiales et l'épopée de l'homme dans l'espace.

Le développement spectaculaire de l'électronique dans la vie quotidienne ne pouvait pas ignorer l'univers du jouet. Les jeux électroniques, qui représentaient 2 % des ventes en 1981, en représentaient 13 % deux ans plus tard. Cette progression spectaculaire s'est faite au détriment des jouets traditionnels tels que les poupées (passées de 22 % en 1981 à 18 % en 1983), les trains et autos électriques (de 19 % à 16 %) et les jeux de plein air (16 à 15 %).

Cet engouement récent (qui est en train de trouver son point d'équilibre, voir p. 361) n'empêche pas, de temps à autre, un petit personnage de pulvériser tous les records de vente. C'est ainsi que les enfants ont successivement plébiscité Goldorak, Barbie, Kiki, E.T., et autres Big Jim, sans oublier la vague de fond des Stroumpfs qui déferle depuis déjà un certain nombre d'années.

Les parents sont plus pessimistes
pour leurs enfants.
• 79 % des parents sont inquiets
pour l'avenir de leurs enfants.
• 72 % pensent qu'il sera plus difficile
pour leurs enfants de réussir que pour eux.

L'inquiétude grandissante vis-à-vis de l'avenir en général (p. 69) déteint sur la façon dont les parents envisagent celui de leurs enfants. L'environnement actuel leur paraît défavorable. L'économie, l'affrontement entre l'Est et l'Ouest, celui, latent, entre le Nord et le Sud sont des menaces qui les empêchent de dormir (p. 231). C'est sans doute pourquoi ils font de plus en plus d'efforts pour aider leurs enfants à se débrouiller dans un monde qui leur paraît hostile._____

Les souhaits des parents
ne rejoignent pas toujours ceux des enfants.

Lorsqu'on compare les aspirations des jeunes à celles qu'ont pour eux leurs parents, on trouve un bon raccourci de l'évolution de la société depuis une génération. C'est surtout l'importance accordée au travail et à sa manifestation concrète, le métier, qui différencie les uns des autres. Faire carrière est aujourd'hui moins important pour les jeunes que de pratiquer une activité dans laquelle on peut librement s'exprimer (p. 281). Ils ne sont pas prêts à sacrifier leurs amis à une entité (le travail) ou à une institution (le mariage). Liberté, liberté chérie. Le thème est décidément trop clairement exprimé pour qu'il ne corresponde pas à un besoin fondamental._____

Les plus grands (6 à 12 ans) vivent aussi dans un univers plaisant où le jeu tient une grande place. Les inventions des adultes sont passionnantes. Et si faciles à apprivoiser à cet âge !_____

Les instruments des grands sont les jouets des petits.

Certes, il y a bien quelques petits problèmes. Papa et Maman ont un peu tendance à en faire trop, à force de vouloir protéger leurs enfants d'on ne sait quel danger (p. 114). Ceux-ci se sentent parfois un peu frustrés dans leur désir d'autonomie. Mais les parents sont pleins de bonne volonté et ils s'entendent plutôt bien avec eux. Ils se rendent compte peu à peu que le monde n'est pas tout à fait aussi simple, aussi juste et aussi gai qu'ils l'avaient imaginé…

L'adolescence commence en effet de plus en plus tôt (p. 114). Et, avec elle, le sentiment que l'intégration au monde des adultes ne sera pas si facile. C'est ce qui explique peut-être que cette adolescence précoce tend aussi à se prolonger.

40 % des enfants (6 à 12 ans) croient aux extraterrestres ; 30 % en ont déjà rencontré

Loin des grandes idées qui agitent le monde, les enfants continuent d'éprouver le besoin de se réfugier dans le rêve. Et quoi de plus stimulant pour l'imagination que les petits hommes verts de l'espace ? Les livres, les dessins animés, les jouets les mettent largement en scène. C'est ce qui explique les certitudes surprenantes des enfants à l'égard des extraterrestres :

D'où viennent-ils ? D'une autre planète (55 %) ; d'une ville de l'espace (24 %) ; du centre de la Terre (14 %).

À quoi ressemblent-t-ils ? Ils sont différents de nous (82 %) ; faits comme nous (15 %).

De quelle couleur sont-ils ? Verts (45 %) ; bleus (16 %) ; gris (12,5 %).

Comment marchent-ils ? Debout (66 %) ; à quatre pattes (47 %) ; en fusée (20 %) ; dans un vaisseau spatial (17 %) ; en volant (11 %).

Pourquoi viennent-ils chez nous ? Par curiosité ou pour nous rendre visite (69 %) ; pour nous faire la guerre (16,5 %), parce qu'ils recherchent une planète (13,5 %).

Il faut ajouter que les extraterrestres, tels qu'ils sont vus par les enfants, sont laids, forts, très intelligents, invisibles, immortels. Ce sont plutôt des hommes que des femmes.

Enfin, 69 % des garçons aimeraient aller les voir chez eux, contre seulement 45 % des filles, qui préfèrent, semble-t-il, garder les pieds sur terre.

(Totaux supérieurs à 100 en raison de réponses multiples.)

Enfants-Magazine/Centre d'études d'opinion publique (décembre 1982)

La vie quotidienne des 8-14 ans : l'empreinte du monde des adultes

Le lever. La majorité des 8-14 ans se lèvent entre 7 heures et 7 heures et demie. L'heure du coucher varie entre 8 heures 30, pour les 8-9 ans, et 10 heures 30 pour les 13-14 ans.

Le petit déjeuner. Un enfant sur quatre prépare lui-même son petit déjeuner. Les préférences vont aux croissants et brioches, mais 18 % consomment des céréales et 15 % de la confiture ou des pâtes à tartiner. La moitié prennent des boissons chocolatées, un quart du café au lait (un tiers des 13-14 ans).

L'école. Elle est plutôt bien acceptée, malgré son caractère contraignant. Parce qu'elle est utile pour préparer l'avenir… et parce qu'on y retrouve les copains. La distinction que font les enfants entre les matières intéressantes et celles qui sont utiles est édifiante :

	Matières intéres-santes	Matières utiles	Matières souhaitées
sport, gym	57 %	9 %	Informatique
maths	46 %	72 %	Photo
dessin	41 %	4 %	Cinéma
histoire	35 %	17 %	Sports
langues	26 %	31 %	individuels
Français	26 %	66 %	Danse
géographie	21 %	14 %	Travaux manuels
musique	21 %	3 %	

Les loisirs. Si la télévision reste la distraction principale, elle ne progresse plus et tend même à diminuer chez les 8-9 ans. Les loisirs extérieurs (jeux, vélo, sports, cinéma) se développent. Il n'y a plus que 8 % de non-sportifs. Les sports en hausse sont le tennis, la gym (chez les filles de 10-12 ans), la natation, la danse et le football.

Les filles restent plus attirées par la lecture que les garçons, mais elles sortent plus fréquemment de chez elles que par le passé. On note (signe des temps ?) une progression de l'activité maquette chez les filles et celle de la pâtisserie-maison chez les garçons.

L'attrait pour l'audiovisuel est manifeste et se développe en même temps que l'équipement (la moitié possèdent à titre personnel une radio et un appareil photo, 30 à 40 % un électrophone, 20 % un Walkman).

Les relations avec les parents. Elles sont globalement bonnes et sereines. Si la principale activité commune consiste à regarder la télévision, enfants et parents se retrouvent au moment des devoirs (65 % à 8-9 ans) et pour le repas du soir (mais la télé est allumée dans 38 % des familles à ce moment-là). Les principaux thèmes de conflits sont le choix des sorties (47 % des 13-14 ans), l'heure du coucher ou la façon de s'habiller. Le rôle des copains reste considérable, tant sur le plan affectif que comme moyen d'information (après la télévision, mais souvent avant les parents).

Les 8-14 ans et l'avenir. Les progrès qui les étonnent le plus sont l'ordinateur, les jeux vidéo et électroniques, la navette spatiale, le laser et… le bébé éprouvette (29 % des filles, 8 % des garçons). Leurs principales préoccupations sont liées à l'actualité dramatique (les enfants parlent de plus en plus de la guerre). Ils sont généralement hostiles à la 'politique' et envisagent l'avenir sans optimisme mais sans crainte excessive. Dans le monde encore enfantin des 8-14 ans, on voit déjà poindre les soucis de l'adulte. Il est bien difficile de rester enfant dans un monde qui ne l'est pas.

Institut de l'enfant (Barom. 1984)

Les adolescents disent oui à l'individu, mais non aux institutions.

L'échelle des valeurs des adolescents reflète à la fois leur volonté de vivre en harmonie avec les autres et celle d'être indépendants (p. 115). Plus encore que les adultes, ils font une séparation très nette entre les personnes et les entités collectives (encadré). Les premières sont les compagnons de route (parents, amis, relations), tandis que les secondes sont ressenties comme des contraintes, des empêcheurs de vivre sa vie. Car les jeunes (comme leur aînés) privilégient la recherche du bonheur individuel et repoussent ce qu'ils considèrent comme l'illusion du bonheur collectif. Ils ne se paient pas de grands mots ni de grands principes, puisqu'à leurs yeux les uns et les autres ont montré leur impuissance à résoudre les problèmes de l'époque.———————

Les pessimistes et autres nostalgiques des périodes révolues en seront pour leurs frais. Les jeunes ne rejettent pas en bloc les valeurs qui guidaient les pas de leurs parents. Si la patrie, la religion ou la politique semblent éloignées de leurs préoccupations, la famille, le travail et l'amour restent, au contraire, des valeurs sûres. Mais il ne faut pas s'y tromper : ces mots n'ont plus pour eux tout à fait le même sens que pour les adultes des générations précédentes. La **famille** qu'ils souhaitent est plus ouverte, plus attentive au monde extérieur, plus propice à l'équilibre de chacun de ses membres (p. 162). Le **travail** qu'ils réclament n'a plus la valeur mythique que lui attribuaient les anciens. C'est

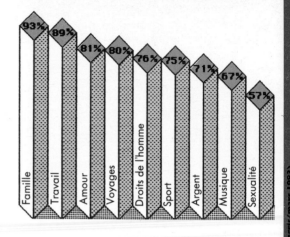

15-20 ans : les mots qui comptent…

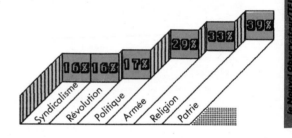

… et ceux qui ne comptent pas

le Nouvel Observateur/TF1/Louis Harris (mars 1983)

d'un 'autre' travail qu'il s'agit, par lequel les jeunes veulent à la fois gagner leur vie et s'épanouir, sans lui consacrer pour autant la totalité de leurs forces ni de leur temps (p. 281). L'**amour**, lui, a changé surtout dans les apparences : les adolescents en parlent d'une façon plus décontractée, ils sont aussi mieux informés de ses aspects charnels (p. 109) ; mais le sentiment semble bien éternel. En fait, si les mots restent les mêmes, les jeunes sont en train de leur donner un sens plus moderne, mieux adapté à la société, telle qu'elle leur apparaît aujourd'hui. Un mot peut en cacher un autre…———————

La 'bof génération' des années 60 a changé. Si ses rêves de liberté ne sont pas morts, dix années de crise les ont teintés de réalisme.—

Les jeunes regardent leur avenir en face.

Contestataires mais lucides

Les jeunes de 15 à 25 ans ne sont pas aussi désabusés qu'on le dit. S'ils mettent en cause certaines valeurs traditionnelles, ce n'est pas par goût de la nouveauté mais parce qu'elles ne leur paraissent pas répondre aux questions qu'ils se posent aujourd'hui. Certains chiffres sont particulièrement révélateurs :

● 29 % se disent sans religion, mais seulement 15 % affirment ne pas être intéressés par le problème de l'existence de Dieu, 55 % pensent que les religions sont aujourd'hui dépassées, mais 51 % considèrent qu'elles ont l'avantage de proposer un sens à la vie.

● Les menaces qui leur paraissent les plus graves sont le chômage, la faim dans le monde, le racisme, la course aux armements, les atteintes aux droits de l'homme et la drogue.

● Pour lutter contre ces menaces, leurs sympathies vont en priorité aux associations, aux manifestations et aux syndicats. Ils éprouvent au contraire plutôt de l'antipathie pour les partis politiques.

Malgré ces menaces dont ils sont conscients, les 15-25 ans sont loin de faire du catastrophisme :

● 74 % considèrent qu'ils ont plutôt de la chance de vivre à l'époque actuelle, contre 53 % au cours d'un sondage l'Express/Ifop réalisé en 1957.

● 75 % trouvent nécessaire d'avoir un idéal pour vivre (78 % en 1957).

La Vie/Louis Harris (octobre 1984)

L'avenir en demi-teinte

Le long parcours qui conduit l'enfant jusqu'à l'homme ne s'arrête pas à l'âge de la majorité, et la route, étroite et sinueuse, ne se termine pas en cul-de-sac. Les jeunes adolescents en sont bien conscients. L'avenir, lorsqu'on a 18 ans, se rapproche à toute vitesse. Il faut donc penser à lui avant qu'il ne vous rattrape.

Comment apparaît donc l'avenir au seuil de la vie d'adulte ? Un métier, une famille, des activités diverses, qu'il va falloir assumer au fil des années. Lorsqu'ils se projettent dix ans en avant, les jeunes font preuve d'un optimisme fortement teinté de réalisme. Ils pensent qu'ils auront un métier intéressant, mais aussi qu'ils auront probablement connu le chômage. Quant au reste, leur ambition n'est pas très différente de celle de leurs parents : se marier, avoir des enfants et une maison agréable. C'est plus dans la façon de vivre ces différents moments qu'ils se distingueront, comme le font aujourd'hui les jeunes couples qui leur servent d'exemple (p. 83). Au total, la conviction de pouvoir faire mieux que les parents l'emporte assez largement. C'est cet espoir, caractéristique de leur âge, qui leur permettra d'affronter les difficultés qui, sans doute, ne manqueront pas de se dresser sur leur route.

Loisirs : la vraie 'école libre'

Plus encore que celle des adultes (p. 45), la vie des jeunes est faite principalement de temps libre. Mais à la différence de ses parents, l'enfant qui joue, regarde la télé, va au cinéma, etc., s'instruit et prépare ainsi progressivement son entrée dans le monde des 'grands'.

Les enfants passent plus de temps devant la télé qu'à l'école.

D'après les enquêtes effectuées par l'Institut de l'enfant, le temps passé à l'école ne représente que 10 % du temps de la vie des enfants. Même si on lui ajoute le temps de trajet (une heure par jour en moyenne pendant les 160 jours de classe) et les devoirs faits à la maison (environ trois quarts d'heure par jour de classe), le temps consacré à l'école est du même ordre que celui passé devant la télévision. Mais il est évidemment difficile de comparer les influences respectives de l'un et de l'autre sur les connaissances et le développement de l'enfant.———————

Les surprises de l'emploi du temps

Répartition moyenne du temps d'une année pour un enfant de 8 à 14 ans.

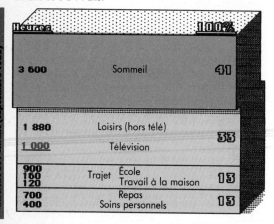

Heures			100%
3 600	Sommeil		41
1 880	Loisirs (hors télé)		33
1 000	Télévision		
900 / 160 / 120	Trajet	École / Travail à la maison	13
700 / 400		Repas / Soins personnels	13

Les enfants passent deux fois plus de temps avec leurs parents qu'avec leurs professeurs.

La majeure partie du temps de loisir de l'enfant se passe en famille (encadré).———————

Les mères actives ne délaissent pas leurs enfants

Temps annuel passé avec les parents :

- Avec la mère
  - active   1 250 h
  - au foyer   1 500 h } 2 500 h } 2 250 h
- Avec le père (actif)   1 000 h

Cela ne signifie pas pour autant que parents et enfants communiquent pendant tout ce temps, mais seulement qu'ils sont ensemble à la maison. On est surpris du peu d'écart existant lorsque la mère exerce une activité professionnelle. Cela tient au fait que ses horaires de travail lui permettent généralement d'être à la maison tôt le soir, même si

Institut de l'enfant (septembre 1982)

Institut de l'Enfant

elle est alors moins disponible que la mère au foyer. La différence essentielle se fait plus souvent le mercredi.———————

Consommation : l'enfant acheteur et prescripteur

On ne soupçonne guère le véritable rôle économique joué par les enfants. Non contents de dépenser eux-mêmes l'argent dont ils disposent, ils exercent une influence considérable sur les achats effectués par leurs parents. De la tablette de chocolat à la chaîne hi-fi en passant par les magazines ou la planche à voile, l'ombre des enfants se profile derrière beaucoup de décisions d'achats.———————

43 % des dépenses des foyers en biens et services dépendent des enfants.

Ce sont, chaque année, environ 150 milliards de francs qui sont plus ou moins 'contrôlés' par les moins de 15 ans. Dans cette somme ne figurent d'ailleurs pas les dépenses effectuées pour eux sans qu'ils y prennent part (assurances, dépenses de santé, etc.) ni celles dont ils sont indirectement responsables mais qui sont effectuées par les ménages sans enfants (grands-parents recevant leurs petits-enfants, etc.).———————

Comment s'étonner alors que la publicité

Petit LU
je vais te croquer par les oreilles.

Béhier

Les petits consommateurs font les grosses dépenses.

15-20 ans : des loisirs modernes

Les médias. C'est la radio, en particulier celle qui est 'libre', qui attire les jeunes adolescents. Vient ensuite la télé, mais les jeunes la regardent beaucoup moins que leurs parents (18 % seulement passent plus de 20 heures par semaine devant le petit écran, contre 39 % pour la moyenne nationale). Comme leurs aînés, ce sont les films qui les intéressent le plus, mais la publicité arrive en seconde position (p. 358). Les livres les intéressent plus que les journaux. Dans cette dernière catégorie, c'est la B.D. qui rassemble le plus de suffrages, devant les magazines de sport et ceux qui sont spécifiquement destinés aux jeunes.

L'ordinateur. Pendant que les adultes s'interrogent sur l'utilité de l'ordinateur, les enfants, eux, sont déjà installés au clavier. Certes, le nombre d'appareils en service est encore faible : 400 000 à fin 1984, beaucoup moins qu'en Grande-Bretagne ou aux États-Unis (p. 361). Mais la plupart des enfants ont eu l'occasion de jouer à des jeux électroniques et beaucoup ont déjà rencontré l'ordinateur chez eux, chez des amis, dans des clubs (200 clubs Microtel en France) ou à l'école. Les 'micro-mioches' entraîneront demain toute la famille à s'initier à l'informatique. C'est à l'ordinateur que les Petits Princes de demain demanderont : 'Dessine-moi un mouton…'

La musique et la danse. La musique tient une grande place dans la vie des adolescents. Elle les accompagne souvent du matin jusqu'au soir, par l'intermédiaire de la radio, des disques, des cassettes ou du Walkman. Plus de la moitié des plus de 15 ans possèdent un magnétophone personnel, un sur trois dispose d'un électrophone ou d'une chaîne hi-fi.

Mais cet attrait pour la musique n'est pas seulement passif. La danse est un moyen d'expression largement employé. Les danses à la mode sont d'ailleurs un reflet significatif de la manière dont les jeunes voient la société : le **smurf** et le **break** traduisent le besoin d'identité des minorités raciales qui les ont inventés, en même temps qu'ils s'inscrivent dans l'ère de l'électronique (corps semblant parcourus par l'électricité, mouvements saccadés imitant ceux des robots…).

les interpelle si souvent, même lorsqu'elle vante des produits qui ne semblent pas leur être particulièrement destinés (produits alimentaires, biens d'équipement, etc.).

Cette influence sur la consommation familiale s'exerce sur des types de dépenses très différents selon l'âge de l'enfant.

De 0 à 2 ans.
Son impact est surtout sensible sur les produits alimentaires et les jouets. Ne bénéficiant pas encore de la parole, il manifeste le plus souvent ses choix par le refus, plus facile à exprimer.

De 3 à 6 ans.
Les enfants exercent leur action sur un domaine élargi aux vêtements, livres, journaux, disques, etc.

De 7 à 8 ans.
Les pressions portent sur les produits familiaux courants (alimentation, loisirs, etc.). Les demandes sont précises et l'incitation à l'achat très directe.

De 9 à 12 ans.
L'influence s'exerce sur les produits familiaux d'équipement (voiture, télévision, hi-fi, etc.), en même temps qu'apparaît le désir d'accéder à des produits normalement réservés aux adultes.

Entre 12 et 14 ans.
C'est l'âge du 'spécialiste', imbattable dans les domaines spécifiques qu'il a choisis (moto, électronique, planche à voile…). L'enfant organise tout son univers autour de ses passions, tendant à abandonner le reste. L'influence est alors très grande, puisqu'un univers considérable de produits de plus en plus sophistiqués s'ouvre à lui. Adolescence et technologie font souvent bon ménage.

L'argent de vos enfants nous intéresse

Qui a dit que la nationalisation des banques n'avait pas favorisé leur créativité ? L'une d'entre elles, le C.I.C., faisait pourtant parler d'elle fin 1983 en créant le compte en banque pour les 13-18 ans. Une idée qui a fait jaser le monde bancaire et enchanté les jeunes à qui une habile publicité proposait d'être 'majeur à 13 ans'. Le système est simple : un compte ordinaire non rémunéré, sans chéquier, mais avec une 'carte de retrait', et un compte d'épargne. Le compte ordinaire est un compte électronique sur lequel le jeune titulaire peut effectuer des retraits à l'aide de la carte magnétique MOA. La seule intervention des parents se situe au moment de l'ouverture du compte, pour laquelle leur autorisation est nécessaire. Les 13-18 ans ont de l'argent à dépenser ; les plus âgés d'entre eux gèrent un budget annuel d'environ 5 000 francs. Et ils aiment bien qu'on les prenne pour des grands.

Majeur à 13 ans?

Dupay Compton

Comme le reste,
l'argent s'apprend de plus en plus tôt.

Argent de poche :
l'arbre qui cache la forêt

Il est faux d'imaginer que les dépenses des enfants sont proportionnelles à l'argent de poche dont ils disposent. Outre qu'il est difficile d'évaluer correctement les sommes qu'ils reçoivent (d'autres sources que les parents interviennent, la monnaie des courses n'est pas toujours rendue, etc.), cette approche du budget des enfants n'est pas significative. Une étude a montré, par exemple, que le montant d'argent de poche moyen des 8-14 ans est d'environ 40 F par mois. Pour les 6 millions d'enfants de cet âge, cela représente un budget total de 2,4 milliards de francs. Ce chiffre, important dans l'absolu, ne représente qu'une faible partie du budget global sur lequel les enfants ont une influence déterminante.

69 % des 15-20 ans déclarent recevoir de l'argent de leurs parents. 26 % d'entre eux sont des 'cigales' et dépensent tout. Les fourmis (74 %) mettent de l'argent de côté pour financer les dépenses à venir.

De 15 à 18 ans.

Le réalisme reprend le dessus. Beaucoup de produits pour adultes (habillement, loisirs) apparaissent dans les préoccupations d'achat. La prescription de l'enfant est alors d'autant plus forte que celui-ci approche de la majorité.

Le poids économique des jeunes s'exerce sur deux formes d'achat principales. D'un côté, les achats qui les concernent directement et personnellement : vêtements, jeux, fournitures scolaires, vacances, loisirs, nourriture, etc. De l'autre, les achats pour lesquels ils ne sont que prescripteurs. L'influence concerne alors le type de produit (une chaîne hi-fi plutôt qu'un électrophone), la marque (des pâtes Panzani plutôt qu'un produit 'libre'), la quantité achetée (un lot de tablettes de chocolat permettant de recevoir un cadeau, etc.) ou le type de magasin (les enfants ont plus de sympathie pour les hypermarchés que pour les vieilles épiceries de quartier).

Le règne de l'enfant-partenaire est commencé.

Les dépenses effectuées directement par les enfants ne peuvent être estimées avec précision. Le budget qu'ils gèrent personnellement (rentrées diverses et économies) est en tout cas sans commune mesure avec les sommes qu'ils dépensent.

En dehors des petits achats quotidiens (bonbons, journaux, cinéma, etc.) financés par l'argent de poche, les dépenses plus importantes (équipements sportifs, musicaux, transport, certains vêtements…) font de plus en plus souvent l'objet d'un 'cofinancement' avec les parents. En matière de dépenses comme dans les autres domaines, enfants et parents tendent à se considérer aujourd'hui comme des 'partenaires'.

Les enfants sont publiphiles.

25 % DE FRUITS - EAU - SUCRE - POMMES-CASSIS 12 % DE FRUITS

Béllier

Pour les enfants,
la pub est avant tout une fête.

À l'inverse des adultes, souvent publiphobes (p. 143), les enfants aiment bien la publicité, Mais ils sont beaucoup plus sélectifs qu'on ne l'imagine généralement. L'image les fascine davantage que le son, ce qui explique leur attirance pour les spots télévisés ou les affiches dans la rue. La publicité à la radio les attire moins ; c'est sans doute l'une des raisons du succès grandissant auprès d'eux des radios 'libres' (p. 364). _____

Amour, amitié, sexualité : à la recherche des autres et de soi-même

Les plus jeunes, jusqu'à 14 ans, placent l'amitié au-dessus de tout (p. 104). Ce sentiment fait place ensuite à l'amour et à son corrolaire, la sexualité. Si la façon de parler de l'amour et de le faire a changé, les notions profondes qu'il recouvre n'ont pas vraiment évolué._____

Les jeunes cherchent toujours l'amour.
● 42 % des filles de 14 à 18 ans pensent qu'elles rencontreront un jour le grand amour.

L'Amour majuscule n'existe pas qu'au cinéma et dans la littérature. Il peuple encore les rêves des jeunes gens d'aujourd'hui. Les filles l'avouent sans doute plus facilement que les garçons. Mais ceux-ci ne sont pas à l'abri des grands sentiments, même s'ils tentent de les dissimuler sous des airs décontractés et un langage peu romantique. _____

La frime et la provocation sont une armure contre la peur de grandir.

Lorsqu'on les interroge sur leur conception de l'amour, les adolescents adoptent volontiers une attitude cynique. 'Les nanas, ça se prend et ça se jette…' affirme ce loubard de banlieue, plutôt que de reconnaître qu'il est amoureux fou de sa petite amie. Les filles ne sont pas toujours en reste. 'Les mecs, moi j'en ai rien à f…' commente cette étudiante de 17 ans qui ne rêve en fait que de rencontrer un jour son prince charmant. Il y a autant entre les mots et la réalité qu'entre la Terre et la Lune. Le langage, souvent cru et

grossier, est une sorte d'exorcisme à la peur de grandir. Le désir de coucher ensemble n'enlève rien au besoin de tendresse. Car le grand frisson de la chair n'est finalement total que lorsqu'il s'accompagne de la communion des esprits. Aujourd'hui comme hier, l'adolescence reste une période d'expérimentation, de quête d'une identité difficile à trouver. L'amour et la sexualité en sont souvent les révélateurs privilégiés. C'est au contact, cérébral et charnel, des autres que l'on apprend à se connaître soi-même._____

La sexualité commence de plus en plus tôt.
● En cinquante ans, l'âge de la puberté s'est abaissé en moyenne de deux ans.

Dans le même temps, la manière dont la société considère l'acte sexuel s'est complètement transformée. Les parents sont plus ouverts, jouent mieux leur rôle de conseil. Les médias ont levé quelques-uns des tabous traditionnels : nudité, référence à l'acte sexuel et même à sa représentation dans les médias les plus 'évolués'. De sorte que les relations amoureuses sont beaucoup moins mystérieuses, sans être pour autant banalisées. Par ailleurs, la contraception est devenue facile et efficace. Les conditions étaient donc réunies pour que la sexualité s'exprime différemment._____

Faire l'amour,
c'est déjà entrer dans l'univers des adultes.

L'un des aspects essentiels de la période d'adolescence est de transformer la sexualité latente en sexualité véritable, c'est-à-dire partagée. Du bon déroulement de ce processus dépendra l'équilibre futur de l'adulte. Cette recherche de soi passe par la découverte des autres. Les conditions actuelles font que cette première rencontre se situe de plus en plus tôt. L'angoisse n'en est pas absente. C'est elle qui pousse parfois les jeunes de 15 à 20 ans à tomber dans les bras du premier venu._____

La vie sexuelle des adolescents est de plus en plus variée.
● La moitié des jeunes filles de 15 à 18 ans ont connu au moins 2 partenaires.

● *4 % en ont eu au moins 9.*
● *64 % des 15-18 ans*
aboutissent 'toujours ou presque' au plaisir.

L'âge moyen au premier rapport a baissé de 5 ans en 12 ans

Les filles ont leur premier rapport sexuel en moyenne à 15 ans, les garçons à 16. En 1970, la moitié des filles étaient vierges à 21 ans. Aujourd'hui, 90 % ne le sont plus à 18 ans.

L'évolution est spectaculaire. Elle est due, bien sûr, à une maturité physique et psychologique plus précoce. Elle est également liée à une plus grande permissivité sociale, qui interdit moins avant et condamne moins après. La diminution de l'influence religieuse, le développement des moyens contraceptifs, la possibilité de recours à l'I.V.G. n'y sont évidemment pas étrangers.

Cette première expérience se déroule le plus souvent pendant les vacances d'été (un tiers des cas se produisent entre juillet et août). Elle est vécue de façon différente par les garçons et les filles. Ces dernières ont tendance à choisir un partenaire plus âgé. Elles le connaissent depuis plus longtemps (plus d'un an dans la moitié des cas) et sont généralement amoureuses de lui. Enfin, elles retirent de cette première expérience un souvenir plutôt moins agréable que les garçons. Nettement plus agréable, cependant, que celui de leurs aînées : 70 % de réponses favorables en 1982, contre 46 % en 1970.

Plus précoce que par le passé, l'expérience sexuelle des jeunes est aussi plus 'riche'. Sur le plan technique, l'évolution est encore plus sensible. Si la position la plus classique est pratiquée par l'immense majorité des couples, des variations sont souvent recherchées. On constate d'ailleurs que les habitudes varient peu avec les catégories sociales. L'amour physique reste une activité primaire, qui transcende largement le statut social. Autre signe de l'évolution considérable de ces dix dernières années, le 'droit au plaisir', longtemps réservé aux hommes, semble avoir été conquis par les femmes, en particulier par les plus jeunes. On est loin du temps où certains sexologues diagnostiquaient qu'un femme sur deux était frigide ! Là encore, les différences entre les catégories sociales sont peu marquées. Les jeunes filles habitant en milieu rural semblent cependant un peu plus nombreuses à connaître le plai-sir que les filles d'ouvriers. Celles de l'agglomération parisienne semblent aussi un peu plus favorisées que celles qui habitent la province.

Les expériences amoureuses des adolescents d'aujourd'hui sont à la fois plus complexes et plus précoces que par le passé. Elles devraient leur permettre de trouver dans leur vie d'adulte un équilibre que beaucoup de leurs parents n'ont pas connu. Celui qui doit régner entre le corps et l'esprit, entre le plaisir physique et la tendresse. Car le corps a ses raisons que la raison ne peut ignorer.

FAMILLE, JE VOUS AIME

Malgré le chemin parcouru en une génération, parents et enfants communiquent plutôt bien. Stimulées par les difficultés du moment, leurs relations s'établissent sur des bases nouvelles, mais apparemment solides. La famille a encore de beaux jours devant elle.

Éducation : la famille d'abord

L'éducation de l'enfant est la résultante des diverses influences qui s'exercent sur lui. L'école, la famille, les médias, les copains en sont les principaux acteurs. Le mélange qu'ils composent est de plus en plus riche et complexe, à défaut d'être toujours harmonieux. Les enfants puisent dans ces différentes sources les éléments nécessaires à leur apprentissage de la vie. Les influences qu'ils subissent ne sont guère spécialisées, mais ils sont cependant conscients de ne pas apprendre les mêmes choses à l'école, à la maison ou dans la rue. Dans ce concert de plus en plus bruyant d'influences concurrentes, voire contradictoires, la famille résiste plutôt bien.

*Les parents transmettent
une philosophie de la vie.*

C'est en regardant vivre leurs parents que les enfants se forgent leur propre conception de la vie. Par imitation, ou au contraire par réaction. Les parents d'aujourd'hui semblent encore plus soucieux qu'hier de l'éducation de leurs enfants (p. 112). Autant que l'amour, la crainte de passer pour un père incompétent ou pour une mère indigne les pousse à des efforts réels et permanents. On emmène les enfants au spectacle ou en vacances, on leur donne de l'argent, on s'efforce de participer à leur vie de tous les jours. Que ce soit par goût du sacrifice ou pour se faire pardonner de les avoir mis au monde…

*Le rôle des grands-parents
est en train de disparaître.*

Pendant des générations, la présence des grands-parents au sein de la famille donna une sorte de 'plus-value' très appréciable à l'éducation dispensée par les parents. Les grands-parents d'aujourd'hui habitent de moins en moins avec leurs enfants et petits-enfants. Les problèmes de logement, l'éloignement géographique, les conflits de génération, le souci croissant d'indépendance expliquent cette évolution. La conséquence est que les enfants profitent moins et de façon très discontinue de l'expérience de leurs grands-parents (le plus souvent à l'occasion des périodes de vacances). La vision qu'ils ont de la vie transite donc essentiellement par celle que leur enseignent leurs parents. Aussi les jeunes ne connaissent-ils plus guère l'histoire des générations antérieures. Ils la comprennent surtout moins bien. Ils ont donc une conscience moins aiguë du chemin parcouru en un siècle, au cours de ces années si importantes pour l'évolution de la société. L'image du grand-père faisant sauter son petit-fils sur ses genoux en lui racontant la guerre de 14 ou l'apparition des premières automobiles appartient au passé. Avec elle

disparaît un des aspects les plus riches de la formation des enfants. Aucun livre, aucun documentaire de télévision ne pourra vraiment la remplacer.

L'entente cordiale

Les années 80 semblent marquer une trêve dans le conflit des générations. Toutes les enquêtes effectuées auprès des moins de 20 ans montrent que les jeunes Français ne connaissent pas, dans l'ensemble, de graves problèmes avec leurs parents. Ils communiquent généralement bien avec eux, même si certains sujets sont peu abordés en famille. Ils ne manquent pas d'affection, même si l'amitié des copains tient souvent la première place. Cela ne signifie pas pour autant que tout va pour le mieux au royaume des enfants. Ni d'ailleurs que les parents n'éprouvent pas de difficultés à élever leur progéniture.

On est content d'être ensemble.

La famille reste pour les enfants un nid douillet dans lequel il fait bon vivre. On parle beaucoup plus volontiers aux parents (à la mère en particulier) qu'aux professeurs. Mais les copains restent, malgré tout, les interlocuteurs privilégiés. L'âge ne semble pas modifier sensiblement ce sentiment général de satisfaction. On se sent aussi bien en famille à 5 ans qu'à 20. Ou même parfois à 25 (p. 115).

Mais tout n'est pourtant pas parfait.

Que manque-t-il aux enfants pour que leur bonheur familial soit complet ? En réalité, peu de choses. La possibilité de parler de certains problèmes, concernant par exemple les relations entre garçons et filles. Peut-être aussi un peu plus d'argent de poche, mais le problème n'est pas crucial, car on finit toujours par s'arranger (p. 108). Un peu moins de sévérité ? Elle a déjà fortement diminué : la moitié des parents déclarent faire usage (modérément) de la fessée. Le martinet, la ceinture et autres instruments répressifs ne sont utilisés que dans un foyer sur dix. Certes, on aimerait bien, dans certains cas, avoir des parents plus modernes, plus 'cool' ou plus 'branchés'. Mais il semble que ce reproche, souvent exprimé par le passé, le soit moins aujourd'hui. Les parents des années 80 sont plutôt plus tolérants. Non contents d'être des tuteurs, ils cherchent aussi à être des copains. Mais, peut-être plus que par l'attitude des enfants, c'est à travers les comportements des parents que l'on comprend le mieux la nature des relations entre les deux générations.

L'âge plus important que le milieu social

TF1/le Nouvel Observateur/ Louis Harris (mai 1983)

Les jeunes Français de 15 à 20 ans se sentent plus proches d'un Arabe de leur âge (41 %) que d'un Français de l'âge de leurs parents (36 %). Cette déclaration tendrait à prouver que le fossé des générations n'est pas totalement comblé, tandis que le racisme n'est pas aussi répandu qu'on l'imagine. La tolérance pourtant ne passe pas pour une qualité de la jeunesse. Il serait intéressant de connaître la préférence des adultes entre un immigré de leur âge et un Français de l'âge de leurs parents…

Perceval

L'harmonie familiale commence autour de la table.

Parent : un métier passionnant mais difficile

La majorité des parents ont le sentiment de vivre harmonieusement en famille. Mais c'est au prix d'efforts constants et d'une inquié-

tude réelle. Le rôle de père ou de mère n'est plus aujourd'hui un simple état, c'est un **métier**. Il faut à la fois des compétences et du talent pour l'exercer correctement. L'une des difficultés du métier est d'ailleurs qu'il évolue selon l'âge des enfants.

Parents : un pluriel de plus en plus singulier

La famille 'monoparentale' connaît un essor fulgurant. Ce terme barbare s'applique aux familles où les enfants sont élevés par un seul de leurs parents, père ou mère. On en recensait 650 000 en 1968, elles sont 1 million aujourd'hui. Pour la grande majorité (80 %), ce parent est la mère. Pendant longtemps, c'était le décès de l'un des parents qui était à l'origine de ces situations. Aujourd'hui, 30 % seulement des femmes et 28 % des hommes qui élèvent seuls leurs enfants sont veufs. La moitié des femmes concernées sont des divorcées ayant obtenu la garde de leurs enfants (contre 33 % des hommes) ; 10 % sont des mères célibataires.

l'Express/Gallup – Faits (été 1981)

Pour les moins de 5 ans : des parents dévoués.
- *14 % seulement des parents laissent pleurer leur enfant quand ce n'est pas l'heure du biberon (*).*
- *47 % insistent pour qu'il finisse ce qu'il a dans son assiette (*).*
- *58 % le prennent dans leur lit (*).*

(*) 'quelquefois ou souvent'.

Élever des enfants en bas âge implique d'abord un grand dévouement. C'est le bébé qui impose son rythme ; aux parents de s'y adapter, même s'il faut se lever toutes les nuits à quatre heures pour donner le biberon. Les best-sellers des littératures française et américaine concernant l'éducation des enfants ont eu un impact certain. Cet impact est aujourd'hui largement relayé par les pages spécialisées des magazines féminins.

La diffusion de découvertes récentes dans ce domaine fait que les parents ont aujourd'hui le sentiment (souvent diffus) que la vie de bébé n'est pas seulement végétative et que des précautions sont indispensables pour que son cerveau se développe aussi harmonieusement que son corps. Les rôles des deux parents restent différenciés. Même si les jeunes pères se piquent aujourd'hui de psychologie infantile, ils demeurent encore très en retrait par rapport aux mères. Attendant le moment où ils pourront jouer au foot ou au Monopoly avec leur progéniture.

3 millions de conteurs

16 % des parents ayant des enfants entre 2 et 8 ans racontent 'presque chaque soir' des histoires à leurs enfants. 42 % considèrent cette occupation comme 'un moment privilégié'. Parmi les narrateurs réguliers, on trouve beaucoup de professions libérales et de cadres supérieurs, peu d'agriculteurs. Ce sont ceux à qui on racontait des histoires quand ils étaient petits qui en racontent aujourd'hui. 40 % sont des récits lus, 30 % des histoires inventées et 30 % des contes et légendes restitués de mémoire.

Pour les 6-11 ans : des parents exigeants.
- *83 % des parents font réciter les leçons à leurs enfants (*).*
- *65 % leur défendent de regarder certains programmes de télévision (*).*
- *54 % insistent pour qu'ils fassent certaines tâches ménagères (*).*
- *32 % les punissent quand ils ont mal travaillé à l'école (*).*

(*) 'quelquefois ou souvent'.

l'Express/Gallup - Faits et Opinions (déc. 1983)

C'est l'âge où il faut être omniprésent, afin d'aider l'enfant dans sa vie aussi bien scolaire qu'extrascolaire. Les devoirs à la maison, les jeux, les activités sportives ou artistiques sont autant de raisons pour les parents d'intervenir. C'est d'ailleurs là que se crée ou plutôt s'élargit le fossé entre les différentes familles. Constamment stimulé dans certaines familles, l'enfant se retrouve au contraire seul face à ses devoirs dans d'autres, moins disponibles ou moins concernées. C'est pourtant à cet âge que se révèlent les vocations. Mais comment savoir qu'on est doué pour la musique si l'on ne touche pas à un instrument ? Comment espérer devenir un champion de tennis si l'on n'a pas l'occasion de tenir une raquette ?

Les parents sont d'ailleurs de plus en plus conscients de l'importance particulière de cette période. Si les psychologues continuent de répéter que c'est entre 0 et 2 ans que tout se joue, il semble bien que certaines orientations essentielles se déclenchent à partir de 6 ans. Même si l'ambition de tous les parents n'est pas de faire de leurs enfants des champions ou de grands musiciens, ils savent bien que la compétition, dans tous les domaines, commence de plus en plus tôt.

Pour les 12-16 ans :
des parents compréhensifs... ou dépassés.
- *88 % des parents parlent avec leurs enfants de ce qu'ils feront plus tard (*).*
- *69 % parlent des dangers de la drogue (*).*
- *45 % parlent des questions sexuelles (*).*
- *61 % ont l'impression de ne pas pouvoir les aider, car ce qu'on leur demande leur est étranger (*).*

(*) 'quelquefois ou souvent'.

l'Express/Gallup - Faits et Opinions (déc. 1983)

Après la période tendre des cinq premières années, après celle, plus ouverte sur l'extérieur, des 6-11 ans où tout est encore possible (ou presque), voici la période complexe de l'adolescence. Il s'agit maintenant de préparer concrètement l'avenir, c'est-à-dire le moment (proche et redouté) où l'enfant devra prendre son envol. Mais il est difficile de lui apprendre à voler. Il est encore plus délicat de lui indiquer dans quelle direction. Quelles sont les bonnes carrières pour l'avenir ? Comment influer positivement sur les relations du jeune adolescent pour lui éviter le risque de mauvaises fréquentations ou celui, plus dramatique, de la drogue ? Beaucoup de parents ont le sentiment douloureux de ne pas savoir. Si les informations ne manquent pas, elles paraissent souvent contradictoires. Alors, on essaie de suivre, autant que de conseiller ; on dialogue pour ne pas perdre le contact. Conscient tout de même que les enfants en apprennent parfois plus par la télévision, les profs ou les copains.

Malgré ces difficultés, les relations parents-adolescents sont plutôt bonnes. Leur qualité doit d'ailleurs beaucoup aux efforts des adultes pour 'rester dans le coup'. Qu'il s'agisse d'aider l'adolescent dans ses études, lorsqu'on n'a pas soi-même beaucoup de diplômes, ou d'aborder les questions concernant les relations sexuelles, le rôle des parents n'est pas de tout repos. Leurs soucis principaux concernent les études, mais aussi les fréquentations de leurs enfants._____

La difficulté du métier de parent croît avec l'âge des enfants.

Le développement intellectuel de l'enfant ne facilite pas forcément le dialogue que ses parents peuvent avoir avec lui. Il semble même que le babillage du bébé s'interprète plus facilement que les états d'âme de certains adolescents. Beaucoup de parents exercent sans trop de difficultés leur rôle vis-à-vis des moins de 6 ans. Les vraies difficultés commencent ensuite. Elles deviennent franchement préoccupantes à partir de 12 ans (encadré)._____

De plus en plus dur...

Pensez-vous qu'il est plutôt facile ou plutôt difficile de bien s'occuper de l'éducation d'un enfant...

	Plutôt facile	Plutôt difficile
- de 0 à 5 ans	54 %	36 %
- de 6 à 11 ans	46 %	51 %
- de 12 à 16 ans	26 %	71 %

l'Express/Gallup - Faits et Opinions (déc. 1983)

Entre tradition et innovation, les parents hésitent.
• 50 % des parents souhaitent donner à leurs enfants une éducation différente de celle qu'ils ont reçue.
• 49 % souhaitent leur donner une éducation proche de la leur.

Bousculés par une société en constante évolution, les parents sont pris entre deux volontés contradictoires : offrir à leurs enfants un cadre de référence morale ou leur montrer qu'ils se sont adaptés aux nouveaux modes de vie, auxquels les jeunes sont toujours les plus sensibles. Il leur faut donc trouver le chemin, sinueux et encore mal balisé, entre une attitude traditionnelle confortable et une attitude moderniste qui reste à inventer. Compte tenu des difficultés, on peut considérer que les résultats obtenus sont bons. Les efforts ont été payants. De sorte que le

conflit des générations qui existait entre les adultes et leurs parents est beaucoup moins net entre ces mêmes adultes et leurs enfants.

Les parents plaident coupables

Difficile d'être père ou mère aujourd'hui. Outre le fait que la société reproche aux familles de ne pas faire suffisamment d'enfants, elle les suspecte volontiers de mal s'en occuper. Les médias, spécialisés ou non, regorgent en effet de conseils sur la façon de comprendre les enfants et de les aider à devenir des adultes. Les parents se sentent donc obligés d'ajouter à leurs compétences naturelles des rudiments de psychologie infantile. N'étant pas toujours certains de les avoir assimilés, ils ont tendance à se culpabiliser. Ce sentiment est renforcé par le besoin, souvent contradictoire, de conserver leur liberté d'action. Les mères, en particulier, qui souhaitent de plus en plus exercer une activité professionnelle, se reprochent de ne pas être en même temps au foyer et au bureau. Elles ont tort, puisque les études montrent que les enfants sont en grande majorité favorables au travail de la mère. Les statistiques montrent également que les enfants des femmes actives obtiennent en moyenne de meilleurs résultats scolaires que ceux des femmes au foyer.

Les enfants sont-ils trop protégés ?

Les Français sont, de plus en plus, demandeurs de protection, même s'il faut s'entendre sur le mot (p. 196). Ils en sont aussi fournisseurs lorsqu'ils ont des enfants. Les années 80 marquent l'avènement des 'papas-poules' et des 'mamans-poulpes'. Conscients des difficultés de l'époque, les parents cherchent à tout prix à en amortir l'impact sur leurs enfants. En leur passant leurs caprices, en les soutenant financièrement, en leur accordant plus longtemps que par le passé le vivre et le couvert. Les enfants trouvent évidemment un certain confort dans la famille-refuge, mais ils sont conscients des inconvénients de la famille-cocon._____

Les moins de 15 ans voudraient plus d'autonomie.

L'adolescence commence de plus en plus tôt (encadré). Les parents n'en sont pas toujours conscients, même s'ils cherchent à favoriser l'évolution de l'enfant par une attitude libérale : argent de poche, autorisations d'accès à des activités de 'grands' (certaines émissions de télé, sports, sorties du soir…). Un moment tentés par la méthode du laisser-faire total, importée des États-Unis au cours des années 60, ils semblent s'être plutôt orientés vers celle de la main de fer dans un gant de velours. Une méthode difficile à mettre en œuvre et qui suppose une présence de chaque instant dans la vie quotidienne de l'enfant.

L'adolescence commence plus tôt

À 13 ans, la plupart des enfants ont une maturité comparable à celle qu'avaient leurs parents à 16 ans. Entre 11 et 14 ans, 78 % des enfants vont régulièrement faire des achats dans des magasins ; 56 % ont en permanence de l'argent sur eux, 47 % ont économisé de l'argent pour s'acheter un objet. L'influence de l'environnement est déterminante sur cette évolution. À la télévision, au cinéma ou à la radio, les enfants reçoivent des messages qui ne leur sont pas spécialement destinés. Ils voyagent plus tôt et plus loin, pratiquent plus d'activités, bref accumulent plus rapidement les expériences de la vie.

En contrepartie du confort qu'il procure, le système du 'tout-mâché' tend à réduire les possibilités d'expression personnelle. C'est sans doute pourquoi certains enfants se sentent un peu étouffés. Le monde de l'enfant est en effet presque totalement organisé par les adultes ; en fonction de l'image, souvent déformée, qu'ils en ont.

L'enfant demande, au contraire, à **participer** à la construction de son univers. La chambre qu'il occupe dans la maison est conçue, meublée, décorée le plus souvent sans tenir compte de son avis ou en le censurant. C'est pourtant là qu'il dort, travaille, joue et grandit. Que dire des squares, piscines, livres, émissions de télévision ou produits de toutes sortes, soi-disant conçus pour eux ? Si les moins de 15 ans représentent un quart de la population, la proportion de ce qui, dans la société, est vraiment conçu pour eux est très inférieure.

Les plus de 15 ans ne sont pas pressés d'être autonomes.

Nous voulons un ministère des Enfants…

(les 10 revendications des enfants)

● Nous voulons disposer d'un territoire pour notre vie privée et notre vie collective.

● Nous voulons être maîtres de gérer une partie de notre temps.

● Nous voulons disposer d'un budget et pouvoir le gérer.

● Nous voulons prendre des responsabilités progressives selon notre âge, pour apprendre à décider.

● Nous voulons prendre une part active à la vie sociale, culturelle, politique, professionnelle et économique.

● Nous voulons avoir la possibilité de nous exprimer et d'être écoutés, individuellement et collectivement.

● Nous voulons être informés, consultés sur ce qui influence notre vie et l'avenir de la France.

● Nous voulons disposer de libres occasions de rencontres, d'apprentissage, d'écoute et de découverte.

● Nous voulons être reconnus comme des individus responsables et respectés.

AFIN DE DISCUTER DE NOS PROBLÈMES, NOUS DEMANDONS LA CRÉATION D'UN MINISTÈRE DES ENFANTS.

Institut de l'enfant. Enquête auprès des 8-14 ans (sept. 1982)

Le monde est mal fait. Alors que les jeunes de 8 à 14 ans piaffent d'impatience devant les portes de la vie d'adulte, les plus âgés hésitent à en franchir le seuil. Peur de l'inconnu, de la solitude, des difficultés matérielles ? Si l'adolescence commence plus tôt, elle tend aussi à se terminer plus tard. Certes, les études sont de plus en plus longues (p. 116) et elles retardent donc l'entrée des jeunes dans la vie professionnelle. De plus, beaucoup de jeunes se retrouvent sans emploi après l'école ou le service militaire, ce qui ne facilite pas leur autonomie. Mais le phénomène semble aller bien au-delà. De nombreux jeunes ayant un emploi continuent d'habiter chez leurs parents pendant plusieurs années. Il arrive même que des jeunes couples vivent chez les parents de l'un ou de l'autre des époux.

Pourquoi de telles réticences à couper le cordon ombilical ? La raison essentielle semble bien être la recherche de la sécurité. La famille est un refuge efficace et apprécié contre les dangers extérieurs. La crainte de plonger dans un monde hostile et dur renforce par contraste l'image chaleureuse et réconfortante du foyer. Les difficultés matérielles jouent aussi un rôle non négligeable. L'augmentation des loyers, la baisse du pouvoir d'achat, la précarité des emplois, les prélèvements fiscaux font hésiter certains à rechercher une autonomie complète. Pour qui veut pouvoir sortir le soir, s'offrir des vacances ou un magnétoscope, la meilleure solution est encore d'habiter chez ses parents. Le plus souvent, ceux-ci ne demandent d'ailleurs pas mieux. Certains, plus rares, trouvent le procédé un peu cavalier, lorsqu'ils ont l'impression que ce sont des raisons matérielles et non affectives qui expliquent l'attachement de leurs enfants au foyer. La tendance est, en tout cas, de retarder le moment douloureux de la séparation. Un phénomène réconfortant pour l'avenir de la famille, mais préoccupant pour celui de la société, par ses conséquences psychologiques et économiques.

L'art de la fugue

Si beaucoup de jeunes ont tendance à habiter plus longtemps avec leurs parents, d'autres au contraire souhaitent quitter au plus tôt le domicile familial. Les statistiques montrent un accroissement régulier du nombre des fugueurs. Officiellement, ils étaient environ 30 000 en 1982, dont 2 000 dans la seule ville de Paris. Leur nombre réel est estimé entre 50 000 et 300 000. Qu'est-ce qui pousse ainsi des jeunes adolescents à la cavale ? Évidemment une sensation de malaise au sein de la famille : une escapade sur trois est le fait d'un adolescent déjà fugueur.

La fugue est une réaction, réfléchie ou non, à une situation d'inconfort moral. Comme la drogue, elle est souvent le signe d'un problème de communication entre parents et enfants. Comme elle, on ne peut en guérir que si on soigne les causes qui l'ont provoquée. Enfin, si la plupart des fugueurs reviennent à la maison dans le mois qui suit leur départ, 2 000 ne sont jamais retrouvés.

LA 'SCHOOL GENERATION'

À 2 ans, un enfant sur trois est à la maternelle. Entre 20 et 24 ans, un sur quatre est encore étudiant. Au moment où les parents et les maîtres se posent des questions sur l'avenir de l'école, les jeunes semblent lui trouver bien des vertus. Comme si Mai 68 n'avait jamais existé…

Primaire et secondaire : 12,5 millions d'élèves

Les classes du premier et du second degré comptent aujourd'hui 1 300 000 élèves de plus qu'en 1968. C'est moins la croissance démographique (au demeurant assez faible, voir p. 94) que celle du taux de scolarisation qui explique cette rapide croissance.

L'école est plus considérée comme une nécessité que comme une obligation.
- *À 16 ans, 75 % des jeunes sont scolarisés.*
- *Ils n'étaient que 55 % en 1968.*

La nécessité de l'instruction scolaire est aujourd'hui très largement reconnue. Il n'est qu'à voir la relation étroite entre les diplômes obtenus et la profession exercée pour se convaincre de son intérêt (p. 121).

La scolarité obligatoire jusqu'à 16 ans est aujourd'hui presque entrée dans les faits, même si un certain effritement se produit encore à partir de 14 ans. On peut donc espérer pour les prochaines générations un net recul de l'analphabétisme. À la condition, bien sûr, que tous ceux qui sont inscrits à l'école en ressortent en sachant parfaitement lire et écrire. Ce qui est loin d'être démontré (p. 35).

Un élève sur six dans le privé
- *14 % des élèves du premier degré*

sont dans l'enseignement privé (15,5 % en 1960).
● 21 % des élèves du second degré
(26,1 % en 1960).

Qu'est-ce qui incite un nombre non négligeable de parents à placer leurs enfants dans une école privée ? La polémique entre les partisans de l'un et l'autre système a permis d'en savoir davantage. Sondages et enquêtes se sont multipliés dans tous les médias. Si l'on s'efforce d'éliminer dans cette masse d'informations celles qui paraissent orientées, suspectes, voire malhonnêtes, plusieurs idées-forces s'imposent.————————

*Les Français sont favorables
au pluralisme scolaire.*

Quelles que soient leur condition, leur sensibilité politique, les Français sont en grande majorité favorables à la coexistence des deux systèmes, même s'ils ne sont pas prêts à envoyer leurs enfants dans une école privée. L'ampleur des manifestations qui se sont déroulées dans toute la France en 1983 et 1984 témoigne de cette volonté.————

L'enseignement privé a une image de qualité.

Outre le fait que les victimes (c'est ainsi en tout cas que le privé s'est présenté à l'opinion) sont généralement plus sympathiques que les bourreaux, l'image du privé est généralement bonne. Les Français, dont la plupart ne l'ont jamais pratiqué, semblent convaincus que l'enseignement y est plutôt meilleur que dans les écoles publiques, que les pesanteurs administratives y sont moins lourdes, que les professeurs y sont moins politisés.————————

Beaucoup de Français ont fait de la 'guerre scolaire' une simple question de principe. Le pluralisme est pour eux synonyme de liberté. La grande force de l'enseignement privé est d'avoir réussi à entrer dans les esprits sous le nom d'**école libre**.————

L'école à plusieurs vitesses

Tous les enfants, ou presque, vont à l'école. Mais tous ne réussissent pas leur vie scolaire

de la même façon. L'évolution favorable de la scolarisation ne doit pas faire oublier les écarts importants qui subsistent entre les diverses catégories sociales. De la maternelle à l'université (p. 118), l'entrée (comme la sortie) ne s'effectue pas dans les mêmes conditions selon les caractéristiques du milieu familial.————————

La sélection commence à la maternelle.
● *32 % des enfants d'ouvriers sont 'signalés'
(éprouvent des difficultés à suivre normalement)
dans les classes de maternelle.*
● *C'est le cas de seulement 14 % des enfants
de cadres supérieurs.*

Les éléments de la réussite ou de l'échec scolaire sont présents dès les premières années de la scolarité. Il ne s'agit pourtant pas encore d'apprendre à lire ou à compter. Mais le développement intellectuel des enfants semble plus stimulé dans les milieux les plus favorisés, indépendamment des différences de capacité pouvant exister entre les uns et les autres.————————

*À l'école primaire,
les enfants d'ouvriers redoublent dix fois plus
que ceux des cadres supérieurs.*
● *2,2 % des enfants
de cadres supérieurs et professions libérales
redoublent le cours préparatoire.*
● *22 % des enfants d'ouvriers.*

Le taux de redoublement au cours préparatoire est très variable selon l'appartenance sociale des enfants. À 6 ans, l'écart s'est déjà fortement creusé entre les enfants des familles culturellement privilégiées et les enfants de celles qui ne le sont pas.————————

La sélection se poursuit dans le secondaire.

L'écart entre les enfants, déjà important dans le primaire, peut aller jusqu'à l'exclusion dans le secondaire (encadré). À l'issue de la classe de 3e, l'orientation qui s'opère montre que les élèves d'origine ouvrière sont beaucoup plus nombreux dans l'enseignement professionnel que dans l'enseignement général. Les écarts dus au milieu social conditionnent donc la vie professionnelle future.

"les Tableaux de la solidarité nationale", Documentation française

9 enfants d'ouvriers sur 10 entrant en 6e n'iront pas jusqu'en terminale

Devenir de 100 élèves de chaque groupe socioprofessionnel de la promotion 1972-73 d'élèves de 6e jusqu'à la terminale (enseignement public et privé).

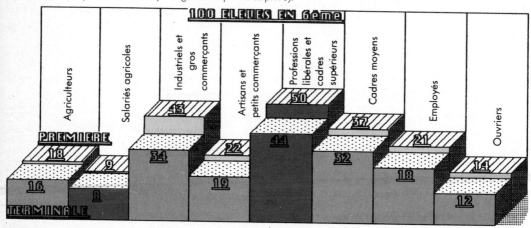

On redouble de plus en plus à partir de la 6e.

Évolution du taux de redoublement de la 6e à la terminale.

ministère de l'Éducation nationale

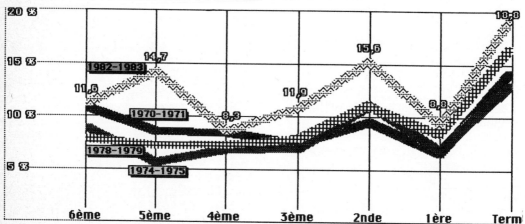

Les enfants d'immigrés cumulent les handicaps.
- *Les élèves étrangers représentent 10 % des effectifs du premier degré (enseignement public).*
- *Ils ne représentent plus que 7 % des effectifs du second degré.*

Les immigrés exercent souvent les profes-sions qui, d'après les statistiques, sont les moins favorables à la réussite scolaire de leurs enfants. Ceux-ci souffrent en outre des problèmes linguistiques et culturels liés à leur origine étrangère et à leur difficile inté-gration sociale. La plupart d'entre eux s'orientent vers les formations de type tech-nique ou professionnel et choisissent les for-mations courtes.

Le bac banalisé

On ne parle plus guère du certificat d'études, autrefois fort apprécié. C'est le bac, aujourd'hui, qui est le visa nécessaire à l'entrée dans la vie professionnelle. Parce qu'il ouvre les portes des universités et entrouvre celles des grandes écoles. Parce qu'il donne à ceux qui terminent là leur parcours scolaire l'espoir d'un emploi.

En 20 ans, le nombre des admis au bac a plus que triplé.
- *75 000 bacheliers en 1963.*
- *250 000 en 1984.*

La proportion des bacheliers par génération est passée, dans le même temps, de 12 à 27 % ; elle devrait atteindre 30 % au cours des prochaines années. On se bouscule de plus en plus pour obtenir le parchemin qui constituera le bagage minimum figurant sur le curriculum vitae.

Le milieu familial n'est pas étranger au choix de la filière suivie dans le secondaire. On remarque ainsi que :
- les enfants d'agriculteurs sont moins attirés que la moyenne par les lettres et les sciences physiques,
- les enfants des employés et ouvriers sont nombreux à choisir le bac de technicien,
- les enfants des cadres supérieurs et professions libérales sont les plus intéressés par les maths et s'intéressent moins aux matières techniques.

Le charme (de moins en moins) discret de l'enseignement supérieur

Contrairement au bac de technicien, celui d'enseignement général ne prépare pas directement à un métier. Il permet aux jeunes qui le souhaitent (et qui en ont la capacité) de poursuivre leurs études dans le cadre de l'enseignement supérieur. Ils sont aujourd'hui 1 100 000 à suivre les cours des universités ou des grandes écoles, soit environ un quart des 20 à 24 ans. Dans une conjoncture économique difficile, aucun atout n'est à né-

gliger. D'autant que 'l'investissement diplôme' se révèle généralement très rentable (p. 32).

La France dans le peloton de queue

Taux de scolarisation dans l'enseignement supérieur dans quelques pays (jeunes de 20 à 24 ans) en 1981.

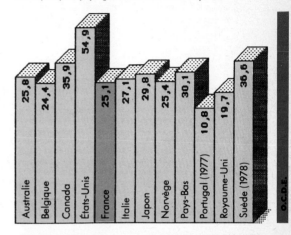

O.C.D.E.

Universités : 900 000 étudiants

Toujours les lettres

Répartition des étudiants des universités selon les matières en 1983-84.

	100 %
Lettres	29,9
Droit et sciences économiques	21,5
Médecine	15,0
Sciences	15,9
I.U.T.	6,2
Pharmacie	3,9
Autres	7,6

ministère de l'éducation nationale

Moins élitistes que les grandes écoles, les universités drainent la grande majorité des étudiants. Le hit-parade des matières n'a pas sensiblement varié. Moins en tout cas que les besoins de l'économie. Lettres et médecine attirent à elles seules près de la moitié des effectifs (encadré), mais la proportion des offres d'emplois auxquelles elles préparent est considérablement inférieure. La part du privé dans l'enseignement supérieur est très faible (environ 2 % des effectifs).

*L'origine sociale des étudiants
ne se démocratise pas vraiment.*

On rencontre encore très peu de fils d'ouvriers ou d'agriculteurs dans les universités. La part qu'ils représentent dans le recrutement reste faible (elle a même diminué depuis 10 ans, voir encadré), très inférieure en tout cas à leur importance numérique dans la population.

On connaît les raisons de ces discriminations. Si certaines sont liées aux différences de capacités individuelles (mais les démonstrations irréfutables manquent sur ce point), d'autres sont au contraire totalement dépendantes de l'environnement familial. Les obstacles d'ordre financier sont importants, mais ils peuvent être levés dans un certain nombre de cas (100 000 étudiants environ bénéficient d'une bourse). Il est beaucoup plus difficile d'agir sur les obstacles de nature culturelle. Comment donner aux enfants le goût des études lorsque les parents n'en ressentent pas vraiment l'intérêt ? Comment leur donner l'aisance et la sûreté de soi qui leur manquent ? Le problème essentiel est toujours le même : convaincre les plus humbles qu'ils peuvent, s'ils le veulent **vraiment**, 'sortir de leur milieu'.

*On compte, chaque année,
plus de 100 000 diplômés de l'université.*

D.E.U.G., D.U.T., D.E.S.S., etc., ces sigles barbares sont quelques-unes des appellations des diplômes universitaires. Les plus connus sont la licence, la maîtrise et le doctorat, qui sanctionnent le parcours des étudiants les plus ambitieux. La moitié des licences sont obtenues en lettres et en sciences humaines. Mais les maîtrises et doctorats de 3e cycle tendent à privilégier les disciplines scientifiques.

Grandes écoles : les portes du paradis

Face aux universités largement ouvertes, les grandes écoles françaises constituent un petit club très fermé. Beaucoup d'étudiants rê-

Vous avez dit démocratisation ?

Effectifs universitaires selon la profession des parents (en %).

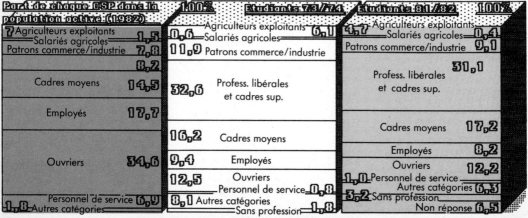

CSP : Catégorie socioprofessionnelle.

vent d'y être un jour admis. Il leur faudra pour cela franchir plusieurs obstacles : d'abord le bac (de préférence avec mention), puis deux années de préparation spéciale, avant le concours d'entrée destiné à sélectionner les 'meilleurs'. Une fois entré dans le sanctuaire, l'étudiant devra encore mériter d'en sortir avec les honneurs, qui prennent ici la forme d'un diplôme. Les cinq années nécessaires après le bac constitueront pour beaucoup le meilleur des placements. On pourrait même parler de rente, puisque la plupart en percevront les dividendes pendant toute leur vie. Ce qui ne signifie pas, d'ailleurs, qu'ils pourront se contenter de la toucher sans continuer de la mériter, car la conjoncture économique actuelle n'épargne personne, pas même les diplômés.————

Étudiants à tous prix

Un polytechnicien coûte 250 000 francs par an à la collectivité ; un étudiant en droit ou en économie ne revient qu'à 6 900 francs. Entre ces deux extrêmes, on trouve des étudiants à tous les prix, selon la spécialité, l'établissement, etc. Une place dans une école d'infirmière coûte 16 000 francs par an, une autre à l'université Paris-Dauphine vaut 23 000 francs.

Un peu moins que dans un I.U.T. (28 000 francs) ; beaucoup moins qu'à Centrale (67 000 francs).

Mais le prix payé par l'État est très variable en fonction des ressources propres des écoles : frais de scolarité, taxe d'apprentissage, contrats de recherche avec des entreprises, subventions des collectivités… Ces ressources, qui couvrent 7,5 % des dépenses à l'université, peuvent atteindre plus de 50 % dans le cas de l'École supérieure de commerce de Paris ou d'autres grandes écoles. La contribution des étudiants eux-mêmes est également très variable : 90 % paient moins de 1 000 francs par an ; 3 % paient de 1 000 à 10 000 francs ; 5 % paient plus de 10 000 francs. Le record appartient probablement à l'Institut européen des affaires (I.N.S.E.A.D.) de Fontainebleau, avec 55 000 francs de frais annuels de scolarité. Des chiffres qui confirment, si besoin est, que les diplômes n'ont pas de prix.

le Point/l'Étudiant (février 1984)

La démocratisation des grandes écoles reste à faire.

Les remarques faites à propos des universités quant à la faible représentation des catégories sociales les plus modestes valent encore plus pour les grandes écoles. Les fils d'ouvriers ne se bousculent toujours pas à Polytechnique ou à H.E.C., même s'ils sont plus nombreux aux Arts et Métiers. De même, on rencontre peu de fils d'immigrés à Cen-

Les diplômes qui 'payent' le mieux

Salaire de début en fonction du diplôme obtenu (en francs par an) **en 1984** :

	Moyenne	Fourchette
ÉCOLES D'INGÉNIEURS		
- Polytechnique	142 000	120 000 - 170 000
- Centrale (Paris)	141 000	125 000 - 155 000
- Télécom (École Nationale Supérieure des Télécommunications)	140 000	125 000 - 155 000
- Mines (Paris, St-Étienne, Nancy)	140 000	125 000 - 155 000
- SUPELEC (École Supérieure d'Électricité)	138 000	125 000 - 155 000
- ENSTA (École Nationale Supérieure des Techniques Avancées)	138 000	125 000 - 150 000
- Ponts et Chaussées	138 000	125 000 - 150 000
- SUP AERO (École Nationale Supérieure de l'Aéronautique et de l'Espace)	138 000	125 000 - 150 000
- ESPET (Physique, Chimie, Paris)	135 000	125 000 - 150 000
- Arts et Métiers	130 000	115 000 - 145 000
ÉCOLES COMMERCIALES ET DE GESTION		
- HEC (Hautes Études Commerciales)	134 000	115 000 - 145 000
- ESSEC (École Supérieure des Sciences Économiques et Commerciales)	130 000	115 000 - 145 000
- ENSAE (École Nationale de la Statistique et de l'Administration Économique)	128 000	115 000 - 145 000
UNIVERSITÉS		
- Doctorat en Droit ou en Sciences Économiques	123 000	110 000 - 130 000
- Maîtrise Dauphine	115 000	95 000 - 130 000
- Maîtrise d'Information et de Communication (CELSA)	110 000	85 000 - 125 000

l'Expansion (Salaires des cadres 1984)

trale ou à l'E.S.S.E.C. Mais on croise de plus en plus de jeunes femmes dans cet univers traditionnellement réservé aux hommes. Les plus misogynes des grandes écoles se sont d'ailleurs récemment officiellement ouvertes aux représentantes de l'autre sexe (p. 64). ——

Face à cette 'oligarchie du diplôme', les plus admiratifs se félicitent de l'existence d'un système d'ailleurs envié par beaucoup de pays étrangers. Les plus amers condamnent la 'cooptation' au sein des entreprises (encore appelée copinage ou maffia) qui en assure, selon eux, la pérennité. ————

L'école d'aujourd'hui ne satisfait plus... que les élèves

Les adultes émettent quelques réserves sur la façon dont l'école remplit sa mission d'éducation. Un tiers d'entre eux la trouvent inadaptée à la vie économique actuelle. Quant aux enseignants, ils ne sont pas non plus convaincus de la perfection du système. Leurs plaintes concernent aussi bien les

---

Les parents sceptiques sur l'école

47 % des parents ayant des enfants entre la 6e et la terminale considèrent que l'école ne les prépare pas de façon satisfaisante à leur vie future.

D'une façon générale, les parents reprochent à l'école son inadaptation à la vie économique, le manque de professeurs et le laisser-aller général peu propice aux études. La plupart d'entre eux considèrent que l'acquisition d'un savoir-faire est préférable à une formation purement théorique.

le Guide des parents/ IPSOS (juin 1984)

---

conditions matérielles d'exercice de leur métier (salaires, horaires, effectifs, crédits…) que le niveau des élèves qui, selon eux, a tendance à se dégrader. Il n'y a guère, paradoxalement, que les élèves qui sont satisfaits du système. ————

La contestation de Mai 68 n'est plus qu'un lointain souvenir.

Mai 68 ? Connais pas. On pourrait ainsi résumer l'attitude des jeunes Français d'aujourd'hui devant l'école. La plupart (environ les deux tiers, d'après les sondages) s'y sentent bien, et elle ne laisse indifférents qu'une minorité d'élèves. Quant aux relations avec les enseignants, elles paraissent généralement bonnes. Et, si les chahuts existent toujours, on est loin de la crise dont parlent périodiquement les médias. Loin, en tout cas, de ses manifestations les plus dramatiques (suicides de professeurs). ————

Seuls les élèves des lycées d'enseignement professionnel semblent moins épanouis que les autres. Ils sont moins nombreux à se sentir bien à l'école et jugent leurs rapports avec les enseignants de façon un peu moins favorable. Ils sont, par contre, plus nombreux que la moyenne à considérer que leur formation les prépare à la vie active. ————

Dans une époque où le droit au travail n'a plus un caractère systématique, les jeunes se rendent bien compte que c'est l'école qui leur fournit les meilleures chances. Aussi les imperfections de l'enseignement qu'elle dispense leur paraissent-elles peu importantes en regard des avantages qu'elle procure. ————

La maison, dernier refuge

HOME, SWEET HOME

Pendant un siècle, les Français avaient progressivement abandonné les campagnes. Ils semblent aujourd'hui vouloir les retrouver. Ce mouvement montre l'importance croissante prise par le cadre de vie. Il pourrait avoir, s'il se confirmait, des conséquences importantes sur les futurs modes de vie.

Le début de l'exode urbain ?

Près de la moitié des Français habitent dans une ville de plus de 50 000 habitants. On s'était habitué depuis longtemps au dépeuplement des campagnes. Pourtant, on assiste aujourd'hui à l'arrêt de la croissance urbaine, au profit de celle des communes rurales. C'est la première fois, depuis la fin du siècle dernier, qu'un tel phénomène se produit. Seules les villes de moins de 10 000 habitants continuent de croître à un rythme supérieur à la moyenne.

La population des grandes villes stagne ou régresse.
● *Entre 1975 et 1982, la population française a augmenté de 3,2 %.*
● *Dans le même temps, la population de l'Île-de-France n'a augmenté que de 2 %.*

Sur une centaine d'unités urbaines de plus de 50 000 habitants (villes isolées et agglomérations comprenant plusieurs communes), près de la moitié ont vu leur population décroître au cours des dernières années.

Les Français avaient d'abord quitté les centres-villes...

Les raisons probables de ce renversement historique de tendance tiennent à une déception croissante vis-à-vis des conditions de vie offertes par les grandes villes. À la quasi-impossibilité d'habiter la maison individuelle dont rêvent tous les Français se sont peu à peu ajoutés d'autres inconvénients : difficulté de circulation, bruit, pollution atmosphérique, mauvaise qualité des rapports humains, croissance de la délinquance sous toutes ses formes (p. 179). L'augmentation du prix des logements (à l'achat comme à la location) a encore aggravé le 'ras-le-bol' des citadins.

... pour s'installer dans les banlieues...

Un mouvement séculaire

Part en % dans la population totale.

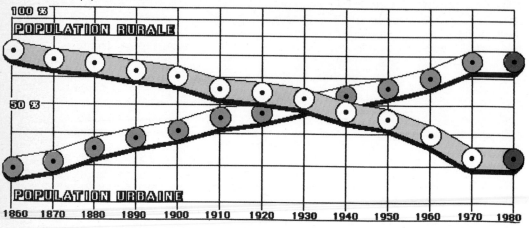

I.N.S.E.E. *Données sociales 1984*

100 %
POPULATION RURALE
50 %
POPULATION URBAINE

1860 1870 1880 1890 1900 1910 1920 1930 1940 1950 1960 1970 1980

Comme il était difficile de transporter les villes à la campagne, on avait d'abord tenté l'opération inverse, en bâtissant des maisons près des villes dont le centre était inaccessible ou trop coûteux. On a donc assisté dans les années 60 à un formidable développement des banlieues des grandes villes, constituant une première couronne de population, puis bientôt une seconde. Cette situation était le résultat d'un double mouvement : d'un côté, l'arrivée aux abords des villes de nouveaux effectifs en provenance des campagnes, peu créatrices d'emploi et offrant une vie sociale et culturelle peu animée ; de l'autre, l'éloignement des habitants des centres-villes vers les banlieues, à la recherche d'un bout de jardin et de conditions de vie plus calmes.

... ils quittent maintenant les banlieues qui ressemblent trop aux villes.

Après le centre des villes, ce sont leurs abords (surtout lorsqu'ils sont composés d'immeubles collectifs) qui se dépeuplent aujourd'hui, au profit des petites villes et des communes rurales. Ce phénomène, appelé **péri-urbanisation** par les experts, concernerait près de 20 % de la population totale. Dès que les conditions économiques

le permettent (en particulier la possibilité de trouver un emploi), les Français s'implantent de plus en plus volontiers loin de la ville et de ses inconvénients. À la recherche d'un cadre plus agréable, résidentiel et propice à une vie socioculturelle satisfaisante. Les candidats à ce nouvel exode sont surtout les ouvriers et les membres des catégories moyennes, qui sont les principaux déçus de la vie urbaine.

Les Français sont plus mobiles qu'on ne le dit

Les deux tiers des Français habitent actuellement dans une autre ville que celle de leur enfance ; 43 % d'entre eux sont restés dans la même région, 12 % ont passé leur enfance à l'étranger. 20 % des Français ont déménagé au cours des deux dernières années.

C.C.A.

Le paysage français pourrait être très différent dans 20 ans.

Il est évidemment impossible de prévoir l'évolution de ce mouvement naissant. S'agit-il d'une fuite un peu superficielle et vaine devant les difficultés actuelles, dont les 'villes inhumaines' seraient responsables ?

S'agit-il au contraire d'une tentative profonde de 'réenracinement' dans un cadre permettant une vie familiale plus harmonieuse ? Les conditions économiques joueront sans doute un rôle déterminant pour l'avenir de l'expérience : disponibilité des emplois ; importance des dépenses de fonctionnement (logement, transports, activités de loisirs), qualité des relations sociales. La mise en place de la décentralisation administrative et économique vers les régions devrait, en tout cas, favoriser le mouvement actuel.

Le retour de la crise du logement

On croyait la crise du logement définitivement envolée, après trente années d'un rythme soutenu de construction. Entre 1966 et 1975, on avait construit chaque année près de 450 000 logements. Le nombre des mises en chantier a beaucoup diminué depuis cette époque (encadré). Le secteur le plus touché est celui des immeubles collectifs, tandis que la construction de logements individuels, devenue majoritaire depuis une dizaine d'années (p. 126), se porte moins mal. Même si le taux des constructions par rapport à la population reste plutôt plus élevé en France que dans certains pays, la crise est quand même de retour.

On ne trouve plus de logements dans les grandes villes.

Les candidats à la location ou à l'achat d'un appartement dans les grandes villes se font beaucoup de souci. Le choix qui leur est offert est très limité. Quant aux prix, ils ont de quoi décourager les plus optimistes. Ceux de la location sont souvent inaccessibles. La loi de l'offre et de la demande joue à plein, offrant parfois de très mauvaises surprises ('reprises' exorbitantes, vente de fausses listes de logements disponibles, etc.). Quant aux prix à l'achat, ils ont atteint des niveaux difficilement supportables, même si en francs constants ils ont baissé en 1982 et 1983. De plus, le recours au crédit est devenu un risque, compte tenu des taux d'intérêt élevés. Beaucoup hésitent à le prendre, n'étant pas assurés de leur capacité de remboursement, en particulier en cas de perte d'emploi.

Plus d'un million de logements sont aujourd'hui inoccupés.

Il faut dire que la loi Quilliot n'a guère incité les propriétaires de logements de rapport à les offrir à la location. Depuis 1982, les investisseurs privés ne se sont pas bousculés

Quand le bâtiment ne va pas...

Nombre de logements terminés chaque année (en milliers).

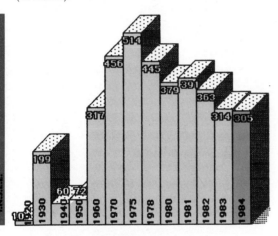

Comparaison internationale (logements terminés pour 1 000 habitants) en 1981.

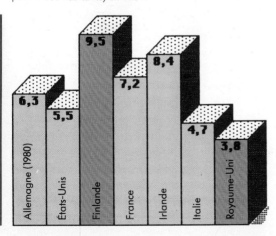

pour acheter et louer, inquiets de la solvabi-
lité des locataires. Le paradoxe est que, dans
cette situation de rareté croissante,
1 100 000 logements sont inoccupés. Les
mesures d'assouplissement prises en 1984
par le nouveau ministre du Logement (augmentation de la hausse permise sur les loyers,
révision de la fameuse loi de 1948, avantages
fiscaux pour l'achat en 1985 de logements
destinés à la location, etc.) devraient cependant avoir un effet bénéfique sur le nombre
des logements disponibles.—————

On se sent bien chez soi

'Un petit chez soi vaut mieux qu'un grand
chez les autres.' Le vieux dicton est toujours
d'actualité. La plupart des Français rêvent
d'être propriétaires de leur logement, de
préférence d'une maison. Ils sont de plus en
plus nombreux à y parvenir. Ils y vivent aussi
de plus en plus confortablement.—————

RSC et G

La maison est le berceau de la famille.

*Il y a en France
12 millions de maisons individuelles.*
• *54 % des Français habitent une maison
(33 % en 1970).*
• *46 % habitent en appartement
(67 % en 1970).*
• *12,7 millions habitent dans des H.L.M.*

En dix ans, la répartition entre les logements
collectifs et les logements individuels s'est

complètement inversée. Aujourd'hui, plus de
la moitié des Français ont pu réaliser leur
rêve de maison.—————

*51 % des ménages sont propriétaires
de leur résidence principale.*
• *67 % dans les communes rurales.*
• *34 % à Paris.*
• *4 % des Français sont logés par leur employeur
et 4 % à titre gracieux.*
• *49 % des propriétaires
ont encore des prêts à rembourser.*

Si la moitié des Français possèdent leur logement, la proportion est très variable selon
les professions : 73 % des agriculteurs, 59 %
des patrons de l'industrie et du commerce,
mais 27 % des ouvriers.—————

*63 % seulement des logements
disposent de tout le confort.*
• *La proportion de logements
disposant de l'eau chaude
a augmenté de 60 % depuis 1968.*
• *Le nombre des W.-C. a augmenté de 60 %
également.*

Le confort, au sens de l'I.N.S.E.E., c'est l'existence, dans le logement, de l'eau courante,

Le confort en chiffres

40 % des logements ont été construits avant 1914.
20 % sont postérieurs à 1968.

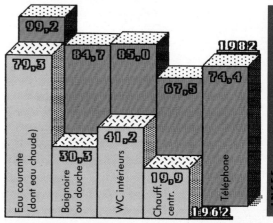

I.N.S.E.E.

de w.-c. intérieurs, d'une baignoire ou d'une douche et du chauffage central. D'après cette définition, 37 % des Français habitent un logement inconfortable. Ce sont surtout les habitants des communes rurales, les agriculteurs et les inactifs. Les habitants de l'agglomération parisienne sont nettement privilégiés dans ce domaine.

16 % des logements sont surpeuplés.

Outre l'absence des équipements de base dans beaucoup de logements, près d'un sur cinq est en condition de surpeuplement. À l'inverse, un peu moins des deux tiers sont sous-peuplés, souvent après le départ des enfants. Mais la notion de sur- ou sous-peuplement, telle qu'elle est définie par les statisticiens, ne correspond pas forcément à l'opinion de chacun. Il y a surpeuplement si le logement a au moins une pièce de moins que la norme. Il y a sous-peuplement si le logement compte au moins une pièce de plus que la norme.

La norme d'occupation est calculée ainsi :
— 1 pièce de séjour pour le ménage,
— 1 pièce pour chaque chef de famille,
— 1 pièce pour chaque personne hors famille non célibataire,
— 1 pièce pour chaque célibataire de 19 ans et plus,
— 1 pièce pour 2 enfants de moins de 19 ans, à condition qu'ils soient de même sexe (sauf s'ils ont tous les deux moins de 7 ans),
— 1 pièce pour l'ensemble des domestiques et salariés logés éventuellement.

D'une manière générale, ce sont les cadres supérieurs et professions libérales qui bénéficient des meilleures conditions de logement.

Malgré les progrès réalisés dans ce domaine, tous les éléments de confort sont encore loin d'être généralisés dans les logements des Français, et le retard reste réel par rapport à des pays comme les États-Unis, la Suède ou l'Allemagne.

Les Français sont pourtant satisfaits de leurs logements.

L'attachement des Français à leur 'chez-soi' ne dépend guère de l'existence d'une baignoire ou du chauffage central. C'est en tout cas ce que l'on peut penser en constatant les indices de satisfaction élevés qui apparaissent dans les sondages : les propriétaires sont plus satisfaits que les locataires ; ceux qui habitent une maison plus que ceux qui vivent en appartement. On note cependant une réticence vis-à-vis de la qualité de l'architecture, certains Français déplorant le manque d'originalité des constructions (surtout des immeubles collectifs) ou leur qualité parfois insuffisante.

Les Français sont les champions du monde des résidences secondaires.

Leurs rêves de maison incluent souvent la résidence secondaire, dans laquelle il fait bon passer ses week-ends ou ses vacances. Un Français sur dix dispose aujourd'hui d'une seconde maison (encadré). La plupart sont propriétaires, à la suite d'un héritage ou d'une acquisition. Beaucoup consacrent une part importante de leurs loisirs à la réfection ou à l'amélioration d'une vieille bâtisse, qui accueillera leur retraite. Le culte de la résidence secondaire constitue sans aucun doute une caractéristique nationale, puisqu'aucun autre pays du monde ne dispose d'un parc aussi important par rapport à sa population. Le développement récent des formules de multipropriété devrait à la fois amplifier et déformer ce phénomène, car une même résidence sera partagée par plusieurs familles.

2,3 millions de résidences secondaires

11 % des ménages disposent d'une résidence secondaire. Il s'agit dans 80 % des cas d'une maison, presque toujours pourvue d'un jardin. À noter que 9 % des résidences secondaires sont constituées d'un terrain et d'une résidence mobile (caravane, camping-car, etc.).

56 % de ces habitations sont situées à la campagne, 32 % à la mer et 16 % à la montagne. Les cadres supérieurs et professions libérales sont les plus nombreux (23 %) à posséder une résidence secondaire. Les moins nombreux sont les agriculteurs (3 %), les ouvriers et employés (5 %).

Aprime Conseil

Le goût de la liberté et de la propriété.

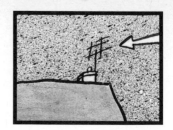

ÉQUIPEMENT
DE L'UTILE À L'AGRÉABLE

Les Français ont beaucoup investi pour équiper leur maison. L'électroménager leur a permis de gagner du temps. Les appareils audiovisuels les ont aidés à en 'perdre'. La cuisine et le salon ont

Les Styles de Vie et la maison

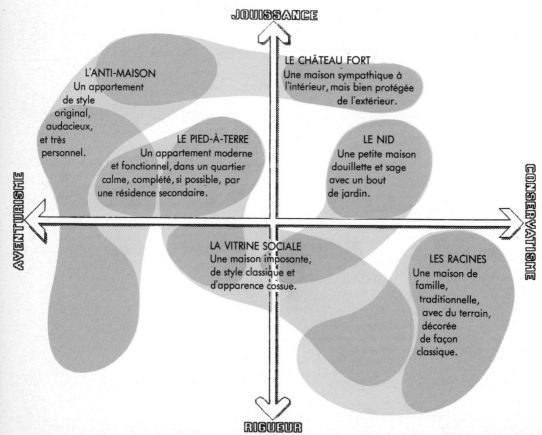

JOUISSANCE

LE CHÂTEAU FORT
Une maison sympathique à l'intérieur, mais bien protégée de l'extérieur.

L'ANTI-MAISON
Un appartement de style original, audacieux, et très personnel.

LE PIED-À-TERRE
Un appartement moderne et fonctionnel, dans un quartier calme, complété, si possible, par une résidence secondaire.

LE NID
Une petite maison douillette et sage avec un bout de jardin.

AVENTURISME

CONSERVATISME

LA VITRINE SOCIALE
Une maison imposante, de style classique et d'apparence cossue.

LES RACINES
Une maison de famille, traditionnelle, avec du terrain, décorée de façon classique.

RIGUEUR

C.C.A.

Pour lire la carte, voir présentation p. 415.

beaucoup changé, plus que la salle de bains ; il y a en France plus de téléviseurs que de baignoires.

Le tout-électronique

La bonne fée électricité a beaucoup fait depuis 20 ans pour le confort des Français. Ses coups de baguette, d'abord réservés à un petit nombre d'heureux élus, ont progressivement transformé l'ensemble des foyers. Sa fille, la fée électronique, se donne aussi beaucoup de mal. Mais les choses, dans son domaine, vont si vite qu'elle ne sait plus aujourd'hui où donner de la baguette !⎯⎯⎯

De toutes les pièces de la maison, c'est la cuisine qui a le plus changé.

Lorsqu'on feuillette les magazines de décoration de l'après-guerre, on a quelques difficultés à reconnaître les cuisines. La plupart étaient alors meublées d'une table, d'un évier, d'une cuisinière à charbon et de quelques placards. Les cuisines d'aujourd'hui croulent sous les réfrigérateurs, congélateurs et robots de toutes sortes, qui ont largement contribué à libérer la femme de ses tâches ménagères. Congélateurs et lave-vaisselle sont apparus dans les années 70. Ce sont les fours à micro-ondes et les sèche-linge qui s'installent aujourd'hui.⎯⎯⎯

VEDETTE
RINCE PLUS PROFOND.

VEDETTE
LE SAVOIR-FAIRE.

Bazaine

Le modernisme fait bon ménage avec la tradition.

L'audiovisuel poursuit son invasion.

L'équipement des foyers en radio est arrivé depuis longtemps à saturation (p. 130). C'est maintenant le tour de la télévision (91 % des foyers, dont 60 % ont la couleur, voir p. 358). La chaîne hi-fi est moins répandue, mais presque tous ceux qui n'en possèdent pas ont un électrophone.⎯⎯⎯

La nouvelle génération audiovisuelle est en train de pénétrer dans les foyers. Magnéto-

La 'nouvelle cuisine'

Taux d'équipement des ménages (%).

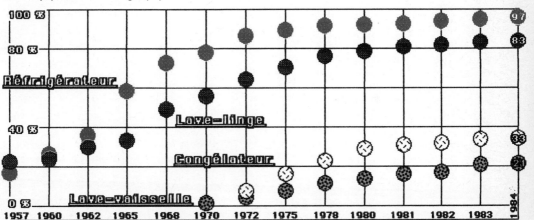

I.N.S.E.E.

Les 'branchés'

Taux d'équipement des ménages (%).

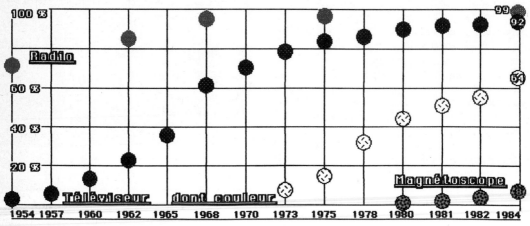

Magnétoscopes : estimations des fabricants.

scopes (p. 360), caméras vidéo, lecteurs de disques compacts (p. 372), micro-ordinateurs (p. 361) commencent à s'installer chez les plus jeunes et chez les plus modernistes des adultes. —————————————————

son corps. Partant du principe que pour être 'bien dans sa peau', il faut déjà que celle-ci soit propre… —————————————————

Sanitaire : la salle de bains redécouverte

Après avoir beaucoup investi dans leur cuisine, c'est à la salle de bains que les amoureux du confort s'intéressent aujourd'hui. Pour en faire une véritable 'pièce à vivre' qui intègre à la fois la fonction traditionnelle d'hygiène et d'autres fonctions plus nouvelles, liées à la forme et au bien-être. On retrouve là les grands courants actuels qui tendent à privilégier la forme physique, les soins de beauté (p. 7). On rêve donc d'une salle de bains plus grande, mieux éclairée (de préférence par une fenêtre), équipée de matériel de culture physique. Le tout dans une ambiance musicale haute-fidélité. —————

Même si tous ne peuvent passer du rêve à la réalité (encadré), beaucoup s'efforcent de transformer leur salle de bains en un 'salon de bains' dans lequel il fait bon s'occuper de

Moins de baignoires que de postes de télévision

85 % des foyers sont équipés d'une baignoire ou d'une douche, 20 % disposant d'une douche indépendante de la baignoire (2 % ont même 2 douches indépendantes). Ces chiffres globaux illustrent des situations en fait très disparates. Il y a un monde entre la minuscule baignoire carrée en acier qui équipe la salle de bains de la plupart des H.L.M. et la baignoire à remous dont disposent 1 % des ménages.

I.N.S.E.E. et C.C.A.

Mobilier : de la tradition à la 'démeuble'

Les Français achètent de moins en moins de meubles. Le début de cette baisse remonte à 1975. Plutôt que d'investir dans l'ameublement au sens traditionnel (armoire, lit ou canapé), les Français ont donné la préférence aux 'meubles de loisirs' que sont la télé couleur ou la chaîne hi-fi. Le développement du 'kit', moins coûteux, explique aussi cette stagnation. Enfin, beaucoup se sont tournés vers des 'circuits parallèles' tels que les dépôts-vente, la brocante ou les entrepôts de vente directe, dont la part croissante échappe aux statistiques de la profession.──

Il n'y a pas vraiment de style contemporain en matière de mobilier.

Si 15 % des ménages restent fidèles au mobilier de style ancien, et autant au design moderne, la moitié environ retournent au 'naturel' (bois scandinave, rustique clair et simple) ou au romantique rond et chaud de l'époque Louis-Philippe. Les autres mélangent allégrement les styles, bousculant toutes les conventions, allant jusqu'à la 'démeuble', négation de l'aménagement traditionnel

Le canapé Informel : 5130 F

Roche-Bobois

Les meubles ressemblent à leur époque.

La France du confort

Taux d'équipement des ménages selon la catégorie socioprofessionnelle à la fin 1983 (en %).

	Réfrigé-rateur	dont combiné congélateur	Congélateur	Lave-linge	Lave-vaisselle	Téléviseur	dont Couleur	Magné-toscope	Répartition des ménages
Exploitants agricoles	96,9	12,7	78,5	92,4	27,9	91,0	40,3	0,7	4,1
Salariés agricoles	86,6	11,9	45,8	77,8	12,8	78,5	43,9	0,0	0,8
Patrons de l'industrie et du commerce	95,8	27,4	42,7	91,3	42,8	91,8	70,1	8,5	5,3
Cadres supérieurs et professions libérales	98,1	40,2	35,6	89,0	56,7	87,0	71,5	9,6	7,9
Cadres moyens	98,8	34,5	30,2	86,6	33,3	89,2	66,9	5,7	10,4
Employés	98,8	34,0	27,7	84,8	23,6	91,3	62,4	5,2	7,5
Ouvriers	97,1	27,3	39,4	89,1	15,4	93,7	59,9	3,3	24,7
Personnel de service	95,6	28,6	22,6	74,6	10,4	90,4	56,7	7,3	3,2
Autres actifs	97,5	34,7	34,0	84,8	24,7	90,6	65,0	11,6	2,1
Inactifs	94,5	19,5	23,0	73,1	8,1	91,3	60,0	0,8	34,0
Ensemble	96,4	26,4	32,8	82,7	20,6	91,2	61,4	3,8	100,0

I.N.S.E.E.

de l'espace. Certains sacrifient par exemple la chambre à coucher pour en faire un débarras ; d'autres vont jusqu'à transformer la maison en un gigantesque bric-à-brac. Le moderne et l'ancien, le cher et le 'cheap' (bon marché), le sophistiqué et le rustique, l'exotique et le conventionnel s'y côtoient pour mieux détourner l'attention et vouer à l'échec toute tentative de classification.──

Les Français de la 'démeuble' ont souvent moins de 35 ans. Pour eux, les meubles servent plus à rêver qu'à ranger. La musique et la lumière en sont les compléments naturels. L'exotisme y prend également une large place. Leur souci n'est pas de 'faire beau', ni durable. Au slogan 'un meuble pour la vie', ils opposent une conception plus éphémère et plus onirique. À une époque où les créateurs n'ont pas réussi à imposer un style contemporain caractéristique, c'est la 'démeuble' qui en tient lieu.───

De la cave au grenier

Les autres équipements de la maison (% de foyers équipés).

Chauffage

- central individuel | 46,8 %
- mazout | 25,3 %
- gaz | 22,9 %
- électricité | 16,5 %
- bois | 8,3 %
- charbon | 4,1 %
- solaire | 0,1 %
- central collectif | 25,2 %
- appareil de chauffage d'appoint | 30,6 %

Communication

- 1 téléphone | 75,7 %
- 2 téléphones | 4,3 %
- répondeur | 17,4 %

Divers

- 1 radio-réveil | 32,6 %
- 2 radio-réveils | 3,1 %
- cave à vins | 26,0 %

Beauté-santé

- sèche-cheveux | 74,2 %
- pèse-personne | 69,3 %
- rasoir électrique pour homme | 52,0 %
- appareil pour se coiffer (fer à friser, brosse soufflante...) | 30,8 %
- rasoir électrique pour femme | 8,0 %

Sécurité

- arme de défense | 9,1 %
- appareil d'alarme ou de protection | 2,5 %
- coffre-fort | 2,4 %
- groupe électrogène | 1,0 %

LOISIRS INTÉRIEURS

Musique

- 1 électrophone | 43,6 %
- chaîne HI-FI | 41,6 %
- 1 magnétophone à cassettes | 34,2 %
- platine cassettes | 20,9 %
- 2 magnétophones à cassettes | 5,8 %
- 1 Walkman | 5,5 %
- 2 électrophones | 4,0 %
- 2 Walkman | 0,4 %

Instruments

- piano | 0,2 %
- orgue électronique ou synthétiseur | 0,2 %
- autre instrument de musique | 0,2 %

Électronique

- poste CB ou émetteur récepteur | 2,1 %
- 1 micro-ordinateur | 0,8 %
- jeux électroniques | 0,3 %

Photo-cinéma

- 1 appareil photo genre 'instamatic' | 40,8 %
- 1 appareil photo 'réflex' | 22,1 %
- 1 appareil photo à développement instantané | 15,1 %
- 1 objectif démontable d'appareil photo | 10,6 %
- 1 projecteur de diapositives | 7,0 %
- 2 appareils photo style 'instamatic' | 5,0 %
- 1 magnétoscope | 4,0 %
- 1 caméra avec film cinéma | 4,0 %
- 2 appareils photo réflex | 2,4 %
- 2 appareils photo à développement instantané | 1,0 %
- 1 magnétoscope avec caméra vidéo | 0,8 %

LOISIRS EXTÉRIEURS

Transport

- 1 vélo de randonnée | 23,6 %
- 1 mobylette | 19,6 %
- 1 vélo de course | 16,2 %
- 1 vélo pliant | 12,3 %
- 2 vélos de randonnée | 9,9 %
- 1 bateau gonflable à rames | 7,9 %
- 2 vélos de course | 4,5 %
- 1 planche à voile | 3,6 %
- 1 moto de sport (enduro, trial, cross...) | 2,9 %
- 1 barque rigide | 2,5 %
- 2 vélos pliants | 2,2 %
- 2 mobylettes | 2,2 %
- 1 moto de route (125 cm³ et moins) | 2,0 %
- 1 bateau gonflable avec moteur style 'Zodiac' | 1,6 %
- 1 moto de route (plus de 125 cm³) | 1,5 %
- 1 dériveur | 1,2 %
- 1 gros bateau à voile (plus de 6 m) | 1,1 %
- 2 motos de sport | 0,3 %
- 2 motos de route (plus de 125 cm³) | 0,2 %
- 2 motos de route (125 cm³ et moins) | 0,1 %

Autres

- 1 canne à pêche | 28,6 %
- 1 fusil de chasse ou carabine | 20,7 %
- 1 paire de skis | 7,0 %
- 2 paires de skis | 6,9 %

C.C.A.

VOITURE :
LA RAISON ET LA PASSION

Après avoir été un objet de culte, la voiture est aujourd'hui devenue un accessoire indispensable et coûteux. Mais s'ils achètent des voitures sages, les Français continuent de rêver des autres...

Grandeur et décadence

La société automobile a commencé avec le siècle. Après avoir alimenté les rêves et les conversations des Français pendant des décennies, la voiture est aujourd'hui intégrée à leur mode de vie, au même titre que le réfrigérateur ou le poste de télévision. À la passion des années fastes a succédé la raison. La crise du pétrole n'y est pas étrangère. Avec elle se sont envolés les rêves de puissance (fiscale) et de grandeur (de la carrosserie).

Après les belles américaines et les coupés séduisants, voici les modèles sages et passe-partout... Pourtant, les nostalgiques de la voiture-statut ne manquent pas. Sous la raison couve toujours la passion.

Sécurité et confort
passent avant vitesse et fantaisie.

73 % des foyers ont une voiture.
● *Ils n'étaient que 30 % en 1960 (58 % en 1970).*
● *19 % des foyers ont au moins 2 voitures.*

Ceux qui n'ont pas de voitures sont surtout

21 millions de voitures

Évolution du nombre de voitures particulières en France.

En millions	14,60	15,10	15,55	16,25	17,00	17,78	18,52	19,15	19,72	20,42	20,95
RENAULT	29,2%	29,9%	30,3%	30,5%	30,7%	31,2%	31,6%	32,7%	33,5%	34,1%	34,3%
CITROËN	24,0%	23,5%	23,0%	22,2%	21,4%	20,8%	20,3%	19,5%	18,0%	18,1%	17,5%
PEUGEOT	18,2%	18,2%	18,3%	18,3%	18,2%	18,2%	18,2%	17,9%	17,4%	16,8%	16,5%
TALBOT	12,5%	12,1%	11,8%	11,6%	11,4%	11,0%	10,9%	10,5%	9,8%	9,3%	8,7%
Étrangères et divers	16,1%	16,3%	16,6%	17,4%	18,3%	18,5%	19,0%	19,3%	20,4%	21,7%	22,9%
	1973	**1974**	**1975**	**1976**	**1977**	**1978**	**1979**	**1980**	**1981**	**1982**	**1983**

l'Argus de l'automobile n° Salon (oct. 84)

RSC et G

des personnes âgées, des foyers sans enfants pour lesquels la nécessité de la voiture est en général moins forte. Même si la voiture semble s'être aujourd'hui beaucoup démocratisée, on ne peut cependant affirmer que sa possession est indépendante du pouvoir d'achat.

Près de 5 millions de voitures étrangères

Voitures particulières étrangères en France (fin 1983).

100%		
7,3	Divers	
7,0	Voitures japonaises	ITALIE
7,1	Voitures britanniques	
8,4	Autres marques	23,6
15,2	FIAT	
11,1	Autres marques	
13,0	Volkswagen	ALLEMAGNE
10,6	OPEL	54,4%
19,7	FORD	

C.C.A.

Les belles étrangères ? Les Français ont une idée assez précise des caractéristiques positives ou négatives des voitures étrangères. Connaissance réelle ou idées toutes faites ? À vous de juger :

- les **allemandes** : solides, chères, sans histoire ;

- les **américaines** : chères, belles, confortables ;

- les **anglaises** : fragiles, belles, à la mode, amusantes ;

- les **italiennes** : belles, fragiles, à la mode, amusantes ;

- les **japonaises** : économiques, à la mode, amusantes, fragiles ;

- les **polonaises** : ennuyeuses, solides ;

- les **suédoises** : solides, chères, confortables, sans histoire ;

- et les **françaises** : confortables, belles, économiques à l'usage et chères à l'achat.

Les diesels représentent aujourd'hui 6,2 % du parc.

Pendant longtemps, le moteur Diesel fut ré-

servé aux camions et aux taxis. Il intéresse de plus en plus les particuliers. L'avantage de sa moindre consommation a pris de l'importance au fur et à mesure que l'écart entre le super et le gazole augmentait. La durée de vie plus longue du diesel n'est pas non plus pour déplaire aux Français qui gardent leurs voitures de plus en plus longtemps. Les constructeurs, conscients de cette évolution, ont accéléré celle-ci en créant plus de modèles, en réduisant de façon sensible les inconvénients traditionnels du diesel (temps de préchauffage, manque de nervosité, bruit, etc.). Le résultat est qu'aujourd'hui une voiture sur quinze est une voiture diesel.

Le rêve automobile entre parenthèses

La voiture est un moyen commode (enfin, souvent…) de se rendre d'un endroit à un autre. Surtout lorsqu'on doit transporter enfants, animaux et bagages. C'est bien de ce besoin fondamental de transport qu'est née l'automobile. Cent années d'existence lui ont donné bien d'autres raisons d'être. C'est par elle que les Français ont acquis l'autonomie, la connaissance de leur pays (et même de certains autres, parfois éloignés) et surtout la liberté individuelle. On peut d'ailleurs penser que, sans la voiture, l'individualisme actuel ne serait pas ce qu'il est.

La voiture d'aujourd'hui permet encore de rêver.

Les nouveaux comportements automobiles

L'automobile pour quoi faire ?

• 94 % des foyers utilisent leur voiture pour aller se promener et partir en vacances.

• 89 % s'en servent pour aller faire les courses.

• 52 % pour se rendre à leur travail.

• 21 % pour des raisons professionnelles (surtout agriculteurs, artisans et commerçants, une partie des cadres moyens et supérieurs).

• Les Français ont réduit depuis cinq ans leur kilométrage annuel.

Années	Kilométrage moyen annuel automobile des ménages
1978	13 330
1979	13 310
1980	12 990
1981	12 610
1982	12 500
1983	12 400

I.N.S.E.E.

L'achat et l'entretien

• 56 % des voitures sont achetées chez un concessionnaire. 63 % sont payées comptant.

• 28 % des voitures stationnent dans la rue, 62 % disposent d'un garage couvert.

• 44 % des automobilistes lavent eux-mêmes leur voiture et 28 % effectuent eux-mêmes la vidange.

• 46 % souhaitent faire durer leur voiture le plus longtemps possible, 39 % ont d'ailleurs leur voiture depuis plus de 10 ans.

Ce qu'ils en pensent

• 26 % des automobilistes disent avoir limité l'usage de leur voiture.

• 18 % ne changeraient pas leurs habitudes, même si le prix de l'essence dépassait 10 francs par litre.

• C'est le confort (44 %) qui vient en tête des raisons d'achat d'une voiture, puis la consommation (36 %), la robustesse (31 %) et la beauté (24 %).

• 17 % déclarent respecter rarement ou jamais les limitations de vitesse sur route ; 19 % sur autoroutes.

• Pour 68 %, la voiture est un moyen de transport, sans plus. Pour 27 %, conduire est un plaisir, pour 7 % c'est une corvée.

• 61 % déclarent avoir peur en voiture lorsqu'ils conduisent ; ils sont 75 % lorsqu'ils sont passagers (*).

C.C.A.

VSD/Ifres (septembre 1983)

(*) ministère de l'Urbanisme, du Logement, ministère des Transports/B.V.A. (septembre 1984)

Le rêve automobile n'est pas mort.

Le moins qu'on puisse dire est que la voiture n'a pas été épargnée depuis une dizaine d'années : accroissement du prix des modèles, de l'essence, de l'assurance, de la vignette ; limitation de vitesse ; obligation du port de la ceinture ; renforcement des contrôles et accroissement du prix des amendes ; réduction du taux d'alcoolémie autorisé, etc.

Pourtant, toutes ces mesures n'ont pas vraiment modifié l'attirance profonde des Français pour la voiture. Alors, en attendant le retour des jours meilleurs, on fait contre mauvaise fortune bon cœur. Faute de pouvoir impressionner les autres en soulevant le capot, on décore la carrosserie et on multiplie les accessoires. Bref, on se bat contre la banalité des modèles de série en essayant de les personnaliser. C'est ce qui explique la multiplication des options, qui peuvent donner lieu pour un même modèle à un écart de prix de 20 % entre l'équipement de base et celui du luxe.

Quelles que soient les difficultés du moment, l'amour de la 'belle bagnole' n'est pas mort. Il suffirait sans doute de peu de chose pour qu'il s'exprime à nouveau.

Deux roues : après le cyclo, la moto en panne ?

Si la raison explique les comportements actuels des Français vis-à-vis de la voiture, c'est la passion qui domine lorsqu'il s'agit des deux roues. Une passion qui semble bien en perte de vitesse si l'on en juge par le nombre des immatriculations :

	1980	1981	1982	1983
Immatriculations				
— neuves	135 000	108 311	119 700	101 100
— occasion	—	200 600	221 300	227 500
Part des marques étrangères	—	95,2 %	95,7 %	96,2 %
Motocycles en circulation	715 000	725 000	740 000	745 000

Les estimations pour 1984 confirment la baisse des ventes de motos neuves : 18 % de baisse sur les 6 premiers mois par rapport à 1983.

La création de nouveaux permis entraînant de nouvelles classifications administratives a porté un coup très dur aux 125 cm^3. La forte augmentation des tarifs d'assurance, celle des coûts d'entretien et de réparation ont également freiné les achats. Dans les plus petites cylindrées, le cyclomoteur est en chute régulière depuis 10 ans : un million d'engins vendus en 1974, la moitié aujourd'hui. Le développement du marché de la voiture d'occasion est sans doute en partie responsable de ce déclin, ainsi que celui de la moto au début des années 80. La mode, elle, a fait le reste.

C'est à la mode aussi que l'on doit le redémarrage du scooter, vieux souvenir des années 60, relancé depuis deux ans par certains constructeurs : 12 000 vendus en 1983, environ 20 000 en 1984 (60 000 prévus en 1989). La meilleure stabilité, le démarreur électrique et autres progrès techniques en font des véhicules très 'civilisés' qui permettent à une clientèle urbaine et jeune de se jouer des embouteillages.

l'Argus de l'automobile

Futurs

Moins de motos neuves, mais plus d'occasions.

Les Styles de Vie et la voiture

La voiture dont ils rêvent

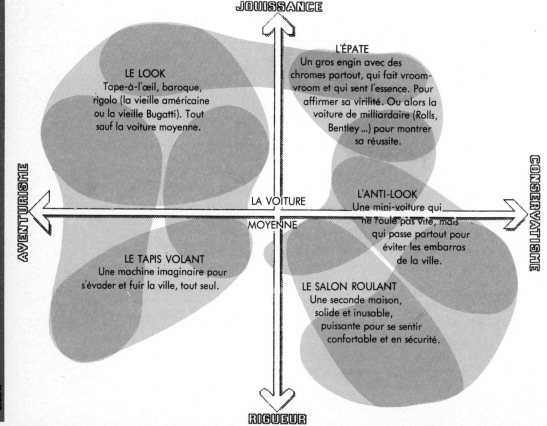

JOUISSANCE

LE LOOK
Tape-à-l'œil, baroque, rigolo (la vieille américaine ou la vieille Bugatti). Tout sauf la voiture moyenne.

L'ÉPATE
Un gros engin avec des chromes partout, qui fait vroom-vroom et qui sent l'essence. Pour affirmer sa virilité. Ou alors la voiture de milliardaire (Rolls, Bentley ...) pour montrer sa réussite.

AVENTURISME

LA VOITURE MOYENNE

CONSERVATISME

L'ANTI-LOOK
Une mini-voiture qui ne roule pas vite, mais qui passe partout pour éviter les embarras de la ville.

LE TAPIS VOLANT
Une machine imaginaire pour s'évader et fuir la ville, tout seul.

LE SALON ROULANT
Une seconde maison, solide et inusable, puissante pour se sentir confortable et en sécurité.

RIGUEUR

C.C.A.

Pour lire la carte, voir présentation p. 415.

ANIMAUX :
LES AMIS DE LA FAMILLE

Même si elles comptent moins d'enfants, les familles se sont agrandies. Les animaux de compagnie sont présents dans la moitié des foyers. Ils y occupent une place considérable.

30 millions d'amis

L'homme a toujours eu besoin de l'animal. D'abord pour assurer sa nourriture quotidienne, puis pour utiliser sa force dans les travaux qu'il était incapable d'effectuer seul. Aujourd'hui le cheval de labour est remplacé par les chevaux-vapeur, mais l'animal reste présent dans la vie de l'homme. En tant qu'ami et confident, il complète (et parfois remplace) les relations avec les autres.

Les Français ont une passion particulière pour les animaux de compagnie. Il y a d'ailleurs en France deux fois plus d'animaux familiers que d'enfants.

55 % des foyers possèdent un animal : c'est le record du monde.
- *9 millions de chiens (un foyer sur trois).*
- *7 millions de chats (un foyer sur quatre).*
- *8 millions d'oiseaux (un foyer sur huit).*
- *5 millions de poissons, 2 millions de lapins, hamsters, singes, tortues, etc.*

Bien que la majorité des Français habitent aujourd'hui dans les villes (p. 123), leurs racines rurales restent fortes. Avec elles se sont maintenues les traditions d'amitié entre deux espèces liées par une longue histoire commune.

La répartition des animaux est très inégale.

- *Ceux qui ont le plus d'animaux domestiques sont les agriculteurs (84 % des foyers), les artisans et les commerçants (58 %).*
- *Ceux qui en ont le moins sont les ouvriers (37 %), les cadres et les employés (43 %).*

C'est dans les fermes que l'on trouve le plus d'animaux domestiques. Leur implantation géographique est la plus forte dans le Nord-Ouest et dans le Sud-Ouest. La région parisienne en compte relativement moins, même si l'on peut voir dans les rues les traces (glissantes) de leur existence (p. 138).

Contrairement à l'idée générale, les inactifs habitant en ville, retraités ou non, sont ceux qui possèdent le moins d'animaux de compagnie.

Une place dans la famille

Les animaux domestiques jouent un rôle important dans la vie des Français. Dans une société souvent dure et angoissante, ils leur apportent un réconfort et un moyen de lutter contre l'isolement.

Pour les enfants, les chiens, chats, hamsters ou tortues sont le moyen de faire éclore des sentiments de tendresse qui pourraient autrement être refoulés.

Pour les adultes, les animaux sont des compagnons avec lesquels ils peuvent communiquer sans crainte et partager parfois leur solitude. Sans parler bien sûr de la sécurité qui est apportée par les chiens, de plus en plus utilisés comme moyen de défense ou de dissuasion contre la délinquance. Avec parfois quelques abus (ci-dessous).

Attention, propriétaires méchants !

La présence d'un chien dans une maison peut être totalement indépendante de l'amour de son maître pour les animaux. De plus en plus, la crainte des cambriolages pousse des citoyens à installer un molosse dans la cour de leur maison. Certains vont jusqu'à louer les services de chiens spécialement entraînés pour garder leur maison pendant les vacances, pour des sommes de l'ordre de 5 000 francs par mois. Ces réflexes de défense, provoqués par la montée de la délinquance (p. 178), seraient compréhensibles s'ils ne conduisaient parfois à des abus regrettables. On ne compte plus les accidents, dont certains très graves, dus au fait que le chien ne fait pas la différence entre un voleur, un facteur ou un passant qui s'arrête pour demander son chemin.

L'animal est un révélateur des angoisses de l'homme. Le fait qu'il ne parle pas en fait un confident privilégié. Il ne fait guère de doute que le premier journaliste ou sociologue qui parviendrait à interviewer un chien ou un chat en apprendrait beaucoup sur la vie et la nature profonde des Français !

Ces chers amis.
● *En 1984, les Français ont dépensé*
près de 25 milliards de francs
pour leurs animaux.
● *L'alimentation d'un chien*
coûte en moyenne 2 000 francs par an.
● *Celle d'un chat revient à 800 francs.*

Les animaux coûtent cher. Les sommes énormes qui sont dépensées chaque année représentent sur le plan économique des ressources et des emplois utiles à la collectivité. Mais elles constituent aussi une charge, parfois lourde, pour les possesseurs d'animaux. Outre les dépenses de nourriture, les Français investissent des sommes considérables pour les soins de leurs animaux. Ainsi sont dépensés pour les seuls chiens et chats :

900 millions de francs par an
pour les achats d'animaux,
● *1 milliard de francs pour la santé,*
● *500 millions de francs d'assurance,*
● *100 millions de francs pour le toilettage.*

Il faut ajouter à ces sommes environ 5,5 milliards de francs pour les autres animaux, dont 500 millions pour les accessoires. Il est vrai que, quand on aime, on ne compte pas…

Tel maître, tel animal.
● *500 000 morsures de chiens chaque année.*
● *20 tonnes d'excréments par jour à Paris.*

L'existence de ces 30 millions d'animaux ne présente pas pour la collectivité que des avantages. Ce sont les chiens qui posent le plus de problèmes : pollution, bruit, agressivité, dégradations. En 1983, 3 500 facteurs ont été mordus au cours de leurs tournées. Chaque année, des enfants meurent à la suite de morsures de chiens. La plupart des communes prennent des dispositions pour réduire ces nuisances : réglementations, amendes, construction de 'vespachiens', contrôle plus strict de la reproduction, etc. Mais, autant que les animaux, ce sont probablement les maîtres qu'il faudrait éduquer.

CONSOMMATION : ENTRE L'ÊTRE ET LE PARAÎTRE

Dans la bataille qui l'oppose au citoyen, le consommateur a déjà pris nettement l'avantage. Une autre bataille se livre aujourd'hui entre l'homme social et l'individu. Le premier achète des symboles tandis que le second a des motivations plus profondes. Être ou paraître, telle est bien la question.

Le glissement progressif vers le plaisir…

Les Français sont de plus en plus riches. En pleine période de diminution du pouvoir d'achat, l'affirmation peut paraître osée. Elle est cependant vraie lorsqu'on examine le chemin parcouru en trente ou quarante ans (p. 317). Cette période, unique dans l'histoire de la France, a été marquée par trois événements d'importance capitale :
● **le niveau de vie moyen s'est accru de** façon considérable : + 55 % en francs constants entre 1969 et 1979 ;

● **l'éventail des revenus disponibles s'est resserré** (p. 314), contribuant à la création d'un vaste groupe central, très attiré par la consommation ;

● **la façon de consommer a changé.** À une demande très forte dans tous les domaines s'est adaptée une offre de plus en plus diversifiée, soutenue par un effort publicitaire considérable.

La 'société de consommation' n'est donc pas une invention de journaliste. Elle caractérise parfaitement la France de ces vingt dernières années. Elle est encore d'actualité, même si le mode de consommation des Français s'écarte de plus en plus d'un modèle unique, déterminé par des préoccupations strictement matérielles. Pourtant, après une très longue période pendant laquelle tous ne pouvaient pas s'offrir le nécessaire, beaucoup peuvent aujourd'hui s'intéresser au superflu. De la société de consommation à la civilisation des loisirs, il n'y a qu'un pas (p. 345). _____

La société actuelle
n'est pas celle de l'éphémère,
mais celle du durable.

Contrairement à l'image qu'on en donne, la société de consommation n'est pas caractérisée par les dépenses impulsives, destinées à des produits que l'on utilise et que l'on jette rapidement. En réalité, la part de ces produits dans les dépenses totales des ménages est très faible par rapport à celle des produits durables : voiture, équipement de la maison, de loisirs, etc. Ainsi, les achats de biens durables ont plus que doublé depuis 1970, alors que ceux des autres biens et services augmentaient moins vite (p. 323). _____

Consommer, c'est vivre

Les Français se distinguent autant par ce qu'ils achètent que par ce qu'ils disent ou ce qu'ils font. Dans une société où les choix en matière d'achat sont innombrables, la façon de dépenser devient le reflet fidèle de ce que l'on est. 'Je consomme, donc je suis' reste une idée forte en période de crise. _____

Dis-moi combien tu gagnes
et je te dirai ce que tu dépenses…
● L'alimentation pèse 2 fois plus lourd
dans le budget des manœuvres
que dans celui des professions libérales.

Les comptes des Français

Structure du budget par catégorie socioprofessionnelle du chef de ménage (%).

	Cadres supérieurs Professions libérales	Cadres moyens	Patrons de l'industrie et du commerce	Clergé Armée Police	Employés	Ouvriers	Agriculteurs	Personnel de service	Salariés agricoles	Inactifs	Ensemble des ménages
Transports en commun	1,3	0,8	0,6	0,7	1,1	0,7	0,3	0,9	0,3	1,1	0,9
Vacances	4,7	3,3	2,7	2,5	2,5	1,8	0,7	2,6	1,1	2,4	2,7
Divers	13,4	8,6	12,8	6,5	6,6	5,3	5,4	6,0	5,1	7,4	8,1
Cantine - restaurant	3,7	3,7	3,7	3,6	3,8	2,7	2,1	2,5	2,1	1,8	2,9
Équipement du logement	9,7	9,4	7,1	10,7	9,3	8,9	8,2	8,0	8,9	9,4	9,0
Habillement	10,5	10,9	9,7	10,3	10,8	10,0	8,8	11,2	9,3	9,9	10,2
Culture, loisirs, éducation	8,2	8,9	7,0	10,6	8,1	8,2	6,2	9,4	7,1	6,3	7,8
Automobile	13,1	15,2	14,8	13,3	15,2	14,9	15,9	13,0	19,1	8,6	13,4
Habitation	17,8	17,0	18,2	16,2	18,2	17,8	17,5	15,9	14,0	18,5	17,8
Santé	3,2	4,4	3,2	4,2	4,4	4,8	5,3	5,9	4,2	6,8	4,8
Alimentation à domicile	14,4	17,8	20,2	21,4	20,0	24,9	29,6	24,6	28,8	27,8	22,4
TOTAL	100,0	100,0	100,0	100,0	100,0	100,0	100,0	100,0	100,0	100,0	100,0

I.N.S.E.E. – Publié dans 'Données Sociales 1984'

● *La part consacrée aux vacances*
y est 5 fois moins importante.
● *Les dépenses d'habillement représentent*
un dixième des dépenses des ménages
dans presque tous les budgets.

Le rapport qualité/prix
est de plus en plus important.

Malgré l'évolution et le resserrement du pouvoir d'achat, la principale explication des écarts entre les budgets reste le niveau de revenu. C'est-à-dire, en fait, ce qui reste après les dépenses indispensables : alimentation, habillement, santé, transport et entretien du logement. Mais, si le luxe des riches n'est pas accessible à tous, les plus pauvres ont aussi leur luxe : café, jeux, Loto, bricolage…

On constate également des différences notables entre les foyers, selon la nature de l'activité du chef de ménage. D'un côté, les 'petits indépendants' (agriculteurs, artisans, commerçants), qui consacrent une part importante de leur budget à entretenir ou à maintenir leur outil de travail afin d'assurer leur avenir : travaux d'amélioration, taxe professionnelle, énergie, assurances, etc. De l'autre, les salariés des catégories moyennes et supérieures (enseignants, employés, cadres) qui privilégient les dépenses de type culturel : livres, disques, journaux, sport.

La présence d'enfants
a une influence considérable
sur la structure des dépenses.

On sait que les enfants contrôlent, directement ou indirectement, près de la moitié des dépenses des ménages (p. 106). Leur impact apparaît également sur la répartition de ces dépenses. Ainsi, la présence de deux enfants dans un ménage entraîne le triplement de la consommation de certains produits alimentaires (lait frais, yaourts, etc.) et le doublement de certains autres (biscuits, jambon, volaille, œufs, beurre, sucre, chocolat, confiserie, etc.) par rapport à ceux qui n'en ont pas. Elle fait, par contre, baisser la consommation de vins fins, de whisky ou les dépenses de restaurant.

Le citoyen s'efface devant le consommateur

Dans leur vie quotidienne, les Français offrent deux visages différents. D'un côté, le **citoyen** brandit volontiers les valeurs de solidarité, de fierté nationale et de morale. Il est favorable à un état fort et protecteur, chargé d'assurer la justice sociale. De l'autre, le **consommateur** se concentre au contraire sur son seul plaisir. Il considère l'État comme un 'empêcheur de consommer en rond' (prélèvements fiscaux, réduction du pouvoir d'achat), mais il lui reconnaît cependant un rôle de garde-fou, grâce au contrôle des fabricants et aux contraintes légales.

Dans la lutte qui l'oppose au citoyen, le consommateur l'emporte de plus en plus nettement. Pendant que le citoyen prône le partage du travail, son double refuse la réduction des horaires sans maintien du salaire. Tandis que le citoyen déclare solennellement qu'il faut acheter français, le consommateur se précipite sur les téléviseurs japonais, les vêtements 'made in Hongkong' et les voitures allemandes.

Le droit à la consommation
devient un nouveau chapitre
de la Déclaration des droits de l'homme.

Ce droit s'exprime aujourd'hui de plusieurs façons. Droit d'acquérir ce que l'on souhaite, droit de regard sur ceux qui fabriquent ou qui vendent, droit de choisir enfin parmi une large variété de produits, de marques et

L'enfant 'pousse-à-la-consommation'

Structure du budget par type de ménage (%).

	Personne seule de			Couple (1) sans enfant			Couple avec enfant (2)			Autres ménages	Ensemble des ménages
	moins de 35 ans	de 35 à 64 ans	65 ans et plus	moins de 35 ans	de 35 à 64 ans	65 ans et plus	1 enfant	2 enfants	3 enfants		
Alimentation à domicile	12,7	17,5	26,9	15,9	21,2	29,5	20,7	21,1	24,9	24,8	22,4
Cantine, restaurant	7,5	4,2	2,2	4,2	2,5	1,2	3,0	3,0	2,8	2,8	2,9
Habitation	17,3	18,5	24,7	16,2	17,1	17,5	17,1	18,4	17,6	16,5	17,8
Équipement du logement	6,9	10,7	9,8	12,5	9,5	9,0	9,1	8,7	7,9	9,1	9,0
Automobile	13,5	8,9	3,0	18,5	13,7	8,0	15,2	14,9	14,4	12,8	13,4
Transports en commun	2,6	1,9	0,6	1,0	0,6	0,9	0,7	0,7	0,9	1,0	0,9
Habillement	12,1	11,6	9,4	10,7	8,9	9,0	10,3	10,3	10,5	10,7	10,2
Santé	3,7	3,8	8,5	3,2	4,4	8,4	4,3	4,2	4,7	4,8	4,8
Culture, loisirs	12,0	6,5	5,1	8,2	5,5	4,9	8,4	8,8	9,2	7,9	7,8
Vacances	4,4	3,4	1,9	2,7	3,6	2,8	2,6	2,7	2,2	2,2	2,7
Divers	7,3	13,0	7,9	6,9	13,0	8,8	8,6	7,2	4,9	7,4	8,1

Enquête Budget de Famille 1979. - I.N.S.E.E.

(1) Le terme couple exclut la présence d'autres adultes hors le chef de ménage et son épouse.
(2) L'enfant est défini par son lien avec le chef de ménage, quel que soit son âge.

Publié dans *Données Sociales - 1984.*

de point de vente. En matière de consommation, les Français deviennent de plus en plus exigeants. Ils acceptent mal les ruptures de stocks dans les magasins, la queue aux caisses des hypermarchés, les livraisons qui traînent. Ils attendent des produits une qualité irréprochable, de préférence garantie par une marque réputée.

Il est arrivé, le Chouchou!

3 SUISSES EN DIRECT AVEC VOUS

Je consomme, donc je suis.

La fin du 'consommateur moyen'

Les produits de masse sont de plus en plus rares. Le moindre produit alimentaire existe aujourd'hui en plusieurs contenances, marques, variétés, compositions, prix, emballages. De sorte qu'il existe souvent une vingtaine d'offres différentes pour un même produit de base.

Les spécialistes de marketing ont en effet compris qu'ils n'avaient plus affaire à un marché global aux attentes identiques, mais à une multitude de petits marchés aux caractéristiques spécifiques. Les adolescents, les couples sans enfant, les personnes âgées représentent des 'segments' de clientèle qui n'ont pas les mêmes besoins que la famille classique avec ses deux enfants. La 'règle du je' (p. 58) est aussi celle qui prévaut en matière de consommation.

L'évolution de ces dernières années montre une diminution de l'intérêt pour les produits de 'milieu de gamme', au profit du haut de gamme, plus cher mais souvent plus sûr et plus durable. Le bas de gamme, lui, a une clientèle de plus en plus hétérogène, attirée par la perspective de faire des affaires ou d'acheter 'autrement' (ci-après). Ici encore, la raison le dispute à la passion.

Achats : l'ère de la débrouille

Les Français n'achètent plus comme avant. Pour résister à la hausse des prix, beaucoup se livrent aujourd'hui à une recherche patiente (mais souvent efficace) de la bonne affaire ; celle qui leur permettra de trouver le bon produit au meilleur prix.

Les soldes et promotions diverses, qui n'attiraient autrefois qu'une minorité d'acheteurs souvent modestes, font courir aujourd'hui les représentants de toutes les catégories sociales, y compris les plus aisées. 59 % des femmes déclarent attendre les périodes de soldes pour acheter quelque chose dont elles ont envie.

Outre cet engouement croissant pour la chasse aux petits prix, les Français s'intéressent aussi aux nouveaux circuits de vente (dépôts-vente, entrepôts, soldeurs, etc.), mieux adaptés aux attentes des nouveaux Styles de Vie.

De sorte que les circuits traditionnels (petits commerçants de quartier, grands magasins, super et hypermarchés) connaissent une concurrence nouvelle, qui pourrait bien s'accroître sans l'avenir.

Les Français et la pub : l'amour plus que la rage

Qui oserait aujourd'hui nier l'impact de la publicité sur la consommation ? Même ceux qui la trouvent inutile, laide ou mensongère (encadré) ne le pourraient pas. Qui, en effet, n'a jamais été influencé, directement ou indirectement, par son souvenir au moment du choix d'une voiture, d'un film ou d'un tube de dentifrice ?_____

Les Styles de Vie et les achats

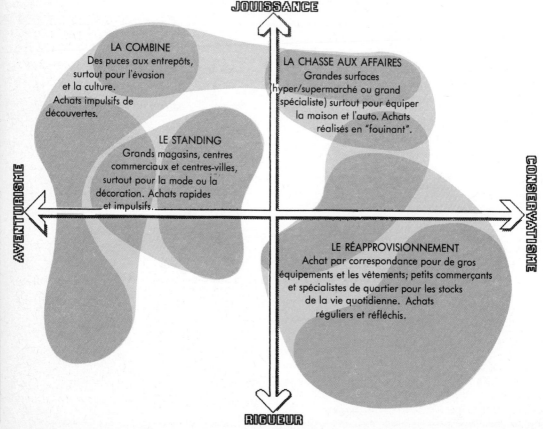

JOUISSANCE

LA COMBINE
Des puces aux entrepôts, surtout pour l'évasion et la culture.
Achats impulsifs de découvertes.

LA CHASSE AUX AFFAIRES
Grandes surfaces (hyper/supermarché ou grand spécialiste) surtout pour équiper la maison et l'auto. Achats réalisés en "fouinant".

LE STANDING
Grands magasins, centres commerciaux et centres-villes, surtout pour la mode ou la décoration. Achats rapides et impulsifs.

AVENTURISME

CONSERVATISME

LE RÉAPPROVISIONNEMENT
Achat par correspondance pour de gros équipements et les vêtements; petits commerçants et spécialistes de quartier pour les stocks de la vie quotidienne. Achats réguliers et réfléchis.

RIGUEUR

C.C.A.

Pour lire la carte, voir présentation p. 415.

41 % de publiphiles

le Parisien/Sofres (avril 1983)

Une large majorité de Français reconnaissent à la publicité une certaine utilité (64 %). Ils sont moins nombreux à approuver la façon dont elle joue son rôle : 41 % y sont très ou plutôt favorables ; 33 % la réprouvent.

La réserve essentielle concerne la crédibilité du message publicitaire : 65 % trouvent celui-ci trompeur et 23 % le trouvent envahissant. C'est à la télévision et dans les journaux qu'on la supporte le mieux, alors que 59 % trouvent son utilisation à la radio désagréable, parce que trop fréquente. Les affiches placardées dans la rue font presque autant de mécontents (52 %).

Mal acceptée (par 54 %) lorsqu'elle essaie de 'vendre' les hommes politiques, la pub est en revanche assez bien perçue lorsqu'elle est utilisée par l'État à des fins d'information : sécurité routière, campagne anti-tabac, droits de la femme, etc.

Le poids des mots et le choc des images expliquent l'impact de la publicité.

Que l'on soit pour ou contre, la pub intrigue, fascine ou dérange. Ses clins d'œil ne laissent jamais indifférent. Les enfants sont les plus sensibles à ces minuscules tranches de vie que leur débitent chaque jour les médias (p. 358). Les adultes ne veulent pas donner l'impression de se laisser 'piéger' par leur aspect vantard et simplificateur. D'un côté, la pub leur apporte l'information dont ils ont besoin pour exercer librement leur choix de consommateur. De l'autre, les messages qu'elle leur adresse sont, par définition, outranciers et manquent d'objectivité. C'est ce qui explique à la fois l'attirance et la réticence qu'ils suscitent.

La pub est le miroir grossissant de la société.

La raison d'être de la publicité, depuis les premiers temps de la 'réclame', est de convaincre. Les armes qu'elle utilise le plus couramment à cette fin sont l'exagération, le rêve et l'humour. Lorsqu'elle met en scène les Français dans leurs comportements quotidiens, c'est donc en grossissant le trait. À la manière du caricaturiste, elle met en évidence les aspects les plus marquants de la société telle qu'elle est à un moment donné.

La séduction publicitaire en 6 leçons

Images et textes peuvent être utilisés de façons très différentes. Mais la plupart des publicités peuvent être rangées dans l'une des 6 catégories suivantes :

1. Face au produit.

2. Le rêve.

3. La réalité sublimée.

4. L'interpellation.

5. Le Style de Vie.

6. Les symboles.

Médias (septembre 1983)

Sans oublier, bien sûr, que son rôle est de séduire et non de condamner. À cette réserve près, la publicité constitue, au fil des ans, un formidable livre d'histoire de la société française. Et le succès de la Mère Denis ou de la puce Thomson doit finalement autant à l'époque qu'à l'imagination des publicitaires.

La femme fait vendre

On se souvient de Myriam et de ses promesses (tenues) sur les murs de France durant l'été 1982. La femme est bien souvent présente sur les affiches, les pages de magazines ou les films publicitaires de la télévision, associant ses charmes personnels à ceux des produits qu'elle présente. Les femmes sont partagées quant à cette utilisation de leur image.

le Parisien/Sofres (avril 1983)

AVENIR
L'AFFICHEUR
QUI TIENT
SES PROMESSES.

CLM/BBDO

Quand les femmes s'affichent.

Les Styles de Vie et la publicité

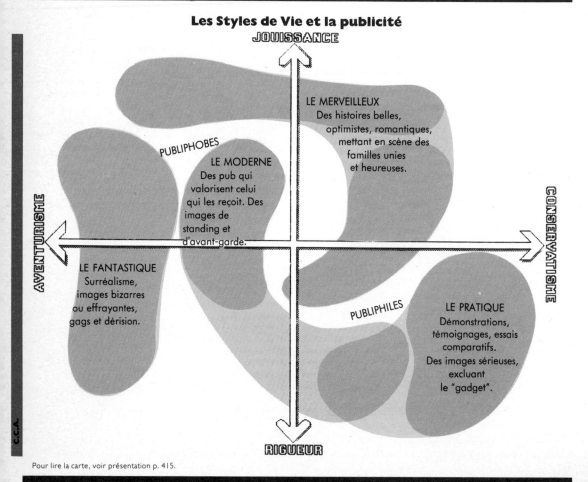

JOUISSANCE

LE MERVEILLEUX
Des histoires belles,
optimistes, romantiques,
mettant en scène des
familles unies
et heureuses.

PUBLIPHOBES

LE MODERNE
Des pub qui
valorisent celui
qui les reçoit. Des
images de
standing et
d'avant-garde.

AVENTURISME

CONSERVATISME

LE FANTASTIQUE
Surréalisme,
images bizarres
ou effrayantes,
gags et dérision.

PUBLIPHILES

LE PRATIQUE
Démonstrations,
témoignages, essais
comparatifs.
Des images sérieuses,
excluant
le "gadget".

RIGUEUR

C.C.A.

Pour lire la carte, voir présentation p. 415.

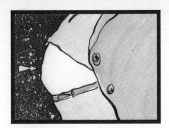

ALIMENTATION :
LA 'NOUVELLE BOUFFE'

Signe des temps. Même la nourriture, que l'on croyait sacrée, donc immuable, a changé. Si l'intérêt pour la bonne chère reste intact, il se manifeste différemment. Entre la sophistication des repas de fête et le fast food quotidien, les Français ne savent plus où donner de la fourchette. Pourtant, ce désordre alimentaire n'est qu'apparent.

50 000 repas dans une vie

Bien qu'ils aient de plus en plus de temps libre (p. 45), les Français en consacrent de moins en moins à leur alimentation (p. 322). Cela est surtout vrai pour les repas quotidiens, où les conserves, surgelés et autres produits instantanés leur ont permis de gagner un temps qu'ils peuvent réinvestir dans les loisirs. Ils s'efforcent aussi de manger plus équilibré, même si certaines habitudes ne vont pas tout à fait dans ce sens. On mange aujourd'hui moins de sucre et de pain, plus de poisson et de yaourts. On boit plus de 'vin vieux' et moins de 'gros rouge'. La nourriture, on le sait, joue un rôle à la fois individuel et social. C'est en mangeant qu'on reconstitue ses forces ; c'est en partageant son repas avec les autres qu'on communique avec eux.──────

Qu'il soit fin gastronome ou indifférent aux choses de l'assiette, chaque Français se met à table environ 50 000 fois au cours de sa vie. À raison d'une heure en moyenne (si la révolution du fast food ne fait pas trop de ravages), cela représente tout de même près de 6 années, soit plus du dixième du temps éveillé. C'est dire toute l'importance de la 'bouffe' dans une vie.──────

Manger
est un des plus grands plaisirs de la vie
pour beaucoup de Français.

Les 'pignocheurs' et autres 'sans appétit' restent l'exception dans un pays qui s'enorgueillit de solides traditions gastronomiques. Un grand nombre de Français sont d'ailleurs conscients de l'importance de la cuisine pour la présence française dans le monde. Et ils considèrent avec un certain mépris les tentatives culinaires des autres pays, considérés pour la plupart comme sous-développés en ce domaine (ci-dessous).──────

Quand bonne cuisine rime avec latine

Chauvins, les Français, lorsqu'il s'agit de nourriture ! Ils sont 77 % à considérer que c'est en France qu'on mange le mieux. Lorsqu'ils condescendent à s'intéresser aux efforts gastronomiques des autres pays, c'est l'Italie qui arrive en tête. L'unanimité se fait pour désigner le pays où on mange le plus mal : la Grande-Bretagne, qui précède largement les États-Unis. Le hit-parade des cuisines étrangères montre la suprématie des pays latins et orientaux sur les pays anglo-saxons : l'Italie, l'Espagne et le Maroc arrivent en tête, précédant la Chine et le Viêt-nam.

l'Express/Gallup (mai 1983)

Plus d'un repas sur trois à l'extérieur

Part de la restauration dans la consommation alimentaire totale (%).

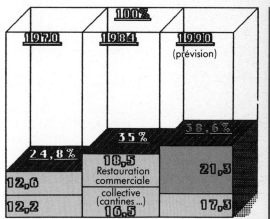

Enquête Budget de Famille 1979 - I.N.S.E.E.

Les Français mangent de plus en plus souvent à l'extérieur de chez eux.

● *60 % des Français déjeunent hors de chez eux.*

L'accroissement du nombre des femmes actives fait qu'elles déjeunent de moins en moins chez elles. D'autant que le développement de la journée continue empêche souvent les maris qui travaillent de rentrer chez eux à midi.

La séparation est de plus en plus nette entre repas quotidien et repas de fête.

Le repas de midi est le plus souvent rapide et parfois frugal. Celui du soir obéit aux mêmes contraintes de temps, même s'il est plus consistant. Les femmes ont de moins en moins envie de consacrer leur soirée à la cuisine et à la vaisselle. Les produits et équipements susceptibles de leur faire gagner du temps sont donc les bienvenus.

Le temps du surgelé

Les conserves, produits déshydratés et autres plats préparés avaient déjà facilité la vie des Français. Surtout celle des femmes, chargées le plus souvent de la préparation des quelque 30 000 repas d'une vie d'adulte. En contrepartie d'un gain de temps appréciable, ces produits étaient généralement moins bons que s'ils avaient fait l'objet d'une fabrication 'maison'. Cet inconvénient est résolu avec les produits surgelés, dont l'usage se développe rapidement, parallèlement à l'équipement des foyers en congélateurs (p. 131). L'arrivée du four à micro-ondes, complément naturel du congélateur, devrait encore accélérer ce mouvement, dès que les prix atteindront des niveaux accessibles au plus grand nombre.

L'attitude vis-à-vis des repas de fête est tout à fait différent. Les Français y voient l'occasion de passer un moment agréable en famille ou avec des amis, en profitant de l'ambiance créée par un bon repas. Ils consacrent donc le temps et l'argent nécessaires pour que la fête soit réussie (p. 390). C'est le moment que choisissent certains hommes pour faire la démonstration de leurs talents culinaires, tandis que les femmes s'efforcent de mettre une note d'originalité, voire d'exotisme, dans les menus et la décoration de la table. Face aux délices très relatifs du fast food et du steak-salade de la semaine, les menus du week-end ou des repas d'anniversaire prennent une saveur particulière. Ils permettent aux membres de la famille de se retrouver et constituent une pause appréciée dans un emploi du temps souvent chargé.

Les repas tendent à se 'déstructurer'.

Finis les traditionnels menus avec entrée, plat de résistance, salade, fromage et dessert, qui prédisposaient plus à la sieste qu'à toute autre activité. Trop longs, trop coûteux, trop riches en calories. Les repas quotidiens, surtout à midi, tendent à se limiter à un plat principal, éventuellement complété d'un fromage ou d'un dessert. Cette tendance à manger moins à chaque repas fait qu'on mange de plus en plus souvent au cours de la journée. Le 'grignotage' est à la mode. Il se pratique au bureau, en regardant la télévision, en marchant ou en voiture. Finis aussi les horaires stricts qui ponctuaient la journée de nos anciens. L'horaire variable du travail s'étend peu à peu à l'alimentation. Chacun adapte son emploi du temps alimentaire à ses propres contraintes, regardant moins la pendule, écoutant plus son estomac. Le mouvement est en train de gagner la famille où les heures de repas comme les menus sont de plus en plus personnalisés.

Comme dans tous les domaines, c'est le souci

La liberté,
c'est aussi manger quand on a faim.

Moins de pain
et de pommes de terre,
plus de conserves et de viande

Les quantités consommées par an et par personne ont considérablement varié pour certains produits.

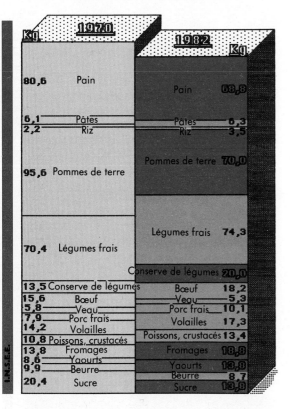

La descente du 'gros rouge'

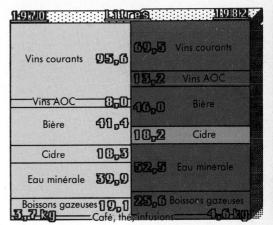

ment leur budget, sous l'effet conjugué des prix, des modes de vie et de l'existence de nouveaux types de produits alimentaires.——

Les goûts sont de plus en plus sophistiqués.

Le pain et les pommes de terre avaient longtemps constitué la base de la nourriture. L'augmentation de leur pouvoir d'achat a permis aux Français de s'affranchir en partie de ces produits, dont l'image est associée pour beaucoup à la guerre et aux privations. On consomme aujourd'hui moins d'aliments de base (pain, pommes de terre, sucre) et plus de viande (bœuf, porc, volaille), de poisson et de produits laitiers.——

Les Français
sont les plus grands buveurs de vin…
et d'eau du monde.

Dans le domaine des boissons, on assiste à un mouvement semblable vers des produits de meilleure qualité et plus sophistiqués. C'est ainsi que le 'gros rouge' est de moins en moins consommé, au profit de vins plus fins et plus chers.——

Le vin ordinaire est également délaissé pour d'autres types de boisson, comme la bière, les boissons gazeuses et… l'eau. Si les Fran-

d'une plus grande liberté individuelle qui explique l'évolution des mœurs alimentaires.

Du pain, du vin… mais de moins en moins.
● *En 1920, chaque Français*
consommait en moyenne
630 g de pain par jour.
● *290 g en 1960.*
● *190 g aujourd'hui.*

Les Français consacrent une part plus faible de leur budget aux dépenses alimentaires (p. 322). Mais, surtout, ils gèrent différem-

çais sont en effet les plus gros consommateurs de vin (tradition oblige), on sait moins qu'ils détiennent aussi le record mondial de la consommation d'eau minérale. Heureux pays que celui où on dispose à la fois de vignes et de sources pour étancher sa soif !

Les Français ne connaissent plus leurs vins

Une légende s'effondre. Le Français, considéré mondialement comme un amateur de vin doublé d'un connaisseur, ne serait pas à la hauteur de cette réputation. Un sondage a permis de découvrir des lacunes inimaginables dans la connaissance de nos contemporains : 68 % d'entre eux ignorent en effet que le pauillac est un vin de Bordeaux, 64 % ne situent pas le chambertin en Bourgogne. Pire, 8 % seulement connaissent le montrachet, un de nos plus grands vins blancs. 90 % ne savent pas que 1977 fut un millésime plus que médiocre pour les bordeaux, tandis que seuls 16 % se souviennent que le tavel est un rosé des côtes du Rhône. Les raisons de ce 'vide culturel' dans ce domaine appartenant pourtant au patrimoine national ? Une mauvaise transmission sans doute de la connaissance des anciens et le développement de la vente en hypermarchés, qui a supprimé le conseil apporté par les vendeurs des boutiques spécialisées. Le vin serait-il un chef-d'œuvre en péril ?

Cuisine et vins de France (avril 1982)

La 'hiérarchie de la fourchette' est semblable à celle de la société.

L'accroissement général du pouvoir d'achat n'a pas vraiment modifié les différences traditionnelles en matière d'alimentation. L'opposition reste nette entre un petit nombre d'aliments d'image populaire (pain, pommes de terre, pâtes, vin ordinaire, etc.), surconsommés par les ouvriers et les paysans, et des produits 'de luxe' (crustacés, pâtisserie, confiserie, vins fins, plats préparés, produits surgelés), principalement consommés par les catégories les plus aisées. Ainsi, le bœuf demeure une viande 'bourgeoise', souvent présente sur les tables des cadres supérieurs, industriels et gros commerçants. Les agriculteurs lui préfèrent le porc, la volaille ou le lapin. Il faut dire que beaucoup de ceux-ci continuent de produire une partie importante de ce qu'ils consomment. On estime à 37 % la part de l'"autoconsommation" dans l'alimentation des agriculteurs. On constate cependant chez eux une tendance à la disparition de certaines habitudes traditionnelles, comme la soupe quotidienne ou l'influence des saisons sur le choix des menus.

Les ouvriers ont conservé un mode d'alimentation proche de celui des paysans. La ressemblance va jusqu'à l'autoconsommation : 42 % d'entre eux ont la possibilité de produire eux-mêmes une partie de leur nourriture (jardin potager, petits élevages, etc.).

Les employés s'opposent assez nettement aux ouvriers (même qualifiés), dont ils sont pourtant proches par le revenu. On trouve dans leurs menus plus de produits coûteux : fruits frais, fromages, vins fins, etc. C'est à partir du niveau des cadres moyens que le type d'alimentation bascule vers les produits à forte valeur ajoutée (plats préparés, surgelés…) ou fortement liés au statut social (légumes et fruits exotiques, crustacés, whisky…). L'évolution des mœurs alimentaires tient aussi à celle de la distribution des produits. La présence des supermarchés près des petites villes y a joué un rôle indéniable.

300 calories de moins en 10 ans

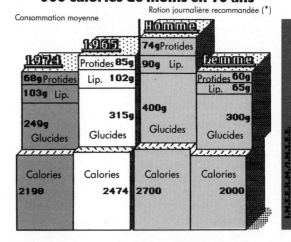

Consommation moyenne

Ration journalière recommandée (*)

I.N.S.E.R.M./I.N.S.E.E.

(*) Adulte sédentaire. Pour un adulte ayant une activité physique intense, les chiffres recommandés doivent être augmentés de 30 %. Ils doivent être diminués de 20 % pour les personnes âgées.

Diététique :
pour être bien dans son assiette

Les Français veulent être bien dans leur peau (p. 3). Ils ont compris que la solution passe par une alimentation plus équilibrée. La diététique, longtemps réservée aux personnes au régime, s'installe donc progressivement dans les préoccupations quotidiennes. Les magazines féminins ont largement contribué à cette prise de conscience en diffusant de façon compréhensible des informations qui ne l'étaient guère auparavant. Les femmes ont ainsi découvert l'effet bénéfique des grillades, salades, yaourts, etc., sur la ligne… et sur le moral. Elles se sont appliquées, peu à peu, à persuader le reste de la famille._____

*Les Français consomment moins de sucre,
mais encore trop de graisses.*

Le mouvement actuel vers une alimentation plus diététique touche particulièrement les catégories les plus jeunes et les plus urbaines de la population. Il se traduit déjà par une amélioration sensible du contenu de leur alimentation quotidienne. L'évolution des conditions de vie explique cependant en partie cette réduction de la ration calorique moyenne : diminution du nombre des travaux manuels et mécanisation croissante de ceux qui restent ; vieillissement de la population._____

*La mode du fast food
va-t-elle tout remettre en question ?*
● *800 fast foods au 1ᵉʳ janvier 1984,*
● *dont 500 ouverts
au cours des 3 dernières années.*

On peut se demander ce que deviennent les belles résolutions des Français en matière d'équilibre alimentaire lorsqu'on les voit se précipiter dans les Mac Donald's, Burger King et autres temples du hamburger._____

Après une guerre qui fut indécise pendant plusieurs années, le fast food a gagné ! Et ses détracteurs du premier jour viennent, la tête basse et le drapeau français en berne, sacrifier au rite de la restauration rapide, version américaine._____

'Breakfast food' à la française

L'insuffisance du petit déjeuner, voire son absence, est depuis longtemps dénoncée par les nutritionnistes français. Les chiffres continuent de leur donner raison* :
● 2,5 % des Français ne prennent pas de petit déjeuner.
● 27 % prennent seulement une boisson chaude.
● 49 % prennent une boisson chaude et des tartines.
● 21,5 % seulement prennent un petit déjeuner complet.
Le manque de temps est sans doute le principal responsable, puisque 32,6 % des Français prennent leur petit déjeuner debout dans la cuisine, 22,5 % au bistrot et 8 % en arrivant au bureau. Ceux qui ont du temps en profitent : 5,5 % le prennent dans leur lit et 1 % dans la baignoire.

Même si leurs connaissances en matière diététique ont progressé, trop de Français ignorent encore que le petit déjeuner doit apporter à l'organisme le quart des calories et protéines dont il aura besoin au cours de la journée.

* Sondage effectué dans la région parisienne.

Plus qu'une façon de manger,
une façon de vivre.

Les premières victimes du 'mal' ont été les jeunes, qui n'ont pas résisté à une conception de l'alimentation qui avait tout pour les séduire : son origine outre-Atlantique ; la rapidité du service ; la possibilité de manger avec ses doigts ; la présence des frites (on en fait de moins en moins à la maison) ; enfin, et surtout, la modicité du prix. Mais leurs parents aussi se laissèrent bientôt prendre au piège, surtout dans les grandes villes où l'on dispose de peu de temps pour déjeuner et où les femmes préfèrent faire du lèche-vitrine que de passer une heure au restaurant. Sur le plan diététique, la juxtaposition d'un hamburger (le quart des besoins caloriques journaliers, mais la totalité des lipides), d'une ration de frites et d'un Coca-Cola augmente fortement la ration de glucides. Pourtant, entre une alimentation trop sucrée et une addition trop salée, beaucoup n'ont pas hésité !

Il ne faut sans doute pas trop s'inquiéter. D'abord, le sandwich n'était pas non plus un modèle d'aliment équilibré. Le hamburger reste d'ailleurs compétitif sur le plan nutritionnel avec la plupart des repas pris dans les restaurants. Et puis le fast food se développera bientôt dans de nouvelles directions, intégrant mieux les contraintes diététiques. Il reste, en tout cas, pour ceux qui ont trop abusé des frites et du Coca, la solution du régime qui leur permettra de 'remettre la bascule à l'heure'.

Les 'nouveaux vieux'

LE MYTHE
DU TROISIÈME ÂGE

On sait bien quand il finit, mais on ne sait pas quand il commence. Le troisième âge est-il celui de la retraite, du soixantième anniversaire ou de l'apparition des premières rides ? Parmi les 10 millions de Français qui sont concernés, des adultes dans la force de l'âge côtoient des vieillards grabataires. Le troisième âge n'existe pas.

Un adulte sur trois.
- *10 millions de Français ont plus de 60 ans.*
- *11 millions sont à la retraite.*

La définition du troisième âge est éminemment artificielle. Il y a l'âge administratif (celui de la retraite ou de la préretraite), l'âge des artères et celui du cerveau. Mais cela n'empêche pas qu'un Français sur cinq (un adulte sur trois) fait aujourd'hui partie de ce qu'il est convenu d'appeler le 'troisième âge'.

Avec des conséquences nombreuses sur le plan économique et social.

L'évolution de ces dix dernières années a modifié pour une large part l'image de la vieillesse, longtemps associée à celle de retraite (dans tous les sens du terme). Deux événements se sont produits, qui ont ébranlé les habitudes. Le fait, d'abord, que beaucoup des 'vieux' d'aujourd'hui ne ressemblent plus à ceux d'hier, dans leur apparence physique aussi bien que dans leur comportement. L'avancement de l'âge de la retraite, ensuite, qui met brutalement des individus en pleine force sur le 'marché de la vieillesse'.

Le vieillissement de la France semble irréversible.
- *En 1900, 13 % de la population avaient 60 ans et plus.*
- *Ils sont 18 % aujourd'hui.*
- *59 % sont des femmes.*

L'avancement de l'âge de la retraite n'est pas la seule raison de l'accroissement notable des effectifs du troisième âge. Ce vieillissement est dû pour partie à la forte chute de la fécondité (p. 94) et à l'allongement de la durée de vie moyenne (p. 40). Le résultat est un déséquilibre croissant dans la structure de la population française. Une situation préoccupante, surtout en période de crise économique.

La France vieillit...

Évolution démographique de la France (1850-2000).

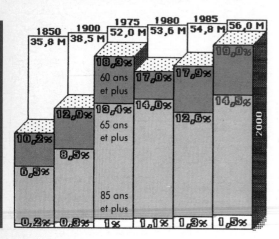

...mais elle n'est pas la seule

Pourcentage des personnes de 65 ans et + en Europe
1er janvier 1981.

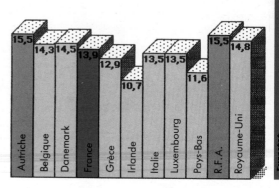

On constate le même phénomène dans les autres pays européens et industrialisés. Il devrait encore s'accélérer au cours des prochaines décennies si les taux de fécondité restent à leur niveau actuel.

Les dernières inégalités

Les statistiques sont toujours frustrantes, parce que réductrices. Elles le sont encore plus lorsqu'elles s'appliquent au troisième âge, car elles rangent dans une même catégorie des personnes très différentes.

La plus évidente des inégalités entre les personnes âgées concerne bien sûr leur état de santé. Les plus jeunes des 'vieux' sont souvent dans une condition physique satisfaisante. D'autres, au contraire, connaîtront l'univers triste des maisons de retraite ou des hôpitaux jusqu'à la fin de leurs jours.

Les premiers font partie de ces 'nouveaux vieux' que l'on rencontre sur les courts de tennis ou dans les clubs de vacances. Les seconds n'ont pas les moyens, physiques ou financiers (bien souvent les deux à la fois), de se distraire autrement qu'en regardant la télévision ou en jouant à la belote.

La 'vieille France' ne ressemble pas à la France

La population des personnes âgées ne ressemble guère à la population française dans son ensemble. Les femmes sont beaucoup plus nombreuses que les hommes du fait d'une espérance de vie plus longue (les trois quarts des plus de 85 ans sont des femmes). La répartition régionale est très inégale, de la Creuse qui compte 25 % de plus de 65 ans à l'Essonne qui n'en compte que 8 %, en passant par Paris (17 %).

La plupart des 'vieux' sont des 'vieilles'.

Proportion de femmes dans la population de plus de 60 ans

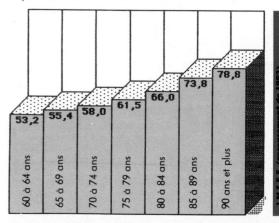

Comme toutes les périodes de la vie, celle de la retraite est l'occasion de nombreuses inégalités.

La durée de la retraite est très inégale selon les individus.
● *La retraite d'un enseignant* teacher *dure en moyenne 13 ans de plus que celle d'un manœuvre.*

Certaines professions 'conservent' mieux que d'autres. L'enseignant cumule une espérance de vie de 9 ans supérieure à celle du manœuvre (p. 41) et une retraite plus précoce (souvent 5 ans). Sa retraite sera donc en moyenne beaucoup plus longue que celle d'autres catégories professionnelles. On trouve des inégalités encore plus spectaculaires dans certains secteurs de la fonction publique, où la retraite peut être prise bien avant l'âge de 60 ans. La palme revient sans doute à l'armée, où le cumul des années de campagne et l'existence de dispositions particulières permettent à certains gradés de bénéficier de la retraite à... 35 ans. C'est peut-être à eux que s'adressait le marquis de Racan écrivant à Tirsis : 'La course de nos jours est plus qu'à demi faite. Il est temps de jouir des délices du corps.'

De plus en plus tôt

Proportion d'actifs par groupe d'âge au-delà de 50 ans (en % au 31 décembre)

Âge	1954 H	F	1962 H	F	1968 H	F	1975 H	F	1980 H	F
50-54	94,5	46,0	93,0	45,6	91,4	45,1	92,2	48,1	93,2	54,3
55-59	84,0	43,0	85,3	42,8	82,4	42,3	81,8	41,9	80,9	46,8
60-64	71,5	35,0	71,1	34,2	65,7	32,3	54,3	27,8	46,9	27,1
65-69	52,5	22,0	42,4	19,8	30,5	14,7	19,0	10,0	11,9	6,0
70-74	35,0	13,0	26,0	10,7	14,9	7,4	7,7	4,2	4,8	2,2
75 +	18,5	8,5	13,9	5,0	7,9	3,3	3,8	2,1	2,3	1,3

I.N.S.E.E.

L'inégalité en matière de logement reste forte.
● *500 000 personnes de 65 ans et plus habitent en hospice,*

en maison de retraite ou à l'hôpital.
● *La moitié des personnes âgées ne sont pas logées 'confortablement'.*

Malgré l'évolution spectaculaire des quarante dernières années, beaucoup de logements de personnes âgées ne disposent pas de tout le confort (eau courante, w.-c. intérieurs, baignoire ou douche). Les plus âgés occupent souvent des logements anciens, fréquemment insalubres, surtout en milieu rural. Leur capacité économique n'est pas toujours en cause. Une minorité d'entre eux continue de ne pas vouloir le téléphone ou un réfrigérateur, malgré l'insistance de leurs enfants.

Les vieux moins bien logés que les jeunes, mais presque aussi bien équipés

Conditions de logement des ménages de 65 ans et plus et de la population totale.

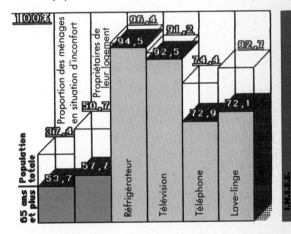

I.N.S.E.E.

Le niveau de vie des personnes âgées a beaucoup augmenté.
● *Le revenu mensuel moyen était de 7 393 F par personne en 1983.*
● *Il était de 8 645 F pour les personnes âgées de 61 à 65 ans.*
● *8 259 F entre 66 et 70 ans.*
● *7 544 F pour les plus de 70 ans.*

Comparés à l'ensemble des ménages, les plus

âgés ont un revenu inférieur, mais ils comptent en moyenne moins de membres. Le revenu moyen par personne de plus de 60 ans est donc en réalité supérieur à celui des plus jeunes. D'importantes disparités existent cependant entre les situations individuelles. Le montant des ressources dépend en effet de nombreux facteurs tels que l'âge, la profession exercée (actuellement ou antérieurement), la taille du ménage, etc. L'écart des revenus correspondant à ces diverses situations peut varier de 1 à 4.

Le minimum vieillesse multiplié par 20 en 20 ans

Les personnes âgées qui n'ont pas (ou insuffisamment) cotisé aux caisses de retraite perçoivent le 'minimum vieillesse' destiné à leur permettre de subsister. 2 millions de personnes sont concernées.

Au 1er janvier 1984, le montant de cette allocation était de 2 338 francs par mois pour une personne seule, et de 4 282 francs par mois pour un couple. L'augmentation a été spectaculaire ; au cours des 10 dernières années, le pouvoir d'achat du minimum vieillesse a augmenté de 60 %, soit beaucoup plus que les autres revenus (p. 317).

Le troisième âge de la consommation

La vieillesse était autrefois synonyme de pauvreté et d'ennui. Cette image est en train de se transformer progressivement. Même si les revenus des retraités sont inférieurs à ceux qu'ils percevaient en période d'activité, ils sont en moyenne supérieurs à ceux des Français actifs (ci-dessus). Une simple juxtaposition de ces chiffres n'est d'ailleurs pas suffisante. L'argent que l'on reçoit à 60 ans n'est pas comparable, à montant égal, à celui dont on dispose à 30 ans. Il présente d'abord l'avantage de la régularité et surtout de la sécurité. Le risque de ne plus percevoir sa retraite est pratiquement nul, alors que celui de perdre son emploi est réel. Par ailleurs, les ménages de plus de 60 ans n'ont plus, dans la quasi-totalité des cas, d'enfants à charge. Ils peuvent donc utiliser sans crainte la totalité de leurs revenus. Revenus qui,

pour les moins élevés, ont tendance à augmenter plus que la moyenne des salaires. Enfin, les personnes âgées ne sont pas, comme les plus jeunes, contraintes d'économiser en prévision de grosses dépenses à venir. Les investissements immobiliers sont déjà effectués et les crédits remboursés. De même, les achats d'équipement sont moins fréquents et moins lourds ; on est moins tenté de renouveler son mobilier à 60 ans qu'à 30 ou 40 ans.

Le troisième âge, une seconde vie.

Les personnes âgées consomment en général plus que la moyenne.
● *Les Français de 60 ans et plus dépensent environ 6 000 francs par an pour leur alimentation (contre 5 000 francs pour l'ensemble de la population).*
● *Ils dépensent en moyenne 7 000 francs par an pour leur santé (contre 1 800 francs pour les moins de 30 ans).*

Contrairement à ce qu'on imagine souvent, les personnes âgées jouent un rôle important dans la vie économique. Ce sont elles qui dépensent le plus pour leur alimentation, leur santé, les voyages, etc. Elles sont plus fréquemment propriétaires de leur logement que les plus jeunes et détiennent plus d'un tiers du parc immobilier. Leur patrimoine ne se limite d'ailleurs pas à la pierre puisqu'elles possèdent également une part importante des obligations, des actions et de l'or détenus par les particuliers.

Le poids des 'vieux'

Part des ménages de plus de 55 ans dans différents types de dépenses (1).

Alimentation
- Porto   43 %
- Vin ordinaire   42 %
- Café   34 %
- Champagne   36 %
- Eau minérale   41 %

Équipement
- Voitures jusqu'à 5 CV   38 %
- Voitures de plus de 12 CV   45 %
- Téléviseurs couleur   44 %
- Cuisinières   38 %
- Réfrigérateurs   34 %
- Tondeuses à gazon   35 %
- Lave-vaisselle   26 %

Patrimoine immobilier
- Résidences principales   28 %
- Résidences secondaires   33 %
- Résidences à temps partiel 51 %

Voyages en avion
- Réseau intérieur   38 %
- Réseau international   36 %

(1) Part des dépenses de la population totale (ces pourcentages sont à comparer au poids des ménages de plus de 55 ans dans la population totale : 24 %).

Ce tableau impressionnant du pouvoir d'achat et des dépenses des personnes âgées ne doit pas faire oublier les difficultés de certaines situations individuelles. S'il est des retraités riches, voire très riches, il en est d'autres qui sont pauvres, voire (plus rarement) très pauvres. Pourtant, les efforts considérables accomplis depuis 20 ans en leur faveur font que les personnes âgées d'aujourd'hui peuvent pour la plupart vivre dans la dignité les dernières années de leur vie. On constate avec satisfaction qu'elles disposent pour cela de plus en plus de temps et d'argent.

LE BONHEUR À 60 ANS

La vieillesse avait un visage ridé, un peu triste, plus tourné vers le passé que vers l'avenir, d'ailleurs si court. Elle montre aujourd'hui un nouveau visage, sur lequel on peut lire une préoccupation essentielle : continuer à vivre comme tout le monde. Les 'nouveaux vieux', déjà nombreux, vont se multiplier. La société devra compter avec eux. Par solidarité autant que par intérêt.

La vie commence à 60 ans

Les vieux ont changé. Beaucoup ne se contentent plus désormais d'écouter 'la pendule qui ronronne au salon' comme dans l'émouvante (et triste) chanson de Brel.

Non, les personnes dites âgées veulent aujourd'hui vivre et s'épanouir. Et retarder le plus possible les signes qui caractérisaient jusqu'ici le crépuscule de la vie. La notion même de vieillissement est de moins en moins adaptée à la réalité. À 60 ans, beaucoup de Français sont dans une forme physique intacte. Si les rides et autres stigmates de l'âge restent décelables sur les visages, ils semblent absents des esprits. Pour ceux qui ont pu ainsi préserver leurs forces physiques et morales, c'est une nouvelle vie, riche de promesses, qui commence.

*À 60 ans,
une femme a en moyenne 22 ans à vivre ;
un homme 17.*

Le temps de faire des projets, même à long terme... Et les projets, les plus de 60 ans n'en manquent pas. Eux qui, pour la plupart, ont connu tardivement l'ère de la consommation et des congés payés sont à même aujourd'hui d'en goûter les plaisirs.

Le refus de vieillir

Pour lutter contre les dangers de la marginalisation, les personnes âgées s'efforcent de
pratiquer les mêmes activités que les plus
jeunes. C'est pourquoi elles sont de plus en
plus nombreuses à pratiquer un sport. La
mode du tennis, puis du jogging et de
l'aérobic ne les a pas épargnées.

Si elles se préoccupent de leur santé, elles
s'intéressent aussi à la prévention. Celle-ci se
manifeste aussi bien dans le domaine alimentaire (par la diététique) que par de nouvelles habitudes de vie, excluant par exemple
le tabac et l'alcool.

L'un des rares domaines où cette volonté de
vivre comme tout le monde ne semble pas
avoir abouti est la sexualité. Il semble bien
que cette 'retraite sexuelle' soit plus liée à
des causes psychologiques (encadré) qu'à des
causes physiologiques. Le grand mouvement
de libération (p. 88) n'a pas fait disparaître
les tabous liés à la sexualité des personnes
âgées, qu'ils soient de nature religieuse (on
fait l'amour pour procréer et on cesse lorsque la période de procréation s'achève) ou
qu'ils se situent dans l'inconscient collectif
(la sexualité est liée à la beauté et à la séduction, caractéristiques de la jeunesse).

L'âge d'or de la sexualité

Spécialiste de gériatrie à l'hôpital Purpan de Toulouse,
le professeur Henri-Pierre Ghighi considère que le
troisième âge devrait être l'âge d'or de la sexualité. 'Il
est vrai que la fonction sexuelle vieillit, comme le
reste du corps. Cela se traduit pour l'homme par une
diminution du volume du pénis et une érection plus
difficile. Chez la femme, la baisse d'activité
hormonale, consécutive à la ménopause, fait que le
vagin est moins lubrifié. Mais ces modifications ne
sont en aucun cas un obstacle à une vie sexuelle
normale. Les vraies raisons sont psychologiques.
Certaines sont liées à une méconnaissance des
mécanismes sexuels. Ainsi, beaucoup imaginent
encore que l'acte sexuel entraîne un effort violent,
préjudiciable au cœur. C'est stupide, car on sait
aujourd'hui qu'en fait le cœur ne subit pas plus
d'effort que lorsqu'on monte un escalier de deux
étages.'

Selon les spécialistes, il reste à une femme de 60 ans
environ 20 ans de sexualité tout à fait normale,

qu'elle peut partager avec son mari. Il suffit à chacun
de s'en persuader et de favoriser le désir par
beaucoup de tendresse et un peu de coquetterie.
Bref, la recette qui est appliquée tous les jours par les
couples d'amoureux de tous âges.

La peur de vieillir
commence de plus en plus tôt.

Le bonheur des uns et la solitude des autres

La 'dernière ligne droite' de la vie est vécue
par certains comme une période de bonheur
profond, dont chaque instant prend une saveur particulière. Elle est ressentie par d'autres comme une 'prolongation' plutôt désagréable dont la fin est parfois attendue
comme une délivrance.

L'état de santé, les difficultés matérielles, la
solitude font le plus souvent la différence
entre ces deux façons d'être vieux.

*Beaucoup de retraités se sentent bien
dans leur peau.*

La plupart des personnes âgées s'estiment
plutôt heureuses (encadré). Les raisons de
leur bonheur sont le plus souvent liées à la
nature même de la retraite. Après une vie
bien remplie (en particulier par le travail),
on apprécie de pouvoir souffler un peu,
d'avoir enfin le temps de s'intéresser à d'autres choses, d'autres gens, et de vivre en

meilleure harmonie avec soi-même. Avec, pour la première fois, la faculté d'adapter son emploi du temps à son rythme personnel (plus de réveil le matin, de soucis professionnels…). Avec aussi, en prime, la sagesse, cette vertu souvent associée à la vieillesse, qui permet d'apprécier à leur juste valeur les mille choses de la vie quotidienne.

Le bonheur des retraités

Notre Temps/Sofres (mai 1982)

83 % des retraités sont satisfaits de leur sort. 35 % se disent même très satisfaits de la vie qu'ils mènent depuis qu'ils ont cessé leur activité professionnelle. Pour eux, la retraite, c'est d'abord une période de repos bien méritée (44 %), où l'on peut enfin faire toutes les choses que l'on a envie de faire (27 %). Les craintes qu'ils expriment sont plus liées à la santé (20 %) qu'aux difficultés financières (7 %).

*La solitude existe,
même si elle n'est plus ce qu'elle était.*

Plus encore que des problèmes matériels, les personnes âgées souffrent de la solitude. Les femmes sont de loin les plus touchées.

La disparition du mari est souvent un drame que rien ne peut adoucir. Surtout si les enfants, éloignés géographiquement, ne peuvent assurer une présence suffisante. Le risque, alors, est de passer de la solitude à l'isolement. On ferme ses volets, on reste couché et la vaisselle s'entasse dans la cuisine. Les solitaires n'ont généralement qu'un rôle social réduit. On n'a pas besoin d'eux ; on a donc tendance à les oublier. Heureusement, l'aide sociale à domicile s'est développée, et les clubs du troisième âge se sont multipliés, rendant la solitude un peu plus facile à supporter (ci-dessous).

Les 'Gentils Membres' des clubs du troisième âge

Dans un pays traditionnellement peu porté à la vie associative, 15 000 clubs du troisième âge se sont créés en 10 ans, regroupant plus d'un million de retraités. Pour eux, le club offre la possibilité de rencontrer d'autres personnes et de sortir de chez soi. On peut s'y divertir en jouant aux cartes ou aux échecs. On peut aussi y pratiquer des activités utiles à la collectivité. Dans certains villages, les clubs jouent un rôle local important, prenant en charge une partie des problèmes de leurs membres : maintien à

14 millions de personnes âgées en 2050 ?

Évolution du nombre des plus de 60 ans (en % de la population totale).

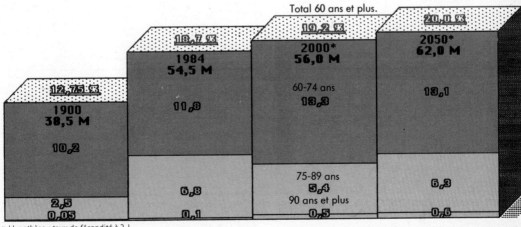

* Hypothèse : taux de fécondité à 2,1.

I.N.E.D./I.N.S.E.E.

La situation serait beaucoup plus dramatique si le taux de fécondité atteignait le niveau de 1,4 observé dans plusieurs pays européens (p. 97). La proportion des 60 ans et plus passerait alors de 18,1 % aujourd'hui à 27 % en 2050. Les conséquences sociales et économiques seraient dans tous les cas considérables.

domicile, assistance financière… La plupart organisent périodiquement des voyages, des conférences, des manifestations diverses, qui fournissent à leurs membres l'occasion de se cultiver et de se distraire.

ment le problème de la prise en charge par la collectivité des dépenses de la vieillesse : retraites, santé, etc.

L'avenir de la vieillesse

Les personnes âgées, déjà nombreuses aujourd'hui, le seront plus encore demain. Cette évolution, qui semble inéluctable (p. 152), amène à se poser de nombreuses questions sur l'avenir de la société en général. Comment donner aux plus âgés les moyens de bien vivre la période de plus en plus longue de la retraite ? Comment faire pour que cela soit possible sans que les plus jeunes n'aient un tribut trop lourd à payer ?

C'est à partir de l'an 2005 que se poseront les grands problèmes démographiques.

Si les prophètes de tous bords nous font frissonner à l'approche de la fin du millénaire, c'est vers l'an 2005 que convergent les craintes des démographes. C'est en effet à partir de cette date que la pyramide des âges accusera le plus grand déséquilibre, avec l'arrivée à l'âge de la retraite des classes nombreuses du 'baby boom' (1945-1950).

La poursuite des progrès médicaux, en particulier dans le domaine de la lutte contre les maladies cardio-vasculaires et le cancer, devrait permettre d'allonger encore la durée de vie moyenne. Si l'on considère, en outre, que la fécondité, actuellement très insuffisante pour assurer le renouvellement des générations (p. 100), restera au même niveau (environ 1,8), on peut prévoir une nouvelle accentuation du vieillissement au cours des années 2005-2050.

Les actifs devront payer (cher) pour les autres.
* *En 1955, il y avait 10 travailleurs pour un retraité.*
* *Ils ne sont plus que 3 aujourd'hui.*

La tendance a peu de chances de se renverser au cours des prochaines années. Sauf si l'on devait repousser l'âge de la retraite, après l'avoir avancé. Cette situation pose évidem-

De la répartition à la capitalisation

Certains experts situent au début du XXIe siècle le moment où il n'y aura plus que deux actifs pour un retraité. Pour faire face à cette situation, les cotisations devraient croître de 50 %, à niveau de prestations inchangé. Cette pression supplémentaire difficile à supporter pourrait être évitée ou en tout cas réduite par la remise en cause du système actuel de retraite par répartition. Outre le déséquilibre économique évident, trois facteurs rendent cette transformation nécessaire :

* l'insuffisance du taux de croissance de l'économie ;
* l'évolution actuelle et future du chômage ;
* la crise de l'État-providence dans la plupart des pays industrialisés.

Par ailleurs, l'accroissement considérable du patrimoine des ménages au cours des trente dernières années devrait faciliter le transfert du système de répartition vers un système de capitalisation. Une telle solution, plus individuelle, est d'ailleurs souhaitée par une majorité de Français.

Les actifs se demandent qui paiera pour eux.

Leur inquiétude ne concerne pas seulement les cotisations qu'ils auront à verser pour financer la retraite des autres. Elle traduit aussi l'incertitude quant à leur propre retraite. Leurs souhaits dans ce domaine peuvent paraître contradictoires. La plupart sont favorables à l'abaissement de l'âge de la retraite et pensent d'ailleurs que de nouveaux efforts seront faits dans ce sens. Mais, s'ils se disent prêts à accepter d'autres principes, les trois quarts des actifs n'ont pas encore commencé à agir concrètement.

La notion de troisième âge devra évoluer considérablement dans les prochaines années.

La poursuite du vieillissement de la population ne pose pas que des problèmes financiers. Les 11 millions de personnes âgées d'au moins 60 ans en l'an 2000 auront pour la plupart encore de nombreuses années à vivre. Il ne sera pas possible à la collectivité

L'État-providence, c'est moi !

Satisfaction et inquiétude :

L'abaissement de l'âge de la retraite
à 60 ans était une mesure
nécessaire

Cette mesure était réaliste du
point de vue économique
ou financier

Dans une quinzaine d'années,
l'âge de la retraite
sera encore abaissé

Êtes-vous inquiet pour
l'équilibre financier
des caisses de retraite

**Des solutions existent, mais elles sont
douloureuses :**

Pour équilibrer les régimes de retraite, il faut :
• augmenter les cotisations   36 %
• réduire les prestations   14 %
• retarder l'âge de la retraite   18 %

— Que pensez-vous de la mise en place d'un
nouveau régime collectif d'épargne qui compléterait
les retraites payées par les régimes existants ?

• favorables 36 %   • opposés 25 %
• indifférents 23 %

— Dans le cas d'une retraite par épargne,
préféreriez-vous un système collectif ou individuel ?

• individuel 49 %   • collectif 34 %

— Avez-vous déjà entamé un effort particulier
d'épargne pour préparer votre retraite ?

oui 23 %   non 74 %

Les compléments à 100 correspondent aux pourcentages des non-
réponses.

Les Échos/Ipsos (octobre 1983).

d'accepter que plus du tiers de sa population
adulte reste marginalisée pendant une aussi
longue durée.

L'avenir ne pourra que rendre encore plus
évident le caractère artificiel de ce 'troisième
âge' fourre-tout (p. 151), où l'on trouve aussi
bien le préretraité de 55 ans que le vieillard
grabataire.

Le gaspillage des talents ne pourra pas durer.

25 ans à vivre, lorsqu'on en a 60, c'est plus
de la moitié de la vie active d'un individu et
le tiers de sa vie totale. Même si l'on admet
que les années de 'vraie' vieillesse entraînent
une diminution au moins partielle des capacités d'un individu, ce sont quand même 15
à 20 ans de la vie de chaque Français qui
sont perdus pour la collectivité. Une telle
accumulation de compétences, d'expériences, de talents est un véritable trésor. Ne pas
l'utiliser, même en partie, serait un intolérable gâchis. Le sentiment d'exclusion et
d'inutilité des personnes concernées serait
d'ailleurs de moins en moins bien supporté.

Quant aux actifs, ils ne pourraient faire face
seuls aux contraintes de la production économique, tout en assumant le financement
de l'inactivité des autres (retraités, mais aussi
étudiants et chômeurs). Il y aurait là les ingrédients d'une sorte de 'guerre civile froide'
entre les générations.

La solidarité nationale doit donc, au nom de
l'efficacité comme de l'humanisme, se préoccuper dès maintenant de ce problème, dont
on voit déjà les premiers signes. La solution
passe obligatoirement par une réintégration
des plus âgés dans la société, c'est-à-dire, sans
doute, par une refonte complète de l'emploi
du temps de la vie (p. 49).

'Un vieillard qui meurt, c'est une bibliothèque qui brûle', dit le dicton. Un retraité qui
s'ennuie, c'est une souffrance individuelle et
un drame collectif.

Les universités du 3eme âge — censer

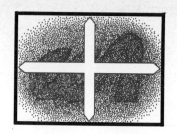

1) associative
2) Contractuelle

Les Styles de Vie et la famille

LE JEU DES 3 FAMILLES

Première au hit-parade des valeurs-refuges, la famille est en train de changer de forme. Bousculée par trente années d'évolution socio-économique, la famille patriarcale traditionnelle fait place à deux nouveaux modèles : la 'famille-associative' et la 'famille-contractuelle'.

Famille patriarcale : à la vie à la mort

La plupart des Français aujourd'hui adultes ont été élevés dans une famille traditionnelle de type patriarcal. Sa raison d'être et sa façon de vivre se résument en un seul mot : transmettre. Il s'agit en effet de transmettre, au-delà des générations, les choses héritées du passé : un nom, un métier, un patrimoine, bref des traditions auxquelles chacun des membres est lié par un attachement indéfectible. Pour cela, deux conditions sont nécessaires. D'abord une autorité sans faille, exercée par l'homme, puisque la femme lui est ici subordonnée. Tout au moins dans les apparences, car ce type de famille s'accommode aussi de son contraire, le matriarcat, dans lequel la femme joue un rôle essentiel à l'intérieur, tandis que son mari apparaît au premier plan à l'extérieur. Il faut ensuite rendre cette transmission possible. C'est le rôle des enfants, généralement nombreux dans ce type de famille.

'A la vie, à la mort', telle est la règle de conduite de la famille patriarcale. Ce n'est d'ailleurs pas qu'une formule, car l'esprit de sacrifice y est poussé très loin ; de l'épouse qui abdique sa vie personnelle au mari qui accepte le travail de la mine, sachant qu'il risque de mourir de la silicose avant d'atteindre l'âge de la retraite…

La famille patriarcale est donc une espèce de **tribu**, refermée sur les trois ou quatre générations qui la composent, dont la vocation est de perpétuer les traditions dont elle se sent la dépositaire. Ce modèle est encore aujourd'hui celui d'environ 40 % des familles françaises, essentiellement la Mentalité Rigoriste et les socio-styles Attentiste et Utilitariste. Il est caractérisé par la contrainte, sous toutes ses formes.

Avec la révolution conservatrice qui gagne la France aujourd'hui et le fort courant de rigorisme qui la porte, cette conception de la famille pourrait bien reprendre de l'importance.

Famille associative : confort individuel et collectif

La famille se cherche de nouvelles formes, mieux adaptées aux réalités de l'époque. La première d'entre elles est la **famille de type associatif**. Ce modèle concerne des Styles de Vie du Recentrage Matérialiste jeune (Exemplaires) et les Égocentrés, surtout quand ils vieillissent ; au total environ 35 % de la population. Ici, pas de lourde tradition à assumer au prix d'efforts personnels permanents. L'objectif est, au contraire, de bien vivre sa vie, sans souci particulier pour ce qui se passera après la mort. La famille n'est plus tribu, mais groupe restreint de personnes ayant en commun des rapports d'affection. Les enfants y sont moins nombreux, mais considérés comme des sources de satisfaction plutôt que comme des contraintes. Leur nombre dépasse rarement deux, pour des raisons plus affectives qu'économiques. L'épouse travaille en effet souvent à l'extérieur et craint de ne pouvoir être suffisamment disponible pour un troisième enfant.

À moins de renoncer à une partie de sa vie personnelle et de son autonomie, ce qui serait contraire aux conceptions de la famille associative. L'un des aspects essentiels de ce type de famille est en effet de défendre les intérêts de ses membres dans l'harmonie générale et le respect des personnalités de chacun. Ainsi, les rôles à l'intérieur de la famille sont distribués de façon naturelle et complémentaire entre mari et femme, parents et enfants. La chaleur et l'harmonie règnent le plus souvent au sein du foyer. Cette famille

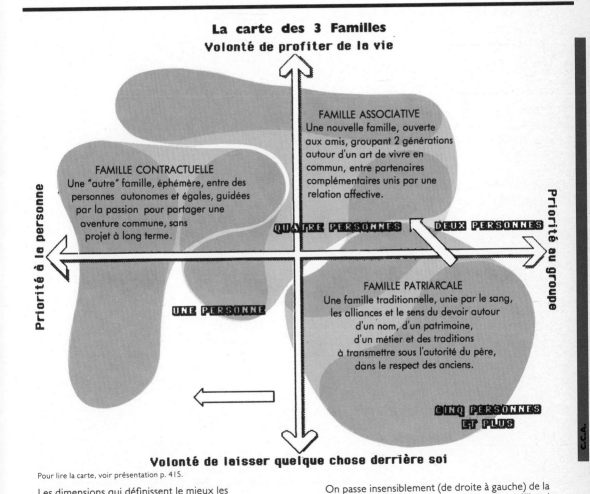

La carte des 3 Familles
Volonté de profiter de la vie

FAMILLE ASSOCIATIVE
Une nouvelle famille, ouverte aux amis, groupant 2 générations autour d'un art de vivre en commun, entre partenaires complémentaires unis par une relation affective.

FAMILLE CONTRACTUELLE
Une "autre" famille, éphémère, entre des personnes autonomes et égales, guidées par la passion pour partager une aventure commune, sans projet à long terme.

QUATRE PERSONNES **DEUX PERSONNES**

Priorité à la personne

Priorité au groupe

UNE PERSONNE

FAMILLE PATRIARCALE
Une famille traditionnelle, unie par le sang, les alliances et le sens du devoir autour d'un nom, d'un patrimoine, d'un métier et des traditions à transmettre sous l'autorité du père, dans le respect des anciens.

CINQ PERSONNES ET PLUS

C.C.A.

Volonté de laisser quelque chose derrière soi

Pour lire la carte, voir présentation p. 415.

Les dimensions qui définissent le mieux les différences entre les trois familles sont, d'une part, le fait qu'elles privilégient la personne ou le groupe (axe horizontal) et, d'autre part, leur raison d'être essentielle qui peut être soit de 'profiter de la vie' ou de 'laisser quelque chose derrière soi' (axe vertical).

On passe insensiblement (de droite à gauche) de la famille nombreuse au foyer composé d'un célibataire. Cela s'explique par le plus fort enracinement socioculturel des Styles de Vie conservateurs, chez qui la tradition de famille nombreuse est solidement ancrée.

'corporatiste' s'ouvre facilement aux amis fidèles, aux collègues de travail, aux relations de loisirs. Les copains remplacent les cousins et les grands-parents sont moins importants que les partenaires avec qui on fait du tennis ou du foot. Les 'réunions barbecue' du week-end, les sorties en bande sont des moments privilégiés de la vie de la famille associative.

Famille contractuelle : éphémère et passionnelle

L'"invention' la plus récente en matière de famille est sans aucun doute la **famille contractuelle**, propre aux Décalés et aux Activistes (surtout Entreprenants) ; au total 25 % de la population française. Basée sur l'attirance physique, émotionnelle ou intellectuelle, elle a pour vocation première de permettre à ses membres de jouir de l'instant présent, sans aucun projet d'avenir commun. Il ne s'agit pas, en fait, d'une famille au sens traditionnel du terme, car les conventions sociales ici ne comptent pas. L'association est d'origine passionnelle : on se 'branche' les uns sur les autres. Elle est souvent éphémère. Les enfants y sont peu nombreux, car le souci d'assurer une descendance quelconque est inexistant. On a donc éventuellement des enfants pour le plaisir, parfois par souci d'originalité, voire par curiosité... De façon le plus souvent individuelle, car c'est géné-ralement l'un des membres du couple qui décide d'en avoir. Les enfants éprouvent d'ailleurs quelques difficultés à se situer dans un groupe où les adultes n'acceptent pas le rôle de parents (et, en tout cas, ne font pas la différence entre père et mère) et où les enfants sont très vite considérés comme des adultes. La famille contractuelle fonctionne alternativement dans l'euphorie et dans le drame, dans une ambiance passionnelle où seule compte l'intensité du moment présent. Dans sa forme la plus extrême, elle peut favoriser une forme de vie solitaire parce que l'un des membres du couple est parti en vacances seul et l'autre en voyage professionnel ; ou communautaire parce qu'un ami de passage vient s'y installer pour une durée indéterminée.

La **carte des familles** coïncide relativement bien avec celle des Mentalités. Les Rigoristes sont des inconditionnels de la famille patriarcale, ainsi que les plus âgés des Matérialistes, tandis que les Recentrés plus jeunes ont évolué avec les Égocentrés vers la famille associative. Les Décalés sont tous des fervents de la famille contractuelle, dont ils sont d'ailleurs les fondateurs. La situation est moins claire pour les Activistes, dont chacun des deux socio-styles se rapproche, dans ce domaine, d'une autre Mentalité : les Militants sont attirés par le modèle associatif et les Entreprenants par la version contractuelle.

Le jeu des trois familles

	FAMILLE PATRIARCALE	FAMILLE ASSOCIATIVE	FAMILLE CONTRACTUELLE
Personnes concernées (Styles de Vie)	- RIGORISTES - Attentistes - Utilitaristes	- Exemplaires - ÉGOCENTRÉS - Militants	- DÉCALÉS - Entreprenants
Conception générale	Cellule de base de la société.	Communauté de repli et de défense vis-à-vis de la société.	Contrat limité entre des personnes, en dehors de tout sens social.
Rôle pratique	Défendre les valeurs et les traditions sociales.	Défendre un art de vivre personnel concret.	Vivre une 'aventure personnelle' partagée avec d'autres.
Composition	Trois ou quatre générations unies par le sang ou les alliances légales (mariage), qui habitent sous le même toit.	Deux générations auxquelles viennent souvent s'ajouter les amis et relations.	Individus de même génération (les éventuels enfants sont considérés comme faisant partie de la génération de leurs parents).
Enfants	Nombreux et destinés à perpétuer la famille.	Peu nombreux, mais désirés et choyés.	Souvent sans enfants, sinon 'pour le plaisir'.
Fonctionnement	Par sens du devoir et sacrifice de l'individu pour la famille (en particulier la femme).	Par cooptation et fusion affective et sentimentale.	Par passion spontanée.
Autorité	Paternelle, dans le respect des anciens. Surbordination de la femme à l'homme.	Sans hiérarchie affirmée. Partage des rôles entre les sexes et les âges.	Pas d'autorité établie. Totale égalité des sexes et des âges.
Communication avec l'extérieur	Fermée à l'environnement (famille 'mafia'). On reste chez soi.	Contacts par communauté d'intérêts ou par générosité. On sort en famille.	Ouverte à tous les vents. Chacun sort de son côté.
Raison d'être	Faire durer éternellement le nom. Perpétuer les traditions, le métier. Transmettre le patrimoine.	Développer la qualité de la vie commune à l'échelle d'une vie.	Jouir de chaque instant sans perspective d'avenir.

3

LA SOCIÉTÉ

Le baromètre de la vie en société

C'est entre 25 et 29 ans que le respect des convenances paraît le moins nécessaire, mais il augmente régulièrement et significativement avec l'âge, ainsi d'ailleurs qu'avec la pratique religieuse. La confiance dans la justice reste faible quelles que soient les caractéristiques personnelles. Le nombre des immigrés paraît d'autant plus excessif que l'on se situe politiquement à droite. Quant au sentiment d'insécurité, il est plus fort chez les femmes, les personnes âgées, et varie à l'inverse du niveau de formation. (Enquête auprès de la population de 18 ans et plus ; cumul des réponses 'bien d'accord' et 'entièrement d'accord' aux affirmations proposées).

Il faut respecter les convenances.

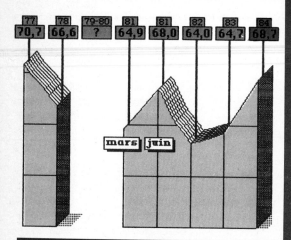

Il y a trop de travailleurs immigrés.

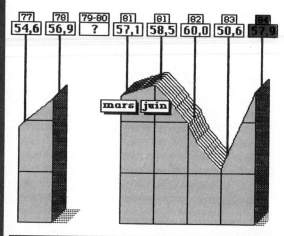

Il faut faire confiance à la justice.

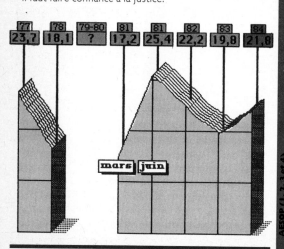

Le sentiment d'insécurité augmente.

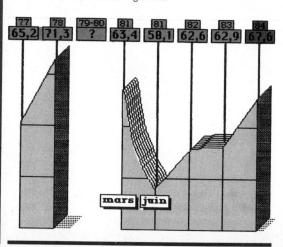

AESOP (1, 2, 3 et 4)

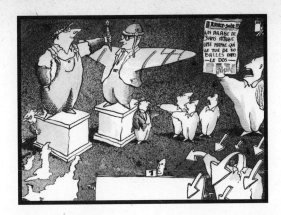

La 'société d'excommunication'

DÉTESTONS-NOUS LES UNS LES AUTRES

Si les Français supportent mal la crise et les incertitudes qu'elle engendre, c'est que, pour la première fois dans l'histoire, la plupart d'entre eux ont quelque chose à perdre. Alors, ils ont tendance à désigner des boucs émissaires. Ce qui ne facilite pas le climat social.

La crise, c'est les autres...

Il fallait bien qu'ils trouvent des responsables à cette crise qui les agaçait depuis dix ans et dont ils ont finalement compris qu'elle n'était que le prologue à une formidable mutation de toute la société. Les Français accusèrent d'abord l'État, à travers ceux qui en eurent la charge depuis ce jour d'octobre 1973 où Anouar el-Sadate lança ses blindés contre le canal de Suez. La droite n'ayant pas su enrayer la crise, il leur parut légitime de s'adresser à la gauche. Ce fut chose faite en ce mois de mai 1981, porteur de tant d'espoirs. On allait enfin pouvoir respirer et repartir pour une nouvelle période de croissance, ponctuée, cette fois, de considérations sociales. On allait guérir le cancer du chômage tout en redistribuant plus et mieux à ceux qui en avaient vraiment besoin, c'est-à-dire vous et moi... ────

Las ! Les crises ont ceci d'ennuyeux aujourd'hui qu'on ne peut plus les maîtriser seul. Surtout quand elles sont internationales... Et l'on s'étonna bientôt d'entendre à gauche un discours qu'on avait rejeté à droite. ────

Alors les Français comprirent qu'il n'y avait plus grand-chose à attendre de ceux qui promettaient des miracles, quels qu'ils soient. Un long coup d'œil à droite (23 ans), un autre, beaucoup plus bref, à gauche, et ils n'avaient rien vu venir. Autant essayer, dans ces conditions, de se débrouiller tout seul. À l'état de grâce succédait l'état de grogne. ────

L'état de grogne

Les deux premières années pleines du septennat (1982 et 1983) avaient été marquées par les mouvements de grève de plusieurs catégories professionnelles. Les salariés de l'automobile, les agriculteurs, les professions libérales, les professions médicales, les policiers, les routiers, etc., s'étaient relayés dans la rue pour y exprimer leur mécontentement, face à une crise qui n'en finissait pas et à un gouvernement qui s'orientait peu à peu vers une politique économique de droite, sans tenir toutes les promesses sociales de gauche.

Avec le démarrage officiel des restructurations industrielles et leur cortège de licenciements, 1984 ne pouvait pas non plus être une année calme. Les travailleurs de l'automobile, de la sidérurgie (Lorrains en tête), rejoints par les producteurs de lait et les viticulteurs, manifestaient leur désarroi.

Mais la grogne des Français ne se limite pas aux seules revendications professionnelles. Le long conflit sur le statut de l''école libre' mobilisait un nombre impressionnant de parents (la manifestation du 24 juin 1984 en fut l'apothéose), tandis que la succession des mauvaises nouvelles (chômage, endettement, baisse du pouvoir d'achat et, à un moindre degré, inflation et déficit du commerce extérieur) entretenaient le mécontentement général. Plus qu'une explosion soudaine provoquée par des événements particuliers, la grogne est aujourd'hui une sorte d'état permanent qui détériore à la fois les relations entre les Français et celles qu'ils entretiennent avec l'État. Cela explique l'effort de 'décrispation' entrepris par le gouvernement Fabius depuis septembre 1984.

Bien sûr, le doute actuel n'est pas seulement politique ; il apparaît dans tous les domaines de la vie quotidienne. Mais, aujourd'hui, le doute fait place à la lassitude. Le premier peut être guérissable par des injections ponctuelles et répétées de bonnes nouvelles. La seconde nécessite une véritable cure, dont le but est de réapprendre progressivement au malade à espérer.

Le corporatisme est de retour.

L'une des conséquences pratiques est la nette dégradation du climat social au cours des trois dernières années. C'est quand on est en colère et mal dans sa peau qu'on est le plus agressif envers son entourage. On en veut alors à tous ceux qui ont 'mal voté', qui 'bénéficient de privilèges inadmissibles' ou qui 'prennent le travail des autres'.

Compatriotes mais concurrents

La façon dont les Français communiquent entre eux obéit à deux tendances contradictoires. On peut observer sur le fond une certaine tolérance, liée à la disparition progressive des certitudes. La preuve en est que les certitudes de droite ne sont pas apparues plus efficaces que celles de gauche. Mais, dans la façon dont les Français se parlent (ou plutôt s'ignorent), c'est la rigidité qui domine. Cette rigidité s'exprime en particulier vis-à-vis des minorités (raciales, professionnelles, confessionnelles) et de tous ceux qui 'manifestent sans raison' (commerçants, agriculteurs, fonctionnaires, transporteurs, ouvriers de l'automobile, etc.). Plus que jamais, vivre ensemble est difficile en temps de crise.

Les responsables de la crise

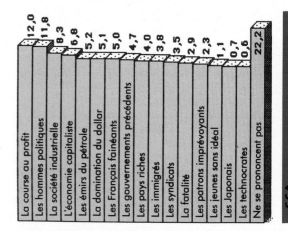

Lorsque la taille du gâteau diminue, il est difficile d'en accepter une plus petite part.

La difficulté des Français à communiquer entre eux n'est pas le fait d'une animosité réelle entre des individus qui ne se supportent plus. Certes, les conditions de la vie en société semblent se détériorer : la criminalité s'est beaucoup accrue (p. 179) et des nuisances (pollution, bruit...) de toutes sortes se sont développées (p. 194). Mais ce sont surtout les angoisses économiques qui empêchent M. Dupont d'accorder tout le respect qu'il doit à son voisin lorsque celui-ci est fonctionnaire ou immigré. Au-delà des hommes, ce sont les représentants d'une catégorie sociale particulière qu'il voit en face de lui._____

Français pour les principaux respons du chômage et de la délinquance. Deux ma qui arrivent au tout premier plan des angoisses individuelles et collectives (p. 69).

L'extrême droite, qui s'est fait une spécialité de la dénonciation du problème des immigrés, trouve un terrain très favorable auprès d'une partie croissante de l'opinion. Résultat : 11 % des voix pour le Front national aux élections européennes de juin 1984 et des tentatives plus ou moins ordonnées de l'opposition pour 'récupérer' le mouvement de mécontentement ainsi mis en évidence dans toutes les catégories sociales._____

Chacun pour soi et la crise pour tous

Les difficultés économiques ravivent généralement les conflits, jalousies ou critiques entre les membres de la société. Certains sont accusés de porter une part de responsabilité dans les difficultés subies par les autres. Ainsi les privilégiés sont-ils considérés avec une certaine défiance (p. 167), qui peut aller jusqu'à la réprobation lorsqu'ils se permettent de manifester dans la rue ou de perturber le fonctionnement des services publics.

L'évolution de la Carte des Styles de Vie (p. 416) montre bien le développement des tendances à l'autodéfense, voire à l'agressivité de certains Français vis-à-vis de leurs concitoyens. Ainsi, la Mentalité d'Égocentrage, apparue en 1984, est largement caractérisée par la volonté de vivre à l'intérieur d'un clan (famille, amis, voisins, collègues de travail), le plus souvent fermé à ceux qui n'en font pas partie.

D'une manière générale, le cloisonnement des Styles de Vie auquel on assiste actuellement est la conséquence de cette crainte croissante d'être 'mangé' par les autres. Le sentiment d'insécurité qui domine (p. 178) n'est pas seulement dû à la recrudescence de la délinquance, mais aussi à la peur des autres, dans la plupart des circonstances de la vie quotidienne. C'est dans les périodes de risque et d'inconfort qu'on se souvient que 'l'homme est un loup pour l'homme'.

Haro sur les immigrés

L'une des conséquences sociales majeures de ces dix années de crise est la montée du racisme et de la xénophobie. Les immigrés de la première comme de la seconde génération sont tenus par un nombre croissant de

Les étrangers ont changé de couleur

Évolution par grandes nationalités

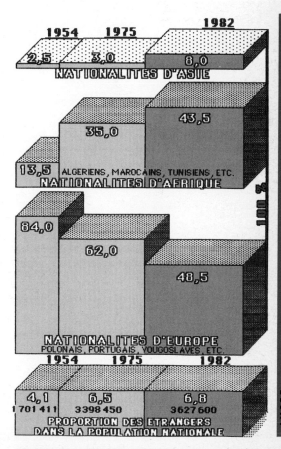

Un racisme très ordinaire

le Point/Ipsos (octobre 1983)

La ... par les immigrés :

Quels sont, à vos yeux,
les deux principaux reproches
qu'adressent les Français
aux personnes immigrées comme vous ?

Finalement, en France,
aujourd'hui,
de quoi souffrent surtout
les immigrés comme vous ?

Qu'est-ce qui vous semble
le plus positif en France ?

Aggraver le chômage — **72%**

Refuser de s'intégrer à la société française en gardant un mode de vie différent — **26%**

Aggraver l'insécurité — **25%**

Aggraver le déficit de la Sécurité sociale — **23%**

Sans réponse — **12%**

Être à l'origine de certaines grèves, dans l'automobile par exemple — **9%**

Autres — **4%**

Les conditions de logement — **53%**

Les conditions de travail — **44%**

Le mal du pays, l'éloignement — **25%**

Le fait de se sentir menacé, d'être renvoyé de son pays d'origine — **21%**

La solitude — **14%**

Le fait de ne pas être accepté par les Français — **12%**

Sans réponse — **5%**

L'absence de distractions et de loisirs — **4%**

Autres — **4%**

Le fait de pouvoir trouver du travail plus facilement que chez vous — **42%**

La liberté de s'exprimer — **42%**

La Sécurité sociale, les avantages sociaux — **39%**

Le fait d'être mieux payé — **31%**

Le mode de vie des Français — **18%**

Sans réponse — **5%**

- 45 % des immigrés considèrent que le racisme se renforce aujourd'hui (7 % pensent qu'il s'affaiblit).
- 45 % pensent que les Français sont plutôt racistes (35 % qu'ils sont antiracistes).
- 30 % affirment avoir été pris à partie, en parole, par des Français, 16 % avoir été bousculés, menacés ; 7 % attaqués.
- 66 % sont assez (ou très) satisfaits de vivre en France (34 % pas très ou pas du tout).
- 52 % souhaitent rester en France (45 % préféreraient retourner dans leur pays).

Les immigrés vus par les Français :

- 58 % des Français considèrent que la proportion d'immigrés et de naturalisés dans la population française est trop forte. 33 % estiment que ce n'est pas un problème.
- 42 % des Français ont tendance à surestimer la proportion d'étrangers dans la population (25 % l'estiment correctement).
- Deux Français sur trois sont persuadés que la proportion d'étrangers est supérieure à ce qu'elle était dans les années 30 (alors qu'elle est équivalente).
- 80 % des Français sont favorables à ce que les immigrés aient 'les mêmes possibilités de promotion que les Français'. La plupart sont cependant hostiles au vote des immigrés.

M.R.A.P./Sofres (mars 1984)

---

*Les étrangers représentent aujourd'hui
7 % de la population totale.*
- *La proportion d'étrangers
a peu varié depuis le début de la crise.*
- *Elle est la même qu'en 1931.*

Plusieurs mouvements distincts se sont produits dans l'évolution de la population étrangère. Les principales vagues d'immigration se sont produites en 1931, 1946 et 1962. La proportion des différentes nationalités a beaucoup changé. Depuis 1954, ce sont les Maghrébins qui ont fourni l'essentiel des nouveaux immigrants, alors que le nombre d'étrangers arrivant d'Europe diminuait (encadré).

Pourtant, la stagnation apparente du nombre d'étrangers (en particulier par rapport aux années 30) ne signifie pas que les flux d'immigration ont cessé, mais que beaucoup d'étrangers sont devenus Français, par naturalisation ou, à la deuxième génération, par intégration automatique.————————

Pour la première fois, la plupart des Français ont quelque chose à perdre.

La France a connu bien des périodes difficiles au cours de son histoire. Elle les a subies avec un courage mêlé de fatalisme. La situation est pourtant différente aujourd'hui. Quarante années de croissance ininterrompue ont créé un attachement profond aux valeurs matérielles. Ayant beaucoup travaillé, la plupart des Français ont beaucoup profité des bienfaits de la prospérité (p. 317). À la frange des très riches, dont beaucoup l'ont toujours été, s'est ajouté le groupe immense des 'classes moyennes'. Celles-ci ont accumulé en une génération plus de biens que ne l'avaient fait leurs ancêtres en plusieurs siècles (p. 334). Beaucoup ont, en même temps, conquis des privilèges (p. 174) auxquels ils sont jalousement attachés. ————

Après avoir accumulé, il faut pouvoir préserver. La possession d'une maison (éventuellement d'une résidence secondaire), d'une voiture et de biens d'équipement de plus en plus nombreux (p. 131) est à la fois source de plaisir et d'angoisse. Plaisir de les avoir et de s'en servir, angoisse de les perdre. On sait à quelles extrémités peuvent arriver certaines personnes menacées dans leur propriété. Le développement de l'autodéfense et les abus que celle-ci a engendrés (p. 185) en sont une éclatante illustration. La sympathie croissante des Français pour des solutions 'musclées' aux problèmes du moment en est une autre. La montée du Front national (p. 205) est l'aboutissement logique de ce processus de crainte. ————————

Les paradoxes de la société de communication

C'est le progrès technologique qui a permis l'avènement de la **société de communication**. S'il a permis à chacun d'accéder à une masse énorme d'informations, il a paradoxalement limité les échanges entre les individus. Les médias, les transports, le stress, l'insécurité, le repli sur soi ont à la fois réduit le temps disponible pour se p[...] de le faire.————

Les flux de communication[...] sur la société actuelle fonc[...] lement dans un seul sens. Face à ce torrent de sons, d'images et de textes, les Français n'ont guère d'autre choix que celui de la passivité.————————

Les circonstances de la vie quotidienne favorisent de moins en moins le dialogue.

Comme le héros de Paul Morand, les Français sont pour la plupart des hommes pressés. Ils traversent la vie sans s'arrêter et ils ont de moins en moins l'occasion (ou l'envie) de se parler. Les discussions du café du Commerce se font rares, parce qu'il y a de moins en moins de cafés et que la présence du juke-box ne facilite pas la conversation. Au point qu'on se demande où Marcel Dassault ira chercher la matière de ses chroniques politico-sociales !————————

Le petit épicier de quartier se fait rare, et les Français n'ont guère le loisir de bavarder avec les caissières des supermarchés. Les stations-service deviennent des 'self' où la présence humaine est réduite au strict minimum. Dans les rues les piétons se déplacent au pas de charge, parfois équipés d'un Walkman, symbole d'une volonté croissante d'isolement. Le téléphone remplace bien souvent une visite de trois heures par une conversation utilitaire de trois minutes... Bref, la société actuelle ne favorise pas le dialogue.————————

Pourtant, la situation devrait s'améliorer. Le progrès technologique prépare la voie à des médias **interactifs** (télévision par câble, jeux vidéo, visiophone, téléconférence, etc.), qui devraient permettre à la société de communication de mieux justifier son nom. Les 'branchés' de demain devraient être moins passifs que ceux d'aujourd'hui...————

13 millions de Français sont concernés par la solitude.
● 7,6 millions de célibataires parmi les 20 ans et plus.

...million de divorcés.
...millions de veufs, dont 80 % de femmes.
À Paris, 48 % des ménages ne comptent qu'une seule personne contre 32 % en 1954.

'L'enfer est tout entier contenu dans ce mot : solitude', écrivait Victor Hugo, qui l'avait bien connue pendant les longues années d'exil…

Le nombre des solitaires a augmenté beaucoup plus vite que la population. Le 'marché de la solitude' est énorme. Les femmes y sont les plus nombreuses. Du fait de leur espérance de vie plus longue (p. 39), elles sont plus souvent veuves, et les femmes divorcées se remarient deux fois moins fréquemment que les hommes.

Rencontres du premier type

'Chassez l'ennui et profitez de la vie…', 'Rejoignez-nous, vous ne serez plus seul…', 'Quelque part, quelqu'un vous attend…' Elles sont nombreuses les offres faites aux célibataires, veufs ou divorcés, pour sortir du trou noir de leur solitude. Familières, lyriques ou allusives, les publicités des clubs de rencontres ou des agences matrimoniales les interpellent en mettant le doigt sur leur plaie.

Ils sont des centaines, en France, à se partager un marché de quelque 13 millions d'âmes seules. Avec des méthodes plus ou moins élaborées, du dîner dansant au rapprochement de fiches signalétiques par ordinateur. Le coût d'accès en est généralement élevé, souvent 3 000 ou 4 000 francs d'adhésion annuelle, plus les frais de participation aux éventuelles manifestations. Le processus est toujours le même : mettre des personnes disponibles en présence, leur fournir un prétexe pour se parler. Le reste dépend des individus eux-mêmes…

Impossible d'estimer correctement l'efficacité de ces diverses formules. Parmi ceux qui cherchent l'âme sœur, certains la trouveront dès la première rencontre, d'autres attendront des années. D'autres enfin, lassés de ne pas avoir trouvé la perle rare qui habite leurs rêves, abandonneront la formule. La plupart, sans doute, auront au moins occupé quelques soirées qui, autrement, auraient été bien tristes.

La solitude, c'est donc principalement l'absence d'un conjoint. Mais c'est aussi l'absence d'un groupe d'amis avec lequel on voudrait partager les choses de sa vie. Ces deux formes de solitude vont d'ailleurs de

Vie associative : les réseaux parallèles

L'une des conséquences de la solitude des Français est leur participation croissante à la vie associative. Les activités (sportives, culturelles, créatives, etc.) sont autant de prétextes pour ne plus se sentir exclu de la vie sociale. Le développement spectaculaire des clubs du troisième âge (p. 157) montre bien la volonté de la plupart des personnes âgées de lutter contre la marginalisation qui les guette au soir de leur vie.

Mais la participation à la vie associative répond aussi au désir de protection des Français. S'ils sont moins nombreux à adhérer aux syndicats (p. 271) ou aux partis politiques (p. 203), ils se dirigent de plus en plus vers d'autres types d'associations, susceptibles de défendre leurs intérêts particuliers. Le corporatisme (p. 174) s'exprime aujourd'hui dans des groupes très spécialisés, volontiers en marge des appareils traditionnels, jugés trop lourds et trop peu indépendants. Des associations de défense d'usagers (téléphone, route, etc.) aux mouvements de consommateurs (p. 140), les Français se regroupent spontanément. Pour se défendre, lorsqu'ils ont été victimes d'une injustice quelconque (malfaçons dans la construction des maisons d'un lotissement, catastrophe naturelle, etc.) ou, de plus en plus, de façon préventive.

Face à une société à la fois bouillonnante et froide, les Français ressentent de plus en plus fortement le besoin de créer des réseaux parallèles. Afin de combattre la menace qui pèse sur deux des libertés fondamentales de l'individu : celle de parler aux autres, celle d'être protégé.

31,6 % des Français font partie d'une association, contre 28 % en 1973.

1981 — 31,6 %	
Artistique	1,9
Culturelle	4,1
Sportive	14,5
Parents d'élèves	2,4
Religieuse	2,2
Éducative	1,5
Politique	1,5
Syndicale	4,2
Autre	8,5

1973 — 27,7 %	
Artistique	2,3
Culturelle	3,2
Sportive	9,9
Parents d'élèves	2,2
Religieuse	2,0
Politique	0,7
Syndicale	3,6
Autre	2,9

ministère de la Culture

Pour 1981, total supérieur à 31,6 % en raison des réponses multiples.

Le rythme de fréquentation des associations a également augmenté : au moins une fois par mois pour 24,6 % des membres, contre 18,7 % en 1973.

Les hommes sont plus représentés que les femmes (38,4 % contre 25,2 % des femmes).

Enfin, la pratique associative est la plus répandue chez les moins de 40 ans.

pair : devenir célibataire à 40 ans, c'est souvent perdre en même temps une partie de ses amis ou de ses relations. La société n'est pas encore prête à intégrer vraiment les personnes seules. Si les marchands commencent timidement à leur proposer des produits spécifiques (aliments en conditionnement individuel, voyages, résidences pour célibataires, clubs de rencontres…), l'image du foyer, cellule de base de la vie sociale, reste traditionnelle : un homme, une femme, des enfants. Pour la foule des solitaires (dont la plupart n'ont pas choisi de l'être), la vie n'est donc pas facile.

La solitude devient une maladie sociale majeure.

La communication est-elle le mal français ?

C'est au moment où s'installe la société de communication qu'on s'aperçoit que les Français communiquent mal entre eux. Outre les causes très actuelles évoquées précédemment, il semble y avoir dans la mentalité française des traits spécifiques qui ne favorisent pas le dialogue. La certitude d'avoir raison, par exemple, est le plus court chemin vers l'intolérance. Les 'y' a qu'à' et autres affirmations péremptoires animent depuis longtemps les conversations des Français, des tables de bistrot jusqu'à celles des négociations entre les partenaires sociaux.

Le manichéisme est un autre obstacle au consensus social. C'est à lui qu'on doit cette France traditionnellement coupée en deux entre la droite et la gauche, censées (dans l'ordre ou dans le désordre) représenter le bien et le mal. Enfin, le centralisme ancré dans l'esprit des hommes et des institutions est contraire à l'efficacité collective autant qu'à l'épanouissement individuel.

Télévision : une fenêtre ouverte sur l'intolérance

Les Français aiment les débats, mais les débats leur servent à tout autre chose qu'à s'informer. Il n'est qu'à regarder la télévision pour s'en convaincre. Des émissions comme *Droit de réponse* ou les débats politiques sont tout à fait exemplaires. Quel que soit le thème traité, on y voit des représentants des mouvements les plus divers venir défendre leur point de vue sans se sentir obligés d'écouter celui des autres. L'objectif de chacun est toujours le même : obtenir par la force de sa dialectique le maximum de temps de parole afin d'asséner le plus possible de 'vérités' définitives. Le débat est donc en fait une interpénétration de monologues dont chacun force le trait et empêche les autres de s'exprimer. Quel téléspectateur n'a jamais, en fermant son poste, eu le sentiment qu'il n'avait rien appris ni rien compris ? Ce qui ne l'empêchera pas, d'ailleurs, de recommencer la semaine suivante. Car les Français aiment bien ces joutes oratoires où la façon de dire vaut mieux que ce que l'on dit.

Est-ce la fin des bonnes manières ?

Le déclin des 'grands principes' est en train de créer un nouveau mode de relations entre les Français. La montée des valeurs individuelles (p. 58) n'a pas seulement entraîné le recul des grandes valeurs traditionnelles (patrie, religion, travail…, voir p. 50). Dans la société de la débrouille et du chacun-pour-soi, les règles classiques de la politesse, de l'exactitude ou du respect de la parole donnée ont de moins en moins cours. Ce refus des contraintes se traduit surtout par un laisser-aller général sur le plan professionnel. Pour ceux dont la rémunération et les résultats ne dépendent pas directement de l'ardeur au travail (salariés, fonctionnaires, etc.), la tentation est grande de ne plus s'investir totalement. La conséquence est que les engagements pris oralement (quand ce n'est pas par écrit) ne sont pas respectés, les délais ne sont pas tenus, tandis que le nombre des mauvais payeurs s'accroît. Beaucoup d'étrangers, parmi ceux qui gardent des conceptions assez strictes du travail (Allemands, Américains, Japonais), sont frappés par cette évolution.

Les nostalgiques du savoir-vivre, version XIXe siècle, et les fanatiques de l'étiquette ont aujourd'hui l'impression de vivre dans un monde de voyous et de malappris. Sans aller jusqu'à regretter la politesse, souvent hypocrite, d'une époque révolue, force est de constater que les rapports entre les Français laissent de moins en moins de place à la courtoisie et au respect d'autrui. Les bousculades dans le métro, le comportement des automobilistes, celui des employés des magasins et des services publics, bref la plupart des situations quotidiennes montrent un changement important dans le climat social. C'est surtout vrai dans les grandes villes.

L'individualisme, le souci de se montrer décontracté, le refus des rapports de hiérarchie entre les catégories sociales, entre les âges, entre les sexes expliquent ces nouveaux comportements. Tout ce qui ressemble à un code social de dépendance ou d'effacement d'un individu par rapport à un autre apparaît contraire à sa liberté. Les règles du savoir-vivre sont ressenties comme des contraintes et sont donc rejetées avec force.

Certains voient dans ce refus de la politesse la marque d'une certaine décadence. Mais il ne s'agit sans doute que d'une période de transition entre deux types de civilisation.

Le génie de la France
pourra-t-il vaincre ses démons ?

Ces traits spécifiques à la mentalité française ont été à la fois exacerbés et corrigés par la crise. La fin des modèles (p. 228) tend à assouplir l'intolérance et à faire mieux accepter

les minorités. La fin des certitudes (p. 167) tend à réduire les attitudes manichéistes sur le plan politique, intellectuel ou social. La tendance au repli sur soi (p. 169) constatée à l'échelon personnel, familial ou local est un facteur contraire au centralisme. Les efforts réalisés par le gouvernement de la gauche devraient bientôt porter leurs fruits. L'éclatement des médias au niveau régional et local fera le reste.

PRIVILÈGES : LA NOUVELLE DONNE

Au jeu des privilèges, il y a en France beaucoup de petits gagnants et quelques gros perdants. Sur le marché des avantages existants, c'est la sécurité de l'emploi qui est de loin la plus recherchée. Beaucoup plus que l'argent, c'est elle qui sépare aujourd'hui la France en deux. Provoquant peut-être demain une nouvelle lutte, qui opposera de nouvelles classes.

À travail égal, privilèges différents

Depuis la nuit du 4 août 1789, les privilèges n'existent plus, et la Déclaration des droits de l'homme et du citoyen prévoit l'égalité politique et sociale de chacun… C'était sans compter avec la nature humaine en général, et certains traits du caractère français en particulier. Aussitôt abolie, la notion de privilège réapparaissait sous d'autres formes, dont les plus connues parce que les plus manifestes sont les salaires et rémunérations. Mais il en est d'autres, plus discrètes, qui ont le mérite d'échapper à la fois à la publicité et… à l'impôt. A salaire égal, la vie n'est pas toujours égale.

Toujours plus : le hit-parade des privilèges

La liste des avantages non financiers des travailleurs est longue. Voici ceux qui concernent le plus de Français (en % des personnes actives) :

- sécurité de l'emploi   50 %
- protection sociale renforcée (allongement du congé de maternité, protection supplémentaire en cas de maladie, etc.)   38 %
- indexation automatique du salaire sur l'inflation   37 %
- droit de prendre la retraite plus tôt   30 %
- services sociaux d'entreprise particuliers ou fournitures à des tarifs réduits   27 %
- avancement garanti   24 %
- six semaines de congés payés et plus   24 %
- prix garantis pour les prestations et les produits (personnes travaillant à leur compte)   19 %
- limitation du nombre de personnes ayant le droit d'exercer la profession   14 %
- avantages en nature (notes de frais, voiture, logement de fonction)   13 %

Grasset/Sofres (janvier 1983)

Bien que dénoncés par tous les Français, les privilèges font partie de la vie professionnelle de la plupart d'entre eux. Les employeurs ont dû faire preuve de beaucoup d'imagination pour inventer, au fil des années, des avantages spécifiques pour les catégories qui pesaient d'un poids suffisant pour les revendiquer. Car les avantages acquis ne sont pas la conséquence d'un irrépressible mouvement de générosité de la part des employeurs. Ils ont été, pour la plupart, durement conquis par les syndicats, à une époque où la prospérité les rendait supportables par les entreprises, publiques ou privées. Ceux qui n'ont pas pu (ou su) constituer des groupes de pression suffisamment puissants sont passés à côté et se retrouvent aujourd'hui dans les positions les plus inconfortables.—————————

*En période de crise,
ceux qui n'ont pas la sécurité
en veulent à ceux qui ne risquent rien.*

Face aux 'superprivilégiés' (encadré), qui cumulent à la fois la sécurité de l'emploi et

des revenus indexés sur l'inflation (tout en bénéficiant souvent d'une qualité de la vie professionnelle enviable), on trouve ceux qui, à travail égal, gagnent moins, se fatiguent plus et craignent pour leur emploi.—————

Le décalage entre les privilégiés et les autres,

Les 'superprivilégiés'

Au nombre de ceux dont l'activité professionnelle est particulièrement favorisée, figurent par exemple :

les notaires, dont le nombre est protégé et qui sont rémunérés, dans le cas d'actes de vente d'immobilier, par un pourcentage du montant des transactions. Cela les met à l'abri de l'inflation… et du besoin, puisque leur rémunération moyenne mensuelle est de l'ordre de 60 000 francs.

les trésoriers-payeurs généraux, dont les indemnités font souvent plus que doubler un salaire déjà élevé, représentant au total fréquemment 50 000 francs par mois ;

les receveurs principaux des douanes, nommés peu avant leur retraite qui, lorsqu'ils la prendront, bénéficieront d'une indemnité de un million de francs actuels ;

les pilotes d'avion, qui jouissent d'un salaire élevé (entre 300 000 et 500 000 francs par an pour un copilote, entre 500 000 et 1 000 000 de francs pour un commandant de bord), d'une retraite précoce (50 à 55 ans), d'une déduction fiscale supplémentaire de 30 % et d'autres avantages (prix des voyages en avion très réduit, parfois gratuit, etc.).

Toujours plus, François de Closets (Grasset)

Le Point Mulhouse déjeune avec Ticket Restaurant. Il leur fallait des super-organisés !

Aujourd'hui

Plus un avantage est diffusé, moins il est perçu comme un privilège.

déjà difficilement acceptable en période de prospérité, l'est encore moins en période de crise.———————————————————————

Les inégalités professionnelles ont donc éclaté au grand jour et déclenché une double réaction : volonté de se hisser au niveau des autres chez ceux qui ont aujourd'hui la preuve qu'ils sont en dessous ; désir de pré-

server les avantages acquis chez ceux qui en bénéficient. On constate en tout cas que ceux qui étaient les mieux structurés pour conquérir des privilèges restent les mieux armés pour les défendre.———————————

L'égalitarisme s'oppose au corporatisme.

L'existence des privilèges fait que, plus que

Du ticket-restaurant à la voiture de fonction

Caractéristiques des avantages en nature de certains salariés.

Avantages	Nombre de travailleurs concernés	Secteurs ou emplois principalement concernés	Estimation de l'avantage financier correspondant annuel	Commentaires
NOURRITURE - Titre-repas	825 000 salariés	35 000 entreprises	2 600 francs	Part de l'employeur : 50 à 60 %
- Repas d'affaires - Frais de réception à domicile	— 0,9 % des cadres dirigeants, 0,5 % des cadres moyens	Cadres et dirigeants 5 % des sociétés de plus de 400 personnes	18 000 francs 2 200 francs	
MAISON - Logement de fonction	1 200 000 ménages	Personnels de l'armée, de la police, du clergé, enseignants, cadres, maires	9 000 francs	La moitié des ménages logés le sont à titre gratuit
- Indemnités de logement	—	Cadres, instituteurs	15 000 F pour les cadres 3 à 7 000 F pour les instituteurs	
- Chauffage - Éclairage - Téléphone	— — —	— Cadres, ingénieurs	5 000 francs 2 500 francs 2 400 F pour les cadres, 3 900 pour les ingénieurs	
- Personnels de maison	—	3,4 % des entreprises	12 000 francs	
TRANSPORT - Voiture de fonction	200 000 ménages	20 % des directeurs généraux, 11 % des cadres supérieurs, 1 à 7 % des cadres moyens	33 000 francs	Le montant de l'avantage déclaré par la société est en moyenne de 6 000 F par an
- Achat de 2 voitures par an avec remise de 15 à 17 %	400 000 salariés	Automobile	22 000 francs	Variable selon les modèles et la fréquence de l'opération
- Avion	50 000 salariés	Compagnies aériennes	90 % du prix des trajets,	
- Train	253 000 salariés	S.N.C.F.	90 % sur trajets normaux, 75 % sur rapides	

L'Express (Juin 1983)

jamais, la France est coupée en deux. Avec, d'un côté, ceux qui traversent la crise avec une totale tranquillité d'esprit et, de l'autre, ceux qui craignent pour le lendemain. Les seconds ont de bonnes raisons d'en vouloir aux premiers, lesquels sont obligés de faire preuve d'une certaine mauvaise foi pour justifier leurs avantages. La montée de l'égalitarisme s'accompagne donc de celle d'un nouveau corporatisme, cherchant plus à préserver qu'à conquérir.

Les privilèges ne sont plus ce qu'ils étaient

Les classes sociales étaient traditionnellement séparées par quelques privilèges, souvent obtenus par la naissance, parfois par le mariage, le travail ou les affaires. L'argent et le statut social en étaient les attributs les plus courants. Les Français éprouvaient en général du respect pour le statut et du mépris pour l'argent. Leur attitude est en train de se transformer. Certains privilèges d'hier sont aujourd'hui reconnus comme légitimes lorsqu'ils sont liés au mérite personnel. À l'inverse certains avantages, auparavant sans importance, sont devenus des privilèges que chacun dénonce et envie tout à la fois.

Le salariat peut être un privilège alors que l'héritage ne l'est pas.

Décidément, les Français font tout pour brouiller la carte (déjà compliquée) des privilèges. S'il est devenu sain de s'enrichir par le travail (p. 299), il n'est pas non plus malsain de le faire par héritage. Pour la grande majorité, l'héritage est un droit normal, même si la gauche reste plus réservée que la droite en ce domaine (encadré). Par contre, la condition de salarié, jadis associée à celle de prolétaire, fait aujourd'hui plus d'envieux que de mécontents, surtout dans les secteurs non menacés par le chômage. La sécurité de l'emploi est bien devenue en dix ans le privilège numéro un. Beaucoup plus que les vieilles oppositions bourgeoisie-prolétariat ou capital-travail, c'est elle qui trace la ligne de partage de la France d'aujourd'hui. Elle pourrait être, demain, l'enjeu d'une nouvelle lutte, opposant de nouvelles classes.

L'héritage et le salariat changent d'image

Diriez-vous que le fait d'hériter de ses parents une fortune importante est un droit normal ou un privilège ?
— un droit normal   61 %
— un privilège   35 %

Les plus favorables à l'héritage sont ceux qui sont proches de l'opposition (R.P.R. : 73 %, U.D.F. : 71 %).
Les partisans de la majorité sont partagés. Au P.S., 54 % sont favorables, 43 % pensent que c'est un privilège. Les opinions sont inversées au P.C. (43 % et 55 %).

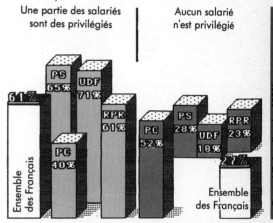

La dénonciation des privilèges est le premier pas vers leur abolition.

Le livre de François de Closets (*Toujours plus*, éditions Grasset) aura servi à la fois de révélateur et de catalyseur à la prise de conscience des privilèges existants. Tant qu'ils restaient dans le flou, les avantages détenus par des fonctionnaires ou les membres de certaines professions ne pouvaient faire l'objet que de conversations générales et mal documentées. La divulgation de chiffres précis et irréfutables permet pour la première fois de mesurer l'ampleur des inégalités. Les bénéficiaires ne peuvent plus faire comme s'ils n'en connaissaient pas l'existence. L'État ne peut plus feindre de les ignorer. Dès lors, le dialogue entre les partenaires sociaux prend une forme nouvelle, dans laquelle c'est la nation tout entière qui s'assoit à la table de négociation. On a pu déjà en voir les premiers effets avec la loi concernant le fonctionnement des syndics (qui bénéficiaient à la fois du numerus clausus et d'un pourcentage élevé sur la vente des actifs d'entreprises en faillite) ou dans les discussions qui ont eu lieu à l'E.D.F., à la Caisse d'épargne et dans l'ensemble de la fonction publique.

Bien sûr, tous les avantages ne sont pas dénoncés ni menacés. Un certain nombre de ceux qui disparaissent aujourd'hui renaîtront sous une autre forme demain. Mais la connaissance de la vérité est toujours favorable à la justice sociale ; c'est le privilège des démocraties. Il faut espérer que ce privilège-là ne sera jamais aboli, mais au contraire étendu à l'ensemble de la planète.

L'insécurité est à l'affiche.

LA VÉRITÉ SUR L'INSÉCURITÉ SOCIALE

Beaucoup d'idées fausses ou tendancieuses circulent sur la montée de la violence et le laxisme de la justice. Les faits, lorsqu'on leur donne la parole, ramènent les choses à une plus juste mesure.

Délinquance :
le sentiment d'insécurité croît encore plus vite que l'insécurité

L'insécurité fait vendre. C'est pourquoi elle occupe si souvent la une des médias. C'est à qui trouvera le titre le plus accrocheur pour qualifier cette société dangereuse dans laquelle nous serions entrés : 'terreur sur la ville' ; 'le temps des assassins' ; 'l'ère de la peur' ; 'Paris-Chicago'… Autant de titres qui ont peut-être autant contribué à la psychose actuelle que la délinquance elle-même.

À ces raisons d'ordre commercial s'ajoutent des tentatives de récupération politique. Ceux qui sont proches du pouvoir en place accusent moins la délinquance que le type de société qui a permis son expansion. Suit alors une condamnation en règle de la politique antisociale menée de 1974 à 1981. Bref, le fameux héritage dont les Français paieraient depuis 3 ans les droits de succession… Pour ceux qui s'activent aujourd'hui dans l'opposition, c'est le laxisme, caractéristique de la politique actuelle, qui serait responsable d'un accroissement sans précédent de la criminalité. Entre les exagérations des uns et les interprétations subjectives des autres, il faut garder la tête froide. Et d'abord interroger les faits, qui sont disponibles à tout citoyen curieux de les comprendre. Si certains sont accablants, d'autres sont plutôt moins dramatiques qu'on ne l'imagine. De sorte que l'impression d'insécurité est peut-être plus grave que l'insécurité elle-même.

Les chiffres ne font pas de sentiment

La vérité des chiffres est simple. Après avoir beaucoup augmenté depuis 10 ans (mais de façon variable selon la nature des délits), la délinquance a globalement ralenti sa croissance en 1983. Mais il faut, pour y voir clair, s'intéresser à chacun des aspects de délinquance. Il faut aussi être conscient que tout n'apparaît pas dans les statistiques et donc

Délits en tout genre

Nombre de délits et évolution :

	1973	1979	1982	1983	Variation 1983/82	Variation depuis 72
- Vols simples	790 848	1 200 295	1 647 143	1 692 694	+ 2,8 %	+ 130 %
- Cambriolages de lieux d'habitation	71 001	110 479	198 998	212 397	+ 6,6 %	+ 205 %
- Vols avec violence	13 525	27 053	40 540	44 735	+ 10,4 %	+ 281 %
- Toxicomanie	2 602	9 620	21 145	23 615	+ 11,7 %	+ 756 %
- Trafic de stupéfiants	228	810	1 001	2 735	+ 173,2 %	+ 994 %
- Vols à main armée	2 602	4 993	5 535	6 139	+ 10,9 %	+ 237 %
- Viols	1 507	1 695	2 459	2 803	+ 14,0 %	+ 98 %
- Homicides non crapuleux	984	1 645	1 879	2 043	+ 8,7 %	+ 115 %
- Homicides crapuleux	139	172	226	311	+ 37,6 %	+ 105 %
- Chèques sans provision	324 273 }	973 804	397 859	417 275	+ 4,9 %	+ 28,7 %
- Autres (1)	555 663 }		1 096 897	1 159 228	+ 1,9 %	− 8,8 %
- TOTAL	1 763 372	2 330 566	3 413 682	3 563 975	+ 4,4 %	+ 112,7 %

(1) Attentats par explosifs, destruction et dégradation de biens publics et privés, utilisation de chèques volés, escroqueries, coups et blessures volontaires, etc.

Le grand axe de la délinquance :

	1973	1979	1982	1983	Parts des délits totaux	Variation 1983/82
- Région de Paris	392 188	480 015	710 750	735 655	20,6 %	+ 9,5 %
- Région de Lille	173 543	212 859	330 142	379 049	10,6 %	+ 14,8 %
- Région de Marseille	165 037	223 043	339 815	328 210	9,2 %	− 3,3 %
- Région de Lyon	128 949	193 956	307 626	306 655	8,6 %	− 0,3 %
			Total	1 749 569	49,0 %	

La peur aux trousses

Constatez-vous aujourd'hui une montée de la violence dans votre vie de tous les jours ?

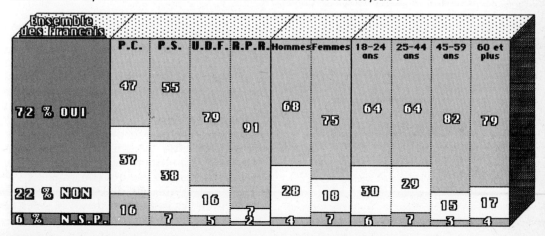

ministère de l'Intérieur et de la Décentralisation

France-Soir/IFRES (avril 1984)

s'efforcer d'aller au-delà, lorsque c'est nécessaire et possible._____

3 600 000 délits en 1983.
● *La petite délinquance représente*
84 % des délits.

L'inflation de la criminalité a été moins forte en 1983 qu'en 1982 (+ 4,4 % contre + 18 %). Ce chiffre global n'a cependant pas beaucoup de sens puisqu'il est l'addition de délits aussi différents que les meurtres, l'usage de drogues ou les vols à l'étalage. C'est l'augmentation de la petite délinquance qui explique l'accroissement général. Ainsi, on a compté 400 000 chèques sans provision en 1983, sans compter les innombrables utilisations frauduleuses de chèques ou de documents volés (multipliées par 7 depuis 1972)._____

La moyenne délinquance (vols, cambriolages), qui avait beaucoup augmenté depuis quelques années, a évolué moins vite en 1983.

La grande criminalité augmente
plutôt moins vite
que les autres formes de la délinquance.

Le nombre des atteintes volontaires contre les personnes a globalement peu augmenté en 1983 (encadré). Les homicides crapuleux (même s'ils sont relativement peu nombreux) sont ceux qui frappent le plus l'opinion. Pourtant, le nombre des meurtres n'a guère

varié en France depuis… 1825, époque où la population française était inférieure de moitié à celle d'aujourd'hui. De la même façon, on comptait déjà 38 000 procès-verbaux pour coups et blessures en 1949._____

Il y a eu 1 074 attentats par explosifs en 1983.
● *213 étaient dirigés contre des biens publics.*
● *861 contre des biens privés.*

Les actes de terrorisme sont, avec les meurtres, ceux qui impressionnent le plus les Français (encadré). Leur nombre varie considérablement d'une année à l'autre, en fonction de la situation politique internationale (les deux tiers des attentats ont des mobiles politiques)._____

De la peur à la terreur

Le terrorisme, qui tue aveuglément, est sans doute l'une des formes les plus détestables de la criminalité. Les fusillades et les assassinats de sinistre mémoire (rue des Rosiers, rue Copernic…) sont là pour le rappeler. Devant cette situation, les Français se sentent menacés. 62 % considèrent que les mesures prises sont insuffisantes et 66 % souhaitent des peines particulières. Dans le cas de prise d'otages, 55 % pensent qu'il faut tout faire pour préserver les vies humaines, 33 % qu'il ne faut en aucun cas céder au chantage.

Journal du dimanche/Ifres (août 1983)

Le nombre des cambriolages a triplé en 10 ans.
● *210 000 cambriolages*
de lieux d'habitation en 1983.
● *7 % de plus qu'en 1982.*

Les résidences principales sont de loin les cibles privilégiées des monte-en-l'air. C'est là, bien sûr, que sont stockés les objets, meubles, bijoux de valeur, plus que dans les résidences secondaires qui sont donc relativement épargnées (moins de 10 % des cambriolages de lieux d'habitation). En 1983 les cambriolages ont beaucoup moins augmenté qu'au cours des deux années précédentes (encadré). On observe des résultats relativement favorables en ce qui concerne les vols de véhicules, qui ont diminué en 1983 de 2,6 % pour les voitures et de 6,2 % pour les deux-roues._____

Atteintes volontaires contre les personnes : une hausse en baisse

ministère de l'Intérieur et de la Décentralisation

Nombre de délits et évolution :

	1983	Variation 1983/82	Variation depuis 1972
- Homicides	2 702	+ 8,3 %	+ 95 %
- Coups et blessures volontaires	39 251	+ 1,2 %	+ 49 %
- Enlèvements et séquestrations de personnes	495	+21,9 %	+224 %
- Menaces de mort	6 242	+ 3,9 %	+222 %
- Violations de domicile	7 633	+ 0,9 %	+ 98 %

ministère de l'Intérieur et de la Décentralisation

Vols : toujours plus haut

Nombre de délits et évolution :

	1983	Variation 1983/82	Variation depuis 1972
- Vols à main armée	6 139	+ 10,9 %	+ 237 %
- Autres vols avec violence	44 735	+ 10,4 %	+ 281 %
- Cambriolages et vols avec entrée par ruse	399 722	+ 7,2 %	+ 161 %
- Vols simples (1)	1 692 694	+ 2,8 %	+ 130 %
- Autres vols	19 954	+ 3,0 %	+ 404 %

(1) Autos, deux-roues, vols à l'étalage, à la roulotte, vols de salariés, employés, etc.

La peur du lendemain se nourrit de l'actualité.

Le Matin

Les Français ne manquent pas d'assurances

24 milliards de francs en 1984. C'est ce qu'ont dépensé les Français (particuliers, commerçants, chefs d'entreprise) pour protéger leurs biens et défendre leurs intérêts. L'assurance proprement dite représente les deux tiers de cette somme (près de 10 milliards de francs). Viennent ensuite les actions de gardiennage (2,6 milliards), les honoraires d'avocats (2,8 milliards) et environ 2 milliards pour les systèmes de protection individuelle contre le vol (blindages, coffres-forts, systèmes d'alarme...).

La dépense moyenne d'assurance représente environ 3 500 francs par ménage, répartis de la façon suivante :

- Automobile : 52 %
- Deux-roues : 3 %
- Assurance-vie : 21 % (un tiers des ménages concernés)
- Habitation : 19 %
- Autres : 5 % (maladie, sports, chasse...)

Le souci majeur des Français fut pendant longtemps d'acquérir des biens. Il est aujourd'hui de les préserver (p. 171).

CDIA

Le vandalisme se développe partout.

Le malaise social, en particulier celui ressenti par les jeunes, s'exprime plus dans le vandalisme que dans toute autre forme de délinquance. Parcmètres, cabines téléphoniques, voitures de métro ou de chemin de fer, tout est bon pour montrer son mépris du patrimoine public et donc de la société (encadré). Dans sa forme primaire, le vandalisme consiste à casser, abîmer, enlaidir, salir. Dans sa forme 'culturelle', il se manifeste par les graffiti et autres moyens d'expression s'appropriant les surfaces publiques pour communiquer clandestinement avec la société. Mais le vandalisme n'est pas toujours gratuit. Avec les nouvelles technologies, se développe le piratage à but lucratif. Les ordinateurs sont la cible favorite de cette nouvelle forme de délinquance. Sur 100 pannes survenant à des ordinateurs, 20 seraient dues à

Le vandalisme ordinaire

Chaque mois, 15 % des parcmètres de Paris reçoivent une dose d'acide ou de mastic. Symbole de la guerre entre les usagers et l'administration. Si la plupart des cabines téléphoniques sont en panne, c'est 9 fois sur 10 parce qu'elles ont été volontairement sabotées. Chaque année, la Ville de Paris nettoie environ 50 000 m² de murs recouverts de graffiti de toutes sortes. Les transports en commun sont aussi des cibles privilégiées : 40 000 sièges sont lacérés dans les voitures du métro. À la S.N.C.F., le bilan est encore plus impressionnant : en 1982, 30 000 draps, 2 000 échelles, 16 000 marteaux brise-vitres, 100 000 taies d'oreiller, 50 000 couvertures, etc., ont été démontés, sabotés ou volés. Le tout pour un montant d'environ 30 millions de francs.

des fraudeurs, qui 'détournent' des programmes dans un but de profit. Le 'vandalisme en col blanc' risque de faire parler de lui dans les prochaines années. Si le vol est une motivation courante, le pied de nez aux institutions en est une autre, d'importance croissante.

Le trafic des stupéfiants s'accroît considérablement, malgré les succès obtenus en matière de répression.
● *En 1983, 190 personnes sont mortes à la suite d'un abus de drogue.*
● *Le nombre des délits de toxicomanie a augmenté de 12 % par rapport à l'année précédente.*

Ce chiffre est très inférieur à la réalité puisqu'il ne représente que les décès **signalés** aux services de police et de gendarmerie. Il ne tient pas compte non plus des décès survenus à la suite de maladies liées à la toxicomanie. De sorte que le nombre réel de décès en 1983 est sans doute plus proche de 1 000. Les chiffres concernant le trafic de stupéfiants ont littéralement bondi : + 173 %. Mais ils ne donnent qu'une vision très partielle de la situation, puisqu'il s'agit des délits de trafic **constatés** par les services de police. Cette augmentation est-elle liée à l'intensification (efficace, voir encadré) des efforts réalisés par la police ou correspond-elle à une véritable explosion du trafic ? La toxicomanie ne semble pas, heureusement, avoir augmenté dans de telles proportions (p. 21) pendant cette période.

7 milliards de francs de drogues saisis en 1983 (prix de détail)

Principales saisies de drogue en 1983 :		83/82
- héroïne	168 kg	+ 70 %
- cocaïne	229 kg	+ 300 %
- cannabis		
● herbe	12,5 tonnes	≈
● résine	11 tonnes	≈

(texte vertical : ministère de l'Intérieur et de la Décentralisation)

La délinquance a augmenté de façon considérable depuis le début de la crise,

mais elle s'accroît moins vite aujourd'hui.

Il n'est pas très agréable de trouver son appartement retourné lorsqu'on rentre chez soi le soir, ni de se faire arracher son sac à main par un voyou.

Chacun connaît un parent, un ami ou un collègue de travail qui s'est fait cambrioler ou agresser dans la rue. Mais les Français sont tout de même moins victimes de la violence que des accidents de la route (p. 24).

Avant une opération chirurgicale, la crainte d'avoir mal est souvent plus pénible que la douleur. Il en est de même pour la délinquance. L'appréhension qu'elle fait naître, entretenue par les médias, est très inconfortable. Elle contribue largement au malaise actuel de la vie en société et conduit parfois à des abus fort regrettables (p. 185), tout en nuisant au climat social.

Les chiffres ne disent pas tout

L'éternel débat sur la validité et l'interprétation des statistiques n'a pas épargné celles de la criminalité. On peut contester les chiffres bruts fournis par les pouvoirs publics, pour la simple raison qu'ils ne mesurent pas la délinquance, mais les résultats obtenus par ceux qui la combattent (arrestation de trafiquants…). On peut aussi leur reprocher de faire l'impasse sur un certain nombre de dossiers qui aboutissent directement aux parquets des tribunaux (plaintes émanant d'administrations ou de sociétés), sans transiter par la police. Ou, à l'inverse, de comptabiliser deux fois certaines affaires, du fait de la dispersion des services ou de la concurrence qu'ils se font. Par ailleurs, les catégories regroupant les différents types de délits se fondent sur des critères de gravité parfois fantaisistes. Ainsi, arracher le sac à main d'une dame est considéré comme un acte de grande criminalité. Mais la tuer ou la violer rentre dans la moyenne criminalité, si elle n'a pas été volée en même temps ! De plus, la refonte récente du système des statistiques du ministère de l'Intérieur tend à écarter certains crimes et délits (recel, etc.). Enfin, il semble qu'un nombre croissant de victimes ne déclarent plus les petits vols ou délits, par crainte (ou par conviction) qu'aucune suite ne soit donnée.

Comme toujours, la réalité se prête difficilement à une description par les chiffres. Force est pourtant de constater qu'elle est encore plus difficile à comprendre sans eux.

Vous avez dit laxisme ?

L'idée à la mode est que la répression de la délinquance n'est pas assurée dans de bonnes conditions. Et le mot laxisme monte instantanément aux lèvres des Français, comme il monte souvent à la une des journaux. Là encore, il faut laisser parler les faits. Sans les interrompre…————————————

La justice est de plus en plus sévère avec les criminels.
● *Depuis 1978, le nombre des condamnations à des lourdes peines de prison (10 ans ou plus) a augmenté de 50 %.*
● *Dans le même temps, la population carcérale a augmenté de 20 %.*

Contrairement à une idée répandue, il n'y a

La peur est à droite

Le jugement des Français sur la justice est globalement négatif. Mais il n'est pas indépendant de toute préoccupation politique. Les Français de droite n'apprécient guère la 'justice de gauche'.

Estimez-vous qu'aujourd'hui on est suffisamment ou insuffisamment protégé par la justice ?

Ensemble des Français	P.C.	P.S.	U.D.F.	R.P.R.	Hommes	Femmes	18-24 ans	25-44 ans	45-59 ans	60 et plus
26 % SUFFISAMMENT	35	36	25	19	31	22	34	25	24	26
60 % INSUFFISAMMENT	46	49	64	70	56	64	52	61	64	59
14 % N.S.P.	19	15	11	11	13	14	14	14	12	15

France-Soir/Ifres (avril 1984)

Plus de condamnations...   ...et moins de libérations

Nombre de libérations conditionnelles.

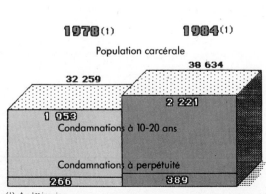

1978(1)   1984(1)

Population carcérale

32 259   38 634

1 953   2 221
Condamnations à 10-20 ans

Condamnations à perpétuité
266   389

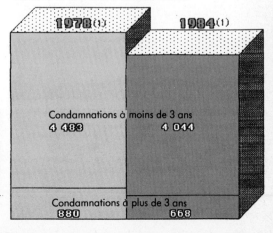

1978(1)   1984(1)

Condamnations à moins de 3 ans
4 483   4 044

Condamnations à plus de 3 ans
880   668

(1) Au 1er janvier.

ministère de la justice

jamais eu autant de monde en prison. Il est vrai que les effectifs avaient fortement diminué en 1981, à la suite des mesures de grâce collective qui avaient suivi l'élection présidentielle et de l'amnistie du 4 août. Ils ont retrouvé dès 1983 leur niveau antérieur, pour progresser ensuite (le niveau de 40 000 détenus était atteint en février 1984). Les peines prononcées sont en général plus sévères et le nombre des libérations conditionnelles a diminué (ci-dessus), ainsi que celui des permissions de sortir.

Enfin, les cas de récidive sont de moins en moins nombreux (ci-dessous). On ne saurait pour autant se féliciter ; tant que le nombre des délits de récidive ne sera pas nul, il restera trop élevé.

Le criminel frappe rarement deux fois

Proportion de détenus auteurs de crimes ou autres délits à l'occasion de

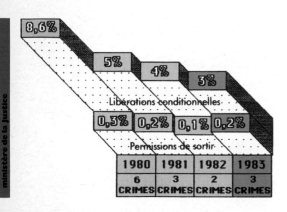

1983 : crimes sur permissions de sortir uniquement.

De la peine de mort à la légitime défense

Effrayés par la description apocalyptique de l'insécurité qui leur est faite quotidiennement par les médias, une partie des Français ont très mal accueilli le projet d'abolition de la peine de mort (encadré). L'image 'laxiste' du garde des Sceaux doit sans aucun doute beaucoup à cette loi, ainsi qu'à son désir, souvent exprimé, d'améliorer les conditions d'incarcération. Sans oublier, bien sûr, l'opération 'portes ouvertes' de 1981 qui avait rendu la liberté à plusieurs milliers de détenus (ci-contre). Beaucoup de Français ont vu dans l'abolition du châtiment suprême la menace d'un nouvel accroissement de la criminalité. Partant de l'idée simple (mais apparemment fausse, voir ci-dessous) que, sans cette dissuasion, les crimes allaient se multiplier.

Fallait-il tuer la peine de mort ?

Il faut rétablir la peine de mort (1)

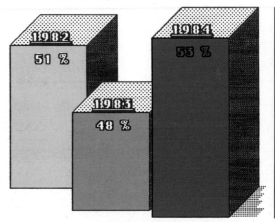

(1) Cumul des réponses 'bien d'accord' et 'entièrement d'accord'.

Il n'y a pas de lien apparent entre l'existence de la peine de mort et la criminalité.

L'influence de la dissuasion opérée par la peine de mort sur la grande criminalité peut être estimée à travers deux expériences : celle des pays étrangers ayant connu une situation semblable (l'Angleterre par exemple) et celle de la France. La première a l'avantage d'être plus longue et extérieure, donc moins suspecte. Elle montre dans tous les cas que la situation n'est pas moins bonne après l'abolition qu'avant. Elle montre aussi qu'elle n'est

38 000 personnes en prison

Population pénale en France métropolitaine au 1er janvier 1984 : 18 554 personnes condamnées sur un effectif de 38 634 personnes incarcérées (les autres étant des prévenus).

Répartition selon la nature de l'infraction (%)

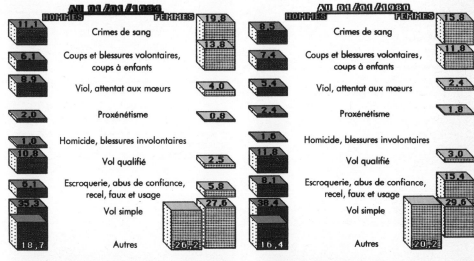

	AU 01/01/1984 HOMMES	AU 01/01/1984 FEMMES	AU 01/01/1980 HOMMES	AU 01/01/1980 FEMMES
Crimes de sang	11,1	19,8	8,5	15,8
Coups et blessures volontaires, coups à enfants	6,1	13,8	7,4	11,8
Viol, attentat aux mœurs	8,9	4,0	5,4	2,4
Proxénétisme	2,0	0,8	2,4	1,8
Homicide, blessures involontaires	1,0		1,6	
Vol qualifié	10,8	2,5	11,8	3,0
Escroquerie, abus de confiance, recel, faux et usage	6,1	5,8	8,1	15,4
Vol simple	35,3	27,6	38,4	29,6
Autres	18,7	26,2	16,4	20,2

Répartition selon la peine prononcée (%)

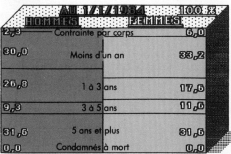
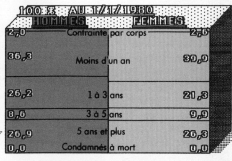

	AU 1/1/1984 HOMMES	AU 1/1/1984 FEMMES	AU 1/1/1980 HOMMES	AU 1/1/1980 FEMMES
Contrainte par corps	2,3	6,0	2,0	2,6
Moins d'un an	30,0	33,2	36,3	39,9
1 à 3 ans	26,8	17,6	26,2	21,3
3 à 5 ans	9,3	11,6	8,6	9,9
5 ans et plus	31,6	31,6	26,9	26,3
Condamnés à mort	0,0	0,0	0,0	0,0

Répartition selon le niveau d'instruction (%)

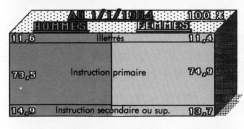
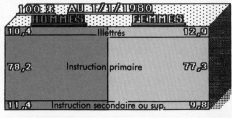

	AU 1/1/1984 HOMMES	AU 1/1/1984 FEMMES	AU 1/1/1980 HOMMES	AU 1/1/1980 FEMMES
Illettrés	11,6	11,4	10,4	12,9
Instruction primaire	73,5	74,9	78,2	77,3
Instruction secondaire ou sup.	14,9	13,7	11,4	9,8

Répartition selon la nationalité (%)

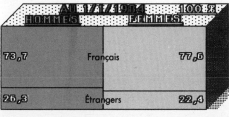
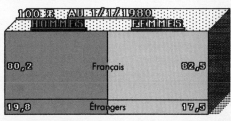

	AU 1/1/1984 HOMMES	AU 1/1/1984 FEMMES	AU 1/1/1980 HOMMES	AU 1/1/1980 FEMMES
Français	73,7	77,6	80,2	82,5
Étrangers	26,3	22,4	19,8	17,5

ministère de la Justice

pas pire que celle des pays où la peine de mort existe encore. L'expérience française va dans le même sens ; deux ans après la suppression de la peine capitale, le nombre des crimes de sang n'a pas augmenté. Si on prend l'exemple, très présent dans l'opinion, des policiers et gendarmes tués dans l'exercice de leurs fonctions, il ne montre aucun signe d'augmentation.

defense de façon 'préventive' et considèrent que toute tentative de s'approprier leurs biens est aussi grave que si elle menaçait directement leur vie. C'est ce type de réflexe primaire qui explique que l'on tire parfois sans sommation sur des cambrioleurs. Avec des conséquences particulièrement dramatiques lorsqu'un père en arrive à tuer par erreur un de ses enfants qui tentait de rentrer sans bruit dans sa chambre…

Les risques du métier

Policiers et gendarmes tués en service :

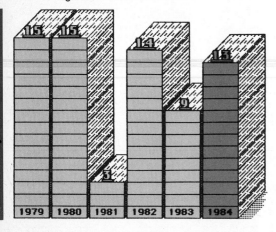

ministère de la Justice

La 'légitime défense' tue chaque année.
- *29 % des Français sont pour l'autodéfense.*
- *27 % ont une arme à feu chez eux.*
- *20 % ont un chien de défense.*

L'une des conséquences les plus évidentes du contexte de violence actuel est le renouveau de l'autodéfense. En quelques années, l'idée que l'on pouvait se substituer à une police jugée trop peu présente et à une justice considérée comme trop accommodante s'est répandue dans l'opinion (encadré). La plupart de ses adeptes sont d'honnêtes citoyens qui ne pensent qu'à protéger leurs biens et parlent volontiers de 'légitime défense'. Beaucoup ont sans doute une trop haute idée de la vie pour s'accorder le droit de la supprimer à quelqu'un, sauf en cas de menace précise sur la leur. D'autres, heureusement plus rares, envisagent la légitime

'La nuit, on aperçoit une ombre, alors on tire…'

France-Soir (avril 1984)

C'est ainsi que s'exprime un Français, parmi les 73 % qui estiment qu'on a le droit de se défendre soi-même. La proportion varie selon les opinions politiques : de 62 % au P.C. à 85 % au R.P.R.

55 % des Français tireraient sur un intrus entré chez eux par effraction s'il risquait de mettre leur vie en péril. En août 1983, une question semblable, sans la dernière partie (menace sur la vie), avait recueilli 36 % de oui, parmi lesquels 33 % tireraient sans sommation (enquête *Paris-Match/Ifres*).

Le Figaro

La peur
accentue les réflexes d'autodéfense.

En 1984, environ 6 Français sur 100 ont été victimes d'un crime ou d'un délit. Le taux est de 7 % en Grande-Bretagne ou en Allemagne et de 8 % au Danemark. La route, la maison, le travail restent infiniment plus dangereux que la criminalité. Sans minimiser l'accroissement, préoccupant, de la délinquance, il faut donc s'efforcer de garder la tête froide.

Dissimulations et disparitions

La fraude fiscale coûte plus de 50 milliards par an.

Eh oui ! La fraude fiscale est une délinquance, même si beaucoup de Français n'en sont pas convaincus (p. 200). C'est même (de très loin) celle qui coûte le plus cher à la collectivité : plus de 2 % du P.I.B. ! Il faut préciser que les estimations concernent l'année 1979 et que l'administration fiscale a enregistré, depuis, quelques beaux succès dans sa chasse aux contribuables récalcitrants (19 milliards de francs récupérés en 1983). Ce qui n'empêche pas certains hauts fonctionnaires du ministère des Finances d'estimer la fraude fiscale actuelle à environ 100 milliards de francs.

Le prix de la délinquance.

Estimation monétaire des criminalités
(en millions de francs)

- Fraudes fiscales	53 183
- Atteintes à la vie humaine	29 205
- Infractions à la réglementation des changes	6 667
- Infractions économiques et financières	5 640
- Proxénétisme	3 000
- Fraudes douanières	1 468
- Vols de véhicules	1 146
- Émissions de chèques sans provision	1 072
- Vols	850
- Vols dans les grands magasins	390
- Destructions de biens	274
- Trafic de stupéfiants	266
- Hold-ups et agressions à main armée	192
- Faux monnayage	20
- Courses et jeux	7

13 000 Français (adultes) disparaissent chaque année.

Fuite ou délinquance ? Qu'arrive-t-il à ces milliers de personnes portées disparues chaque année ? Un peu moins de la moitié seulement sont retrouvées. Reste un peu plus de 7 000 disparitions, dont le tiers sont considérées comme involontaires. Les résultats obtenus dans la seule région parisienne, mieux équipée pour les recherches, sont moins alarmants. Sur 2 600 cas de disparitions d'adultes en 1981, deux tiers étaient dus à des départs volontaires, les autres à des comas consécutifs à un accident, à des amnésies ou à des suicides ; 8 étaient de véritables affaires criminelles. Il reste tout de même 200 énigmes qui défient la sagacité des enquêteurs. Certaines pourront être résolues à l'aide du fichier des cadavres non identifiés (environ 60 par an en France, dont 20 à Paris). Les autres stimuleront l'imagination des auteurs de romans policiers.

SCIENCE : L'AUTRE INSÉCURITÉ

Les Français reconnaissent l'importance du progrès technique dans l'amélioration de leur vie quotidienne. Mais leur gratitude vis-à-vis du passé fait place à une angoisse croissante face à l'avenir. La science et la technologie vont trop vite et trop loin. Leurs applications représentent pour l'humanité à la fois l'espoir de sa survie et la menace de sa destruction. Dès aujourd'hui, la pollution, sous toutes ses formes, est le prix à payer pour bénéficier du progrès.

La science contestée

Si la délinquance et la criminalité inquiètent fort les Français, la véritable insécurité sociale se situe ailleurs, dans les conséquences actuelles et futures de la conquête scientifique.

Les Français sont satisfaits des progrès passés de la science (encadré ci-après), mais ils sont effrayés par ce qu'elle permet aujourd'hui. Leurs craintes portaient jusqu'ici essentiellement sur les applications militaires des nouvelles technologies : armes, bombes, moyens de destruction bactériologiques, etc. Il s'y ajoute aujourd'hui la peur concernant les utilisations pacifiques de la science : la biologie est une menace pour l'avenir de l'homme ; l'informatique en est une pour sa liberté.

54 % des Français se déclarent plutôt hostiles au progrès technique (enquête AESOP 1984).

Lorsqu'on les questionne sur l'intérêt des grandes recherches scientifiques pour l'humanité en général et pour eux en particulier,

Les inventions qui ont changé la vie

Voici une liste de grandes inventions depuis deux siècles. Quelles sont, selon vous, les trois ou quatre qui ont le plus changé votre vie ?

(En % plusieurs réponses possibles)

- L'automobile	51
- L'électricité	50
- La disparition des maladies contagieuses comme la variole, la tuberculose	44
- Le téléphone	42
- La télévision	39
- L'équipement ménager (réfrigérateur, lave-linge, etc.)	26
- L'ordinateur	22
- La pilule pour la contraception	22
- L'avion	12
- L'anesthésie	10
- Le chemin de fer	9
- La radio	9
- Le chauffage central	7
- Les transports en commun dans les villes	5
- Les engrais chimiques	3
- Sans opinion	1

l'Expansion, octobre 1982

les Français sont de plus en plus réservés. L'attrait intellectuel, le grand défi jeté par l'homme à la nature et à la vie ne les enthousiasment guère. Et les promesses technologiques qui ont leurs faveurs sont celles dont les applications pratiques leur paraissent les

Informatique et liberté

'Les ordinateurs menacent nos libertés'

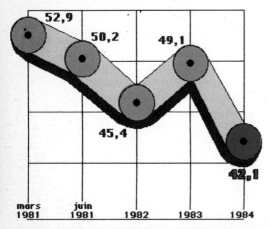

52,9				
	50,2		49,1	
		45,4		
				42,1
mars 1981	juin 1981	1982	1983	1984

AESOP

plus utiles et les moins susceptibles de détournement.

Les progrès les plus attendus sont ceux qui permettront d'améliorer la santé et de prolonger la vie.

Les Français ont toujours été très intéressés par la recherche médicale. L'image de la France dans ce domaine reste bonne. Les grandes émissions de la télévison et de la radio consacrées à la santé ont toujours du succès, et les résultats obtenus par la médecine depuis quelques décennies sont spectaculaires. Aujourd'hui plus que jamais, l'idée de la maladie est très désagréable (p. 16) ; celle de la mort est tout à fait insupportable. Surtout lorsqu'elle est associée aux souffrances et à la déchéance provoquées par le cancer ou d'autres maladies rappelant à l'homme sa faiblesse fondamentale. C'est pourquoi les Français plébiscitent volontiers les recherches dans ce domaine essentiel, où le risque de la mauvaise utilisation leur paraît faible, en comparaison des bénéfices escomptés.

Les Français s'intéressent à tout ce qui peut renforcer leur liberté individuelle.

Ils savent que celle-ci passe par une meilleure information, sur le plan national, international, comme sur le plan local. Mais ils ne veulent pas seulement être informés de l'évolution de leur environnement ; ils veulent aussi pouvoir communiquer avec lui. Les nombreuses innovations prévues dans ces domaines (p. 360) sont donc attendues avec impatience.

Les Français sont cependant conscients que la science et la technologie ne leur ont pas apporté jusqu'ici que des satisfactions. La contrepartie la plus visible du progrès est la pollution, sous toutes ses formes, qui rend la vie souvent difficile et qui la met parfois même en danger (p. 194). Il leur paraît donc légitime que la science prenne en charge les problèmes qu'elle a elle-même engendrés. C'est pourquoi ils manifestent un grand intérêt pour des progrès tels que l'utilisation des énergies naturelles (non polluantes) ou

L'ordinateur inquiète tout autant qu'il fascine.

question l'ordre naturel. Qu'il s'agisse de se nourrir avec des algues ou des aliments cultivés artificiellement, ou encore de contrecarrer le déroulement normal des naissances par des 'manipulations' génétiques (choix du sexe ou de la personnalité, bébés-éprouvettes...), leurs craintes sont clairement exprimées.

La peur de la science ne concerne pas seulement le futur. Certains nouveaux produits du quotidien, dont les services sont connus (sinon reconnus), ne semblent pas bien acceptés par les Français. Le micro-ordinateur, qui enchante tant les enfants, est loin de faire l'unanimité chez les adultes (p. 362). Quant aux robots, ils étaient plus sympathiques lorsqu'ils se contentaient d'intervenir

Ce qui est bon pour la France n'est pas toujours bon pour les Français

Intérêt de 15 grandes expériences scientifiques
par ordre décroissant :

	Pour la France		Pour moi-même	
	Bénéfique	Dangereux	Souhaitable	Inquiétant
● Transplantation d'organes	79,0	3,1	67,1	12,4
● Utilisation des énergies naturelles	78,2	1,4	74,7	3,0
● Satellite de télécommunication	73,5	4,6	66,0	9,0
● Organes artificiels	71,4	6,4	62,1	14,7
● Récupération et recyclage des déchets	67,9	10,4	61,4	15,0
● Petites stations T.V. dans une ville, un village, un quartier	59,6	14,0	58,6	14,1
● Conquête spatiale de la Lune et des planètes	56,8	18,1	41,1	30,4
● Système pour recevoir sur sa T.V. toutes les informations d'un grand ordinateur	53,9	20,0	47,2	25,3
● Alimentation à base d'algues marines	51,7	22,3	39,3	34,2
● Fichiers informatiques sur gros ordinateurs	48,6	31,9	29,9	50,1
● Micro-ordinateurs à la maison	41,1	30,5	33,2	39,3
● Recherche atomique	37,4	40,4	17,3	58,7
● Bébés-éprouvettes	32,4	40,4	17,1	51,5
● Culture industrielle des légumes sur des sols artificiels	23,5	52,3	13,0	62,4
● Automatisation et robotisation des métiers	20,2	56,0	10,7	63,6

le recyclage des déchets industriels et de ceux des particuliers.

Tout ce qui va contre la nature semble a priori dangereux.

En dehors de la lutte contre la maladie et le vieillissement, qu'ils considèrent comme un combat essentiel, la majorité des Français refusent tout ce qui pourrait remettre en

dans les histoires de science-fiction. Leur arrivée dans les usines est ressentie comme une menace (p. 284). Dans leur immense majorité, les Français rejettent donc avec force ces nouvelles techniques, conscients que leur implantation, progressive et inéluctable, ne sera pas sans conséquences sur l'emploi. Si le robot fascine les enfants, il effraye au contraire les adultes, qui voient en lui un dangereux rival.

Les jeunes ont plus envie de se 'brancher' que les autres

● Dans dix ans, on peut penser que beaucoup de choses seront possibles. En voici quelques-unes. Dites pour chacune si vous souhaitez :

	Ensemble de la population		De 18 à 35 ans
	Oui	Non	Oui ou Non
	%	%	%
Voir sur un écran le visage de votre correspondant et être vu par lui, quand vous lui téléphonez	62	35 (1)	Oui : 61
Traiter la plupart de vos affaires personnelles (impôts, assurances, sécurité sociale, banque, etc.) sur votre propre ordinateur	61	36	Oui : 73
Régler vos dépenses avec une carte de crédit 'à mémoire' qui débiterait automatiquement votre compte en banque	51	46	Oui : 66
Ne plus avoir besoin d'aller dans les magasins pour faire vos achats, parce que vous pourriez les effectuer en consultant un catalogue sur votre écran vidéo	22	77	Non : 77
Avoir une plus belle voiture qu'aujourd'hui	37	56	Oui : 49
Pouvoir recevoir plusieurs chaînes de télévision privées	59	39	Oui : 68

(1) Le complément à 100 % correspond aux personnes n'ayant pas exprimé d'opinion.

l'Express/Gallup – Faits et Opinions (juillet 1984)

Face à la technologie : quatre scénarios d'adaptation des Français

La grande peur de l'homme vis-à-vis de la machine n'est pas nouvelle. On se souvient de l'hostilité à laquelle se sont heurtées les plus grandes inventions : l'automobile, dont le bruit et la vitesse déclenchaient prétendument des maladies ; le train, qui empêchait les poules de pondre, l'avion, qu'on imagina d'abord limité aux courtes distances… Les craintes actuelles vis-à-vis de l'informatique, de la biologie ou de l'énergie atomique sont les conséquences logiques de l'avènement de la troisième révolution technologique (p. 283). Pourtant, cette révolution présente trois différences fondamentales par rapport aux précédentes : les innovations se propagent de plus en plus vite ; les générations nouvelles sont de plus en plus rapprochées ; la puissance que confèrent ces innovations à l'homme est de plus en plus grande. À tel point d'ailleurs qu'il est, pour la première fois de son histoire, capable de s'autodétruire totalement.

Les Français croient au progrès, pas au miracle

Que représente pour vous le progrès ?

La majorité des Français considèrent la mutation technologique comme une menace.

Ceux qui y sont favorables sont principalement les jeunes et ceux qui ont une conception très moderniste de l'existence. Mais la plupart des Français se sont mis, depuis le début de la crise, en position de repli (p. 169). Ils émettent donc de sérieuses réserves quant à l'intérêt des progrès techniques les plus spectaculaires, qui sont d'ailleurs souvent les moins compréhensibles par le public.

Les prochaines années diront comment s'effectue l'adaptation de la société aux nouvelles technologies. Un rapport réalisé par le Centre d'études sociologiques du C.N.R.S. (*Vie quotidienne et nouvelles technologies de l'in-*

formation, de Pierre-Alain Mercier, François Plassard et Victor Scardigli) propose quatre scénarios d'adaptation :

1. Scénario d'intégration

Le progrès des sciences et des techniques est à l'origine de la transformation de la société. Les innovations sont souhaitées par les individus, qui les adoptent spontanément dans le but d'améliorer leur vie personnelle et les rapports au sein de la société. Elles sont rapidement maîtrisées par l'ensemble de la population, de sorte qu'elles n'accentuent pas les différences sociales, mais jouent au contraire un rôle égalisateur.———

Cette hypothèse optimiste implique une parfaite diffusion des équipements à l'intérieur de la société. Elle nécessite surtout une formation rapide et efficace de chacun à l'utilisation de ces nouveaux outils, que ce soit à l'école, au travail, au foyer ou dans les contacts avec les organismes publics ou privés (institutions, administrations, services divers, commerçants…).———

2. Scénario de dysfonctionnement

La société dans son ensemble rejette la greffe des nouveaux produits. Elle cherche au contraire à privilégier un mode de vie où la technologie perd de son importance : développement des loisirs conviviaux (promenade, sport, fête…) ; valorisation des relations humaines traditionnelles non médiatisées par l'informatique ou la télévision ; refus de rationaliser l'emploi du temps de la vie, donc d'utiliser les produits ou équipements permettant de gagner du temps.———

Un tel scénario ne peut se produire que si le développement technologique est en quelque sorte imposé par l'État ou le marché, sans tenir compte des aspirations réelles des personnes.———

3. Scénario de sujétion

Les individus sont soumis aux nouvelles lois liées à l'application des technologies modernes à la société (en particulier, l'informatique). Le gain de temps important qui résulte de cette introduction est consacré à la consommation passive de nouveaux services. Au travail, comme dans leur vie quotidienne, les Français perdent la maîtrise de leur temps. Les conséquences sont nombreuses : assistance, dé-responsabilisation, diminution progressive des compétences personnelles. La technique sert de plus en plus à satisfaire des besoins artificiels (mode, différenciation sociale, consommation-drogue) qu'elle crée comme dans le scénario précédent sans tenir compte des aspirations réelles des individus.———

4. Scénario d'exclusion

Ce scénario ne peut, par définition, concerner l'ensemble de la société puisqu'alors il ne reposerait plus sur rien et cesserait donc d'exister. Il peut, par contre, s'appliquer à une partie plus ou moins vaste de la population. Celle qui, mal préparée aux conséquences quotidiennes de l'évolution technologique, se trouve dans l'incapacité de s'y adapter. Les nouvelles conditions proposées aux travailleurs leur imposent un trop grand effort de remise en cause personnelle. Les nouveaux modes de vie qui s'installent sont incompatibles avec leur habitudes et leurs aspirations. Un traumatisme se développe chez eux, qui va progressivement les mettre à l'écart du fonctionnement social. Cette marginalisation subie renforce de façon spectaculaire les inégalités entre les catégories sociales.———

*Le plus probable est
que plusieurs de ces scénarios vont coexister
et évoluer dans le temps.*

Face aux quatre scénarios proposés par les chercheurs du C.N.R.S., il est difficile de risquer une prévision. Il paraît pourtant peu probable que les Français intègrent sans difficulté aucune l'évolution technologique en cours, en particulier dans ses applications les plus quotidiennes. Certains signes visibles actuellement montrent qu'une partie de la population est déjà entrée dans un processus d'exclusion. C'est le quart monde industriel dont les effectifs ont régulièrement augmenté depuis le début de la crise (p. 315). Les pauvres font de plus en plus partie du paysage sociologique de la France.———

Le futur est-il pour après-demain ?

La science tend aujourd'hui à se confondre avec la science-fiction. La tentation est forte, devant l'avalanche des produits nouveaux qui arrivent sur le marché, de prédire un bouleversement complet des modes de vie. Les médias, qui s'en voudraient de manquer une révolution, ont déjà largement raconté celle qui doit avoir lieu demain. La maison électronique, le télé-travail, l'information globale de la société y apparaissent déjà comme des faits plutôt que comme des hypothèses plus ou moins probables et plus ou moins proches.

Devant tant d'assurance, il est nécessaire de s'interroger. La question fondamentale, résumée par

Technologie et société : trois scénarios d'adaptation

Le scénario d'exclusion ne figure pas dans ce tableau comparatif, car il caractérise par définition la non-adaptation à l'évolution technologique.

	INTÉGRATION	DYSFONCTIONNEMENT	SUJÉTION
Diffusion sociale des nouvelles technologies (informatique, communication, etc.)	Nombreux réseaux décentralisés et interconnectés. Nombreux équipements individuels (connectables).	Réseaux centralisés. Quelques équipements individuels (non connectables).	Réseaux centralisés. Nombreux équipements individuels (connectables).
Apprentissage	Facile (intérêt et compétence du public).	Difficile (allergie du public).	Facile.
Utilisation	Large.	Faible.	Très large.
Attitudes individuelles	Forte demande sociale. Épanouissement individuel par l'utilisation sélective.	Défiance face à un usage imposé. Réinvention d'un mode de vie traditionnel, en réaction.	Hédonisme et individualisme. Surconsommation passive imposée par les pressions sociales.
Application aux tâches domestiques (appareils ménagers, ordinateurs, terminaux vidéotex…)	Tâches dévalorisées. Achats à distance coexistant avec les formes traditionnelles. Utilisation interactive.	Tâches revalorisées. Commerce de quartier. Réticence face aux cartes de paiement. Croissance des réseaux non marchands. Réseaux parallèles d'information.	Tâches dévalorisées. Achats à distance généralisés. Fin du commerce de quartier.
Travail	Requalification professionnelle. Travail épanouissant.	Refus des technologies perçues comme déqualifiantes.	Déqualification professionnelle (l'homme au service de la machine).
Santé	Autosurveillance et médecine assistée par ordinateur.	Médecin de famille et médecines parallèles.	Développement de l'hospitalisation.
Éducation	Enseignement assisté par ordinateur (E.A.O.). Participation active des élèves.	E.A.O. refusé par les enseignants. Usage ludique par les élèves.	Professeurs dévalorisés. Peu d'intérêt et de créativité de la part des élèves.
Loisirs	Organisation rationnelle 'vidéo-créativité'.	Valorisation de l'irrationnel, de la fête, du plein air.	Usage ludique de l'ordinateur.
Relations sociales	Rétablies par la technique.	Préservées de l'influence de la technique.	Détruites par la technique.

Vie quotidienne et nouvelles technologies de l'information, C.N.R.S., P.-A. Mercier, F. Plassard et V. Scardigli

les scénarios décrits précédemment, est bien de savoir quel sera le degré d'adaptation de l'offre (aux possibilités innombrables) à la demande, qui est moins extensible qu'on ne l'imagine souvent. L'expérience Télétel conduite à Vélizy donne à cet égard un élément de réponse : au bout de la période de test (environ 18 mois), un tiers des utilisateurs avaient rangé leur terminal dans un placard. Certes, le nombre et la nature des services qui leur étaient offerts étaient limités, et il n'est donc pas possible de conclure. Mais il est probable que le progrès technologique ne sera pas accepté en bloc par les Français. D'abord, parce qu'il exerce sa propre concurrence : le magnétoscope et le vidéodisque sont des produits qui s'excluent mutuellement, comme le sont la caméra super 8 et la caméra vidéo ou la photographie électronique (type Mavica de Sony) et la photographie traditionnelle. Passé le premier moment d'enthousiasme, les utilisateurs attendent aussi des services réels de la part des équipements qui leur sont proposés. Il n'est qu'à voir l'évolution des ventes de jeux électroniques (p. 102) ou les débuts un peu

difficiles de l'ordinateur familial (p. 361) pour s'en convaincre.

S'il apparaît probable que la vie des Français sera demain marquée par l'avènement des produits issus des technologies de pointe, la vraie révolution des modes de vie ne sera peut-être que pour après-demain. Il n'y aurait donc pas lieu, dans ce cas, d'en être effrayé par avance.

S'il est permis d'imaginer que le scénario de dysfonctionnement constituera une réponse initiale à la mutation technologique, il n'est pas logique de penser qu'il puisse s'installer durablement. La France est en effet trop marquée *politiquement* par la volonté démocratique, *économiquement* par le libéralisme (dans ses versions de droite comme de gauche) et *socialement* par un esprit reven-

Les Styles de Vie et la Science

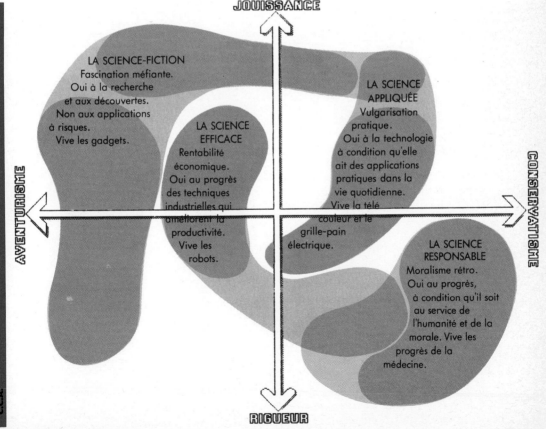

JOUISSANCE

LA SCIENCE-FICTION
Fascination méfiante.
Oui à la recherche
et aux découvertes.
Non aux applications
à risques.
Vive les gadgets.

LA SCIENCE
APPLIQUÉE
Vulgarisation
pratique.
Oui à la technologie
à condition qu'elle
ait des applications
pratiques dans la
vie quotidienne.
Vive la télé
couleur et le
grille-pain
électrique.

LA SCIENCE
EFFICACE
Rentabilité
économique.
Oui au progrès
des techniques
industrielles qui
améliorent la
productivité.
Vive les
robots.

AVENTURISME

CONSERVATISME

LA SCIENCE
RESPONSABLE
Moralisme rétro.
Oui au progrès,
à condition qu'il soit
au service de
l'humanité et de la
morale. Vive les
progrès de la
médecine.

RIGUEUR

C.C.A.

Pour lire la carte, voir présentation p. 415.

dicatif pour qu'un type de société totalement étranger aux préoccupations du plus grand nombre ne soit pas balayé avant même d'avoir vu le jour.

Les Français accepteront difficilement toute innovation qui serait contraire à leur liberté individuelle.

Par rapport à celui de l'intégration, le scénario de la sujétion apparaît moins improbable. Il peut en effet s'appuyer, au moins provisoirement, sur une certaine volonté de consommer, très présente dans certaines catégories de la population (p. 138). Il pourrait donc caractériser une période de transition, dans l'attente d'une attitude plus stable, proche de l'intégration. Tout en favorisant pendant l'intérim le développement du scénario d'exclusion auprès des catégories les plus vulnérables.

La probabilité de chaque scénario est fortement liée à l'évolution de certains facteurs économiques : croissance ; chômage, disponibilité de l'énergie ; pouvoir d'achat. Elle dépendra aussi du rôle joué par l'État et le système éducatif (l'école, mais aussi la formation permanente). Elle dépendra enfin de la nature précise de l'évolution technologique et de ses applications concrètes.

Il est sûr, en tout cas, que les Français resteront très attentifs à l'impact de l'évolution technologique sur leur liberté individuelle. Les débats préalables à la loi 'informatique et liberté' les ont déjà alertés sur les dangers de l'ordinateur. Les expériences actuellement menées dans les domaines de la biologie, de la génétique ou de la chimie montrent que l'écart entre science et science-fiction s'amenuise chaque jour.

Pollution : la rançon du progrès

Les révolutions industrielles ont apporté le progrès matériel à une partie de l'humanité. Mais elles ont créé de nouveaux problèmes au fur et à mesure qu'elles en résolvaient. La pollution atmosphérique, le bruit, les difficultés de circulation sont la rançon de plusieurs décennies d'un développement

sans précédent. La technologie peut être la meilleure amie de l'homme ou le mener à sa perte. Mais c'est encore à elle que l'homme fait appel lorsqu'il veut s'attaquer aux nuisances dont elle est la cause...

'La pollution est préoccupante' (1)

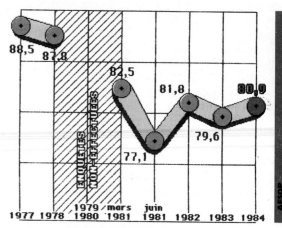

(1) Cumul des réponses 'entièrement d'accord' et 'bien d'accord'.

La qualité de l'air s'améliore depuis 10 ans.

La pollution atmosphérique a en moyenne fortement diminué dans la majorité des grandes villes françaises. Les résultats obtenus sont dus au développement des réseaux de surveillance et de mesure installés progressivement, en conformité avec les directives européennes. Ils sont dus également aux efforts effectués pour réduire la pollution à la source (usines, logements, véhicules). On constate encore des disparités importantes entre les agglomérations. Mais la comparaison est difficile, puisqu'il faudrait tenir compte à la fois du type de polluant (anhydride sulfureux, particules en suspension) et des variations du niveau atteint au-delà des valeurs moyennes indiquées.

La qualité de l'eau de consommation s'est dégradée dans certaines régions.

C'est le cas en particulier dans le Nord, l'Alsace et le Bassin parisien, où les eaux souterraines (qui représentent l'essentiel des eaux distribuées) sont infiltrées par des effluents pollués issus des activités domestiques et industrielles. Les teneurs en nitrates des nappes souterraines augmentent régulièrement depuis une dizaine d'années. L'agriculture rompt l'équilibre de l'azote dans le sol et libère des quantités importantes de nitrates qui se retrouvent dans les nappes. Selon les spécialistes, cette dégradation ne pourra pas se ralentir avant au moins une quinzaine d'années. La complexité de l'agriculture moderne et les contraintes économiques qui pèsent sur elle font en effet que l'évolution des pratiques et de l'emploi des engrais ne peut être que lente. _____

La salubrité des plages
s'est récemment améliorée,
mais 30 % d'entre elles restent polluées.

La pollution des plages (et du milieu marin en général) provient de plusieurs sources : déversements accidentels (ou involontaires) des navires ; produits transportés par les fleuves ; pollutions domestiques et industrielles. _____

Après s'être détériorée jusqu'en 1978, la situation est un peu plus favorable depuis quelques années. Il n'en est pas de même pour les autres lieux de baignade. Plus de la moitié des rivières ont une eau de mauvaise qualité ou momentanément polluée. Pour les baigneurs qui ne vont pas à la mer, mieux vaut choisir les étangs ou les lacs, qui sont moins fréquemment pollués que les rivières.

C'est le bruit qui gêne le plus les Français.
● *50 % des plaintes pour nuisances*
concernent le bruit (36 % en 1972).

Les griefs le plus souvent évoqués sont les aboiements de chiens. Plus dans les villes qu'à la campagne, où ils sont pourtant plus nombreux. Les chaînes hi-fi, les outils utilisés après 22 heures, les disputes, les pianos et autres instruments de musique arrivent immédiatement après. Dans les villes, les nouvelles sirènes des voitures de police, la multiplication des systèmes d'alarme (dont beaucoup se déclenchent de façon intempestive) n'ont pas amélioré le niveau, déjà élevé, du bruit ambiant. Les jeunes, amateurs de musique forte, sont souvent accusés de gêner leur entourage. Outre la considération de leurs voisins, ils risquent ainsi de perdre une partie de leur acuité auditive. Les spécialistes considèrent que beaucoup de jeunes gens ont aujourd'hui une ouïe déficiente. Ce qui pourrait bien leur poser des problèmes lorsqu'ils seront plus âgés. _____

Les véhicules polluent
de trois façons.

Les voitures, motos, motocyclettes ou camions ne se contentent pas de perturber la vie des villes (et de certaines campagnes) par le bruit. Ils contribuent largement à deux autres types de pollution : celle de l'atmosphère et celle de la circulation. Dans ce dernier domaine, les choses ont tendance à empirer. Les rues des villes et les routes des banlieues sont chaque jour le théâtre d'étranges migrations dont la plupart se font dans la lenteur et l'énervement. À Paris, par exemple, les voitures qui entrent chaque matin sont plus nombreuses que celles qui sortent. Il suffit de quelques pourcents de véhicules en plus de la normale pour que les embouteillages commencent : 100 000 voitures circulent sans difficulté dans les rues de la capitale ; à 110 000, la paralysie est proche.

De l'État-providence à l'État-d'exception

L'ÉTAT, C'EST NOUS

Les Français éprouvent vis-à-vis de l'État des sentiments complexes. S'ils restent attachés aux institutions, ils condamnent la bureaucratie qui les étouffe. La contradiction n'est pas nouvelle, mais elle prend une autre dimension au moment où le citoyen demande à la fois plus de sécurité et plus de liberté.

À bas l'État-permanent, vive l'État-d'exception !

Les Français n'ont jamais vraiment souhaité un État-providence. Tout au plus ont-ils imaginé au cours des années 70 que l'État tout-puissant pourrait les protéger des conséquences d'une crise qu'ils voulaient ignorer. Les années passées les ont peu à peu convaincus de deux vérités fondamentales. La première est que l'État ne peut pas lutter seul contre une tempête planétaire.

La seconde est que les moyens dont il dispose ne sont rien d'autre que ceux qui lui sont fournis par les citoyens. L'image de l'État fabriquant et distribuant les richesses est en train de disparaître de l'inconscient collectif. Pour faire place à celle, plus réaliste, de l'État coordonnant l'activité de production dans une perspective à long terme et s'efforçant de la répartir d'une façon équitable.

'Le gouvernement est inefficace' (1)

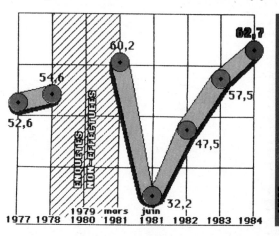

(1) Cumul des réponses 'entièrement d'accord' et 'bien d'accord' à l'affirmation proposée.

La bureaucratie a toujours agacé les Français. Depuis Courteline, les auteurs de théâtre et les chansonniers l'ont souvent tournée en dérision. Mais ce ne sont plus seulement les tracasseries administratives qui sont dénoncées par les Français. Plus que leur temps, c'est une partie de leur liberté qu'ils craignent de perdre dans leurs rapports avec l'État.

Un salarié sur cinq est fonctionnaire.

C'est Bonaparte qui, le 17 février 1800, inventa l'Administration, installant dans chaque région un préfet chargé de veiller à une meilleure égalité des citoyens devant l'État. Depuis, le secteur public a connu une croissance impressionnante (encadré). Celle-ci s'explique de deux façons. D'abord, le progrès social et le développement économique ont accru le nombre des tâches non productives ; qui d'autre que l'État pouvait prendre en charge des activités a priori non rentables ? La seconde raison est plus triste, mais tout aussi importante : les guerres ont à plusieurs reprises détruit une partie du potentiel économique national : l'État a dû, chaque fois, organiser sa reconstruction. Avec, il faut le reconnaître, un certain succès.

Les Français se sentent de plus en plus étouffés par la bureaucratie.
● *41 % souhaitent moins d'État (enquête AESOP 1984).*

La croissance phénoménale de la pieuvre étatique aura permis la généralisation des différentes formes d'assistance souhaitées par les Français : sécurité sociale, retraite, chômage, allocations familiales, etc. Toutes ces prestations ont sans aucun doute largement contribué au progrès social de ces quarante dernières années. Elles ont aussi agi comme un amortisseur (ou retardateur ?) des effets de la crise sur ceux qui en étaient les victimes (chômeurs).

Mais trop, c'est trop. Les Français n'ont pas, en majorité, cette mentalité d'assistés qu'on leur prête si souvent. Une fois ces protections indispensables assurées, ils n'en

4,5 millions de fonctionnaires (*)

Part du secteur public dans la population active (%)

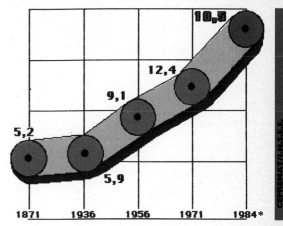

CEPREMAT/I.N.S.E.E.

(*) Estimation, incluant les 800 000 agents des collectivités territoriales.

'Il y a trop de fonctionnaires' (1)

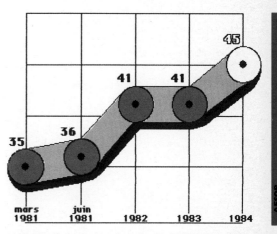

AESOP

(1) Cumul des réponses 'bien d'accord' et 'entièrement d'accord' à la proposition.

demandent pas plus. Car ils sont conscients que toute nouvelle avancée risquerait de porter atteinte à leur capacité de maîtriser leur propre destin. Ils savent aussi que le financement de nouvelles interventions de l'État viendrait s'ajouter au poids, déjà élevé, de leurs impôts. Comme dans les produits de consommation courante, il y a dans la solidarité des 'produits de première nécessité' et des 'produits de luxe'. En temps de crise, les premiers sont très appréciés (chômage, allocations diverses), mais les seconds sont jugés trop coûteux (retraite).

L'Express/Gallup, 'Faits et Opinions' (oct. 1983)

Trop d'État, pas d'État

Pour la majorité des Français (56 %), le poids de la bureaucratie est intolérable (13 %) ou difficilement supportable (43 %). Plus encore pour les entreprises que pour les particuliers. 34 % des Français ont déjà été victimes de la bureaucratie tatillonne, principalement pour des problèmes de sécurité sociale ou d'impôt. Pour 54 %, le poids a tendance à augmenter (il diminue seulement pour 5 %). Surtout parce que les fonctionnaires sont trop nombreux, parce qu'ils freinent l'activité économique et interviennent trop dans la vie des citoyens.

Enfin, 66 % des Français ont le sentiment de payer plus de cotisations qu'ils ne reçoivent de prestations. Mais ce chiffre, pour important qu'il soit, n'est pas très surprenant dans la mesure où, par exemple, les prestations de retraite ne sont pas perçues au moment où sont versées les cotisations.

Les Français savent aujourd'hui que l'État, c'est eux.

Conscients de représenter la force de production et de payer pour que le système fonctionne, ils souhaitent légitimement être les vrais détenteurs du pouvoir. Ils sont par ailleurs de plus en plus 'chatouilleux' sur le plan de la liberté individuelle. Ils acceptent difficilement les contraintes qui leur sont imposées par un État-glouton, contrôlant la moitié de l'outil de production, légiférant à tour de bras, jouant parfois les inquisiteurs.

Atout France ?

Les Français ont une vision assez précise de l'**État**, caractérisé par des institutions et des hommes ; de la **nation**, personnifiée par sa population ; du **pays**, avec ses contours géographiques. Ils ont une image plus floue de la **France**, qui est un peu tout cela à la fois. La vérité est que l'idée de la France n'obsède pas les Français. En temps de paix, le citoyen n'a guère de raisons de faire étalage de son patriotisme (p. 2), et le consommateur tend aujourd'hui à prendre le dessus sur le citoyen (p. 140). L'image de la France, vue par ses habitants, a souffert de la crise, 23 % d'entre eux

pensent aujourd'hui que la France est une grande puissance. La plupart (64 %) la rangent dans la catégorie des puissances moyennes. C'est d'ailleurs l'avis des autres nations à son égard (p. 229). L'image semble s'être assombrie depuis l'arrivée de la gauche au pouvoir, puisque 31 % pensent que l'influence de leur pays a diminué ; 15 % seulement considèrent qu'elle est restée la même.

Les Français sont autant conscients des faiblesses nationales qui ont conduit à cette situation que des atouts qui pourraient permettre de la retourner. Le classement qu'ils donnent de ces atouts est éloquent :

1. le rayonnement culturel,
2. la technologie et les industries de pointe,
3. la force nucléaire,
4. l'armée,
5. la production industrielle,
6. l'exportation,
7. les ressources naturelles,
8. la monnaie.

L'Express/France Inter/Gallup (février 1984)

Ceux qui 'tirent les ficelles'

Quand vous voyez l'actualité en France, qui, selon vous, détient le pouvoir ?

- le gouvernement	58,0 %	- les émirs arabes du pétrole	15,0 %
- les partis politiques	49,4 %	- les 'Russes'	14,7 %
- quelques hommes très riches	30,4 %	- l'Assemblée nationale	10,6 %
- les syndicats	29,0 %	- les fonctionnaires de l'administration	8,8 %
- les entreprises multinationales	20,6 %	- les technocrates	8,8 %
- les 'Américains'	18,1 %	- tout le monde, personne, le hasard	7,3 %
- de nombreux groupes de pression différents	17,5 %	- les notables régionaux, les élus locaux	6,0 %
- les compagnies pétrolières	17,4 %	- les juifs	3,0 %
- les médias : radio, télé, journaux...	17,1 %	- les Églises, les mouvements religieux	2,7 %
- les banques	16,7 %	- les francs-maçons	1,9 %
- quelques grandes entreprises	15,0 %		

Total supérieur à 100 en raison des réponses multiples.

C.C.A. (1983)

Aide-toi, et l'État t'aidera

Ce n'est pas un État-permanent, utile mais stérilisant, que veulent les Français. Leurs souhaits vont au contraire vers une sorte d'État-d'exception dont le rôle serait d'intervenir seulement en faveur des plus défavorisés (malades, chômeurs, retraités, handicapés, etc.), tout en laissant les autres s'occuper de leurs affaires. Cela implique un nouveau type de rapport avec les pouvoirs publics et les institutions, permettant à l'individu de garder la maîtrise de son environnement immédiat (quartier, commune, région) en liaison avec les collectivités locales (encadré).

La démocratie, une affaire locale

Marie-France/Ifop (février 1983)

On le sait depuis longtemps, les étiquettes politiques ont une importance secondaire à l'échelon local. La démonstration en est faite généralement lors des élections municipales, malgré les efforts des partis pour leur attribuer une valeur de test politique. Les Français, lorsqu'ils désignent leur représentant à la tête de la commune, attachent en effet plus d'importance à son action antérieure et à sa personnalité qu'à ses convictions politiques. 19 % des Français sont d'ailleurs incapables de citer l'appartenance politique de leur maire.

C'est que la vraie démocratie se situe pour eux beaucoup plus au niveau local et régional que national. En cas de difficulté grave, 38 % des Français iraient d'abord voir leur maire, 28 % leur député et 23 % une association de défense. Le maire joue donc un rôle essentiel dans la démocratie et la vie du pays. Les Français en sont généralement satisfaits et lui attribuent de nombreuses qualités. Le maire est selon eux :

— quelqu'un qui se dévoue pour sa ville 72 %
— celui qui décide les grands travaux d'équipement 51 %
— quelqu'un qui cherche à mettre en valeur le patrimoine artistique et culturel de sa ville 41 %
— le représentant et le garant des valeurs permanentes de la ville 38 %

Au moment où se met en place la politique de décentralisation, Monsieur le Maire dispose donc assez largement de la confiance de ses administrés.

En démocratie, il n'y a pas de pouvoir sans contre-pouvoir.

Les citoyens laissent volontiers à l'État la responsabilité d'intervenir dans les domaines d'intérêt public, afin d'assurer la justice sociale et l'égalité (bien qu'ici les définitions proposées divergent quelque peu), par les mécanismes de répartition de la richesse nationale. Mais ils demandent, en contrepartie, un véritable droit de contrôle, garanti par des moyens de pression efficaces. C'est ce qui explique l'essor actuel des mouvements

associatifs (p. 172), du corporatisme (p. 174) ou de l'attachement à la liberté et à l'indépendance des médias (p. 207).

Le libéralisme est à la mode

Dans dix ans, dans quel type de société souhaiteriez-vous vivre ?

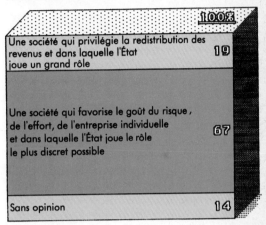

L'Express/Gallup, Faits et Opinions (juillet 1984)

	100%
Une société qui privilégie la redistribution des revenus et dans laquelle l'État joue un grand rôle	19
Une société qui favorise le goût du risque, de l'effort, de l'entreprise individuelle et dans laquelle l'État joue le rôle le plus discret possible	67
Sans opinion	14

Institutions : je t'aime, moi non plus

Les Français vivent avec leurs institutions une étrange histoire d'amour. S'ils dénoncent fréquemment leurs travers, ils leur reconnaissent volontiers des mérites. Les administrations et services publics font partie du patrimoine national et le monde, paraît-il, nous les envie. Cela n'empêche pas les Français de les vouer, parfois, aux gémonies.

Les grandes administrations sont des vieilles dames plus ou moins dignes.

Lorsqu'on les interroge sur leur perception des grandes administrations (justice, police, fisc, Sécurité sociale, hôpitaux...), les Français expriment un avis contradictoire : accord unanime sur leur nécessité ; réserves importantes sur leur fonctionnement.

La plus mal-aimée est sans doute la justice. Les réformes réalisées depuis 1982 ont peut-être été mal acceptées par une large fraction du public. L'abolition de la peine de mort est à ses yeux le symbole du 'laxisme' actuel à l'égard de la délinquance (p. 184).

Le fisc n'est pas, bien au contraire, accusé de laxisme ! Son image, qui n'a jamais été fameuse, s'est encore dégradée depuis l'arrivée de la gauche, sous l'effet de l'accroissement des prélèvements obligatoires (p. 312) et de la 'chasse à la fraude', dont beaucoup déplorent les aspects parfois inquisiteurs. De sorte que 26 % des Français sont d'accord avec l'idée qu'il faut 'frauder le fisc' (enquête AESOP 1984).

À l'inverse, la police a vu son image s'améliorer de façon spectaculaire au cours des dernières années. Les succès remportés dans la lutte contre les grands criminels ou le trafic de la drogue n'y sont sans doute pas étrangers. Les vedettes comme le commissaire Broussard ou les membres du G.I.G.N. (malgré quelques 'bavures') ont aidé à cette réhabilitation. Et les manifestations des policiers dans la rue ont permis aux Français de découvrir que, sous les uniformes, se cachent des visages.

L'image des services publics souffre de l'absence de concurrence.

Le jugement que les Français portent sur

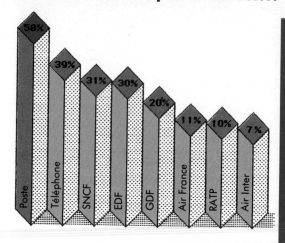

L'oscar des services publics aux P.T.T.

Deux Français sur trois satisfaits

Les provinciaux (67 %) sont plus satisfaits des services publics que les Parisiens (59 %).
Leur vision des services publics est partagée entre avantages et inconvénients :

Des qualités...		mais pas mal de défauts	
- la compétence	32 %	- la lenteur	58 %
- l'évolution des techniques	30 %	- le peu d'amabilité	34 %
- l'honnêteté	27 %	- le côté tatillon	30 %
- l'efficacité	20 %	- le prix	28 %
- l'absence de favoritisme	18 %	- l'éloignement des préoccupations de l'usager	28 %

La tentation du privé

Le téléphone a brillamment rattrapé son retard.

les services publics (P.T.T., E.D.F./G.D.F., S.N.C.F., Air France, Air Inter, R.A.T.P....) est globalement favorable (encadré). Et leurs critiques sont davantage liées au système administratif qu'à la carence des employés. On regrette néanmoins la situation de monopole, jugée défavorable à la qualité du service. Les moyens de communication (téléphone, poste) arrivent en tête après une longue période de désaffection. Les compagnies aériennes ont, semble-t-il, perdu de leur magie en même temps qu'elles sont devenues accessibles au plus grand nombre. À l'époque du T.G.V. et des embouteillages pour accéder aux aéroports, le train est préféré à l'avion.

STYLES DE VIE :
UNE CERTAINE IDÉE
DE LA FRANCE

L'idée que les Français se font de leur pays est en train de changer. Longtemps considérée comme le cadre immuable et protecteur de la vie des citoyens, la France est vue aujourd'hui avec d'autres yeux. L'enracinement profond à la terre, l'attachement indéfectible aux ancêtres ne concernent plus aujourd'hui qu'une minorité des Français (p. 51). Le recul du patriotisme, celui de la religion (souvent associée à l'histoire de la France) sont des signes, parmi d'autres, du déclin de cet enracinement.

Les Rigoristes, pourtant attachés à la France, ont d'elle une vision mystique et incarnée dans le passé.

La terre des ancêtres, les héros qui ont fait l'histoire comptent beaucoup plus que l'actualité, qui leur est un peu étrangère. N'ayant pas une vision très nette du présent, les Ri-

goristes en ont une plus floue encore de l'avenir.

Les Égocentrés les plus âgés et les Matérialistes ont perdu le sens de la patrie.

Mais il leur reste une forme de nationalisme concret et pragmatique, ainsi qu'un chauvinisme émotionnel (sur le plan sportif par exemple). La France est pour eux un 'cocon' regroupant 55 millions de personnes qui doivent vivre ensemble en se partageant le 'gâteau' économique, culturel et social... Le repli sur soi, l'individualisme ambiant n'excluent pas une certaine solidarité, qui s'adresse essentiellement à ceux qui 'font partie de la famille'. D'où les tentations isolationnistes, xénophobes, voire racistes de beaucoup d'entre eux. Car la préservation d'une qualité de vie bien française est vécue surtout de façon défensive et les rares formes d'agressivité s'expriment principalement par les aspects modernes du corporatisme (p. 174).

Pour les Activistes, l'idée de nation est dépassée.

La France n'est pour eux qu'un pion sur l'échiquier international, leur vision planétaire et mondialiste s'accommodant mal de considérations nationalistes. Leur comportement est plus guidé par des réflexions de nature économique que par des considérations politiques ou patriotiques. À leurs yeux, le monde est engagé dans une guerre économique. Seules la compétitivité et l'agressivité commerciale sur le plan international permettront aux entreprises (plus importantes que la France) de s'en sortir. Internationalisme marxiste pour les Militants ou multinationalisme capitaliste pour les Entreprenants, ces deux socio-styles de leaders pensent plus grand que la France et déjà même que l'Europe.

Les Décalés ont, avec les jeunes Égocentrés, une vision antinationaliste de la France.

S'ils partagent les conceptions planétaires des Activistes, ils les vivent différemment.

Ces individualistes forcenés se sentent bien partout dans le monde… tout en étant partout des étrangers. Ils sont capables, du jour au lendemain, de s'implanter à l'autre bout de la terre, sans avoir l'impression de changer de pays. Dans ces conditions, la France reste pour eux une simple infrastructure, sans âme et sans passé ; une convention arbitraire définie par des frontières, un gouvernement et des institutions. C'est ce qui explique, par exemple, la difficulté qu'ils éprouvent à effectuer leur service militaire, ne voyant pas l'utilité de défendre une cause qui ne représente rien pour eux.

La carte des 4 France

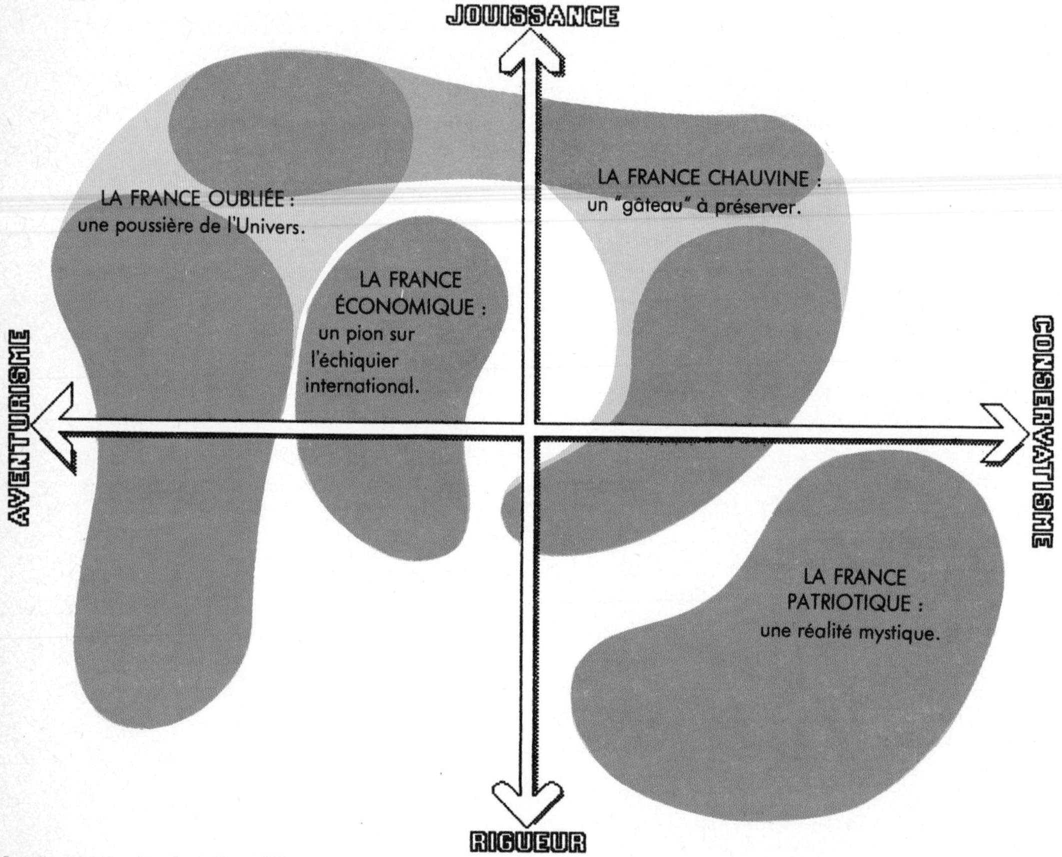

JOUISSANCE

LA FRANCE OUBLIÉE :
une poussière de l'Univers.

LA FRANCE CHAUVINE :
un "gâteau" à préserver.

LA FRANCE
ÉCONOMIQUE :
un pion sur
l'échiquier
international.

AVENTURISME

CONSERVATISME

LA FRANCE
PATRIOTIQUE :
une réalité mystique.

RIGUEUR

Pour lire la carte, voir présentation p. 415.

L'APOLITISME,
UNE IDÉE QUI FAIT SON CHEMIN

L'alternance aura permis aux Français de faire le point sur leurs relations avec la politique. Face à des partis qui ne leur inspirent guère l'enthousiasme, ils se tournent vers d'autres visions de la société, incarnées par d'autres hommes. Et les vieilles querelles droite-gauche leur paraissent d'un autre temps.

Garde-toi à droite, garde-toi à gauche

Il y avait ceux qui, par conviction ou par habitude, se réclamaient de la droite, garante de la prospérité économique et du libéralisme. La crise, dès 1973 ne les avait pas inquiétés. Il ne faisait pas de doute pour eux que le pouvoir, après avoir identifié le virus, allait bientôt fabriquer le vaccin. _____

1981 les trouva donc fort étonnés d'être toujours malades. Un certain nombre d'entre eux décidèrent alors de changer de médecin.

Il y avait ceux qui, par idéalisme ou par tradition, se réclamaient de la gauche, seule capable à leurs yeux de mettre en œuvre une véritable justice sociale. Après 23 ans de frustrations, ils donnèrent libre cours à leur joie du printemps 81. Plusieurs printemps après, les impôts étaient plus lourds, le chômage plus élevé, le franc plus bas. Pour beaucoup, le rêve était fini… _____

Par le biais de l'alternance, les Français se sont donc enrichis d'une expérience nécessaire. Mais ils se sont appauvris d'une espérance qui ne l'était pas moins. Entre une gauche qui a failli et une droite qui se cher-

che, le doute s'est installé dans leur esprit. C'est tout le système politique qui perd à leurs yeux sa crédibilité. Entraînant du même coup ses responsables et ses partis.

Les gauchers contrariés

La majorité n'est plus majoritaire. En trois ans, l'érosion est considérable. Bien qu'il soit difficile, en l'absence de grandes consultations nationales, d'évaluer précisément son électorat, il semble que la gauche regroupait en 1984 environ 45 % des voix, contre 55 % à l'opposition. Jamais, depuis l'élection présidentielle de 1969, un tel rapport de forces n'avait été enregistré. On peut estimer à 2 millions le nombre des électeurs de François Mitterrand qui ont gagné l'opposition ou se sont réfugiés dans l'abstention. _____

Les plans de rigueur de juin 1982 et mars 1983 ont été mal accueillis par les Français.

Tous les sondages de popularité montrent que c'est à l'occasion de ces deux tentatives de reprise en main de l'économie que les dégâts ont été les plus importants pour la gauche. _____

Le flux et le reflux

Évolution des rapports droite/gauche depuis 1974 (%).

(1) Villes de plus de 30 000 habitants.	GAUCHE	ÉCOLO-GISTES ET INCLAS-SABLES	DROITE
Élection présidentielle de 1974 (2e tour)	49,4	–	50,6
Élections cantonales de 1976 (1er tour)	52,5	–	47,5
Élections municipales de 1977 (1) (1er tour)	50,8	2,9	46,3
Élections législatives de 1978 (1er tour)	49,4	2,7	47,9
Élections européennes de 1979	47,4	4,5	48,1
Élection présidentielle de 1981 (1er tour)	47,3	3,9	48,8
(2e tour)	52,2	–	47,8
Élections législatives de 1981 (1er tour)	55,8	1,1	43,1
Élections cantonales de 1982	48,1	2	49,9
Élections municipales de 1983 (1) (1er tour)	44,2	2,2	53,6

Ce renversement de tendance s'est opéré en trois phases successives :

• **aux élections cantonales de mars 1982,** la gauche devient minoritaire avec 48,1 % des voix (voir encadré p. 203). C'est la fin de l'état de grâce ;

• **aux élections municipales de 1983,** la défaite de la gauche est beaucoup plus sévère. 30 villes de plus de 10 000 habitants changent de camp. La gauche ne devance plus la droite que dans moins d'un tiers des départements ;

• **en 1984, au cours de la succession d'élections partielles** (cantonales, municipales ou législatives) de nouveaux reculs de la gauche conduisent à un rapport de force voisin de 45/55 en faveur de l'opposition.

Le recul du parti communiste
est encore plus marqué que celui du P.S.
En 25 ans, le P.C. a perdu
plus de la moitié de son électorat.

La montée en puissance du parti socialiste entre 1974 et 1981 s'était faite en grande partie au détriment de son difficile partenaire dans l'Union de la gauche, le parti communiste. La lente érosion du P.C. se traduisait par le mauvais score de Georges Marchais à l'élection présidentielle de 1981 : 15,5 % des voix. Les dirigeants communistes ne voulurent voir dans ce déclin qu'un accident de parcours, lié au mécanisme constitutionnel de la Ve République.

Ces chiffres furent confirmés par les différents scrutins qui suivirent : 16,1 % aux législatives de juin 1981, 15,9 % aux cantonales de mars 1982, 11,2 % aux élections européennes de juin 1984. Le P.C. est ainsi passé en dix ans de 20 à 11 % des voix. Une perte encore plus importante que celle qu'il avait accusée en 1958, au moment du retour du général de Gaulle (le parti communiste était alors brusquement tombé de 26 à 19 % des voix).

Entre 1981 et 1983, la stratégie de solidarité apparente du P.C. vis-à-vis du P.S. n'a pas profité aux communistes. C'est sans doute pourquoi ils ont évolué en 1984 vers une stratégie de défiance, marquée par l'opposition aux plans de restructuration industrielle du gouvernement et par le rappel des engagements pris en 1981. Le 'vote de confiance' d'avril 1984 dissimulait mal la détérioration des relations entre les deux partenaires. Celle-ci trouvait son aboutissement logique avec le départ des ministres communistes du gouvernement en juillet 1984 et l'invention par le P.C. d'une forme particulière d'opposition : 'l'abstention positive'.

L'apprentissage du pouvoir
a fait perdre des voix à la gauche.

On peut s'interroger sur les raisons de la perte d'influence de la gauche depuis l'élection triomphale de François Mitterrand à la présidence. Elles sont sans aucun doute liées à la déception de ses électeurs quant aux résultats obtenus sur les principaux fronts de l'économie : chômage, inflation, tenue du franc, déficit extérieur, etc. (p. 212). Rien ne permet bien sûr d'affirmer qu'une autre politique aurait abouti à de meilleurs résultats. Il semble en tout cas que l'apprentissage d'un pouvoir dont elle avait été écartée pendant 23 ans n'a pas été facile pour la gauche, prise entre l'idéologie et l'obstination des faits. Et ce n'est pas par hasard que les faits (et le réalisme qu'ils inspirent) ont pris, en particulier depuis le deuxième semestre 1984, une revanche éclatante sur l'idéologie.

À droite, rien de nouveau

Face à cette déception réelle vis-à-vis d'une politique qui n'a pas (encore ?) réussi, on aurait pu croire que les Français se précipiteraient dans le camp de l'opposition. Le mouvement existe, mais il n'a pas une grande ampleur. Même si les élections partielles marquent, depuis deux ans, un fort renversement de tendance, il semble bien que les électeurs ne fassent pas preuve à l'égard de la droite d'un enthousiasme excessif.

Du côté des leaders, c'est, semble-t-il, Raymond Barre qui tire le mieux son épingle du jeu et apparaît comme un redoutable concurrent dans le 'combat des chefs' qui aura lieu d'ici à 1988. On ne peut s'empêcher de noter que, des quatre grands leaders de la droite (Jacques Chirac, Valéry Giscard d'Estaing, Simone Veil et Raymond Barre), ce sont les deux plus 'démarqués' des partis de droite (les deux derniers) qui bénéficient de la meilleure image et des meilleures cotes de popularité.

*Les Français ne font plus confiance à la gauche
mais ils hésitent à plébisciter la droite.*

Depuis 1982, la proportion de Français favorables à un retour du R.P.R. et de l'U.D.F. aux affaires du pays n'a guère varié, alors que celle des électeurs confiants dans la gestion de la gauche a fortement diminué. La situation actuelle est donc caractérisée par un accroissement sensible du nombre de ceux qui ne savent plus à quel politicien se vouer. Un phénomène qui pourrait bien avoir quelques conséquences dans l'avenir.

C'est l'absence d'un 'programme de rechange' qui rend la droite peu crédible.

La droite n'avait pas vraiment réussi à maîtriser la crise entre 1974 et 1981 aux yeux de ses électeurs puisqu'une partie l'avait délaissée pour d'autres horizons, qu'ils imaginaient plus 'roses'. La faiblesse des résultats obtenus par la gauche a fini d'ébranler leurs certitudes. Faire revenir la droite au pouvoir ? Encore faudrait-il qu'elle propose des solutions concrètes à la situation actuelle. En l'absence d'un tel programme, les Français se prononcent de façon précise sur les mesures économiques qui leur paraissent indispensables. Plusieurs d'entre elles consistent tout simplement à revenir à la situation d'avant 1981. Les sondages montrent une majorité favorable à la **dénationalisation** des groupes industriels (et, à un moindre degré, des banques) et à la restauration de la peine de mort, mais favorable aussi au maintien de réformes telles que la retraite à 60 ans, les lois Auroux, l'impôt sur la fortune ou la cinquième semaine de congés payés. Les Français réclament, en outre, le développement du travail à temps partiel, la réduction de l'intervention de l'État dans la vie économique, la réduction des impôts, etc. Des mesures qui s'inspirent généralement plus du **libéralisme** que de toute autre forme d'idéologie.

La montée du mécontentement a favorisé la très forte ascension de l'extrême droite.

Les temps difficiles sont souvent propices aux discours 'musclés' des hommes à poigne qui parlent d'ordre et d'autorité. Il est clair qu'une majorité de Français sont aujourd'hui demandeurs de plus d'ordre, aussi bien sur le plan économique que social. Le langage du Front national ne les laisse donc pas insensibles. Le slogan de Jean-Marie Le Pen pour les élections européennes ('Les Français d'abord') a fait mouche auprès des Français tentés par le repli sur soi, l'individualisme, le protectionnisme et la xénophobie (p. 169). D'abord réticents vis-à-vis de cette démarche peu généreuse, ces Français se sont laissés persuader que la sortie de la crise passait par des solutions énergiques. 'Qui veut la fin veut les moyens', semblent-ils dire, surtout lorsqu'il est question de leur propre survie.

L'effet Le Pen

Il a été l'un des hommes de l'année 1984, après avoir déjà beaucoup fait parler de lui en 83. Il aura fallu peu de temps au Front national pour passer de la marginalité à la notoriété : 0,75 % des voix à l'élection présidentielle de 1981 ; 11 % aux élections européennes de juin 1984. L'extrême droite a, depuis quarante ans, des odeurs de soufre et son renouveau actuel ne peut être pris à la légère. Certes, le discours de son leader, en particulier dans les grands médias, tente de donner du parti une image plus 'recommandable'. Mais le discours qui est tenu sur le terrain est beaucoup moins nuancé. Ce sont précisément les solutions énergiques préconisées par le Front national à l'égard des immigrés et autres supposés 'parasites' de la nation qui plaisent à une frange croissante d'électeurs. On peut considérer l''effet Le Pen' avec intérêt ou avec mépris. Il n'en traduit pas moins la difficulté croissante des Français à vivre ensemble (p. 167).

Ni gauche ni droite, la France ambidextre

Tous les sondages le montrent, les Français sont las de l'éternelle dichotomie droite-gauche, qui détermine le jeu politique depuis si longtemps. Ayant fait l'expérience de deux façons successives d'aborder la crise, ils ont été déçus par l'une et par l'autre, bien que pour des raisons différentes. C'est pourquoi ils manifestent aujourd'hui un désintérêt croissant pour la 'politique politicienne'. Cette désaffection concerne aussi bien les partis que les hommes qui sont à leur tête. L'image qu'ils en ont n'est, en effet, pas bonne (14 % seulement des Français pensent que les hommes politiques sont intègres !) et les diverses 'affaires' semblent avoir desservi autant ceux qu'elles ont mis en cause que ceux qui les ont rendues publiques (encadré). Ce mouvement de rejet s'étend de plus en plus aux parlementaires de tous bords, dont les débordements de langage et les marques d'intolérance ne sont guère appréciés. C'est donc une France néopoujadiste mal disposée envers les jeux de la politique que les partis devront s'efforcer de reconquérir lors des prochaines consultations électorales.

Le marché aux 'affaires'

'L'affaire des diamants' avait eu en son temps un certain retentissement sur l'image de l'ancien président de la République. Certains affirment même qu'elle n'est pas étrangère à son échec de mai 1981. La fin 83 et le début 84 auront été marqués par l'affaire Elf-Erap, dite des 'avions renifleurs', qui a bénéficié d'une couverture exceptionnelle dans tous les médias. Lassés par les informations contradictoires qui se sont abattues sur eux jour après jour, les Français ont rapidement manifesté leur désintérêt. L'impression qui domine se résume simplement : 'La politique est pourrie, et tous les hommes politiques sont à mettre dans le même sac.' La complexité des affaires, l'utilisation polémique qui en est faite et la quasi-certitude de ne jamais connaître la vérité les renforcent dans ce jugement. Si les scandales continuent de ternir l'image de ceux qui sont impliqués (il n'y a pas de fumée sans feu...), elles n'embellissent pas pour autant celle des hommes ou des partis qui s'efforcent d'en tirer profit. Bien mal acquis ne profite jamais...

Les causes traditionnelles du clivage gauche-droite s'estompent.

En simplifiant un peu, on peut dire que l'ap-

partenance à l'une des deux moitiés politiques de la France dépend finalement plus de la naissance que de choix personnels. Pendant longtemps, le fait d'être catholique pratiquant fut une forte incitation à voter à droite. Le poids de la religion a beaucoup diminué (p. 52), et les catholiques, dont la majorité sont non pratiquants, se répartissent entre les tendances.

Les étiquettes collent moins bien

Caractéristiques du vote aux élections municipales de mars 1983 (premier tour)		Listes de gauche 45 %	Listes de droite 53 %
Sexe	Hommes	49 %	49 %
	Femmes	42 %	56 %
Âge	18 à 24 ans	51 %	46 %
	25 à 34 ans	55 %	42 %
	35 à 49 ans	46 %	52 %
	50 à 64 ans	42 %	57 %
	65 ans et plus	34 %	64 %
Profession	Ouvriers	65 %	33 %
	Employés	51 %	47 %
	Cadres moyens	42 %	56 %
	Inactifs - Retraités	38 %	60 %
	Cadres supérieurs	31 %	66 %
	Industriels - Commerçants - Artisans	22 %	76 %
	Professions libérales	22 %	76 %
Appartenance syndicale	C.G.T.	92 %	7 %
	C.F.D.T.	77 %	20 %
	F.E.N.	88 %	11 %
	F.O.	47 %	49 %
	C.G.C.	20 %	77 %
	Autres	27 %	72 %
	Non-syndiqués	38 %	60 %
Appartenance religieuse	Catholiques pratiquants réguliers	13 %	85 %
	Catholiques pratiquants irréguliers	28 %	70 %
	Catholiques non pratiquants	48 %	50 %
	Protestants	56 %	42 %
	Israélites	36 %	62 %
	Sans religion	79 %	19 %

R.T.L./Ifop (mars 1983)

L'appartenance à une classe sociale fut pendant longtemps une autre raison essentielle des préférences politiques. L'existence de la lutte des classes rangeait les prolétaires à gauche et les bourgeois à droite. Le brassage des professions et des idées (p. 414) a rendu ce découpage, moins net (p. 206), même s'il est toujours d'actualité. Le vaste groupe central qui se constitue depuis trente ans se caractérise par une conception moins 'binaire', sinon centriste, de la politique. _____

Les bases d'un consensus national existent.
● *66 % des Français favorables*
à la force de dissuasion nucléaire
(53 % en 1976).
● *65 % des Français favorables*
aux centrales nucléaires
● *(47 % en 1980).*

Face aux grands acquis de la société démo-

cratique, les Français ont une attitude relativement homogène, qui transcende largement l'appartenance à un parti ou à une catégorie sociale. Ils restent très attachés aux droits fondamentaux associés à la qualité de citoyen (encadré). Sur les grands problèmes de l'époque (libertés, indépendance nationale, modernisation, etc.), ils sont assez largement d'accord, à des majorités souvent supérieures à 60 % (les '2 Français sur 3' dont parle Valéry Giscard d'Estaing ?), sans réelle distinction selon l'appartenance politique. _____

Ainsi, malgré les consignes des partis, qui s'affirment plus par leurs différences que par leurs convergences, les lignes de force d'un consensus se dessinent peu à peu. Un consensus d'autant plus large qu'il traduit bien l'attachement général aux différentes formes de la liberté individuelle. Mais les dernières années ont aussi montré une progression très nette du consensus dans des domaines qui divisaient traditionnellement les Français : la modernisation industrielle par exemple. Une évolution importante due à la fois à une moindre dépendance vis-à-vis des partis et à une meilleure connaissance des réalités économiques (p. 210). _____

Libertés, libertés chéries

	celles que les Français jugeraient très graves de supprimer...	... et celles qu'ils estiment aujourd'hui menacées
● Le droit de vote	79 %	2 %
● La liberté de pratiquer sa religion	74 %	5 %
● La liberté de choisir son médecin	74 %	19 %
● La liberté de fonder une entreprise	73 %	15 %
● Le libre choix de l'entreprise où on travaille	72 %	11 %
● L'indépendance de la justice	70 %	14 %
● La liberté de la presse	68 %	46 %
● Le libre choix de l'école où on met ses enfants	65 %	66 %
● La liberté de voyager à l'étranger	62 %	21 %
● La liberté de manifester	53 %	8 %
● Le droit de grève	52 %	5 %
● Les syndicats	46 %	5 %
● Les partis politiques	43 %	3 %
● Aucune	16 %	
● Sans opinion	5 %	

Le total des pourcentages est supérieur à 100, les personnes interrogées ayant pu donner plusieurs réponses.

le Figaro Magazine/Sofres (mars 1984)

Droite-gauche : la physiologie au secours de la politique

On a une vision originale de la symétrie **politique** droite-gauche lorsqu'on la compare à la symétrie **physiologique** de l'individu. On sait depuis quelques années que le cerveau est partagé en deux hémisphères dont les fonctions sont contradictoires et complémentaires : l'**hémisphère droit** commande la main gauche, logique, le rationnel ; l'**hémisphère gauche** commande la main droite, les sentiments, l'imagination et l'irrationnel.

L'analogie entre les choix politiques et le fonctionnement du cerveau est tentante. Ne peut-on dire de la droite et de la gauche politiques qu'elles incarnent aussi deux aspects contradictoires et complémentaires ? Ne peut-on dire que les deux formes de la pensée politique coexistent dans chaque individu, en une lutte permanente, en une association nécessaire ? De même que chacun utilise tour à tour l'une ou l'autre moitié de son cerveau, il est normal que les sensibilités politiques se tournent, alternativement, d'un côté ou de l'autre. Normal aussi qu'on aboutisse pour des raisons de pure statistique à un équilibre entre les comportements de droite et de gauche. C'est précisément ce qui se passe dans l'ensemble des pays démocratiques où la répartition de l'électorat est généralement très proche de 50-50.

Rien d'étonnant donc à ce que les Français refusent de plus en plus l'affrontement droite-gauche. Le choix entre l'une ou l'autre reviendrait à recréer un déséquilibre fâcheux pour 'l'organisme social', assimilable à une amputation. On vit très mal avec la moitié de son cerveau, quelle que soit celle qui reste…

— 54 % pensent qu'ils disent à peu près tous la même chose ;

— 44 % estiment que leur langage est plutôt archaïque ;

— 55 % trouvent qu'ils gagnent trop d'argent.

Ces chiffres sans appel expliquent le désintérêt des Français pour la politique et les partis. Ils expliquent aussi pourquoi 10 % d'entre eux ne sont pas inscrits sur les listes électorales.

Le Monde/Sofres (sept. 1984)

On demande nouveaux hommes politiques ; politiciens s'abstenir…

Au cours de ces trois dernières années, les Français ont appris trois choses importantes pour leur avenir :

● Ils ont eu le sentiment (réel, voir p. 312) que le poids de l'État se faisait plus lourd. Cela va à l'encontre de leur souhait de liberté individuelle et d'autonomie.

● Ils ont fait l'expérience de l'impuissance des idéologies classiques (droite, gauche) à maîtriser la crise.

● Ils ont eu la révélation, amplifiée et vulgarisée par les médias, que le discours politique était en complet décalage avec la réalité de l'époque. Les promesses non tenues, les décisions à contre-courant, la détérioration des rapports entre les membres de la classe politique ont terni de façon durable l'image des partis et des hommes politiques.

Ces trois constatations se traduisent par une déception croissante vis-à-vis de la politique en général (encadré). Déçus par les visions du monde que leur proposent les politiciens, les Français se tournent aujourd'hui vers d'autres hommes, dont les analyses et le langage sont complètement différents._____

Une nouvelle race de maîtres à penser est en train de s'imposer.

Les maîtres à penser d'hier étaient des philosophes et des écrivains. Sartre fut peut-être le dernier d'entre eux. Aujourd'hui, ceux qui contribuent le plus à la formation de l'opinion publique ne sont plus des philosophes retranchés derrière leur bureau ou refaisant le monde dans leur salon. Ce sont des économistes, des journalistes, des scientifiques, voire des acteurs, qui tiennent aujourd'hui le rôle de guide auprès des Français._____

La crédibilité
vient aujourd'hui de l'indépendance.

Déçus de la politique : le plus grand parti de France

Le jugement des Français sur la politique est plutôt sévère :

— 82 % estiment que les hommes politiques ne disent pas la vérité ;

— 62 % pensent qu'ils ne traitent pas les grands sujets qui concernent la vie des Français ;

L'avenir de la France est en librairie

Les Français sont de plus en plus nombreux à se sentir concernés par ce qui se passe autour d'eux. Ce n'est pas dans les discours ou les programmes politiques qu'ils vont chercher les explications sur la société en crise ni les propositions pour en sortir. Ce n'est pas non plus dans les universités, les laboratoires ou les cercles de philosophie. Ils se rendent aujourd'hui dans les librairies, pour s'y procurer les derniers ouvrages des 'nouveaux gourous'.

L'essai politico-économique, genre réputé difficile autrefois, figure parmi les best-sellers d'aujourd'hui. La signature de François de Closets, de Michel Albert ou d'Alain Minc est une meilleure garantie pour l'éditeur que celle des meilleurs romanciers. On peut y voir en tout cas le signe d'une plus grande maturité des Français et d'une volonté croissante de 'résister' activement aux idéologies du passé.

La liste des grands 'médiateurs' de l'époque est très révélatrice de ce qui a changé dans la société. Qu'y a-t-il de commun entre Michel Albert, Jean Boissonnat, André Bercoff, Michel Cicurel, François de Closets, André Glucksman, Serge July, le cardinal Lustiger,

Alain Minc et Yves Montand ? Tous sont de grands professionnels qui exercent des métiers concrets en prise directe sur l'économie ou sur la société. Outre une compétence reconnue, leur force principale est de passer plus de temps à 'rencontrer les choses' qu'à les décrire. Autre point commun, et non des moindres : aucun d'entre eux ne se réclame d'une chapelle, fût-elle politique ou intellectuelle. Même ceux (rares) qui affichent leurs préférences ont réussi à ne pas être 'marqués' par elles. Dans un pays aussi amateur d'"étiquettes" que la France, la performance est remarquable. Elle demande finalement plus d'intelligence et de tolérance que d'habileté. Le résultat est que les Français (après avoir beaucoup ri de l'élection de Reagan, ancien acteur de cinéma) accordent plus

Les Styles de Vie et la Politique

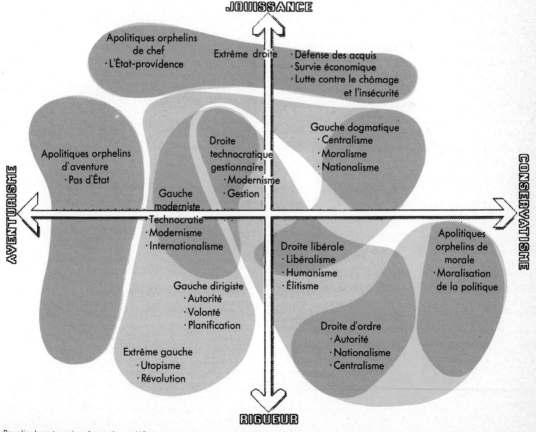

Pour lire la carte, voir présentation p. 415.

d'intérêt au discours de Montand qu'à celui de n'importe quel politicien. L'arrivée des 'nouveaux gourous' ne s'est pas faite sans causes. Elle ne sera pas sans effets. _____

ÉCONOMIE :
LA DOUBLE VIE DES
FRANÇAIS

Officiellement, l'économie se porte mal. La crise, longtemps ignorée, a laissé des traces dont certaines n'apparaissent qu'aujourd'hui. Mais la réalité économique échappe de plus en plus aux statistiques. Derrière celles-ci se développe un nouveau monde, avec ses nouvelles règles. L'économie parallèle, réponse des Français à la crise, leur a permis d'en amortir les effets. Leur permettra-t-elle, demain, de les oublier ?

Économie 'officielle' :
la crise au fond des yeux

Il s'agit de l'économie marchande, celle qui concerne les activités formelles de production, consommation, etc., qui font l'objet de la comptabilité nationale, par opposition à l'économie 'parallèle' (travail noir, dissimulations fiscales, autoproduction, etc.) décrite p. 216 et suivantes. _____

Encore un stéréotype à ranger au placard (déjà bien encombré) des idées reçues : les Français ne sont pas ignorants en matière d'économie. S'il est vrai qu'ils s'en étaient pendant longtemps peu préoccupés, c'est parce que l'économie se débrouillait très bien sans eux. La connaissance des mécanismes de l'inflation est moins indispensable lorsqu'elle est à un chiffre que lorsqu'elle s'écrit avec deux. Et le déficit du commerce

extérieur n'a aucun sens lorsque les exportations couvrent largement les importations.

Aujourd'hui, la culture économique des Français a beaucoup progressé. Mais c'est parce que l'économie, elle, a plutôt régressé.

En 1984, la France a fait mieux qu'en 1983, mais moins bien que ses principaux concurrents.

Le tableau de bord 1984 (pages 212, 213) montre une augmentation légère de la croissance, une réduction de l'inflation et du déficit du commerce extérieur. Ces résultats favorables ont été obtenus au prix d'un net accroissement du chômage et de l'endettement, ainsi que d'une nouvelle réduction du pouvoir d'achat et de la parité du franc avec les principales monnaies. _____

Économie domestique :
le pied de nez (légal) des Français

Confrontés en 1973 à la crise, les Français n'y ont d'abord pas cru (p. 236). Et puis, peu à peu, le mot s'est chargé d'un véritable contenu. Il encombre aujourd'hui le vocabulaire. À la crise du **pétrole** ont succédé la crise de **l'emploi**, la crise **financière** mondiale, la crise **libanaise**, la crise **religieuse**, la crise des **euromissiles**, la crise **politique**, la crise de **l'Europe**, la crise des **mentalités**, la crise des **valeurs**, etc. Dans cette ambiance de crise omniprésente, les Français ont commencé à chercher les voies d'une adaptation.

Les Français sont en train de créer une véritable économie parallèle, échappant totalement à la comptabilité nationale.

Le principal volet de cette économie est **légal**. Il est constitué de l'ensemble des activités domestiques d'autoproduction. Le second volet est **illégal** : travail noir, dissimulations fiscales... Bien que mal cerné, l'impact de ces activités est considérable. Une autre question est de savoir s'il l'est plus qu'hier et surtout s'il le sera plus encore demain. _____

Pour la comptabilité officielle, les ménages

sont essentiellement des unités de consommation qui, disposant d'un certain revenu, vont en dépenser la plus grande partie et épargner le reste. Cette approche formelle ne prend en compte que les aspects apparents d'une réalité beaucoup plus complexe. Elle laisse totalement de côté le fait que chaque ménage est ausi une unité de production qui utilise son capital (équipement du foyer), quelques matières premières et surtout le temps dont elle dispose pour se fournir à elle-même des biens et des services. Ces activités de production domestique (encore appelées autoproduction ou autoconsommation) sont parfaitement légales. Mais elles ne figurent pas dans les comptes de l'économie française.

"La robe, c'est moi, le coton c'est Bouchara."

TISSUS BOUCHARA
La mode au prix du tissu.

Faire soi-même, l'alternative économique.

L'économie domestique représenterait environ 10 000 francs par ménage et par mois !

Difficile, évidemment, d'évaluer l'importance que peuvent avoir la fabrication maison des confitures, des vêtements des enfants, d'un meuble, etc., ou les services (normalement payants) que l'on se rend à soi-même : réparation d'une fuite d'eau, montage d'un meuble en kit, déménagement... La seule chose certaine est qu'elle est considérable. L'enquête réalisée en 1974 par l'I.N.S.E.E. sur l'emploi du temps des Français a permis une première estimation, bien qu'imprécise : le travail domestique re-

présenterait entre 35 et 75 % de la production intérieure brute marchande (p. 212). C'est-à-dire que tout se passe comme si chaque ménage 'autoproduisait' chaque mois l'équivalent marchand de 10 000 francs !

La liste des activités qui ressortissent à cette économie domestique est illimitée. Le seul critère permetttant de l'apprécier est qu'il doit s'agir d'activités pour lesquelles existe une alternative 'marchande' (p. 214). Ainsi, le fait de laver son linge soi-même est une alternative à la laverie automatique payante qui se trouve au coin de la rue. La 'perte' pour l'économie nationale est totale si on lave le linge à la main (en dehors des dépenses minimes d'eau, de savon, de brosse, éventuellement de séchoir, achetés à la collectivité) ; la perte n'est que partielle si on utilise une machine à laver, qui coûte cher, qu'il faut renouveler ou faire réparer et qui consomme de l'électricité.

Le développement des achats en grande surface a fait perdre l'équivalent de 130 000 emplois en 10 ans.

Les Français n'imaginent pas, lorsqu'ils vont faire leurs courses dans un supermarché ou un hypermarché qu'ils occasionnent un 'manque à gagner' pour la collectivité. Le fait que les produits y sont généralement moins chers n'est pas lié au hasard : le travail des fournisseurs est simplifié lorsqu'ils livrent un hypermarché plutôt que cent petits détaillants ; les achats des clients sont faits en plus grosse quantité, ce qui augmente la rotation des stocks et réduit donc le prix de revient des produits. Évaluant à 10 % en moyenne cet écart de prix, l'économiste D. Stoclet estime qu'en 10 ans ce transfert du petit commerce vers les grandes surfaces a représenté une perte de 8 milliards de francs. Soit l'équivalent de 130 000 emplois qui se sont 'évanouis' dans le domestique sans que personne ne s'en rende vraiment compte, sans qu'aucun chiffre comptable n'en garde la trace au niveau national... Ce transfert considérable a été largement favorisé par l'évolution sociale : multiplication des voitures ; accroissement des possibilités de stockage chez soi (réfrigérateur, congéla-

Le tableau de bord de l'économie 'officielle'

Évolution des principaux indicateurs économiques :

- **Produit intérieur brut**
  Croissance annuelle en volume (%)

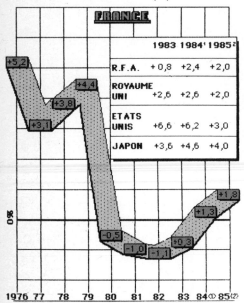

- **Inflation**
  Hausse des prix annuelle (%)

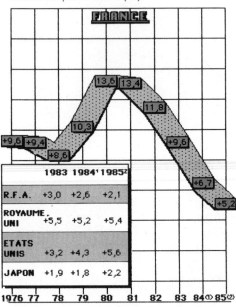

- **Pouvoir d'achat**
  Croissance en revenu disponible (%)

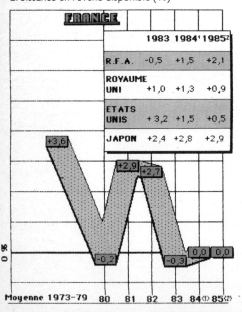

- **Chômage**
  % de la population active totale (taux standardisé O.C.D.E.)

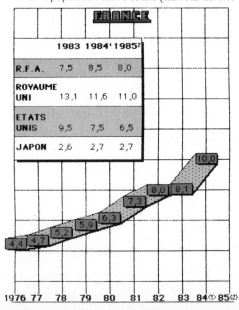

(1) Estimations O.C.D.E.   (2) Prévisions O.C.D.E.

I.N.S.E.E./O.C.D.E.

● **Échanges extérieurs**
Taux de couverture des exportations françaises
par les importations (%)

● **Dette extérieure**
(en milliards de francs)

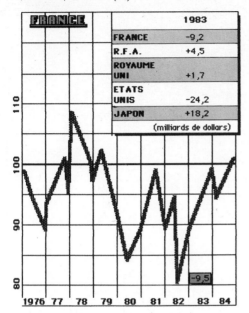

FRANCE	1983
FRANCE	-9,2
R.F.A.	+4,5
ROYAUME UNI	+1,7
ETATS UNIS	-24,2
JAPON	+18,2
(milliards de dollars)	

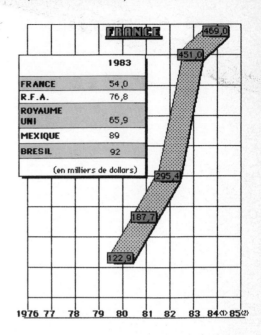

FRANCE	1983
FRANCE	54,0
R.F.A.	76,8
ROYAUME UNI	65,9
MEXIQUE	89
BRESIL	92
(en milliers de dollars)	

● **Consommation d'énergie**
Part des différentes énergies primaires consommées

FRANCE 100%

	1960	1973	1983
Charbon	54,5	17,4	14,3
Gaz	3,4	0,5	12,1
Pétrole	31,5	66,7	48,9
Électricité	10,6	7,4	24,7

R.F.A. 1982 100% ROYAUME-UNI

	R.F.A.	ROYAUME-UNI
Charbon	32,1	33,3
Gaz	15,7	20,4
Pétrole	44,5	39,6
Électricité	7,8	6,7

● **Monnaie**
Le dollar (en francs)

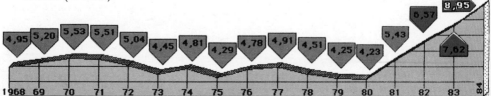

4,95 5,20 5,53 5,51 5,04 4,45 4,81 4,29 4,78 4,91 4,51 4,25 4,23 5,43 6,57 8,95 7,62

1968 69 70 71 72 73 74 75 76 77 78 79 80 81 82 83 84

Annales des Mines/Eurostat

teur) ; modes de vie moins favorables au petit commerce traditionnel (recherche du gain de temps, d'un choix plus large, d'un groupement des achats, de prix moins élevés). ___

L'alimentation prise entre le marchand et le domestique

Des mouvements contradictoires se sont produits dans le domaine alimentaire. D'un côté, les Français tendent à acheter des produits plus élaborés (sachets de purée, frites surgelées, café soluble…), donc plus chers. De l'autre, l'autoproduction alimentaire (jardins potagers…) s'est accrue en même temps que se développait le nombre des maisons individuelles (p. 125). Les statistiques officielles de répartition du budget des ménages montrent en tout cas une réduction relative des dépenses d'alimentation. L'une des causes de cette évolution peut être la part croissante de l'autoproduction qui, elle, n'apparaît pas dans les chiffres.

L'utile est souvent agréable.

Le bricolage
est une des grandes causes de développement
de l'économie parallèle.
● *4 millions de bricoleurs en 1968.*
● *12 millions aujourd'hui.*
● *Dans le même temps, le marché du bricolage*
est passé de 3 à 30 milliards de francs.

La réduction du temps de travail réel (p. 265) a été très favorable à l'essor considérable du bricolage depuis quelques années (p. 390). La majorité des Français consacrent aujourd'hui une partie de leurs loisirs à réparer l'électricité ou la voiture, poser de la moquette ou restaurer une maison. Ce sont autant de dépenses traditionnellement affectées aux électriciens, garagistes, décorateurs

Faire soi-même ou faire faire par les autres ?

Activités	Solution 'marchande'	Solution 'domestique'
● Alimentation	Restaurant, cantine	Repas à la maison
● Achat de produits alimentaires	Magasin, marché	Jardin potager
● Habillement	Prêt-à-porter, confection	Fabrication, raccommodage
● Ménage	Employée de maison, entreprise de nettoyage	Soi-même
● Entretien du linge	Laverie, blanchisserie	Machine à laver ou à la main
● Garde des enfants	Crèche, nourrice, baby-sitter	Foyer
● Transport	Transport en commun	Voiture privée, marche à pied
● Hébergement de vacances	Hôtel, location, club	Résidence secondaire, famille, amis
● Logement	Achat, location	Construction totale ou partielle
● Entretien des cheveux	Coiffeur	Lavage, coupe à la maison
● Équipement du foyer	Achat (neuf ou occasion)	Fabrication, montage (kit)
● Réparations	Spécialiste	Bricolage
● Déménagement	Déménageur	Location de camionnette ou avec des voitures
● Loisirs	Spectacle, match, exposition…	Télévision, jeux, conversation, promenade

ou maçons qui disparaissent ainsi de la circulation. Bien sûr, il existe une contrepartie, puisque les bricoleurs du dimanche ont besoin d'équipements et de matériaux qu'ils doivent acheter. Mais il s'y ajoute le prix de la main-d'œuvre et des déplacements qui seraient normalement facturés par les hommes de l'art. On sait ce qu'il en coûte lorsqu'il faut faire venir un plombier pour changer un joint de robinet valant environ 50 centimes !

*Les avantages en nature
permettent en toute légalité
d'échapper partiellement au fisc.*

Par ces temps de crise et de pesanteur fiscale croissante, la liste des avantages en nature accordés par les entreprises à certains de leurs employés a tendance à s'allonger (p. 176). Rien d'illégal au fait de bénéficier d'une voiture de fonction, du remboursement des frais de restaurant ou autres avantages de plus en plus prisés par les salariés qui y ont accès. Le fisc, donc la collectivité, y trouve bien sa part puisque chaque avantage est en principe taxé. Le problème (ou l'intérêt, selon qu'on est inspecteur des impôts ou cadre supérieur) est que la valeur attribuée à chaque avantage en nature est généralement très inférieure à la réalité. Ainsi, la disposition d'une Peugeot 505 représente un avantage d'environ 35 000 francs, déclaré seulement 7 000 francs au fisc par l'entreprise !

*Le troc entre particuliers
diminue les taxes et les impôts perçus par la
collectivité.*

Un homme échange un appareil photo qui ne correspond plus à ses besoins contre un projecteur de diapositives ; une jeune femme troque sa veste de fourrure de l'année dernière contre un ensemble de cuir à peine porté par une autre femme qui a un peu grossi… Chacune de ces personnes fait une bonne affaire, mais la collectivité, elle, est doublement perdante : elle n'encaissera pas les taxes correspondant aux achats qui auraient eu lieu en l'absence d'échange ; elle ne recevra pas les impôts correspondant au bénéfice des commerçants qui les auraient vendus.

Certes, le troc n'est pas nouveau. Il représente même la toute première forme de l'économie, qui précéda l'invention de la monnaie. Mais, depuis dix ans, le troc intéresse de plus en plus les Français, qui voient là un moyen avantageux de renouveler leur garde-robe ou leurs équipements. La Foire au troc, à Paris, reçoit chaque année plus de 100 000 visiteurs. Certains viennent y effectuer les transactions les plus étonnantes : une télé couleur contre une cheminée, un manteau de vison contre une commode Louis-Philippe, un ordinateur contre une planche à voile… Instrument efficace de lutte contre le gaspillage, le troc est aussi pratiqué par les commerçants ou les entreprises. Il prend alors souvent une forme illégale (p. 216).

*L'économie domestique
peut-elle encore se développer ?*

Comme le troc, l'autoproduction des ménages ne date pas d'hier. L'économie rurale du XVIIIe siècle était même largement dominée par l'activité domestique. L'offre de biens et de services était alors beaucoup plus limitée et les revenus des ménages ne permettaient guère de folies. Il est cependant probable que la crise, postérieure à l'installation de la société de consommation, a modifié les comportements de dépenses des Français. Quoi de plus tentant que d'économiser quelques centaines de francs par an en effectuant soi-même la vidange de sa voiture ? À cette économie apparente s'ajoute l'économie fiscale : un salarié doit gagner 140 francs pour avoir un pouvoir d'achat marginal de 100 francs, s'il est imposé à 40 % ! Sans parler, évidemment, de la satisfaction, non chiffrable, d'accomplir quelque chose de ses mains, surtout lorsqu'on n'a pas l'occasion de le faire dans sa vie professionnelle. L'accroissement du temps libre, la crainte pour le pouvoir d'achat, le développement de la maison individuelle sont sans aucun doute des facteurs favorables au développement de l'économie domestique.

À l'inverse, le développement du travail féminin devrait faire diminuer l'importance des tâches ménagères (p. 46), par manque à la fois de temps et d'envie. De plus, l'apport financier d'un second salaire permet de s'offrir plus facilement les services que l'on n'est plus en mesure de prendre soi-même en charge. Mais on risque alors d'entrer dans un autre type de tentation, celui du travail noir (ci-dessous). —————————————

Économie clandestine : le pied de nez (illégal) des Français

Le travail noir (ou travail clandestin) est à la mode. Non seulement chez ceux qui le pratiquent, mais aussi chez ceux (journalistes, économistes, sociologues, politiciens) qui tentent de le comprendre. Les premiers continuent leur commerce en s'efforçant de rester dans l'ombre. Les seconds s'opposent sur son importance réelle et sur la façon dont la société peut et doit le réglementer.

Le travail noir représenterait environ 5 % de la production intérieure française.

Selon les estimations du Bureau international du travail, 3 à 6 % de la population active s'adonnent au travail noir. La comparaison avec d'autres pays montre pourtant que la France est relativement épargnée par cette 'marée noire' (encadré). De toute façon, ce chiffre n'est guère révélateur de l'impact véritable du travail noir. Il faudrait, pour en avoir une idée plus précise, connaître le nombre d'heures ainsi mobilisées et le comparer à celui de l'activité 'officielle'. —————

Alfred Sauvy avance avec prudence quelques estimations : l'économie souterraine représenterait environ 4 à 5 % du P.I.B. français (p. 212). Un tel chiffre, déjà élevé, est pourtant généralement inférieur à celui proposé pour d'autres pays : 5 à 7 % en Grande-Bretagne, 10 % aux États-Unis et en Italie, 3 % en Allemagne de l'Ouest. —————————

L'accroissement des contraintes économiques est toujours favorable à celui des activités clandestines.

Les causes de l'existence du travail clandestin

sont multiples. L'évolution de ces dix dernières années va dans le sens d'un accroissement de la demande en même temps que de l'offre, même si celle-ci est mal cernée.

Le travail noir n'est pas si noir

Pour la plupart des Français, le travail noir est principalement l'œuvre de petits artisans soucieux d'échapper au fisc ou de chômeurs n'ayant pas assez de leurs indemnités pour vivre. Le rapport publié par le B.I.T. sur le travail clandestin fait voler en éclats quelques-unes de ces idées reçues.

D'abord, les chômeurs semblent beaucoup plus préoccupés par la recherche d'un emploi que par celle de 'petits boulots' aléatoires et généralement temporaires (même si 40 % d'entre eux avouent recourir de temps en temps à cette pratique, voir p. 254). Ensuite, les entreprises, y compris les plus petites, ne sont pas toujours prêtes à courir les risques inhérents aux activités non déclarées, que ce soit vis-à-vis du fisc, des employés (accidents, dénonciations…) ou des clients (absence de garantie en cas de malfaçon…). Le travail noir s'est d'ailleurs surtout développé dans des créneaux délaissés par les entreprises, parce que trop particuliers ou non rentables. Enfin, les motivations financières ne sont pas les seules. D'autres raisons, plus psychologiques, paraissent tout aussi importantes : désir de se rendre utile, recherche de contacts afin d'être moins seul…

La 'marée noire'

Part de la population active concernée par le travail 'noir'

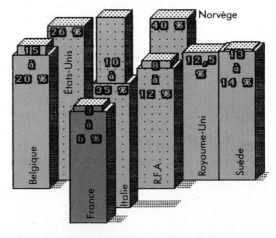

Le temps libre a généralement augmenté, en particulier, bien sûr, pour les chômeurs, les retraités et préretraités, qui peuvent ainsi en consacrer une partie au travail noir. Par ailleurs, les soucis d'ordre financier se sont accrus avec la crise : le risque de perdre son emploi ou de voir son pouvoir d'achat diminuer amène des particuliers à rechercher des revenus complémentaires. La pression fiscale joue aussi un rôle déterminant, en particulier pour certaines entreprises, mises en difficulté par l'augmentation de leurs charges. C'est ce même souci d'ordre fiscal qui pousse les clients à faire appel au travail noir pour faire effectuer chez eux des travaux de peinture, de décoration ou de réparation. ⎯

Les immigrés en situation de travail illégale sont en nombre croissant.
● *La France compte entre 800 000 et 1,5 million de travailleurs clandestins.*

Leur activité se cantonne principalement à certains secteurs particuliers : bâtiment, hôtellerie-restauration, confection, accessoirement agriculture (travaux saisonniers non déclarés). Là encore, la situation française est plutôt meilleure que celle d'autres pays comme l'Allemagne, avec ses 1,5 million de Turcs (encouragés à quitter le pays, par une prime de retour d'environ 30 000 francs), l'Italie ou les État-Unis (où 3 à 6 millions de personnes vivent en situation illégale). Mais les courants migratoires se font toujours des pays les plus pauvres vers les plus riches. La démographie galopante des premiers constituera une incitation croissante à l'entrée clandestine dans les seconds. C'est donc le problème, plus vaste, de la structure de la population et de l'intégration culturelle qui risque de se poser à plus long terme. ⎯

Le travail noir est une soupape de sécurité à la crise.

Au-delà de son aspect illégal et du manque à gagner qu'il représente pour la collectivité (évalué à 10 milliards de francs par an), le travail noir peut être vu sous un angle plus favorable. Il permet de survivre à un certain nombre de personnes aux prises avec des difficultés d'insertion (ou de réinsertion)

dans la vie économique 'officielle'. Il permet à un nombre encore plus grand d'individus de maintenir ou d'améliorer leur niveau de vie. Il a donc joué depuis le début de la crise le rôle d'un formidable amortisseur. Qui sait comment se serait traduit le mécontentement des plus défavorisés s'ils n'avaient pu recourir à cette solution ? ⎯

L'arsenal de la débrouille

Le travail noir n'est pas la seule forme illégale de l'économie parallèle. Toutes les activités non déclarées font partie de la panoplie de ceux, marginaux ou pas, qui veulent échapper aux contraintes économiques, croissantes en période de crise. Ainsi, le troc pratiqué par des entreprises, petites ou grandes, est parfaitement illégal lorsqu'il n'est pas déclaré : la coiffeuse qui fait un brushing à l'infirmière en échange d'une série de piqûres, le dentiste qui soigne un client garagiste contre la réparation de sa voiture, l'épicier qui troque un cageot de légumes contre un repas au restaurant... On pourrait multiplier les exemples. Plus graves sont les opérations (à but beaucoup plus lucratif) de revente de drogue ou d'acheminement clandestin de capitaux à l'étranger par des passeurs spécialisés. Du 'système D' à l'escroquerie, les solutions de la débrouille sont de plus en plus nombreuses et imaginatives.

S'il participe à la lutte contre le chômage, le travail noir tend aussi à réduire le niveau de l'inflation, grâce aux prix bas pratiqués. Sans les maçons du dimanche, la maison individuelle serait un rêve inaccessible pour beaucoup. Sans la possibilité de 'bricoler', un certain nombre de retraités (et plus récemment de préretraités) auraient connu des difficultés morales aussi dures à supporter que les contraintes financières. ⎯

C'est pourquoi certains experts pensent aujourd'hui qu'il ne faut pas condamner le travail clandestin, mais le réglementer de façon intelligente. Il pourrait, par exemple, bénéficier d'une réduction de la T.V.A. sur certains petits travaux, tandis que les chômeurs pourraient, dans des limites raisonnables, y recourir sans perdre le bénéfice de leurs allocations. Le vrai travail noir serait ainsi condamné, tandis que serait tolérée une sorte de 'travail gris'... ⎯

Le monde, si proche et si lointain

EUROPE
LA MARCHE EN
(DÉ) CADENCE

Comme la plupart des Européens, les Français ne sont pas fascinés par l'Europe. Les difficultés nationales ont masqué les six facettes de la crise que traverse aujourd'hui la Communauté. Il apparaît pourtant de plus en plus clairement que le sort de l'Europe déterminera dans une large mesure celui de chacun de ses membres.

Un marché peu commun
mais des difficultés communes

Question : quelle ressemblance y a-t-il entre MM. Schmidt, Smith, Vermeer, Ström, Stravopoulos, McCann, Van de Putt, Rossini, Egel et Dupont ? Réponse : ils font partie de la Communauté économique européenne (C.E.E.) ; ils sont voisins sur la carte du monde (à l'exception de M. Stravopoulos, Grec, qui est un peu éloigné de ses collègues) ; ils représentent ensemble une puissance économique supérieure à celle de tous les autres 'grands' de la planète, puisque 20 % du commerce mondial transite par la C.E.E. Pourtant, les habitants de la C.E.E. ne sont guère conscients de ces points communs. Le rêve européen, qui avait commencé à se concrétiser avec le traité de Rome, en 1957, n'excite plus guère les imaginations. Au cours de ces dernières années, la flamme européenne s'est faite de plus en plus vacillante. Au point que l'on peut craindre que le souffle de la crise ne finisse par l'éteindre.

*Le corps de l'Europe est façonné,
mais il lui manque une âme.*

Ce qui unit les pays de la C.E.E. est sans aucun doute plus fort que ce qui les oppose. La proximité géographique était, au départ, la principale raison d'être de l'Europe. Elle avait conduit à des évolutions économiques, politiques, sociales, démographiques relativement semblables dans les pays membres, malgré quelques affrontements historiques. La seconde raison d'être de l'Europe tient à ce que les nations qui la composent sont des démocraties (ce qui n'est pas si courant dans le monde actuel). Elles figurent, en outre, dans le groupe (également restreint) des pays industrialisés (à des degrés divers, selon qu'il s'agit de l'Allemagne, du Danemark ou de la

Le poids de l'Europe

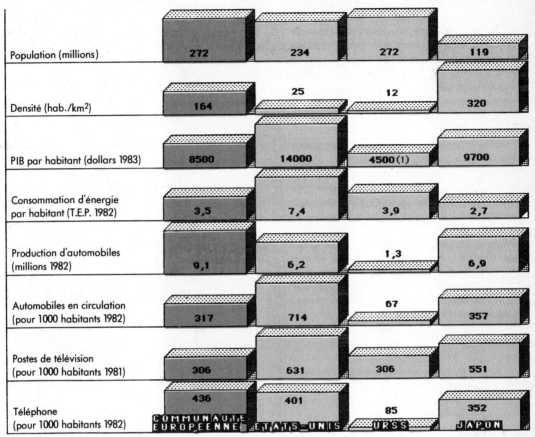

	COMMUNAUTÉ EUROPÉENNE	ÉTATS-UNIS	URSS	JAPON
Population (millions)	272	234	272	119
Densité (hab./km²)	164	25	12	320
PIB par habitant (dollars 1983)	8500	14000	4500 (1)	9700
Consommation d'énergie par habitant (T.E.P. 1982)	3,5	7,4	3,9	2,7
Production d'automobiles (millions 1982)	9,1	6,2	1,3	6,9
Automobiles en circulation (pour 1000 habitants 1982)	317	714	67	357
Postes de télévision (pour 1000 habitants 1981)	306	631	306	551
Téléphone (pour 1000 habitants 1982)	436	401	85	352

(1) Estimations.

Institutions internationales

Grèce). Mais la raison d'être essentielle de la Communauté est que chacun de ses membres a globalement intérêt, sur le plan économique en particulier, à en faire partie. C'est ce qui explique que, 28 ans après sa création, le Marché commun ait survécu, qu'il se soit ouvert à de nouveaux adhérents et qu'il soit parvenu à gérer tant bien que mal les échanges commerciaux et les autres activités communautaires. _____

54 % des Français
considèrent que la France
a profité de son appartenance
au Marché commun.

Mais les Français, comme d'ailleurs beaucoup d'Européens, ne se sentent pas impliqués à titre personnel dans le grand mouvement qui se poursuit depuis près de 30 ans. L'Europe s'est faite, pour une large part, sans les Européens. Pour la plupart d'entre eux, elle n'est qu'une construction artificielle dont le fonctionnement n'a pu être assuré qu'à coups de lois compliquées, de compromis et de montants compensatoires. Le spectacle annuel des négociations marathon présidant à la fixation des prix agricoles les renforce dans cette idée. Tout se passe comme si chacun avait bien assez de ses difficultés nationales pour se préoccuper de celles des voisins. Ceux dont le sort ne dépend pas directement de ces discussions de marchands de tapis s'en désintéressent même totalement. L'Europe n'est pour les Européens qu'un vaste groupement d'intérêt économique. Utile ou indispensable selon les individus (ci-dessous), mais de toute façon sans âme.

Les Français sont encore favorables aux États-Unis d'Europe, mais leur enthousiasme faiblit.

Les grands Européens des années 60 (Schuman, Monnet, Mansholt, Pisani...) avaient essayé d'amorcer la création d'une Europe à vocation plus large, conscients qu'elle ne pourrait pas toujours mobiliser ses membres autour de la seule recherche de compromis dans le domaine économique. Leurs voix se perdirent dans le brouhaha des égoïsmes nationaux. On eut quand même le temps, après l'Europe du Marché commun, de faire celle des monnaies (1978) et d'élire un Parlement au suffrage universel (1979). Mais la crise économique refoula au second plan l'idée d'une grande Fédération européenne. Le résultat est que la 'volonté européenne' a fortement diminué chez les Français et que peu d'entre eux sont aujourd'hui disposés à faire des sacrifices pour favoriser l'instauration des États-Unis d'Europe (p. 221). Les jeunes semblent mieux disposés à l'égard d'une Europe renforcée sur les plans écono-

mique, politique et militaire. Une autre question est de savoir si l'Europe doit chercher à se créer une identité culturelle ou défendre ses particularismes nationaux. Les tendances actuelles vont vers la seconde solution, avec un intérêt croissant pour l'échelon régional.

Ce n'est sans doute pas un hasard si l'Europe connaît ses difficultés les plus graves au moment où ses membres sont touchés individuellement par la crise. Dans une période où les solidarités nationales se cherchent, une véritable solidarité européenne peut paraître vaine.

1984, une mauvaise année pour l'Europe.

Les Européens sont satisfaits de l'Europe, mais restent profondément nationaux

Estimez-vous que votre pays a bénéficié de son appartenance à la C.E.E. ? en %, avril 1984 (avril 1983 entre parenthèses)

	France	Allemagne	Belgique	Danemark	Grande-Bretagne	Grèce	Irlande	Italie	Luxem-bourg	Pays-Bas
Oui	50 (54)	39 (49)	49 (59)	42 (51)	32 (32)	44 (44)	59 (56)	58 (69)	73 (74)	67 (78)
Non	24 (21)	24 (15)	22 (6)	34 (31)	57 (57)	35 (25)	29 (28)	20 (14)	14 (12)	17 (11)
Sans opinion	26 (15)	37 (36)	29 (35)	24 (18)	11 (11)	21 (31)	12 (16)	22 (17)	13 (14)	16 (11)
Total 100										

Éprouvez-vous un sentiment de fierté nationale ?

	France	Allemagne	Belgique	Danemark	Grande-Bretagne	Grèce	Irlande	Italie	Luxem-bourg	Pays-Bas
— Très fiers ou plutôt fiers	75	56	68	78	92	92	86	84	88	78
— Pas tellement fiers ou pas fiers du tout	19	33	21	12	7	6	10	14	6	16
— Sans opinion	6	11	11	10	1	2	4	2	6	6
Total 100										

Eurobaromètre

Les États-Unis d'Europe ? peut-être, si ça ne coûte rien

Êtes-vous pour ou contre l'évolution du Marché commun vers la formation politique des États-Unis d'Europe ?

Si cela était nécessaire pour l'édification des États-Unis d'Europe, seriez-vous prêt à accepter une légère diminution de votre pouvoir d'achat pendant quelques années ?

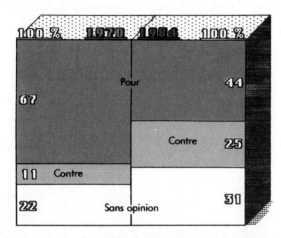

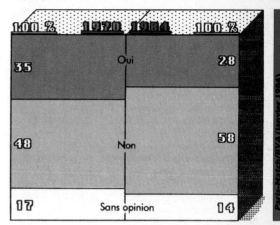

Paris-Match/BVA (janvier 1984)

L'Europe ne souffre pas d'une crise, globale et identifiable, mais de **six crises**, distinctes et durables. _____

La crise de la croissance

Les Européens s'étaient habitués à la forte croissance économique des années 60. Ils furent d'abord étonnés lorsqu'elle diminua (progressivement), sous l'effet du premier puis du deuxième choc pétrolier. Beaucoup d'économistes distingués expliquèrent alors que les 'trente glorieuses' (1945-1975) constituaient un épiphénomène sans précédent dans l'histoire et qui ne se reproduirait pas de sitôt. Il fallait donc, dans ces conditions, rechercher une croissance 'douce', 'molle', voire même la 'croissance zéro' chère aux membres du Club de Rome. Bon gré, mal gré, les citoyens se sont donc faits à l'idée que rien ne serait plus comme avant et qu'il faudrait s'habituer à partager différemment un gâteau qui ne grossirait plus. Dix ans auront été nécessaires pour cela. _____

Décroissance de la croissance

	PIB par habitant (dollars, 1983)	Croissance du PIB (1983)			Taux d'inflation (1983)		
		1983	1984 (1)	1985 (2)	1983	1984 (1)	1985 (2)
France	9 500	+ 0,3 %	+ 1,7	+ 2,0	+ 9,6	+ 7,2	+ 6,5
R.F.A.	10 600	+ 0,8 %	+ 2,5*	+ 2,7*	+ 3,0	+ 2,5	+ 2,0
Royaume-Uni	7 800	+ 2,6 %	+ 2,0	+ 3,0	+ 5,5	+ 5,0	+ 5,2
Belgique	8 300	+ 2,3 %	+ 1,7	+ 1,7	+ 7,7	+ 6,5	+ 5,0
Danemark	10 900	+ 3,4 %	+ 3,7	+ 2,7	+ 7,3	+ 6,2	+ 4,5
Grèce	3 700	+ 0,4 %	+ 2,2	+ 2,2	+ 20,5	+ 18,5	+ 17,2
Irlande	5 100	=	+ 3,2	+ 3,5	+ 10,4	+ 8,5	+ 7,0
Italie	6 300	− 5,3 %	+ 3,0	+ 2,5	+ 15,0	+ 5,0	+ 5,2
Luxembourg	8 700	− 4,2 %	+ 0,7	+ 1,7	+ 8,6	+ 6,5	+ 4,5
Pays-Bas	9 300	=	+ 1,2	+ 1,7	+ 2,7	+ 3,2	+ 2,2

1) Estimation   2) Prévision   * PNB

O.C.D.E.

*Les pays européens ont préféré préserver
le pouvoir d'achat de leurs habitants,
plutôt qu'investir pour préparer l'avenir.*

Face à cette baisse de la croissance, les pays européens ont presque tous réagi en privilégiant le court terme. Ils ont laissé diminuer l'investissement industriel pour continuer d'accroître les salaires au-delà d'une inflation de plus en plus élevée. Tout s'est donc passé comme si on voulait retarder les effets de la crise, de crainte de mécontenter les citoyens ou simplement dans l'attente d'un redémarrage du commerce mondial. Même dans la période actuelle de désinflation, le handicap sera lourd à remonter. ─────────

La crise de l'emploi

Les conséquences de l'arrêt de la croissance ne se sont pas fait attendre pour les entreprises. L'accroissement de leurs charges les rendait moins compétitives par rapport à des pays 'agressifs' tels que le Japon. La contradiction du commerce international limitait leurs débouchés et, pour conquérir ou conserver des marchés, elles devaient se battre selon des méthodes auxquelles elles étaient mal préparées. La réduction de l'activité et la nécessité d'accroître la productivité sont les deux causes essentielles du chômage.

*L'Europe compte aujourd'hui
13 millions de chômeurs.*

Le fond du gouffre ne semble pas atteint, si l'on en croit les spécialistes de prévision économique. En France, des secteurs entiers de l'économie ont été jusqu'ici soutenus artificiellement par la collectivité. Parmi les autres secteurs, beaucoup sont en situation de sureffectif. Ils devront absolument investir pour maintenir ou améliorer leur compétitivité, sous peine de connaître à leur tour des difficultés. Il faudrait une forte croissance pour que cette mutation technologique nécessaire se fasse sans nouvelles pertes d'emploi (p. 286). D'autant plus forte que le seuil minimum permettant de créer des emplois est plus élevé en Europe que dans d'autres régions industrialisées du monde ; 3 % en France contre 1 % aux États Unis.

La crise démographique

Comme celle de la France (p. 94), la population de l'Europe vieillit. Les difficultés liées à ce vieillissement ne se font encore que partiellement sentir. Les menaces qu'elles font peser sur l'avenir sont considérables : coût social et économique de la prise en charge des inactifs ; risque de déséquilibre avec les populations immigrées, plus jeunes et plus fécondes ; perte de compétitivité par rapport aux autres pays, etc. Dans la plupart des pays de la C.E.E., les actifs cotisaient en moyenne trois ans pour financer une année de retraite, contre deux aujourd'hui. ─────────

Un travailleur sur dix au chômage

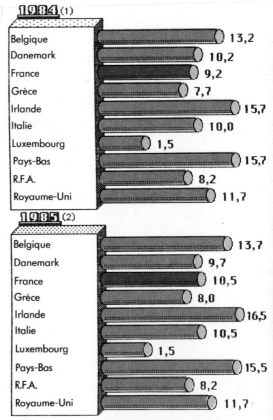

1984 (1)

Belgique	13,2
Danemark	10,2
France	9,2
Grèce	7,7
Irlande	15,7
Italie	10,0
Luxembourg	1,5
Pays-Bas	15,7
R.F.A.	8,2
Royaume-Uni	11,7

1985 (2)

Belgique	13,7
Danemark	9,7
France	10,5
Grèce	8,0
Irlande	16,5
Italie	10,5
Luxembourg	1,5
Pays-Bas	15,5
R.F.A.	8,2
Royaume-Uni	11,7

* En pourcentage de la population active (définitions nationales pour le chômage, définitions OCDE pour la population active) (1) Estimations (2) Prévisions

O.C.D.E.

Les chiffres de la 'vieille Europe'

	Population milliers d'habitants	Densité (h/km²)	Taux brut natalité (°/oo)	Mortalité infantile (*)	Structure de la population (%)		
					moins de 20 ans	20 à 64 ans	65 ans et plus
FRANCE	54 335	98	14,9	9,6	30,1 %	56,0 %	13,9 %
ALLEMAGNE	61 682	248	10,1	12,6	26,9 %	57,5 %	15,6 %
GRANDE-BRETAGNE	56 020	230	13,0	12,1	29,7 %	55,6 %	14,7 %
BELGIQUE	9 852	323	12,6	11,7	28,8 %	57,0 %	14,2 %
DANEMARK	5 122	119	10,4	8,4	28,4 %	57,1 %	10,7 %
GRÈCE	9 730	74	14,4	17,9	n.d.	n.d.	n.d.
IRLANDE	3 443	49	21,0	11,2	40,0 %	49,3 %	10,7 %
ITALIE	52 197	190	10,9	14,1	29,8 %	56,7 %	13,5 %
LUXEMBOURG	366	141	12,1	11,0	26,8 %	59,7 %	13,5 %
PAYS-BAS	14 247	346	12,6	8,2	31,5 %	57,1 %	11,5 %

(*) Nombre de morts dans la première année pour 1000 naissances vivantes.

O.C.D.E.

Part de l'Europe des Dix dans la population mondiale (1982).

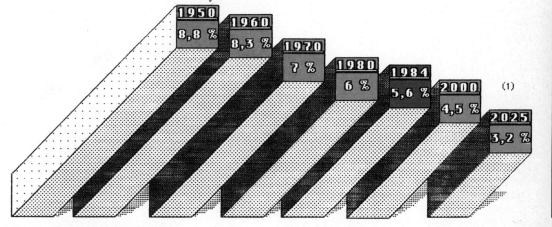

1950 : 8,8 % — 1960 : 8,3 % — 1970 : 7 % — 1980 : 6 % — 1984 : 5,6 % — 2000 : 4,5 % (1) — 2025 : 3,2 %

O.N.U.

(1) Projection O.N.U.

La crise des valeurs

Les pays européens ont connu depuis la dernière guerre une évolution comparable. La création de la C.E.E. a sans aucun doute encore renforcé l'homogénéité entre ses membres. Depuis 1973, chacun des États membres a dû faire face aux mêmes types de difficultés. Il n'est donc pas étonnant, dans ces conditions, que l'échelle des valeurs ait évolué de façon similaire dans chacun des pays membres de la Communauté quel que soit son passé.

Comme les Français, les Européens connaissent une grave crise d'identité. La peur de l'avenir et l'individualisme expliquent largement la nouvelle échelle des valeurs européennes.

La pratique religieuse diminue, mais les Européens croient toujours en Dieu.
● *Sur 100 Européens, 63 se définissent comme religieux,*
● *6 adultes sur 10 se livrent à la prière ou à la méditation.*

La crise des valeurs est-elle religieuse ?

Le pessimisme est de rigueur

Les Valeurs du temps présent, J. Stoetzel (P.U.F.)

		Europe (1)	Belgique	Danemark	Espagne	France	G.-B.	Hollande	Irlande	Italie	R.F.A.
L'entraide a diminué	%	60	64	56	51	67	65	63	47	68	48
On ne peut faire confiance aux autres	%	62	63	44	61	71	54	49	56	72	58
Les hommes sont fondamentalement bons	%	17	22	17	26	5	18	28	34	13	20
Se sentent exploités (travailleurs)	%	53	45	38	44	57	64	37	43	45	54
Demandent plus de respect de l'autorité	%	61	58	39	76	56	73	57	85	64	44
Demandent plus d'insistance sur la vie de famille	%	85	83	89	84	88	84	66	91	89	85
Estimation du respect du Décalogue par les autres (2)		199	194	191	192	185	215	197	210	207	195
Auto-estimation du respect du Décalogue (2)		252	253	253	251	225	254	243	276	263	256
Confiance dans les jeunes par les vieux, selon les jeunes (2)		398	493	491	385	385	371	476	464	380	414
Confiance dans les jeunes par les vieux, selon les vieux (2)		524	506	687	469	541	513	446	585	455	584
Confiance dans les vieux par les jeunes, selon les jeunes (2)		544	579	713	449	562	588	558	613	484	568

(1) Moyennes pondérées selon la population des différentes nations.
(2) Notes de 100 à 1000.
   Décalogue : les dix commandements.

Le déclin de la religion ne peut être tenu pour responsable de cette perte de foi apparente en l'humanité. Si les Églises d'Europe regroupent de moins en moins de fidèles, la religiosité, elle, tient bon. ————————

La famille résiste, mais le travail s'effrite.

Au hit-parade des valeurs européennes, c'est toujours la famille qui arrive largement en tête. Le travail, lui, est considéré comme une nécessité plutôt que comme une malédiction. Mais un peu plus de la moitié des Européens ont l'impression d'être exploités dans leur vie professionnelle (encadré). ————————

L'engagement politique et syndical est en très forte baisse.
• *Un Européen sur trois se désintéresse totalement de la politique.*
• *20 % refusent de se situer à droite ou à gauche.*

La pratique religieuse en Europe

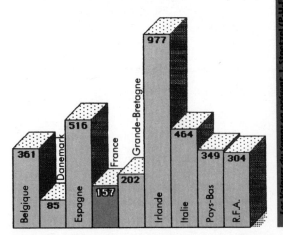

Notes de 0 à 1000 selon la pratique de chaque pays.

Les Valeurs du temps présent, J. Stoetzel (P.U.F.)

Les Européens se sentent de moins en moins d'accord avec les formes actuelles de l'action politique.

L'action syndicale ne fait pas un meilleur score. Comme on le voit, on retrouve chez les Européens des préoccupations extrêmement proches de celles exprimées par les Français (p. 50). C'est la preuve qu'il s'agit bien de sentiments aux racines profondes. C'est la preuve aussi de la **mondialisation** des phénomènes à une époque dominée par la multiplicité des moyens de communication.

ont, depuis, connu des années difficiles. L'installation des fusées Pershing II, la prise de conscience du problème démographique et les difficultés économiques sont en train de provoquer chez eux des bouleversements sociaux de grande ampleur. Les Verts, Les Pacifistes, les Alternatifs sont les composants d'un vaste 'mouvement de la paix', dont les jeunes sont les principaux acteurs. Le désespoir semble s'être emparé d'un pays qui servait pourtant de modèle à ses voisins. Le miracle économique allemand n'a pas empêché le moral de se fissurer. Le processus était déjà engagé depuis quelques années. La prospérité des années fastes en avait seulement retardé l'apparition.

Le hit-parade des vertus

Quelles qualités voudriez-vous développer chez vos enfants ? (en pourcentage)	Dans l'Europe des Dix	En France
Honnêteté	73	76
Tolérance, respect d'autrui	51	59
Bonnes manières	49	21
Sens de la responsabilité	46	40
Politesse	34	51
Loyalisme	32	36
Maîtrise de soi	29	30
Indépendance	27	16
Obéissance	25	18
Application au travail	23	36
Esprit d'économie	21	32
Persévérance	18	18
Foi religieuse	17	11
Altruisme	15	22
Patience	14	10
Imagination	13	12
Sens du commandement	10	2

Les Valeurs du temps présent, J. Stoetzel (P.U.F.)

La crise de confiance

Si une base culturelle commune existe incontestablement entre les divers pays, les Européens ne sont guère optimistes. Les chocs qu'ils ont subis depuis dix ans ont laissé des traces autant psychologiques qu'économiques, aggravées par une tension internationale devenue permanente (p. 70). L'inquiétude a donc gagné la plupart des habitants de la Communauté. Même les Allemands, qui semblaient en 1981 (date du sondage de l'encadré) relativement confiants,

La peur de l'avenir gagne

Proportion de ceux qui pensent que l'avenir est si incertain qu'il vaut mieux vivre au jour le jour

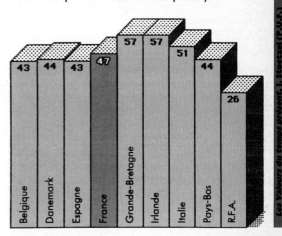

Les Valeurs du temps présent, J. Stoetzel (P.U.F.)

La crise de fonctionnement

C'est en 1983 que la Communauté a connu sa crise la plus grave. Les États membres ne parvenaient plus à s'entendre sur les principes mêmes du fonctionnement de l'Europe. La répartition des contributions financières de chacun (Grande-Bretagne en tête), la définition de la politique agricole commune avaient fait l'objet de discussions longues et difficiles, mais on avait toujours trouvé les voies d'un compromis acceptable par tous. Cette fois, les difficultés paraissaient insurmontables à court terme. On parlait même de rupture, ce qui donnait à la France, placée à la présidence de la C.E.E. au premier semestre 1984, l'occasion de montrer ses qualités en matière diplomatique. On ne peut s'empêcher de rapprocher cette crise du fonctionnement communautaire de celle que connaissent individuellement les États membres. Il est toujours plus facile d'être généreux et tolérant lorsqu'on est riche et qu'on vit dans le confort. L'appartenance au 'Club européen' présentait à l'époque de sa création des avantages évidents. Depuis 1973, certains se sont demandé si le 'Club' était bien capable de satisfaire les besoins spécifiques de chacun de ses membres. Ce fut le cas de la Grande-Bretagne qui menaça alors de ne pas renouveler sa cotisation si les statuts de l'association n'étaient pas modifiés en sa faveur. Il faudra à l'Europe beaucoup de courage pour venir à bout des difficultés qui sont devant elle. ———————————

L'Europe est-elle en voie de sous-développement ?

'Les débuts d'une décadence ont la douceur dorée des premiers jours d'automne. Mais l'hiver et le mal sont là, plus graves chaque jour.' Ainsi débutait le rapport présenté au Parlement européen par Michel Albert et Jim Ball en 1983. Beaucoup d'experts s'accordent aujourd'hui pour constater l'amorce du déclin de l'Europe. Les six crises évoquées précédemment (croissance, emploi, démographie, valeurs, confiance, fonctionnement) sont pour eux la conséquence d'un laisser-aller général. C'est la priorité accordée au présent qui laisse le champ libre aux menaces qui pèsent sur l'avenir. Cette vision à court terme et la force des égoïsmes nationaux ont placé l'Europe sur le chemin de la décadence. Pour enrayer ce processus fatal, deux conditions paraissent aujourd'hui nécessaires : le retour à la croissance et la solidarité européenne. ———————————

*Le retour à la croissance
est la condition essentielle du redémarrage.
Le sursaut de l'Europe sera difficile.*

L'idée de la croissance douce, qui devait permettre de retrouver progressivement les grands équilibres, ne semble plus en mesure de renverser les tendances présentes. Seule une croissance forte peut limiter les effets, actuels et à venir, de l'indispensable restructuration économique. La troisième révolution industrielle, celle de l'électronique et de la robotique (p. 283), est à la fois nécessaire et dangereuse. C'est par elle que les entreprises se donnent les moyens d'une meilleure compétitivité. Mais elle ne se fera pas sans conséquence sur le plan social. Le nombre d'emplois économisés par l'introduction de l'électronique pourrait être de l'ordre de 5 % au cours des dix prochaines années. Cela représenterait en 1995 7 millions de chômeurs supplémentaires dans la Communauté européenne. Dans une telle perspective, seule la croissance peut atténuer la portée des 'chocs' à venir. Il paraît cependant difficile d'espérer plus de 2 % de progression moyenne des économies jusqu'en 1990. Le poids des prélèvements obligatoires affaiblit l'appareil de production et modère l'enthousiasme des travailleurs. Il faut donc restaurer en même temps le moral des salariés et les marges des entreprises. ———————————

*La remise en marche durable des économies
ne pourra se faire que d'une façon solidaire.*

La croissance ne se décrète pas. Elle ne se décide pas non plus au seul niveau national. La France en a fait l'expérience en 1982, lorsqu'elle tenta vainement de provoquer une relance solitaire par la consommation. À défaut d'une véritable entente planétaire, qui mettrait en jeu des intérêts trop contradictoires, la Communauté européenne peut servir de support à la mise en place concertée d'une politique de croissance. Les préoccupations de chacun de ses membres sont suffisamment proches pour justifier une action commune qui passe de façon prioritaire par une décélération progressive des prix et des revenus afin de redonner aux entreprises la possibilité d'investir. Elle suppose de la part des acteurs (salariés, patrons, syndicats, gouvernements) des qualités de réalisme plus que d'abnégation. La solidarité européenne n'est pas un acte de générosité gratuite. Elle est la condition du maintien de ses membres dans la course économique mondiale.

*Il reste peu de temps
pour enrayer le déclin du bloc européen.*

L'Europe a déjà pris plusieurs années de retard sur le reste des pays industrialisés. Le redressement reste cependant possible, à condition que chacun des pays membres ait le courage de ne pas céder aux pressions exercées par sa propre population. Des pressions dictées par la recherche de la sécurité à court terme alors que les solutions ne pourront aboutir que dans la durée. Les Européens sont aujourd'hui trop peu conscients de l'enjeu commun. Le choix ne se situe pourtant qu'entre la survie et la décadence. Il faut savoir que c'est sur ce dernier chemin que l'Europe est aujourd'hui engagée.

UN MONDE FOU, FOU, FOU

Pour les Français, le monde est une source d'inquiétude plus que d'émerveillement. Chaque jour leur apporte la confirmation de la folie qui s'est emparée de lui. La faim, la crise financière, l'absence de liberté, la guerre en sont les aspects les plus dramatiques. Quatre défis mondiaux qui font courir de graves dangers à l'humanité tout entière.

Si proche et si lointain

Aucune autre génération n'a jamais disposé d'une telle masse d'informations pour savoir ce qui se passe autour d'elle. Tous les soirs, à 20 heures, les Français peuvent, en 30 minutes, faire un tour du monde télévisé qui les renseigne sur l'état de ce monde et des relations entre les hommes. Devant leurs yeux blasés défilent jour après jour les images de la violence, de l'intolérance ou de la bêtise, qui font l'ordinaire de l'actualité.

Loin de concourir à une meilleure connaissance du monde, ces informations ont finalement l'effet inverse. Malgré leur précision, ou plus probablement à cause d'elle, l'impression qui s'en dégage reste floue. Car l'émotion qu'elles inspirent est annihilée par la répétition quotidienne, de sorte que l'inconscient cherche plutôt à éloigner qu'à retenir ces tristes manifestations de la nature humaine. Combien de Français peuvent aujourd'hui citer les causes précises du conflit libanais ou de celui qui oppose l'Iran et l'Irak ? Combien se souviennent de la date de l'attentat contre le pape ou de celui dont fut victime le président Reagan ? Devant l'agression permanente de l'image, chaque individu exerce sa propre censure, afin de ne pas en garder des traces trop profondes.

Ainsi, la connaissance du monde qu'ont les Français d'aujourd'hui n'est pas aussi précise et complète qu'on pourrait logiquement le

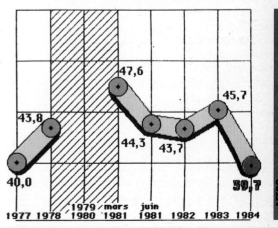

'Il faut aider les pays sous-développés' ([1])

(1) Cumul des réponses 'entièrement d'accord' et 'bien d'accord'.

penser. C'est parce que le monde leur fait peur qu'ils ont tendance à l'exclure de leurs préoccupations quotidiennes. C'est au moment où la plupart des phénomènes ont une dimension planétaire que les Français donnent à l'individu une place prépondérante. Plus qu'un paradoxe, on peut y voir une réaction normale de compensation, une sorte de version contemporaine de 'après moi, le déluge'…

La conséquence est que les masses se mobilisent de moins en moins facilement (et de moins en moins longtemps) pour des causes qui leur paraissent de plus en plus vaines. Pourtant, les dangers qui les menacent sont d'autant plus grands qu'est faible l'effort de solidarité entre les individus et entre les peuples.

La dérive des continents

Depuis la Seconde Guerre mondiale, les poids relatifs des différentes régions du monde se sont considérablement modifiés. La 'dérive' économique, sociale, culturelle des principaux blocs s'est produite à une vitesse à laquelle l'histoire n'était pas habituée.

Malgré une croissance indéniable, le **bloc soviétique** est malade de son centralisme politique et administratif, de son manque d'ouverture et du poids de ses dépenses militaires. Certaines régions d'**Asie** (Japon, Corée du Sud, Hongkong…) ont connu une fantastique épopée économique due à leur compétitivité et à leurs succès répétés à l'exportation. Le **Moyen-Orient,** après ses années de gloire, connaît aujourd'hui une fortune beaucoup plus fragile. L'**Afrique** n'a pas encore réussi à inventer l'après-colonialisme, ni à vaincre ses divisions. L'**Europe** souffre de ne pas avoir été jusqu'au bout de la logique européenne. L'**Amérique du Sud** a bien vite oublié les années du miracle économique de certains de ses membres (Brésil, Mexique, Venezuela), pour retrouver la misère et la dépendance vis-à-vis des pays à qui elle doit des sommes fabuleuses. Seuls les **États-Unis** ont réussi à maintenir leur suprématie, sans échapper toutefois à la crise

et en abandonnant des parts de marché à la concurrence japonaise et, dans certains cas, européenne.

L'offensive Pacifique

Vue d'Europe. Par leur percée technologique, les pays situés autour de l'océan Pacifique lancent une sorte de défi à l'Europe. Nous, Européens, devons-nous…

	Grande-Bretagne	France	R.F.A.	Italie
	%	%	%	%
Relever ce défi, même au prix de changements dans nos modes de vie …	54	62	49	44
Sauvegarder notre civilisation, même au risque de laisser les autres pays l'emporter …	27	26	20	45
Sans opinion …	19	12	31	11

Vue du Pacifique. On dit en Europe que les pays situés autour de l'océan Pacifique, par leur percée technologique, lancent une sorte de défi à l'Europe. Pensez-vous que votre pays représente pour l'Europe :

	États-Unis	Canada	Colombie	Japon	Corée du Sud
Une menace .	10 %	5 %	9 %	15 %	18 %
Un exemple..	78	57	64	7	48
Les deux ….	3	4	3	39	7
Sans opinion .	9	34	24	39	27

L'Express/Gallup (mars 1984)

Les relations entre les nations reposent pour une large part sur des rapports de force. Plus encore que la politique, la culture ou la volonté d'hégémonie, ce sont les rapports de force économiques qui conditionnent la nature de ces relations. C'est pour l'instant la guerre économique qui occupe les hommes. Malgré ses inconvénients, elle est évidemment préférable aux autres formes de lutte entre les nations.

La fin du modèle américain

Les Français des années 50 et 60 regardaient volontiers de l'autre côté de l'Atlantique pour y puiser des idées neuves dans le domaine industriel autant que dans celui des modes de vie. S'ils continuent aujourd'hui de porter des jeans (encore que..., voir page 10) et de boire du Coca-Cola, c'est parce que ces produits, comme tant d'autres, ont été intégrés à la civlisation actuelle. De la même façon, le fast food ne séduit pas les Français parce qu'il est né aux États-Unis, mais parce qu'il présente des avantages déterminants par rapport aux formules traditionnelles (p. 149).

Le modèle américain n'existe plus aujourd'hui en tant que tel. Les Français (les jeunes en particulier) ne sont pas pour autant hostiles à ce qui vient d'Amérique. Ils sont seulement plus sélectifs, et l'estampille *Made in U.S.A.* n'est plus à leurs yeux une garantie suffisante de l'intérêt des produits qui en sont porteurs.

Les autres pays ne constituent pas non plus des modèles de remplacement.

Si les Français achètent volontiers des voitures allemandes, des motos japonaises, des pulls italiens ou des chemises fabriquées à Hongkong, c'est parce qu'ils estiment obtenir plus pour la même dépense. De même qu'il n'y a plus de stars (p. 72), il n'y a plus

Chacun pour soi, et le monde pour tous.

de pays modèle. Les Français adoptent des comportements de consommation de plus en plus rationnels. Parmi les produits à vocation internationale, il n'y a plus aujourd'hui de réussite durable inexpliquée. C'est le rapport qualité/prix qui détermine principalement les choix.

L'internationale du cadre de vie

Comme le dit justement le proverbe, 'le monde est petit'. Il est même de plus en plus

La France dans le miroir du monde

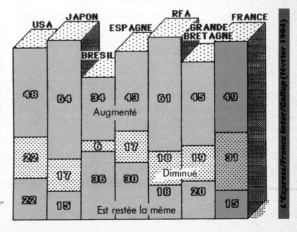

petit lorsqu'on considère la facilité avec laquelle on peut en faire le tour. Les 80 jours de Philéas Fogg, une belle performance à l'époque, font sourire aujourd'hui, alors que la navette spatiale fait une révolution complète en une heure et demie. En quelques dizaines d'années, le monde s'est largement ouvert aux idées et aux produits des autres. Même des pays très autarciques comme l'U.R.S.S. ou la Chine ont laissé pénétrer quelques-uns des symboles de cette culture universelle que sont les produits de consommation courante : alimentation, loisirs (musique, télévision, cinéma...), etc. ____

Les entreprises multinationales sont les principales responsables de cette uniformisation.

Les produits, les campagnes de publicité, les méthodes de travail, les modes de vie se ressemblent dans la plupart des pays. De sorte qu'il faut aller de plus en plus loin pour trouver l'exotisme. Le visiteur qui se rend à New York, Amsterdam, Francfort ou Mexico retrouve beaucoup d'images qui lui sont familières : affiches publicitaires, boutiques

L'Allemagne, la Belgique et les États-Unis sont les meilleurs amis de la France

Parmi les pays suivants, quels sont les deux que vous considérez comme les meilleurs amis de la France ?

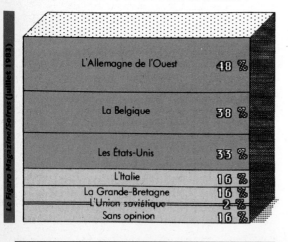

L'Allemagne de l'Ouest	48 %
La Belgique	38 %
Les États-Unis	33 %
L'Italie	16 %
La Grande-Bretagne	16 %
L'Union soviétique	2 %
Sans opinion	16 %

Le Figaro Magazine/Sofres (juillet 1983)

et hôtels d'implantation internationale, produits courants, etc., à l'heure où les modes de vie tendent à devenir de plus en plus individuels, les cadres de vie tendent au contraire à s'uniformiser. Le paradoxe n'est qu'apparent. Ce ne sont pas, en effet, les éléments communs de l'environnement qui déterminent la façon de vivre des individus. Ils n'en sont que les accessoires, dont l'utilisation peut être aisément personnalisée, car chaque produit existe aujourd'hui dans un nombre élevé de versions. On peut d'ailleurs penser que c'est précisément pour lutter contre la standardisation de leur cadre de vie que les individus cherchent à s'inventer des façons de vivre de plus en plus personnelles. Les frontières que l'on place autour de sa vie privée sont souvent plus hermétiques que celles qui existent entre les pays.

Les quatre défis mondiaux

La perception qu'ont les Français du monde qui les entoure est caractérisée par l'angoisse. La peur de la guerre en est la première manifestation, en France comme dans l'ensemble des pays occidentaux. Depuis quelques années, elle a gagné du terrain, trouvant une reconnaissance quasi officielle dans son intégration au langage des médias (p. 70). L'autre épée de Damoclès suspendue au-dessus des têtes est le risque de faillite financière des pays fortement endettés. Il pourrait du jour au lendemain rompre le fragile équilibre maintenu jusqu'ici entre les pays riches et les autres. Les Français sont également sensibles au non-respect des Droits de l'homme, ces droits dont ils se souviennent être les inventeurs. Les raisons ne manquent pas pour alimenter quotidiennement leur inquiétude en ce domaine. ____

Le problème de la faim dans le monde, s'il ne mobilise pas toujours les Français, reste présent dans leurs mémoires et leur donne parfois mauvaise conscience. Plus que tout autre, il leur rappelle régulièrement que les progrès de l'humanité n'ont pas profité de façon égale à tous les hommes. Ce problème est d'ailleurs devenu plus proche, avec le développement de la 'nouvelle pauvreté' au sein même de la société française (p. 315).

Les angoisses du monde

Quelles sont, sur cette liste, vos plus grandes préoccupations en ce qui vous concerne vous-même et en ce qui concerne votre pays à l'heure actuelle ?

	France	R.F.A.	G.-B.	Italie	États-Unis	Japon
Les menaces de guerre	47 (44)	14 (28)	40 (31)	56 (55)	32 (45)	35 (42)
L'inflation	39 (46)	9 (16)	18 (21)	38 (41)	30 (38)	26 (29)
Le chômage	78 (76)	52 (73)	60 (61)	69 (72)	36 (46)	16 (22)
Les armes nucléaires	26 (26)	15 (38)	43 (29)	39 (35)	28 (37)	32 (34)
L'excès des dépenses de l'État	21 (20)	5 (25)	12 (9)	19 (22)	26 (37)	21 (21)
La médiocrité du gouvernement........	24 (24)	7 (15)	19 (16)	25 (27)	21 (35)	16 (22)

Selon vous, comment sera d'ici à un an votre situation financière personnelle ?

	France	R.F.A.	G.-B.	Italie	États-Unis	Japon
Meilleure qu'aujourd'hui	11 (7)	19 (12)	21 (21)	17 (15)	37 (33)	7 (7)
Moins bonne	33 (39)	18 (20)	26 (24)	24 (26)	15 (12)	27 (27)
À peu près pareille	50 (49)	56 (66)	50 (51)	51 (49)	44 (53)	60 (59)
Sans opinion.....................	6 (5)	7 (2)	3 (4)	8 (10)	4 (2)	6 (7)

Chiffres de juin 1984. Les chiffres entre parenthèses correspondent aux résultats du même sondage réalisé en octobre 1983.

Le Matin/Louis Harris ; instituts de sondage et supports des pays concernés (juin 1984)

Le défi de la paix

Un Français sur quatre considère qu'une guerre mondiale est inévitable (encadré). La plupart des habitants des pays occidentaux accordent à ce risque une probabilité relativement élevée au cours des 10 prochaines années. Les Français sont, avec les Américains, les plus pessimistes.

Pendant longtemps, l'idée d'une guerre mondiale n'était qu'une hypothèse extrême que seuls les particuliers évoquaient entre eux, comme pour l'exorciser. Aujourd'hui, la menace est de plus en plus présente dans le quotidien, au risque de devenir une véritable psychose.

L'adversaire est très clairement désigné : l'U.R.S.S.

Pour la grande majorité des Français, c'est l'Union soviétique qui menace le plus la paix dans le monde. Mais elle n'est pas la seule responsable à leurs yeux des tensions internationales (encadré). Les États-Unis, avec leur dollar superstar, leurs fusées et la mission de 'gendarme du monde' qu'ils se sont attribuée, n'y sont pas étrangers. L'opinion publique américaine reconnaît d'ailleurs le risque que les États-Unis font courir au reste du monde. Comme beaucoup d'autres, les Français attendent sans y croire de vraies négociations sur un vrai désarmement entre les deux superpuissances.

'La guerre mondiale est inévitable' (1)

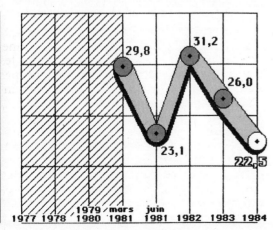

29,8   31,2

26,0

23,1   22,5

AESOP

1977 1978 1979/mars juin 1982 1983 1984
1980 1981 1981

(1) Cumul des réponses 'entièrement d'accord' et 'bien d'accord'.

C'est la faute aux superpuissances

Le Matin/Louis Harris ; Instituts de sondage et supports des pays concernés (juin 1984)

Selon vous, quels sont sur cette liste les facteurs les plus importants pour expliquer les tensions internationales à l'heure actuelle ?

	France	R.F.A.	G.-B.	Italie	États-Unis	Japon
L'accroissement du potentiel militaire soviétique	31 (39)	50 (55)	47 (43)	37 (39)	37 (52)	48 (52)
L'accroissement du potentiel militaire américain	20 (24)	41 (41)	37 (24)	26 (29)	19 (25)	30 (34)
Les taux d'intérêt américains et le rôle du dollar	19 (46)	26 (28)	10 (6)	22 (24)	16 (26)	10 (9)
L'extension de l'influence soviétique dans le monde	24 (27)	19 (25)	20 (17)	14 (17)	21 (37)	19 (20)
L'insuffisance de l'unité européenne	25 (25)	32 (24)	19 (16)	26 (22)	8 (20)	7 (6)

Chiffres de juin 1984. Les chiffres entre parenthèses correspondent aux résultats du même sondage réalisé en octobre 1983.

*La sécurité
passe principalement par le désarmement.*

C'est l'avis de la plupart des Français, qui n'envisagent pas de paix durable sans réduction bilatérale des armements. L'opinion des Américains est un peu différente. L'idée de devoir être présents sur tous les théâtres d'affrontements ne les séduit pas outre mesure et beaucoup souhaitent que l'Europe prenne en charge sa propre défense (ci-dessous).

Le pacifisme ne fait pas recette en France.

Un peu partout en Europe, des mouvements pacifistes se sont développés au moment des discussions précédant l'installation des fusées Pershing II. Le courant n'a pas eu en France la même ampleur qu'en Allemagne. Peut-être parce que les Français se sont sentis moins concernés par un événement qui ne se passait pas directement chez eux. Peut-être aussi parce que le soutien du parti communiste au pacifisme a paru suspect à ceux pour qui le danger vient précisément du bloc communiste. Ainsi, face au déséquilibre croissant entre les forces de l'Alliance atlantique et celles du pacte de Varsovie, à la 'mondialisation' de la stratégie de l'U.R.S.S. (développement de la marine de guerre, accroissement des tentatives d'intervention indirecte), les Français répugnent à se fier aux seuls 'bons sentiments' pacifistes. Sachant qu'il y a peu de chances qu'ils soient

Désarmer et, surtout, garder le contact

Le Matin/Louis Harris ; Instituts de sondage et supports des pays concernés (juin 1984)

Selon vous, quels sont parmi ceux-ci les objectifs les plus importants pour assurer dans l'avenir la sécurité des pays occidentaux ?

	France	R.F.A.	G.-B.	Italie	États-Unis	Japon
Maintenir un équilibre des forces militaires avec l'U.R.S.S.	21 (19)	33 (33)	32 (27)	13 (15)	22 (39)	21 (20)
Promouvoir une coopération efficace entre l'Europe et les États-Unis	19 (19)	34 (34)	23 (25)	20 (22)	28 (40)	19 (24)
Renforcer l'unité économique de l'Europe	33 (30)	32 (21)	14 (17)	35 (28)	14 (31)	15 (14)
Poursuivre le dialogue et les contacts avec l'U.R.S.S.	18 (18)	43 (42)	36 (36)	18 (22)	32 (40)	27 (33)
Accroître la collaboration des pays de l'Europe de l'Ouest en matière de défense	19 (17)	18 (17)	17 (18)	23 (18)	18 (34)	10 (9)

Chiffres de juin 1984. Les chiffres entre parenthèses correspondent aux résultats du même sondage réalisé en octobre 1983.

partagés par tous ceux qui détiennent le pouvoir de faire la guerre. Le refus unilatéral de se battre permet peut-être de retarder les guerres. L'histoire montre qu'il ne permet pas de les éviter. _____

Pacifisme : l'amour de la paix ou la main de Moscou

Les pacifistes sont des gens...

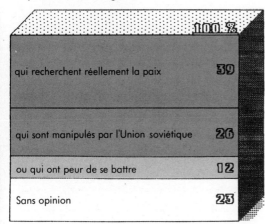

Le clivage gauche/droite explique partiellement les réponses. Les Français proches de la gauche privilégient le désir de paix chez les pacifistes, alors qu'à droite on voit plus volontiers l'intervention de l'Union soviétique.

L'insécurité, un phénomène mondial.

Le défi de l'argent

Les Français ne sont guère informés des risques de 'krach' financier qui se sont développés depuis 10 ans dans les pays les plus endettés. Ce n'est que lorsqu'on leur décrit le scénario catastrophe d'une banqueroute internationale qu'ils se mettent à trembler. Heureusement, dans ce domaine comme dans les autres, le pire n'est jamais sûr. Les principaux pays prêteurs se disent, en tout cas, prêts à réagir en cas de difficultés. Et les citoyens des pays 'riches' s'accrochent à cette idée afin de continuer à dormir la nuit... _____

L'Amérique du Sud est la région la plus endettée

Les 10 pays les plus endettés* (en milliards de dollars)

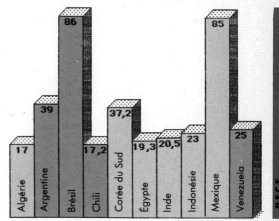

(*) En 1982, y compris les dettes à court terme et les dettes privées.

Les dettes des pays fortement endettés ne seront sans doute jamais remboursées.

La comptabilité des organismes financiers internationaux porte la marque d'une extrême naïveté. Les prêts consentis aux pays en voie de développement sont inscrits à l'actif des bilans comme s'il s'agissait d'un bien éventuellement réalisable. La probabilité que ces capitaux soient un jour remboursés est en réalité très faible. Toute l'action internationale consiste à s'assurer que les intérêts annuels seront bien payés. Quitte à accorder de nouveaux prêts aux pays qui ne peuvent assurer par leur seule croissance le paiement de ces intérêts. _____

Ces pratiques sont en fait plus dictées par le réalisme que par la générosité. L'alternative à ce rééchelonnement indéfini des prêts est tout simplement la faillite des pays concernés. Et donc celle des organismes prêteurs. En cas de problème les Français perdraient environ 20 % de leurs dépôts dans les banques impliquées dans le pool mondial. _____

À l'origine de cette situation on trouve beaucoup d'erreurs de la part des pays prêteurs. Il n'est donc pas tout à fait anormal qu'ils en assument aujourd'hui les conséquences. _____

tous les jours j'ai faim

UNICEF

La crise des riches
accroît la misère des pauvres.

La crise mondiale tue

La récession mondiale entraîne une très grave détérioration des conditions de vie des familles, en particulier des enfants. Il existe, selon l'U.N.I.C.E.F., un lien étroit entre le taux de mortalité des enfants et le taux de chômage, surtout lorsque celui-ci dépasse 10 % de la population active. Dans les pays les plus touchés, comme le Brésil, on note un accroissement de l'insuffisance du poids des nouveau-nés. Dans certains pays, la taille des enfants par rapport à leur âge tend à diminuer. On voit augmenter un peu partout les cas d'abandon d'enfants et d'errance des adolescents. La délinquance juvénile s'accroît, en même temps que le nombre des suicides.

Le phénomène n'épargne pas les pays les plus riches. Aux États-Unis, le taux de mortalité infantile a augmenté dans des proportions spectaculaires dans les régions les plus touchées par le chômage (Alabama, comtés de Flint et de Pontiac dans le Michigan, quartiers de Central et East Harlem à New York).

L'U.N.I.C.E.F. considère que les effets de la crise économique mondiale sont encore à venir. La proportion des moins de 18 ans vivant en dessous du seuil de pauvreté devrait continuer d'augmenter dans les prochaines années, risquant de causer à terme des 'dommages incalculables' à des millions d'enfants.

Le défi de la faim

● *Une personne sur six souffre de la faim.*
● *Une sur quatre souffre de carences alimentaires.*

Les Français sont conscients de ce drame. Beaucoup se disent prêts à agir à titre personnel par des dons, mais la plupart estiment que le problème ne peut être traité qu'au niveau des gouvernements et des organismes internationaux (encadré). _____

Si tous les gars du monde...

De tous les grands problèmes du monde actuel, la faim est celui qui préoccupe le plus les Français (67 %), devant le chômage (65 %) et la course aux armements (46 %). Parmi les causes principales de la faim, les Français citent la population trop nombreuse des pays pauvres (52 %), les erreurs de leurs gouvernements (42 %) et les productions agricoles, insuffisantes et mal orientées (40 %). Mais ils considèrent aussi que certains pays sont maintenus en état d'infériorité par la domination des grandes puissances (46 %) et déplorent les règles du commerce international, qui renforcent les inégalités entre pays pauvres et pays riches (36 %).

Quant à la possibilité de faire quelque chose, les personnes interrogées sont pessimistes : 58 % répondent négativement ; 14 % sont affirmatives ; 25 % disent 'peut-être'. 51 % se déclarent en tout cas favorables à une ouverture plus large de nos frontières aux produits des pays en voie de développement (contre 29 %), même si cela peut nuire à l'économie française.

ISL/CESEM (octobre 1983)

Lorsqu'ils sont sollicités par les médias pour des opérations d'envergure (le Sahel, la Pologne, le Cambodge, etc.), les Français font preuve de générosité. Puis, comme la plupart des habitants des pays 'riches', ils s'empressent d'oublier des images qui font mal et qui donnent mauvaise conscience. ―――――

Des réalités souvent paradoxales

● Il y avait en 1980 450 millions de personnes sous-alimentées. La Banque mondiale en prévoit 800 millions en l'an 2000 si un effort considérable n'est pas fait d'ici là.

● Sur 150 millions d'enfants qui naissent chaque année, 15 millions meurent au cours de leur première année.

● La densité de la population est plus forte dans les pays où on ne meurt pas de faim.

● Le rythme d'accroissement de la population du tiers monde diminue.

● Pendant la grande sécheresse, les habitants du Sahel ont exporté plus de produits alimentaires qu'ils n'en ont reçu au titre de l'aide alimentaire.

● Les pays industrialisés importent deux fois plus de nourriture qu'ils n'en exportent.

● 100 F de bananes sur un marché français rapportent 15 F à celui qui les cultive.

● La C.E.E. consomme 110 millions de tonnes de céréales par an. Les deux tiers sont consommés par les animaux.

● Ce n'est pas l'Afrique qui compte le plus de mal-nourris, mais l'Asie (65 % du nombre total, contre 25 % en Afrique).

● Les ressources mondiales seraient largement suffisantes pour nourrir la planète si elles étaient bien utilisées. La production actuelle de céréales suffit à fournir 3 000 calories et 60 grammes de protéines par jour à chaque être humain. Or, il faut 2 500 calories et 60 grammes de protéines pour assurer la croissance normale d'un individu. Le potentiel total des 51 pays africains permettrait de nourrir 3 fois la population de l'Afrique.

● Les pays d'Amérique du Sud ne sont pas épargnés par la famine. 50 % des Brésiliens souffrent de carences alimentaires graves.

● Il suffirait de réorienter 2 % de la production céréalière mondiale vers ceux qui en ont besoin pour éliminer la malnutrition.

Le défi de la liberté

Pour la majorité des Français, les Droits de l'homme sont avant tout la garantie de sa liberté. Liberté de penser, de croire, de s'exprimer, d'agir. Dans la longue liste des pays qui violent régulièrement les Droits de l'homme, on retrouve toujours à peu près les mêmes. Et l'on salue les trop rares victoires de la démocratie sur la dictature ou le totalitarisme. L'Espagne, la Grèce et, plus récemment, l'Argentine sont des exemples qui ne parviennent pas à faire oublier que la majorité des nations refusent à leurs habitants les droits élémentaires associés à la dignité humaine. On ne peut que s'indigner du fait que l'intelligence de l'homme ne soit pas toujours au service de la liberté de ses semblables. ―――――

Les Droits de l'homme ignorés dans 115 pays

Le rapport annuel d'Amnesty International (1983) donne une idée précise de l'injustice et de la difficulté de vivre sa vie d'homme dans la majorité des pays du monde. La volonté apparente des auteurs de ne pas provoquer, amplifier ou déformer les pratiques qu'ils dénoncent (injustice, absence de jugement, torture, exécution) donne à leurs descriptions plus de poids encore. La seule énumération des violations des Droits de l'homme dans chacun des pays figurant dans le rapport (115, auxquels il faut ajouter les pays sur lesquels aucune information n'a pu être obtenue) donne froid dans le dos.

La liberté la plus bafouée reste de loin la liberté d'opinion. Les 'prisonniers d'opinion' se comptent par millions dans des pays qui considèrent souvent l'intolérance et la répression comme des moyens légitimes de gouvernement. Il ne fait pas bon afficher des convictions religieuses, morales ou politiques différentes de la 'norme' imposée par beaucoup de régimes en place. Et les prisons sont pleines de gens qui ont osé élever la voix contre l'abus, l'injustice ou le crime.

Mais l'un des intérêts du rapport d'Amnesty International est de montrer que même les démocraties occidentales ne sont pas exemptes d'atteintes aux droits de l'individu. Les États-Unis, la Grande-Bretagne, le Japon, l'Allemagne fédérale... et même la Suisse y sont cités pour différentes raisons telles que le maintien de la peine de mort ou la non-observation du droit d'asile. La France elle-même n'est pas absente du 'palmarès' à cause du sort qu'elle réserve aux objecteurs de conscience, non reconnus comme tels et jugés par les tribunaux permanents des forces armées (T.P.F.A.) (mais ces tribunaux ont été supprimés en 1983).

L'entrée en vigueur de la loi 'Sécurité et Liberté' (février 1981) préoccupe aussi Amnesty International, du fait qu'elle élargit le domaine d'application de la procédure expéditive relative aux flagrants délits. Le gouvernement de gauche avait cependant annoncé son intention de réformer cette loi.

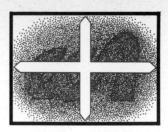

Les Styles de Vie et la société

SAUVE QUI PEUT, LA CRISE

La crise a commencé bien avant le premier choc pétrolier de 73... Avant d'être monétaire, elle était déjà culturelle : incapacité ou impossibilité des enfants de la civilisation industrielle à trouver une raison de vivre et de se battre. Plus de projet d'avenir ni d'utopie mobilisatrice... Et ce fut, partout dans le monde industriel, mai 68 ! Quelques années auparavant, les 'beatniks', le 'rock', puis les 'hippies' exprimaient chacun à leur manière la déstabilisation des valeurs et le 'trou noir culturel' de la société industrielle. _____

La crise des valeurs et des énergies mentales
précéda chez les jeunes
la crise des techniques
et de l'énergie du monde économique.

La crise d'identité des jeunes privilégiés des sociétés d'abondance était annonciatrice de la crise mondiale qui allait éclater avec le premier choc pétrolier et remettre en cause la hiérarchie Nord-Sud. _____

Mais, dans les années 60-70, on n'accordait guère d'importance à ces états d'âme d'adolescents. N'en est-il pas de même d'ailleurs aujourd'hui ? On n'aime guère prendre en compte les symptômes de déstabilisation et de crise socioculturelle que sont les phénomènes nihilistes 'punk', les poussées d'extrême droite, la xénophobie, etc. _____

La crise fut considérée pendant 10 ans
comme une 'agression venue d'ailleurs'.

De 1970 à 1976, l'inquiétude existait, mais la crise restait un phénomène abstrait, technocratique, lointain, international. Si la vie quotidienne en était affectée, c'était de façon extérieure. Pour les Français, il s'agissait d'une menace floue, contre laquelle il fallait élever des remparts pour protéger les modes de vie. Payer plus cher le pétrole, oui ! Changer de style de vie, non ! _____

C'est vers 1978 que l'idée d'une crise durable
a commencé à s'installer,
comme une sorte de maladie chronique
du monde moderne.

Mais les maladies chroniques, on s'y habitue, et on vit avec... ! Les Français se sont donc résignés à n'être plus 'dans le peloton de tête' et à accepter une relative perte de puissance et de richesse. Mais à la condition que la France reste un îlot de bien-être, de sécurité, de consommation, de protection... _____

Ce n'est qu'à partir des années 80
que la notion de crise
est devenue centrale pour les Français.

Pour l'opinion, les événements des années 65/68 n'avaient été que des désordres ; le choc pétrolier des années 70 une simple agression extérieure. La crise des années 78 n'était qu'une maladie du monde, qui ne touchait que 'les autres'. _____

Depuis 1980, la crise est devenue 'notre crise'. Mais sa perception est restée collective. C'est le problème de la société en général, un dysfonctionnement des mécanismes macrosociaux, une panne du moteur économique. La plupart des Français pensent que ce n'est pas leur problème, qu'ils n'y sont pour rien et n'y peuvent rien... c'est donc à la société de le résoudre. ⎯⎯⎯⎯⎯⎯⎯⎯

Cette vision de la crise
a, bien sûr, largement facilité
le changement de majorité politique de mai 1981.

L'arrivée d'une nouvelle équipe et de nouvelles méthodes apparaissait comme une solution à ce problème de société. La gauche, François Mitterrand en tête, symbolisait un changement qui promettait de résoudre les questions de gestion (inflation et chômage) sans austérité au niveau individuel. Ce fut alors 'l'état de grâce'. Celui-ci prit fin à l'automne 1982, lorsque le gouvernement changea de discours pour mettre en œuvre une politique d'urgence et de survie économique, laissant de côté les projets de réforme à caractère social qui l'avaient fait élire. Au lieu de la justice sociale promise et de la poursuite de la croissance, se profilaient la rigueur et la diminution du pouvoir d'achat. Le baromètre de conjoncture sociale du C.C.A. montre en décembre 1982 une brutale dramatisation individuelle de la crise. Sous l'effet de ce changement de discours politique se cristallisaient subitement 10 ans d'inquiétudes refoulées. ⎯⎯⎯⎯⎯⎯⎯⎯

En 1983, la crise de la société
est devenue celle des individus.

Elle remettait en cause les modes de vie, les valeurs, les statuts... Il s'en est suivi un sentiment de panique et de drame, qui s'est traduit par un vent de pessimisme et de démobilisation, amplifié par les 'mauvaises nouvelles' économiques (commerce extérieur déficitaire, inflation, chômage, monnaie, déficits des services publics et des entreprises nationalisées...). Même lorsque ces indices macro-économiques s'améliorent un peu (commerce extérieur), le pessimisme demeure. 'Pour que l'économie aille mieux demain, je vais devoir payer l'addition aujourd'hui', se disent avec inquiétude les Français. ⎯⎯⎯⎯⎯⎯⎯⎯

L'année des pessimismes

1984 fut marquée par une formidable vague de pessimisme. Un pessimisme tout aussi irraisonné que le fut l'optimisme béat des 10 années précédentes. La crise est au cœur de la nouvelle carte des Styles de Vie (p. 416) et c'est elle qui conditionne les nouveaux comportements. ⎯⎯⎯⎯⎯⎯⎯⎯

Pour la mentalité Activiste,
la crise peut être vaincue
par une gestion rigoureuse.

La génération en place d'hommes politiques et de certains patrons leur apparaît peu crédible, usée, inadaptée à cette nouvelle gestion. Les 'renards' activistes sont orphelins de leaders efficaces et se replient donc sur l'ambition individuelle, considérant la crise comme une opportunité pour se faire une place au soleil. ⎯⎯⎯⎯⎯⎯⎯⎯

Pour les Matérialistes,
la protection et la sécurité
sont les revendications principales.

Mais l'État-providence et l'entreprise paternaliste dont ils rêvent leur apparaissent de moins en moins capables de leur donner satisfaction. ⎯⎯⎯⎯⎯⎯⎯⎯

Pour les Styles de Vie Égocentrés,
la crise, c'est d'abord l'angoisse de l'emploi
et du niveau de vie.

Ils réagissent durement et sont de plus en plus tentés par l'isolationnisme, le protectionnisme et la xénophobie. Ce sont eux qui, en particulier, ont apporté leurs voix au mouvement d'extrême droite de Jean-Marie Le Pen. ⎯⎯⎯⎯⎯⎯⎯⎯

Le pessimisme des Décalés
est d'une tout autre nature.

Les dirigeants économiques ou politiques de tous bords leur paraissent désespérément conservateurs. Ils les accusent d'être incapables de l'esprit d'audace et de modernisme indispensable à leurs yeux pour sortir le monde occidental de la décadence de sa civilisation. ⎯⎯⎯⎯⎯⎯⎯⎯

Les Rigoristes constatent une crise
des valeurs morales et culturelles.

Ils se désespèrent du discours technocratique des dirigeants, qui consacrent trop de temps aux problèmes économiques, alors que les raisons des difficultés actuelles se situent pour eux ailleurs, dans la décadence morale, l'absence d'ordre et le laisser-aller.

Crise économique et mentalités

	RIGORISTES	ÉGOCENTRÉS	ACTIVISTES (Entreprenants)	DÉCALÉS	MATÉRIALISTES + Militants
Les causes de la crise	Déclin des valeurs traditionnelles ; manque d'autorité de l'État.	Agression du monde extérieur 'bouc émissaire' ; manque de force et d'agressivité de l'État pour défendre les citoyens.	Manque de compétitivité sur le plan international ; manque d'agressivité économique.	Décadence de la civilisation industrielle ; manque d'imagination et d'innovation.	Dérèglement de l'économie mondiale.
Attitude vis-à-vis de la société	Nostalgie des valeurs du passé : ordre, avoir, morale.	Repli sur les petits groupes et corporations.	Dynamisme professionnel.	Asociaux, parasites.	Modestie résignée (sentiment d'impuissance).
Type de fuite sociale	Fuite rétro ; retour aux sources.	Fuite tribale dans une vie 'microsociale' (locale, corporative, etc.).	Fuite ambitieuse dans l'activisme individuel, orienté vers la carrière personnelle.	Fuite culturelle dans le 'hors-jeu social'.	Fuite paternaliste ; demande d'assistance.
Comportement personnel	Autoritarisme et recherche de l'ordre.	Autodéfense des privilèges acquis.	Cynisme.	Double jeu.	Passivité ; repli.
Attitude vis-à-vis des autres	Élitisme, chauvinisme, autoritarisme moralisateur.	Xénophobie, isolationnisme.	Tolérance, mais par indifférence.	Individualisme fraternel ; tolérance ; égalitarisme.	Recherche de chaleur humaine dans le groupe.
Attitude vis-à-vis des institutions	État puissant, besoin d'idéologie et de morale ; rôle essentiel des 'institutions fortes' ; centralisme.	Décentralisation ; développement de la vie associative ; individualisme anti-institutions.	Prépondérance de l'entreprise par rapport à l'État ; antidirigisme.	Anti-institutionnalisme ; 'anarchie'.	Soumission passive.
Idéologie dominante	Légalisme (le droit).	Matérialisme de consommation et de richesse (le 'fric').	Gestion économique ; technocratie.	Anti-idéologie.	Équilibre ; harmonie.
Mobilisation sociale	Défense des principes moraux et spirituels.	Défense des biens matériels.	Pour l'économie.	Pour de grands projets 'fous'.	Pour la sécurité.
Orientation sociale	Ultra-conservatisme intégriste.	Corporatisme protectionniste, xénophobe et raciste.	Pragmatisme cynique.	Spectateur ironique, désabusé.	Passivité d'assisté.

Pour les chefs d'entreprise, les leaders politiques ou les hommes du gouvernement, mobiliser les Français est donc une tâche de plus en plus difficile. D'un côté, la panique sociale, la dramatisation de la crise, l'éclatement du corps social. De l'autre, la divergence des diagnostics, la montée du pessimisme et celle de l'individualisme. Au total, une large majorité de Français qui, chacun à leur façon, semblent dire 'sauve qui peut, la crise !'. _____

Les énergies individuelles se reconvertissent

Cette prise de conscience d'un désordre croissant dans le fonctionnement social s'ajoute à une tendance déjà forte au repli sur soi (p. 58). Elle a entraîné une baisse importante de la participation de chacun à la vie de la société. Un phénomène illustré, par exemple, par la diminution du militantisme politique ou syndical, ou par celle de l'esprit d'entreprise (malgré les incitations des pouvoirs publics). Les énergies ne se mobilisent plus sur les grands problèmes nationaux. Elles se dirigent aujourd'hui vers un activisme revendicatif. La défense des intérêts particuliers (droits acquis, privilèges, prise en charge par l'État-providence, etc.) prend le pas sur celle des intérêts collectifs. On voit alors apparaître une forme moderne de corporatisme (p. 199), chargée d'exercer un contre-pouvoir face à l'État, par des pressions répétées, pour obtenir une part constante d'un gâteau qui diminue. _____

La carte des fuites sociales

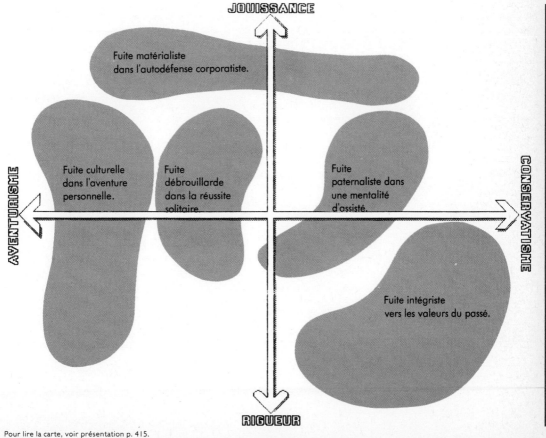

JOUISSANCE

Fuite matérialiste dans l'autodéfense corporatiste.

AVENTURISME

Fuite culturelle dans l'aventure personnelle.

Fuite débrouillarde dans la réussite solitaire.

Fuite paternaliste dans une mentalité d'assisté.

CONSERVATISME

Fuite intégriste vers les valeurs du passé.

RIGUEUR

Pour lire la carte, voir présentation p. 415.

Cinq réactions de fuite sociale

Ces réflexes de crainte vis-à-vis de la crise et de ses menaces (chômage, perte de pouvoir d'achat, etc.) touchent presque tous les Français. Mais les réactions de fuite qu'ils engendrent s'expriment de façon différente selon la personnalité de chacun. On retrouve des comportements cohérents à l'intérieur de chaque grande Mentalité, chacune inventant sa propre réaction de fuite devant la société. _____

• **'Chacun pour soi' dynamique et entreprenant des 'renards'** Activistes, ambitieux, modernistes, mais cyniques et peu solidaires du système social et de la collectivité. À chacun sa chance et que le meilleur gagne ! ___

• **'Chacun pour soi' défensif des Égocentrés**, à la recherche de boucs émissaires (les immigrés qui 'prennent notre travail', la justice 'laxiste'), qui rejettent toute responsabilité dans la crise et se replient sur des groupes corporatistes. _____

• **Nostalgie du passé des Rigoristes**, qui refusent l'austérité d'aujourd'hui et partent à la recherche de la civilisation d'autrefois pour y trouver des solutions. _____

• **Nostalgie du futur des Décalés**, qui se replient dans la science-fiction et laissent le présent à ceux qui veulent s'en occuper. ___

• **Mentalité d'assistés des Matérialistes**, qui se sentent dépassés et impuissants devant cette crise qui vient contrecarrer leur besoin de confort et d'équilibre. _____

4
LE TRAVAIL

Le baromètre du travail

On est d'autant plus contre le travail qu'on est moins croyant et pratiquant. Le chômage paraît très angoissant à la grande majorité des Français, de toutes catégories sociales. Globalement, la nécessité des syndicats apparaît de moins en moins fortement. Leurs principaux partisans sont ceux qui se situent politiquement à gauche et ceux qui sont les plus éloignés de la religion (ce sont souvent les mêmes). Quant à la semaine de 35 heures, elle attire principalement les non-croyants, les jeunes, les habitants des grandes villes et les personnes proches de la gauche. (Enquête auprès de la population de 18 ans et plus ; cumuls des réponses 'bien d'accord' et 'entièrement d'accord' aux affirmations proposées. Les enquêtes n'ont pas été effectuées en 1979 et 1980.)

Il faut chercher à travailler le moins possible.

77	78	79-80	81	81	82	83	84
14	17	?	21	22	20	20	15

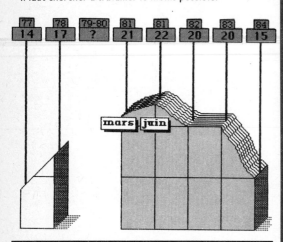

mars juin

Le chômage est très angoissant.

77	78	79-80	81	81	82	83	84
89,6	91,2	?	89,8	86,9	85,2	89,3	92,3

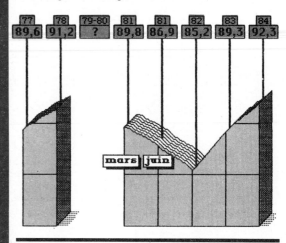

mars juin

Les syndicats sont indispensables.

81	81	82	83	84
59,7	64,0	54,7	53,3	44,9

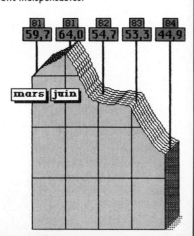

mars juin

Il faut adopter la semaine de 35 heures.

81	81	82	83	84
53,9	50,2	47,4	43,3	44,8

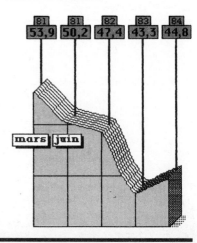

mars juin

AESOP (1,2,3,4)

Le droit au travail n'existe plus

ACTIFS OU 'TRAVAILLEURS TEMPORAIRES' ?

Les chiffres de la population active ne reflètent qu'imparfaitement le travail des Français. La réalité est plus complexe. Le chômage et le développement des nouvelles formes du travail sont en train de bouleverser la notion d'activité.

Un Français sur trois au travail

Comme la nostalgie, le travail n'est plus ce qu'il était. La nostalgie n'est d'ailleurs pas absente de l'image que les Français ont du travail. Il faut dire que les choses ont beaucoup changé en quelques années et que le droit au travail, si intimement lié à la dignité humaine, paraît quelque peu bafoué aujourd'hui. ⎯⎯⎯

On a pu observer, au cours de ces dernières années, la montée concomitante de trois phénomènes : le *chômage*, le *travail des femmes*, la *population immigrée*. La tentation était évidemment forte, au pays de Descartes, de relier ces trois évolutions et d'accuser les immigrés et les femmes d'être responsables de la forte croissance du chômage. L'explication est commode, mais elle est un peu trop simpliste. ⎯⎯⎯

61 % des Français ne sont pas concernés par le travail.

Il faut ramener à sa juste proportion la notion d'**activité** (au sens où l'entendent les statisticiens officiels). Si elle paraît souvent indissociable de l'état d'adulte, elle ne concerne en réalité que 39 % de ceux-ci. Si l'on répartit la population en quatre groupes, étudiants, adultes actifs, adultes inactifs, retraités, un seul de ces groupes est concerné par le **travail rémunéré**. ⎯⎯⎯

L'histoire du travail a connu au cours du XXe siècle deux phases distinctes, de durée inégale. De 1900 à 1970, la proportion d'actifs dans la population totale a diminué régulièrement. Depuis 1970, elle tend à remonter, sans pour autant retrouver le niveau qu'elle avait au début du siècle. L'évolution de la pyramide des âges n'est pas la seule explication de ce phénomène. La démographie n'est qu'un des outils de la sociologie. ⎯⎯⎯

43 % des Français sont actifs

En pourcentage de la population totale.

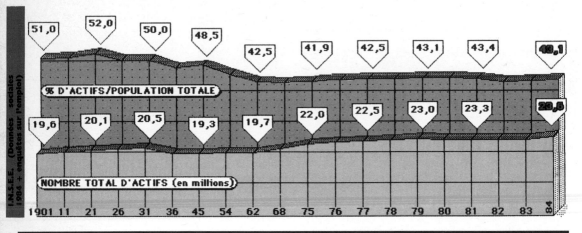

| 51,0 | 52,0 | 50,0 | 48,5 | | 42,5 | 41,9 | 42,5 | 43,1 | 43,4 | 43,1 |

% D'ACTIFS/POPULATION TOTALE

| 19,6 | 20,1 | 20,5 | 19,3 | 19,7 | 22,0 | 22,5 | 23,0 | 23,3 | 23,6 |

NOMBRE TOTAL D'ACTIFS (en millions)

1901 11 21 26 31 36 45 54 62 68 75 76 77 78 79 80 81 82 83 84

I.N.S.E.E. (Données sociales 1984 + enquêtes sur l'emploi)

Entre 1900 et 1968,
la proportion d'actifs dans la population totale
a baissé de 20 %.

Cette réduction importante est liée à l'évolution démographique peu favorable entre les années 1930 et 1945 : allongement de la durée de vie moyenne ; classes actives décimées par la guerre. Mais elle est aussi la conséquence de l'allongement de la scolarité (p. 116), de la réduction de l'âge moyen de la retraite (p. 151) et de la diminution de l'activité féminine jusqu'à l'aube des années 70 (p. 245). —————————————

Depuis 1968,
le taux d'activité remonte régulièrement.

Les années 70 ont été marquées par une diminution de la fécondité (p. 96) et par un ralentissement de la progression de l'espérance de vie. Il faut y ajouter l'arrivée sur le marché du travail des générations nombreuses de l'après-guerre, les départs en retraite des générations creuses de la guerre de 1914. Sans oublier les flux d'immigration, importants jusqu'en 1974 (p. 169). —————————————

Mais c'est le redémarrage de l'activité féminine depuis 1968 (p. 245) qui a joué le plus

grand rôle dans l'accroissement de l'activité globale, qui atteint 43 % aujourd'hui (loin cependant du maximum de 52 % observé en 1921). —————————————

On se met au travail plus tard et on est à la retraite plus tôt

Taux d'activité selon l'âge.

Âges	Hommes		Femmes	
	1968	1984	1968	1984
15 à 19 ans	43,0	17,9	32,5	13,6
20 à 24 ans	81,7	69,0	63,6	66,9
25 à 29 ans	96,5		52,2	73,5
30 à 34 ans	98,7		44,6	70,9
35 à 39 ans	98,5	96,5	45,2	69,8
40 à 44 ans	97,7		47,1	68,6
45 à 49 ans	96,4		48,8	65,3
50 à 54 ans	93,2	91,4	48,4	58,1
55 à 59 ans	83,9	68,1	45,7	42,9
60 à 64 ans	65,9		35,3	
65 à 69 ans	28,9	14,0	14,8	6,9
70 à 74 ans	14,2		6,8	
75 ans et plus	6,8		2,8	
15 ans et plus	75,0	66,8	38,6	45,4

I.N.S.E.E.

Les femmes ont 'repris' le travail

L'accroissement du travail féminin est l'une des données majeures de l'évolution sociale de ces dernières années. Mais ce phénomène n'est pas nouveau lorsqu'on élargit le champ de la mémoire. Les femmes actives étaient beaucoup plus nombreuses au début du siècle (ci-dessous). _____

La présence des femmes s'accroît
dans tous les secteurs et pour toutes les fonctions.

*45 % des femmes de 15 ans ou plus
sont en activité.*

Après avoir atteint un maximum vers 1900, le taux d'activité des femmes avait fortement baissé jusqu'à la fin des années 60. Pour les

raisons, principalement démographiques, expliquées précédemment. Depuis 1968, la proportion de femmes actives a augmenté, alors que celle des hommes est restée stable.

Cette évolution récente tient autant à un changement de mentalité des femmes vis-à-vis du travail rémunéré qu'à une modification des postes disponibles dans les entreprises. C'est, traditionnellement, la rencontre d'une demande nouvelle avec une offre qui lui est favorable qui explique les grands mouvements de la société. La 'nouveauté' du travail féminin tient donc essentiellement au fait que les femmes travaillent aujourd'hui **à l'extérieur** du foyer et qu'elles occupent des postes de **salariés**. _____

*Les femmes sont de plus en plus nombreuses
à souhaiter une activité rémunérée.*

Si les femmes ont depuis 1968 'repris le travail', c'est en partie sous l'impulsion du vaste mouvement féministe des années 70 (p. 62). L'une de ses revendications majeures concernait le droit au travail rémunéré, condition première de l'émancipation. _____

Parallèlement, les femmes ont, depuis cette époque, une vie professionnelle beaucoup moins discontinue. Les maternités étaient

42 % des travailleurs sont des femmes

Évolution du taux d'activité des hommes et des femmes (en pourcentage de la population totale de chaque sexe).

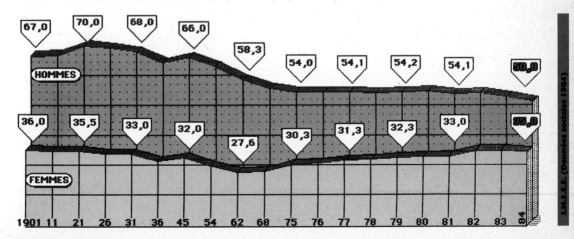

autrefois l'occasion d'abandonner l'activité professionnelle, le temps d'élever l'enfant au moins jusqu'à son entrée à la maternelle. Les périodes d'arrêt sont aujourd'hui à la fois moins nombreuses (les femmes ont moins d'enfants) et plus courtes. _____

Mère de famille ou femme active ?

Le nombre des femmes actives entre 20 et 55 ans a considérablement augmenté au cours de ces dernières années. Il atteint un maximum entre 25 et 29 ans, avant la naissance du premier enfant. Les femmes non mariées (célibataires, veuves ou divorcées) travaillent plus fréquemment que les autres (70 % sont actives). Les mères de famille ont une activité d'autant plus fréquente qu'elles ont moins d'enfants. Jusqu'à 40 ans, le taux d'activité des femmes mariées sans enfant est de 70 %. Il passe à 50 % pour celles qui ont un ou deux enfants, puis à 20 % pour celles qui ont au moins trois enfants (de moins de 16 ans).

L'évolution de la nature des emplois a été favorable à l'insertion des femmes.

Le très fort développement des services (p. 257) et la diminution du nombre d'emplois nécessitant la force masculine ont beaucoup favorisé l'arrivée des femmes sur le marché du travail. À ces raisons liées au progrès économique et technique s'en sont ajoutées d'autres, moins avouables. À travail égal, les femmes étaient le plus souvent moins bien payées que les hommes (p. 306) ; une bonne aubaine pour un certain nombre d'employeurs… _____

Mais c'est peut-être le développement du **travail à temps partiel** qui a le plus contribué à celui du travail féminin. On constate d'ailleurs que c'est dans les pays où les possibilités de travail à temps partiel sont les plus développées que les femmes sont les plus nombreuses à travailler (encadré). _____

L'attirance des femmes pour le travail à temps partiel dépend beaucoup du rôle qu'elles jouent dans la société. Elle est d'autant moins grande qu'elles ont la possibilité de partager les tâches familiales avec leur mari ou avec la collectivité (crèches, garderies, équipements divers…). L'attrait du travail à temps partiel dépend aussi du type de fonction occupé : il est beaucoup plus facile à une femme de travailler à mi-temps lorsqu'elle est dactylo que lorsqu'elle est cadre supérieur. Mais les femmes cadres supérieurs sont encore peu nombreuses dans les entreprises… _____

L'accroissement du travail féminin devrait se poursuivre dans les prochaines années.

Travailler à temps partiel, le rêve féminin

Taux d'activité des femmes (15 ans et plus) dans certains pays et importance du temps partiel (1979).

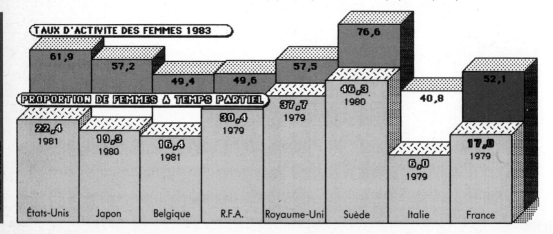

La demande des femmes vis-à-vis du travail rémunéré devrait rester forte. Pour un nombre croissant d'entre elles, travailler est la condition de l'autonomie et de l'épanouissement personnel. Les femmes qui n'ont jamais travaillé sont d'ailleurs trois fois moins nombreuses parmi les moins de 30 ans (3,7 %) que parmi les plus âgées (12 %). La diminution du nombre des mariages, l'accroissement du nombre des femmes seules, avec ou sans enfants (p. 112), la sécurité pour un couple de disposer de deux salaires sont autant de raisons qui militent en faveur du travail féminin. —————————

Du côté des employeurs, on peut légitimement penser que l'évolution ira dans le sens d'un aménagement du temps de travail (horaires variables, travail à temps partiel, etc.), a priori favorable aux femmes. En attendant le développement du travail à domicile (p. 289), qui devrait lever encore bien des obstacles. —————————

Travailleurs immigrés : la peur du loup

Les idées qui circulent sur l'importance numérique et sociale des travailleurs immigrés et leur augmentation 'inquiétante' au cours des dernières années sont souvent la conséquence d'informations erronées ou partielles, lorsqu'elles ne sont pas dictées par la

La crise favorise le retour de la xénophobie.

mauvaise foi. Même si l'on s'efforce d'être objectif, les analyses diffèrent selon qu'on regarde plus ou moins loin en arrière pour trouver des éléments de comparaison. —————

Styles de Vie et xénophobie : l'économique avant le culturel

La xénophobie économique ne cesse de progresser en France. Ce phénomène socioculturel se développe le plus chez les Styles de Vie Égocentrés (p. 424), qui sont pourtant les plus en contact avec les étrangers sur les plans humain, scolaire, professionnel ou de voisinage. Ce mouvement de rejet correspond chez eux à une recherche de bouc émissaire à la crise, qui leur évite de remettre en cause leurs acquis et sert d'exutoire à leur angoisse du chômage. Il faut dire que les Égocentrés (surtout les Défensifs et les Frimeurs) sont particulièrement touchés par le chômage. Dès la sortie de l'école, 17 % d'entre eux sont sans emploi.

C.C.A.

Le nombre des travailleurs étrangers est resté stable depuis 1975.

Beaucoup d'étrangers sont arrivés en France dans les années 60, attirés par la perspective de trouver un emploi dans des postes généralement délaissés par les Français. Leur

I 500 000 travailleurs étrangers

Répartition des étrangers actifs par nationalité (1983).

	Nombre (1)	Taux (2)
Algériens	288 494	52,2 %
Tunisiens	75 171	64,8 %
Marocains	150 953	55,2 %
Ressortissants des pays d'Afrique noire	36 046	51,4 %
Italiens	137 814	50,3 %
Ressortissants des autres pays de la C.E.E.	63 370	52,1 %
Espagnols	141 213	52,6 %
Portugais	435 502	74,1 %
Polonais	10 462	19,7 %
Yougoslaves	34 981	74,4 %
Turcs	31 013	52,7 %
Autres étrangers	148 344	54,6 %
Total des actifs	I 557 463	57,6 %

(1) 15 ans et plus.
(2) Proportion d'actifs (actifs occupés + chômeurs) dans l'effectif total de chaque nationalité.

I.N.S.E.E. (enquête sur l'emploi)

nombre a augmenté depuis, sous l'effet des nouvelles vagues d'immigration (p. 170). Il faut se souvenir cependant que ces chiffres correspondent à l'immigration **légale,** qui est la seule à pouvoir être mesurée. L'immigration clandestine est un autre problème (p. 217) qui échappe évidemment à cette analyse et dont l'importance ne peut être sous-estimée. ⎯⎯⎯⎯⎯⎯⎯⎯⎯

Les étrangers
prennent-ils le travail des Français ?
● *On estime que 20 % des travailleurs étrangers sont au chômage.*
● *La proportion était de 5 % en 1975.*

Les partisans, en nombre croissant, du renvoi pur et simple des étrangers dans leur pays se livrent à un raisonnement simple : si l'on remplace les 1,5 million de travailleurs étrangers par des Français, on diminue le chômage dans des proportions considérables. Même si l'on fait abstraction de l'aspect moral de l'affaire (qui mérite pourtant d'être pris en compte), ce raisonnement laisse de côté deux éléments importants. Le premier est qu'environ 300 000 travailleurs étrangers sont sans emploi. Le second est que bon nombre des emplois libérés ne trouveraient pas preneurs parmi les chômeurs français. Le renvoi massif des travailleurs étrangers ne présenterait donc pas que des avantages pour l'économie nationale. ⎯⎯⎯⎯⎯⎯

Le vrai problème de la présence d'étrangers en France n'est pas celui de l'emploi. C'est celui, beaucoup plus difficile à résoudre, de l'intégration sociale et de la cohabitation culturelle (p. 169). L'écart de fécondité entre les Français et les étrangers est important (p. 96). Les enfants d'immigrés nés en France auront pour beaucoup la nationalité française et n'apparaîtront donc pas dans les statistiques en tant qu'étrangers. Il n'empêche que leur intégration restera d'autant plus difficile que les différences culturelles seront grandes. C'est tout le problème de la cohabitation interraciale qui est posé, et avec lui la notion du 'seuil' à ne pas dépasser pour qu'elle soit possible. ⎯⎯⎯⎯⎯

CHÔMEURS : LES ACCIDENTÉS DU TRAVAIL

Le chômage est le cancer de l'économie. En dix ans, les cellules malades se sont multipliées. Ni le traitement social ni le traitement économique n'ont jusqu'ici apporté l'espoir d'une guérison prochaine. Comme beaucoup de maladies, le chômage s'attaque aux terrains les plus favorables, amplifiant souvent les inégalités sociales. Pour la plupart des chômeurs, les difficultés à surmonter ne sont pas seulement financières.

Le grand choc

Qu'est-ce qu'un chômeur ? Sous ce terme, pourtant fort évocateur, se cachent des situations bien différentes. Les plus courantes sont celles des travailleurs qui ont **perdu** leur emploi, à la suite d'un licenciement, d'un départ volontaire, de la fin d'une période d'essai, d'un contrat à durée déterminée, ou encore d'une retraite anticipée. D'autres, parmi les plus jeunes, n'ont pas réussi à trouver leur **premier** emploi. Ils ne garderont pas un excellent souvenir de leur entrée dans la vie professionnelle. La façon dont les chômeurs vivent leur chômage est tout aussi variée. Celui qui se désespère après des mois de recherche vaine ne vit pas dans le même monde que celui qui s'efforce de profiter jusqu'au bout de l''année sabbatique' financée par l'État. Les premiers sont, quoi qu'on en dise, beaucoup plus nombreux que les seconds. Entre ces extrêmes, il y a des millions de cas particuliers. On trouve, en tout cas, beaucoup de frustration et de souffrance dans une société qui proclame bien haut le droit au travail, mais qui n'a plus les moyens de le reconnaître à tous. ⎯⎯⎯⎯⎯

*Un travailleur sur neuf concerné,
un sur deux menacé.*

Un travailleur sur trois a connu le chômage.

Depuis 10 ans, les Français n'ont vraiment ressenti la crise qu'à travers l'inflation et le chômage. Le premier fléau est, semble-t-il, en voie d'être enrayé, bien que la France ait pris quelque retard par rapport aux autres pays industrialisés (p. 212). Le second continue de se répandre dans la société, malgré les tentatives faites pour le stabiliser. Si la proportion de chômeurs est estimée pour 1984 à environ 10 % de la population active, on peut estimer qu'environ un tiers des travailleurs ont fait l'expérience du chômage depuis le début de la crise. La proportion est encore plus élevée si l'on exclut les fonctionnaires, qui bénéficient de la garantie de l'emploi. _____

En dix ans,
le nombre des chômeurs a été multiplié par 4.

Le cap de 500 000 chômeurs, atteint en 1973, apparaissait à l'époque comme un seuil alarmant. Trois ans plus tard, celui du million était commenté comme l'amorce possible d'une véritable explosion sociale. Le mal gagnait encore pour atteindre 1,5 million de travailleurs au début de 1981. En 1983, tout le monde considérait encore le chiffre de 2 millions comme la limite au-delà de laquelle l'équilibre social était menacé. Certains affirment que le cap des 3 millions était at-

teint dès la fin 1984, en tenant compte des personnes en 'formation-parking' (stages ne débouchant pas sur un emploi) et de celles qui n'étaient pas ou plus inscrites dans les statistiques. _____

15 % des Français ont connu
le chômage dans l'année

Nombre de personnes ayant été au chômage au cours des 12 derniers mois (1).

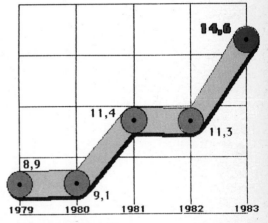

(1) Population de plus de 18 ans.

Un Français sur deux sent son emploi menacé

49 % seulement des Français considèrent que la sécurité de leur emploi est assurée, 40 % se sentent menacés et 11 % ne se prononcent pas.

Plus de la moitié (52 %) de ceux qui pensent que leur emploi est menacé seraient prêts à accepter une diminution de 10 % de leur salaire pour le conserver.

Dans les solutions susceptibles de réduire le chômage, les préférences des Français vont très nettement à un meilleur partage du travail.

La France n'a pas le monopole de la maladie.

L'Europe comptait à la fin de 1984 plus de 13 millions de chômeurs. Les États-Unis ont connu jusqu'en 1982 un accroissement considérable de leur taux de chômage, avant que la cure de libéralisme imposée par le président Reagan ne produise ses effets. L'épidémie s'est répandue dans la plupart des pays industrialisés depuis 1973, épar-

Le Nouvel Économiste/(B.V.A.) (avril 1984)   CREDOC

Le chemin de crise

Évolution du nombre des chômeurs.

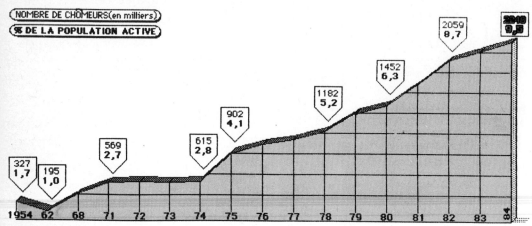

NOMBRE DE CHÔMEURS(en milliers)
% DE LA POPULATION ACTIVE

327 1,7 — 1954
195 1,0 — 62
569 2,7 — 68
615 2,8 — 74
902 4,1 — 75
1182 5,2 — 78
1452 6,3 — 80
2059 8,7 — 82
2340 9,5 — 84

I.N.S.E.E.

gnant pourtant certains pays comme le Japon ou la Suisse (encadré). _____

Les niveaux atteints un peu partout sont comparables à ceux enregistrés au cours des deux guerres mondiales. La réduction de la demande intérieure et la contraction du commerce mondial en sont les principales causes. _____

Les jeunes sont trois fois plus touchés que la moyenne.
● *Un tiers des jeunes de moins de 25 ans sont chômeurs.*
● *La moitié d'entre eux ont déjà connu le chômage.*

Il ne fait pas bon avoir 18 ans et chercher son premier emploi. Surtout lorsqu'on ne peut se prévaloir de l'un de ces diplômes qui simplifient grandement les premiers contacts avec les employeurs (p. 119). Les chiffres officiels sont d'ailleurs inférieurs à la réalité, puisqu'ils ne prennent pas en compte les quelque 200 000 jeunes qui, chaque année, sont en formation, au titre des pactes pour l'emploi. On peut considérer qu'au moins la moitié des jeunes qui sortent de l'école commencent leur vie professionnelle par... le chômage. La durée de cette

période de 'purgatoire' est variable selon les individus, en fonction de leur formation, de leurs caractéristiques personnelles, sans oublier bien sûr la chance. _____

Il est clair que cette première expérience, qu'elle soit personnelle ou vécue à travers

Les femmes et les jeunes d'abord

Évolution du taux de chômage par sexe et par âge (%).

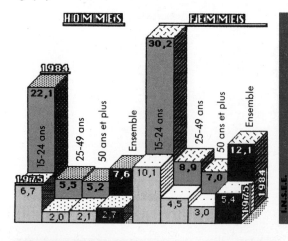

HOMMES — FEMMES

1984
15-24 ans : 22,1
25-49 ans : 5,5 (1975) / 7,6
50 ans et plus : 5,2 (1975) / 2,7
Ensemble : 10,1

FEMMES
15-24 ans : 30,2
25-49 ans : 8,9 / 4,5
50 ans et plus : 7,0 / 3,0
Ensemble : 12,1 / 5,4 (1975)

1975 : 6,7 / 2,0 / 2,1

I.N.S.E.E.

les difficultés des camarades du même âge, n'est pas sans effet sur la perception qu'ont les jeunes du travail et de la vie en général (p. 281).

Les femmes sont deux fois plus touchées que les hommes.
● *En 1984, 12,1 % des femmes actives étaient au chômage, contre 7,6 % des hommes.*

Une jeune fille de moins de 18 ans sur deux est au chômage. Si le taux diminue avec l'âge, c'est autant parce que les femmes plus âgées trouvent plus facilement du travail que parce qu'elles sont moins nombreuses à en chercher. Sur la période 1975-1984, le chômage des femmes a cependant augmenté un peu moins rapidement que celui des hommes.

Les travailleurs immigrés sont deux fois plus touchés que les Français.
● *Les deux tiers des étrangers à la recherche d'un emploi sont des hommes, contre 43 % pour les travailleurs français.*

Entre 1975 et 1982, le nombre des chômeurs étrangers a triplé (p. 250). Les taux de chômage sont très différents selon la nationalité des travailleurs (encadré). À ces différences s'ajoutent celles déjà évoquées concernant le sexe ou l'âge des travailleurs. Le secteur d'activité joue également un rôle important

Le chômage des autres

En pourcentage de la population active.

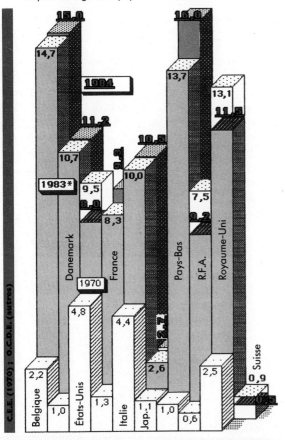

C.E.E. (1970) ; O.C.D.E. (autres)

Belgique 2,2 / 1,0
Danemark 14,7 / 15,0 / 11,2 / 10,7
États-Unis 4,8 / 9,5 / 8,0 / 1,3
France 10,0 / 8,3 / 4,4 / 1970
Italie 4,4 / 1,1
Jap.. 1,0 / 0,6
Pays-Bas 13,7 / 16,0
R.F.A. 7,5 / 2,6
Royaume-Uni 13,1 / 11,5 / 2,5
Suisse 0,9

1984 / 1983* / 1970

* Statistiques normalisées par l'O.C.D.E. afin de faciliter les comparaisons.

Les étrangers chôment plus que les Français

Taux de chômage (1982).

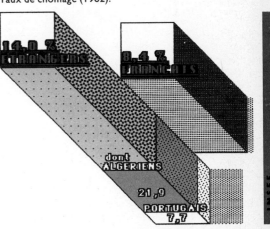

14,0 % ÉTRANGERS

8,4 % FRANÇAIS

dont ALGÉRIENS 21,9
PORTUGAIS 7,7

I.N.S.E.E.

(p. 252). Les étrangers sont proportionnellement plus nombreux que les Français dans le bâtiment, le génie civil ou l'agriculture, où les taux de chômage sont élevés. Ils y occupent en plus des postes particulièrement vulnérables (manœuvres, ouvriers...). C'est ce qui explique que beaucoup sont aujourd'hui dans une situation difficile.

Le chômage frappe inégalement les régions.

Depuis 1974, les régions où étaient implantées les industries traditionnelles (sidérurgie, textile, etc.) ont été particulièrement touchées. C'est le cas du Nord, de la Lorraine et de la région Rhône-Alpes. —————

D'autres régions ont également mal résisté à la récession. La Picardie, la Haute-Normandie ou la Champagne, dans lesquelles une industrie plus récente (construction électronique et mécanique) côtoyait l'industrie traditionnelle, ont été durement éprouvées par la concurrence internationale. —————

À l'inverse, des régions comme l'Alsace ou l'Île-de-France ont réussi à maintenir un taux de chômage plus bas grâce à la diversité et au dynamisme de leurs entreprises. Les régions du Sud-Est, à faible implantation industrielle, comme le Languedoc-Roussillon, la Provence-Côte-d'Azur et la Corse, enregistrent les taux les plus élevés. —————

Industries en péril

De A comme ardoise à V comme vélo, certains produits que l'on croyait bien de chez nous sont en réalité menacés ou déjà fortement concurrencés par les fabrications étrangères. Cela n'a évidemment pas favorisé la situation de l'emploi.

Ardoise : L'Espagne dispose d'une ardoise plus facile à extraire que celle de la région angevine, donc moins chère. En France, la demande avait pourtant doublé en 20 ans.

Champignons : La France n'exporte plus que 38 % de sa production contre plus de la moitié en 1972. La concurrence se trouve à Formose, en Chine et aux Pays-Bas.

Cigarettes : La S.E.I.T.A. ne dessert plus que 65 % du marché national, contre 100 % il y a 10 ans. Ce sont les fabricants américains et sud-africains qui ont pris la relève, avec les cigarettes blondes.

Cuisinière à gaz : En 1982, 65 % des 734 000 cuisinières à gaz vendues en France sont venues d'Italie, d'Espagne ou d'Allemagne. On parle beaucoup de la cuisine française, moins de la cuisinière !

Espadrilles : 3 millions de paires fabriquées en Chine ont été importées en 1983, malgré les quotas douaniers.

Fermetures (à glissière) : Le japonais YKK détient 40 % du marché français. Il fabrique même les fermetures bleu-blanc-rouge destinées à l'armée française !

Foie gras : 70 % de la matière première (foie cru) provient d'Israël, Pologne, Hongrie ou Bulgarie. Qui l'eût cru ?

Gants : La mode avait déjà réduit la demande. La concurrence (Italie, Asie, Espagne) a fait le reste. Sur les 1 800 emplois existant en 1830, il n'en reste plus que 800, dont beaucoup sont aujourd'hui menacés.

Grenouilles : Les 1 500 tonnes importées chaque année viennent de Turquie, Inde, Indonésie, Hongrie, Yougoslavie. Heureusement, les recettes des restaurants restent françaises…

Lin : La Hollande et l'Italie tissent la plus grande partie du fil de lin utilisé par les créateurs de mode. Le 'lys du pauvre' de la région du Nord n'est plus guère qu'un souvenir.

Meubles : La demande pour des produits bon marché a accéléré le flux des importations (25 % des ventes) : chaises des pays de l'Est, meubles de séjour d'Italie et de Belgique, etc.

Parapluies : Sur 9 millions de parapluies vendus chaque année, 8 millions sont importés, en particulier d'Extrême-Orient.

Pianos : En 1960, 90 % des pianos étaient fabriqués en France ; 90 % viennent aujourd'hui du Japon ou d'Allemagne.

Piles : Les Français n'assurent plus que 60 % des ventes, contre 90 % en 1970. Le reste est assuré par les firmes américaines. La pile française perd la face !

Vélos : 600 000 vélos ont été importés en 1982 d'Italie, d'Espagne et de T'ai-wan, soit près d'un quart des ventes.

Le Nouvel Observateur (juillet 1983)

Les catégories professionnelles modestes sont les plus vulnérables.

Dans les entreprises, les ouvriers et les employés sont souvent les premières victimes de la crise. À l'instar des cadres, leur nombre est en effet généralement directement proportionnel à l'activité de production. La réduction de celle-ci a donc entraîné une surabondance de main-d'œuvre. Par ailleurs, les efforts faits depuis quelques années pour améliorer la productivité, par l'introduction de nouvelles machines ou de nouvelles méthodes de travail, ont eu des conséquences semblables. —————

L'accroissement des emplois précaires a beaucoup contribué à l'augmentation du chômage. En particulier pour les femmes.

L'augmentation du nombre des contrats à durée déterminée (favorisés à la fois par les entreprises et les pouvoirs publics) est aujourd'hui l'une des principales causes du chômage. Le nombre des cas liés à la fin des missions d'intérim a lui aussi augmenté depuis quelques années. Cette situation explique en partie que les femmes, beaucoup plus concernées que les hommes par les emplois précaires, sont plus touchées qu'eux par le chômage. C'est donc un véritable 'chômage à temps partiel' qui caractérise la vie professionnelle de tous ceux, de plus en plus nombreux, qui n'ont d'autres recours que les contrats de travail à durée déterminée ou les missions d'intérim (p. 267). La précarité de l'emploi se mesure aussi à l'accroissement du nombre d'emplois précaires.

La hiérarchie du chômage ne ressemble pas à celle des professions

Taux de chômage selon les catégories professionnelles en 1983.

- Agriculteurs exploitants	0,2
- Artisans, commerçants, chefs d'entreprise	1,7
- Cadres et professions intellectuelles supérieures	1,9
Dont	
• Cadres d'entreprises	1,8
- Professions intermédiaires	3,3
Dont	
• Professions intermédiaires de l'enseignement, de la santé, de la fonction publique et assimilés	2,3
• Professions intermédiaires administratives et commerciales des entreprises	6,1
• Techniciens	2,5
• Contremaîtres, agents de maîtrise	2,9
- Employés	9,2
Dont	
• Employés de la fonction publique	3,7
• Employés administratifs d'entreprises	7,8
• Employés de commerce	15,1
• Personnel des services directs aux particuliers	12,7
- Ouvriers	9,3
Dont	
• Ouvriers qualifiés	6,4
• Ouvriers non qualifiés	12,9
• Ouvriers agricoles	10,7

I.N.S.E.E. (Enquête sur l'emploi 1983)

Emplois précaires : le chômage à temps partiel

Circonstances de la recherche d'emploi (1984).

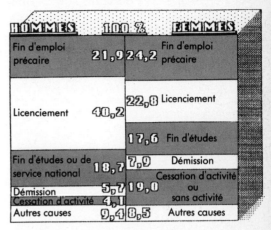

HOMMES	100 %	FEMMES
Fin d'emploi précaire	21,9 / 24,2	Fin d'emploi précaire
Licenciement	40,2	22,8 Licenciement
		17,6 Fin d'études
Fin d'études ou de service national	18,7 / 7,9	Démission
Démission	5,7 / 19,0	Cessation d'activité ou sans activité
Cessation d'activité	4,1	
Autres causes	9,4 / 8,5	Autres causes

I.N.S.E.E.

Le travail, c'est la santé ; ne rien faire, ce n'est pas la conserver

La chanson d'Henri Salvador ferait beaucoup moins rire aujourd'hui. Car le travail, même s'il n'est pas l'essentiel de ce que les Français attendent de la vie (p. 277), en est une composante d'autant plus importante qu'elle n'est plus assurée. Ne pas travailler est un luxe que seules peu de personnes peuvent s'offrir de façon durable, parce qu'elles sont très riches ou parce qu'elles se 'débrouillent' autrement. Pour tous les autres, avoir un job est la condition première de leur existence, aussi bien en tant qu'individu que comme consommateur. Au-delà de la nécessité de disposer d'un revenu, c'est bien le problème de la dignité humaine qui est posé par le chômage.

Il y a ceux qui sont dans l'incapacité temporaire de travailler et ceux qui sont définitivement 'invalides'.
• Les plus de 50 ans restent deux fois plus longtemps 'sur la touche' que les moins de 25 ans.
• À âge égal, les femmes ont plus de difficulté à retrouver un emploi.

Le chômage est une sorte d'**accident du travail.** Comme tous les accidents, il présente une gravité variable selon les circonstances et les individus. On sait que les jeunes, les femmes, les immigrés, les ouvriers et employés, ceux qui travaillent dans le bâtiment ou la sidérurgie sont les plus touchés. (p. 251). Mais cette plus grande vulnérabilité au chômage n'est pas obligatoirement le signe d'une difficulté plus grande à retrouver un emploi. Les statistiques officielles permettent non pas de mesurer la durée totale moyenne du chômage, mais son ancienneté à un moment donné. On s'aperçoit ainsi que, si les personnes plus âgées sont apparemment moins touchées que les jeunes (p. 250), la durée de leur chômage est plus longue.

'L'arrêt-chômage' est de plus en plus long...

L'ancienneté moyenne du chômage augmente.

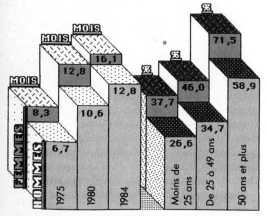

I.N.S.E.E.

* Proportion de personnes au chômage depuis 1 an et plus (en 1984).

La profession a aussi une influence sur la durée du chômage. Chez les hommes, ce sont les cadres, les agents de maîtrise et les techniciens qui mettent le plus de temps à retrouver un emploi. Les femmes cadres trouvent plus rapidement du travail que leurs homologues masculins. Les ouvrières connaissent en revanche le chômage le plus long. Surtout celles qui ne peuvent, ou ne veulent, accepter la mobilité professionnelle.

On constate globalement que la durée du chômage a beaucoup augmenté depuis 1975 (encadré). C'est ce qui explique qu'il y ait plus de chômeurs. C'est ce qui explique aussi qu'il soit de plus en plus difficile de vivre son chômage.

Les conséquences psychologiques du chômage sont souvent aussi dures que ses conséquences financières.

Le système d'indemnisation mis en place en France reste sans doute l'un des plus avantageux du monde, malgré les modifications apportées en 1983 et 1984. Bien meilleur en tout cas que celui existant aux États-Unis ou en Grande-Bretagne, où chômage et pauvreté sont très souvent associés. Il a donc limité la perte de pouvoir d'achat des chômeurs qui bénéficient des allocations des A.S.S.E.D.I.C., soit la moitié d'entre eux seulement (encadré).

La moitié des chômeurs ne perçoivent pas d'indemnité

49 % des chômeurs déclarent ne pas percevoir d'indemnité. Ce chiffre, très élevé, s'explique d'abord par le fait que 15 % des demandeurs d'emploi (selon la définition du Bureau international du travail) ne sont pas inscrits à l'A.N.P.E., mais aussi par le fait qu'une proportion importante de ceux qui sont inscrits ne touchent pas de prestation. Parce qu'ils n'y ont pas droit (pour n'avoir jamais travaillé ou pas assez longtemps), parce qu'ils n'y ont *plus* droit ou parce qu'ils ont négligé de faire valoir leurs droits. Parmi ceux qui perçoivent une indemnité, la moitié touchent moins de 3 000 francs. Il faut dire qu'un chômeur sur quatre est au chômage depuis plus d'un an. Alors, pour 'tenir le coup', beaucoup cherchent des sources de revenus complémentaires ; 40 % des chômeurs déclarent se livrer au travail noir, surtout parmi les jeunes.

L'Expansion/B.V.A. (février 1984)

Le système d'allocations n'a pas pu éviter à tous les chômeurs les conséquences sociales, familiales et personnelles de ce retrait forcé de la communauté du travail. L'exclusion du système social est souvent ressentie de façon dramatique par ceux qui en sont les victimes. Le pire est que le phénomène s'entretient de lui-même. Se sentant exclu, le chômeur tend à se comporter comme tel. Il éprouve alors de plus en plus de difficulté à se 'vendre' à un employeur qui lui préférera souvent un non-chômeur à la recherche d'un changement d'emploi. En famille, la frustration qu'il éprouve à ne plus pouvoir jouer comme auparavant son rôle de parent ou d'époux (sur le plan matériel autant qu'affectif) le rend agressif. Les couples les moins solides n'y résistent pas et les difficultés de communication, voire la séparation, viennent aggraver une situation personnelle déjà bien mauvaise. La conséquence, pour le chômeur, est une modification, parfois irréversible, de la personnalité.

La perte d'un emploi aura donc fait perdre à certains leur famille, leur confiance, leur revenu et la possibilité d'en retrouver un dans des conditions normales. C'est évidemment beaucoup de conséquences pour une cause dont, le plus souvent, ils n'étaient pas responsables.

La révolution silencieuse du travail

MÉTIERS : LE GRAND CHAMBARDEMENT

En quarante ans, l'économie française est passée de l'agriculture aux services, des 'cols bleus' aux 'cols blancs'. Pendant que les paysans quittaient leurs terres, de nouveaux secteurs, de nouveaux métiers, de nouvelles fonctions voyaient le jour. Transformant peu à peu l'économie de la France.

Un nouveau paysage

Comme la plupart des changements sociaux, ceux qu'a connus le travail depuis quarante ans se sont produits de façon progressive. De sorte qu'il faut faire un long retour en arrière pour en apercevoir l'ampleur. Ce qu'on découvre alors est étonnant : le travail, tel qu'il est conçu et pratiqué aujourd'hui, n'a plus grand-chose à voir avec ce qui le caractérisait au lendemain de la Seconde Guerre mondiale. _____

La fin des paysans

- *En 1800, les trois quarts des actifs travaillaient dans l'agriculture.*
- *Ils ne sont plus que 6 % aujourd'hui.*

Le déclin de l'activité agricole s'est amorcé dès 1815. Pendant toute la période 1870-1940, les effectifs ont résisté, malgré la diminution régulière de la part de l'agriculture dans la production nationale (encadré). Dès la fin de la Seconde Guerre mondiale, la mécanisation a précipité l'exode rural, de sorte que la part des agriculteurs dans la population active est aujourd'hui trois fois moins élevée qu'en 1950. _____

Cette part reste malgré tout plus élevée que dans beaucoup d'autres pays industrialisés (voir graphique). Elle montre le rôle encore important joué par l'agriculture en France, pourvoyeuse essentielle de la nourriture de 54 millions de personnes et fournisseur d'une industrie agro-alimentaire très compétitive et largement exportatrice. _____

Mais l'amélioration de la productivité agricole continue de faire baisser le nombre des agriculteurs. D'autant que les productions sont dans certains domaines largement excédentaires (beurre, poudre de lait...), à l'échelon national mais aussi européen. Il devient difficile d'écouler ces productions

Fin des paysans, montée des salariés, des fonctionnaires ... et des chômeurs

(chiffres en milliers)	1983				1962			
	Total	% de la population active	Hommes	Femmes	Total	% de la population active	Hommes	Femmes
- Population active totale	23 219	100 %	13 511	9 708	19 251	100 %	12 587	6 664
- Chômeurs	1 840	8 %	823	1 017	196	1 %	109	87
- Salariés en activité	17 735	76 %	10 403	7 332	13 763	72 %	9 177	4 585
• dont salariés de l'État et des collectivités locales	4 609	20 %	2 088	2 521	2 229	12 %	1 349	879
- Non-salariés	3 644	16 %	2 286	1 358	5 293	27 %	3 301	1 992
• dont agriculteurs (exploitants)	1 538	6 %	940	598	3 045	16 %	1 920	1 125

I.N.S.E.E.

auprès des pays en voie de développement qui en ont bien besoin mais ne sont pas toujours solvables. ────────

Le déclin des paysans est celui de toute une classe sociale, dans laquelle chaque Français a ses origines. Au-delà des difficultés de reconversion des paysans, c'est un drame plus profond qui s'est joué au cours de la seconde moitié du XXᵉ siècle : celui, pour le peuple français, de la perte de ses racines. Aux certitudes de la vie rurale ont succédé les doutes de la vie urbaine. ────────

Les services ou le troisième âge de l'économie

• Plus d'un Français sur deux travaille aujourd'hui dans une entreprise de services.

Contrairement à ce qu'on imagine souvent, le secteur tertiaire n'est pas une invention récente. La société française a toujours eu besoin de tailleurs, de barbiers, de commerçants, de scribes, de cantonniers et autres allumeurs de réverbères. En 1800, à l'aube de la révolution industrielle, les travailleurs

Agriculture, industrie, services : les trois âges de l'économie française

Structure de la production française.

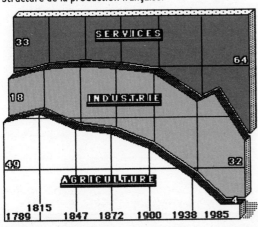

Structure de la population active en France.

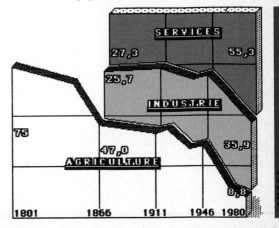

I.N.S.E.E.

Comparaison avec d'autres pays :
• Grande-Bretagne : 2,8 % • États-Unis : 3,6 % • Allemagne : 5,8 % de la population active dans l'agriculture.

Plus l'avenir paraît bouché,
plus celui des services est florissant

impliqués dans les activités de services re-présentaient 25 % de la population active et 30 % de la production nationale, le développement de l'industrie a largement contribué à celui des services connexes (négoce, banques, ingénierie, etc.). Mais c'est l'émergence de la société de consommation des années 50 et surtout 60 qui lui a donné son importance actuelle.

La montée du quaternaire

Il aura fallu des millions d'années à la Terre pour passer de l'ère primaire à l'ère tertiaire. Les choses ont été beaucoup plus vite pour l'économie, qui a mis à peine 200 ans pour passer de l'agriculture aux services. Le tertiaire était à peine majoritaire dans la production nationale que l'on parlait déjà d'un secteur quaternaire, qui allait peu à peu prendre la relève. Il s'agit là de l'ensemble des activités à but non lucratif pratiquées par des organismes tels que les fondations ou les associations, dont la vocation est de rendre des services de nature humanitaire, culturelle, ou liés à la recherche. Si la crise a quelque peu ralenti le développement de ces activités, il est clair que celles-ci continuent de croître. Beaucoup de jeunes y voient l'opportunité de s'épanouir dans un travail utile à la collectivité, sans subir la pression de la concurrence existant dans des entreprises orientées vers le profit. Les personnes âgées y trouvent l'occasion de rendre service, tout en occupant leur temps. C'est bien d'un nouveau type de travail qu'il s'agit dans la mesure où les motivations qui y conduisent (dévouement, générosité) sont généralement d'une autre nature que celles qui régissent le travail traditionnel.

Le temps des salariés

- *Ils n'étaient que 72 % en 1960.*
- *85 % des Français actifs sont salariés.*

Cette croissance est une autre conséquence de la révolution industrielle. Les non-salariés étaient principalement des paysans, des commerçants ou des artisans. Le nombre des premiers a considérablement diminué depuis un siècle (ci-dessus). Celui des artisans et des commerçants a chuté plus récemment (p. 261). Le nombre des aides familiaux (femmes de ménage, domestiques, etc.) a lui aussi considérablement diminué : 1 million de moins en 20 ans. Par ailleurs, beaucoup de femmes sont venues rejoindre les rangs déjà nombreux des salariés. Mais ce sont les postes créés dans la fonction publique qui ont le plus contribué à l'accroissement des emplois salariés depuis vingt ans (ci-après).

Un monde de salariés

Proportion de salariés dans la population active de quelques pays industrialisés (%).

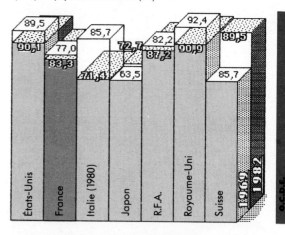

La montée des fonctionnaires

- *20 % des Français actifs sont fonctionnaires.*
- *Le nombre des salariés de l'État et des collectivités locales a doublé en 20 ans.*
- *La moitié de l'activité économique est sous le contrôle direct de l'État.*

La redistribution des cartes entre les trois secteurs économiques (agriculture, industrie, services) ainsi qu'entre travailleurs indépendants et salariés est étroitement liée à l'accroissement spectaculaire du secteur public, principal fournisseur des emplois salariés. En un siècle, la part du secteur public dans la population active a plus que triplé (p. 197).

4,5 millions de fonctionnaires

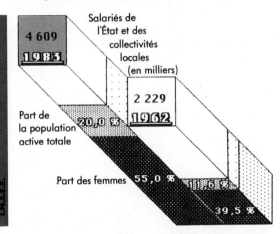

I.N.S.E.E.

Salariés de l'État et des collectivités locales (en milliers)

4 609 **1983**

2 229 **1962**

Part de la population active totale · 20,0 % · 11,6 %

Part des femmes · 55,0 % · 39,5 %

Les femmes ont fait une entrée fracassante puisqu'elle sont aujourd'hui majoritaires dans la fonction publique.

Il faudrait ajouter à ce nombre déjà très élevé de fonctionnaires les effectifs des **grandes entreprises publiques** (S.N.C.F., R.A.T.P., E.D.F.-G.D.F., Air France, banques), au total 900 000 personnes, qui ont l'État pour patron. On devrait enfin prendre en compte le personnel des entreprises du **secteur concurrentiel** nationalisées en 1981 (Dassault, Thomson, Rhône-Poulenc, St-Gobain, P.U.K., etc.), pour avoir une idée plus juste du poids de l'État, qui contrôle directement la moitié de la production intérieure et plus encore par l'intermédiaire des fournisseurs et sous-traitants. Le libéralisme, dont chacun se réclame aujourd'hui, n'est pas très apparent..., du moins en ce qui concerne le marché du travail.

Les métiers du souvenir

Où sont les marchands de glace qui circulaient en charrette à cheval avant l'invention du réfrigérateur ? Où sont les joueurs d'orgue de barbarie qui ont précédé l'invention de la radio ? Où sont les vitriers des rues qui signalaient leur passage par de longs cris caractéristiques ?

Atget

Marchande de lait.

Gérard

Raccommodeur de faïence et de porcelaine.

Tous ces petits métiers ont aujourd'hui disparu, et les rares compagnons qui les pratiquent encore semblent sortis d'un autre monde, à la fois nostalgique et lointain.

Des cols bleus aux cols blancs

Le déclin de l'agriculture au profit de l'industrie, puis des services, la prépondérance du statut de salarié, le développement spec-

SHOW METIERS DANS LE METRO.

Journées d'information sur l'orientation et la formation professionnelles
dans 7 stations de métro du 4 au 7 Mai 1982. Avec la participation de l'Éducation Nationale. *RATP*

Les cols blancs
déjà plus nombreux que les cols bleus.

Moins d'ouvriers en général,
mais plus d'ouvriers qualifiés.
- *7,4 millions d'ouvriers.*
- *Un travailleur sur trois.*
- *Un homme sur deux.*

La diminution du poids du secteur industriel dans l'économie s'est traduite par une baisse des effectifs d'ouvriers. De plus, les améliorations considérables de la productivité des

12 % d'immigrés parmi les ouvriers

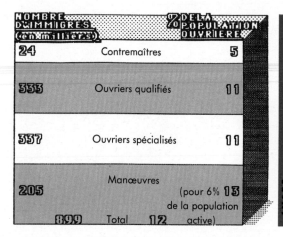

NOMBRE D'IMMIGRÉS (en milliers)		% DE LA POPULATION OUVRIÈRE
24	Contremaîtres	5
333	Ouvriers qualifiés	11
337	Ouvriers spécialisés	11
205	Manœuvres (pour 6% de la population active)	13
899	Total	12

I.N.S.E.E.

taculaire du secteur public ont progressivement transformé la nature des métiers exercés par les Français. Mais, à l'intérieur des entreprises, principales pourvoyeuses de travail, les emplois eux-mêmes sont aussi en train de changer. On trouve de moins en moins de monde dans les ateliers, de plus en plus dans les bureaux, où les postes de cadres se sont multipliés. Les 'cols bleus' (manœuvres et ouvriers de toutes qualifications), dont la croissance avait à la fois assuré et accompagné les deux premières révolutions industrielles (machine à vapeur, électricité), sont un peu délaissés par la troisième (l'électronique, voir p. 283). Ce sont les 'cols blancs' (employés, cadres et techniciens) qui prennent aujourd'hui la relève. _____

entreprises ont permis, à activité égale, d'économiser des emplois de production ou de limiter leur croissance, en faisant appel aux machines et aux robots. _____

Répartition de la population active
selon la catégorie socioprofessionnelle (%)

	1983		1968	
	Total	dont femmes	Total	dont femmes
— Professions libérales et cadres supérieurs	8,4	4,9	5,1	2,5
— Cadres moyens	18,4	17,7	10,4	11,4
— Employés	21,3	37,5	15,0	25,1
— Ouvriers	30,4	15,1	36,6	21,5
— Personnels de service	4,6	9,3	6,2	13,6
— Autres catégories	1,3	2,0	1,8	0,5
— Patrons de l'industrie et du commerce	7,8	6,7	10,7	11,4
— Agriculteurs exploitants	6,7	6,2	11,5	12,7
— Salariés agricoles	1,1	0,6	2,7	0,9
	100,0 %	100,0 %	100,0 %	100,0 %
Effectif (en milliers)	23 219	9 708	19 916	7 208

I.N.S.E.E.

Le nombre d'ouvriers dans la population active reste cependant élevé. Celui des ouvriers qualifiés et des contremaîtres continue de s'accroître, alors que celui des manœuvres et des ouvriers spécialisés diminue. La proportion de travailleurs immigrés est deux fois plus élevée parmi les ouvriers que dans la population active totale. Désavantagés par une moindre formation professionnelle, ils occupent les postes les moins qualifiés. Il faut dire que beaucoup d'employeurs n'ont pas fait d'effort particulier pour qu'ils puissent acquérir une formation et obtenir des promotions. ⸺

Le nombre des cadres a doublé en 30 ans.

La mission des entreprises, initialement centrée sur la production de masse, s'est peu à peu transformée. Il faut aujourd'hui concevoir des nouveaux produits, gérer, vendre, distribuer, exporter, penser à l'avenir face à une concurrence de plus en plus vive et des marchés de plus en plus sélectifs. Le rôle des cadres a donc pris de l'importance, en même temps que se développaient les activités de service, fortes consommatrices de matière grise. Le nombre des cadres supérieurs, en particulier, a fortement augmenté depuis 15 ans sous l'effet de la demande de cadres administratifs supérieurs et aussi de l'accroissement du corps professoral, qui entre dans cette catégorie. L'augmentation du nombre des cadres moyens est, elle, assez étroitement liée à la croissance du secteur médical et social. ⸺

En 20 ans, 2 millions d'emplois de commerçants ont disparu.

Le monde du commerce a connu en France un véritable bouleversement, provoqué par l'énorme concentration qui s'est opérée. Les hypermarchés relativement peu nombreux en 1968 (le premier hyper fut le Carrefour ouvert en 1963 à Sainte-Geneviève-des-Bois, près de Paris) sont plus de 500 aujourd'hui et couvrent la totalité des villes, grandes ou moyennes. La tentation était donc forte pour les clients de délaisser les commerces de quartier, plus chers et mal adaptés aux nouvelles aspirations (gain de temps, liberté de circulation dans les rayons, etc.). Ce transfert de clientèle des petites vers les grandes surfaces a eu une incidence considérable sur les emplois du commerce (p. 211). ⸺

Certains commerces de proximité ont pourtant réussi à se maintenir en offrant des services que ne pouvaient pas rendre les géants de la distribution : commerces ouverts sept jours sur sept et tard le soir (les Maghrébins, qui se sont fait une spécialité de la chose dans le domaine de l'épicerie, font des affaires florissantes dans les grandes villes) ; activités très spécialisées offrant un choix plus vaste et des conseils (chaussures de sport, accessoires de salles de bains, etc.) ; boutiques 'franchisées' bénéficiant de l'expérience et de la notoriété des grandes marques nationales (encadré). ⸺

Les cadres ne sont pas épargnés.

Le boom du 'franchising'

La perspective de tenir une boutique a toujours séduit les Français. Mais le nombre des faillites, parallèlement à la concentration de la distribution, avait de quoi les décourager. Outre le risque lié au développement des grandes surfaces, les facteurs intervenant dans la réussite d'un petit commerce sont nombreux et rarement à la portée d'une personne seule : choix du type d'activité, de l'emplacement, des fournisseurs, des stocks, etc. C'est ce qui explique que 90 % des petits commerces sont en difficulté au bout de la première année de fonctionnement.

Le système de la *franchise* a permis à beaucoup de surmonter ces problèmes. Le candidat à l'ouverture d'une boutique passe un contrat avec un 'franchiseur', souvent un fabricant voulant s'assurer une distribution exclusive (André, Pronuptia, Descamps, Kis, McDonald's, etc.). Dans le cas général, celui-ci apporte la notoriété de sa marque, entretenue par une publicité nationale, l'assistance au démarrage (implantation, décoration, vente, gestion des stocks, comptabilité, etc.), en échange d'un droit d'entrée et de redevances proportionnelles au chiffre d'affaires. Les risques du franchisé sont donc plus limités, ce qui se traduit par des 'taux de survie' beaucoup plus élevés que pour le commerce traditionnel. La formule, développée depuis des dizaines d'années aux États-Unis, a explosé en France depuis environ 5 ans. Elle concerne aujourd'hui quelque 20 000 franchisés et 500 franchiseurs. Malgré les difficultés inhérentes à la situation économique et à l'existence de quelques franchiseurs peu recommandables, la formule devrait continuer de se développer à l'avenir.

Les artisans ont réussi à stopper l'hémorragie des années 60.

Les plus dynamiques ont su adapter leur service, leur structure et leur façon de travailler aux nouveaux besoins de la clientèle. Beaucoup ont misé, en particulier, sur la rapidité d'intervention (même s'il est parfois difficile de trouver sur l'heure un plombier, un garagiste ou un électricien !). _____

La revalorisation du travail manuel, le goût pour l'indépendance (sans oublier l'accroissement du chômage) ont incité récemment beaucoup de Français à s'installer à leur compte. Avec des succès d'ailleurs relatifs, puisque les taux de faillites dans ce domaine sont assez élevés (encadré). _____

Les artisans découragés

L'artisanat ne fait guère parler de lui. Il regroupe pourtant 800 000 entreprises, employant moins de 10 salariés chacune (non compris le 'patron' et, le cas échéant, son conjoint), représentant quelque 300 corps de métiers différents. Entre 1974 et 1980, l'accroissement annuel net (créations moins disparitions d'entreprises artisanales) était passé de 5 600 à 14 000. En 1983, pour la première fois, le nombre des radiations a dépassé celui des créations, du fait, principalement, de la diminution de ces dernières. Les raisons invoquées sont nombreuses. Les difficultés des entreprises existantes, le poids

croissant de leurs charges ont sans doute découragé les candidats à la création. De même que la situation défavorable du bâtiment, qui fait vivre environ un tiers des entreprises artisanales. Ce découragement est renforcé par le sentiment d'injustice ressenti de plus en plus fortement par les artisans. Ces petits patrons, qui ont pris des risques pour s'installer et travaillent généralement plus que la moyenne pour tenir le coup, ne bénéficient ni de la retraite à 60 ans (encore moins de la préretraite) ni des allocations de chômage. Ils se sentent, en outre, beaucoup moins écoutés que les salariés, n'ayant pas le même poids qu'eux dans les négociations avec les pouvoirs publics.

Égalité entre les hommes et les femmes : la loi et les faits

Le travail bientôt asexué ?

La loi sur l'égalité professionnelle entre les hommes et les femmes a été définitivement adoptée le 30 juin 1983. Les femmes sont devenues ainsi officiellement des travailleurs à part entière. Tous les métiers leur sont désormais ouverts, dans des conditions de recrutement, de travail, de rémunération, de sanction éventuelle identiques à celles des hommes (en dehors d'une liste spécifique, définie par décret). Fini donc le temps où les employeurs considéraient le travail des femmes comme une transition en attendant le mariage ou une parenthèse entre deux grossesses ? Pas sûr. Les habitudes vieilles de plusieurs générations ne disparaîtront pas en un jour. Et l'on connaît l'habileté des Français à tourner les règlements qui les gênent. Qui empêchera un employeur de demander à une femme combien d'enfants elle souhaite avoir ou ce qu'elle pense faire de ceux qu'elle a lorsqu'ils seront malades ? Reste qu'il faudra plus d'imagination aux entreprises pour exercer leur misogynie et qu'elles prendront plus de risques que par le passé. Bon gré, mal gré, les femmes devraient progressivement vaincre les derniers obstacles en matière d'accession à certains emplois, de mise à niveau de leurs salaires ou de promotion interne. ——————

La loi Roudy sur l'égalité professionnelle

Elle aura fait moins de bruit que le projet de loi antisexiste. Mais elle existe bel et bien et chacune de ses dispositions devrait limiter (sinon supprimer) quelques réflexes misogynes :

● **Définition des travaux de valeurs égales.** Ce sont ceux qui exigent des salariés un ensemble comparable de connaissances et de compétences professionnelles (diplôme, expérience, capacité physique ou nerveuse).

● **Rapport annuel sur la situation des femmes dans l'entreprise.** Présenté au comité d'entreprise ou aux délégués du personnel (entreprises de plus de 300 salariés), il compare la situation des femmes et des hommes.

● **Plan pour l'égalité professionnelle.** Les employeurs doivent élaborer (après consultation du comité d'entreprise ou des délégués du personnel) un plan de rattrapage des inégalités éventuelles (embauche, salaire, formation, etc.) entre hommes et femmes.

● **Aide financière.** Elle pourra être octroyée par l'État à toute entreprise envisageant des actions 'exemplaires'.

Outre ces dispositions légales, un Conseil supérieur de l'égalité professionnelle est créé, dans lequel salariés et employeurs sont représentés. Il participera 'à la définition, la mise en œuvre et l'application de la politique menée dans les domaines de l'égalité professionnelle entre les femmes et les hommes'.

Les métiers accessibles aux femmes restent aujourd'hui moins nombreux que pour les hommes.

Le développement du tertiaire a été sans aucun doute favorable à l'intégration professionnelle des femmes. Mais l'élargissement et l'enrichissement général des métiers leur

ont peu profité. Ainsi, la pénétration de l'informatique dans les entreprises avait entraîné la création du métier de perforatrice, réservé dès le début aux femmes. L'utilisation d'autres supports d'information (bandes magnétiques, disquettes) l'a depuis supprimé. L'évolution actuelle ne semble pas favoriser les emplois traditionnellement féminins (ci-dessous). La bureautique devrait en particulier modifier profondément le contenu des emplois de secrétaire ou de dactylo (p. 287). Au profit, peut-être, de tâches plus qualifiées si les femmes concernées parviennent à recevoir la formation nécessaire. ——————

Métiers de femmes

Proportion de femmes dans certains métiers.

Secrétaires sténo-dactylos	**97,6 %**
Emplois de bureau non qualifiés	71 %
Emplois de bureau qualifiés	50,3 %
Personnel de service	**81,1 %**
Vendeurs et salariés du commerce	75,3 %
Infirmières diplômées	**83,9 %**
Enseignement primaire et assimilé	67,2 %
Ouvrières des filatures	63,7 %

B.I.T.

Part des femmes dans la population ouvrière (en %)

	1983
- Ouvriers qualifiés	8,2 %
- Ouvriers non qualifiés	35,5 %
- Ouvriers agricoles	16,6 %
- Total ouvriers	19,4 %
(6 579 723 personnes)	

I.N.S.E.E.

Les femmes cadres sont environ 880 000, soit 28 % de la population cadre, mais elles ne représentent que 17 % des cotisants à l'A.G.I.R.C., caisse de retraite complémentaire des cadres. La proportion de femmes augmente cependant, puisque, entre 1962 et 1980, elles ont occupé 46 % des nouveaux postes de cadres (55 % pour les cadres moyens, 42 % pour les cadres supérieurs). 43 % des femmes cadres travaillent en Île-de-France, 9 % dans la région Rhône-Alpes. On estime que 80 % des jeunes femmes diplômées de l'enseignement supérieur deviendront cadres (pour 78 % seulement des hommes). Mais seulement 20 % seront cadres supérieurs contre 28 % des hommes. Enfin, 4 % seront ingénieurs contre 12 % des hommes.

A.P.E.C.

Les nouvelles technologies constituent donc à la fois une menace et une opportunité pour les femmes. Dégagées des tâches répétitives, plus typiquement féminines, celles-ci pourront demain s'intéresser à d'autres activités.

Secrétariat : l'éternel féminin ?

Ceux qui créent leur emploi

- *En 1983, 80 000 entreprises ont été créées et 23 000 ont disparu.*
- *13 % des Français actifs envisagent de créer un jour leur propre entreprise.*
- *Un cadre sur deux est prêt à se lancer si une opportunité se présente.*

On crée de plus en plus d'entreprises en France (encadré). La volonté d'indépendance et la difficulté de trouver un emploi ne sont pas étrangers à cet engouement récent pour l'entreprise individuelle. La meilleure image de l'entreprise et des patrons (p. 271) ainsi que la montée du libéralisme économique (p. 199) constituent d'autres incitations, renforcées par les mesures d'encouragement prises par le gouvernement.

Le solde positif entre créations et disparitions donne une idée erronée de la situation de l'emploi ; les entreprises qui naissent ont une taille généralement très inférieure à celles qui meurent. C'est ce qui explique que le nombre d'emplois créés en France depuis 10 ans est inférieur à celui des emplois supprimés (p. 286).

La plupart des experts s'accordent en tout cas à dire que ce sont les petites entreprises qui créeront demain le plus d'emplois.

Qui sont les créateurs ?

- **Le sexe :** 91 % sont des hommes.

- **L'âge :** 48 % ont entre 30 et 40 ans, 27 % entre 20 et 30 ans, 19 % entre 40 et 50 ans.

- **La profession antérieure :** 35 % étaient cadres, 25 % agents de maîtrise ou employés ; 3 % seulement étaient ouvriers ou fonctionnaires. 35 % étaient demandeurs d'emploi.

- **Les motivations :** d'abord l'indépendance (66 %), puis l'argent (28 %) et la maîtrise de son destin (28 %). La participation à l'effort de redressement national (5 %), le goût du pouvoir (5 %) et le statut social (3 %) arrivent aux derniers rangs.

- **La région :** 28 % en région parisienne, 12 % en région Rhône-Alpes… et 0,6 % dans le Limousin et en Corse.

- **Le type d'activités :** les services représentent près de la moitié des créations (47 %), suivis du commerce (26 %), de l'industrie (10 %) et de l'artisanat (9 %), des services à l'industrie (7 %) et de l'agriculture (1 %).

- **Les rapports avec les pouvoirs publics :** pas brillants, puisque 27 % se déclarent 'écœurés', 23 % 'refroidis', 7 % 'découragés', contre 7 % 'encouragés' et 6 % 'aidés' (29 % sans réponse).

- **La satisfaction :** 72 % déclarent qu'ils recommenceraient si c'était à refaire, contre 5 % qui s'y refuseraient. 17 % procéderaient différemment.

Créez (juin 1983)

TOUS À QUART DE TEMPS !

Les Français travaillent de moins en moins, mais dans de meilleures conditions. Leur réconciliation avec l'entreprise jette les bases d'un consensus social qui pourrait se substituer à la lutte traditionnelle entre patrons et employés.

Durée du travail : la diminution silencieuse

Beaucoup de Français, et surtout de Françaises, rêvent de travailler à mi-temps. Ils ne savent pas que ce souhait est déjà réalisé depuis longtemps. La réalité est qu'ils passent aujourd'hui seulement le quart de leur temps au travail. _____

Le calcul qui conduit à ce résultat est très simple. Sachant qu'ils sont éveillés 16 heures par jour, les Français disposent d'un capital-temps annuel de 5 840 heures (5 856 pendant les années bissextiles). Le temps que les actifs consacrent à une activité professionnelle rémunérée est en moyenne de 1 650 heures par an (p. 265). C'est-à-dire 28 %, soit à peine plus du quart du temps disponible. _____

Si l'on se livre au même calcul à l'échelle d'une **vie**, le résultat est encore plus impressionnant. _____

● *8 années de travail sur 42 années 'éveillées' pour les hommes, soit 19 %.*
● *6 années sur 45 (14 %) pour les femmes.*

Il faut remonter à la fin du XVIIIᵉ siècle pour trouver une époque où les Français travaillaient effectivement à mi-temps ! L'évolution n'est pas terminée, avec la perspective des 35 heures et de la généralisation du travail à temps partiel… Bien sûr, les revendications sur la réduction du temps de travail ou l'aménagement d'emplois à temps partiel

partent d'autres considérations. Mais on voit à quel point le temps de travail s'est effacé au profit du temps libre (bien que le temps de déplacement domicile-travail ait augmenté depuis une vingtaine d'années). Même si c'est encore le temps de travail qui, très souvent, conditionne la vie des Français, l'évolution qui s'est produite prépare l'avènement d'un autre type de société, organisé autour du temps libre. _____

La durée hebdomadaire de travail a diminué de 6 heures en 15 ans.

La loi instituant la semaine de 40 heures remonte à 1936. Mais les multiples dérogations sectorielles et le recours systématique aux heures supplémentaires avaient empêché son application. De sorte que jusqu'en 1968 la durée de la semaine de travail resta pratiquement constante, autour de 45 heures. ____

Mai 1968 allait porter un coup décisif à ces habitudes anciennes. Le protocole d'accord de Grenelle prévoyait la mise en place de mesures conventionnelles de réduction de la durée du travail. Entre 1969 et 1980, la durée du travail passait de 45,2 heures à 40,8. L'arrivée au pouvoir de la gauche donnait un nouveau coup de pouce : 39 heures en 1982, une perspective de 35 heures à moyen terme.

De moins en moins d'heures par semaine…

… et de moins en moins de semaines dans une année.

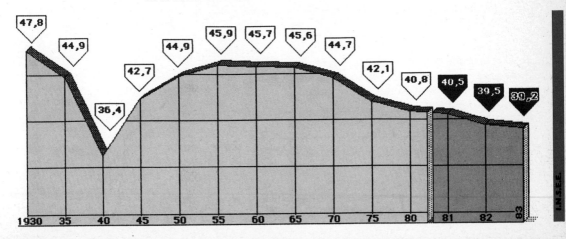

La nécessité du partage du travail mènera sans doute à d'autres dispositions encore plus favorables à la réduction du temps de travail moyen. En 15 ans, c'est donc une diminution moyenne de 6 heures par semaine qui s'est produite. Principalement par la réduction des horaires les plus longs, dans le bâtiment par exemple (où la moyenne atteignait près de 50 heures en 1968) ou dans les industries agro-alimentaires (46 heures en 1968).

Une plus grande harmonisation s'est faite entre les catégories de travailleurs.

Les ouvriers, qui pendant longtemps ont travaillé plus que les autres, se sont rapprochés de la moyenne au cours des dernières années. L'écart qui les séparait des employés était de 2 heures en 1974 ; il est pratiquement nul aujourd'hui. Les raisons de cette réduction des horaires pour les postes de production ne sont pas seulement légales. Les gains de productivité réalisés par les entreprises leur ont permis de réaliser une production identique avec un nombre d'heures de travail inférieur.

La crise a, par ailleurs, contraint certaines industries à réduire de façon beaucoup plus brutale les horaires de travail par l'intermédiaire du chômage partiel. Les mesures prises dans des secteurs en difficulté, comme la sidérurgie, les mines de fer, la métallurgie et, plus récemment, l'automobile, ont pesé de façon sensible sur la durée moyenne du travail. Les disparités entre les secteurs se sont donc considérablement réduites en quelques années. Une heure de travail hebdomadaire seulement sépare aujourd'hui les transporteurs routiers (40 heures) des ouvriers de l'industrie métallurgique (39 heures). Il est vrai que ces chiffres restent très théoriques pour les routiers, dont on sait que beaucoup pratiquent encore des horaires plus longs.

La France fait partie des pays où l'on travaille le moins.

Jusqu'en 1975, la France était au sein de la C.E.E. le pays où les horaires (secteur industriel) étaient les plus longs. La durée **hebdomadaire** de travail a tendance à diminuer dans l'ensemble des pays industrialisés et la situation de la France reste moyenne à cet égard. Pourtant, si l'on examine la quantité de travail **annuelle**, la France figure dans le peloton de queue, du fait de la durée des congés payés, dont elle détient le record (ci-dessous). Le simple examen des chiffres donne une idée du secret de la compétitivité japonaise…

Les Japonais travaillent en moyenne 51 semaines par an

Durée hebdomadaire de travail (1981) en heures.

Japon	41,0	Belgique	33,5
France	38,9	Allemagne (RFA)	40,5
États-Unis	40,1	France	40,3
Canada	38,5	Pays-Bas	40,8
Irlande	41,0	Italie	38,1
Royaume-Uni	42,6		

Durée annuelle moyenne effective du travail en Europe et dans les autres pays industrialisés.

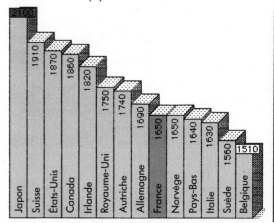

(ouvriers de l'industrie à temps complet en 1982)
(durée exprimée en heures)

Ces comparaisons internationales sont cependant difficiles à établir, car elles ne tiennent pas compte d'éléments importants tels que les heures supplémentaires, l'absentéisme ou l'impact du travail à temps partiel ou intérimaire (ci-après).

*2 millions de personnes travaillent
à temps partiel,
soit 9 % de la population active.*
● *80 % sont des femmes.*

Selon le Bureau international du travail, il y a travail à temps partiel lorsqu'une personne occupe de façon régulière, volontaire et unique un poste pendant une durée sensiblement plus courte que la durée normale. En pratique, on considère que le temps partiel commence en dessous de 30 heures hebdomadaires. Ce type de travail intéresse surtout les femmes, qui peuvent ainsi concilier travail et contraintes familiales. Les postes qu'elles occupent sont le plus souvent à faible qualification : personnels de service, aides familiales, etc. Le nombre des travailleurs à temps partiel augmente régulièrement. La loi de janvier 1981, qui prévoyait des mesures d'incitation pour les entreprises, répondait aux besoins de certaines catégories de travailleurs. Elle répondait aussi à ceux des entreprises (surtout petites) qui ne peuvent pas toujours se permettre l'embauche d'une personne à temps plein. La France pourrait en ce domaine combler le retard qu'elle a par rapport à des pays comme les États-Unis (16 % de la population active travaillent à temps partiel) ou la Scandinavie (20 %).

*Le travail intérimaire
a été fortement remis en question.*
● *70 % des intérimaires sont des hommes.*

Un travail d'hommes...

Principaux chiffres concernant le travail temporaire.

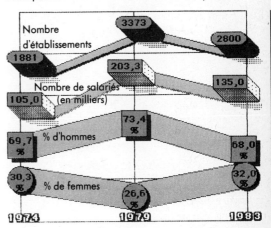

Y compris le personnel des agences de travail intérimaire (6 % environ).

Les entreprises de travail intérimaire avaient connu dans les années 60 un essor considérable. Dans une période économiquement faste, elles avaient permis aux entreprises de faire face à une pénurie de personnel qualifié et à des besoins irréguliers de main-d'œuvre. Ce développement avait amené les pouvoirs publics à mettre en place, dès 1972, un dispositif légal de protection des salariés intérimaires : conditions d'emploi, durée, indemnités d'emploi précaire, etc. Dix ans plus tard, la montée du chômage incita le gouvernement à décider de nouvelles réglementations. L'ordonnance de février 1982 avait pour objectif de limiter le recours au travail temporaire, en mettant en place un statut du salarié temporaire proche de celui des autres salariés. En un an, ces mesures se traduisirent par une réduction d'environ 30 % des effectifs concernés, et par la disparition d'environ 600 établissements spécialisés.

Une femme active sur six travaille à temps partiel

Travailleurs à temps partiel, selon l'âge (1983).

TRAVAILLEURS À TEMPS PARTIEL (milliers)		PROPORTION DE FEMMES %
252	15-24 ans	72
776	25-39 ans	88
430	40-49 ans	91
403	50-59 ans	88
202	60 ans et plus	60
2 063	Total	84

I.N.S.E.E. (Enquête sur l'emploi de 1983).

On constate pourtant que ce recul du travail temporaire n'a pas entraîné la création d'un nombre équivalent d'emplois permanents. Les deux tiers des embauches effectuées l'ont été en effet dans le cadre de contrats à durée déterminée. C'est-à-dire qu'on a remplacé une forme d'emploi précaire par une autre qui ne l'est pas moins (p. 3). ──────

L'intérim,
une forme de liberté professionnelle.

Horaires de travail : les rythmes les plus fous

Pour 14 millions de Français, le rythme de la journée de travail est du type 8 heures-midi, 2 heures-6 heures du lundi au vendredi. Les autres, environ 9 millions, pratiquent des horaires moins classiques et ne connaissent pas le 'week-end' dont leurs compatriotes savourent chaque semaine les délices (p. 395). ──────

Pointage : de la carte au menu

32 % des salariés sont astreints au pointage ou à des contraintes de même nature (signaux sonores ou lumineux, ouverture/fermeture des portes, etc.). Cette pratique, fréquente chez les ouvriers, s'est étendue à d'autres catégories, comme les employés, avec le développement de l'horaire variable. Les horaires 'libres' (fixés par le travailleur en accord avec son service) ou 'à la carte' (heures d'arrivée et de départ variables en dehors d'une plage fixe commune) concernent aujourd'hui environ 25 % des salariés. Les partisans (nombreux) de ces systèmes y voient la possibilité d'un meilleur aménagement du temps de chacun. Leurs détracteurs considèrent que toute forme de pointage est a priori dégradante et que seule l'instauration d'un climat de travail favorable peut satisfaire à la fois les exigences des employeurs et celles des travailleurs.

10 % des Français commencent leur travail avant 7 heures du matin.
● *Un salarié sur deux travaille au moins un samedi par an.*
● *Un sur deux travaille au moins un dimanche par an.*
● *17 % des hommes et 5 % des femmes travaillent au moins une nuit par an.*

Ce sont les ouvriers, employés et personnels de service qui sont les plus matinaux. Personnels de service et employés sont aussi ceux qui terminent le plus tard (même s'il ne s'agit pas forcément des mêmes que ceux qui arrivent tôt). Les cadres sont aussi des 'travaille-tard', puisque 17 % d'entre eux quittent leur bureau après 19 heures. Ce sont les employés de commerce et les agriculteurs qui travaillent le plus souvent pendant le week-end. Quant à ceux qui travaillent la nuit, ce sont principalement les personnels de service et les ouvriers. ──────

Les horaires 'bizarres'

	Hommes	Femmes
Journée de travail décalée		
- Commençant avant 6 h	6,4 %	2,1 %
- Commençant entre 6 et 7 h	6,0 %	4,3 %
- Finissant entre 19 et 20 h	9,0 %	11,3 %
- Finissant entre 20 h et minuit	9,2 %	7,7 %
Travail de nuit		
- 1 à 25 nuits par an	7,6 %	2,0 %
- 26 à 100 nuits	6,9 %	1,3 %
- Plus de 100 nuits	2,3 %	1,2 %
Total (au moins 1 nuit par an)	16,8 %	4,5 %
Travail le week-end		
- Au moins un samedi par an	47,6 %	45,2 %
- Plus de 40 samedis	17,4 %	26,1 %
- Au moins un dimanche par an	21,0 %	15,5 %
- Plus de 40 dimanches	3,0 %	3,3 %

Contraintes à la chaîne

- *8 % des ouvriers travaillent encore à la chaîne.*
- *La plupart sont des femmes.*

Le développement du travail dans le secteur industriel est à l'origine d'un grand nombre de contraintes. Le travail à la chaîne est une des contraintes les plus connues, bien qu'en diminution régulière. Un ouvrier sur deux est soumis à des cadences de travail imposées, soit par le rythme des machines, soit par des temps chronométrés. ―――――――

Un salarié sur trois ne peut communiquer dans son travail.

Certains n'ont pas le droit de parler. D'autres en sont empêchés par le bruit ambiant ou parce qu'ils occupent un poste isolé. Heureusement, ces contraintes tendent à diminuer avec l'apparition de nouvelles méthodes de travail et l'automatisation croissante des ateliers de production. Ce qui pose d'ailleurs d'autres types de problèmes. ―――――――

moindre degré, au bureau) se traduisent par une fatigue physique relativement intense, parfois même par des maladies professionnelles. Les ouvriers sont les plus exposés à ces risques, en particulier dans des secteurs comme le bâtiment et les travaux publics, où le bruit, les risques d'accident et les nuisances atmosphériques se cumulent. Chez les employés de commerce, la station debout est une source supplémentaire de fatigue. D'une manière générale, des progrès importants ont été accomplis dans beaucoup d'entreprises (notamment les plus grandes), sous l'impulsion des revendications syndicales et des propositions des comités d'hygiène et de sécurité. Pourtant, malgré ces efforts et la mise en place d'équipements moins dangereux, le nombre des maladies et des accidents liés à la vie professionnelle reste élevé (p. 27). Il constitue l'une des formes les plus spectaculaires de l'inégalité entre les diverses catégories de travailleurs. Même si elle ne favorise pas l'emploi à court terme, l'automatisation des entreprises devrait améliorer les conditions de travail des plus défavorisés.

Le prix de la productivité

	PROPORTION PARMI LES SALARIÉS	PROPORTION PARMI LES OUVRIERS
Travail à la chaîne	3,4	7,6 %
Cadence de travail imposée	28,3	49,9
Travail répétitif	20,8	32,2
Impossibilité d'interrompre son travail	29,7	33,2
Impossibilité ou interdiction de parler avec les collègues de travail	24,6	47,8

I.N.S.E.E. (enquête 1978)

La majorité des ouvriers travaillent dans des conditions physiquement pénibles.

Les contraintes du travail en usine (et, à un

Travail et nuisances

	Proportion parmi les salariés	Proportion parmi les ouvriers
- Salariés devant :		
• rester lontemps debout	51,2 %	66,5 %
• dans une posture pénible	17,3 %	26,3 %
• porter ou déplacer des charges	21,4 %	35,1 %
• subir des secousses ou des vibrations	7,6 %	14,2 %
- Niveau de bruit élevé	19,9 %	37,2 %
- Températures élevées	19,4 %	29,1 %
- Températures basses	15,4 %	23,2 %
- Insuffisance de lumière	9,1 %	52,3 %
- Saleté	24,5 %	44,7 %
- Humidité	13,7 %	23,7 %
- Courants d'air	27,1 %	43,1 %
- Odeurs désagréables	20,8 %	32,5 %
- Poussières	27,4 %	47,7 %
- Risques d'accident	17,9 %	21,7 %
- Risques de chute	16,8 %	29,7 %
- Risques de blessure sur une machine	16,7 %	33,4 %

I.N.S.E.E. (enquête 1978)

Absentéisme : le flux et le reflux

Après avoir atteint des niveaux élevés au cours de l'immédiat après-guerre (du fait de l'état de santé médiocre de la population), l'absentéisme avait diminué jusque vers 1950 en même temps que s'amélioraient les conditions sanitaires. Il augmentait à nouveau entre 1951 et 1974, avec une structure très différente : stabilité de l'absentéisme dû aux accidents du travail ; accroissement important des absences pour maladie. Il tend aujourd'hui à baisser de nouveau. _____

Les salariés sont absents de leur travail environ 20 jours ouvrables par an.

Ce chiffre comprend les absences pour maladie, accident, maternité... et pour d'autres causes indéterminées. L'absentéisme pour maladie est en baisse depuis 1975. Deux causes à ce phénomène : réduction du nombre d'heures de travail ; meilleure prévention des maladies (renforcée par la loi de décembre 1976 sur l'action sanitaire au sein des entreprises). Il est possible aussi que l'accroissement du chômage, donc du risque de perdre son emploi, incite les salariés à faire des efforts pour réduire leurs absences. _____

Les femmes ne sont pas, en réalité, beaucoup plus absentes que les hommes.

L'absentéisme féminin apparaît globalement de moitié plus élevé que celui des hommes. Le rapport entre les deux sexes est même de 1 à 3 dans les banques et l'assurance. Mais l'écart moyen n'est plus que de 16 % si l'on exclut les congés de maternité (16 semaines depuis la loi de juillet 1978 et 36 semaines à partir du troisième enfant depuis 1980). L'essentiel de l'écart résiduel s'explique par la différence d'âge des salariés hommes et femmes. Celles-ci sont en moyenne plus jeunes que les hommes, et nombreuses en particulier dans la tranche d'âge 20-30 ans, période privilégiée de la maternité et donc des occasions d'absence annexes qu'elle implique (maladies des enfants, etc.). _____

L'absentéisme varie en sens contraire du niveau de qualification.

Quel que soit le secteur d'activité, les cadres sont en moyenne moins souvent absents que les employés, qui le sont moins que les ouvriers. On retrouve d'ailleurs chez ces derniers une hiérarchie semblable, les ouvriers les moins qualifiés étant les plus souvent absents. _____

Cette constatation générale mérite cependant quelques précisions. D'abord, le contrôle de l'absentéisme n'est pas exercé de la même façon selon les catégories professionnelles. Les cadres bénéficient généralement d'une latitude beaucoup plus grande. Ils sont plus fréquemment en dehors de leur bureau et pointent beaucoup plus rarement que les autres catégories. _____

L'absentéisme est, d'autre part, certainement lié à la fatigue physique et nerveuse engendrée par l'emploi occupé. Toutes les enquêtes montrent que celle-ci est généralement plus intense chez les 'cols bleus' que chez les 'cols blancs'. Enfin, il faut rappeler que les travailleurs les moins qualifiés sont aussi ceux qui ont le plus de risques d'accidents du travail et qui font le moins attention à leur santé (p. 28). _____

Relations du travail : la montée du consensus

Les Français sont las des querelles qui opposent patronat et syndicats. Il y a là un phénomène nouveau et important, qui dépasse largement l'appartenance à un parti politique quelconque. _____

Face à une situation économique difficile, les Français souhaitent une meilleure collaboration entre les principales forces du pays. Cette ébauche d'un véritable consensus social est récente. Elle est liée à l'évolution des images respectives du patronat et des syndicats auprès des salariés. Dans ce domaine comme dans d'autres, le réalisme tend à l'emporter sur l'idéologie. _____

Les Français se sont réconciliés depuis peu avec l'entreprise.

En 3 ans, l'opinion des Français vis-à-vis de

l'entreprise s'est profondément modifiée (encadré). Jusqu'en 1982, ils croyaient aux vertus du dirigisme étatique. Ils croient aujourd'hui au rôle prépondérant des entreprises dans une économie qu'ils souhaitent libérale. Ce retournement est à la fois paradoxal et capital. Paradoxal, car c'est au moment où le pouvoir en place était le moins favorable aux entreprises et où celles-ci éprouvaient le plus de difficultés que les Français ont décidé de leur accorder leur confiance. Capital aussi, dans la mesure où seul un consensus à l'intérieur des entreprises peut les amener à retrouver une situation plus prospère. —————————

C'est donc avec une indulgence nouvelle que les Français observent les patrons, reconnaissant volontiers les obstacles qui se dressent devant eux. Si la lutte des classes n'est pas tout à fait morte (p. 177), il semble bien que les relations à l'intérieur de l'entreprise soient aujourd'hui placées sous le signe de la bonne foi. Et, de la bonne foi à la bonne volonté, il n'y a qu'un pas... —————————

Le feu sacré du syndicalisme est en veilleuse.

S'ils restent attachés au principe de la représentation des salariés par les syndicats, les Français manifestent une réserve croissante vis-à-vis de l'action syndicale (voir baromètre) qu'ils jugent trop politisée. Les deux tiers d'entre eux considèrent en effet que les syndicats obéissent davantage à des motivations d'ordre politique qu'au souci de défendre les intérêts des salariés. Les jeunes de moins de 25 ans sont les moins convaincus de l'utilité des syndicats. La moitié trouve leur action inefficace, et les trois quarts n'ont jamais participé à une action collective. —————

La base ne suit plus

Il y a un siècle, les syndicats français entraient dans la légalité républicaine par la loi du 21 mars 1884. Bien que rappelé par l'ensemble des médias, cet anniversaire n'a pas été fêté dans la liesse. C'est que le syndicalisme centenaire accuse depuis quelques années un indiscutable 'coup de vieux'. Pris de court par la crise, bousculés par les plans d'austérité et la détérioration de leur image, gênés par la montée de l'individualisme et celle des catégories moyennes, les syndicats ne se portent pas très bien. Le taux de syndicalisation des travailleurs français (moins de 20 % de la population active) est faible par rapport à celui des autres pays occidentaux (Grande-Bretagne, Allemagne, États-Unis, Belgique, Suède). Après une progression régulière jusqu'en 1975, le nombre des syndiqués a chuté d'environ 800 000, pour se

Confiants dans les entreprises...
...et conscients de l'utilité des patrons.

Pour faire face aux difficultés économiques, pensez vous...

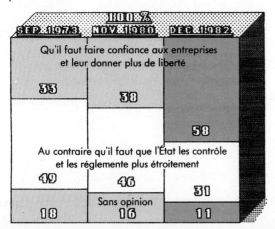

Pensez-vous que les chefs d'entreprise sont indispensables, plutôt utiles, plutôt inutiles ou tout à fait inutiles à la vie économique du pays ?

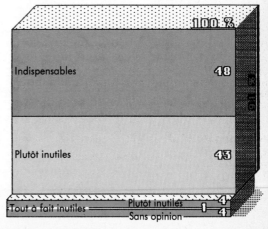

Sondes (États généraux des entreprises au service de la nation (déc. 1982))

retrouver quelque part entre 3,5 millions (estimation réaliste) et 4,9 millions (déclarations des syndicats).

La répartition par centrale est difficile à établir avec précision.

● La C.G.T. affichait en 1983 1,9 million d'adhérents, contre 2,4 millions en 1975. Une estimation réalisée à partir des statistiques départementales de la centrale aboutit à des chiffres beaucoup plus faibles : 1,8 million en 1975, 1,2 million en 1983, soit une chute de un tiers en 8 ans.

● La C.F.D.T. revendique 960 000 adhérents. Elle aurait perdu 11 % de ses effectifs par rapport à son maximum de 1976.

● F.O. ne donne aucun chiffre. Le nombre des timbres mensuels payés par les syndiqués était un peu supérieur à celui de la C.F.D.T. en 1978. Depuis, la centrale affirme qu'elle a progressé. Le mensuel confédéral expédié gratuitement aux adhérents ne tire cependant qu'à 650 000 exemplaires...

● La C.F.T.C. ne publie ni ses effectifs ni ses éléments comptables. Le nombre de ses adhérents est évalué à 250 000.

● La C.G.C. déclarait, en 1979, 322 000 adhérents. Mais, lors de l'assemblée générale de l'automne 1983, son trésorier faisait état de 140 000 'unités comptables'...

● La F.E.N. affirme avoir 500 000 adhérents et des taux massifs de syndicalisation (80 % dans le primaire, 50 % dans le secondaire).

La réhabilitation de l'entreprise est un point d'appui essentiel pour le redressement de l'économie.

On peut imaginer plusieurs raisons à ce changement dans les attitudes. La plus évidente est sans doute la tendance générale au repli sur soi (p. 58), qui rend difficile une mobilisation pour des causes collectives. La dilution du sentiment d'appartenance à une classe sociale (p. 71) paraît être également une raison logique à une moindre agressivité envers les patrons. Certes, le nombre des conflits du travail n'a pas baissé de façon

significative au cours de ces dernières années (encadré). Mais on sait que certaines grèves sont plus décidées par le sommet que par la base. La preuve en est qu'elles ne sont pas toujours très suivies, comme ce fut le cas dans certains conflits survenus en 1983 et 1984 (automobile, fonctionnaires, etc.). _____

Il reste que les bases d'un consensus existent au sein de l'entreprise. Cela a permis dans un premier temps aux employés et aux employeurs de se reconnaître et de se parler. Les dispositions nouvelles sur les droits des travailleurs (lois Auroux) devraient, si elles sont bien appliquées par les partenaires, renforcer cette compréhension et ce dialogue. Et favoriser l'action commune, plus nécessaire que jamais. _____

Conflits du travail : l'ombre des syndicats

Évolution du nombre de journées de travail perdues à la suite des conflits (en milliers).

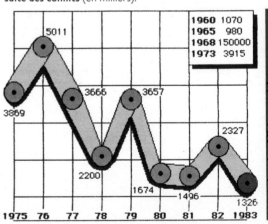

1960	1070
1965	980
1968	150000
1973	3915

L'Expansion (mars 1984)

Ministère des Affaires sociales et de la Solidarité nationale

Les Styles de Vie des cadres dans l'entreprise

Si les attitudes des Français vis-à-vis du travail peuvent être représentées de façon simplifiée en fonction de leurs Mentalités et Sociostyles, il est intéressant d'analyser leurs comportements spécifiques dans la vie professionnelle. Ce travail a été fait par le C.C.A. en ce qui concerne la vie professionnelle des cadres. Il a permis de démontrer que le cadre moyen n'existe pas et il aboutit à une typologie des Styles de Vie des cadres dans les entreprises. _____

Les informations qui suivent sont tirées des travaux réalisés par Mike Burke pour le C.C.A. Une description détaillée des Styles de Vie des cadres ainsi qu'une typologie des différents Styles de Vie des entreprises figure dans son ouvrage *les Styles de Vie des cadres et des entreprises* (Inter Éditions). _____

La plupart des critères qui différencient les comportements des cadres dans leur vie professionnelle peuvent être regroupés en deux dimensions principales qui expliquent l'essentiel des différences entre les Styles. Ces dimensions sont figurées par les deux axes de la carte de la page suivante. _____

Trois Mentalités

Les Styles de Vie des cadres sont répartis en trois Mentalités principales. _____

La Mentalité de Repli.

Elle regroupe les 'démissionnaires de la lutte pour la vie', caractérisés par un refus des valeurs de dynamisme, de combativité, d'agressivité commerciale et d'ambition professionnelle. Ses représentants ont tendance à rechercher la passivité et à ne pas s'engager dans l'entreprise (les objectifs personnels passent avant ceux de l'entreprise) afin de vivre une vie professionnelle sans histoire. Son importance est croissante et elle regroupe aujourd'hui 37 % des cadres français. Elle est composée de trois types : les **Bureaucrates**, les **Méticuleux** et les **Fidèles** (voir descriptions pages suivantes). _____

La Mentalité Impérialiste.

Elle se caractérise par l'agressivité, la volonté de conquête et de puissance. Les cadres de cette Mentalité sont des travailleurs très actifs, dégagés des idéologies et des considérations affectives ou émotionnelles. Ils sont individualistes, peu intégrés, partisans de la discipline. Ils recherchent la réussite personnelle et le pouvoir. Ils privilégient à cette fin les qualités d'efficacité et ils ont le culte de la performance, plaçant souvent la vie professionnelle avant la vie privée ou familiale. Ils croient au progrès engendré par le dynamisme industriel. _____

Cette Mentalité, qui s'est développée au cours des années 60, ne représente plus ajourd'hui que 13 % des cadres français. La crise économique et ses répercussions sur la vie des entreprises ont créé chez eux un sentiment de frustration. Trois types composent cette Mentalité : les **Conquistadores**, les **Technocrates** et les **Francs-Tireurs**. Trois espèces qui ont connu des évolutions contrastées au cours des dernières années.

La Mentalité Progressiste.

Les cadres de cette Mentalité sont tournés vers l'avenir, ouverts aux différents courants qui se manifestent dans les entreprises. Ils sont souples, adaptables aux changements et privilégient la réforme comme facteur de progrès. Ils sont volontiers contestataires et défendent les valeurs d'affrontement, de dialectique et de critique, aussi bien que celles de coopération, de dialogue et de participation. Ils considèrent que l'efficacité dans le travail n'est pas incompatible avec le plaisir qu'on y prend et l'épanouissement personnel. La dimension humaine est donc présente dans leurs comportements professionnels et leur décisions. C'est pourquoi ils favorisent les rapports sociaux et le travail en équipe, dans la mesure où cela améliore l'efficacité du travail et l'ambiance qui y préside.

Cette mentalité est aujourd'hui dominante (50 % des cadres français), même si elle regroupe des modes de pensée et de travail très différents. Les cadres concernés considèrent la conjoncture actuelle comme une période de transition vers un nouveau mode de fonctionnement des entreprises, qu'ils envisagent sans crainte. Six types de cadres

La carte des Styles de Vie des cadres dans l'entreprise

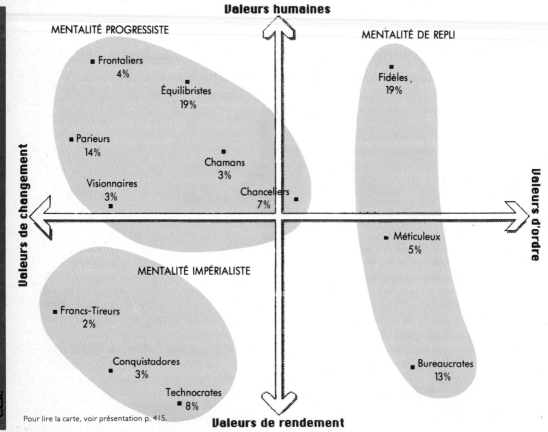

Pour lire la carte, voir présentation p. 415.

Le premier axe représente les valeurs de l'*ordre* et de la *hiérarchie dans l'entreprise* (vers la droite) et leur contraire, les valeurs de *changement* et d'*évolution* (vers la gauche).

Le second axe représente l'importance relative accordée aux *valeurs humaines* (vers le haut) et à celles liées au *rendement* dans l'entreprise (vers le bas).

composent cette Mentalité : les **Chanceliers**, les **Équilibristes**, les **Chamans**, les **Parieurs**, les **Frontaliers** et les **Visionnaires**. Chacun d'eux a sa propre vision du monde du travail.

12 Styles de Vie professionnelle

Les Styles de Vie des cadres français au travail peuvent être illustrés par douze types

	Objectifs professionnels	Relations avec les collègues	Style personnel de management	Système de valeurs	Récompense recherchée
1 LE MÉTICULEUX	• Appliquer ses connaissances pour produire dans les normes de qualité. • Être irréprochable.	• Plus à l'aise dans les tout petits groupes. • Indépendant. • Respectueux envers ceux qui produisent. • Méfiant envers ceux qui vendent.	• La qualité prime sur la rentabilité. • Montre l'exemple aux subordonnés. • Se conduit parfois avec maladresse sur le plan humain.	• Primauté de la qualité. • Exigeant sur les normes.	• Accroître son autonomie pour mieux produire, contrôler et transmettre la *bonne manière* de faire son travail.
2 LE BUREAUCRATE	• Survivre le plus longtemps possible en prenant le minimum d'initiatives. • Maintenir sa position dans la hiérarchie.	• Lointain, désintéressé. • Peu impliqué vis-à-vis de l'entreprise.	• Méthodique, pointilleux et impersonnel. • Travaille lentement pour faire moins d'erreurs.	• Stabilité, permanence, ordre. • Défenseur des traditions de l'entreprise.	• Attend une augmentation régulière de son salaire et l'accumulation des points de retraite.
3 LE FIDÈLE	• Grimper dans la hiérarchie en accumulant 'l'expérience maison'.	• Respectueux, consciencieux, accessible. • Accepte toutes les contraintes imposées par l'entreprise.	• Peu dynamique. • Coopératif. • Discipliné.	• Recherche la sécurité dans la permanence de l'entreprise.	• Attiré par l'augmention de salaire et les marques d'estime.
4 LE CONQUISTADOR	• Avoir du pouvoir et ne pas subir les contraintes imposées par les autres.	• Dynamique, souvent égocentrique. • Travailleur acharné. • Caractériel, affectif et paternaliste.	• Audacieux et rusé. • Exige une fidélité absolue. • Aime la politique et les manœuvres.	• Sa propre réussite prime tout. • Survivre pour conquérir.	• Être le numéro un, le patron, le chef, le pacha.
5 LE TECHNOCRATE	• Appliquer à son travail le pragmatisme et la science. • Apporter de nouvelles méthodologies à son métier ou à son entreprise.	• S'entend bien avec ceux qui sont rigoureux et scientifiques. • Moins à l'aise dans les relations humaines.	• Un peu froid, austère et autoritaire. • Mal à l'aise avec les gens émotifs, créatifs ou dynamiques.	• Compétence scientifique et professionnelle.	• Accéder à un poste supérieur de direction. • Surtout, appliquer les progrès technologiques à son entreprise.
6 LE FRANC-TIREUR	• Réussir seul, par tous les moyens.	• Quand les idées de ses collègues sont différentes des siennes, il fait semblant de les accepter, puis il fait ce qui lui plaît.	• Distant. • Quand le rapport de force est défavorable, il se retire mais prépare sa contre-attaque.	• Ses valeurs sont ses propres désirs. • Assurer sa propre survie, même au détriment des autres.	• Recherche une position de force et de pouvoir tout en restant dans l'ombre.

	Objectifs professionnels	Relations avec les collègues	Style personnel de management	Système de valeurs	Récompense recherchée
7 LE CHANCELIER	• Travailler pour le bien de l'entreprise et le progrès de la société. • Obtenir le pouvoir pour appliquer sa propre vision des choses.	• Objectif, rationnel, un peu froid. • Équilibré.	• Délègue facilement. • Honnête, humain. • Un peu conservateur.	• Croit en la moralité, la justice et la compétence. • Tout doit être mis au service du bien commun.	• Exercer des responsabilités de plus en plus élevées. • Obtenir la reconnaissance des autres.
8 L'ÉQUILIBRISTE	• Réussir l'équilibre entre sa vie professionnelle et sa vie familiale.	• Affectif et intuitif. • A du mal à accepter les 'magouilles' et les intrigues.	• Émotionnel, humaniste et efficace. • Compréhensif.	• Valorise la compétence, mais accepte le droit à l'erreur. • Privilégie le court terme.	• Obtenir des preuves de la réussite de l'équilibre recherché.
9 LE CHAMAN	• Position de pouvoir et d'influence dans l'entreprise. • Donner une bonne image de lui.	• Adhère ostensiblement à tous les principes de l'entreprise mais, au fond, garde ses distances à l'affût de coups spectaculaires.	• Charismatique, brillant. • Amateur de pirouettes.	• Il est plus important d'avoir l'air que de faire.	• Recherche l'influence plutôt que les satisfactions matérielles. • Recherche la reconnaissance des autres.
10 LE PARIEUR	• Être le meilleur en prenant des risques. • Être reconnu et admiré.	• L'équipe qu'il dirige passe avant l'entreprise. • Partial.	• Neutre envers les principes de l'entreprise. • Dymamique, rapide et efficace. • Ouvert et souple.	• Réussir, gagner, être le leader.	• Être un champion reconnu. • Recherche les postes opérationnels bien payés.
11 LE FRONTALIER	• Obtenir l'autonomie dans sa profession et son métier. • Imposer son rythme.	• Parfois irritant, provocant, marginal. • Stimulant. • À la limite de la rupture.	• Anarchique, affectif, intuitif. • Peu de respect pour la hiérarchie et les dogmes. • Parfois impertinent.	• Plaisir et efficacité. • Qualité de la vie en général.	• Obtenir plus de temps libre pour être plus indépendant.
12 LE VISIONNAIRE	• Convertir les autres à ses idées. • Se réaliser.	• Aime les relations intenses, impliquées et passionnées. • Considéré comme un original, un peu inspiré et illuminé.	• Autoritaire doctrinaire, intuitif.	• Importance de ses propres idées. • Souhaite les voir appliquées de façon permanente.	• Influencer le monde professionnel et social par l'application de son système de valeurs.

ayant des conceptions, des attitudes et des comportements spécifiques dans le domaine professionnel. Chacun pourra, à partir des descriptions qui suivent, découvrir le Style dont il est le plus proche et qui constitue son 'centre de gravité' professionnel. Il pourra, à partir de là, analyser ses motiva-tions personnelles et en tirer des enseignements pour les consolider ou, éventuelle-ment, les modifier.

Le tableau précédent donne un résumé succinct de chaque Style en fonction de cinq critères essentiels.

Le travail entre deux civilisations

LA CONTESTATION INTERROMPUE

Mai 68 avait montré l'émergence d'aspirations nouvelles vis-à-vis du travail. Quinze ans après, le souffle de la contestation paraît plus court. La crise a plaqué sur le rêve sa dure réalité. Mais, sous le conservatisme apparent, couve encore la petite flamme qui, à la première occasion, rejaillira.

La tentation du débrayage

L'histoire a ses raisons, que la raison ne connaît pas. Ou, plutôt, qu'elle n'approuve pas, lorsque les plans qu'elle avait échafaudés s'écroulent sous le poids d'événements imprévus. Ainsi, les Français étaient prêts, après des siècles de soumission, à vivre de nouveaux rapports avec le travail. Principalement caractérisés par la dédramatisation d'une activité que beaucoup voudraient voir comme un simple moyen et non comme un but. Exit l'aliénation du rythme métro-boulot-dodo ! Adieu les contraintes et bonjour la vie !

Mais les faits en ont décidé autrement. Et la contestation s'est tue pour laisser place à l'angoisse, alimentée par les chiffres du chômage et les menaces de la restructuration industrielle.

Pourtant, le rendez-vous des Français avec le 'nouveau travail' n'est pas annulé ; il est simplement repoussé à une date ultérieure. Après avoir contrecarré la révolution en marche, l'histoire, par le biais de la technologie et des nécessités économiques, lui permettra bientôt de poursuivre son chemin. On n'arrête pas la marée.

La crise de l'énergie a entraîné celle des énergies individuelles.

Après trente années d'une expansion dans laquelle ils ont pris une large part, beaucoup de travailleurs sont aujourd'hui tentés de baisser les bras. Les fanatiques du travail se font rares et beaucoup ont choisi d'exercer leur dynamisme dans des domaines extra-professionnels.

Le travail, oui ; l'aliénation, non. C'est ainsi que l'on pourrait résumer l'attitude de beaucoup de Français vis-à-vis du travail, surtout parmi les jeunes. Il ne s'agit plus de consacrer sa vie à s'éreinter dans une usine ou à s'ennuyer derrière un bureau pour la seule satisfaction de gagner de l'argent ou de 'faire son devoir' (p. 291). La vie est si courte, et il y a tant d'autres choses à faire en ce monde… Jusqu'ici, le travail portait en lui sa propre finalité, justifiait sa propre existence. Il est perçu aujourd'hui comme un mal nécessaire, à la fois pour l'indépendance de la France et pour la survie de ses habitants. C'est cette ambiguïté qui explique le comportement actuel de beaucoup de Français face à leur vie professionnelle. Les contraintes économiques pèsent de tout leur poids pour expliquer le conservatisme dont ils font preuve en ces temps difficiles (p. 293). _____

La fin de la conscience professionnelle ?

Il y a loin, généralement, de l'emploi dont on rêve à celui qu'on exerce. C'est peut-être ce qui explique la faible motivation au travail de beaucoup de Français. La stratégie adoptée se résume souvent à un principe essentiel : 'Ne pas faire de vagues'. L'initiative individuelle, la prise de décision apparaissent alors comme des risques personnels, autant que comme une fatigue inutile.

L'ardeur au travail, la 'conscience professionnelle', qui faisaient la fierté des anciens, ne sont donc plus à la mode. La conséquence est un non-respect croissant des engagements pris sur le plan professionnel : délais, quantité et qualité du travail, promesses diverses.

Cette dégradation du moral et de la morale dans le travail n'est évidemment pas sans effets sur la productivité industrielle, donc sur l'économie dans son ensemble.

Cadres : la démobilisation

Les cadres ont perdu leur image. Il faut dire que ces dernières années ont été difficiles pour eux. Un à un, les ressorts qui les faisaient fonctionner se sont cassés, sous l'effet des nouvelles réalités socio-économico-politiques. Le statut social des cadres, d'abord, avait subi un premier choc dès 1968. Certains se sont aperçus avec stupeur qu'ils ne représentaient plus le modèle de réussite auquel chacun aspirait. Force est de constater que les jeunes ne rêvent guère aujourd'hui du

costume trois-pièces et de l'attaché-case (p. 102). _____

La fin des 'Aventuriers'

Un chiffre donne la mesure de la démotivation des cadres. La mentalité d'Aventure, identifiée par le C.C.A. dans les années 60, regroupait les 'J.C.D.' (Jeunes Cadres Dynamiques) et autres individus passionnés de performance et pétris d'ambition professionnelle. À leur apogée, en 1972, les Aventuriers représentaient 42 % de la population adulte. Les Activistes, qui sont leurs successeurs, n'en représentent plus aujourd'hui que 12 % ! C'est dire l'ampleur du doute qui a gagné les Français, cadres en tête, vis-à-vis de leur vie professionnelle.

Ce fut ensuite leur autorité dans l'entreprise qui fut mise en question. Coincés entre une direction générale préoccupée par la négociation avec les syndicats et des collaborateurs de moins en moins disposés à faire des efforts pour leur faire plaisir, les cadres éprouvèrent de plus en plus de peine à se situer. Dans le même temps, l'aggravation de la situation économique rendait leur rôle plus difficile. Les décisions quotidiennes devenaient tout à coup plus lourdes de conséquences. La détérioration des résultats des entreprises mettait en cause leur image d'efficacité, donc leur crédibilité. Le métier de cadre devenait plus risqué. _____

Après le 'stress', le 'blues' ?

Les cadres du privé sont les principales victimes de la crise

L'Usine nouvelle/Louis Harris (avril 1984)

C'est en tout cas l'opinion de 67 % des cadres français, quels que soient leur âge et leur niveau de rémunération, d'autant plus affirmée que l'entreprise dans laquelle ils travaillent est grande. Les ouvriers arrivent à leurs yeux en seconde position (45 %) avant les patrons (32 %), les commerçants (25 %) et les fonctionnaires (9 %).

De toutes les revendications des cadres c'est la garantie de l'emploi qui l'emporte (44 %), loin devant une plus grande participation aux décisions de l'entreprise (23 %), la garantie du régime de retraite (15 %), l'accroissement du salaire (10 %) ou du temps libre (7 %). Mais la peur du chômage n'empêche pas le réalisme. 87 % des cadres sont partisans des restructurations industrielles, même si elles aggravent le chômage. La plupart (81 %) considèrent que la France est mal armée pour faire face à la crise. Pour 87 %, les nationalisations ne sont pas un outil efficace. Les atouts principaux de la France résident, selon eux, dans sa capacité d'innovation et dans l'existence d'un secteur informatique.

Face à la situation actuelle, la moitié des cadres (49 %) avouent être démotivés. La plupart ne voient pas la sortie de la crise avant 1990.

Ils ont aussi perdu leur standing.

Les cadres ont vu la récompense matérielle de leurs efforts amputée de tous les côtés. La diminution de leur pouvoir d'achat a précédé celle des autres catégories (p. 319). Beaucoup ont vu, en outre, se réduire l'importance des avantages en nature auxquels ils étaient très attachés : montant des notes de frais, standing des voyages professionnels, cylindrée de la voiture de fonction… Il faut ajouter encore les multiples ponctions fiscales dont ils ont été les victimes privilégiées. Elles ont laminé plus encore un pouvoir d'achat qui tend à se rapprocher de celui des catégories inférieures (p. 304).

*Le malaise des cadres
n'est donc pas une invention.*

Au total, c'est une bonne partie des attributs traditionnels de la fonction qui a été réduite ou supprimée. De sorte qu'aujourd'hui les seules motivations qui peuvent faire marcher les cadres sont d'un autre ordre : ambition personnelle, volonté de contribuer au redémarrage de l'économie, désir de se dépasser, etc. Or, il se trouve que ces valeurs ne sont pas très à la mode dans une société où l'on s'intéresse plus à son petit confort personnel qu'à la grande compétition internationale (p. 319).

Les cadres français sont donc mal dans leur peau. Et, avec eux, la France, qui ne pourra sortir de la crise sans leur aide. Pourtant, la compétence et l'énergie n'ont pas disparu. On constate même un certain regain des valeurs dynamiques dans la population des cadres. Mais beaucoup ont choisi de concentrer cette énergie sur des activités plus personnelles. Le grand courant de Recentrage, qui a marqué les années 70 (p. 160), en est une illustration parfaite. Les cadres appartenant à cette catégorie éprouvent plus de satisfaction à bricoler et à jardiner qu'à se 'défoncer' pour le bien de leur entreprise.

Les cadres européens et leurs problèmes

L'Usine nouvelle (avril 1983)

Le sentiment de frustration des cadres n'est pas seulement français. Il touche pratiquement la totalité des pays de la Communauté européenne. À des degrés divers, selon les mentalités et les particularismes locaux. La démotivation est la plus forte en France et en Belgique alors qu'en Italie et en Grande-Bretagne les cadres reprennent confiance, après des années difficiles. À l'inquiétude française répond la 'déprime' belge. L'Italie fait preuve d'une surprenante vitalité, tandis qu'un nouvel élan se dessine en Grande-Bretagne. Malgré les difficultés, l'Allemagne continue d'afficher une tranquille assurance quant à sa capacité à traverser la crise.

La reprise économique, tant attendue par les Français, passe d'abord par une 'reprise psychologique' de l'ensemble des cadres de la nation.

Professions libérales : l'indépendance coûte cher

Des dentistes ouverts quatre jours par semaine, des notaires fermés le samedi… Certaines professions libérales ont résolu à leur manière le problème des 39 heures et celui

Magazine-Hebdo

MAGAZINE HEBDO

DOSSIER :
LA COLERE DES
PROFESSIONS
LIBERALES

Nantis hier, inquiets aujourd'hui.

de l'augmentation des impôts. La démobilisation des cadres touche aussi les membres des professions libérales qui, par leur formation, leurs responsabilités et leurs revenus, en sont proches. —————

Tous se plaignent de payer trop de charges.

À la pression fiscale sur les revenus s'est ajoutée l'augmentation des charges sociales. Ce qui a incité quelques-uns, parmi ceux qui disposent des revenus les plus élevés, à réduire leur activité et à profiter un peu plus de la vie. Ceux-là ne sont évidemment pas les plus à plaindre, même s'ils ont perdu quelques-uns de leurs privilèges d'antan. —

*Certains ont aujourd'hui
des revenus très modestes.*

D'autres membres des professions libérales ont des problèmes de nature différente. Des médecins, des avocats, des architectes se retrouvent aujourd'hui avec des revenus dérisoires, du fait de leur nombre trop élevé (médecins, voir p. 29) ou de la rareté actuelle de la clientèle (architectes). —————

Le découragement n'a donc pas épargné ceux qui, traditionnellement, étaient considérés comme des nantis. À tel point qu'on a pu voir, spectacle inhabituel, les professions libérales dans la rue (par deux fois, en 1982

et en 1984). Bien sûr, les situations individuelles sont très différentes selon la nature des activités, l'ancienneté dans la profession ou la région d'implantation. Un monde (et quelques dizaines de milliers de francs par mois) sépare le notaire de province installé depuis trois générations du jeune médecin qui arrive dans une petite ville qui en compte déjà plusieurs. —————

L'argent et la liberté : un compromis difficile

Le travail idéal, c'est celui que l'on fait sans avoir l'impression de travailler. —————

Ne plus pouvoir faire la distinction entre le temps passé à une activité lucrative et celui consacré aux loisirs, voilà bien le rêve de beaucoup et la réussite de quelques-uns. Ceux qui séparent le plus nettement leur vie professionnelle et leur vie familiale ou personnelle ne semblent pas toujours les plus équilibrés ni les plus épanouis. Il faut dire que le mélange des genres n'est pas facile. Le système professionnel, tel qu'il existe en France, tend à imposer à ceux qui travaillent de jouer un rôle qui ne leur convient pas toujours. Même si l'on note une évolution récente, la tenue vestimentaire, la façon de se comporter sont souvent différentes dans le cadre professionnel de ce qu'elles sont dans la vie courante. —————

*Gagner sa vie tout en s'épanouissant,
telle est l'aspiration générale des Français.*

Ceux qui sont en âge de travailler ne sont pas assez naïfs pour imaginer qu'on puisse se soustraire à 'l'ardente obligation' (pratique et non légale) du travail. Même si certains avaient pu y songer lorsqu'ils étaient plus jeunes ou lorsque l'économie était prospère, ils sont bien conscients aujourd'hui de leur utopie. Mais le désir de s'épanouir en travaillant leur paraît tout à fait légitime, bien que tous ne puissent y prétendre. On retrouve ces deux extrêmes (nécessité, épanouissement) dans la description que les Français donnent de leur travail (ci-après). Globalement, les jugements positifs l'emportent largement. —————

La dure réalité du travail

Travailler, c'est...

- gagner sa vie	69,7 %
- s'occuper	59,3
- prendre plaisir à son métier	57,7
- apprendre	57,6
- acquérir un savoir-faire	55,4
- se réaliser pleinement	51,3
- retrouver des copains	40,5
- être coupé des copains	20,2
- être un numéro, un robot	14,3
- s'épuiser physiquement	12,2
- enrichir un patron	11,5
- attendre, s'ennuyer	6,7
- s'épuiser mentalement	7,9
- produire pour la France	4,7

C.C.A.

Des métiers à inventer

'Si je pouvais tout recommencer, en sachant ce que je sais...' Le souhait, fabuleux, est généralement ponctué d'un soupir, pour bien marquer son caractère irréaliste et vain. Pourtant, lorsqu'on les questionne sur les métiers dont ils rêvent, on est surpris de l'hésitation des Français. Les professions qui avaient hier leurs faveurs ne semblent plus exercer sur eux la même attraction. On envie moins aujourd'hui les gens du spectacle, les professions libérales, les pilotes de ligne ou les hôtesses de l'air. Les acteurs de cinéma sont riches et célèbres, mais ils n'ont pas, souvent, la vie tranquille et harmonieuse que beaucoup de Français souhaitent aujourd'hui. Les membres des professions libérales ne sont plus les privilégiés qu'ils étaient (p. 279). Quant à ceux dont le métier était synonyme de vie intense (pilotes, hôtesses...), ils font beaucoup moins rêver, car l'aventure n'est plus la motivation première des Français.

Dans le choix, réel ou imaginaire, d'un métier, il entre aujourd'hui d'autres dimensions que sa nature intrinsèque : les conditions dans lesquelles il s'exerce ; la liberté qu'il laisse ; les gens qu'il permet de rencontrer, etc. C'est en examinant les attitudes des jeunes qu'on mesure le mieux cette évolution (p. 104). Peu des métiers traditionnels dé-

clenchent chez eux un véritable enthousiasme. Il faudra donc inventer demain de nouveaux métiers, en même temps que de nouvelles façons de les pratiquer.

Les jeunes ne placent pas le métier au premier plan de leurs préoccupations.

Contrairement à leurs parents, les adolescents s'efforcent de ne pas trop penser à cet aspect, qu'ils savent essentiel, de leur avenir (p. 105). Il faut dire que les perspectives qui s'offrent à eux n'incitent guère à l'optimisme. Il en faut, en effet, une solide dose pour rêver, à 16 ans, d'une 'carrière', quand on ne sort pas des grandes écoles (p. 121) et que la moitié des copains un peu plus âgés ont connu l'amère expérience du chômage. Pourtant, les jeunes ne sont pas désespérés. Loin de tuer leur ambition, la crise a donné

La génération du chômage

● Pensez-vous qu'il vous sera plus facile ou plus difficile de réussir professionnellement que pour la génération de vos parents ?

- plus facile	24 %
- plus difficile	65 %

● Souhaitez-vous exercer la même profession que vos parents ?

	Garçons	Filles	Souhait des parents pour leurs enfants
- oui	22 %	6 %	19 %
- non	68 %	77 %	70 %

● À quoi attachez-vous le plus d'importance dans le choix de votre métier ?

	Garçons	Filles	Souhait des parents pour leurs enfants
- Le plaisir qu'on a à l'accomplir	51 %	54 %	58 %
- l'ambiance de travail	41	48	31
- la rémunération	41	44	56
- le temps libre qu'il laisse	23	19	14
- l'enrichissement intellectuel	19	14	22
- le pouvoir qu'il donne	3	12	5
- la valeur humanitaire et désintéressée qu'il représente	5	4	9

Totaux supérieurs à 100 en raison des réponses multiples.

Femme pratique/Ipsos (mai 1983)

à celle-ci une autre forme. On ne cherche plus aujourd'hui à 'réussir' vis-à-vis des autres, en accumulant les responsabilités et les titres. On veut réussir pour soi-même, c'est-à-dire se sentir bien dans un métier où il sera possible de créer. La grande entreprise, lieu de prédilection des jeunes loups des années 60, n'est plus aujourd'hui le terrain d'expression des ambitions professionnelles. Les 'petits métiers' (entendez 'petites structures'), qui permettent souvent une plus grande autonomie, ont la faveur des jeunes. Les métiers manuels ont un côté artistique qui n'est pas non plus sans intérêt à leurs yeux. Dans la mesure, bien sûr, où ils laissent suffisamment de temps libre pour qu'on puisse s'intéresser à d'autres choses. Dans le travail comme dans beaucoup d'autres domaines, l'heure n'est plus aux grandes organisations centralisées et lointaines. 'Small is beautiful' ('Ce qui est petit est beau') est l'une des idées-forces des années 80. ____

La fin des stéréotypes.

Les jeunes ont manifestement une vision nouvelle et personnelle des métiers existants. Aucune profession n'entraîne l'adhésion de plus d'un sur dix des 15-20 ans. Les métiers symboles d'une certaine réussite au sein de l'entreprise ne font apparemment plus recette. Les vocations de commerçant, d'ouvrier ou d'agriculteur sont plutôt plus nombreuses que celles de patron ou de directeur commercial. Mais ce sont les métiers de professeur, de médecin, d'ingénieur et surtout de journaliste qui sont considérés avec le plus d'intérêt. Ils ont en commun d'être en prise directe avec la société moderne. Les jeunes d'aujourd'hui ne veulent pas être à la traîne des techniques et des évolutions sociales. Il est donc logique qu'ils soient attirés par les métiers les plus 'branchés'. ____

Les adultes rêvent surtout d'indépendance.

Au hit-parade des métiers, les professions libérales sont toujours bien placées. Synonymes d'indépendance, de haut revenu et de statut social, trois avantages déterminants (bien que de moins en moins nets, voir p. 279) pour beaucoup de Français. ____

Le choix des femmes est très significatif. Leurs métiers préférés sont en effet ceux qui permettent d'aider les autres. À guérir (médecin), à se défendre (avocate), à apprendre (professeur), à vivre (assistante sociale). Une preuve, si besoin était, que les femmes ont l'altruisme chevillé au cœur… ____

Aprime Conseil

Une nouvelle image du travail.
Mai 68 pas mort.

LE GRAND RENDEZ-VOUS TECHNOLOGIQUE

La troisième révolution industrielle est commencée depuis près de quarante ans. Mais c'est aujourd'hui qu'elle apparaît en pleine lumière, bouleversant non seulement l'emploi mais les modes de vie. Côté positif, cela devrait satisfaire les aspirations, longtemps refoulées, à un travail plus riche et plus libre. Côté négatif, il faudra quelques années pour que s'effectue l'adaptation à une nouvelle vie professionnelle. Des années difficiles entre deux civilisations.

Troisième révolution industrielle, phase trois

La première révolution industrielle fut celle de la *machine à vapeur*, à la fin du XVIIIe siècle. Elle permit à l'homme de disposer pour la première fois d'énergie en quantités importantes. On lui doit le développement considérable de l'industrie au cours du siècle suivant. _____

La *généralisation de l'électricité*, à la fin du XIXe siècle, allait permettre de transporter l'énergie, donc de démultiplier son utilisation, aussi bien pour les industries que pour les particuliers. C'est elle qui fut à l'origine de la seconde révolution industrielle. _____

La troisième révolution est celle de *l'électronique*. Contrairement à ce qui se dit généralement, elle est déjà commencée depuis plus de 30 ans. Elle a connu deux premières phases décisives pour notre avenir. _____

Celle du transistor, inventé après la Seconde Guerre mondiale (1948), marquait le véritable début des produits audiovisuels de masse (radio, télévision, électrophone…) et des calculateurs électroniques. _____

Celle du circuit intégré (petite pastille de silicone contenant un véritable circuit électronique, avec plusieurs composants) date des années 60. Elle fit littéralement exploser l'industrie électronique. Grâce à la miniaturisation, l'ordinateur est devenu de plus en plus puissant et de moins en moins cher. Il permet le développement de l'informatique et accélère celui des télécommunications. _____

C'est la conjonction de ces deux techniques qui nous fait entrer aujourd'hui dans la troisième phase de cette troisième révolution : la télématique.

Celle-ci sera encore plus lourde de conséquences que les deux précédentes pour la vie des Français. Car elle ne met plus seulement en cause les processus industriels et le type de produits disponibles pour le grand public. Elle porte en elle les germes d'une véritable civilisation nouvelle, conduisant à

L'âge de la télématique pour l'"homo-communicus".

de nouveaux modes de vie. Parmi eux, c'est sans doute le travail qui connaîtra les plus grands bouleversements. Mais le chemin sera difficile, car la société devra faire face, en même temps, à la mutation technologique et à la crise économique et sociale. Deux phénomènes qui ne sont d'ailleurs pas indépendants. _____

L'utilisation de la micro-électronique déborde largement l'électronique.

Les révolutions se suivent et ne se ressemblent pas

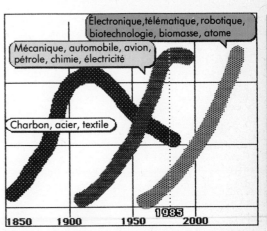

Électronique, télématique, robotique, biotechnologie, biomasse, atome

Mécanique, automobile, avion, pétrole, chimie, électricité

Charbon, acier, textile

1850   1900   1950   1985   2000

L'avènement de la micro-électronique est sans doute plus important pour les sociétés industrielles (et peut-être les sociétés moins avancées) que toutes les percées technologiques précédentes. On lui doit, bien sûr, le formidable développement de l'ordinateur et des produits liés à la communication (télé couleur, magnétoscope, micro-ordinateur, vidéodisque, etc.). Son utilisation a permis non seulement d'inventer ces nouveaux produits, mais de les fabriquer à des prix devenant de moins en moins élevés. Ainsi, le prix d'une petite voiture (industrie mécanique) et celui d'un téléviseur couleur (industrie électronique) étaient identiques en France il y a 15 ans. Aujourd'hui, avec le prix d'une petite voiture, on peut acheter six téléviseurs. La pénétration de l'électronique et de l'informatique s'effectue à quatre niveaux complémentaires :

● *Introduction progressive dans le non-électronique (industrie mécanique, services…).*
● *Conception des produits assistée par ordinateur (C.A.O.).*
● *Optimisation des méthodes de fabrication grâce à l'informatique.*
● *Utilisation de la robotique pour la fabrication proprement dite.*

L'emploi en révolution

Les deux premières phases de la révolution électronique (transistor, circuit intégré) s'étaient déroulées sans que les Français en prennent véritablement conscience. Le progrès technique paraît naturel lorsqu'il ne s'accompagne pas d'inconvénients. Avec le transistor arrivaient les premiers produits de l'audiovisuel de masse. La télévision entrait dans les foyers, apportant une relation nouvelle avec le monde, en même temps qu'un formidable instrument de loisir et de culture (n'en déplaise aux intellectuels qui donnent à ce mot une signification élitiste). Avec le circuit intégré se développpait l'ordinateur, dont les applications furent d'abord limitées à l'industrie. Dans les deux cas, on créa de toutes pièces de nouveaux secteurs de l'économie, et des centaines de milliers d'emplois pour les faire vivre. ——————

La troisième phase de la révolution électronique ne se déroulera pas dans la même allégresse. Parce que les structures sociales ne pourront s'y adapter instantanément. Parce qu'elle va, dans un premier temps, réduire considérablement le nombre des emplois. Parce que la situation de crise, enfin, ne facilitera pas le passage, inéluctable, à une nouvelle civilisation. ——————

Entre la technologie et les Mentalités ; la course est inégale.

On s'était pourtant habitué à une évolution

Les nouveaux venus de l'électronique

	déjà diffusé	en cours	avenir proche
- Citizen band	x		
- Télévision haute définition (son, image, grand écran…)		x	
- Télévision numérique			x
- Télédistribution, accès à un très grand nombre de programmes		x	
- Télévision avec retour			x
- Magnétoscope	x		
- Lecteur de vidéodisques		x	
- Caméra vidéo amateur	x		
- Jeux vidéo	x		
- Radiotéléphone	x		
- Téléphone à clavier (serv. associé)		x	
- Répondeur/enregistreur	x		
- Télé-alarme (+ surveillance, mesure, commande…)			x
- Télérencontre		x	
- Audio et visio-conférence		x	
- Calculette (+ traductrice, etc.)	x		
- Montre électronique à quartz	x		
- Jeux électroniques programmés	x		
- Micro-ordinateur domestique		x	
- Téléphone numérique			x
- Synthétiseur de musique	x		
- Télécopie		x	
- Télétex, courrier électronique			x
- Téléconsultation de données		x	
- Vidéotex : diffusé		x	
: inter-actif			x
- Terminal achat à distance			x
- Transfert électronique de fonds		x	

La Société digitale : les nouvelles technologies au futur quotidien (Le Seuil, Mercier, Plassard, Scardigli)

de plus en plus rapide des produits, qu'ils soient destinés à l'industrie ou au grand public. L'accélération du rythme de leur développement s'est accompagnée de celle de leur pénétration sur le marché (encadré). ▬

Mais l'évolution qui s'est produite dans l'électronique et surtout dans l'informatique est hors de proportion avec ce qui s'est passé auparavant. Et les industriels ont beaucoup de mal à suivre cette évolution. Quant aux individus, ils sont en état de choc. Les structures, qu'elles soient industrielles, sociales ou mentales, ne sont pas prêtes à intégrer ces bouleversements à répétition. Il s'ensuivra un décalage croissant entre ceux qui auront les moyens et la volonté de 'rester dans le coup' et ceux qui se laisseront emporter par le courant, par ignorance ou par paresse (p. 191). ▬

Des naissances de plus en plus rapprochées

Le délai de commercialisation des grandes inventions s'est considérablement raccourci. Il s'est écoulé *102 ans* entre la découverte du phénomène physique applicable à la photographie (1727) et la photographie elle-même (1829). Celle-ci n'est d'ailleurs devenue accessible au public que 60 ans plus tard, avec l'appareil Kodak de Georges Eastman (1888). Depuis, les innovations se succèdent de plus en plus rapidement :

- téléphone : 56 ans de mise au point (1820-1876)
- radio : 35 ans (1867-1902)
- radar : 14 ans (1926-1940)
- bombe atomique : 6 ans (1939-1945)
- transistor : 5 ans (1948-1953).

Aujourd'hui, les nouvelles générations de microprocesseurs se succèdent tous les 6 mois. Les firmes opérant dans les domaines de pointe (électronique, informatique) considèrent qu'environ la moitié du chiffre d'affaires qu'elles réaliseront dans 3 ans proviendra de produits qui n'existent pas encore.

Bertrand Gille, Histoire des techniques

La crise économique est surtout une crise d'adaptation.
● *Depuis 1973, les États-Unis ont créé 13 millions d'emplois supplémentaires.*
● *Dans le même temps, l'Europe en a perdu 3 millions.*

Les Français et les Anglais sont les plus favorables à la modernisation

De laquelle des deux affirmations suivantes vous sentez-vous le plus proche ?

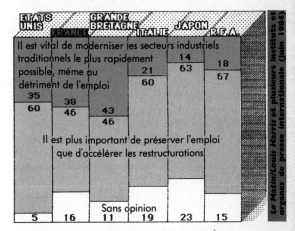

Le Matin/Louis Harris et plusieurs instituts et organes de presse internationale (juin 1984)

Si les premières étapes de la révolution industrielle ont été bien supportées par la société, c'est sans doute parce qu'elles étaient moins brutales et que leurs effets étaient limités à des secteurs spécifiques de l'industrie. Mais c'est aussi parce qu'elles ont eu lieu dans une période de grande croissance. Une croissance qu'elles ont d'ailleurs entretenue en créant de nouveaux marchés, ceux de l'audiovisuel, puis de l'informatique industrielle. ▬

La situation est très différente aujourd'hui, car l'économie est à un niveau de croissance proche de zéro et les mutations du secteur industriel se produisent de façon discontinue, donc plus difficilement assimilable par l'économie. ▬

Le seul moyen de rendre l'adaptation technologique supportable par les entreprises et les individus aurait été de la réaliser de façon progressive. C'est ce qu'ont fait, par exemple, les Japonais, avec le succès que l'on sait. La plupart des pays européens ont préféré faire le gros dos et voir venir. Mais le fait de privilégier le court terme n'a jamais empêché le long terme d'arriver. ▬

Emplois supprimés/emplois créés : les trois décalages

Les optimistes nous assurent que de nouveaux métiers seront créés en même temps que certains disparaîtront. Certains prétendent même que l'électronique, bien maîtrisée, n'est pas une menace pour nos sociétés industrialisées, mais une chance unique pour l'avenir de l'humanité tout entière. C'est la thèse défendue, avec brio, par Jean-Jacques Servan-Schreiber dans *le Défi mondial*. L'approche est séduisante et elle n'est sans doute pas fausse. Elle fait pourtant abstraction de cette transition d'entre deux époques dans laquelle nous sommes engagés. _____

Les entreprises embauchent de plus en plus… de machines.

Un milliard d'emplois à créer d'ici à l'an 2000

On prévoit que 25 millions de postes de travail seront supprimés dans les principaux pays développés d'ici à 1990, alors que quelques millions seulement seront créés. Pourtant, si l'on veut résorber le chômage mondial et faire face à la croissance démographique des 15 prochaines années, il faudra créer environ un milliard d'emplois d'ici à la fin du siècle. La tâche s'annonce particulièrement difficile à une époque marquée par la course à la productivité des pays riches et l'incapacité financière à investir des pays pauvres. Le tiers monde compte aujourd'hui 500 millions de personnes sans travail, au chômage ou sous-employées (33 millions dans les pays de l'O.C.D.E.).

B.I.T.

Entre les compressions d'emplois dues à la mutation industrielle, et les créations que celle-ci entraînera, on peut prévoir trois décalages essentiels :

• **décalage temporel** : de nouveaux emplois ne seront pas créés en même temps qu'on en supprimera, ce qui implique un délai pendant lequel le chômage augmentera ;

• **décalage spatial** : ils ne seront pas créés au même endroit, ce qui implique une plus grande mobilité des travailleurs ;

• **décalage qualitatif** : ils n'utiliseront pas les mêmes compétences que ceux qui vont disparaître, ce qui implique un effort considérable de formation. _____

L'électronique va d'abord supprimer des emplois.

On pourrait donner mille exemples de l'impact de l'informatique ou de l'électronique sur l'emploi. Son champ d'application s'est limité jusqu'ici aux tâches de production manuelles et répétitives. Mais l'ordinateur n'entrera pas seulement dans les usines. Ses capacités trouveront une utilisation de plus en plus courante dans les bureaux où des millions de personnes effectuent chaque jour des tâches identiques, qu'il est facile d'automatiser. Dans la grande mutation de l'emploi qui se prépare, les plus épargnés seront ceux dont le métier consiste à réfléchir ou à créer, bien qu'on s'aperçoive aujourd'hui qu'ils peuvent se servir très utilement de l'ordinateur (dessinateurs et cinéastes commencent à créer des images vidéo étonnantes ; certains écrivains réalisent leur manuscrit sur des machines de traitement de texte…). S'il menace certains métiers, l'ordinateur peut aussi très souvent se mettre à leur service.

États-Unis : la lutte de l'homme et du robot

Il y a aujourd'hui environ 10 000 robots en activité aux États-Unis. Ils seront 100 000 à la fin du siècle. Sur une base moyenne de 2,7 emplois supprimés pour chacun d'eux, ce sont donc près de 300 000 emplois qui sont menacés à terme. Alors qu'ils en auront créé à peine 10 000. Ces chiffres ne semblent pourtant pas effrayer outre mesure les Américains. Les employés se sentent finalement assez peu concernés personnellement. Les syndicats, eux, sont en général favorables à l'introduction des robots. La modernisation de l'industrie leur paraît nécessaire pour préserver la compétitivité des entreprises sur le plan international. Il faut dire que près de 40 % du parc américain de machines-outils a plus de 20 ans. Une situation inquiétante, face à celle du Japon (18 %), de la Grande-Bretagne (24 %), de la R.F.A. (26 %) ou même de l'Italie (28 %) et de la France (30 %). Le problème est encore compliqué par l'accroissement de la demande de travail. Dans 45 % des cas, aujourd'hui, les 2 membres du couple travaillent. La proportion pourrait être de 75 % en l'an 2000. Face à cette situation, le gouvernement américain tente de réagir. Les actions de formation se multiplient, afin de réaliser les transferts nécessaires entre l'industrie, dont les effectifs vont se réduire, et les activités de services, créatrices d'emplois. La revanche de l'intelligence sur le muscle, si elle est porteuse de beaucoup d'espoirs, ne s'effectuera pas sans peine. Ni sans délai.

Les emplois de production sont les plus directement touchés.

Dans l'industrie téléphonique, le passage brutal de la commutation électromécanique des centraux à la commutation électronique a fait passer les effectifs de 42 000 à 29 000 personnes pour une production analogue. L'évolution s'est produite en cinq ans, entre 1977 et 1982. Chez Renault, l'utilisation des robots pour la fabrication de la R9 permet une économie de prix de revient d'environ 20 % par rapport à des modèles équivalents fabriqués sur les chaînes traditionnelles. L'essentiel de ces économies provient d'une réduction des coûts de main-d'œuvre, donc de l'emploi. Dès 1980, Renault annonçait que l'automatisation et la robotisation pourraient supprimer en 10 ans 17 % des emplois d'O.S. (ouvriers spécialisés) et de P1 (ouvriers qualifiés). La cataphorèse (fixation de la peinture des carrosseries par électrolyse) avait déjà fait disparaître le travail des ponceurs. Bientôt, les pistoleurs et les soudeurs pourront être remplacés par des robots. Ce sont ainsi non seulement des emplois mais des métiers qui vont mourir demain.

Certains travaux de bureau sont aussi concernés.

Dans les compagnies d'assurances, les agents classeurs et les archiveurs perdent peu à peu leur raison d'être avec le développement des techniques d'archivage par microfilm et par informatique. Même certains métiers de l'informatique qui avaient fourni beaucoup d'emplois subissent la loi d'une révolution qu'ils ont aidé à faire. Les 100 000 mécanographes des années 60 ont aujourd'hui disparu et les perforatrices non reconverties sont venues grossir les rangs des chômeurs. Dans les bureaux d'études et de méthodes, l'arrivée de la C.A.O. menace l'avenir des dessinateurs, traceurs et préparateurs. Le développement de la bureautique (stockage de l'information, traitement de texte, gestion de l'informatique et des dossiers, agenda automatique, téléconférences, banques de données, courrier électronique, etc.) ne sera pas sans impact sur les postes de dactylos, secrétaires et autres employés. Sans oublier certains cadres. Les banques et les compagnies d'assurance sont déjà largement équipées pour gérer les comptes ou les dossiers de leurs clients sur ordinateur. Le système du vidéocompte (inauguré par le C.C.F.) ou celui, demain, de la monnaie électronique réduiront l'intervention humaine, aussi bien dans la saisie des documents que dans le contact avec la clientèle. Que deviendront alors ceux qui en ont la charge aujourd'hui, aux guichets ou dans les bureaux ?

Les immigrés, les travailleurs les plus âgés et les femmes sont les plus menacés.

Les immigrés occupent pour la plupart les postes les moins qualifiés (p. 248) et sont peu concernés par la formation. Parce qu'ils n'en ont pas le goût ou parce qu'on ne les incite guère à développer leurs compétences. Les travailleurs les plus âgés sont souvent moins malléables à la nouveauté, qui dérange leurs habitudes de travail. Ils sont également moins disposés à se remettre en question et à retourner à l'école. Quant aux femmes, elles sont, pour le moment, passées à côté des métiers de l'informatique et elles remplissent des fonctions que l'ordinateur pourrait bien assurer en partie. C'est le cas, par exemple, du métier de secrétaire. Il comporte principalement trois types d'activité : classement,

Les futurs emplois ne dépendent pas seulement des métiers du futur

Certains experts américains considèrent que les emplois de l'avenir ne sont guère liés à l'expansion des nouvelles technologies. Selon eux, les deux tiers des emplois disponibles jusqu'en 1990 aux États-Unis seront de simples emplois de remplacement. Parmi les vingt professions qui devraient créer le plus d'emplois, aucune n'est liée aux industries de pointe. Gardiens d'immeubles, assistantes maternelles, vendeurs et serveurs de restaurant représentent à eux seuls 13 % des nouveaux emplois. Alors que l'ordinateur va engendrer 150 000 nouveaux postes de programmeurs, le 'fast food' (restauration rapide) devrait en créer environ 800 000.

Leur conclusion est qu'il est donc inutile, ou même risqué, d'apprendre aux jeunes étudiants les techniques les plus sophistiquées. Mieux vaut, selon eux, leur donner une bonne culture générale, tout en leur apprenant à s'adapter aux situations changeantes.

dactylographie, téléphone. Les patrons peuvent dès aujourd'hui se passer des secrétaires pour le classement (courrier interne électronique, archivage centralisé et informatisé accessible immédiatement sur un terminal). La machine de traitement de texte, qui, demain, sera couplée à une machine à écrire à reconnaissance vocale, et le courrier électronique réduiront la dactylographie à sa plus simple expression. Quant au téléphone, les progrès réalisés dans le domaine des standards et des postes terminaux permettent à chaque cadre de gérer lui-même ses appels, sans l'aide de quiconque. Alors, que deviendront les secrétaires, lorsqu'elles ne seront plus que les faire-valoir de leurs patrons ?

Les cadres ne seront pas épargnés.

Ce qui est vrai pour les moins qualifiés l'est aussi, quoique de façon moins générale, pour les autres. Certains cadres auront de la difficulté à participer à la révolution technologique en marche. 60 % des cadres français n'ont aucun diplôme. Ils devront demain s'adapter à des outils de travail nouveaux pour eux. Certains, souvent parmi les plus âgés, éprouvent des difficultés à dialoguer avec un terminal d'ordinateur. Ils devront bientôt accepter des méthodes de travail différentes de celles qu'ils ont toujours prati-

quées : travail en équipe, décentralisation des responsabilités, rationalisation des prises de décision, etc. Une remise en question traumatisante pour certains d'entre eux. _____

La 'nouvelle donne' a commencé

Pour réussir cette formidable mutation technologique, que la crise rend à la fois nécessaire et douloureuse, la plupart des solutions proposées passent par un nouveau partage du travail. Les Français ne les envisagent pas avec un enthousiasme excessif (p. 277) et les tentatives qui ont été faites jusqu'ici (39 heures) ne paraissent pas couronnées de succès. Mais il faut, pour être objectif, faire la part entre les emplois qu'elles ont créés et ceux qu'elles ont permis de ne pas perdre. _____

En réduisant le temps de travail,
on ne crée pas toujours des emplois,
mais on en maintient.

Les expériences récentes ont montré qu'une réduction d'une ou deux heures par semaine du temps de travail se traduisait rarement

Partage du travail : ne pas faire de miettes

Le passage général à la semaine de 39 heures en 1982 a créé, selon l'I.N.S.E.E., entre 15 000 et 30 000 emplois. On arrive à 60 000 environ si on y ajoute l'impact de la cinquième semaine de congés payés. C'est-à-dire beaucoup moins que prévu. Les deux tiers des entreprises industrielles et les trois quarts des entreprises commerciales ont compensé par une meilleure productivité et n'ont donc pas embauché. Il faut dire que le maintien du salaire de 40 heures les aurait assez lourdement pénalisées en cas d'embauche.

D'autres expériences plus concluantes ont pu être menées ponctuellement. Chez C.I.T.-Alcatel, par exemple, on a pu sauver 400 emplois en réduisant de 39 heures à 35 heures la durée du travail dans certaines usines. Ce type d'exemple s'est multiplié depuis deux ans dans toute la France. L'objectif est le plus souvent de maintenir tout ou partie des effectifs, l'alternative étant généralement le licenciement économique. C'est ce qui explique que les employés puissent accepter, sans trop de difficulté, une solution qui est alors un moindre mal.

par des embauches (encadré). On constate de la même façon que le développement du travail à temps partiel (p. 267) n'a pas été créateur d'emplois. Il ne faudrait pourtant pas en déduire que le partage du travail est inutile. Malgré l'accroissement du chômage, beaucoup d'entreprises sont encore en situation de sureffectif, et disposent donc d'une véritable 'réserve de productivité'. C'est sur cette réserve qu'elles puisent lorsque les horaires diminuent. Le résultat ne se traduit donc pas par des embauches, mais par un maintien des emplois existants, ce qui est évidemment moins spectaculaire. Il faut, pour en mesurer l'importance, imaginer les centaines de milliers de travailleurs licenciés qui viendraient, en l'absence de toute solution de partage, aggraver les statistiques du chômage. ————————

Les solutions envisagées jusqu'ici ne sont pas très créatives.

Les tentatives effectuées au cours de ces dernières années ne portent pas, sauf exception, la marque d'une imagination débordante. Cela s'explique en partie par l'attitude des Français, qui ont peur de l'innovation dans un domaine aussi crucial que le travail (p. 291). Cela tient aussi à la rigidité des structures professionnelles, qui ne se prêtent guère aux solutions novatrices. Pourtant, cette mutation de l'emploi pourrait être l'occasion inespérée de concilier, pour la première fois, les impératifs économiques et les aspirations profondes des Français vers une vie plus équilibrée, dont le travail ne serait qu'une composante (p. 277). Des expériences, encore limitées, existent dans ce sens (encadré). Elles montrent que l'on peut, avec de l'imagination, transformer une menace en opportunité. ————————

Les travailleurs du 3e type

L'informatique, qui est la cause de beaucoup de suppressions d'emplois, est aussi à l'origine d'une nouvelle façon de travailler. Le 'télétravail' consiste à rester chez soi et à communiquer le résultat de son travail à l'entreprise dont on est salarié par l'intermédiaire d'un terminal d'ordinateur. Des secrétaires, ingénieurs, journalistes, etc., commencent à expérimenter ce nouveau type de travail. Les premières expériences américaines semblent donner de bons résultats, puisqu'on enregistre des gains de productivité de l'ordre de 40 %.

En France, le travail à domicile existe depuis longtemps. Il connaît une seconde jeunesse dans certaines sociétés de services. Dans des compagnies d'assurances, par exemple, des salariés gèrent chez eux des dossiers de sinistres qu'ils vont chercher au siège une fois par semaine. Avec l'utilisation, demain, d'un terminal d'ordinateur, leur travail à domicile se transformera en 'télétravail'.

Gadget ou solution d'avenir ? Il paraît probable que le système se développera dans les prochaines années. Il présente l'avantage d'une meilleure productivité pour l'entreprise et d'une plus grande liberté pour les employés. Reste à savoir, maintenant, si l'absence de relations 'de visu' avec les collègues ou les patrons sera ressentie comme un handicap ou comme un privilège...

Vers une société 'centrifuge' ?

Les Français ont connu bien des moments difficiles au cours de leur histoire. Celle-ci est même jalonnée de périodes de traumatisme alternant avec des périodes d'adaptation. La situation est cependant nouvelle dans la mesure où l'adaptation, qui s'étalait autrefois sur un siècle, doit se faire aujourd'hui en quelques années. On peut craindre aussi que l'accumulation des richesses et le goût pour le confort ne rendent plus difficiles les efforts nécessaires. ————————

À court terme, la difficulté vient du décalage entre la situation présente et celle qui paraît indispensable pour retrouver les grands équilibres économiques. Il faudra quelques années pour que les Français 'digèrent' leur entrée dans un nouveau monde, qu'ils n'ont même pas eu la possibilité de choisir. La fameuse crise qui se développe depuis maintenant dix ans n'était en fait qu'un prologue, une mise en jambes, avant d'affronter les vrais problèmes. Elle aura permis quand même une évolution des mentalités individuelles, prélude indispensable à une restructuration plus générale. ————————

Le 'quart monde industriel' va-t-il se développer ?

Tous les Français ne traverseront pas sans

encombre cette période de mutation. Le risque est grand de voir certaines catégories sociales exclues du changement radical qui est amorcé. Les travailleurs peu qualifiés et ceux qui auront des difficultés à s'adapter (ce sont parfois les mêmes) sont les premiers visés. Mais les autres devront aussi faire l'effort d'accepter les nouvelles réalités de la vie professionnelle, sous peine de se faire exclure à leur tour. ————————————

La technologie conditionne à la fois les modes de travail et les modes de vie.

Quelle que soit l'époque, la vie des hommes a toujours été très fortement influencée par l'état de la technique du moment. En France, les grands mouvements de l'histoire ont souvent coïncidé avec ceux de la technologie.

La correspondance paraît encore plus flagrante depuis le début de l'ère industrielle. Watt mettait au point sa machine à vapeur en 1782, sept ans avant une autre révolution, plus célèbre encore. Plus près de nous, la Seconde Guerre mondiale est à l'origine de progrès considérables dans l'aéronautique, la chimie ou le nucléaire. ————————

Les années 80 resteront sans doute marquées par les premiers vols de la navette spatiale américaine, l'apparition des premiers 'systèmes experts' et surtout l'extension de l'informatique à l'ensemble des secteurs de l'économie. L'emploi tout autant que la façon de travailler en seront profondément modifiés. Plus, sans doute, qu'au cours des époques précédentes, car les techniques ont changé plus vite et elles offrent davantage de possibilités que par le passé. On peut donc parier, sans grand risque, sur une nouvelle diminution du temps de travail, une plus grande flexibilité de l'organisation de la vie professionnelle, ainsi que sur une modification des rapports entre le travail et le revenu, entre le travail et le statut social. ——

Mais l'impact de la révolution technologique de cette fin de siècle ne se limitera pas au travail. Il touchera progressivement tous les aspects de la vie quotidienne des Français. Qu'ils le veuillent ou non, l'ordinateur sera bientôt leur compagnon de tous les jours. Au bureau, à la maison ou dans la rue. Plus encore, peut-être, que la télévision hier, l'ordinateur sera demain l'un des piliers d'une nouvelle civilisation. ————————

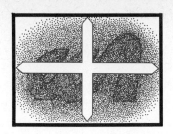

Les Styles de Vie et le travail

ÇA VA MAL,
MAIS NE CHANGEONS RIEN

La tendance générale est à la désacralisation du travail, qu'on ne veut plus considérer seulement comme un devoir ou comme une punition. Mais, face à l'insatisfaction croissante, 70 % des Français ont des réflexes conservateurs : ça ne va pas, mais on ne souhaite pas pour autant des changements importants, susceptibles de bouleverser les habitudes.

Le travail, ce n'est pas tout dans la vie

Travail-destin, travail-devoir, travail-punition. Les vieux démons de la civilisation judéo-chrétienne ne sont pas morts, mais ils sont fatigués. Et les Français avec eux, qui n'ont pas envie d'assumer pendant des siècles encore les conséquences du péché originel. Ni de considérer le travail quotidien comme une fatalité aux connotations religieuses, philosophiques ou même patriotiques.

Un certain consensus se dessine donc vers une **désacralisation** du travail tel qu'il était conçu depuis l'origine des temps. Seule une minorité, composée principalement des Rigoristes, reste attachée au travail-devoir et à ses applications traditionnelles. Pour les autres Mentalités, le travail est avant tout un moyen de gagner sa vie. Mais chacune d'elles diffère quant à la façon dont elle conçoit la vie professionnelle : obligation parfois agréable pour les Égocentrés ; aliénation méprisable pour les Décalés ; possibilité de réaliser ses ambitions pour les Activistes ; gagne-pain nécessaire pour les Matérialistes.

Les Mentalités au travail

L'ensemble des Rigoristes, auxquels se joignent les Utilitaristes (Matérialistes), sont de farouches partisans du travail-destin et du travail-devoir. Il s'agit de travailler toute sa vie, à plein temps, dans le même métier et, si possible, dans la même entreprise, en défendant les traditions de l'un et de l'autre. Ces ultraconservateurs Moralisateurs, petits patrons Utilitaristes, ouvriers ou cadres Responsables s'identifient presque physiquement à l'entreprise, dont ils se sentent un peu propriétaires. Ils en parlent d'ailleurs avec une fierté certaine et se sentent très concernés par tout ce qui la touche. Cette vision du travail était en régression depuis 30 ans. Elle tend aujourd'hui à revenir à la mode avec le courant Rigoriste de la révolution conservatrice, qui rêve d'un retour au paternalisme et à l'entreprise-famille.

*Pour les Matérialistes,
le travail reste avant tout un gagne-pain.*

Mais, puisqu'ils sont obligés de travailler, ils cherchent à le faire dans le confort et l'équilibre. L'opportunité de rencontrer d'autres gens les attire également et ils aiment travailler en équipe. Les conditions dans lesquelles ils peuvent exercer leur travail comptent souvent plus que le résultat proprement dit. Leur conception de l'entreprise est celle d'un grand bateau dans lequel tous les salariés se trouvent et qu'ils doivent faire avancer, bon gré mal gré, dans la même direction. La seule réforme qu'ils sont prêts à accepter est la réduction du temps de travail. À la condition qu'elle soit limitée et qu'elle fasse l'objet de dispositions légales, obligatoires, et touche tout le monde de la même façon. Mais, fondamentalement, ils se méfient du travail à temps partiel, de l'intérim, du travail temporaire. Leur idéal reste la retraite précoce après une vie professionnelle riche en heures supplémentaires (qui permettent d'arrondir le salaire à la fin du mois). ⎯⎯⎯⎯⎯⎯⎯⎯⎯⎯⎯

Pour les Égocentrés,
le travail peut être la pire
et la meilleure des choses.

Une aliénation qui use l'individu ou un moyen d'acquérir l'argent pour consommer, un lieu pour retrouver les copains. L'ambiance au travail et les relations humaines avec la hiérarchie sont des aspects essentiels pour ces travailleurs. Ils deviennent facilement corporatistes lorsque leurs intérêts professionnels ou leurs privilèges leur paraissent menacés. ⎯⎯⎯⎯⎯⎯⎯

Les Activistes vivent une passion personnelle
avec leur travail.

Celui-ci est en effet le moyen qu'ils ont choisi pour gravir les échelons de la société et changer le monde. Quitte à prendre des risques et à se battre contre ceux qu'ils perçoivent comme concurrents dans cette ascension et quitte à ce que le travail soit un lieu de durs conflits sociaux (Militants, souvent syndicalistes). La volonté d'être toujours à la pointe de la technique les oblige à se recycler fréquemment. Au sein de l'entreprise, ils s'identifient plus à l'action au jour le jour qu'au produit fini. Ils restent les 'jeunes loups aux dents longues' tels qu'ils sont apparus au début des années 60. La diminution de leurs effectifs rend leur tâche plus difficile. Mais leur chemin est moins encombré... et les oblige à prendre plus de risques personnels. ⎯⎯⎯⎯⎯⎯⎯⎯⎯

Les Décalés pratiquent le travail alimentaire.

Aliénant, méprisable dans ses buts mais nécessaire à la survie. Ils lui consacrent donc le minimum de temps et d'énergie afin de pouvoir se livrer à d'autres activités, plus gratifiantes. Il leur arrive fréquemment de franchir le pas et de se mettre à leur compte. Leur comportement change alors radicalement. Ce qui était corvée devient plaisir et passion, ils trouvent leur propre équilibre et peuvent exercer leurs qualités intellectuelles et créatives au profit d'eux-mêmes et de la collectivité. Ils sont les plus ouverts à toutes les formes nouvelles de travail : temps partiel, alterné, à durée déterminée, itinérant... Mais ils restent les plus hostiles aux règlements, aux hiérarchies, aux rituels des entreprises. ⎯⎯⎯⎯⎯⎯⎯⎯⎯⎯

Désaffection et conservatisme

Paradoxalement, cette volonté quasi unanime de considérer le travail de façon moins mystique et pesante ne conduit pas à des comportements très nouveaux dans la vie professionnelle des Français. Elle les conduit encore moins à revendiquer les changements radicaux qui permettraient peut-être d'améliorer les choses et de progresser dans la direction d'un nouveau partage du travail.

Cette résistance est considérable, puisqu'elle concerne environ 70 % des Français. Seule une minorité, d'ailleurs mal structurée et peu soucieuse de prosélytisme, appelle de ses vœux des réformes hardies. ⎯⎯⎯⎯⎯⎯

La France est donc bien coupée en deux dans sa conception du travail. Mais les deux camps sont disproportionnés ; la volonté de résistance de l'un est aujourd'hui plus forte que la volonté d'action de l'autre... ⎯⎯⎯

Dans une situation particulièrement difficile pour l'emploi, cette résistance peut paraître paradoxale. Mais c'est précisément parce que ça ne va pas bien que la crainte du changement est si forte. Car la sagesse populaire est là pour rappeler 'qu'un tiens vaut mieux que deux tu l'auras' ou qu'il ne faut jamais 'lâcher la proie pour l'ombre'...

*70 % des Français 'cramponnés'
au travail classique.*

Pour les Rigoristes, les Matérialistes et une partie des Égocentrés, il ne faut pas toucher à la façon dont le travail est intégré à la vie. Même si cela présente aujourd'hui quelques inconvénients, le risque d'un réel partage du travail leur paraît encore plus grand. _____

Leurs revendications sont essentiellement défensives : il faut assurer le plein-emploi, maintenir le travail à temps plein et préserver la stabilité de l'emploi. _____

L'obtention du plein-emploi implique pour eux un partage entre 'ceux qui y ont droit', ce qui tend à exclure des catégories comme les vieux, les femmes, les immigrés. Sans oublier les machines, dont les robots constituent l'espèce la plus dangereuse. _____

Le refus des différentes formes de travail à temps partiel (intérim, mi-temps, travail alterné, etc.) est manifeste. De même que celui de toute mobilité, qu'il s'agisse de changer de poste, de service, d'entreprise ou, pire, de région. _____

La solution à tous ces maux passe, selon eux, par une intervention systématique de l'État. L'État-providence doit créer des emplois, par une politique de grands travaux et une extension des nationalisations. _____

La réduction du temps de travail ne leur apparaît possible que si elle est limitée (quelques heures par mois) et si, de préférence, elle n'entame pas le pouvoir d'achat. Et ils regardent toutes les autres formes d'expérience en souhaitant qu'elles n'aboutissent jamais. _____

L'explication de ces réticences profondes est de deux ordres. D'abord, la civilisation judéo-chrétienne n'est pas morte, même si elle commence à se fissurer. Pour cette majorité de Français, la dignité de l'homme lui est en bonne partie conférée par son travail. Un travail à temps plein et stable, que l'État doit assurer jusqu'à l'âge de la retraite. La seconde raison est la crainte de s'ennuyer, d'autant

plus forte qu'on est d'un niveau culturel peu élevé. 'L'oisiveté est mère de tous les vices', dit la sagesse populaire, et le travail est parfois un alibi pour ne pas avoir à se chercher d'autres occupations. _____

La première raison (dignité) explique pourquoi l'avancement de l'âge de la retraite a été accueilli avec enthousiasme ; la dignité n'est plus en jeu, puisqu'il s'agit d'une règle et non d'un accident, contrairement au chômage. La seconde raison (oisiveté) explique cette sorte de 'peur du vide' qui s'empare de certains retraités, en particulier pendant les premiers mois. _____

À l'intérieur de l'entreprise, les aspirations de cette majorité de Français vont vers une forme moderne de paternalisme ou vers un partenariat social. _____

Le paternalisme souhaité implique l'instauration d'un climat de travail plus 'confortable' pour l'ensemble des salariés. Formation, promotion interne, bonne définition du rôle de chacun (en particulier des cadres), restriction des conflits en sont à leurs yeux les instruments les plus efficaces. _____

Le partenariat implique, quant à lui, une association du personnel à tous les niveaux : information, consultation sur les grandes décisions, intéressement aux résultats. Une sorte de transposition du modèle japonais. Le tout sous la direction d'un patron doté à la fois de compétence et de charisme. _____

Dans les deux cas, le vœu des Français est d'aller vers une dépolitisation de l'entreprise, facilitant la recherche d'un consensus dans le cadre d'une sorte de nouveau contrat social. _____

*30 % des Français prêts à 'changer
la vie professionnelle'.*

Face à cette masse de Français sur le qui-vive, les Décalés, même augmentés des Activistes Entreprenants (car les Militants sont également conservateurs en matière d'organisation du travail), ne pèsent pas lourd. C'est pourtant d'eux que pourrait venir, dans ce domaine comme dans d'autres, l'innovation sociale. —————————————————

Ces parias du travail ont en fait avec lui deux types de relations. La première forme de relations est un rejet presque viscéral d'une activité considérée comme dégradante. On s'y soumet donc uniquement si c'est indispensable, en réservant son énergie pour des activités plus gratifiantes (loisirs, création artistique, voyages, etc.). C'est ce qui explique que nombre de Décalés, au bagage intellectuel et culturel généralement important, choisissent d'être sous-utilisés dans leur travail, afin de ne pas 'mettre le doigt dans l'engrenage'. Car les Décalés savent bien qu'ils pourraient, s'ils n'y prenaient garde, se laisser 'piéger par le système' et se passionner pour ce qu'ils font. C'est d'ailleurs ce qui arrive à ceux qui ont résolu leur problème en acquérant leur indépendance : professions libérales, commerçants, artisans, artistes, etc. Une fois passés 'de l'autre côté de la barrière', ils peuvent alors donner libre cours à leur tempérament, souvent passionné et créatif. Mais, pour eux, il ne s'agit plus de travail, puisque celui-ci est maintenant dépouillé de ses attributs négatifs et peut s'épanouir en passion personnelle. —————

Lorsqu'ils sont salariés, ils sont favorables à la dépolitisation de l'entreprise, malgré leur sympathie naturelle à l'égard des syndicats, dans une optique pluraliste. —————————

La carte du travail

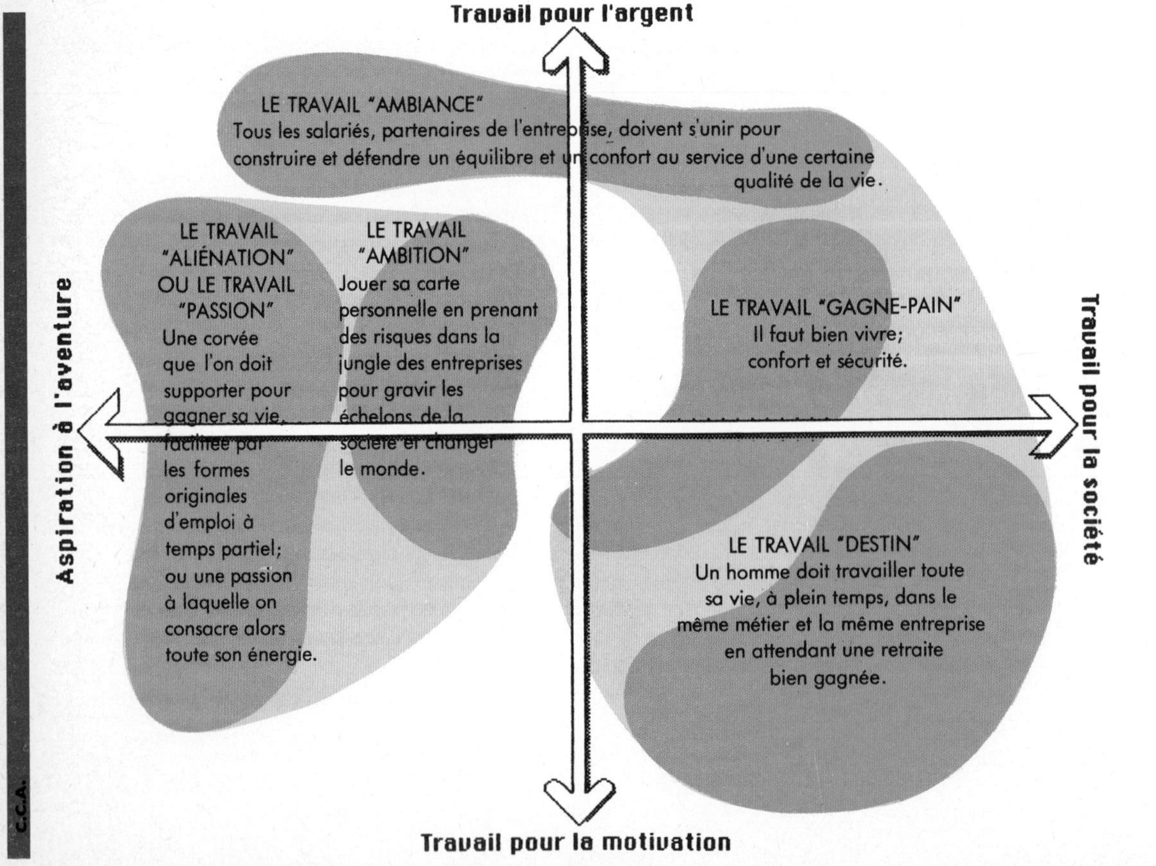

Travail pour l'argent

Aspiration à l'aventure

Travail pour la société

LE TRAVAIL "AMBIANCE"
Tous les salariés, partenaires de l'entreprise, doivent s'unir pour construire et défendre un équilibre et un confort au service d'une certaine qualité de la vie.

LE TRAVAIL "ALIÉNATION" OU LE TRAVAIL "PASSION"
Une corvée que l'on doit supporter pour gagner sa vie, facilitée par les formes originales d'emploi à temps partiel; ou une passion à laquelle on consacre alors toute son énergie.

LE TRAVAIL "AMBITION"
Jouer sa carte personnelle en prenant des risques dans la jungle des entreprises pour gravir les échelons de la société et changer le monde.

LE TRAVAIL "GAGNE-PAIN"
Il faut bien vivre; confort et sécurité.

LE TRAVAIL "DESTIN"
Un homme doit travailler toute sa vie, à plein temps, dans le même métier et la même entreprise en attendant une retraite bien gagnée.

Travail pour la motivation

C.C.A.

Pour lire la carte, voir présentation p. 415.

5

L'ARGENT

Le baromètre de l'argent

Les Français sont de moins en moins partisans de l'égalisation des revenus. Ceux qui y sont les plus attachés sont les jeunes, les habitants des régions de l'Est et ceux qui se situent politiquement à gauche. La tentation de l'endettement reste assez faible, quelles que soient les catégories sociales. Un nombre croissant de Français pensent que le niveau de vie général se dégrade, mais le jugement qu'ils portent sur leur propre niveau de vie reste moins pessimiste. Ce qui n'empêche pas qu'ils sont de plus en plus nombreux à être contraints à des restrictions sur leur budget. (Enquêtes auprès de la population de 18 ans et plus ; cumuls des réponses 'bien d'accord' et 'entièrement d'accord' pour les affirmations [1] et [2] (enquêtes non effectuées en 1974 et 1980) ; pourcentages de réponses positives aux affirmations [3] et [4]).

Il faut égaliser les revenus [1].

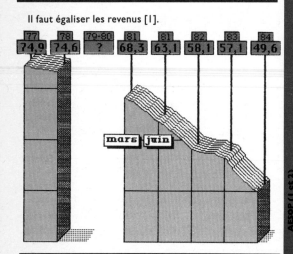

Il ne faut pas hésiter à s'endetter [2].

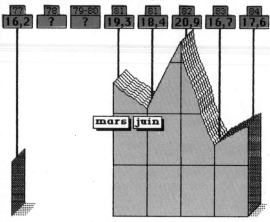

AESOP (1 et 2)

En ce qui concerne le niveau de vie de l'ensemble des Français, depuis une dizaine d'années [3].

(1) Ça va mieux ; (2) Ça va moins bien.

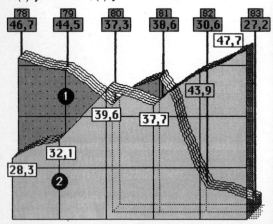

Je suis obligé de m'imposer régulièrement des restrictions sur certains postes de mon budget [4].

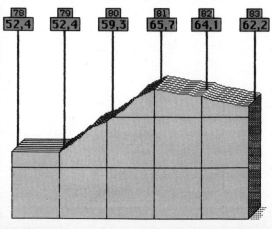

CREDOC (3 et 4)

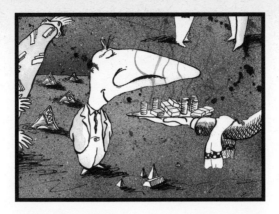

L'argent n'a plus d'odeur

*Les Français ont eu pendant longtemps
des rapports ambigus avec l'argent. Mais
le pragmatisme prend de plus en plus le pas sur
la philosophie ou l'idéologie. À tel point qu'on
regarde avec moins de suspicion que d'envie ceux
qui font fortune aujourd'hui.*

La revanche du réalisme

Le malaise des Français vis-à-vis de l'argent
ne date pas d'hier. Les vieux dictons populaires donnent bien la mesure de l'ambiguïté
des rapports qu'ils entretenaient avec lui. On
sait, par exemple, que 'l'argent ne fait pas le
bonheur'. L'affirmation est aussi bien utilisée
par ceux qui en sont démunis (pour conjurer
le mauvais sort ?) que par ceux qui en ont
beaucoup (comme pour s'en excuser auprès
des premiers). Ce qui n'empêche pas les uns
et les autres de considérer que 'l'argent n'a
pas d'odeur' et qu'on ne doit pas avoir honte
de s'en saisir lorsqu'il vient. Mais un honnête
homme ne saurait considérer l'argent

comme une fin en soi, puisqu'il est à la fois
'bon serviteur et mauvais maître'. Et puis,
les Français se sont consolés pendant longtemps de ne pas être riches en se répétant
que 'peine d'argent n'est pas mortelle'… —

*C'est au moment où la doctrine officielle
lui est le moins favorable
que l'argent est réhabilité.*

La dialectique de gauche a fait pendant
longtemps l'amalgame argent-exploitation-
inégalité qui expliquait la réserve, voire le
mépris, vis-à-vis de l'argent. Mais le socia-
lisme montre depuis 1983 beaucoup moins
d'empressement à condamner l'enrichissement ou le profit, qu'il s'agisse de l'entreprise
ou du particulier. Ces notions autrefois tabous ont eu droit à une reconnaissance
officielle de la part du président de la République lui-même et de son Premier ministre
actuel, lequel n'hésite pas à y recourir pour
tenter de mobiliser les forces vives de la nation. Il ne faut cependant pas voir là la cause
du phénomène, mais plutôt sa conséquence.
C'est parce que les Français ont changé (et
parce que les contraintes économiques l'imposent) que le discours politique de gauche
s'est transformé. —

*Le mouvement de réhabilitation de l'argent
ne concerne pas tous les Français.
L'argent n'est pas encore totalement inodore.*

Si les plus jeunes affichent une grande décontraction vis-à-vis du 'fric', qui leur apparaît à la fois nécessaire et sain, leurs aînés ont une attitude plus réservée. Entre l'attachement à l'égalité collective et la course aux privilèges individuels, leur cœur (et leur portefeuille) balancent. L'argent, en tout cas, joue dans la société un rôle central, que personne ne peut ignorer. _____

Après l'argent-tabou, voici 'l'argent-content'.

*Tout ce qui touche l'argent
est de moins en moins considéré comme malsain.*

L'évolution de ces trente dernières années explique pourquoi les Français considèrent aujourd'hui l'argent avec plus de sérénité.

Le changement essentiel est sans doute qu'ils en ont plus qu'avant. Chacun (ou presque, p. 315) en a suffisamment pour vivre décemment. D'autant que sa répartition est aujourd'hui moins inégalitaire que par le passé (p. 314). De plus, l'argent s'est peu à peu banalisé en changeant de forme. Le chèque a joué un rôle déterminant. Tout d'un coup, un morceau de papier pouvait prendre une valeur variable selon le montant qu'on y inscrivait. Le fait de le signer impliquait aussi une sorte de prise de pouvoir du signataire sur l'argent. La carte de crédit a constitué un pas de plus vers la dématérialisation de l'argent. Celle-ci sera demain totale, avec la monnaie électronique (p. 328). _____

Plus abondant, mieux réparti, bientôt invisible, l'argent a donc perdu son caractère mythique. Pour devenir un simple moyen (certes indispensable) au service des aspirations de chacun. _____

L'image de l'argent dépend de moins en moins des jugements idéologiques.

Le déclin des valeurs traditionnelles (p. 50) a eu des répercussions profondes sur la façon dont les Français considèrent l'argent. Les inégalités de revenu (p. 304) ou de patrimoine (p. 334) entre les individus ne sont plus aujourd'hui la cause essentielle des différences que l'on constate entre les groupes sociaux. L'argent est donc moins vu à travers ses aspects philosophiques ou politiques et plus dans sa signification pratique et quotidienne. _____

Comme dans bien des domaines, le concret tend ici à se substituer au théorique. Le discours marxiste sur l'argent n'alimente plus guère les conversations, y compris celles des intellectuels. Aux interrogations idéologi-

Le règne de 'l'argent qui bouge'

Quelle est l'image de l'argent que vous préférez ?

• L'argent qui fructifie	37,3 %
• L'argent qui travaille	29,2 %
• L'argent qui roule	18,8 %
• L'argent qui s'envole	3,6 %
• L'argent qui n'a pas d'odeur	2,5 %
• L'argent qu'on jette par les fenêtres	2,3 %
• L'argent qu'on empile	2,2 %
• L'argent qu'on flambe	1,5 %
• L'argent qui salit les mains	1,4 %
• L'argent qui dort	0,7 %

C.C.A.

ques d'un autre siècle, les Français préfèrent aujourd'hui des questions plus simples : comment gagner plus d'argent ? Comment le dépenser ? Comment préserver le patrimoine qu'ils ont accumulé ? Leur approche est essentiellement pragmatique. 'L'argent qui bouge' a remplacé 'l'argent-mythe' qui compliquait un peu trop la vie (encadré). Bref, l'argent permet de vivre, mais on ne vit pas pour l'argent. _____

La fin du 'péché capital'

Le fait de s'enrichir était jusqu'ici assez mal vu des Français. Mais il y avait autant de jalousie que de mépris dans l'attitude qu'ils affichaient devant la fortune, volontiers soupçonnée d'être trop rapidement acquise ou malhonnêtement entretenue. _____

Leurs réactions ont considérablement évolué depuis quelques années. S'enrichir n'est plus aussi mal vu. Et le mot 'péché' n'est plus associé à 'capital' que dans le sens biblique… _____

La réussite économique
n'est plus un privilège.

Le 'self-made-man', héros de l'économie capitaliste et personnage peu prisé de la culture française, fait une remontée spectaculaire (encadré). Les Français sont presque unanimes à saluer les efforts qui lui ont permis 'd'arriver'. L'évolution depuis dix ans est frappante. Avec la crise s'est envolée la suspicion qui entourait la réussite professionnelle. Ceux qui sont parvenus à se faire 'une place au soleil' ne sont plus, comme on le pensait hier, des 'aventuriers' ou des 'chevaliers d'industrie' peu enclins à l'altruisme et aux scrupules, mais des gens courageux et méritants. _____

Les Français ont une admiration croissante
pour les 'faiseurs de fric'.

S'ils avaient jusqu'ici l'habitude d'admirer certains de leurs semblables pour leur physique, leur talent ou leur gloire, le sentiment qu'ils éprouvaient pour leur fortune était plus mélangé. _____

Les choses sont en train de changer. On trouve parmi les nouvelles idoles (des jeunes en particulier) des gens qui n'ont pas peur d'afficher leur réussite matérielle autant que professionnelle. Les 'faiseurs de fric', qu'ils soient chanteurs (Iglesias, Sardou…), industriels (Tapie, Dassault…) ou champions (Platini, Noah, Prost…), sont regardés aujourd'hui avec plus d'admiration que de réprobation. _____

Autre manifestation de ce bouleversement récent, le succès des 'romans-fric' de Paul Loup Sulitzer (*Money, Cash, Fortune, le Roi vert, Popov*), qui parlent autant d'argent qu'ils en rapportent à leur auteur. Décrivant dans ses livres des 'coups' fabuleux où les millions de dollars changent de main avec une rapidité déconcertante, celui-ci a réussi à se construire une image d'aventurier de la finance qui séduit beaucoup de Français. La presse n'a pas tardé à s'emparer de ce 'créneau'. Le succès d'une revue comme *Mieux vivre* ou celui des enquêtes annuelles des grands hebdomadaires consacrées à l'argent montrent bien l'intérêt croissant des Français pour cet attribut de plus en plus légitime de la réussite. _____

Les jeux de hasard ou la fortune du 'pot'

Si les Français acceptent de mieux en mieux l'"argent des autres', il est bien normal qu'ils cherchent à s'enrichir à titre personnel. ____

La plupart savent bien que, sauf héritage imprévu, leurs chances de faire fortune avec leur seul salaire sont assez minces. C'est pourquoi ils sont si nombreux à s'en remet-

---

Les Français n'ont plus peur de la réussite

— Une personne partie de rien et qui a fait fortune est-elle selon vous une privilégiée ?

oui	16 %
non	80 %

La réponse est claire, quelle que soit la préférence politique, mais l'acceptation du 'self-made-man' est croissante de la gauche vers la droite.

— Si on parle devant vous d'une personne qui est partie avec trois fois rien en poche et qui est aujourd'hui devenue très riche, vous pensez à son propos :

	1983	Rappel 1974 (*)
• elle a dû beaucoup travailler	59 %	40 %
• elle n'a pas toujours dû être très honnête	18 %	37 %

(*) *Elle/Sofres* (novembre 1974).

Grasset/Sofres (janvier 1983)

tre à la chance. Les jeux leur apportent cette part de rêve dont ils ont besoin pour mieux vivre le quotidien, en imaginant sans trop y croire des lendemains dorés. Le plus récent de ces jeux, le Loto, arrive largement en tête (pour la pratique, sinon pour les mises), devant le tiercé et la Loterie nationale. Les jeux de casino ne concernent qu'une petite minorité, généralement aisée, pour qui le jeu est, beaucoup plus qu'un moyen de s'enrichir, un véritable art de vivre. —————

20 millions de Français jouent au Loto.

La Loterie nationale, vieille institution créée en 1933, commençait à prendre quelques rides. La création du Loto en mai 1976 donnait un nouveau support aux rêves de for-

Les Français préfèrent le Loto

Pratique des différents jeux d'argent, par ordre décroissant d'importance :

	Toutes les semaines	De temps en temps	Exceptionnellement	Jamais
● Loto	20 %	16 %	12 %	51 %
● Tiercé ou quarté	5 %	9 %	8 %	77 %
● Loterie nationale	1 %	4 %	7 %	87 %
● Casino	—	1 %	3 %	94 %
● Autres courses de chevaux	1 %	1 %	2 %	95 %

Le Parisien /Sofres (mai 1982)

tune des Français. Par rapport à la Loterie nationale, la formule est plus séduisante. Plutôt que de choisir au hasard un billet, parmi le tout petit nombre disponible chez le vendeur, chacun peut établir sa propre combinaison, donc avoir toutes ses chances dans le combat qu'il mène contre le hasard. Le Loto a tout de suite conquis un large public. Contrairement à ce que l'on imagine parfois, son intérêt principal ne réside pas seulement dans l'importance des lots. La majorité des joueurs préfère en effet les jeux où les gains sont limités (environ 1 000 francs) mais nombreux à ceux où un petit nombre de gagnants peut toucher au moins 1 million de francs (voire 10 millions, comme ce fut le cas pour la première fois en novembre 1984). Les petites sommes gagnées de

temps en temps suffisent, semble-t-il, à leur bonheur. Elles leur permettent, en tout cas, de ne pas désespérer et de continuer à jouer en se disant que la fortune arrivera bientôt. Et, avec elle, une nouvelle vie, dans laquelle il ne sera plus nécessaire de penser à l'argent.

Les Français jouent plus d'argent au P.M.U. qu'au Loto.
- *30 milliards misés au P.M.U. en 1984.*
- *11 milliards au Loto.*
- *1,2 milliard à la Loterie nationale.*

Les courses de chevaux ne sont pas des jeux de hasard. Elles sont cependant considérées comme telles par la plupart des Français qui, chaque dimanche, jouent leur date de naissance ou le numéro d'immatriculation de leur voiture. La clientèle du P.M.U. est plus homogène que celle du Loto. Selon un sondage effectué par la Sofres (mai 1982) pour *le Parisien,* elle est essentiellement constituée d'hommes (83 %). Les catégories sociales les plus représentées sont les ouvriers (35 %) et les inactifs (26 %). —————

Si j'étais riche...

Si demain vous gagniez une grosse somme d'argent sur laquelle vous ne comptiez pas, à quoi la dépenseriez-vous ?

1 Un placement sûr comme un terrain ou l'or	30,6 %
2 Une dépense exceptionnelle comme un grand voyage lointain	24,9 %
3 Une réserve qui reste sur le compte en banque en attendant d'avoir une idée	12,4 %
4 Les vacances	11,1 %
5 Un rapport régulier à la Caisse d'épargne	10,2 %
6 Une voiture neuve	9,4 %
7 Un beau mobilier pour la maison	9,4 %
8 Un investissement comme créer une petite entreprise ou un commerce	7,7 %
9 Des choses pour la maison comme une TV ou un lave-vaisselle	7,4 %
10 Un placement qui rapporte, comme des actions ou des obligations	6,0 %
11 Un prêt à des copains	2,9 %
12 Une réserve pour mes impôts	2,1 %
13 Des choses pour soi comme des bijoux ou un manteau de fourrure	2,0 %
14 Jouer au casino	0,3 %

C.C.A.

Revenus : le maquis cache la forêt

SALAIRES :
LA PARTIE VISIBLE
DE L'ICEBERG

Les salaires constituent l'élément le mieux connu des revenus des Français. S'il est vrai que l'évolution de ces revenus va dans le sens d'un resserrement, celui-ci n'est pas aussi fort ni aussi rapide qu'on le croit. Les chiffres montrent aussi qu'à travail égal les salaires sont encore loin d'être égaux entre les travailleurs.

Combien gagnent les Français ?

Sous son apparente simplicité, la question cache une redoutable complexité. C'est pourquoi la réponse mérite quelques commentaires préalables.

D'abord, il faut savoir de quoi on parle. Plus que la feuille de paie des salariés ou la rémunération des non-salariés, c'est le montant de leurs revenus *réellement disponibles* qu'il est intéressant de connaître. L'écart entre ces notions n'est pas négligeable. C'est même de grand écart qu'il faut parler lorsqu'on tient compte des *impôts* payés par les Français et des *prestations sociales* dont ils bénéficient.

Les choses se compliquent encore selon qu'on s'intéresse au revenu des *individus* ou à celui des *ménages*. C'est cette dernière notion qui est la plus significative, car l'unité de consommation, d'épargne ou d'investissement est plus souvent représentée dans son ensemble par le ménage que par les personnes qui le composent.

Le *revenu disponible des ménages* est donc l'indicateur qui reflète le mieux la situation financière réelle des Français. Les étapes intermédiaires qui permettent d'y parvenir (résumées dans le schéma p. 302) méritent d'être détaillées : salaires *bruts*, revenus *non salariaux* (agriculteurs, professions libérales, commerçants…), revenus du *capital* (placements) de chaque membre du foyer constituent le *revenu brut du ménage*. Il faut lui retrancher les *cotisations sociales* (Sécurité sociale, chômage, vieillesse, etc.) et les *impôts directs* (impôts sur le revenu, taxe d'habitation, taxe foncière) pour obtenir le *revenu primaire du foyer*. On y ajoute enfin les *prestations sociales* reçues pour déterminer le *revenu disponible du ménage*. Chacune de ces étapes montre bien la complexité des transferts sociaux et leur incidence de plus en plus grande sur le pouvoir d'achat des Français.

Enfin, il faut préciser que les chiffres figurant dans ce chapitre correspondent à des moyennes. Par définition, chacune d'elles gomme les disparités existant entre les individus du groupe qu'elle concerne. Mais cette simplification, nécessaire, présente aussi l'avantage de la clarté…

L'argent des Français

Chacune des cases du schéma renvoie à la page correspondante du chapitre

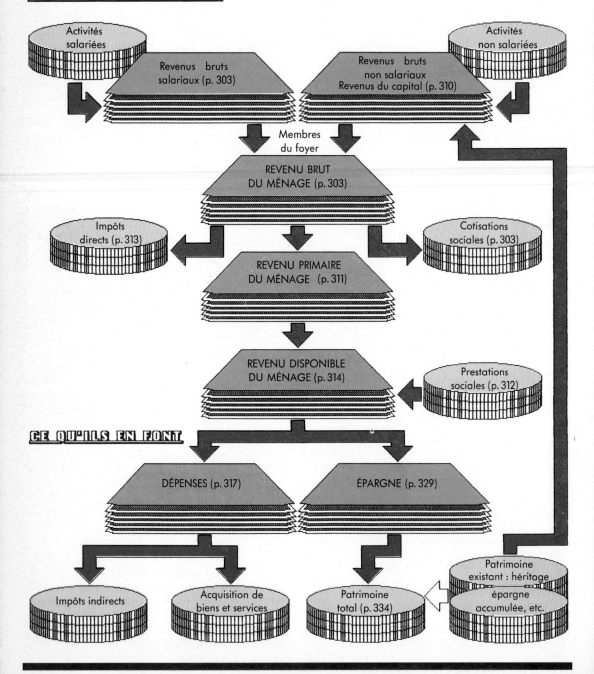

CE DONT ILS DISPOSENT

Activités salariées

Revenus bruts salariaux (p. 303)

Revenus bruts non salariaux Revenus du capital (p. 310)

Activités non salariées

Membres du foyer

REVENU BRUT DU MÉNAGE (p. 303)

Impôts directs (p. 313)

Cotisations sociales (p. 303)

REVENU PRIMAIRE DU MÉNAGE (p. 311)

REVENU DISPONIBLE DU MÉNAGE (p. 314)

Prestations sociales (p. 312)

CE QU'ILS EN FONT

DÉPENSES (p. 317)

ÉPARGNE (p. 329)

Impôts indirects

Acquisition de biens et services

Patrimoine total (p. 334)

Patrimoine existant : héritage épargne accumulée, etc.

6 500 francs par mois en moyenne

Les salariés ont perçu en moyenne 77 530 francs au cours de l'année 1983. Ce chiffre correspond au salaire moyen net, après déduction des diverses cotisations sociales (Sécurité sociale, chômage, retraite, voir encadré). C'est celui qui apparaît sur la feuille de déclaration d'impôt remplie en 1984, en tant que salaire net imposable. Il concerne uniquement les salariés à temps plein et prend en compte leurs éventuels avantages en nature. _____

Par rapport à 1982,
l'accroissement moyen est de 9,9 %,
soit légèrement plus
que le niveau de l'inflation (9,3 %).

Mais toute analyse de l'évolution du pouvoir d'achat doit être faite à partir du revenu disponible, qui mesure les ressources réelles des Français après déduction des impôts et prestations sociales (p. 309). _____

La comparaison par rapport à une période plus lointaine est encore plus délicate. Ce ne sont pas en effet exactement les mêmes personnes qui travaillaient à l'époque. Certaines sont aujourd'hui à la retraite (ou au chô-

80 000 francs par salarié en 1983

Évolution des salaires annuels nets moyens en francs.

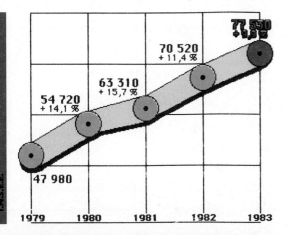

Cotisations sociales : toujours plus

Les cotisations sociales sont les versements effectués par les personnes qui bénéficient de la protection sociale et par les employeurs à diverses institutions : Sécurité sociale (maladies, maternités, invalidité, décès, vieillesse, prestations familiales), ASSEDIC, caisses de retraite complémentaire.

L'évolution des cotisations entre 1975 et 1983 montre d'abord une très forte augmentation des cotisations des salariés, d'autant plus grande que le salaire est élevé. Elle montre par ailleurs l'accroissement de la part des salariés dans le montant total des cotisations.

Le montant des cotisations payées par les salariés représente aujourd'hui environ 14 % de leur salaire brut. L'augmentation de ces dernières années a été très forte, aussi bien pour les salariés que pour les employeurs.

Évolution des cotisations sociales dans les prélèvements obligatoires (en % du P.I.B.) :

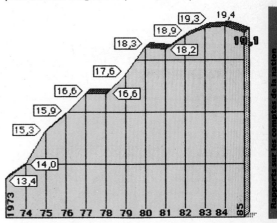

Rapports sur les comptes de la nation

mage), d'autres ont changé d'emploi, d'autres enfin sont arrivées depuis sur le marché du travail. Toute comparaison dans le temps, outre qu'elle ne concerne pas le revenu disponible, ne présente donc qu'un intérêt global, qui devient faible à l'échelon individuel.

L'éventail se resserre, mais moins qu'on ne le dit

L'évolution des salaires des différentes catégories professionnelles (p. 304) montre un resserrement des écarts entre le haut (cadres supérieurs) et le bas (manœuvres) de la hiérarchie. L'écart évolue moins vite entre les cadres moyens (dont les revenus ont plus augmenté que ceux des cadres supérieurs) et les employés (dont les salaires ont au contraire moins augmenté que ceux des manœuvres).

En réalité, l'évolution du pouvoir d'achat des bas et des hauts salaires a été comparable.

Le resserrement de la pyramide des salaires n'est pas aussi spectaculaire lorsqu'on l'examine à travers la répartition des emplois selon la rémunération qui leur correspond. En effet, la différence entre les salaires les plus élevés et les plus bas (qui correspondent respectivement au neuvième et au premier décile) par rapport au salaire médian (tel qu'il y a autant de salariés qui gagnent plus que de salariés qui gagnent moins) n'a diminué que de 0,5 % entre 1979 et 1983. On constate ainsi que le pouvoir d'achat d'un salarié qui serait resté au niveau le plus élevé (neuvième décile) a augmenté de 2,7 % en 5 ans, alors que celui d'un salarié resté au niveau le plus bas (premier décile) a augmenté de 2,9 %. Le 'rattrapage' des bas salaires est donc en réalité plus limité qu'on le croit généralement.

Le S.M.I.C. augmente beaucoup plus vite que les autres salaires depuis 1970.
● *En 15 ans, le S.M.I.C. a été multiplié par 6 (contre 3,8 pour le salaire horaire ouvrier).*
● *Les 'smicards' représentent 8 % de la population active salariée.*

En 1950, le S.M.I.G. (salaire minimum interprofessionnel garanti) fut indexé sur la hausse des prix (avec un seuil de déclenchement de 5 % jusqu'en 1957, puis de 2 %). Comme la moyenne des salaires augmentait plus vite que les prix, le S.M.I.G. avait pris au milieu des années 60 un retard important. En 1968, le salaire minimum fut au centre des discussions de Grenelle, le S.M.I.G. devint S.M.I.C. (salaire minimum interprofessionnel de croissance) en 1970 et fut indexé à la fois sur les prix et sur l'ensemble des salaires. Le S.M.I.C. a connu depuis une forte croissance (v. encadré p. 312).

La pyramide usée par le sommet

Évolution des salaires annuels nets moyens selon la catégorie professionnelle.

	1979	1980	1981	1982	1983	Évolution 1979/83 (1)
Ensemble (hommes et femmes)	47 980	54 720	63 310	70 520	77 530	+ 61,5 %
Cadres supérieurs...................	128 410	143 210	163 840	179 850	194 900	+ 51,8 %
Cadres moyens	64 430	72 320	82 810	91 040	99 320	+ 54,2 %
Contremaîtres	61 390	69 710	79 300	86 440	93 390	+ 52,1 %
Employés	39 860	45 590	52 520	58 070	63 390	+ 58,9 %
Ouvriers qualifiés	40 640	46 130	53 210	59 210	64 650	+ 59,1 %
Ouvriers spécialisés	33 820	38 380	44 400	49 740	54 550	+ 61,2 %
Manœuvres.......................	29 250	33 200	38 330	43 020	47 360	+ 62,3 %
Autres catégories	33 820	37 030	43 210	49 110	53 870	+ 59,5 %

(1) À titre de comparaison, le niveau cumulé de l'inflation a été de + 69 % entre 1979 et 1983.

1968 : l'année pivot

Évolution des rapports entre les salaires annuels nets moyens de certaines catégories.

	1951	1955	1960	1965	1970	1975	1980	1983 (1)
Cadres supérieurs / ouvriers	3,9	4,3	4,4	4,5	4,2	3,7	3,5	3,3
Cadres moyens / ouvriers	2,1	2,0	2,2	2,1	2,9	1,8	1,7	1,7
Employés / ouvriers	1,2	1,1	1,1	1,1	1,1	1,1	1,0	1,0

(1) Estimation.

1970-1984 : les années du S.M.I.C.

S.M.I.C. mensuel net (en francs) *

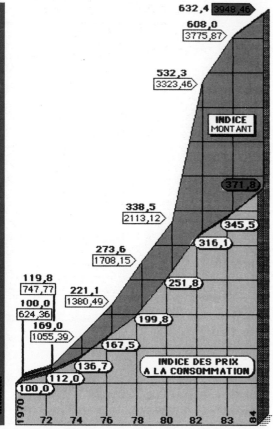

I.N.S.E.E.

* Pour la durée effective de travail.

Les 'smicards' sont aujourd'hui environ 1 500 000. Ce sont principalement des manœuvres de certains secteurs comme l'hygiène et l'habillement. Les femmes restent largement majoritaires. _____

Les femmes encore sous-payées

Depuis 1951, l'écart de salaire entre les hommes et les femmes (au détriment très net de ces dernières) a tendance à diminuer, de façon lente et irrégulière. Chez les ouvrières, il s'est creusé entre 1950 et 1967, puis il a diminué de 1968 à 1975 pour retrouver le niveau de 1950. Chez les cadres supérieurs, la tendance au redressement est apparue plus tôt (vers 1957), mais elle a été stoppée dès 1964. Le resserrement général constaté à partir de 1968 est dû principalement au fort relèvement du S.M.I.C. et des bas salaires, qui a profité davantage aux femmes, plus nombreuses à être concernées. Malgré l'amélioration constatée, l'écart reste encore important aujourd'hui. _____

L'égalité professionnelle
passe par celle du bulletin de paye.

En 1983, les femmes ont gagné en moyenne 25 % de moins que les hommes.

Ce chiffre spectaculaire donne une idée globale de la forte inégalité des salaires entre les sexes. Il faut cependant nuancer la comparaison. Les femmes occupent encore de façon générale des postes de qualification inférieure à ceux occupés par les hommes, même à fonction égale (ci-après). De plus, elles effectuent des horaires plus courts que ceux des hommes, avec moins d'heures supplémentaires. Enfin, elles bénéficient d'une ancienneté moyenne inférieure à celle des hommes. _____

L'inégalité reste pourtant flagrante. On constate même que l'écart, qui tendait à diminuer régulièrement au cours des années précédentes, s'est légèrement accentué en 1983. On aurait pu s'attendre à ce que la loi sur l'égalité professionnelle (p. 263) ait des effets inverses… Magie des chiffres, on s'aperçoit que si les femmes gagnent en moyenne un quart de moins que les hommes, ceux-ci gagnent un tiers de plus que leurs compagnes !

revenus des salariés. Cela ne signifie pourtant pas que toutes les personnes de sexe et de profession donnés ont des salaires identiques. L'âge, le secteur (public ou privé), la région, l'activité… entrent en compte.

Les hommes gagnent un tiers de plus que… leur moitié

Salaires annuels nets moyens selon le sexe en francs.

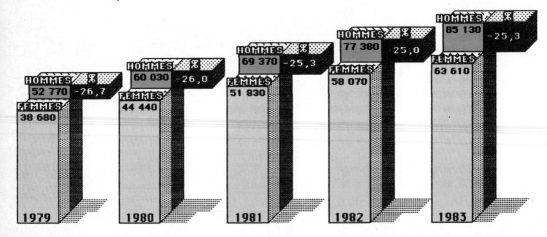

I.N.S.E.E.

Même à profession égale,
les femmes sont moins bien rémunérées
que les hommes.
● *En 1983,*
l'écart variait de 12 % (contremaîtres)
à 26 % (cadres supérieurs).

Il s'est légèrement réduit depuis cinq ans, en particulier chez les cadres moyens et les contremaîtres, mais il reste stable chez les ouvriers et les manœuvres (encadré). Cette situation ne signifie pas que la loi sur l'égalité professionnelle n'est pas respectée. Profession égale n'implique pas, en effet, responsabilité égale. Les femmes occupent souvent dans chaque catégorie les postes à moindre responsabilité, moins bien rémunérés.

À travail égal, ceux qui gagnent le plus

La profession et le sexe sont, dans l'ordre, les deux principaux facteurs influant sur les

L'âge est d'abord un handicap,
avant d'être un atout,
puis à nouveau un handicap.

En début de carrière, les salaires sont moins élevés, pour deux raisons essentielles : les postes ont une qualification inférieure à ceux occupés en fin de carrière ; les primes d'ancienneté sont inexistantes ou réduites. À partir de 30 ans, l'âge devient un atout. Il le reste pendant une durée variable selon les professions, jusque vers 45 ans environ. Chez les cadres, c'est vers 35 ans que les possibilités de promotion (interne ou par changement d'entreprise) sont les plus nombreuses. Avec une tendance continue au rajeunissement.

Le type d'activité devient un facteur
prépondérant.

Les salaires versés par les entreprises dépendent encore, dans beaucoup de cas, des

À poste égal, les écarts hommes/femmes se réduisent un peu

Évolution des salaires annuels nets moyens selon la catégorie professionnelle et le sexe.

	Cadres supérieurs		Cadres moyens		Contremaîtres		Employés	
	Hommes	Femmes	Hommes	Femmes	Hommes	Femmes	Hommes	Femmes
1979	133 090	95 050	69 080	55 560	62 210	53 080	45 150	36 950
Écart H/F	— 28,6 % (*)		— 19,6 %		— 14,7 %		— 18,2 %	
1980	148 730	105 780	77 630	62 690	70 600	60 670	51 510	42 390
Écart H/F	— 28,9 %		— 19,2 %		— 14,1 %		— 17,7 %	
1981	170 190	122 780	88 380	72 950	80 110	69 870	59 010	49 050
Écart H/F	— 27,9 %		— 19,3 %		— 12,8 %		— 16,9 %	
1982	186 660	137 830	96 770	81 320	87 240	76 690	64 890	54 630
Écart H/F	— 26,2 %		— 15,9 %		— 12,1 %		— 15,8 %	
1983	201 940	149 550	105 060	88 840	94 190	83 310	70 610	59 830
Écart H/F	— 26,0 %		— 15,4 %		— 11,6 %		— 15,3 %	

I.N.S.E.E.

(*) Lecture : parmi les cadres supérieurs, les femmes gagnent 28,6 % de moins que les hommes.

conventions collectives et de la concurrence existant dans le bassin d'emploi. Mais la nature même de l'activité et le dynamisme de l'entreprise jouent un rôle de plus en plus grand. On gagne plus, à travail égal, dans les sociétés d'informatique performantes que dans les entreprises de travaux publics qui ne le sont pas ! Les écarts régionaux ne sont pas non plus négligeables. Ils peuvent atteindre plus de 20 % entre Paris et les régions à faible implantation industrielle. ————

Les salariés du secteur public ont en moyenne des salaires inférieurs à ceux du privé.

Malgré ses privilèges, liés à la sécurité de

Cadres : les plus et les moins

L'âge, le diplôme et le chiffre d'affaires de l'entreprise sont les facteurs déterminants des salaires des cadres, pour un poste donné.

Ainsi, pour un directeur du personnel (ci-dessous), l'écart entre une personne de 31/35 ans et une autre âgée de plus de 50 ans représentait 114 000 francs en 1984. L'écart entre un titulaire travaillant dans une entreprise de 200 millions de francs de chiffre d'affaires et un autre travaillant dans une entreprise de plus de 5 milliards se montait à 172 000 francs.

Exemple du directeur du personnel (base 395 000 francs).

Écarts selon : L'âge	30 ans ou moins	31/35 ans	36/40 ans	41/45 ans	46/50 ans	Plus de 50 ans
	NS	**— 60 000**	**— 26 000**	**+ 10 000**	**+ 23 000**	**+ 54 000**
Le diplôme	École de commerce A	École de commerce B	École d'ingénieurs A	École d'ingénieurs B	Université	Autodidacte ou bac + 2
	+ 5 000	**+ 5 000**	**NS**	**— 25 000**	**— 13 000**	**— 35 000**
Le chiffre d'affaires de l'entreprise ou de la division (en francs)	200 millions ou moins	200 ou 500 millions	500 millions à 1 milliard	1 à 2 milliards	2 à 5 milliards	5 à 10 milliards
	— 90 000	**— 70 000**	**— 30 000**	**0**	**+ 38 000**	**+ 82 000**

L'Expansion (salaires des cadres, 1984.)

À poste égal, les écarts hommes/femmes se réduisent un peu (suite)

Évolution des salaires annuels nets moyens selon la catégorie professionnelle et le sexe.

	Ouvriers qualifiés		Ouvriers spécialisés		Manœuvres		Autres catégories	
	Hommes	Femmes	Hommes	Femmes	Hommes	Femmes	Hommes	Femmes
1979	41 710	33 210	36 050	28 730	30 890	25 740	31 790	33 620
Écart H/F	− 20,4 %		− 20,3 %		− 16,7 %		+ 15,2 %	
1980	47 320	37 820	40 820	32 760	34 920	29 430	35 120	38 450
Écart H/F	− 20,1 %		− 19,8 %		− 15,7 %		+ 9,5 %	
1981	54 630	43 390	46 990	37 960	40 340	34 190	40 950	44 780
Écart H/F	− 20,6 %		− 19,2 %		− 15,3 %		+ 9,4 %	
1982	60 900	48 090	52 820	42 130	45 580	38 020	46 480	50 810
Écart H/F	− 21,0 %		− 20,2 %		− 16,6 %		+ 9,3 %	
1983	66 480	52 800	57 920	46 280	50 170	41 730	51 160	55 630
Écart H/F	− 20,6 %		− 20,1 %		− 16,8 %		+ 8,7 %	

I.N.S.E.E.

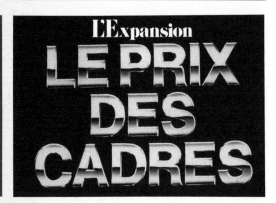

L'Expansion

LE PRIX DES CADRES

Bélier

À la course prix-salaires,
les cadres s'essoufflent.

l'emploi et à certaines situations particulièrement avantageuses (retraite, primes, durée et conditions de travail), la fonction publique n'est pas le meilleur endroit pour s'enrichir. Bien que des comparaisons précises soient difficiles à établir (en raison d'appellations différentes des fonctions et d'un système de rémunération plus complexe dans le secteur public), il semble bien qu'elles soient généralement à l'avantage du privé (encadré).

À poste égal, la rémunération des salariés dépend donc, de plus en plus, de l'entreprise dans laquelle ils travaillent, de son secteur d'activité, de son implantation géographique et de son dynamisme.

Mais il est clair que les aspects financiers des emplois ne sont pas aujourd'hui ceux qui dominent (p. 177). Et puis, dans cette période difficile, c'est plus souvent l'entre-

Fonctionnaires : le prix des privilèges

Évolution du pouvoir d'achat des salaires de la fonction publique (*) en %.

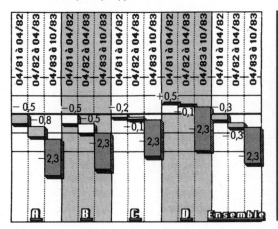

Documents du C.E.R.C., n° 71.

(*) Traitement mensuel + indemnité de résidence.

prise qui choisit ses employés que le contraire… _____

Ceux qui ont décroché la timbale

Il n'est pas facile d'établir la liste de ceux qui gagnent le plus d'argent. Rien n'oblige en effet les détenteurs des plus gros revenus à les étaler sur la place publique. La tradition française, la crainte des 'tapeurs' (ou celle du fisc !) incitent au contraire la plupart d'entre eux à taire ou à minimiser leurs gains. Voici néanmoins la liste de quelques-uns des heureux élus :

Salariés : dans son panel de 435 entreprises de toutes tailles (à l'exception des P.M.E. de moins de 100 personnes), *l'Expansion* avait identifié en 1984 170 salariés percevant plus de 700 000 francs par an, dont 30 planaient au-dessus de la barre du million de francs. La plupart sont, bien sûr, P.-D.G. ou directeur général de grosses entreprises industrielles, mais , certains vendeurs particulièrement efficaces réussissent, grâce aux commissions proportionnelles à leur chiffre d'affaires, à se hisser dans ce hit-parade (l'un d'entre eux a perçu la coquette somme de 840 000 francs). Les dix cadres dirigeants les mieux payés de l'Air Liquide ont perçu en moyenne près de 2 millions de francs chacun ; deux fois plus que ceux de Bouygues, de Roussel-Uclaf ou d'Air Inter. Ce qui n'empêche pas que, d'après le C.E.R.C., un dirigeant de société sur dix gagne moins de 8 500 F par mois (la moyenne est de 20 000 F).

Non-salariés : dans ce domaine, tous les espoirs sont permis, même si la fortune ne sourit qu'à une infime minorité. On y trouve des chanteurs (Michel Sardou en tête), des acteurs (Jean-Paul Belmondo se fait payer 7 millions par film par le producteur… Jean-Paul Belmondo). Autre vedette du 'show-biz', Michel Drucker bénéficie du contrat audiovisuel le plus important : 140 000 francs par mois à Europe 1, auxquels s'ajoute le cachet de son émission télévisée hebdomadaire *Champs-Élysées* (15 000 francs par semaine).

Ceux qui ne comptent que sur la chance sont encore moins nombreux à faire fortune. Mais le Loto a quand même permis à deux employés d'un restaurant parisien de se partager une somme légèrement supérieure à 10 millions de francs en novembre 1984. Tous deux ont été plus chanceux que cet anonyme qui, le 20 avril 1983, avait misé 10 francs au Loto sur une combinaison gagnante (1 460 000 francs). Il ne s'est jamais présenté pour toucher cette somme…

Mieux-Vivre (janvier 1984)

REVENU DISPONIBLE DU FOYER : LES SURPRISES DE LA REDISTRIBUTION

Les ressources des Français ne dépendent pas seulement des revenus de leur activité professionnelle. Les prestations sociales dont ils bénéficient jouent un rôle considérable, de même que les impôts qu'ils paient. Le rôle classique d'amortisseur de transferts sociaux s'est beaucoup amplifié depuis 1981.

Revenu primaire : il n'y a pas que les salaires

Les dépenses des Français sont effectuées pour l'essentiel à l'échelon des **ménages** plutôt qu'à celui des **individus,** qu'il s'agisse des achats de biens d'équipement ou des courses quotidiennes. C'est pourquoi on s'intéresse aussi aux revenus des ménages.

Aux salaires (nets de cotisations sociales) perçus par les différents membres du foyer, il convient d'ajouter les autres types de ressources (en dehors de toutes prestations sociales) : revenus non salariaux ; revenus du capital et de l'entreprise. L'ensemble de ces revenus constitue, avec les salaires, le revenu primaire du ménage (p. 302). _____

En 1983, le revenu primaire moyen des ménages était d'environ 70 000 F.

Les salaires représentent la plus grosse part de ce revenu (encadré). Mais ceux qui proviennent des entreprises individuelles (commerçants, artisans, professions libérales, agriculteurs, etc.) représentent tout de même près d'un cinquième du revenu moyen. _____

Les revenus de la propriété sont ceux des placements financiers des ménages (immeubles, valeurs mobilières, or, etc. (p. 332). ___

Les trois sources des revenus

Revenus primaires moyens des ménages (1983).

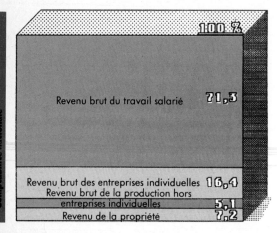

La composition du revenu primaire varie selon les catégories professionnelles.

Les sources des revenus primaires des ménages sont différentes selon que le ou les membres qui les composent sont salariés ou non et selon la profession qu'ils exercent. ___

Ainsi, les salaires représentent la quasi-totalité des revenus des ménages dont le 'chef' est ouvrier, employé ou cadre. Les professions indépendantes tirent leur revenus non seulement de leur entreprise mais aussi, souvent, du salaire du conjoint et de leur capital. Les agriculteurs, eux, tirent l'essentiel de leurs moyens de subsistance de leur exploitation. Quant aux inactifs, leurs sources de revenus sont très différentes, selon qu'ils sont retraités, qu'ils vivent de leurs rentes ou que leur conjoint est salarié ou entrepreneur individuel. ___

Lorsqu'elle travaille, l'épouse apporte en moyenne 36 % du revenu primaire du ménage.

Dans l'ensemble des ménages, le conjoint représente par son activité 17 % du revenu total (ci-dessous). Mais ce chiffre est faussé par le fait que plus de la moitié des femmes sont inactives (p. 245). Dans les ménages où l'épouse a une activité rémunérée, celle-ci représente alors en moyenne plus d'un tiers du revenu total. ___

Ces chiffres sont en réalité sous-évalués, du fait que beaucoup de femmes d'agriculteurs ou de commerçants contribuent par leur travail au fonctionnement de l'exploitation ou de la boutique, sans avoir le plus souvent d'existence sur le plan juridique et fiscal. ___

Le travail rapporte plus que le capital

Répartition du revenu primaire des ménages (1982).

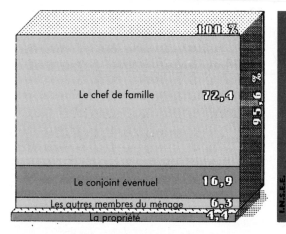

La contribution de l'épouse active est plus forte dans les ménages aux revenus modestes.
● *Les femmes actives d'exploitants agricoles apportent en moyenne 46 % du revenu du ménage.*
● *Les femmes actives d'industriels ou de commerçants apportent 21 %.*

La principale raison est que le salaire de l'épouse, en moyenne assez modeste, est évidemment plus proche de celui de son mari lorsque celui-ci est également d'un faible montant. ___

On constate aussi que la contribution des épouses actives est d'autant plus forte que le foyer compte moins d'enfants. L'explication proposée est que les femmes ayant plusieurs enfants ont eu une vie professionnelle plus discontinue, donc moins favorable à la promotion et aux augmentations de salaire. _____

Revenu disponible : l'algèbre des transferts sociaux

Le revenu disponible des ménages est plus riche d'enseignements que leur revenu primaire. Il prend en effet en compte les transferts sociaux (prestations sociales, impôts) dont l'incidence sur les ressources des Français est croissante. _____

D'un côté, les prestations sociales (maladie, invalidité, accident, chômage, maternité, retraite, allocations familiales, assistances diverses, etc.) viennent s'ajouter aux revenus des familles qui en bénéficient. Leur vocation est double. Elles reposent sur le principe de l'assurance : ceux qui cotisent, de façon obligatoire ou volontaire à des régimes de protection sont pris en charge par ces organismes en cas de problème (maladie, accident, etc.) ou à l'occasion de la retraite. Le second rôle de ces prestations est de réduire les inégalités de revenus en favorisant les catégories sociales plus modestes. Celles-ci bénéficient des allocations de salaire unique, des prêts à taux bonifié, du complément familial, des allocations de logement, de l'aide sociale, etc. _____

De l'autre côté, les prélèvements sociaux viennent en déduction des revenus des familles. Les cotisations sociales sont, pour les salariés, retenues à la source (p. 303) et sont déjà incluses dans le montant des revenus primaires (p. 309). Les impôts directs prélevés sur les revenus des ménages complètent le dispositif de redistribution par leur aspect progressif (plus on gagne et plus on paie proportionnellement d'impôts). Les impôts indirects (par exemple la T.V.A. payée par les ménages sur les achats de biens et services) n'interviennent pas au niveau du revenu disponible parce qu'ils concernent son utilisation et non plus sa constitution. _____

La compréhension de cette algèbre des transferts sociaux est essentielle pour la connaissance des ressources réelles des Français. Elle traduit à la fois l'importance des besoins financiers de l'économie nationale (impôts) et la politique sociale du gouvernement en place (prestations). _____

La montée de l'État-providence

Prestations sociales reçues par les ménages, en % du revenu brut après transferts et avant impôts, selon la catégorie professionnelle.

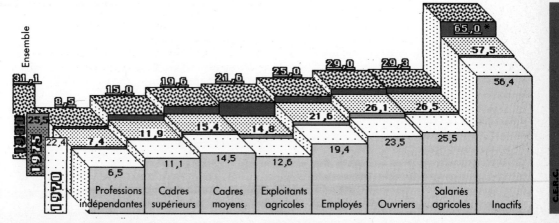

* Dont prestations de vieillesse (57,5).

311

*Les prestations sociales représentent
un tiers du revenu disponible des ménages.*
● *Depuis 1970,
leur montant a été multiplié par 7.*
● *L'impact des prestations sociales varie
de 1 à 8 selon les catégories sociales.*

D'une manière générale, les prestations sociales sont inversement proportionnelles au montant des revenus primaires (salaires et autres revenus) d'une catégorie. Il y a à cela deux raisons : l'effet redistributif, qui a pour but de favoriser les bas revenus par rapport aux autres ; le fait que les prestations sont pour la plupart plafonnées et représentent donc une part des revenus d'autant plus faible que ceux-ci sont élevés. L'évolution au cours des dix dernières années est spectaculaire. Ce sont les allocations de chômage (multipliées par 35 depuis 1970 en masse) qui ont le plus augmenté. _____

*Les impôts directs représentent
11 % du revenu primaire des ménages.*
● *L'impôt sur le revenu représente
70 % des impôts directs.*

À mi-temps pour l'État

Part des prélèvements obligatoires dans le P.I.B. (en %).

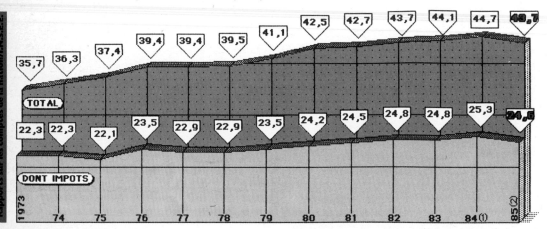

(1) Estimation.   (2) Prévision.

Cela signifie que la moitié de la production intérieure, fruit du travail des Français, est aujourd'hui consommée par l'Etat.

Cette situation n'est cependant pas propre à la France. Des pays comme les Pays-Bas ou le Danemark font des 'scores' encore plus élevés, même si la structure des prélèvements entre particuliers et entreprises est différente de ce qu'elle est en France.

Ainsi, les cotisations de Sécurité sociale, qui représentent environ 40 % des prélèvements en France (contre 17 % en Grande-Bretagne et ... 2 % au Danemark) sont pour les trois quarts à la charge des employeurs, alors que la part des salariés est souvent plus élevée qu'ailleurs. Le 'rattrapage' se fait au niveau de l'impôt sur le revenu des ménages, qui représente plus de 50 % des prélèvements au Danemark contre environ 13 % en France.

Part des prélèvements obligatoires dans le P.I.B. (en %) en 1983 :

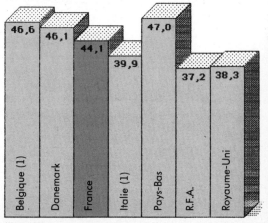

(1) en 1982.

La médaille des revenus des ménages (et des prestations sociales qui viennent s'y ajouter) a son revers : l'impôt. L'évolution de ces dernières années s'est faite dans deux directions : le poids de l'impôt a augmenté pour la plupart des ménages ; son rôle redistributif s'est accentué. Les Français ont dû, pour beaucoup d'entre eux, participer à un important effort de solidarité, qui s'est traduit par une perte générale de pouvoir d'achat en 1983 (p. 318). _____

Même s'il est le plus célèbre, l'impôt sur le revenu n'est pas le seul impôt direct payé par les Français. Les particuliers acquittent aussi un impôt sur les plus-values éventuelles (vente de logements, de valeurs mobilières ou d'autres biens), des impôts locaux (taxe foncière, taxe d'habitation) et, pour les plus riches, un impôt sur la fortune (p. 338). _____

Conscient du risque d'un taux de prélèvement excessif sur les revenus (à la fois sur le plan psychologique et sur la consommation des ménages), le gouvernement s'est engagé à partir de 1984 dans une politique de réduction des impôts, suivant en cela les expériences tentées avec succès aux États-Unis et en Grande-Bretagne. _____

En 1983, le revenu disponible brut par ménage était de 149 700 francs (environ 12 500 francs par mois).
● *En 1970, il était de 34 250 F.*

Impôts : la ponction magique

Salaire perçu en 1983 (en F)	Taux d'imposition moyen en 1984		
	Un célibataire	Un couple	Couple avec 2 enfants
109 100	16,7 %	8,2 %	4,6 %
185 470	23 %	15,3 %	9,4 %
272 750	29,7 %	20,6 %	15,4 %
545 500	41,2 %	30,8 %	27,2 %

Le poids de l'impôt s'est beaucoup alourdi au cours des dernières années.

Après être restée à peu près stable jusqu'en 1980, la pression fiscale a sensiblement augmenté au cours de ces dernières années. Les mesures prises depuis 1982 ont assez largement modifié le paysage fiscal : nouveau plafonnement du quotient familial ; impôt solidarité ; emprunt obligatoire ; surtaxe progressive au-delà de 20 000 francs d'impôts. Ce sont les revenus les plus élevés qui ont été les plus fortement touchés. De façon générale, les célibataires sont plus 'matraqués' que les couples mariés, qui, lorsqu'ils ont des enfants, le sont plus que les concubins.

Vive la crise !

Évolution du revenu disponible brut par ménage :

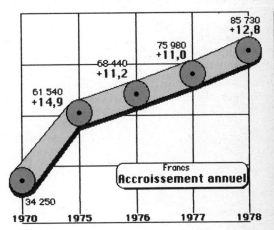

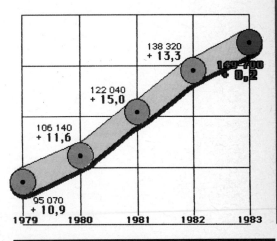

Ce dont ils disposent

Calcul du revenu disponible pour quelques ménages types (en francs) **en 1983.**

	1		2		3	
	0 enfant	3 enfants	0 enfant	3 enfants	0 enfant	3 enfants
- Salaire brut annuel	66 700	66 700	120 550	120 550	330 230	330 230
moins charges sociales (part salariale)	9 200	9 200	15 720	15 720	40 550	40 550
égale : salaire net	57 500	57 500	104 830	104 830	289 680	289 680
plus : prestations familiales	0	19 780	0	19 780	0	12 530
moins : impôts sur le revenu (1)	1 900	0	8 930	2 240	61 920	35 100
égale : revenu disponible total	55 600	77 280	95 900	122 370	227 760	276 110
soit un revenu disponible par unité de consommation (2) de	32 700	24 150	56 420	38 240	133 980	83 470

1. Homme ouvrier spécialisé. Femme sans activité professionnelle.
2. Homme cadre moyen. Femme sans activité professionnelle.
3. Homme cadre supérieur. Femme cadre moyen.

(1) Impôts payés dans l'année sur les revenus de l'année précédente.　　(2) Chaque adulte compte pour 0,7 ; chaque enfant pour 0,5. On ajoute 0,3 pour les dépenses indépendantes de la famille.

Le lent cheminement précédent à travers les revenus primaires, prestations sociales et impôts directs permet enfin de dresser un bilan complet des ressources des Français. Le résultat est le revenu disponible des ménages, qui caractérise ce dont ils disposent réellement pour vivre. ⸺

En dehors des professions indépendantes et des cadres moyens et supérieurs, les ménages perçoivent plus de prestations sociales (p. 312) qu'ils ne paient d'impôts directs. C'est ce qui explique que leur revenu disponible soit supérieur à leur revenu primaire. Prestations et impôts directs évoluent en sens contraire : les prestations diminuent lorsque le revenu augmente ; les impôts augmentent en même temps que le revenu.

L'éventail des revenus disponibles
est plus resserré
que celui des revenus primaires.

Le rapport entre les salaires nets moyens d'un cadre supérieur et d'un ouvrier spécialisé est de 3,6 (p. 307). Il n'est plus que de 2 environ lorsqu'on compare les revenus disponibles moyens d'un ménage où l'homme est cadre supérieur et ceux où il est ouvrier. Les mécanismes de la redistribution (le cadre supérieur paie plus d'impôts en proportion de ses revenus et reçoit beaucoup moins de prestations, voir ci-dessus) expliquent en partie ce spectaculaire resserrement. Une autre explication est la présence d'autres revenus salariaux (généralement celui du conjoint), plus sensible dans les ménages modestes où la femme travaille plus fréquemment et perçoit un salaire plus proche de celui de son mari (p. 310) que dans les ménages plus aisés. ⸺

Le resserrement de l'éventail
se poursuit régulièrement.

La réduction des écarts entre les revenus disponibles avait commencé au début des années 70, avec le coup de pouce donné aux bas salaires (p. 318). La politique en matière de prestations sociales et de fiscalité, depuis longtemps favorable à ce resserrement, l'est encore plus depuis 1981. Le résultat est un nivellement par le milieu. Les revenus supérieurs à la moyenne ont tendance à s'en rapprocher, perdant chaque année de leur avance. Les revenus inférieurs à la moyenne tendent aussi à s'en rapprocher, de sorte que les écarts diminuent. _____

La face cachée de la redistribution

Il est indéniable que l'éventail des revenus disponibles est moins ouvert que celui des salaires de base. Il est non moins indéniable que l'écart entre les salaires de base tend à se réduire d'année en année. Pourtant, cette redistribution des revenus par l'impôt et les prestations sociales est en réalité partielle.

Si l'on tient compte, en effet, de l'utilisation des services collectifs financés par l'impôt direct (hôpitaux, équipements sportifs, culturels, etc.), on constate que ce sont les titulaires des plus hauts revenus qui en profitent le plus (p. 350), bien au-delà de leur propre contribution. De même, les enfants des ménages les plus aisés sont ceux qui utilisent le plus longtemps le système éducatif (p. 117).

En ce qui concerne les dépenses collectives liées à la retraite, les anciens titulaires de hauts revenus en profitent aussi plus que les autres, du fait de leur espérance de vie plus longue (p. 41).

Le phénomène de la 'redistribution' est donc en réalité beaucoup plus complexe qu'il n'y paraît et ne saurait être limité à sa dimension financière apparente.

6 millions de pauvres en France

Le paradoxe fait parfois bon ménage avec le drame. Dans une société où le pouvoir d'achat augmente, bon an mal an, depuis le début de la crise, on compte de plus en plus de pauvres. D'après l'I.N.S.E.E., 3 millions de ménages ont un revenu inférieur à 55 francs par personne et par jour, c'est-à-dire insuffisant pour pouvoir se nourrir, se loger ou se vêtir décemment. 500 000 vivent dans un logement insalubre, dont 120 000 dans

Les 'nouveaux pauvres'

53 % des pauvres sont des familles ou des couples, 27 % des femmes seules. Les sans-profession sont minoritaires (7,4 %). Les ouvriers et employés sans qualification représentent 61 % des cas.

Les nouveaux pauvres sont de plus en plus jeunes. Beaucoup ont moins de vingt ans. Ils ont quitté la province pour venir chercher du travail à Paris. N'en ayant pas trouvé, ils n'ont plus un sou et n'ont même pas droit aux indemnités de chômage.

D'autres ont connu, pendant quelques années, les joies de la société de consommation et des facilités de crédit qu'elle accorde assez largement. Le chômage, toujours lui, a mis fin brutalement aux rêves de voiture et de télé couleurs. Sans loyer, il n'y a plus de logement. Les meubles en ont d'ailleurs été saisis par les créanciers. Certains pourront subsister grâce aux différentes formes d'aides publiques ou privées. D'autres deviendront des clochards, définitivement exclus de la société. Peu, finalement, pourront sans dommages traverser cette épreuve douloureuse. Et les enfants qui l'auront vécue ne pourront jamais être tout à fait comme les autres.

des cités de transit (en principe provisoires) et 100 000 dans des baraques, des caravanes, des vieux wagons ou des véhicules divers. La situation, loin de s'améliorer, est en train de s'aggraver sous l'effet dévastateur du chômage. Au total, on estime que 12 % de la population vivent en état de pauvreté. _____

Les immigrés ne constituent qu'une minorité (17 %) du 'quart monde' français.

La pauvreté existant en France n'est donc pas 'importée'. Elle est la conséquence tragique d'un processus dont il est difficile de sortir une fois qu'il s'est mis en marche. _____

Partout en France, les organisations de secours aux déshérités constatent l'extension du phénomène. En 1984, le Secours catholi-

Une solidarité à inventer.

que a eu à résoudre plus de 500 000 cas de détresse, plus du double qu'en 1981. _____

Parmi les pauvres, une famille sur trois dispose de zéro franc par jour, quatre sur cinq ont moins de 25 francs par personne.

L'histoire commence toujours de la même façon. Une personne sans qualification perd son travail. Elle cherche sans succès un emploi, tout en percevant pendant un an les allocations de chômage, puis de fin de droit. Un jour, elle se retrouve sans ressources avec des enfants à nourrir, un loyer à payer. C'est le cas d'environ un million de chômeurs aujourd'hui. Pour certains, l'engrenage ne s'arrêtera plus. la déchéance morale, puis physique les empêchera de retrouver un emploi, car les pauvres font plus peur que pitié. De la marginalité à l'exclusion, il n'y a qu'un pas, que beaucoup ne pourront éviter de franchir. _____

La société française n'est pas la seule à sécréter cette nouvelle forme de pauvreté. Des millions de personnes sont concernées dans la Communauté européenne. Difficiles à détecter, donc à aider. Comme dans le domaine de la santé, c'est à la **prévention** de la pauvreté qu'il faudrait s'attaquer plutôt que de chercher à la combattre une fois qu'elle est apparue. Cette prévention passe évidemment d'abord par la lutte contre le chômage. Elle passe aussi par un réel effort de solidarité nationale. À l'heure où le corporatisme est de rigueur, ceux qui ne sont pas constitués en groupe de défense ont peu de chances d'être entendus, donc aidés. La 'société centrifuge' n'a pas fini de tourner. _____

Dépenses : l'argent facile

POUVOIR D'ACHAT : DES ANNÉES FOLLES AUX ANNÉES MAIGRES

Après trente ans de croissance ininterrompue de leur pouvoir d'achat, les Français revendiquent aujourd'hui son maintien. Si celui-ci n'est pas assuré pour l'ensemble, il l'est encore moins pour certaines catégories.

1950-1980 : de la croissance dure à la croissance douce

Le pouvoir d'achat est un indicateur économique qui est devenu familier aux Français. C'est lui, en effet, qui mesure l'évolution de leurs ressources dans le temps. ─────────

Ce n'est pas en l'occurrence contre le temps que se livre le combat du pouvoir d'achat, mais contre un ennemi plus insidieux : l'inflation. Car le pouvoir d'achat ne représente

rien d'autre que le résultat, jamais acquis, de cette lutte permanente. La preuve en est qu'après trente ans de croissance, il est aujourd'hui fortement menacé. Les '30 glorieuses' sont bien derrière nous.

*Entre 1950 et 1970,
le pouvoir d'achat du salaire moyen
a été multiplié par 2.*

1950-1980 - Les 30 glorieuses

Évolution des salaires nets annuels moyens et de leur pouvoir d'achat.

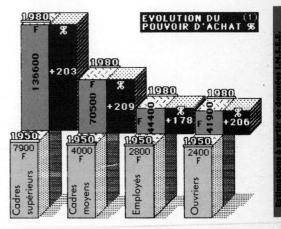

(1) Tenant compte de la hausse des prix pendant la période (+ 571 %).

L'accroissement du pouvoir d'achat fut l'une des données constantes de la longue période de croissance économique qui suivit la Seconde Guerre mondiale. La pire situation était alors d'avoir un salaire indexé sur l'inflation, alors que l'ensemble des revenus augmentait plus vite que les prix. Ce fut le cas du S.M.I.G. qui prit un retard important sur les autres salaires jusqu'en 1968 (p. 304), pendant que les revenus plus élevés connaissaient une période de prospérité sans précédent (p. 317). _____

Pendant ces trente années, les Français se sont plus enrichis que pendant tout le siècle précédent. La plupart ont pu progressivement acquérir leur résidence principale et s'équiper des produits phares de la société de consommation : voiture, réfrigérateur, télévision, machine à laver, etc. (p. 129). ____

Il n'est donc pas surprenant que les Français se soient installés avec regret et lenteur dans la période qui suivit cet eldorado. _____

Entre 1970 et 1980,
les salaires ont continué d'augmenter,
mais de façon beaucoup plus sélective.
● Le pouvoir d'achat des ouvriers a augmenté
de 4,7 % par an en moyenne.

● *Celui des cadres supérieurs de 0,6 %.*
● *Celui du S.M.I.C. de 5,7 %.*

Ignorant la crise (p. 236), les Français demandèrent la poursuite de l'accroissement de leur pouvoir d'achat, par l'intermédiaire de leurs représentants syndicaux. Malgré les difficultés économiques qui s'accumulèrent et qui se traduisirent par une forte poussée de l'inflation (14,7 % en 1973), le pouvoir d'achat moyen continua d'augmenter, mais de façon très modulée selon les catégories. Ces dix années ont donc eu un impact important sur la hiérarchie des salaires. Le haut de la pyramide se tassait, pendant qu'à la base la forte croissance du S.M.I.C. entraînait celle de l'ensemble des bas salaires. Un phénomène inverse de celui constaté au cours des vingt années précédentes. _____

1980-1984 : la croissance zéro

Le pouvoir d'achat moyen des revenus bruts a légèrement progressé au cours des quatre dernières années. Mais l'augmentation des cotisations sociales (p. 303) et des impôts (p. 313) n'a pas été compensée uniformément par celle des prestations sociales (p. 311). De sorte que le revenu disponible moyen des ménages est en stagnation. _____

Les gagnants et les perdants

Évolution du pouvoir d'achat des salaires annuels nets (secteurs privé et semi-public).

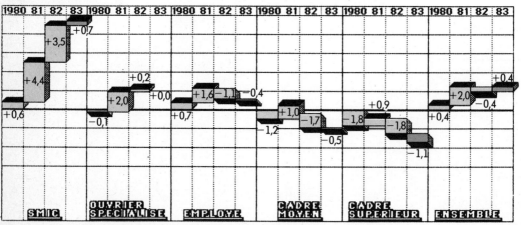

Ensemble calculé avec compensation de la réduction de la durée du travail à partir du 1/2/1982.

Les disparités restent cependant fortes entre les différentes catégories sociales. Ce sont les cadres qui ont été les plus touchés (ci-dessous).

Les cadres accusent le coup

Les chiffres sont implacables. Le pouvoir d'achat des cadres est globalement en baisse depuis 1975. Les cadres supérieurs sont particulièrement touchés, puisque, entre 1975 et 1984, la seule année positive fut 1976, au cours de laquelle leur pouvoir d'achat avait progressé de 1,2 %. Quant à l'augmentation constatée en 1981 (p. 318), elle a été largement amputée par l'augmentation des impôts.

Les écarts entre les rémunérations se sont réduits. Les différentes catégories de cadres ont connu entre 1979 et 1983 des évolutions spécifiques. Ainsi, la hiérarchie des salaires s'est tassée chez les techniciens, alors qu'elle s'est accentuée chez les ingénieurs. Chez les cadres administratifs, élargissement et resserrement ont alterné au cours des quatre dernières années. Globalement, on assiste à une réduction des disparités lorsqu'on prend en compte l'impôt sur le revenu et les prestations sociales reçues par les ménages de cadres. L'impact des mesures fiscales et sociales est particulièrement fort chez les cadres célibataires.

Les cadres sont assez pessimistes quant à l'avenir de leur pouvoir d'achat. 63 % des cadres se sentent personnellement touchés par la baisse du pouvoir d'achat. Ce sentiment est le plus répandu chez les plus âgés, ceux qui ont les revenus les plus élevés et ceux qui travaillent dans les grandes entreprises. Pour la plupart, le fisc est le grand responsable de cette érosion.

Pourtant, ils ne sont que 49 % à trouver excessive la contribution des cadres à l'effort de solidarité nationale. 45 % la trouvent normale, même si 56 % préféreraient un effort d'une autre nature : travailler davantage à salaire égal. Le pessimisme est généralement de mise, puisque 58 % estiment que la dégradation de leur pouvoir d'achat va se poursuivre.

Face à ces difficultés, les cadres tentent de maintenir leur mode de vie en réduisant leur épargne. Les plus nombreux à le faire un entre 35 et 49 ans. Ce sont généralement les plus endettés et ceux qui ont le plus d'enfants à charge. Lorsque la diminution de l'épargne n'est pas suffisante, ils réduisent de façon à peu près homogène les différents postes de dépenses. Le salaire d'appoint du conjoint est donc de plus en plus le bienvenu. 57 % des foyers de cadres disposent aujourd'hui de deux revenus (47 % seulement chez les cadres supérieurs).

Pour 65 % des cadres, c'est la politique économique suivie depuis 1981 qui est à l'origine de leurs difficultés actuelles. Ils se consolent en pensant que la présence de la gauche sera 'passagère' (63 %).

I.N.S.E.E., C.E.R.C., *l'Expansion/B.V.A.* (septembre 1983)

Chez les salariés, le resserrement de l'éventail des rémunérations s'est poursuivi.

Depuis 1981, le S.M.I.C. a augmenté son avance sur les autres salaires, en termes d'accroissement du pouvoir d'achat. Cela a eu pour conséquence d'améliorer les bas salaires, surtout dans les secteurs privé et semi-public (p. 318). La réduction de la durée légale du travail, réalisée le plus souvent sans diminution de salaire, a fortement contribué à l'augmentation des salaires horaires les plus bas, tandis que le pouvoir d'achat des salaires mensuels, souvent plus élevés, restait stable. Globalement, le pouvoir d'achat des cadres et agents de maîtrise (en revenu disponible) a baissé pendant la période des cinq dernières années.

Les salariés de la fonction publique ont connu une évolution semblable : après une perte de pouvoir d'achat en 1979, les années 1980 et 1981 ont été plus favorables. En 1982, seuls les fonctionnaires du bas de l'échelle (catégorie D) ont vu leur pouvoir d'achat préservé (p. 308).

Le pouvoir d'achat des autres

Croissance du pouvoir d'achat du revenu disponible (%) :

	moyenne 1973-1979	1980	1981	1982	1983
FRANCE	+ 3,6	− 0,2	+ 2,9	+ 2,7	− 0,3
États-Unis	+ 2,4	+ 0,6	+ 3,2	+ 0,5	+ 3,2
R.F.A.	+ 3,8	+ 1,7	− 0,3	− 2,8	− 0,5
Royaume-Uni	+ 1,7	+ 1,5	− 2,4	− 0,3	+ 1,0
Italie	+ 2,4	+ 2,2	+ 1,2	+ 0,2	− 1,3
Belgique	+ 2,8	+ 2,3	− 0,9	− 0,7	− 1,4
Pays-Bas	+ 3,0	0,0	− 1,1	+ 1,6	− 0,9

Comptes de la Nation

La situation des non-salariés est très différente selon les catégories.

Après les baisses importantes de 1981 (− 5 %) et surtout de 1980 (− 14 %), le pouvoir d'achat des agriculteurs a retrouvé le chemin de la hausse en 1982 (environ 2,5 %) puis rechuté en 1983 (− 4,2 %).

Les viticulteurs ont été les principaux bénéficiaires, du fait des récoltes exceptionnellement abondantes de 1982 et 1983. 1984 a été moins brillante, à la suite des difficultés rencontrées au niveau européen. _____

Les médecins se portent mieux

Évolution du bénéfice net de quelques professions de santé (en francs constants) :

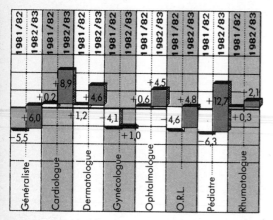

Les commerçants connaissent chaque année des fortunes diverses selon leur activité, la conjoncture générale et leur dynamisme personnel. 1981 avait été pour beaucoup une année difficile ; 1982 fut bien meilleure, en particulier pour les bouchers-charcutiers. 1983 marque un repli généralisé, confirmé en 1984. _____

Globalement, l'opinion des commerçants et artisans sur l'évolution de leur propre situation financière tend à se dégrader. La majorité d'entre eux considère que leur situation est moins bonne depuis quelques années, en particulier depuis la fin de l'année 1980. _____

Les professions de santé ont subi en 1982 les effets du blocage des tarifs conventionnés, puis les mesures prises par les pouvoirs publics pour réduire l'accroissement des dépenses de santé et équilibrer les comptes de la Sécurité sociale. Les hausses des consultations intervenues en 1983 leur ont permis

de retrouver des niveaux de revenus plus élevés (v. graphique). _____

Pouvoir d'achat des salaires français à l'étranger : le grand écart

L'évolution du pouvoir d'achat des Français dans la monnaie nationale mesure leur capacité à dépenser des sommes qui sont, pour la plupart, exprimées en francs.

Il n'est pas inintéressant d'élargir cette notion au plan international. On peut, par exemple, déterminer l'évolution du pouvoir d'achat d'un Français qui percevrait ses revenus en francs français et qui, vivant aux États-Unis, les convertirait en dollars, avant de les dépenser sur place.

Le moins qu'on puisse dire est que la situation de ce Français-là n'est pas très enviable. Entre 1981 et 1983, le franc a été dévalué trois fois et la devise américaine s'est beaucoup revalorisée par rapport à certaines monnaies (p. 213). Ces différents événements ont considérablement restreint le pouvoir d'achat du franc en dollars (ci-dessous).

Franc/dollar : la chute libre

Revenu moyen en dollars par personne active.

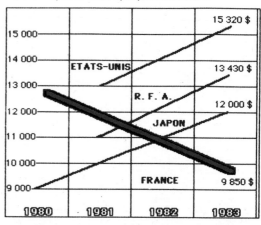

Dans le même temps, les revenus perçus au Japon ou en Allemagne, exprimés en dollars, suivaient assez bien ceux des travailleurs américains.

Cette perte importante du pouvoir d'achat du franc à l'étranger explique le prix de plus en plus élevé des vacances à l'étranger pour les touristes français (p. 399). Elle permet, en contrepartie, une compétitivité accrue des produits français à l'exportation et peut donc contribuer au rétablissement de l'équilibre de la balance commerciale.

LE TEMPS DES CIGALES

*Les Français sont aujourd'hui plus enclins
à dépenser l'argent qu'à l'épargner. La crise, bien
sûr, ne leur laisse pas toujours le choix. Mais la
capacité de consommer devient, plus qu'un simple
plaisir, le symbole de la liberté.*

Les Français changent,
leurs dépenses changent aussi

Que font les Français du revenu dont ils
disposent après avoir payé leurs impôts et
perçu les éventuelles prestations sociales
auxquelles ils ont droit ? Ils n'ont guère que
deux solutions : dépenser ou épargner.
Après avoir longtemps joué la fourmi de la
fable, c'est la cigale, aujourd'hui, qui a leur
préférence. _____

*Les Français dépensent
85 % de leur revenu disponible.*

Consommez, si m'en croyez,
n'attendez à demain...

● *Entre 1960 et 1980,
la consommation a augmenté
de plus de 4 % par an en moyenne.*

Depuis 1950, le budget disponible pour la
consommation s'est considérablement accru.
Jusqu'en 1975, l'épargne avait largement bénéficié de cette manne (p. 330). Mais la crise
a contraint les Français à réduire leur effort
d'économie, afin de maintenir ou d'améliorer
leur niveau de vie. Malgré la crise, ceux-ci
restent en effet très attachés à la consommation, qui leur a procuré beaucoup de satisfactions. Mais la façon dont ils effectuent
leurs dépenses a beaucoup évolué en l'espace
d'une génération. _____

Consommation-pouvoir d'achat :
la course poursuite

Taux de croissance annuel moyen (%).

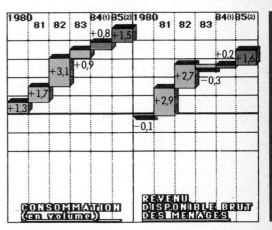

(1) Estimation.   (2) Prévision.

Quand on a moins d'argent,
on le dépense différemment

Lorsqu'on examine la structure du budget
des Français (p. 323), on pourrait penser
qu'ils mangent de moins en moins et qu'ils
ne s'habillent plus, afin de consacrer plus
d'argent à leur santé et à leurs loisirs. L'analyse est un peu sommaire ; l'évolution en
valeur relative (c'est-à-dire la part consacrée

à chaque type de dépenses, v. tableau 1 ci-dessous) doit être complétée par l'évolution en *valeur absolue* (les dépenses en francs et non plus en pourcentage, v. tableau 2). ____

On s'aperçoit alors que les Français continuent d'accroître leurs dépenses en nourriture. Mais, comme leur appétit n'est pas sans limite, ils ne peuvent lui consacrer beaucoup plus, sous peine de tomber malades. D'autant que les autres occasions de dépenses sont nombreuses… ____

1973 est une année charnière.

Sans nul doute, 1973 restera dans l'histoire. Le début de la première crise pétrolière coïncide avec une rupture du rythme de consommation des ménages. Elle est particulièrement nette *à la baisse* pour l'alimentation (p. 145), l'habillement (p. 10), et l'équipement du logement (p. 129) ; *à la hausse* pour les dépenses de santé (p. 17) et de loisirs (p. 347). Ces arbitrages traduisent, bien sûr, l'évolution des goûts et des aspirations des Français, liée à leur nouvelle échelle des valeurs (p. 58). Ils sont aussi la conséquence des contraintes économiques nouvelles. Ainsi, l'augmentation du prix de

Les nouvelles priorités

1 - **Évolution des dépenses en valeur relative** (francs constants) **en %.**

	1960	1970	1973	1981	1982	1985
100 % →						← 100 %
Alimentation	35,5	27,1	24,4	21,4	21,2	20,9
Habillement	8,7	8,6	8,2	6,8	6,7	6,6
Logement	12,1	14,5	14,7	15,8	15,7	16,3
Équipement du logement	10,2	10,0	10,8	10,0	9,9	9,6
Santé	7,2	9,8	10,7	14,0	14,6	14,8
Transports	9,1	11,6	12,5	12,2	12,4	12,6
Loisirs, culture	5,5	6,2	6,5	7,9	7,9	7,8
Biens et services divers	13,7	12,2	12,2	11,9	11,6	11,4

2 - **Évolution des dépenses en volume** (base 100 en 1959).

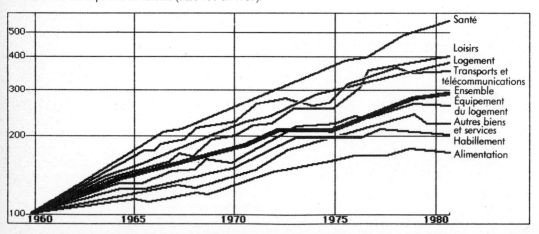

Comptabilité nationale

Comment les autres dépensent-ils leur argent ?

Structure du budget (1982).

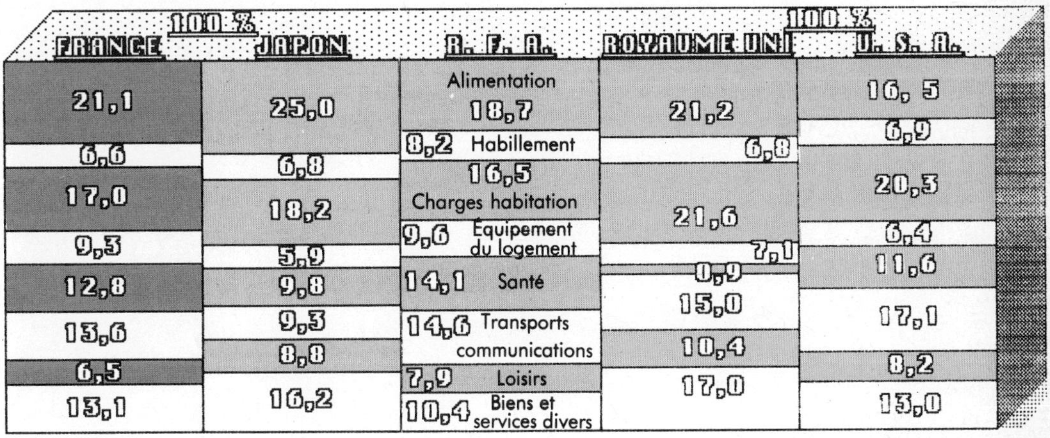

	FRANCE 100 %	JAPON	R.F.A.	ROYAUME UNI	U.S.A. 100 %
Alimentation	21,1	25,0	18,7	21,2	16,5
Habillement	6,6	6,8	8,2	6,8	6,9
Charges habitation	17,0	18,2	16,5	21,6	20,3
Équipement du logement	9,3	5,9	9,6	7,0	6,4
Santé	12,8	9,8	14,1	0,9	11,6
Transports communications	13,6	9,3	14,6	15,0	17,1
Loisirs	6,5	8,8	7,9	10,4	8,2
Biens et services divers	13,1	16,2	10,4	17,0	13,0

Eurostat

l'énergie conditionne celle des dépenses de logement qui, outre les loyers, comprennent le chauffage et l'électricité. Les dépenses de transport sont également liées à l'augmentation du prix de l'essence et du prix des voitures, dont la construction nécessite beaucoup d'énergie et de matières premières, elles-mêmes dépendant du prix du pétrole. Les Français n'ont réussi à maintenir le niveau de ces dépenses qu'en réalisant des économies substantielles sur les deux postes.

LA LOCATION C'EST PLUS SIMPLE CHEZ UN VIDEOLOGUE.

GRANADA
LE VIDEOLOGUE
043.99.99

Futurs

Consommer ne rime pas toujours avec posséder.

D'où une diminution de l'achat de voitures neuves au profit du marché de l'occasion. ——

Des biens durables aux services

L'évolution de la structure de la consommation des ménages est un bon indicateur de l'état de la société à un moment donné.

Ainsi, la répartition entre les biens durables (meubles, équipement ménager, voiture, etc.) et les dépenses plus éphémères (alimentation, services) donne une idée des transformations qui ont eu lieu dans les modes de vie des Français (v. page suivante). ————

Les biens durables représentent moins de 10 % des dépenses des ménages.

Après avoir beaucoup augmenté jusqu'en 1972, au moment où les Français s'achetaient télévision, machine à laver et automobile, la part des biens durables dans le budget tend aujourd'hui à se stabiliser. En attendant, sans doute, le développement prochain de la nouvelle génération d'équipements : magnétoscope, ordinateur familial, lecteur de disques compacts, four à micro-ondes, etc. ——

Mais il ne faut pas oublier que les prix de

Services compris

Évolution des dépenses des ménages par nature (%).

100 % 1970	1979	1983 100 %
7,3 Automobile, radio-TV BIENS 8,6 DURABLES		électroménager, autres 8,3
15,3	BIENS SEMI-DURABLES 13,9	12,6
42,1	BIENS NON DURABLES Alimentation, autres 38,8	38,7
35,3	SERVICES 38,7	40,4

I.N.S.E.E.

certains de ces équipements (électroménager, loisirs, en particulier) ont eu tendance à diminuer en francs constants, ce qui explique une bonne partie de cette évolution (p. 325).

*Les Français achètent
de plus en plus de services.*

À votre service

Répartition des dépenses de services en % du budget des ménages.

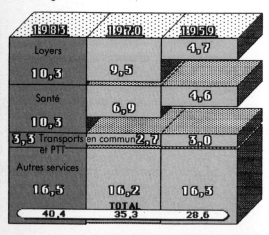

	1983	1970	1959
Loyers	10,3	9,5	4,7
Santé	10,3	6,9	4,6
Transports en commun et PTT	3,3	2,7	3,0
Autres services	16,5	16,2	16,3
TOTAL	40,4	35,3	28,6

I.N.S.E.E.

La distinction entre les achats de produits manufacturés et ceux de services (assurances, réparations, coiffeur…) fait apparaître une nette diminution des premiers (71 % en 1960, 60 % en 1982) au profit des seconds.

L'augmentation des dépenses de services tient pour une bonne part à l'augmentation de celles qui concernent le logement (loyers et charges ou valeurs locatives pour ceux qui sont propriétaires), liée à la recherche d'un meilleur confort. Mais la hausse du prix de l'énergie explique aussi en partie celle des charges (en particulier le chauffage). ___

Parallèlement, les dépenses de santé se sont accrues de façon considérable (p. 17). Il faut rappeler que le montant qui figure dans le budget des ménages (ci-dessus) ne représente en fait qu'environ 20 % des dépenses totales, le reste étant pris en charge par la Sécurité sociale. ___

Il faut enfin préciser que la hausse des prix des services a été généralement plus forte que celle des produits manufacturés, du fait de la hausse continue des salaires qui représentent l'essentiel du prix de revient des services (ci-après). ___

La structure des dépenses ne dépend pas seulement des goûts et des modes.

On a souvent tendance à oublier l'influence de ce que les économistes appellent les 'prix relatifs' sur la structure des dépenses des ménages. S'il est vrai que les évolutions dans les modes de vie entraînent de nouvelles priorités dans la façon d'utiliser ses revenus, une partie du choix est conditionnée par l'augmentation relative des prix au fil du temps. Ainsi, le prix d'une montre ou d'un téléviseur a baissé en francs constants entre 1964 et 1984 (encadré), ce qui rend l'achat beaucoup plus accessible aux Français, puisque leurs revenus ont, eux, beaucoup augmenté pendant cette période (le salaire ouvrier a été multiplié par 6,6).

A l'inverse, le journal, le timbre ou certains services ont augmenté beaucoup plus vite que les revenus, ce qui les rend plus coûteux aujourd'hui.

D'une façon générale, les prix ont tendance à baisser en francs constants au cours du temps, comme l'a parfaitement démontré Jean Fourastié (*Pourquoi les prix baissent*, Éd. Hachette-Pluriel). Cela est évidemment d'autant plus sensible que la fabrication des produits et leur mise à disposition se prêtent à des gains de productivité. C'est le cas en particulier de la plupart des produits indus-

Dans le panier de la ménagère, tout n'a pas augmenté uniformément.

Les étiquettes ne valsent pas toutes au même rythme

Évolution des prix de quelques produits (en francs courants).

	1964	1984	variation
Taxe de raccordement au téléphone	400	250	− 37,5 %
Bracelet-montre pour homme (1)*	69	49	− 30 %
Téléviseur Philips noir et blanc 59/61 cm	2 097,70	1 700	− 19 %
Machine à laver, cuve acier 1,5 kg - 3 kg*	710	840	× 1,18
Réfrigérateur 220 litres*	975	1 490	× 1,52
Autocuiseur 8 litres	135	399	× 2,95
Prix moyen du kilowattheure à usage domestique	0,184	0,545	× 2,96
Taxe de base téléphonique	0,25	0,75	× 3
Gauloises brunes	1,35	4,25	× 3,14
Club Méditerranée : une semaine Paris-Paris en avion au village d'Al Hoceima (Maroc)	940	3 395	× 3,61
Matelas de laine 1,40 m*	519	1 999	× 3,85
Aspirine du Rhône, le comprimé	0,055	0,23	× 4,18
Indice des prix (I.N.S.E.E.)	−	−	**× 4,78**
Panier de la ménagère (2)	616	2 956	× 4,79
« Petit Larousse illustré »	35	169	× 4,82
Contravention de base	10	50	× 5
Robe de chambre pour homme en laine des Pyrénées	67,50	340	× 5,03
Litre d'essence super	1,04	5,65	× 5,43
« Le Nouvel Observateur »	2	11	× 5,5
Jean Levis 501 non délavé	55	310	× 5,63
Livre de poche simple	1,95	11	× 5,64
Baguette de pain	0,44	2,50	× 5,68
2 CV Citroën	5 200	30 100	× 5,78
Montre Cartier Tank en or massif et émail	2 800	17 500	× 6,25
Salaire moyen ouvrier	**715**	**4 689**	**× 6,56**

(Suite p. suivante).

	1964	1984	variation
Prix moyen de la place de cinéma	3,03	20,22	× 6,67
Carnet de tickets de métro, 2e classe	3,70	25,50	× 6,89
Visite chez un généraliste	10	70	× 7
Enterrement 2e classe .	676,50	4 989,66	× 7,38
Allocations familiales pour deux enfants de 3 à 10 ans	63,36	495,78	× 7,82
Timbre	0,25	2,10	× 8,4
Trench pour homme Burberrys en coton . . .	400	3 470	× 8,67
S.M.I.C. horaire	1,92	24,36	× 12,68
Quotidiens nationaux .	0,30	4	× 13,3
Kilo d'or fin (fin octobre)	5 555	103 500	× 18,63

(1) Montre la moins chère du catalogue de la Redoute. Mécanique en 1964, elle est à quartz en 1984.

(2) Relevé de 49 articles pour une famille de cinq personnes établi par l'U.F.C.S. (Union féminine civique et sociale) de Lyon.

*Les prix de ces articles sont extraits des catalogues 64 et 84 de la Redoute.

Le Nouvel Observateur (novembre 1984)

triels (électroménager, etc.). Les services constitués essentiellement de main-d'œuvre se prêtent beaucoup moins bien à de tels gains. C'est ce qui explique que le recours au coiffeur, au garagiste ou au plombier, ou la fréquentation des spectacles (music-hall, théâtre, cinéma) coûtent de plus en plus cher. L'écart devrait logiquement continuer à se creuser entre les produits manufacturés et les services. —————————

La civilisation du crédit

Consommer avant de payer. L'idée a fait fortune en France, après avoir été expérimentée avec succès aux État-Unis dès le début du siècle. Le développement de la société dite 'de consommation' n'est sans doute pas peu redevable à cette pratique. —————————

Le grand mérite du crédit est d'avoir donné à des millions de Français l'accès à des biens auxquels ils n'auraient sans doute jamais pu

Dur, dur... !

La crise, toujours elle, a modifié (avec retard) les habitudes de dépenses des Français. Près des deux tiers font aujourd'hui un budget pour ne pas se laisser dépasser par les événements.

Êtes-vous obligé (vous ou votre foyer) de vous imposer régulièrement des restrictions sur certains postes de votre budget ?

	1978	1979	1980	1981	1982	1983
Oui	52,4	52,4	59,3	65,7	64,1	62,2
Non	47,6	47,6	40,7	34,3	35,9	37,8
Si oui, sur quels postes ? Restrictions sur...						
	%	%	%	%	%	%
Vacances et loisirs	72,9	72,3	71,6	77,5	80,0	79,3
Habillement	67,3	64,6	66,4	65,0	71,4	74,8
Achat d'équipement ménager	57,6	49,6	53,5	58,7	62,1	63,7
Voiture	42,3	39,1	52,1	51,3	55,3	52,9
Soins de beauté	45,2	38,5	41,1	49,5	50,9	54,7
Alimentation	20,0	25,1	27,1	25,6	26,6	29,5
Logement	26,9	21,2	26,8	28,8	32,0	34,5
Boisson et tabac	24,2	20,6	21,6	28,9	30,6	31,7
Dépenses pour les enfants (1)	5,0	15,4	18,2	20,0	21,6	22,8
Soins médicaux	6,4	7,6	8,4	8,9	8,9	10,1

CREDOC

(1) En 1978 l'item était libellé ainsi : 'Education des enfants'.

Face à l'avenir, c'est le pessimisme qui domine. Beaucoup de Français estiment qu'ils seront contraints de 'serrer davantage les boulons' afin de contenir leurs dépenses. Le phénomène est relativement nouveau. Pendant les premières années de crise, peu de ménages avaient vraiment envisagé concrètement de réduire leur train de vie. On ne sort pas si facilement du confort douillet de la société de consommation pour se frotter à l'austérité...

Avant, cependant, d'entrer dans l'ère de la 'consommation triste', les Français ont une dernière carte à jouer, celle d'une réduction de leur épargne. C'est ce qu'ils ont commencé à faire en 1983 (p. 330). Plus qu'une simple satisfaction, la consommation est devenue aujourd'hui un véritable art de vivre. Inquiets pour leur avenir immédiat, les Français veulent profiter sans attendre des plaisirs de la vie.

Comptant ou pas comptant ?

Mode d'acquisition de certains équipements (en %)

	TV couleur	Magnéto-scope	Lave-vaisselle	Lave-linge	Congé-lateur
— Au comptant	67,2	55,2	73,5	73,1	77,6
— À crédit	24,6	32,7	20,8	20,5	17,6
— Par cadeau	6,0	4,4	4,3	5,1	3,8
— Location ou location-vente	1,6	7,6	0,8	0,4	0,5
— Neuf	93,8	93,6	95,6	94,4	92,0
— D'occasion	5,6	4,8	3,8	4,9	7,7

I.N.S.E.E. (1984)

prétendre. Difficile, en effet, d'attendre plusieurs années pour économiser la somme nécessaire à l'achat d'une voiture. Sans parler de l'accession au logement qui ne serait guère possible sans le crédit. Au cours des trente dernières années, le développement du crédit a sans doute autant fait pour le rapprochement des conditions de vie des Français que la croissance économique. ____

Pourtant, la médaille a son revers, et la frénésie, parfois inconsciente, de certains les a conduits à bien des déboires. La dissociation de l'acte d'achat et de la dépense qu'il entraîne a en effet modifié la perception qu'ont les acheteurs du 'prix des choses'. De sorte que les moins lucides se trouvèrent parfois fort dépourvus... lorsque les échéances furent venues. Le moindre accident de parcours (perte de l'emploi, maladie, etc.) suffit à déclencher un processus qui peut être douloureux. Ils sont nombreux, chaque année, ceux qui, poussés par l'envie et les vendeurs (et aussi l'inflation), sont allés trop loin sur le chemin de l'endettement et ne peuvent plus faire face à leurs engagements. _____

10 millions de Français possèdent une carte de crédit.
● La plus répandue est la Carte bleue, qui compte 4 millions de détenteurs.

Après un démarrage assez lent au cours des années 70, les Français sont aujourd'hui 10 millions à posséder au moins un exemplaire de cette 'monnaie en plastique'. Loin derrière les États-Unis, qui en comptent

700 millions, le porte-cartes étant là-bas aussi répandu que le portefeuille (en moyenne 7,6 cartes par habitant). La carte n'est donc plus considérée en France comme un privilège réservé à une élite d'hommes d'affaires et de cadres supérieurs. La plupart des Français la considèrent aujourd'hui comme un instrument utile, voire indispensable. ____

Ne pas confondre paiement et crédit

Les Français font souvent la confusion entre les deux grands types de cartes existants. Les cartes délivrées par les banques (Carte bleue, Eurocard...) permettent à leurs possesseurs un 'paiement différé'. Cela équivaut à un crédit gratuit de trésorerie de deux à cinq semaines entre la date d'achat et la date de débit du compte bancaire. Il peut s'y ajouter d'autres avantages tels que le retrait d'argent liquide, la possibilité d'effectuer des opérations bancaires, etc.

Les véritables cartes de crédit, ou cartes accréditives, sont celles qui sont émises par les organismes de crédit (Cetelem, Cofinoga...) ou les grands distributeurs (la Redoute, les 3 Suisses, Carrefour...). Elles donnent droit au règlement d'achats à crédit, moyennant le paiement d'intérêts au taux en vigueur (souvent plus de 20 %).

De l'argent liquide à la monnaie électronique

Les cartes de crédit sont l'une des innovations qui ont largement modifié les rapports que les Français entretiennent avec l'argent (p. 297). La première nouveauté, et peut-être la plus importante, avait été le chèque. Après l'argent-métal, le chèque papier et la carte plastique, la monnaie électronique prendra demain la relève. L'argent, qui n'a déjà plus d'odeur, sera bientôt invisible. _____

● Il y a aujourd'hui 27 millions de comptes en banque (particuliers).
● 33 % des plus de 15 ans ont un compte chèque postal.
● Chaque année, les Français émettent environ 3 milliards de chèques, soit un tous les deux jours en moyenne.

Le paiement en argent liquide est aujourd'hui de plus en plus limité aux petites sommes dépensées chez le boulanger ou l'épicier.

Ceux qui continuent d'utiliser les billets et les pièces le font par plaisir, par ostentation... ou par crainte du percepteur.

Le chèque n'effraie donc plus les Français (même si certains le rédigent encore en anciens francs !), qui bénéficient, en outre, de la gratuité du traitement des chèques et de la tenue des comptes.

600 000 'chèques en bois'

Ce nombre (correspondant à l'année 1983) est en augmentation régulière, puisqu'il n'était que de 350 000 en 1972. Il comprend environ 200 000 chèques volés, falsifiés ou contrefaits.

Les superstitieux devraient le savoir : 'toucher du bois' n'est pas toujours une bonne solution pour se prémunir contre le mauvais sort...

Les titres-restaurant et les chèques-vacances sont de l'argent à prix réduit.
● *700 000 salariés
utilisent des titres-restaurant.*

Des formes particulières de chèques ont été développées pour les salariés des entreprises. Avec les titres-restaurant, celles-ci prennent en charge une part (environ la moitié) de leur déjeuner, lorsqu'elles ne peuvent mettre à leur disposition une cantine.

Le chèque-vacances, créé en mars 1982, a une vocation sociale affirmée. Réservé au départ à ceux qui disposaient des plus faibles revenus (et payaient moins de 1 130 francs d'impôts), il ne connut pas le succès espéré. C'est pourquoi le plafond du montant d'impôt a été relevé à 5 000 F pour 1984, de sorte que le chèque-vacances concerne 16 des 20 millions de foyers français. Sa délivrance, facultative, est assurée par les comités d'entreprise et les organismes à caractère social (caisses de retraite, allocations familiales, etc.). Les bénéficiaires achètent ces chèques à 80 %, 50 %, voire 30 % de leur valeur nominale, pour un montant mensuel plafonné

200 millions de 'chèques-restau'

On a émis, en 1984, environ 200 millions de titres-restaurant, pour une valeur de plus de 3 milliards de francs. Cinq sociétés se partagent ce marché considérable : le Ticket-Restaurant représente 39 %, devant le Chèque-Restaurant (36 %) et sa filiale le Chèque-Repas (13 %). Le Ticket-Repas représente 8,5 % et le Chèque-de-Table 2 %.

L'impact de ces titres-restaurant sur l'industrie de la restauration a été considérable. On considère que la clientèle des restaurants parisiens a triplé depuis leur instauration. Il faut dire que le titre-restaurant est en quelque sorte de l'argent en solde. Des soldes qui présenteraient l'avantage de durer toute l'année...

à 10 % du S.M.I.C. et pendant 8 mois de l'année. Ils peuvent les utiliser chez les commerçants, au péage des autoroutes ou dans les stations-service.

La monnaie électronique sera une étape décisive vers l'argent invisible.

Avec elle, le paiement se libérera de tout support matériel. Plus de pièce, de billet ou de chèque. Les cartes de crédit utilisées aujourd'hui ne constituent pas un véritable règlement, puisque les achats qu'elles couvrent doivent être réglés ultérieurement par chèque ou virement bancaire. Demain, l'introduction de la 'carte à mémoire' dans un lecteur spécial installé chez le vendeur permettra à celui-ci d'être crédité immédiatement sur son compte, en même temps que le compte de l'acheteur sera débité.

Des expériences sont actuellement en cours (à Blois, à Saint-Étienne, etc.) afin de tester les possibilités de ces cartes et les réactions de leurs titulaires. L'ère de l'argent électronique a commencé. La modicité des investissements nécessaires aux banques pour offrir de tels services par rapport aux économies qu'ils permettent de réaliser (papier, circuits administratifs, correspondance, etc.) devrait les inciter à avancer rapidement dans cette voie.

Patrimoine :
l'argent ne dort plus, il travaille

ÉPARGNE :
MAUVAIS TEMPS
POUR LES FOURMIS

Pour maintenir leur niveau de vie malgré la crise, les Français ont dû réduire leur effort d'épargne. D'autant plus facilement semble-t-il que leur goût pour l'économie est de moins en moins fort. Mais, autant que le montant de l'épargne, c'est la façon d'épargner qui est en train de changer.

Il n'y a plus de petites économies

Le taux d'épargne des ménages, qui mesure la part du revenu disponible qu'ils consacrent à l'épargne ou à l'investissement, a for-tement baissé depuis près de 10 ans (ci-après). 1981 et 1982 avaient laissé espérer une certaine reprise de l'effort d'épargne, encouragé par le gouvernement en place. 1983 et 1984 ont marqué une rechute spectaculaire, avec un niveau inférieur à 15 %. Il faut remonter à 1969 pour trouver un taux inférieur. Tout laisse à penser que 1985 ne sera pas non plus une bonne année pour les tirelires.

L'endettement nouveau des ménages tend aussi à diminuer.

Aux ressources financières annuelles des ménages s'ajoute l'endettement à moyen et à long terme qu'ils contractent en vue de l'achat ou de l'amélioration d'un logement, ou de l'investissement pour les entrepreneurs individuels. On estime à 10 % de la valeur de leurs biens immobiliers le montant de l'endettement actuel des particuliers. L'emploi de ces ressources financières est constitué à la fois des placements, des investissements et des remboursements d'emprunts. De sorte que la situation financière des ménages se résume à cette simple égalité :

ÉPARGNE + ENDETTEMENT NOUVEAU = INVESTISSEMENTS + PLACEMENTS FINANCIERS + REMBOURSEMENTS D'EMPRUNTS

Ressources   Emplois

La désescalade

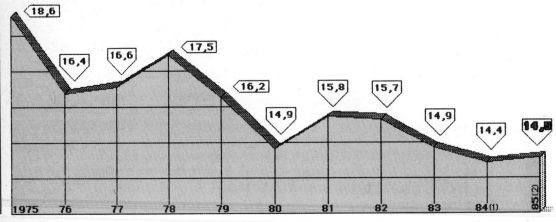

Évolution du taux d'épargne des ménages.

Rapport sur les comptes de la nation/I.N.S.E.E.

18,6
16,4
16,6
17,5
16,2
14,9
15,8
15,7
14,9
14,4
14,5

1975 76 77 78 79 80 81 82 83 84(1) 85(2)

(1) Estimation.   (2) Prévision.

En ce qui concerne les ressources, l'endettement nouveau tend à suivre le mouvement de baisse constaté pour l'épargne globale, du fait des taux d'intérêt élevés par rapport au niveau des prix et de la désaffection actuelle pour l'immobilier (p. 333). Les emplois, de leur côté, connaissent depuis plusieurs années des modifications importantes. Les Français sont aujourd'hui plus ambitieux pour leurs placements (p. 332). Ils savent que l'argent qui dort a parfois un mauvais réveil... _____

Le pouvoir d'achat, mais aussi les mentalités

Les mouvements d'oscillation qui caractérisent l'effort d'épargne des Français ne sont pas le fruit de leurs hésitations entre la volonté de dépenser et celle de faire des économies. Ils sont liés, de façon plus ou moins directe, et immédiate, à des facteurs concrets tels que les revenus, le chômage, l'inflation, la démographie ou la protection sociale. Certains concernent le court terme, d'autres le long terme. Une bonne façon de les appréhender est de s'intéresser au pouvoir d'achat du revenu disponible des ménages, qui prend en compte la plupart de ces paramètres (p. 311). _____

Il serait pourtant faux de croire que le comportement des Français en matière d'épargne dépend exclusivement de facteurs financiers. La dimension psychologique joue un rôle considérable. Le taux d'épargne des ménages n'est que l'une des conséquences

La fourmi luxembourgeoise et la cigale danoise

Taux d'épargne brute dans quelques pays de l'O.C.D.E. (en % du P.I.B.)

O.C.D.E.

	1982	1970
Luxembourg	43,8 (1)	39,3
Japon	30,8	40,2
Suisse	27,8	32,6
R.F.A.	21,5	28,1
Canada	19,0	21,2
Italie	18,8	24,2
FRANCE	18,5	26,2
Espagne	17,8	24,6
Royaume-Uni	16,9	21,5
États-Unis	15,9	18,0
Suède	14,1	24,8
Belgique	13,4	27,1
Danemark	12,5	21,8

(1) 1981.

de leurs modes de vie. Il se trouve que, depuis quelques années, l'évolution du pouvoir d'achat et celle des mentalités poussent dans la même direction, à savoir celle d'une diminution de l'épargne au profit de la consommation immédiate. _____

*Le pouvoir d'achat et l'épargne
varient dans le même sens.*

À dépenses égales, il paraît logique que l'augmentation du pouvoir d'achat entraîne celle de l'épargne. Dans la réalité, les choses ne sont pas aussi claires. Les ménages tendent à profiter des 'bonnes années' pour effectuer certaines dépenses (biens d'équipements, voyages, etc.) et à freiner celles-ci pendant les périodes de vaches maigres. ____

Du rose au morose

● Actuellement, vous-même ou votre foyer, pouvez-vous mettre de l'argent de côté ?

— OUI	28 %
— NON	69 %
— Sans réponse	3 %
	100 %

● Dans la société française d'aujourd'hui, diriez-vous qu'il est plus facile de faire fortune qu'il y a vingt ans ?

— OUI, c'est plus facile	10 %
— NON, c'est moins facile	66 %
— Ni plus ni moins facile	19 %
— Sans opinion	5 %
	100 %

Le Figaro-Magazine/Sofres (novembre 1984)

Ce phénomène de compensation s'applique surtout à des dépenses exceptionnelles, pour lesquelles la liberté de décision est totale (vacances, équipements, etc.). Il n'en va pas de même pour les dépenses courantes et pour celles qui sont imposées par les circonstances (impôts supplémentaires, remplacement d'une voiture ou d'un équipement...). C'est pourquoi le taux d'épargne reste globalement lié à l'évolution du pouvoir d'achat, même si l'effet a parfois quelque retard sur la cause. Ainsi, la baisse constatée en 1983 et 1984 est sans doute à mettre sur le compte à la fois de la réduction du pouvoir d'achat au cours de la période et de l'accroissement de la consommation qui s'était produit (de façon un peu artificielle) en 1981 et 1982. _____

*Les Français privilégient de plus en plus
la consommation par rapport à l'épargne.*

L'effort d'épargne est indissociable de la notion de durée. C'est pour l'avenir, même à court terme, que l'on met de l'argent de côté, en vue de financer une dépense prévue à une certaine échéance ou simplement pour pouvoir faire face à une difficulté imprévue. Aujourd'hui, les Français ont peur de l'avenir. Celui-ci leur paraît tellement plein d'incertitude et de risque qu'ils préfèrent se concentrer sur le présent (p. 53). _____

Même si tous ne se laissent pas gagner par ce 'catastrophisme' exacerbé, beaucoup arrivent à des conclusions voisines quant à la façon dont il faut vivre aujourd'hui. Pour eux, l'argent est une condition nécessaire si l'on veut profiter de la vie actuelle et conserver sa liberté face aux multiples tentations quotidiennes. Consommer, c'est agir, c'est occuper son temps sur la terre, donc tenter de s'y épanouir. C'est pourquoi il faut dépenser pour vivre. Cette équation très simple explique l'essentiel des modes de vie contemporains. On conçoit que l'épargne y ait de moins en moins sa place. _____

Après moi le déluge !

Si vous mettez de l'argent de côté, c'est...

	De plus en plus	Comme avant	De moins en moins	Ne se prononcent pas	Totaux
	%	%	%	%	%
● Pour mes vieux jours	10,7	42,6	33,8	12,9	100
● Pour mes impôts	16,1	51,4	17,7	14,8	100
● Pour réaliser un placement	10,3	31,8	41,8	16,1	100
● Pour mes vacances, mes loisirs	20,6	40,8	26,2	12,4	100
● Pour mes enfants	14,6	46,5	19,4	19,5	100
● Pour de gros achats	18,2	45,0	24,6	12,2	100
● Pour avoir des revenus réguliers	9,6	53,3	22,3	14,8	100

C.C.A.

SALOMON SENSATIONS

SALOMON
D'AUTRES PRODUITS POUR D'AUTRES SENSATIONS

Consommer,
C'est exister.

Placements : l'argent se réveille

L'ère des placements de 'père de famille' est-elle révolue ? Après avoir longtemps placé l'essentiel de leurs économies à la Caisse d'épargne, dans l'or ou dans la pierre (sans oublier les bas de laine), les Français commencent à rechercher aujourd'hui des solutions plus avantageuses et s'orientent plus volontiers vers les valeurs mobilières (obligations, actions). Il faut dire que leurs patrimoines ont été depuis dix ans sérieusement érodés par une inflation persistante (p. 212).

Le mouvement, cependant, n'a pas encore touché la totalité des épargnants, dont beaucoup continuent de préférer la sécurité de la Caisse d'épargne aux grandes émotions des spéculations boursières. Quant à la pierre et à la terre, les Français n'attendent sans doute qu'un signal (celui de la reprise) pour lui manifester à nouveau un attachement qui reste viscéral.

Caisse d'épargne : les Français ont déposé deux fois moins d'argent en 1983 qu'en 1979.

L'excédent des dépôts sur les retraits a représenté 22 milliards de francs en 1983 pour l'ensemble des produits de la Caisse d'épargne : livret A, livret B, livret d'épargne populaire, compte et plan d'épargne loge-ment, CODEVI et bons. En 1979, le montant correspondant (calculé en francs 1983 afin d'être comparable, compte tenu de l'inflation) était de 45 milliards de francs, soit deux fois plus.

Les Français ont massivement dégarni leurs livrets B, soumis à l'impôt, pour placer leur argent dans les livrets d'épargne populaire, créés en juin 1982. 350 000 LEP ont été ouverts en 1983, s'ajoutant aux 800 000 de 1982.

Mais c'est surtout l'innovation apportée par le CODEVI qui explique le recul de la Caisse d'épargne. Pour la première fois, les banques se sont vu reconnaître le droit de chasser sur les mêmes terres que l'Écureuil, celles des produits défiscalisés (nets d'impôts). La forte publicité faite autour du produit a permis aux banques de drainer une partie importante de l'épargne nouvelle (on estime à 23 % seulement la part de la Caisse d'épargne dans les dépôts concernant les CODEVI).

La désaffection croissante des Français pour la Caisse d'épargne ne s'explique pas seulement par ce transfert vers des produits bancaires de même nature. Elle marque aussi le début d'un nouveau comportement des épargnants. Curieusement, ce mouvement se produit au moment où les taux d'intérêt servis, sont exceptionnellement (encadré page suivante), du même ordre que l'inflation.

Un léger goût du risque...

Sous quelle forme préféreriez-vous garder une grosse somme ?

	1979	1984
● Billets	1,5	1,5
● Compte-chèque	12,0	7,5
● Épargne logement	14,5	16,0
● Livret d'épargne	28,0	23,5
● Bons et dépôts à terme	10,5	9,5
● Emprunts et obligations	4,0	6,5
● Actions	4,5	7,5
● Or	6,0	7,0
● Autres formes	3,0	4,0
● Ne sait pas	16,0	17,0
● Total	100,0	100,0

I.N.S.E.E. - T.E.F. 1984

Uniconseil

L'Écureuil grignote l'argent des Français

Le livret de la Caisse d'épargne a le double avantage de la sécurité et de la liquidité. On est sûr, en effet, de toucher les intérêts et on peut retirer son argent à tout moment. Il présente, en contrepartie, l'inconvénient majeur de mal protéger de l'érosion monétaire le capital qui lui est confié. Ainsi, une somme placée en 1970 sur un livret A a perdu aujourd'hui environ un quart de sa valeur en francs constants. Cette érosion est due au 'différentiel', constamment négatif jusqu'en 1984, entre le taux d'intérêt et l'inflation. La perte pour les épargnants a été particulièrement sévère depuis le début de la crise, car la revalorisation, légère et tardive, des taux d'intérêt est loin d'avoir compensé l'accroissement de l'inflation. Si l'écureuil est le symbole, bien sympathique, de l'épargne, il ne faut pas oublier que c'est aussi un rongeur…

Immobilier : la fin de l'âge d'or.

Depuis 4 ans, les Français ne s'intéressent plus guère à la pierre. Ceux qui souhaitaient acquérir leur logement ont été découragés par les taux d'intérêt des prêts immobiliers, surtout en phase d'inflation descendante. L'évolution de leur capacité financière (pouvoir d'achat) leur a donné aussi quelques inquiétudes, de même que leur capacité de remboursement compte tenu des risques qui pèsent sur l'emploi. Ceux qui disposaient au contraire d'un capital à investir ont été dé-

La maison,
refuge familial plutôt que valeur refuge.

couragés par les faibles perspectives de rentabilité, dues à l'évolution des loyers. La loi Quilliot, qui avait modifié les rapports entre les propriétaires et les locataires, dans un sens favorable à ces derniers, les avait inquiétés. De même que les dispositions fiscales décidées depuis 1981. Les nouvelles mesures prises par Paul Quilès en 1984, concernant les hausses des loyers et les incitations à l'investissement dans l'immobilier locatif, ont donc été accueillies avec satisfaction. Mais il faudra d'autres assurances pour que le placement immobilier retrouve tout son intérêt.

Dans le marasme actuel, c'est la maison individuelle qui résiste le mieux (p. 126). L'immobilier de loisirs a trouvé un second souffle grâce à la formule de la multipropriété (p. 127), qui autorise des investissements d'un montant beaucoup plus limité. Quant à la terre, elle connaît depuis quelques années une désaffection croissante, qui explique la baisse d'environ un tiers constatée depuis 1975.

*Les valeurs refuge
ne sont plus ce qu'elles étaient.*

Il est décidément bien difficile de placer son argent ! Déçus par les faibles rendements qui leur sont proposés par la Caisse d'épargne, découragés par la situation chaotique du marché immobilier, les Français ont eu aussi quelques émotions avec les traditionnelles valeurs refuge.

L'or et les pierres précieuses ont connu ces dernières années des mouvements de grande amplitude que seuls les professionnels et les spéculateurs chanceux ont pu mettre à profit.

Quant au marché des objets d'art, il ne concerne que la minorité (croissante) de Français capables de se mouvoir dans un domaine où l'argent côtoie la culture.

*Depuis 1983,
beaucoup de Français ont redécouvert la Bourse.*

Longtemps délaissées par les Français, les

L'argent sort des bas de laine.

prendre un peu plus en charge leur patrimoine, comme le reste de leur vie privée. ▬

LA BONNE FORTUNE
DES FRANÇAIS

Entre 1950 et 1980, les Français s'étaient beaucoup enrichis. Depuis, la crise et l'inflation n'ont pas réussi à stopper la croissance de leur patrimoine. Mais si la fortune des Français est aujourd'hui plus largement répartie, le 'Club des riches' reste encore très fermé.

700 000 francs par ménage

valeurs mobilières ont retrouvé leurs faveurs. La Bourse leur a d'ailleurs bien rendu la politesse, avec une hausse record de 56 % sur les actions en 1983 et une performance très honorable en 1984 (+ 16 %): ▬

Les efforts des pouvoirs publics pour diriger l'épargne des particuliers vers la Bourse n'auront pas été vains. De leur côté, les Français, à la recherche de placements un peu plus performants que la Caisse d'épargne (p. 333), ont découvert dans la Bourse un univers nouveau, dont la diversité (actions, obligations, SICAV, fonds communs de placement, etc.) pouvait répondre à des besoins très différents. ▬

Mais la croissance spectaculaire des actions cotées en Bourse ne doit pas faire oublier que les Français achètent surtout des obligations, d'un maniement plus facile (même si ce n'est qu'une apparence). Celles-ci constituent en effet l'essentiel des transactions à la Bourse de Paris (78 % en 1983). Et les 250 milliards de francs d'obligations émis en 1984 ont été souscrits sans difficulté, malgré l'évolution en baisse des taux d'intérêt proposés. ▬

L'engouement nouveau des Français pour des placements moins 'calmes' ne traduit pas seulement leur souhait de mieux préserver leur capital. Il marque aussi leur volonté de

Estimer la valeur du patrimoine des Français n'est pas chose facile. Il faut en effet pour cela répondre à deux questions délicates : Quels sont les *biens* possédés par les ménages ? Quelle est la *valeur* de chacun d'eux ?

La réponse à la première question (les biens) ne peut être qu'incomplète. On connaît la discrétion des Français dans ce domaine. Peu d'entre eux sont prêts à rendre public le nombre de pièces d'or, de bijoux et d'objets de valeur qu'ils conservent jalousement dans leur coffre ou dans leur cave. ▬

La réponse à la seconde question (la valeur) ne peut être qu'approximative. Chacun sait que la valeur d'un appartement, d'une action ou d'un tableau de maître est éminemment variable et qu'elle ne peut être connue avec certitude que lorsqu'ils font l'objet d'une transaction (à condition, d'ailleurs, qu'aucun 'dessous-de-table' ne vienne fausser les statistiques…). ▬

Mais ces incertitudes et ces imperfections

ne doivent pas cacher l'essentiel, qui est que les Français se sont beaucoup enrichis depuis une trentaine d'années. _____

En 1980, le patrimoine global des Français se montait à environ 8 000 milliards de francs.

Un chiffre considérable puisqu'il représente 4 fois le montant du produit national brut ! Mais très inférieur à la réalité, car il ne tient pas compte de certains biens difficiles à évaluer. Il faut y ajouter environ 150 milliards de francs pour l'argent liquide, les objets de collection et les biens d'équipement domestique, 400 à 500 milliards pour l'or et 500 milliards pour les biens d'équipement (voitures, appareils ménagers, etc.). _____

Au total, les Français se partageraient donc plus de 9 000 milliards de francs. Si l'on fait l'hypothèse d'une hausse annuelle moyenne de 14 % en valeur entre 1980 et 1984 (identique à celle de la période 1971-1980), le patrimoine doit représenter aujourd'hui environ 15 000 milliards, soit 750 000 francs par foyer en moyenne. Il faut encore lui retrancher le montant de l'endettement (crédits à rembourser à moyen et à long terme), soit un

peu plus de 60 000 francs par foyer. Ce qui leur laisse un patrimoine net de 690 000 francs en moyenne, que l'on peut sans grand risque arrondir à 700 000 francs, compte tenu des sous-évaluations probables.

Le logement représente la moitié du patrimoine des Français.

L'immobilier reste l'élément prépondérant de la fortune des ménages (encadré). Ce poste regroupe à la fois les biens immobiliers servant à la résidence de leurs propriétaires et ceux qui sont destinés au rapport (immeubles donnés en location). _____

Le second poste, par ordre d'importance, concerne l'*épargne liquide*, qui comprend l'ensemble des dépôts à vue (livrets d'épargne, comptes sur livret, etc.), les dépôts à terme (comptes à terme, etc.) et les bons non négociables. Si leur part a régulièrement augmenté entre 1970 et 1980, il semble qu'elle ait plutôt tendance à diminuer depuis 1980 (p. 330). _____

Les *terres et terrains* (12 % du total) représentent sans doute aussi une part décroissante, du fait de la baisse (en francs constants) qu'ils subissent depuis plusieurs années. _____

En revanche, le poids des *valeurs mobilières* (actions, obligations), qui s'était déjà accru entre 1976 et 1979, a poursuivi sa croissance, profitant en particulier de la très forte hausse des actions en 1983 et 1984 (p. 334). _____

La roue de la fortune

Estimation de la répartition du patrimoine des Français (1980).

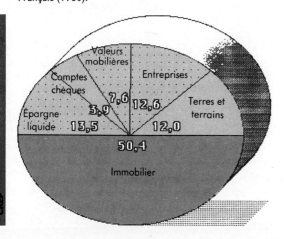

Le portefeuille-titres des Français

Les Français détiennent un peu plus de la moitié (56 %) des avoirs en Bourse, le reste étant détenu par les investisseurs institutionnels (banques, assurances, caisses de retraite…). La valeur moyenne de leurs portefeuilles se montait à 106 000 francs en 1982, contre 92 000 francs en 1981 (mais 100 000 francs en 1980). Avec des disparités importantes selon les catégories sociales : 42 000 francs en moyenne pour les salariés, 326 000 francs chez les industriels et gros commerçants.

La composition des portefeuilles est très variable selon les catégories sociales. Ainsi, les industriels,

Banque de France

membres des professions libérales et cadres supérieurs détiennent 60 à 70 % d'actions (françaises et étrangères), tandis que les autres catégories ont une majorité d'obligations : 51 % pour les cadres moyens ; 52 % pour les non-actifs ; 53 % pour les salariés non cadres ; 59 % pour les artisans et petits commerçants.

Les non-actifs détiennent 60 % de la valeur totale des portefeuilles. Leur importance tend cependant à diminuer un peu. La plupart sont des personnes âgées : les plus de 65 ans détiennent 37 % du nombre des comptes, mais 55 % de la valeur des portefeuilles (leur valeur moyenne est double de celle des détenteurs moins âgés : 163 000 francs contre 76 000 francs).

Le phénomène traditionnel de concentration s'accentue. Les portefeuilles de plus de 500 000 francs ne représentent que 3,1 % du nombre des comptes, mais 64 % des avoirs totaux (52 % seulement l'année précédente) !

Les salariés et les autres

La répartition du patrimoine global est très différente selon la profession exercée. Entre les industriels ou membres des professions libérales, qui possédaient en 1982 3 millions de francs (encadré), et les ouvriers, qui en avaient 20 fois moins, l'écart est considérable. Il s'explique principalement par trois raisons :

● l'existence d'un capital professionnel, indispensable à l'exercice de certaines professions (les terres de l'agriculteur, les locaux et machines de l'industriel, le cabinet et l'équipement des professions libérales) ;

● le poids de l'héritage, qui entretient l'inégalité entre les diverses catégories ;

● les écarts entre les revenus, qui amplifient les écarts entre les patrimoines. ——————

Chacun de ces facteurs va dans le sens d'un maintien général, voire d'un renforcement, des différences au fil des générations. ——————

*C'est l'existence
d'un patrimoine professionnel
qui explique les plus gros écarts.*

Si l'on enlève la valeur des biens professionnels et des terrains qui entrent dans le patrimoine des non-salariés (agriculteurs, commerçants, industriels, professions libérales),

L'échelle des patrimoines

Patrimoine brut des foyers (1) selon la catégorie socioprofessionnelle (en francs).

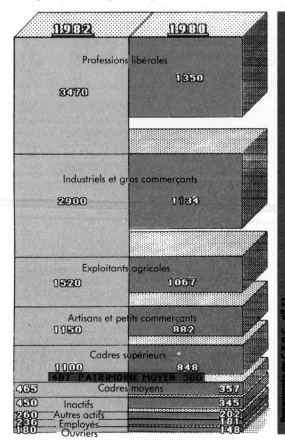

(1) Le nombre des foyers fiscaux était de 23 millions en 1982 (contre 19,6 millions de ménages).

on s'aperçoit que leur fortune est beaucoup plus proche de celle des salariés. C'est donc l'existence d'un patrimoine professionnel pour certains métiers qui explique le mieux les disparités entre les catégories sociales. L'autre explication tient à ce que les revenus dégagés par ces professions sont (à l'exception des agriculteurs et de certains commerçants) supérieurs à ceux des salariés (p. 304). Ils permettent donc un niveau d'épargne plus élevé, ce qui accroît d'autant le patrimoine. ——————

Chez les salariés,
les écarts entre les patrimoines
sont beaucoup plus élevés
qu'entre les revenus.
● *L'écart*
entre le patrimoine moyen des ouvriers
et celui des cadres supérieurs
est de 6,4.
● *L'écart entre leurs revenus disponibles*
est proche de 2.

La hiérarchie des patrimoines des ménages de salariés est très semblable à celle de leur revenus. Mais les écarts qui les séparent ne sont pas du même ordre. Une partie de ces différences proviennent de l'héritage, qui tend à maintenir, voire à renforcer, la hiérarchie entre les catégories sociales. Mais l'explication principale est que l'épargne des ménages est généralement proportionnelle à leur revenu.

La comparaison des patrimoines 'moyens'
réduit considérablement les écarts.
● *L'écart entre les patrimoines des ouvriers*
peut être estimé à 3 ou 4

L'argent des Français intéresse les Français.

entre le premier et le dernier décile (*)
● *Il est 10 fois plus élevé*
chez les cadres supérieurs.

(*) Premier décile : les 10 % les moins élevés.

À l'intérieur d'une même catégorie profes-

L'habit ne fait pas... le patrimoine

Répartition des ménages dans chaque tranche de patrimoine en milliers de francs.

	0	25	50	100	200	600	1200	1500	1800	2400	3000	4000+	Part dans la population totale
SALARIES AGRICOLES	•	•	•	•	•								1,2
OUVRIERS	•	⬤	⬤	⬤	⬤	•	●		•	•			25,0
EMPLOYES	•	⬤	⬤	⬤	⬤	●	●		•	●	•	●	13,0
CADRES MOYENS	•	●	⬤	⬤	⬤	⬤	●		●	●	·	●	11,3
EXPLOIT. AGRICOLES	·	●	⬤	⬤	⬤	⬤	⬤	⬤	●	⬤	●	●	1,7
CADRES SUPERIEURS	·	·	●	●	⬤	⬤	●	●	●	⬤	⬤	⬤	4,4
PROFES. LIBERALES	•	·	●	●	●	⬤	⬤	●	●	⬤	⬤	⬤	6,4
INACTIFS	⬤	●	●	●	●	●	●	●	●	●	●	●	34,0

Champ : foyers fiscaux.

Lecture du tableau : les cercles sont proportionnels au nombre de ménages concernés, ramenés à 100 dans chaque tranche de patrimoine. Les ouvriers et les salariés agricoles sont plus fréquents dans les tranches faibles de patrimoine ; ils sont absents des tranches élevées. Les agriculteurs sont plus fréquents dans les tranches moyennes de patrimoine. Les inactifs, catégorie où se regroupent des personnes issues des trajectoires sociales et professionnelles les plus diverses, sont répartis dans toutes les tranches de patrimoine, des plus faibles aux plus élevées.

sionnelle, le patrimoine moyen cache des disparités parfois énormes. Chez les salariés, le phénomène est d'autant plus vrai que l'on monte dans la hiérarchie professionnelle. ——

Parmi les non-salariés,
les disparités sont encore plus marquées.

Chez les agriculteurs, le capital professionnel peut varier dans des proportions considérables, du petit producteur laitier au gros éleveur ou à l'exploitant quasi industrialisé. De la même façon, l'outil de travail du patron d'une petite usine artisanale aura une valeur infime par rapport aux actifs d'un grand industriel, même si ce dernier n'en est pas propriétaire à 100 %. —————————

1 % des Français les plus fortunés
détiennent près de 30 % du patrimoine total.
● *Les 10 % les plus fortunés*
en possèdent environ 60 %.
● *Les 10 % de ménages les moins fortunés*
en possèdent une part infime (0,03 %).

La structure très étirée des patrimoines à l'intérieur de chaque catégorie sociale ne doit pas cacher l'énorme concentration du capital. La répartition du patrimoine est beaucoup plus inégale que celle des revenus. Les 10 % de revenus les plus élevés ne représentent en effet qu'un tiers du revenu global des Français après impôt. —————————

Fortune : l'argent des autres

L'instauration, en 1981, de l'impôt sur les grandes fortunes (I.G.F.) a permis d'y voir un peu plus clair dans la répartition du patrimoine des Français. Le 'Club des riches', dont le 'droit d'entrée' est fixé aux alentours de 3 millions de francs, reste très fermé. Les seuls salaires, même élevés, ne sont en général pas suffisants pour y accéder. D'autres revenus sont nécessaires, ceux par exemple des professions indépendantes, qui facilitent la création d'un capital (bien que l'outil de travail soit exonéré de l'I.G.F.). Mais c'est encore l'héritage qui constitue le moyen le plus sûr d'entrer dans le Club. —————

Même si le mystère qui entoure depuis longtemps les grosses fortunes n'est pas encore totalement dissipé, les premiers résultats de l'I.G.F. donnent une idée de leur montant et de leur structure. —————————

20 000 milliardaires en centimes,
5 milliardaires en francs actuels.

Du fait des exonérations de l'impôt (outil de travail, œuvres d'art, forêts, etc.), ces chiffres représentent des estimations peu précises et inférieures à la réalité. —————————

Quant aux 5 fortunes les plus élevées, on les connaît avec plus de précision. Ce sont, dans l'ordre, celles de Marcel Dassault (industriel), de Liliane Bettencourt (actionnaire de L'Oréal et de Nestlé), d'Anne Gruner-Schlumberger (actionnaire de Schlumberger), d'Edmond de Rothschild (banquier et collectionneur) et de Georgette Deutsch de la Meurthe (actionnaire de la Shell française). Elles sont pour une large part constituées d'actifs industriels qui ont bénéficié en quelques décennies d'une croissance spectaculaire. La fortune de leurs propriétaires a suivi le mouvement, confirmant le vieux dicton selon lequel 'l'argent appelle l'argent'. ——

L'I.G.F. ne devrait pas avoir un effet considérable sur la croissance des grandes fortunes. Sauf peut-être en ce qui concerne celles qui rapportent peu à leurs détenteurs : grandes propriétés, terres, etc. Ceux-ci devront, dans certains cas, vendre une partie de leurs biens pour s'acquitter de l'impôt (qui a été assez fortement majoré en 1984 pour les très hauts patrimoines). L'I.G.F. serait alors pour eux une sorte d'I.V.G. de la fortune. Seul le qualificatif de 'volontaire' ne serait pas vraiment approprié... ———————————

I.G.F. : Interruption de Grossesse des Fortunes ?

La raison d'être de l'impôt sur les grandes fortunes est a priori d'ordre économique : demander aux plus riches des Français une contribution particulière à l'effort de solidarité nationale. L'autre raison d'être de cet impôt est plutôt d'ordre idéologique. Il va dans le sens d'une réduction des inégalités de ressources entre les foyers. C'est pourquoi, d'ailleurs, il est populaire, dans un pays de tradition égalitariste. Il faut cependant souligner que l'impôt sur la fortune n'est pas une spécialité socialiste. Il existe aussi, et depuis plus longtemps, dans des pays peu suspects de rejeter l'enrichissement individuel, comme les États-Unis.

Si l'I.G.F. a un bon 'rendement psychologique', son rendement financier reste relativement limité : un peu moins de 4 milliards de francs payés en 1983, soit 1 % du total des impôts directs.

*Il y a en France
un peu plus de 100 000 'grandes fortunes'.*

La répartition de ces gros patrimoines montre que la concentration sur le plan national (p. 338) se retrouve parmi les plus fortunés (encadré). _____

Cette concentration se vérifie sur le plan géographique : 62 % de l'impôt sur la fortune sont acquittés par des contribuables habitant en Île-de-France (42 % des assujettis à l'I.G.F.). Les autres régions 'riches' sont : Provence-Alpes-Côte d'Azur (7,2 % de l'impôt) ; Rhône-Alpes (5,3 %) ; Nord-Pas-de-Calais (3,9 %) ; etc. _____

*Les 'petits riches' ont plus d'immobilier,
les 'gros riches'
ont plus de valeurs mobilières.*

Le 'Club des riches'

Déclarations à l'I.G.F. 1983 (hors œuvres d'art, forêts, outil de travail).

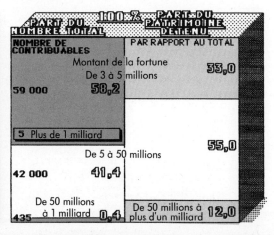

Parmi les biens non professionnels, les immeubles représentent en moyenne 47 % ; les valeurs mobilières et liquidités 53 %. Les résidences principales représentent en moyenne 22,1 % des biens immobiliers, les résidences secondaires 12,4 %. Ce sont les immeubles de rapport qui constituent l'es-

Les plus riches
sont des hommes d'actions

Structure (en %) du patrimoine des assujettis à l'I.G.F. en 1983.

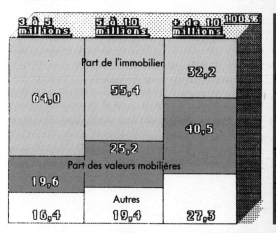

sentiel (53,2 %) du parc immobilier. Il va de soi, en effet, que plus on a de biens immobiliers, plus il est difficile de les habiter tous ! C'est la part relative de l'immobilier et des valeurs mobilières qui différencie le plus les petites fortunes des grosses. Si toutes disposent généralement d'un capital immobilier élevé en valeur absolue, celui-ci reste relativement constant quel que soit le niveau de la fortune. Ce sont ensuite les portefeuilles de valeurs mobilières qui font la différence.

Dans beaucoup de cas, ces valeurs mobilières sont en fait les biens professionnels détenus par les gros industriels, plutôt que des portefeuilles d'actions de sociétés cotées en Bourse. Pour ces derniers, les bonnes performances enregistrées depuis 1983 ont évidemment représenté une importante revalorisation des patrimoines. _____

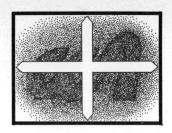

Les Styles de Vie et l'argent

LE TEMPS DES DÉPENSIERS

La crise économique est vécue de deux façons par les Français. Les Accumulateurs se sentent menacés dans leur pouvoir d'achat et sont amenés à réduire une épargne à laquelle ils restent très attachés. Les Dépensiers s'efforcent, contre vents et marées, de maintenir leur niveau de vie. Pour eux, la 'dématérialisation' croissante de l'argent rend celui-ci de plus en plus indolore. ⸺

Les deux crises économiques

Contrairement à ce que l'on pourrait imaginer, la crise (dans ses effets sur l'argent) ne rassemble pas les Français autour d'un modèle unique. Elle radicalise au contraire les deux comportements types qui existaient déjà dans ce domaine. D'un côté, les Accumulateurs, pour qui l'argent est surtout lié à l'épargne et au patrimoine, même s'il sert évidemment à financer les dépenses quotidiennes. De l'autre, les Dépensiers, qui considèrent l'argent comme un moyen permettant d'obtenir des satisfactions à court terme, ignorant délibérément la liaison traditionnelle entre l'argent et l'effort nécessaire pour le gagner. Contrairement à ce qui se passe dans le domaine du travail (p. 293), les traditionalistes sont ici minoritaires (environ 30 %). En particulier à cause des Matérialistes, qui, pour la plupart d'entre eux, basculent dans un système où l'argent-outil remplace l'argent-récompense. Les Dépensiers (70 %), même si certains s'en défendent, vivent dans une société de consommation nouvelle manière (p. 323). ⸺

Face à la crise économique, ce sont donc deux civilisations de l'argent qui s'affrontent. Avec des réactions différentes aux menaces, réelles ou supposées, qui pèsent sur la capacité de dépenser et sur celle d'épargner. ⸺

Les temps sont durs pour les Accumulateurs

Les Rigoristes et les Matérialistes sont les derniers représentants de la conception traditionnelle de l'argent. Le vieux dicton selon lequel 'toute peine mérite salaire' pourrait constituer leur devise. Étant difficile à gagner, l'argent est pour eux difficile à dépenser. C'est pourquoi il est affecté essentiellement à des dépenses d'utilité (nourriture, logement, santé…), à l'exclusion de tout superflu, aussi bien en ce qui concerne l'équipement que les activités culturelles ou de loisirs. La destination principale de cet argent gagné 'à la sueur de son front' ne peut être en effet la frivolité, mais plutôt le bas de laine ou la Caisse d'épargne qui en est la version moderne. Le langage populaire parle souvent d'argent 'liquide'. En fait, c'est d'argent 'solide' qu'on devrait parler à propos des Accumulateurs. Du liquide il n'a en effet aucune des caractéristiques : il ne 'coule' pas entre leurs doigts, qui savent bien comment le retenir ; il ne s'évapore pas des cachettes bien hermétiques dans lesquelles il est enfermé. C'est donc plutôt d'espèces 'sonnantes et trébuchantes' qu'il s'agit en l'occurrence.

La crise économique, en menaçant leur revenu dans son accroissement (l'augmentation du pouvoir d'achat n'est plus assurée) et dans sa régularité (risque de chômage, donc d'interruption), a contraint les Accumulateurs à des choix douloureux. Ceux d'entre eux qui ont des revenus modestes ont dû arbitrer en faveur des dépenses quotidiennes (nourriture, voiture, etc.), au détriment non seulement du superflu (ce qu'ils pratiquaient déjà) mais aussi de l'épargne. Et l'on a vu baisser les montants des dépôts dans les Caisses d'épargne (p. 332) pour financer l'augmentation du prix de l'essence, du bifteck, des prélèvements fiscaux.

Argent inodore et indolore pour les Dépensiers

À l'opposé des Accumulateurs, les Dépensiers privilégient l'utilisation de l'argent à des fins immédiates, pour le transformer en plaisir. Cette notion de plaisir recouvre d'ailleurs des conceptions différentes pour les trois Mentalités qui constituent ce groupe, largement majoritaire (70 % de la population) : *frime-confort* pour les Égocentrés, *spéculation-standing* pour les Activistes, *rêve-évasion* pour les Décalés. Leur rapport

avec l'argent est donc beaucoup plus 'décontracté' que celui des Accumulateurs. Ici, point d'argent 'solide' ni 'liquide'. Il est déjà devenu symbolique avec l'utilisation, très largement répandue chez les Dépensiers, du chèque et de la carte de crédit. Il deviendra très vite immatériel avec *l'argent électronique* (p. 328), qu'ils appellent de leurs vœux. Cette dématérialisation de l'argent entraîne chez eux une nette diminution du sens de la responsabilité financière. Il n'est plus nécessaire à leurs yeux qu'il y ait concordance entre l'argent dépensé et celui qui est gagné. Le recours au crédit renforce évidemment cette tendance.

Ni liquide ni solide, l'argent est pour les Dépensiers plus proche du gaz. Il en a les aspects les plus caractéristiques : incolore (il est immatériel), sans saveur (si ce n'est celle des choses qu'il procure), inodore (pour les Dépensiers, l'argent n'a vraiment pas d'odeur !)… On peut ajouter à cette liste de qualificatifs celui d'indolore. Les possibilités de prélèvement automatique, les transferts comptables d'un compte à un autre au moyen d'une simple signature, le recours au crédit déjà mentionné rendent son utilisation facile. Même les impôts, prélevés mensuellement, occasionnent un 'pretium doloris' de plus en plus limité.

Membres d'une civilisation où l'argent perd

Les 2 civilisations de l'argent

	LES ACCUMULATEURS (30 % de la polulation)	LES DÉPENSIERS (70 % de la population)
Personnes concernées	● RIGORISTES et MATÉRIALISTES	● ÉGOCENTRÉS ● ACTIVISTES, DÉCALÉS
Conception de l'argent en général	● Patrimoine. ● Épargne. ● Argent 'solide' matérialisé.	● Consommation immédiate ou anticipée (crédit). ● Argent abstrait (chèque, carte de crédit, argent électronique).
Conception des revenus	● Réguliers.	● Irréguliers, adaptés au rythme des dépenses.
Conception des dépenses	● Dépenses utilitaires, raisonnables. ● Argent géré.	● Dépenses de plaisir. ● Argent 'indolore' (prélèvements automatiques, crédit, absence de comptes).

ses attributs traditionnels, les Dépensiers éprouvent de plus en plus de difficultés à connaître leur situation financière du mo-ment. Sans parler des Décalés, dont beaucoup savent à peine combien ils gagnent (et jamais combien il leur reste en banque). ____

La carte de l'argent

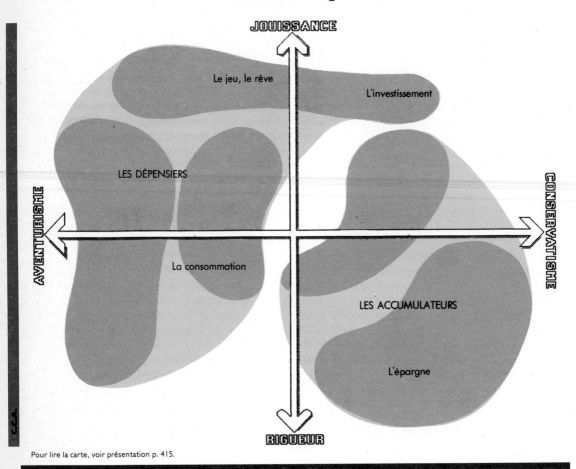

JOUISSANCE

Le jeu, le rêve

L'investissement

AVENTURISME

LES DÉPENSIERS

CONSERVATISME

La consommation

LES ACCUMULATEURS

L'épargne

RIGUEUR

Pour lire la carte, voir présentation p. 415.

6

LES LOISIRS

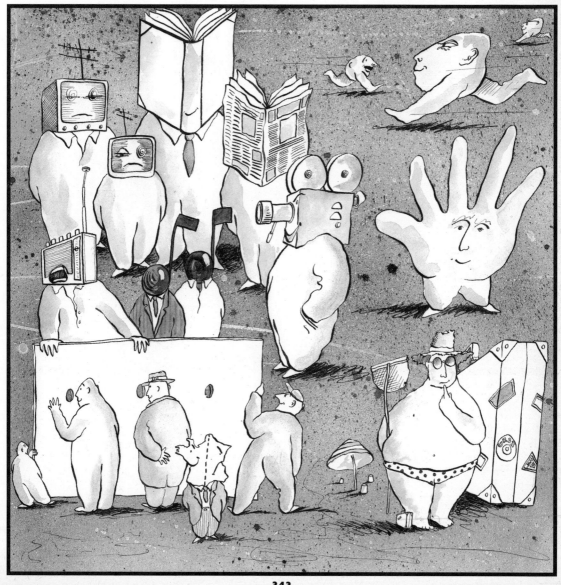

Le baromètre des loisirs

Beaucoup de Français se plaignent des problèmes d'organisation de leur vie privée liés aux contraintes du travail. Mais ils sont partagés quant aux différentes façons d'accroître leur temps libre, en réduisant les horaires de travail. Si la télévision occupe la plus grande partie du temps libre, la nature et la qualité des programmes continuent de ne pas faire l'unanimité. Enfin, la moitié des Français se déclarent obligés de réduire leur budget loisirs, en particulier les femmes (70 % contre 56 % des hommes) et ceux qui disposent des plus faibles revenus (70 % de ceux qui ont moins de 65 000 F par an ; 51 % des autres). (Enquêtes auprès de la population de 18 ans et plus ; cumul des réponses 'bien d'accord' et 'entièrement d'accord' à l'affirmation [2] (enquêtes non effectuées en 1979 et 1980) ; pourcentages des réponses positives aux affirmations [1], [3] et [4]).

Dans le cas d'une réduction du temps de travail à 35 heures par semaine, que souhaiteriez-vous en priorité ?

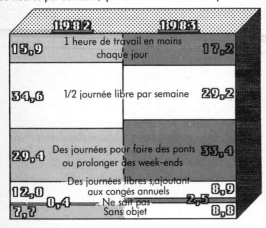

On est pris pour des abrutis à la télévision...

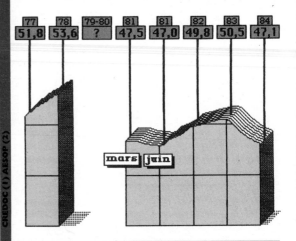

Dans l'organisation de ma semaine, ma vie de travail vient parfois en conflit avec ma vie personnelle et familiale.

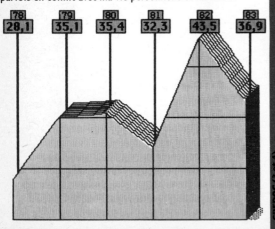

Je suis obligé de m'imposer des restrictions sur mon budget vacances-loisirs.

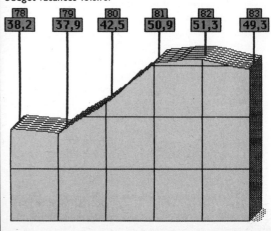

Civilisation des loisirs :
une étape vers la civilisation de l'être

LES LOISIRS
NE SE CACHENT PLUS

Dans une société qui n'est plus en mesure de satisfaire le droit au travail, c'est le droit au loisir qui s'impose. Ni récompense ni parenthèse, le loisir d'aujourd'hui répond à la volonté de liberté et d'individualisme des Français. Mais la civilisation des loisirs n'est qu'une étape vers une destination plus ambitieuse.

Le loisir atteint la majorité

C'est Joffre Dumazedier qui, l'un des premiers, décrivit l'importance nouvelle des loisirs dans la société contemporaine. Et la civilisation des loisirs qu'il nous promettait il y a vingt ans apparaissait comme l'aboutissement logique d'une société en forte expansion, qui commençait à avoir les moyens de penser à autre chose qu'au travail. _____

En vingt ans, l'idée de loisir a fait son chemin. Elle est aujourd'hui intégrée à la vie quotidienne des Français, bien que vécue très différemment selon les catégories sociales (p. 348). Le loisir a donc atteint sa majorité. Il a aussi atteint celle des Français. _____

Les Français ont à la fois plus de temps libre, plus de pouvoir d'achat et une nouvelle mentalité vis-à-vis des loisirs.

Le loisir fut pendant longtemps un produit de luxe que la société ne pouvait offrir à l'ensemble de ses membres. Sa reconnaissance en tant qu'activité sociale majeure supposait en effet que trois conditions soient réunies pour le plus grand nombre : un temps libre suffisamment long ; un pouvoir d'achat permettant d'accéder aux loisirs 'marchands' (de loin les plus nombreux) ; un état d'esprit favorable à une véritable intégration. Le temps libre s'est accru au-delà de toute espérance depuis quelques décennies (p. 45). Le pouvoir d'achat des Français a connu parallèlement un essor sans précédent (p. 317). Quant à l'état d'esprit, il a tant évolué que le loisir est aujourd'hui reconnu non seulement comme un droit mais comme l'un des aspects les plus riches et les plus nécessaires de la vie. La civilisation des loisirs est là, au moins dans ses grandes lignes. _____

*Mais la civilisation des loisirs
n'est qu'une étape
sur le chemin de l'épanouissement individuel.*

Il est clair que la période actuelle est celle d'une transition entre deux civilisations (p. 49). Si l'on connaît assez bien celle qu'on quitte, il est difficile d'imaginer avec précision celle vers laquelle on se dirige. Pendant longtemps, le loisir a été limité à ses trois fonctions essentielles : délassement, divertissement, développement de la personnalité. Si la description reste valable, elle ne rend pas compte d'un mouvement récent d'une importance extrême. Il ne s'agit plus seulement d'équilibrer les 'figures imposées' de la vie par des 'figures libres', mais, idéalement, de **mélanger** les unes et les autres. Afin qu'elles ne soient plus que les ingrédients indissociables d'une vie plus riche et, finalement, plus agréable. C'est dans cette recherche (encore hésitante) de la véritable harmonie que se définit peu à peu le portrait de l'honnête homme du XXIe siècle. _____

Travail/loisirs : le principe des temps communicants

Toute modification de l'emploi du temps de la vie ressemble un peu à ce que les mathématiciens appellent un 'jeu à somme nulle'. C'est-à-dire que toute modification de l'une de ses composantes entraîne une modification de sens contraire de l'ensemble des autres. Version un peu intellectuelle du gâteau de taille constante dont il est impossible de prendre une plus grosse part sans restreindre celle des autres convives… _____

Théorème : toute réduction du temps de travail entraîne un accroissement trois fois plus élevé du temps libre.

Prenons une journée de travail de 8 heures, soit 10 avec les transports et les autres 'travaux forcés' (tâches ménagères, courses et obligations diverses). Il reste environ 6 heures de temps éveillé pour les autres activités (si l'on compte 8 heures de sommeil). La moitié sera consacrée aux 'loisirs obligés', à caractère répétitif, tels que les trois repas quotidiens, la toilette, la promenade

du chien, etc. De sorte que le temps réellement disponible pour des activités librement choisies n'est plus que de 3 heures environ.

Supposons maintenant que la semaine de travail passe de 40 (pour simplifier) à 35 heures, soit une heure de moins par jour ouvrable, ou encore 12,5 % du temps de travail. Le temps de loisir disponible sera alors de 4 heures au lieu de 3, soit 33 % de plus. **Une diminution du temps de travail aboutit donc à une augmentation presque triple du temps de loisir.** _____

La part du loisir dans l'emploi du temps de la vie bénéficie donc d'un important effet de levier. _____

La crise n'a pas retardé le processus, elle l'a au contraire accéléré.

On aurait pu penser que les difficultés des dix dernières années allaient arrêter l'évolution amorcée dans les années 60, en cassant la croissance, indispensable au développement du pouvoir d'achat et à l'affirmation de la mentalité postindustrielle. Il semble, au contraire, que la crise ait accéléré le mouvement. La montée du chômage a posé en effet de façon urgente le problème du partage du travail et donc celui d'une nouvelle réduction de sa durée. Or, c'est de la réduction du temps de travail que se nourrit le temps de loisir. Et c'est d'un nouvel aménagement de la vie professionnelle que naîtra l'emploi du temps de la vie souhaité par les Français (p. 48). _____

Le temps consacré aux activités de loisir a augmenté en proportion du temps libre.

Comme la nature, les hommes ont horreur du vide. Ils craignent en particulier celui que représente le temps passé à ne rien faire. C'est pourquoi ils se sont empressés de transférer aux activités de loisir le temps gagné sur le travail. _____

Dans la plupart des cas, c'est la télévision qui s'est taillé la part du lion (p. 356). D'une manière générale, les loisirs liés à l'audiovisuel (p. 362) et à la pratique sportive (p. 383) ont largement profité du temps libre supplémentaire accumulé au fil des ans. Laissant finalement peu de place à la réflexion ou aux activités d'ordre spirituel. Les Français d'aujourd'hui sont plus préoccupés de vivre que de se regarder vivre. De peur, sans doute, de perdre du temps. Ou par crainte, peut-être, des résultats d'une éventuelle introspection…

L'argent des loisirs : le superflu est devenu nécessaire

Les dépenses consacrées aux loisirs augmentent de façon régulière depuis 25 ans, bien qu'il ne soit pas facile de les isoler avec précision dans les budgets des ménages. Depuis 1959, la part du poste loisirs-culture a augmenté de 40 % (encadré). Le poste transports, qui représente une partie des dépenses de loisirs (vacances, sorties, etc.) a augmenté aussi de façon importante, bien qu'une large part soit imputable à l'accroissement du prix de l'énergie. Dans l'ensemble des dépenses 'loisirs', la part consacrés à l'équipement est prépondérante. L'évolution des taux de possession des principaux équipements depuis 10 ans montre à l'évidence combien les activités de loisir se sont développées.

L'épanouissement ou le déclin ?

Le temps libre se vivait autrefois comme une récompense. Il fallait avoir bien travaillé pour y avoir droit. L'individu se devait d'abord à sa famille, à son métier, à son pays, après quoi il pouvait penser à lui-même. Les plus âgés des Français sont encore très sensibles à cette notion de mérite, indissociable pour eux de celle de loisir. Mais, pour les plus jeunes (la frontière se situe à 40 ans, voir p. 353), le loisir est un droit fondamental. Plus encore, sans doute, que le droit au travail, puisqu'il concerne les aspirations les plus personnelles. Il n'y a donc aucune raison de se cacher, ni d'attendre pour faire ce que l'on a envie de faire, bref pour 'profiter de la vie'. Cette volonté de jouissance sans délai est l'une des caractéristiques de la société actuelle. Le déclin des valeurs religieuses n'y est pas étranger. Pour les Français d'aujour-

Les Français investissent dans le loisir

Part du budget des ménages consacrée aux loisirs (%) :

	1959	1983
● Loisirs-culture	5,4	7,8
● Transports et communications	8,9	12,6

Taux de possession de quelques équipements de loisir (%) :

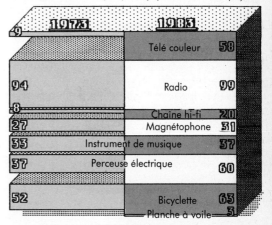

	1973	1983
Télé couleur	9	58
Radio	94	99
Chaîne hi-fi	8	20
Magnétophone	27	31
Instrument de musique	33	37
Perceuse électrique	37	60
Bicyclette	52	63
Planche à voile		3

I.N.S.E.E.

d'hui, l'esprit de sacrifice et le report de jouissance *post-mortem* ont beaucoup perdu de leur importance passée (p. 53).

Les Français organisaient jusqu'ici leur vie autour de leurs **obligations**. Les plus jeunes souhaitent aujourd'hui l'organiser autour de leur **passions**.

Ce retournement des mentalités n'est ni fortuit ni gratuit.

Il traduit l'opposition croissante entre deux visions très différentes de la vie. La première est **optimiste** et **athée**. Elle part du principe que le rêve de l'homme (qui n'est pas sûr de son immortalité) est de pouvoir être lui-même sur la Terre. C'est-à-dire un individu unique (le pléonasme n'est pas non plus gratuit) dont la vie, également unique, n'appartient qu'à lui. Le but ultime est donc de maîtriser celle-ci et de la remplir de la façon la plus libre possible. Dans cette optique, le cheminement de ces dernières décennies représente un progrès considérable. Les Français, comme beaucoup d'Occidentaux, ont avancé sur la voie d'une sorte d'"individualisme philosophique", auquel ils aspirent en fait depuis longtemps. ——————

La seconde vision est à la fois **pessimiste** et **philosophique.** La tendance actuelle à privilégier l'individu et le court terme par rapport à la masse et à l'éternité est ressentie comme l'amorce d'une décadence qui menace les sociétés développées. L'égoïsme n'est guère compatible avec les progrès de la vie en société. Avec lui se développent les risques d'antagonisme entre des intérêts a priori divergents. En refusant l'effort, la solidarité et le sacrifice, les hommes se condamneraient à une fin prochaine. ——————

Le choix serait donc entre l'individualisme forcené, condition de l'épanouissement de l'homme, et la référence à des valeurs transcendantales et collectives, sans lesquelles le monde ne pourrait survivre. La première solution peut conduire à l'égoïsme, la seconde au totalitarisme. Entre ces deux écueils, la société devra naviguer avec précision. Sur son itinéraire, la civilisation des loisirs n'est sans doute qu'une étape. Plus proche de la rive individuelle que de la rive collective. ——

Les loisirs en tranches

Dépenses de loisirs des ménages (en %) 1983.

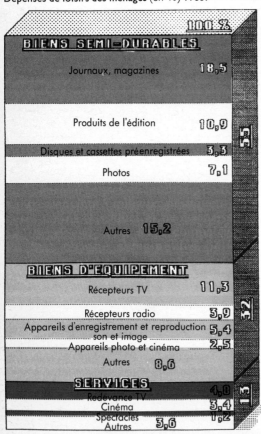

UNE FRANCE S'AMUSE, L'AUTRE PAS

En matière de loisirs, la France est coupée en deux. À temps libre égal, les activités pratiquées par l'une et l'autre France sont très différentes, de même que l'état d'esprit des personnes concernées. Plus que toute autre chose, c'est l'âge qui les sépare. Cela rappelle de façon éclatante tout le chemin parcouru en une génération.

Le temps du temps libre

Les Français consacrent de plus en plus de temps à leurs loisirs et ils pratiquent des activités de plus en plus variées. C'est ce que fait apparaître la grande étude réalisée par le ministère de la Culture sur les pratiques culturelles des Français, en 1973 et 1981. Entre ces deux dates, le plus grand bouleversement concerne la pratique des sports. En particulier, celle des sports individuels (p. 387), avec le développement foudroyant du jogging et de la gymnastique (p. 388). En revanche, la pêche et la chasse attirent de moins en moins de monde. Est-ce à cause d'une évolution des mœurs peu favorable à ces activités, ou plus simplement à cause de la raréfaction du gibier et du poisson ? En ce qui concerne la lecture, un transfert s'est opéré entre les quotidiens, les magazines et les livres (p. 373). D'autres évolutions importantes sont apparues entre 1981 et 1984 (ci-dessous). _____

L'emploi du temps libre des Français

'Depuis un an, c'est-à-dire depuis septembre 1983, cela vous est-il, ou non, arrivé au moins une fois...'

	1984 %*	1981 (*) %*	1973 (*) %*
• D'acheter des livres autres que des livres de classe, pour vous-même ou pour quelqu'un d'autre, en cadeau :			
Oui	54	56	51
Non	46	44	49
• D'aller au cinéma :			
Oui	51	50	52
Non	49	50	48
• De visiter des monuments historiques :			
Oui	36	32	32
Non	64	68	68
• De visiter un musée :			
Oui	26	30	27
Non	74	70	73
• De voir une exposition de peinture, de sculpture :			
Oui	23	21	18
Non	77	79	82
• D'assister à un spectacle de variétés, music-hall, chansonniers :			
Oui	21	10	11
Non	79	90	89
• D'emprunter un livre ou un disque dans une bibliothèque ou discothèque :			
Oui	20	/	/
Non	80	/	/
• D'aller au théâtre, voir une pièce jouée par des professionnels :			
Oui	15	10	12
Non	85	90	88
• D'aller au cirque :			
Oui	14	10	11
Non	86	90	89

	1984 %*	1981 (*) %*	1973 (*) %*
• D'assister à un concert de musique rock, funky, jazz, pop :			
Oui	13	10	6
Non	87	90	94
• D'assister à un concert de musique classique :			
Oui	9	8	7
Non	91	92	93
• De fréquenter un festival :			
Oui	8	7	8
Non	92	93	92
• D'assister à un spectacle de ballet dansé par des professionnels :			
Oui	6	5	6
Non	94	95	94
• D'assister à une opérette :			
Oui	5	2	4
Non	95	98	96
• De voir une exposition de bandes dessinées :			
Oui	5	/	/
Non	95	/	/
• De consulter des archives locales, départementales ou nationales :			
Oui	5	/	/
Non	95	/	/
• D'assister à un opéra :			
Oui	3	2	3
Non	97	98	97

* Le total vertical des réponses à chaque question est toujours égal à 100 %.

(*) Rappels enquêtes du ministère de la Culture.

50 Millions de consommateurs-Ipsos (décembre 1984)

Le foyer tend à devenir un centre de loisirs.

Si les Français sont plus nombreux à sortir le soir, c'est plus pour se rendre chez des amis ou des parents que pour aller au spectacle ou au concert. Il faut dire que la télévision (avec la couleur) et la radio (avec la modulation de fréquence) sont des concurrents sérieux, et beaucoup moins coûteux. Il faut cependant noter l'accroissement important de l'assistance à des spectacles de variétés depuis quelques années (v. encadré ci-contre). Le phénomène concerne principalement les jeunes, de plus en plus nombreux à se rendre dans les nouveaux temples du music-hall pour y écouter la musique qu'ils aiment. Cela n'empêche pas qu'un nombre croissant de Français ont une préférence pour les activités qui se pratiquent à la maison (encadré). Une tendance qui ne devrait pas diminuer avec le développement attendu des loisirs liés à la vidéo ou la communication. ───────

de s'estomper (p. 207), tendent à se reformer autour des loisirs. ───────

Le retour à la maison

Pour leurs loisirs, les Français préfèrent, d'une manière générale, des activités… (%).

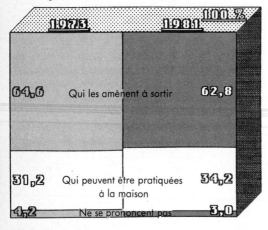

Ministère de la Culture

	1973	1981	100 %
Qui les amènent à sortir	64,6	62,8	
Qui peuvent être pratiquées à la maison	31,2	34,2	
Ne se prononcent pas	4,2	3,0	

Les deux France des loisirs

La pratique des loisirs coupe la France en deux parties d'importance comparable. D'un côté, les Français de la 'vieille école', pour lesquels les loisirs sont ce 'quelque chose en plus' qui complète et agrémente la vie courante, faite de travail, de contraintes et de devoirs. De l'autre, les Français les plus 'modernes', qui considèrent le loisir comme un droit fondamental, au service de leur épanouissement personnel. À travers ces deux France s'opposent deux visions des loisirs : les premiers les conçoivent comme une récompense ; les seconds comme une activité à part entière. Ces deux catégories de Français sont séparées principalement par trois caractéristiques : l'âge, le niveau de formation et, à un moindre degré, le sexe. Le temps consacré, le type d'activité pratiqué, l'état d'esprit qui y préside sont très différents d'une catégorie à l'autre. À tel point que les classes sociales, qui sont par ailleurs en train

Pourquoi ils ne sortent pas

Vous n'êtes pas allé depuis un an à un concert, à un spectacle de variétés, de danse, au théâtre, au cinéma, au musée, à une exposition ou visiter un monument historique. 'Parmi ces raisons, quelle est celle (ou quelles sont celles) qui explique(nt) le mieux que vous ne soyez pas allé à un concert, un spectacle de variétés, de danse, au théâtre, au musée, à une exposition ou visiter un monument historique depuis un an ?'

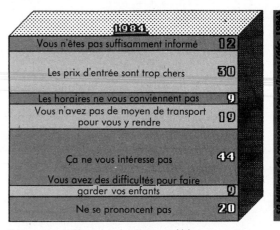

50 Millions de consommateurs/Ipsos (déc. 1984)

1984	
Vous n'êtes pas suffisamment informé	12
Les prix d'entrée sont trop chers	30
Les horaires ne vous conviennent pas	9
Vous n'avez pas de moyen de transport pour vous y rendre	19
Ça ne vous intéresse pas	44
Vous avez des difficultés pour faire garder vos enfants	9
Ne se prononcent pas	20

Total supérieur à 100 en raison des réponses multiples.

La pratique dépend beaucoup de la profession exercée, donc de la formation.

D'une façon générale, la pratique de n'importe quelle forme de loisir augmente avec le niveau scolaire. ───────

Les activités de nature 'culturelle' (musique, théâtre, musées, etc.) sont celles qui séparent le plus les Français les plus diplômés de ceux qui le sont moins. La quasi-totalité des activités de loisir, à l'exception des loisirs dits de masse (radio, télévision) et des jeux d'argent du type Loto ou P.M.U., sont pratiquées par ceux dont le niveau d'instruction est au moins équivalent au baccalauréat. On retrouve ces mêmes écarts entre les professions (p. 351) dont on sait qu'elles sont un reflet très fidèle de la formation (p. 31). ─────

Les initiés et les autres

Pratiques culturelles selon les catégories socioprofessionnelles :

	Livres	Cinéma	Musées	Jogging
	(1)	(2)	(2)	(2)
- Agriculteurs	13,4	36,1	19,5	14,2
- Petits commerçants et artisans	16,7	55,1	29,3	20,1
- Gros commerçants et industriels	20,9	75,7	43,3	23,1
- Cadres supérieurs et professions libérales	25,1	81,3	60,1	31,3
- Cadres moyens	25,6	75,7	49,0	28,1
- Employés	18,9	64,6	33,5	24,0
- Ouvriers qualifiés et contremaîtres	18,8	56,1	26,4	16,7
- Ouvriers spécialisés, manœuvres	19,2	53,1	23,2	15,5
- Inactifs	19,4	38,2	20,8	9,5
Moyenne	20,3	49,6	30,1	18,0

(1) Nombre moyen de livres chez soi.
(2) Proportion de personnes ayant pratiqué au moins 1 fois dans l'année l'activité désignée.

Ministère de la Culture, 1981

Les causes de ce phénomène ne semblent pourtant pas être liées aux revenus. Le jogging, la visite des musées ou les promenades ne sont pas des activités coûteuses. Elles sont cependant ignorées ou presque des catégories ayant le niveau d'instruction le plus faible. Manque d'intérêt pour son propre développement physique et intellectuel, absence d'expérience et de références pendant l'époque de l'enfance, ou complexe vis-à-vis des autres ? Sans doute un peu tout cela à la fois. Cette ligne de démarcation entre les Français est d'autant plus nette qu'elle est tracée et entretenue par ceux-là mêmes qui se refusent à la franchir. _____

Les hommes pratiquent plus d'activités que les femmes, mais les écarts diminuent.

Dans la plupart des activités de loisir, les hommes sont plus souvent concernés que les femmes. Le sport apparaît ainsi comme une occupation très majoritairement masculine. Les femmes limitent leur participation à des activités telles que la natation, la danse, la gymnastique ou le jogging. _____

Dans le domaine des médias, les femmes inactives constituent la clientèle privilégiée des radios. Elles regardent cependant moins la télévision et lisent moins les journaux que les hommes. Leurs sorties préférées sont les

Le sexe des loisirs

Taux de pratique (*) supérieurs chez les hommes (%).

	Hommes	Femmes	Moyenne
- Lecture	74,8	73,3	74,0
- Fête foraine	47,2	39,0	43,1
- Bal public	30,7	25,7	28,2
- Cinéma	53,1	46,4	49,7
- Spectacle sportif	30,5	10,8	20,6
- Concerts musique pop	12,8	7,6	10,2
- Concerts musique classique	8,0	7,1	7,5
- Festivals	7,8	6,6	7,2
- Courses de chevaux	4,5	3,3	3,9
- Opéra	2,1	1,9	2,0
- Foires, expositions, salons	45,5	37,6	41,1
- Monuments historiques	33,0	30,4	31,7
- Manifestations politiques	11,9	5,5	8,7
- Lecture quotidienne d'un journal	48,9	43,5	46,2
- Écoute quotidienne du journal télévisé	63,6	61,6	62,6
- Jogging	21,5	14,7	18,1
- Natation	15,2	14,2	14,7
- Football	18,3	4,4	11,3
- Tennis	11,7	7,4	9,5
- Vélo	9,1	6,6	7,8
- Ski	8,4	6,5	7,4
- Tennis de table	4,1	0,9	2,5
- Équitation	2,0	1,5	1,7
- Judo	2,2	0,6	1,4
- Boules	1,6	0,1	0,8
- Moto	1,4	0,1	1,5

Taux de pratique (*) supérieurs chez les femmes (%).

	Hommes	Femmes	Moyenne
- Visite des zoos	20,5	24,7	22,6
- Danses folkloriques	10,2	12,2	11,2
- Théâtre	9,4	11,0	10,2
- Cirque	9,1	10,3	9,7
- Ballets	4,3	5,7	5,0
- Opérettes	2,0	2,8	2,4
- Antiquités, brocante	27,9	29,3	28,6
- Écoute quotidienne de la radio	71,4	72,3	71,8
- Gymnastique	6,8	13,1	9,9
- Danse	0,1	1,6	0,8

(*) Au cours des 12 derniers mois.

Ministère de la Culture

promenades en forêt et les pique-niques. Le théâtre et le cirque les attirent plus que les hommes, qui préfèrent le cinéma ou les stades (côté gradins). On pourrait croire que les femmes, moins nombreuses que les hommes à exercer une activité rémunérée, disposent de plus de temps libre. Ce serait oublier que les tâches ménagères occupent l'essentiel de leur temps (p. 46). Pourtant, les femmes (surtout les plus jeunes) sont en train de remonter le handicap. Après avoir investi (partiellement) les lieux où l'on travaille, elles s'attaquent aujourd'hui à ceux où l'on se divertit. _____

On pratique plus les loisirs dans les villes que dans les campagnes.

Certains types de loisirs sont indépendants de l'endroit où l'on habite. C'est le cas, généralement, de la lecture des journaux, de l'écoute de la radio ou de la télévision. Les différences sont alors faibles entre les petites et les grandes villes, sauf en ce qui concerne Paris, où la profusion des autres formes de loisirs entre en concurrence avec ces activités classiques (ci-dessous). _____

D'autres types de loisirs nécessitent par contre des équipements ou des infrastructures spécifiques. C'est le cas, par exemple, des spectacles et de la plupart des sports. On conçoit alors que la pratique en soit plus réduite dans les petites communes, généralement moins bien équipées que les grandes villes. _____

Paris pulvérise les moyennes nationales dans la plupart des activités de loisir. D'une manière générale, les Parisiens sont à peu près 3 fois plus nombreux que la moyenne à pratiquer les diverses formes d'activités culturelles. Mais il est clair que le théâtre ou l'opéra sont peu accessibles aux habitants

Loisirs des villes, loisirs des champs

Comparaison des pratiques de loisirs selon la taille des communes (chiffres indiquant la proportion d'individus ayant pratiqué une activité au cours des 12 derniers mois).

	Communes rurales	Moins de 20 000 hab.	20 000 à 100 000 hab.	Plus de 200 000	Paris (intra-muros)	Moyenne nationale
- Lecture	58,0	69,7	77,6	80,8	95,3	74,0
- Fête foraine	45,3	52,8	47,2	42,0	22,1	43,1
- Bal public	33,7	23,7	27,9	26,2	19,0	28,2
- Cinéma	33,0	43,3	47,8	56,8	79,6	49,7
- Spectacle sportif	18,2	20,4	21,9	24,5	10,4	20,6
- Théâtre	4,6	4,5	6,8	10,6	39,5	10,2
- Concerts musique pop	5,5	7,1	8,0	11,4	23,0	10,2
- Concerts musique classique	4,3	4,4	5,6	8,0	27,3	7,5
- Cirque	7,2	8,7	6,5	13,1	10,9	9,7
- Ballets	2,1	3,1	3,3	5,9	15,9	5,0
- Opéra	0,3	0,2	0,6	2,7	11,3	2,0
- Foires, expositions, salons	36,3	35,7	43,6	48,9	39,9	41,5
- Monuments historiques	24,7	29,9	31,6	34,6	39,9	31,7
- Musées	20,1	26,0	28,1	33,2	55,6	30,1
- Manifestations politiques	6,8	6,1	7,5	9,1	17,5	8,7
- Journaux (tous les jours)	54,4	47,1	46,5	48,8	37,4	46,2
- Radio (tous les jours)	68,9	70,0	70,3	76,7	67,8	71,8
- Journal télévisé (tous les jours)	70,0	67,5	59,1	59,2	39,9	62,6
- Jogging	11,4	17,7	18,8	23,0	20,3	18,1
- Natation	8,8	12,6	13,3	18,8	24,4	14,7
- Football	8,3	8,4	11,4	14,5	8,2	11,3
- Gymnastique	7,4	8,4	10,8	11,4	7,6	9,9
- Tennis	5,0	6,1	10,1	12,7	15,5	9,5
- Vélo	6,1	8,6	8,9	8,7	6,3	7,8
- Ski	4,8	5,6	6,3	10,8	11,1	7,4
- Voile	0,8	1,7	2,0	4,3	6,9	2,9

Ministère de la Culture

des campagnes. Et puis, la vie dans les grandes villes (à Paris en particulier) serait sans doute plus difficilement supportable sans les occasions de sortie qu'elle procure. La pratique des sports et les spectacles y sont autant de moyens de créer une vie sociale moins anonyme et solitaire. Même si elle est plus artificielle que dans les campagnes. _____

C'est l'âge qui explique le mieux
les différences
entre les pratiques de loisirs.

On pourrait imaginer que l'âge mûr est aussi l'âge d'or des loisirs : moins de contraintes familiales (les enfants ont acquis leur autonomie), des possibilités financières supérieures, une plus grande stabilité personnelle et professionnelle. Les chiffres montrent qu'il n'en est rien. _____

Il est frappant de constater l'écart existant entre les moins de 40 ans et leurs aînés. Parmi les dizaines d'activités analysées, deux seulement augmentent avec l'âge : la lecture des journaux et le temps passé devant la télévision. Les autres (sports, spectacles, activités de plein air, etc.) diminuent rapidement avec l'âge. Notons qu'il s'agit principalement d'activités **extérieures**. S'il est concevable que les plus de 60 ans soient plus casaniers, cela est plus inattendu de la part de ceux qui ont entre 40 et 60 ans. Lassitude, désintérêt, peur de ne pas être 'à la hauteur' pour les activités physiques, de ne pas être 'dans le coup' pour les activités culturelles ? L'explication est peut-être à la fois plus simple et plus grave : **le manque d'habitude**. Les plus de 40 ans sont les représentants d'une autre génération, pour laquelle la civilisation des loisirs n'est qu'une invention récente. Nés avant la Seconde Guerre mondiale, ils ont dû consacrer plus de temps au travail qu'au loisir, pour des raisons souvent matérielles.

Après 39 ans, les loisirs en quarantaine

Comparaison des pratiques de loisirs selon l'âge (chiffres indiquant la proportion d'individus ayant pratiqué une activité au cours des 12 derniers mois).

	15-19	20-24	25-39	40-59	60-69	70 et +	Moyenne nationale
- Lecture	92,9	89,3	83,1	67,6	64,4	48,9	74,0
- Fête foraine	69,9	60,9	54,7	37,2	23,0	10,0	43,1
- Bal public	58,4	48,2	33,6	22,8	9,4	1,9	28,1
- Cinéma	90,4	84,5	64,4	37,7	20,0	7,2	49,7
- Spectacle sportif	38,0	29,9	23,2	18,7	8,0	5,4	20,6
- Théâtre	12,8	10,1	14,5	8,3	8,7	4,7	10,2
- Concerts musique pop	24,5	30,4	12,4	3,2	1,0	0,7	10,2
- Concerts musique classique	7,4	8,6	9,4	8,1	5,0	3,2	7,5
- Cirque	8,3	10,3	16,8	8,0	4,8	2,4	9,7
- Ballets	4,4	6,1	6,9	4,6	4,7	1,8	5,0
- Opéra	1,0	1,9	2,5	2,0	1,9	2,0	2,0
- Foires, salons, expositions	50,6	54,8	50,9	42,1	29,9	9,9	41,5
- Monuments historiques	39,8	37,7	36,6	30,6	28,0	14,7	31,7
- Musées	40,2	38,0	34,1	28,2	27,0	13,7	30,1
- Manifestations politiques	9,7	11,9	11,8	8,7	4,1	1,2	8,7
- Journaux (tous les jours)	28,3	29,7	36,2	56,3	61,4	59,9	46,2
- Radio (tous les jours)	64,9	70,9	76,2	72,6	71,3	66,9	71,8
- Journal télévisé (tous les jours)	39,7	44,1	52,8	67,6	83,0	85,7	62,6
- Jogging	27,5	28,4	20,1	16,3	11,3	6,9	18,1
- Natation	31,1	26,0	19,0	10,0	6,0	0,6	14,7
- Football	44,5	19,0	12,9	3,6	0,4	–	11,3
- Gymnastique	27,2	12,1	11,1	7,6	5,9	1,3	9,9
- Tennis	20,9	17,3	14,7	4,7	0,6	0,4	9,5
- Vélo	10,9	9,1	11,6	6,2	5,1	1,4	7,8
- Ski	11,0	14,7	12,2	4,1	1,7	0,7	7,4
- Voile	6,0	7,2	5,1	0,4	0,2	0,1	2,9

Ministère de la Culture

Certaines activités qui sont normales aujourd'hui leur paraissent sans doute un peu futiles. Et même si elles tentent certains (p. 155), les autres considèrent qu'il est trop tard pour s'y mettre. ⸻

L'évolution de la pratique des loisirs est un indicateur très fidèle du changement social.

L'intérêt majeur de ces comparaisons est qu'elles permettent de mesurer avec une certaine précision le chemin, considérable, parcouru par la société. La cassure extrêmement nette entre les moins de 40 ans et les plus âgés est le signe concret et spectaculaire du passage, en une génération, de la civilisation industrielle à un autre type de civilisation. Qu'il s'agisse, précisément, de la civilisation des loisirs reste bien évidemment discutable. Il est sûr, en tout cas, que les loisirs y occupent une place de choix. ⸻

McLuhan contre Gutenberg :
le match du siècle

1985. Plus de 17 millions de foyers sont équipés de la boîte magique (encadré). Et les 6 % qui ne le sont pas sont pour la plupart des 'téléphobes', qui ont choisi de ne pas se laisser prendre à ce qu'ils considèrent comme un piège. La preuve est qu'on les trouve aussi bien parmi les catégories aux revenus élevés que chez les plus modestes.

TÉLÉVISION : MAÎTRESSE AUJOURD'HUI, PARTENAIRE DEMAIN

En trente ans, la télévision est devenue le principal loisir des Français. Elle s'ouvre aujourd'hui à de nouvelles activités « périphériques » : magnétoscope, vidéo, ordinateur... Les rapports des Français avec la télévision en seront complètement transformés.

De la drogue douce à la drogue dure

1950. 297 privilégiés possèdent l'"étrange lucarne' sur laquelle ils peuvent suivre quelques émissions expérimentales. C'est le début d'une véritable révolution dans les modes de vie et de pensée.

L'amie de la famille

14 % des foyers disposent d'au moins 2 postes (dont 1 % au moins 3).

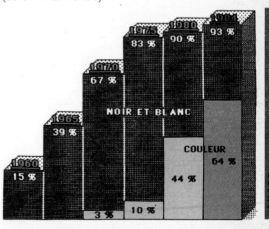

La télé s'est bien vite installée dans l'emploi du temps des Français. Au point d'animer la plupart de leurs soirées, de leurs week-ends, souvent même de leurs repas. L'information, la distraction, la connaissance sont les trois apports principaux de la télévision. C'est cette variété qui en a fait l'instrument irremplaçable qu'elle est aujourd'hui. Même si, à la différence des vraies drogues douces, celle-ci n'est pas toujours euphorisante ! Au bout de toutes ces années d'utilisation régulière, la drogue douce s'est d'ailleurs transformée en drogue dure.

Drogue douce ou drogue dure ?

Ceux qui regardent le plus	Ceux qui regardent le moins
• les femmes • les personnes mariées • les plus âgés • les inactifs • les non-diplômés • les habitants des campagnes	• les hommes • les célibataires • les jeunes • les cadres • les diplômés de l'enseignement supérieur • les habitants des grandes villes

Si 84,5 % des possesseurs de téléviseurs déclarent regarder la télévision tous les jours ou presque, 4,8 % d'entre eux disent ne jamais la regarder. Ce chiffre atteint 7,1 % chez les personnes âgées d'au moins 65 ans et 8 % chez les veufs. De quoi détruire le mythe des vieilles personnes seules prostrées devant leur télé…

C.E.S.P.

LA LOCATION C'EST AVANTAGEUX CHEZ UN VIDEOLOGUE.

GRANADA LE VIDEOLOGUE
043.99.99

La télé,
un troisième œil braqué sur le monde.

Les Français passent 2 h 45 min.
chaque jour
devant le petit écran.

La télévision occupe plus de la moitié de leur temps libre. Le temps passé varie bien sûr selon les individus. Il est difficile pourtant de savoir ce qui motive ces comportements différents. Ceux qui consacrent le moins de temps à la télévision sont-ils ceux qu'elle intéresse le moins ou ceux qui sont le moins disponibles ?

La durée d'écoute a peu varié ces dernières années : 2 heures 51 minutes par jour en 1975, 2 heures 45 aujourd'hui. Elle reste comparable à celle des autres pays européens, mais très inférieure à celle des États-Unis (environ 4 heures !). Il faut dire que le choix y est beaucoup plus vaste : il n'est pas rare de recevoir une quarantaine de chaînes, dont certaines (à câble) sont très spécialisées ; la télévision fonctionne jour et nuit, ce qui n'est le cas actuellement que de Canal Plus.

La guerre des chaînes

La première chaîne ne justifie plus son nom que par l'ancienneté. Antenne 2 occupe depuis 1983 la première place, regardée chaque jour par plus de 22 millions de personnes pendant près de 2 heures.

Quant aux deux chaînes étrangères, Télé-Luxembourg et Télé-Monte-Carlo, elles réalisent des scores faibles, du fait d'une couverture limitée à quelques régions frontalières ; 3,7 % pour la première et 2 % pour la seconde. En attendant la télévision par satellite, qui pourrait bouleverser la situation actuelle.

Les émissions les plus regardées
restent les informations, les films
et les variétés.

Il faut distinguer entre les émissions préférées des Français et celles qui attirent l'audience la plus nombreuse. On trouve dans cette dernière catégorie les journaux télévisés, que l'on regarde par habitude, ou par nécessité, mais dont le contenu est d'autant moins attrayant qu'il est fidèle à l'actualité quotidienne... Les genres d'émissions qui plaisent le mieux n'évoluent guère. Cinéma, variétés et sport constituent le tiercé gagnant. Avec des variations très fortes selon la nature des émissions qui leur sont consacrées et la personnalité des présentateurs. L'audience est également très variable selon le moment de la journée, avec des 'creux' l'après-midi avant 19 heures et des pointes entre 20 h 30 et 21 h 30. Elle varie également au cours de la semaine (maximum atteint le dimanche soir).

Antenne 2 déchaînée

Audience et durée d'écoute des 3 chaînes en 1984 (octobre).

	TV en général	TF1	A2	FR3
Nombre d'auditeurs (en semaine)	33 086 000	21 190 000	24 148 000	11 596 000
Audience (1)	82,9 %	53,1 %	60,5 %	29,1 %
Durée d'écoute journalière moyenne par auditeur :				
• semaine	2 h 50	1 h 35	1 h 48	1 h 13
• samedi	2 h 16	2 h 26 (3)	1 h 54 (3)	0 h 56 (2) (3)
• dimanche	2 h 48	2 h 45 (3)	2 h 30 (3)	1 h 06 (2) (3)

(1) Nombre de téléspectateurs ayant regardé au moins 1 fois la télévision au cours d'une journée de semaine.
(2) La durée des programmes de fin de semaine est inférieure à celle des autres chaînes.
(3) Avril 1984.

C.E.S.P. (octobre 1984)

La force de l'habitude

25 % seulement des téléspectateurs choisissent ce qu'ils regardent à la télévision.

37 % regardent en effet une seule et même chaîne, 60 % regardent une chaîne plus volontiers que les autres. Parmi ceux qui choisissent, 44 % le font à l'aide d'un magazine spécialisé. Presque autant (40 %) utilisent la page TV de leur quotidien, 16 % essaient les chaînes en allumant leur poste ou quand l'émission qui précède est finie ou ne les intéresse plus.

Le hit-parade des émissions

L'audience d'une émission est évidemment une indication essentielle de son intérêt pour le public. Elle doit cependant être considérée avec prudence, car elle dépend aussi de son heure de diffusion et des émissions proposées en même temps par les autres chaînes. C'est ainsi que le fameux *Dallas,* de TF1, qui bénéficiait à ses débuts d'une audience moyenne de 38 %, s'est vu attaqué avec succès par *Champs-Élysées* de Michel Drucker, sur Antenne 2, qui a pris le meilleur en 1983 avec un score de 34 % contre 31 %. C'est peut-être ce qui explique le transfert de *Dallas* au mercredi, au début de 1984. Les thèmes traités dans les émissions ont également une grande influence sur leur audience. Ainsi, le très controversé Michel Polac obtenait avec *Droit de réponse* une moyenne de 13 % d'audience, avec un maximum de 17 % pour 'la Faim dans le monde' et un minimum de 7 % pour une émission consacrée aux syndicats. Il en est de même pour le *Grand Échiquier,* qui fait plus avec Michel Sardou qu'avec Michel Legrand, ou pour *Apostrophes,* plus regardé lorsque sont présents les 'ténors' de la littérature française ou étrangère.

Les records d'audience sont généralement obtenus par les films. En 1984, les 3 chaînes ont diffusé 485 films : 142 pour TF1, 130 pour A2, 213 pour FR3 (p. 367). Le film du dimanche soir sur TF1 réalise régulièrement 40 % d'audience, avec des pointes à 60 % lors de la diffusion (ou rediffusion) des monuments du cinéma. Des résultats seulement dépassés par les retransmissions exceptionnelles comme la Coupe du monde de football ou le mariage de Lady Di. Louis de Funès, Fernandel, Belmondo ou Delon restent les valeurs sûres du télé box-office. Mais la palme revient sans aucun doute à Yves Montand. L'audience, déjà considérable, de l'acteur est inférieure à celle de l'homme public. Montand aura réussi la performance de faire coucher tard la majorité des Français lors des *Dossiers de l'écran* qui lui étaient consacrés à la fin de 1983. Il récidivait, dès février 1984, dans son rôle de Monsieur Loyal lors de l'émission *Vive la crise.* Inaugurant du même coup un nouveau genre télévisuel.

Les Français ne sont guère satisfaits des programmes.
• 51 % éprouvent moins de plaisir à regarder la télévision qu'il y a quelques années, 8 % seulement en éprouvent plus, 38 % autant.

Après les modifications de structure et de programme qui avaient suivi les élections de 1981, la grogne avait été générale et l'audience avait alors baissé. Plusieurs années après, les téléspectateurs sont peu enthousiastes quant à la qualité et à l'intérêt de ce qui leur est proposé (ci-dessous). _____

La télé informe bien mais distrait mal

Quelle opinion avez-vous de la façon dont la télévision s'acquitte actuellement de chacun de ses trois rôles ? Diriez-vous qu'elle…

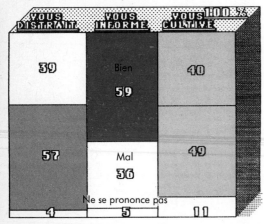

VOUS DISTRAIT	VOUS INFORME	VOUS CULTIVE	100 %
39	Bien 59	40	
57	Mal 36	49	
4	5	11	Ne se prononce pas

Télé 7 Jours/BVA (octobre 1984)

Parmi les reproches les plus courants, celui de la **politisation** arrive en tête. Les opinions divergent cependant très largement selon que les téléspectateurs sont proches de la majorité ou de l'opposition. 57 % des Français déclarent ne pas s'intéresser aux émissions politiques (débats, interviews). _____

Un autre reproche couramment adressé à la télévision actuelle est la concurrence que se livrent les trois chaînes pour drainer le maximum de public. Contrairement à ce qui se passe dans d'autres domaines, le téléspectateur n'a pas le sentiment de profiter de cette concurrence, sous la forme de meilleurs programmes. Les grilles des chaînes tendent à privilégier les émissions 'attrape-tout', qui sont des compromis de moins en moins satisfaisants, face à des publics très différents (p. 368). Les chaînes ont, en effet, l'habitude de placer leurs 'jokers' sur les mêmes cases (les deux films 'grand public' du lundi ou du mardi soir par exemple). De sorte que les soirées sans 'joker' paraissent parfois un peu ternes aux inconditionnels du cinéma et des émissions de distraction. _____

Les enfants regardent moins la télé que leurs parents

La télévision joue dans la vie des enfants un rôle important, même s'ils la regardent moins que leurs aînés : 2 heures 10 par jour entre 8 et 14 ans, contre 2 heures 44 pour les plus de 15 ans. Si le temps passé devant le petit écran varie avec l'âge (plus on grandit, plus on regarde), il varie aussi avec le sexe. Les petites filles (8-9 ans) regardent moins que les garçons du même âge, mais les grandes filles (13-14 ans) regardent plus que les grands garçons. Le statut de la mère apparaît déterminant sur le temps passé par les enfants devant le petit écran. Contrairement à une idée reçue, les enfants dont la mère travaille à l'extérieur regardent moins la télévision que ceux dont la mère reste au foyer. Mais c'est surtout le niveau d'instruction de la mère qui influence la durée d'écoute des enfants : ceux dont la mère a une instruction de niveau primaire passent 2 fois plus de temps devant le téléviseur que ceux dont la mère est diplômée de l'enseignement supérieur.

La télévision est partie intégrante de la vie des enfants. Le rythme familial s'organise souvent autour d'elle, ce que n'approuvent pas tous les enfants. Outil de distraction, outil d'information, la télévision contribue de façon indiscutable à l'instruction des enfants, dont elle alimente aussi la sensibilité et l'imagination. Les émissions de fiction (quand ce n'est pas l'actualité quotidienne) fournissent des modèles, parfois contestables, qui serviront de thèmes aux discussions dans les cours de récréation. Les préférences vont aux films (61 % des suffrages) et aux feuilletons, alors que les émissions qui leur sont particulièrement destinées ne recueillent que 35 % de leurs voix. À l'instar des parents, les enfants considèrent la publicité comme un type d'émission à part entière : 97 % d'entre eux la regardent, dont 86 % avec plaisir.

Le regard des enfants sur la télévision est donc différent de celui des parents. Ce que résume joliment un garçon de 13 ans : 'La télé, quand on est petit, c'est fait pour rêver… et, quand on est grand, c'est fait pour comprendre.'

C.E.O.

La télé d'aujourd'hui n'est plus celle de tous les Français

De tous les médias, la télévision est celui qui touche le plus de monde, le plus longtemps. C'est pourquoi elle est le plus souvent considérée par ceux qui la font comme un média de masse, destiné à **tous** les Français quels que soient leur âge, leur niveau d'instruction ou la nature de leurs préoccupations personnelles. _____

Télérama
MUSIQUE
CINEMA
TELEVISION
RADIO
LIVRES
LES ENFANTS DE
L'ECOLE CATHODIQUE
UNE GRANDE ENQUETE
ET UN SONDAGE TELERAMA-INFOMETRIE
ISSN 0040-2699

Télérama

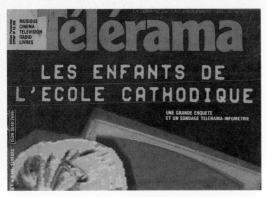

L'école catho*d*ique n'est pas encore privée.

Il est de plus en plus difficile de prétendre à cette universalité. L'époque n'est plus aux grands mouvements de masse, mais à des attentes de plus en plus spécifiques de la part des différents groupes sociaux et des individus. Dans leurs autres loisirs, les Français se voient offrir un choix beaucoup plus large, que ce soit pour lire un magazine, pratiquer un sport, écouter la radio, voir un film ou aller au restaurant. Ils ne retrouvent pas cette variété à la télévision, où les programmes des trois chaînes d'État (Canal Plus ne concerne encore qu'environ 2 % de la population) leur paraissent parfois notoirement insuffisants.

Un tiers des Français sont encore ignorés par la plupart des programmes.

Les styles de vie et la télé

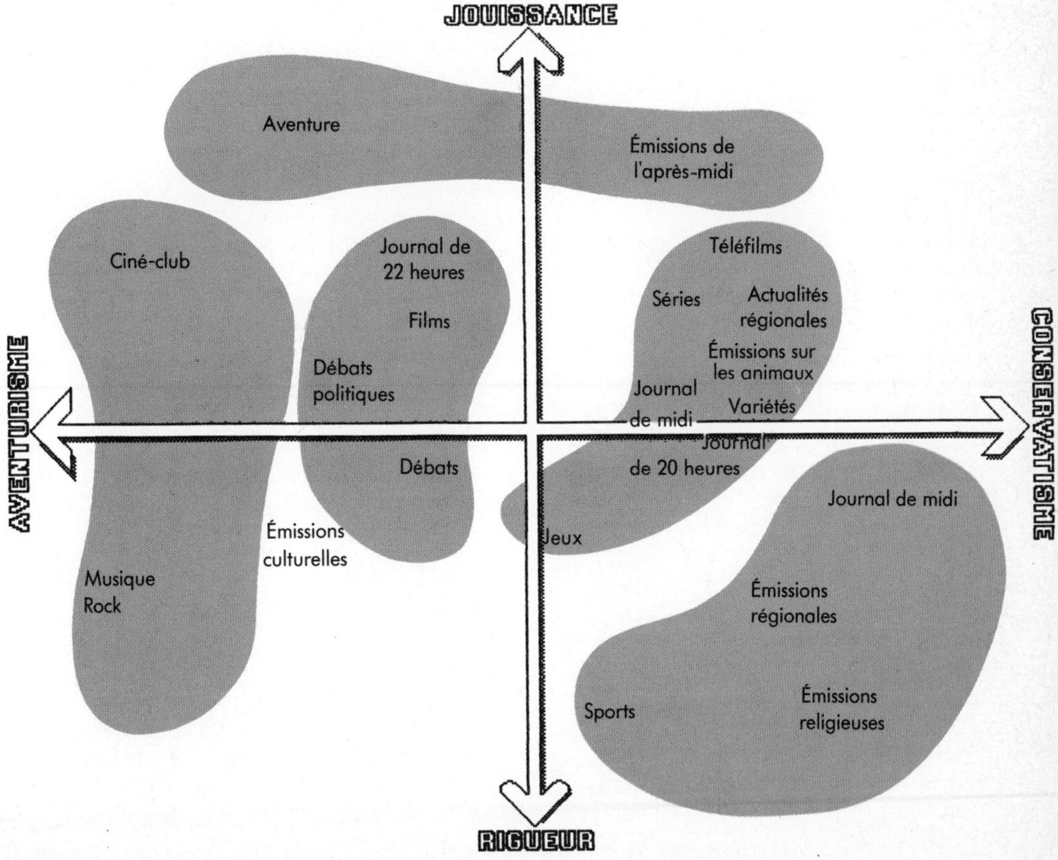

JOUISSANCE
AVENTURISME
CONSERVATISME
RIGUEUR
Aventure
Émissions de l'après-midi
Ciné-club
Journal de 22 heures
Films
Débats politiques
Débats
Émissions culturelles
Musique Rock
Téléfilms
Séries
Actualités régionales
Émissions sur les animaux
Journal de midi
Variétés
Journal de 20 heures
Jeux
Journal de midi
Émissions régionales
Sports
Émissions religieuses

C.C.A.

Pour lire la carte, voir présentation p. 415.

La télévision reste faite principalement pour un hypothétique groupe moyen, supposé homogène en termes de centres d'intérêt et sensible au style et au langage traditionnels de la plupart des émissions. Même si cette analyse est fondée (ce qui n'apparaît pas dans les sondages !), il reste une tranche d'environ 30 à 35 % de la population qui ne se sent pas concernée par la télévision d'aujourd'hui. Les 'marginaux' de la télé lui reprochent son côté B.C.-B.G. (bon chic-bon genre) ou de viser un peu trop bas. Ce groupe de téléphobes n'est vraiment identifiable qu'en termes de Styles de Vie (p. 367). Les chaînes auraient tort de les négliger dans la mesure où leur niveau culturel, souvent supérieur à la moyenne, en fait des leaders d'opinion. Dans la mesure aussi où leur pouvoir d'achat, également supérieur à la moyenne, en fait une clientèle potentielle de choix pour les annonceurs. Or, le prix des spots publicitaires (qui représentent 65 % des ressources des chaînes) devrait, en toute logique, tenir compte non seulement de l'audience des émissions qui les encadrent mais aussi des caractéristiques de ceux qui les regardent...

Seconde génération : la télévision partenaire

Les Français s'accordent pour demander la fin du monopole audiovisuel, c'est-à-dire à la fois un plus grand nombre de chaînes et une plus grande indépendance de chacune d'elles. Mais leurs souhaits restent assez traditionnels en matière de programmes. C'est plutôt du côté des 'marginaux de la télé' décrits précédemment qu'il faut chercher les idées qui feront la télévision de demain. Contrairement à la masse des téléspectateurs, gourmands de télévision, ceux-ci font plutôt figure de gourmets. Ils préfèrent consommer moins et de façon plus sélective, cherchant dans les programmes des émissions plus 'pointues'. Le choix qui leur est offert aujourd'hui par les chaînes fait que ces gourmets sortent souvent de table avec la faim. Leurs aspirations d'évasion, d'intensité, de modernisme ou d'anticonformisme trouvent en effet peu d'écho dans les sujets traités aussi bien que dans le ton et le style qui sont utilisés. ————

Certaines catégories de Français s'éloignent donc de plus en plus de la télévision traditionnelle pour aller vers de nouveaux médias qui leur correspondent mieux : magazines spécialisés, radios libres, bandes dessinées, etc. Il était normal qu'ils soient les premiers à se ruer vers les nouveaux modes d'utilisation de la télévision offerts par le magnétoscope, les jeux vidéo ou la quatrième chaîne payante. ————

Ces nouveaux 'produits périphériques' relèguent le petit écran à un simple rôle d'outil, au service des aspirations du moment. Avec eux s'achève l'ère de la télévision passive. La voie est aujourd'hui ouverte vers une totale maîtrise de l'instrument, puisqu'il devient possible de lui imposer ses choix et de multiplier les activités possibles à partir de lui. L'ère de l'"interactivité' commence. ————

Le magnétoscope
permet de mettre la télé en conserve.
● *1 800 000 foyers étaient équipés à fin de 1984.*
● *On en comptait 7 000 en 1977.*

Pratiquement inconnu il y à 6 ou 7 ans, le magnétoscope équipe aujourd'hui environ un foyer sur dix. L'expansion du marché a pourtant souffert des mesures prises par les pouvoirs publics. Au blocage de Poitiers d'octobre 1982 ont succédé des dispositions toutes défavorables au développement de la vidéo : accroissement de la T.V.A. sur les accessoires, délai d'un an imposé aux éditeurs pour la sortie en cassettes des nouveaux films, instauration d'une taxe (612 francs en 1984) plus élevée que celle de la télévision (502 francs pour la couleur). Les rumeurs sur le lancement prochain d'un nouveau standard vidéo n'étaient pas non plus faites pour encourager une clientèle dont, par ailleurs, le pouvoir d'achat avait plutôt tendance à baisser. Aussi, la jeune industrie de la vidéo, dont certains (les vidéoclubs en particulier) avaient trop anticipé la croissance du marché, connaissait dès la mi-1983 sa première crise. Les perspectives sont aujourd'hui plus favorables, avec la suppression de la taxe (qui, par ailleurs, était acquittée par une minorité) et l'arrivée très attendue des 'télévisions libres'. ————

Les vidéomaniaques

Il existe deux races d'utilisateurs de magnétoscopes. Les premiers sont des téléspectateurs plutôt traditionnels et boulimiques qui trouvent là un moyen de conserver les émissions qu'ils aiment ou de garder en réserve celles qu'ils ne peuvent pas voir parce qu'elles passent trop tard, lorsqu'ils sont absents ou en même temps que le programme qu'ils regardent. Ils peuvent ainsi créer une 'cinquième chaîne' faite de programmes on ne peut plus personnels. Les autres (environ 60 %) fréquentent l'un des 5 000 vidéoclubs existants, où ils se rendent un peu moins d'une fois par semaine en moyenne, principalement pour louer des films. Les vidéomaniaques ne sont pas très typés sur le plan sociodémographique, en dehors du fait qu'on les trouve surtout dans la tranche 25 à 35 ans. Ils se définissent beaucoup plus en termes de Styles de Vie qu'en termes de revenus ou d'activité professionnelle. Chacun d'eux dépense en moyenne plus de 300 francs par mois pour les cassettes (vierges ou enregistrées), l'abonnement à une vidéothèque et les autres frais occasionnés par l'exercice de la 'vidéomanie'.

Les attraits de la vidéo s'inscrivent dans les courants les plus forts de la société contemporaine : désir de personnalisation des loisirs ; intérêt pour les équipements techniques sophistiqués ; goût pour le cinéma ; attirance pour les activités pratiquées au foyer, etc. Le mouvement amorcé en 1980 devrait donc se poursuivre dans les années qui viennent. Les perspectives technologiques y contribueront évidemment beaucoup.

La vidéomanie gagne du terrain.

Le magnétoscope sera de moins en moins l'accessoire de luxe qu'il est aujourd'hui, mais l'un des symboles de la société dans laquelle nous entrons.

Les jeux vidéo cherchent leur second souffle.
* *25 % des moins de 20 ans possèdent un jeu vidéo dans leur foyer.*

Comme pour les magnétoscopes, 1980 avait donné le coup d'envoi aux ventes de consoles de jeux vidéo, à brancher sur le téléviseur familial. L'enthousiasme des enfants, clientèle privilégiée de ce type de produits, laissait espérer un développement foudroyant. Cet engouement s'expliquait principalement par trois raisons : l'existence d'un défi à relever (battre la machine) ; l'accès à un monde imaginaire ; le côté 'gadget' sophistiqué qui attire souvent les enfants.

Aujourd'hui, l'enthousiasme semble un peu retombé. Les ventes de 1983 et 1984, bien que toujours en hausse, ont été inférieures aux attentes des professionnels. Le phénomène est d'ailleurs mondial. Les stocks des distributeurs se sont gonflés aussi bien au Japon qu'aux États-Unis, où le principal fabricant, Atari, a connu de grosses difficultés. La concurrence des jeux électroniques portatifs n'est sans doute pas étrangère à cette désaffection. Beaucoup invoquent également la lassitude des utilisateurs vis-à-vis de jeux qu'ils finissent par trop bien connaître. Un certain nombre d'enfants semblent en effet revenir à des jouets plus traditionnels (trains électriques, poupées), sur lesquels ils peuvent sans doute plus librement projeter leurs rêves. Les fabricants comptent sur l'introduction de l'ordinateur individuel pour relancer le marché des jeux vidéo.

Les ordinateurs domestiques sont encore des objets mal identifiés.
* *400 000 foyers en étaient équipés à la fin de 1984.*
* *Il y en a près de 6 millions en Angleterre.*

L'ordinateur dans la maison constitue pour beaucoup d'experts une étape décisive dans le processus qui devrait transformer le foyer en un minicentre informatique (p. 37). Le téléphone et la télévision sont déjà présents et prêts à recevoir leurs accessoires. Le vidéotex devrait s'implanter rapidement par le biais de l'annuaire électronique, que les P.T.T. ont commencé à installer gratuitement dans les foyers (Minitel). Après avoir conquis les entreprises, grosses ou moyennes, l'ordinateur a commencé à pénétrer chez les membres des professions libérales, pour qui la dépense est justifiée par des économies au niveau professionnel. Les fabricants s'attachent aujourd'hui à le faire entrer dans les foyers. ─────────────────────

Le mouvement est déjà très fort dans certains pays comme les États-Unis ou la Grande-Bretagne. Les Français se sont montrés jusqu'ici plus réticents. La pression exercée par les enfants se heurte à plusieurs freins : prix encore élevés ; crainte des parents de ne pas savoir se servir de la machine ; grande difficulté, surtout, à se faire une idée des matériels et des programmes existants. Comment, en effet, se repérer dans le maquis des marques aux performances difficiles à comparer et aux accessoires incompatibles entre eux ? D'autant qu'on n'a aucune idée de ce que l'on peut vraiment faire avec un ordinateur (et encore moins de ce que l'on aura envie de faire lorsqu'il sera là) ! Il faudra donc que les fabricants et les détaillants fassent un effort considérable d'information et de conseil pour que l'ordinateur perde l'image mystérieuse, voire mythique, qui le caractérise aujourd'hui. ──────

De la télévision-maîtresse à la télévision-partenaire

Les loisirs audiovisuels étaient jusqu'ici pratiqués de façon passive. On regardait, on écoutait les programmes diffusés par les stations de télévision ou de radio, avec une faible possibilité de choix (sauf dans le cas des disques ou des cassettes). Demain, les loisirs audiovisuels demanderont une réelle participation. Déjà, le magnétoscope permet aux téléspectateurs de se composer une chaîne tout à fait personnelle. L'arrivée de Canal Plus a élargi le choix, en particulier dans le domaine apprécié des films. La télévision par câble apportera la régionalisation et l'"inter-

activité' (possibilité pour le téléspectateur d'envoyer des informations simples à l'émetteur, pour lui faire connaître, par exemple, son opinion sur le programme qu'il regarde...). Enfin, la télévision par satellite permettra l'accès à un grand nombre de chaînes étrangères, qui viendront brutalement concurrencer les chaînes françaises.

L'ordinateur ira encore plus loin dans l'interactivité, grâce à ses utilisations multiples : saisie de données, calcul, gestion, jeux, traitement de texte, apprentissage, applications musicales, surveillance, etc. ────────

Les Français se trouveront donc demain face à des possibilités extrêmement variées. Pour la première fois, ils pourront réellement utiliser leur petit écran comme un outil sur lequel viendront s'afficher les images de leur choix. Il est bien difficile, aujourd'hui, de prédire comment ils vivront cette révolution technologique. Il paraît probable, en tout cas, que leurs modes de vie en seront affectés. La télévision, de son côté, devra aussi s'adapter à ces nouvelles réalités et rayer de son vocabulaire le mot 'grand public', qui ne voudra plus rien dire. ──────────

L'ordinateur
sera-t-il individuel ou familial ?

Les éléments, au moins technologiques sont donc réunis pour que se développe cette société de communication promise depuis quelques années. ─────────────

VIVE LA RADIO, LIBRE !

La radio a fait son entrée dans le XXIe siècle. Aux stations nationales et périphériques, dont la vocation est de diffuser une culture uniforme à des masses indifférenciées, s'ajoutent aujourd'hui les radios locales privées, proches et spécialisées. Le mouvement ne fait que commencer. Il concernera demain l'ensemble des moyens de communication.

Tous branchés

La radio est pour beaucoup de Français l'indispensable compagnon de la vie courante. L'amélioration continue de la qualité de réception leur a permis de donner libre cours à leur goût pour la musique et pour l'information. ___

À l'évolution technologique s'est ajoutée récemment l'évolution juridique. L'autorisation des 'radios libres' (officiellement 'radios locales privées') est une date importante dans l'histoire des médias. Elle permet un nouveau type de relation entre les stations et leurs auditeurs, basé sur le dialogue, l'engagement ou le partage d'un même centre d'intérêt. Le mouvement est significatif. Il traduit le besoin irrépressible des Français pour de nouveaux médias plus spécialisés, utilisant un ton et un style plus actuels. La presse avait été la première à y répondre (p. 373). La radio ne pouvait pas refuser longtemps d'y répondre à son tour. ___

Avec les radios locales, chaque Français peut trouver aujourd'hui une radio qui lui ressemble. ___

Tous les foyers sont équipés d'au moins un poste de radio.

- *Il y avait 20,5 millions de récepteurs en 1971.*
- *Il y en a plus de 50 millions aujourd'hui.*

Depuis quelques années, la modulation de fréquence (mono et stéréo), les radiocassettes, les radio-réveils, les autoradios et les tuners ont largement contribué au développement d'un marché qu'on aurait pu croire saturé. ___

Un poste par Français

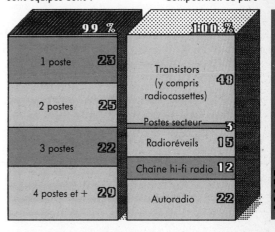

99 % des foyers
sont équipés dont :

Composition du parc

99 %	100 %
1 poste **23**	Transistors (y compris radiocassettes) **48**
2 postes **25**	Postes secteur **3**
3 postes **22**	Radioréveils **15**
	Chaîne hi-fi radio **12**
4 postes et + **29**	Autoradio **22**

S.C.A.R.T.

Seule la possession de la FM différencie les catégories sociales.
- *65 % des Français sont équipés d'un poste recevant la modulation de fréquence.*

Les taux de possession sont assez inégaux selon l'âge, la profession ou la région, et donnent à la FM un aspect moins populaire que la radio en général. Comme c'est souvent le cas pour les produits à forte 'technologie ajoutée', ce sont les plus jeunes, les plus aisés et les plus 'urbains' qui sont les plus équipés.

67 % des automobilistes disposent d'un autoradio.
- *En 10 ans, le taux d'équipement radio des automobilistes a plus que triplé (24 % en 1971).*

Les jeunes, en particulier, sont séduits par la

qualité croissante de l'écoute, liée à l'évolution spectaculaire des matériels (récepteurs, haut-parleurs, amplis, égaliseurs, etc.). Aujourd'hui, les ventes des radiocassettes représentent les trois quarts des 2 millions d'autoradios achetés (contre 11 % en 1971).

Les Français consacrent plus de temps à la radio qu'à la télé,
mais pas aux mêmes moments.
● *3 heures par jour en semaine,*
un quart d'heure de plus que la télévision.

Il faut dire que les programmes de la radio durent plus longtemps et qu'il est souvent possible de les écouter tout en faisant autre chose, ce qui est plus difficile avec la télévision.

Radio-consommateurs : les mêmes que pour la télé

Ceux qui écoutent le plus	Ceux qui écoutent le moins
● les femmes	● les hommes
● les plus âgés	● les plus jeunes
● les moins instruits	● les plus instruits
● les petits patrons	● les agriculteurs
● les femmes au foyer	● les étudiants
● les habitants du Nord et du Bassin parisien	● les habitants du Sud-Ouest et de l'Ouest

L'écoute maximale est atteinte entre 7 heures et 18 heures. Elle diminue ensuite au fur et à mesure que la soirée se poursuit et que les Français s'installent devant leur petit écran. On écoute aussi la radio le samedi et surtout le dimanche, jour pourtant traditionnellement consacré à la télé. C'est en octobre et novembre que la radio a le plus d'auditeurs, alors que les postes sont le plus silencieux en juillet et août (sauf sur les plages, où ils ne sont pas toujours bien tolérés).

C.E.O.

La bande des quatre s'étire

Dans la lutte farouche qui oppose les stations périphériques, R.T.L. a pris un avantage décisif, concrétisé à la fois par une audience supérieure et par une durée d'écoute plus longue (encadré). Les stations de la 'bande des quatre' ont des implantations géographiques assez différentes. Radio Monte-Carlo détient

43 % de l'écoute radio du Sud-Est et un taux un peu moins élevé dans le Sud-Ouest. Les trois autres stations se partagent le reste de la France, avec une prépondérance de R.T.L. dans le Nord et l'Est, et d'Europe 1 dans l'Ouest, le Centre et la région Rhône-Alpes. France-Inter, qui est la seule radio nationale (les autres ont leurs antennes en dehors du territoire français), fait un bon score dans le Sud-Ouest et l'Ouest, et obtient environ 15 % d'écoute dans le Sud-Est, fief de R.M.C. L'absence de publicité de marque (seules les publicités 'collectives' sont autorisées sur France-Inter) ne semble pas l'avoir favorisée auprès des auditeurs, qui n'apprécient pourtant guère la publicité à la radio (p. 143). Ce qui tend à prouver que les Français ne sont peut-être pas aussi publiphobes qu'ils le disent.

Radios libres : les ondes de choc

Depuis 1982, les radios libres ont réalisé une percée remarquable, confirmée par les sondages.

● *Plus de 20 % de l'audience radio cumulée.*
● *18 % des auditeurs de la 'bande des quatre' auraient délaissé leur station habituelle.*
● *Le transfert atteindrait 26 %*
chez les jeunes de 16 à 24 ans.

C'est dire combien les radios libres étaient

De Bonneville/Orlandini

La guerre des ondes a commencé.

La suprématie de R.T.L.

	Radio en général	R.T.L.	EUROPE I	FRANCE-INTER	R.M.C.	Autres Stations
Audience cumulée	68,4 %	22,8 %	17,2 %	15,2 %	7 %	23,5 %
Nombre d'auditeurs (semaine)	27 267 000	9 095 000	6 849 000	6 067 000	2 805 000	9 393 000
Durée d'écoute moyenne par jour, par auditeur	2 h 55	2 h 40	2 h 04	1 h 39	2 h 19	2 h 38

C.E.S.P. (oct. 1984)

attendues et combien elles sont appréciées aujourd'hui. 950 radios libres ont été autorisées sur le territoire au terme d'une période transitoire pendant laquelle les auditeurs ont eu un peu mal aux oreilles, entre les glissements de fréquence, les brouillages et les superpositions de programmes. 550 environ sont ouvertes à la publicité de marques. Les 400 autres ont un statut associatif et ne peuvent diffuser que des campagnes collectives.

Le match radios libres - radios nationales et périphériques

Le Point/Ipsos (juillet 1983)

Pour 61 % des Français, les radios nationales et périphériques gardent un net avantage en ce qui concerne les informations, alors que les radios libres ont la suprématie dans le domaine musical (66 %). Quant au style, celui des radios libres plaît davantage (40 % contre 24 % aux radios nationales), par sa plus grande décontraction, sans doute, et aussi par le côté a priori sympathique et proche d'une petite équipe. De sorte qu'aujourd'hui 27 % des auditeurs n'écoutent les 'grandes' radios que pour certaines émissions précises, 15 % uniquement pour suivre les informations. Tandis que 20 % environ ne les écoutent plus du tout…

Musique, décontraction, spécialisation sont les principales raisons de l'intérêt pour les radios libres.

La diffusion quasi permanente de musique est ce qui attire le plus les Français vers les radios libres. C'est déjà ce qui avait expliqué le succès des stations régionales FM de services, sœurs cadettes de France-Inter (FIP, FIL, FIM…).

La spécialisation de la plupart des radios

libres est une autre qualité déterminante par rapport à leurs grandes sœurs, qui ne peuvent survivre qu'en s'adressant au 'grand public', comme les chaînes de télévision (p. 367). Cette spécialisation est, par définition, régionale ou locale, puisque la zone d'écoute des stations est limitée. Mais la vraie spécificité des radios libres tient à ce que chacune s'adresse à un groupe d'individus ayant quelque chose en commun : l'amour d'un certain type de musique (rock, classique, chanson française, etc.), la politique, la religion, ou encore d'autres signes

Une place parmi les grands

9,3 millions d'auditeurs en octobre 1984. C'est le nombre moyen d'auditeurs ayant écouté chaque jour l'ensemble des 'petites radios', c'est-à-dire essentiellement celles de la bande F.M. Pour la première fois, l'audience **stratégie** de ces radios dans leur ensemble dépasse celle du leader, R.T.L.

58 % des auditeurs sont des hommes. 70 % des auditeurs ont entre 15 et 24 ans. La majorité des 15-24 ans (46 % de l'audience) écoutent plus volontiers les radios libres que les grandes radios nationales.

Les tranches d'écoute tendent à se rapprocher de celles des radios nationales et périphériques. Les heures d'écoute privilégiées des R.L.P. ne sont plus seulement le soir ou la nuit, comme à l'origine, mais de plus en plus entre 7 et 9 heures, 9 et 12 heures et 17 et 19 heures, chasses gardées traditionnelles des radios nationales et périphériques. Ce phénomène devrait d'ailleurs s'accentuer au fur et à mesure que les stations s'organisent pour diffuser des bulletins d'information.

Les auditeurs sont de plus en plus fidèles à une radio libre en particulier. On croyait l'auditoire des R.L.P. très versatile. Il a, semble-t-il, tendance à se fidéliser. 90 % des auditeurs déclarent n'écouter qu'une seule station au cours d'une même journée.

C.E.S.P. (Le Monde, janv. 1984)

de ralliement tels que l'ethnie ou l'homosexualité. —————————————

*Les radios libres
constituent l'un des médias de l'avenir.*

Les principes qui régissent les médias de la nouvelle génération sont simples : passer d'une optique de masse à une approche personnalisée ; s'adresser à des groupes définis par des modes de vie communs plutôt que par toute caractéristique sociodémographique. C'est ce qu'a fait avec succès la presse depuis quelques années (p. 373). Les radios nationales et périphériques, qui surveillent avec attention cette évolution, préparent des ripostes. Entre radios périphériques et radios libres, la seconde manche va bientôt se jouer.

Les styles de vie et la radio

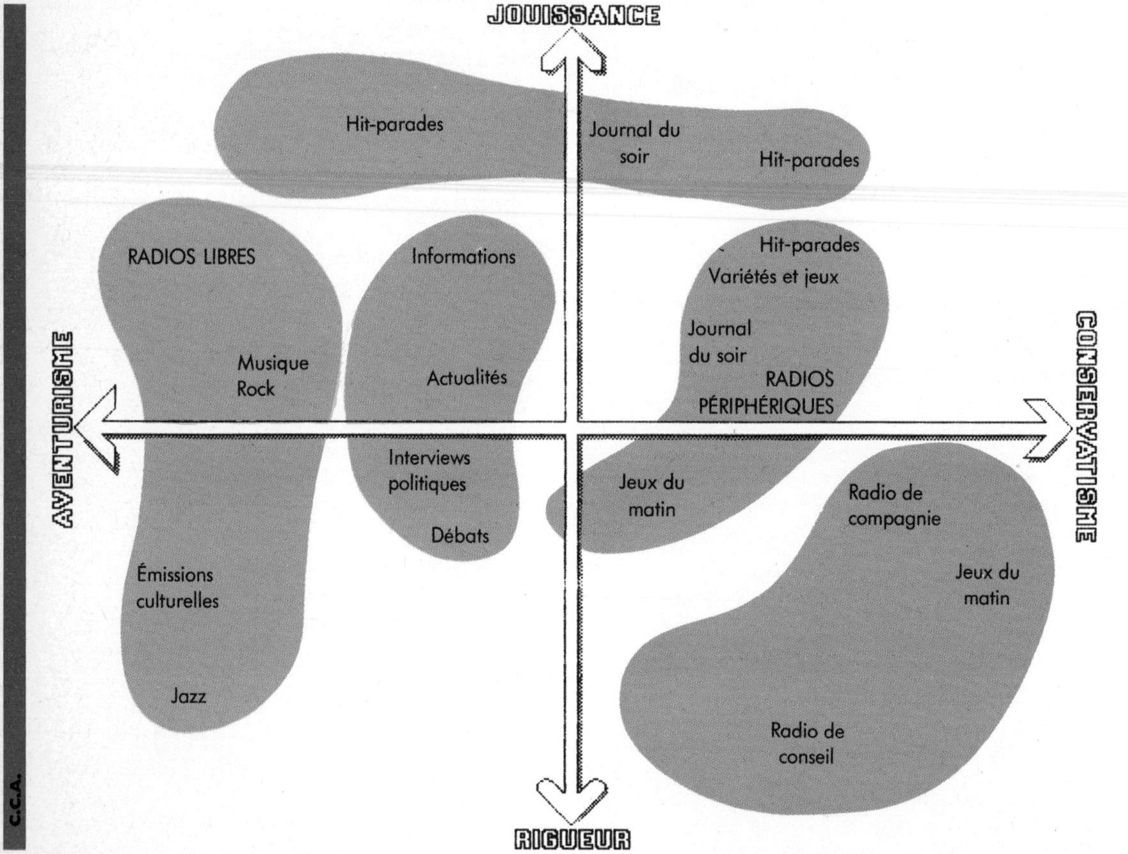

JOUISSANCE

Hit-parades

Journal du soir

Hit-parades

RADIOS LIBRES

Informations

Hit-parades
Variétés et jeux

Journal
du soir

RADIOS
PÉRIPHÉRIQUES

AVENTURISME

Musique
Rock

Actualités

CONSERVATISME

Interviews
politiques

Débats

Jeux du
matin

Radio de
compagnie

Jeux du
matin

Émissions
culturelles

Jazz

Radio de
conseil

RIGUEUR

C.C.A.

Pour lire la carte, voir présentation p. 415.

CINÉMA :
LE RETOUR
DE LA GRANDE ÉVASION

Dans le dur combat qui l'oppose à la télévision, le cinéma avait failli déclarer forfait. Puis il a décidé de résister en misant sur ses atouts essentiels : l'actualité des films et la puissance de l'image sur grand écran. Avec Canal Plus, la télé contre-attaque. Comme d'habitude, ce sont les Français qui arbitrent.

Nuit et brouillard

Les 400 millions de spectateurs de 1957 avaient fondu comme neige au soleil. Au fur et à mesure qu'ils s'équipaient de la télévision, les Français désertaient les salles obscures. Trop cher, trop compliqué de choisir un film, de faire la queue, etc., alors que la télé diffuse près de 500 films chaque année. En 10 ans, le cinéma perdait ainsi plus de la moitié de sa clientèle (encadré). Une érosion massive qui laissait augurer de la disparition pure et simple de toute une industrie.

Le cinéma à la télé

Films long métrage programmés à la télévision (sur les 3 chaînes).

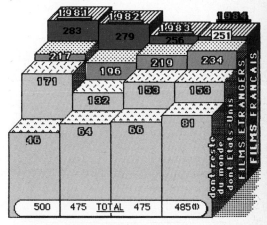

(1) Dont 142 sur TF1, 130 sur A2 et 213 sur FR3.

Le retournement

Évolution de la fréquentation des cinémas et du nombre des salles.

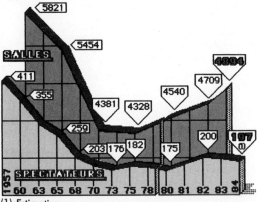

(1) Estimation

Les efforts des professionnels ont permis de sauver le cinéma.

Face à cette situation dramatique, producteurs et exploitants ne baissèrent pas les bras. Ils se lancèrent dans un courageux programme de rénovation : nouveaux 'complexes multisalles' proposant un choix plus grand dans des salles plus petites et moins nombreuses ; modulation du prix des places ; efforts des producteurs et des promoteurs. En 1975, le déclin était finalement enrayé et, aujourd'hui, la fréquentation est remontée au niveau de 200 millions de spectateurs par an.

Les Français sont les seuls Européens à avoir réussi un tel retournement.

La crise du cinéma n'est pas française. En

revanche, le phénomène de transfert sur la télévision n'a pas épargné les autres pays. En Europe, la France est le pays qui a le mieux réussi à maîtriser les difficultés de son industrie cinématographique. Le cinéma italien, longtemps considéré comme l'un des plus dynamiques et créatifs, est à l'agonie. ___

Il faut dire que, partout, la télévision, avec la multiplication des chaînes privées, exerce une concurrence très rude. L'arrivée en France de Canal Plus, et demain des chaînes privées, représente un risque dont les professionnels du cinéma sont conscients. ___

Havas-Conseil

CANAL PLUS, C'EST LE JOUR ET LA NUIT.

Le mariage (de raison) de la télé et du cinéma.

Plus que tout, c'est la force de l'image projetée sur grand écran dans une salle obscure qui représente l'atout essentiel du cinéma. C'est de sa capacité à maintenir cet avantage que dépendra son avenir. ___

Un loisir de jeunes

Les jeunes sont ceux qui sortent le plus de chez eux. Le cinéma leur apporte la possibilité de se retrouver entre copains, en bande ou avec leur petit(e) ami(e). Il représente pour eux un moyen d'évasion dans le rire, gentil ou décapant, ou dans l'aventure, terrienne ou intergalactique. Il est donc normal que la jeunesse constitue le public privilégié du cinéma. Beaucoup de films sont d'ailleurs faits spécialement pour elle (*la Boum, E.T., la*

Guerre des étoiles, etc.) et figurent aux premières places du hit-parade cinématographique (p. 378). ___

53 % des Français ne vont jamais au cinéma

Parmi ceux qui vont au cinéma, 30 % ont moins de 20 ans, 24 % ont entre 20 et 34 ans. Les moins de 35 ans effectuent 75 % des dépenses contre 2,4 % seulement pour les plus de 65 ans. Les 15-24 ans représentent 51 % du nombre des entrées (alors qu'ils ne sont que 19 % de la population). Les cinéphiles habitent plutôt dans les grandes villes qu'à la campagne.

80 % des Français ayant poursuivi des études supérieures vont au cinéma au moins une fois par an, contre 19 % de ceux qui ont un niveau d'études primaires. Enfin, les hommes sont plus nombreux (57 % des entrées) que les femmes (43 %) à s'adonner aux plaisirs du septième art.

C.N.C.

Les images de cinéma restent celles qui ont le plus d'impact.

Les jeunes d'aujourd'hui sont nés avec la civilisation de l'image. Ils sont donc sensibles à la force particulière de celles que leur propose le cinéma. Leur goût croissant pour la

La France championne d'Europe

Fréquentation des cinémas dans quelques pays (en millions de spectateurs).

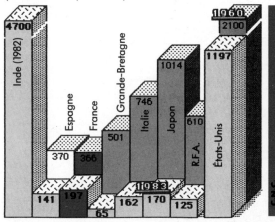

Inde (1982) 4700 (1982)
Espagne 370 / 141
France 366 / 197 / 65
Grande-Bretagne 501 / 162
Italie 746 / 170
Japon 1014 / 125
R.F.A. 610
États-Unis 1960 2100 / 1197

1983

C.N.C.

Ecom – Univas (I et 2)

SILENCE, LE METRO TOURNE!
FESTIVAL DU CINÉMA MUET DU 27 NOVEMBRE AU 1ᵉʳ DÉCEMBRE.

Le cinéma fait toujours rêver.

science-fiction peut se donner libre cours, grâce aux fantastiques possibilités de la vidéo et de l'ordinateur, magistralement utilisées par les studios-laboratoires californiens. Le monde magique de Spielberg et de Coppola est l'illustration la plus parfaite de l'imaginaire des jeunes des années 80. *La Guerre des Étoiles* ou *Indiana Jones* traduisent à la fois leur besoin d'évasion et leur besoin de technologie.

Le cinéma reste le spectacle le plus fréquenté

Sont allés au moins une fois au cours des 12 derniers mois au spectacle suivant :	1973 %	1981 %	1984 %
● Cinéma	51,7	49,6	49
● Match ou spectacle sportif payant	24,3	20,3	N.D.
● Music-hall, variétés, chansonniers	11,5	10,5	21
● Pièce de théâtre jouée par des professionnels	12,1	10,3	15
● Concert de musique pop, de folk, de rock, de jazz	6,5	10,1	13
● Cirque	10,8	9,7	14
● Concert de grande musique	6,9	7,5	9
● Festival	7,8	7,2	8
● Ballet dansé par des professionnels	5,8	5,0	6
● Opérette	4,4	2,4	N.D.
● Opéra	2,6	2,0	3

N.D. : non disponible.

Ministère de la Culture (1973 et 1981)
50 Millions de Consommateurs (1984)

Le rire et l'aventure au hit-parade

Si les jeunes aiment par-dessus tout l'aventure au cinéma, ils ne détestent pas les films qui font rire. Mais ce sont leurs aînés qui ont assuré le succès des grands films comiques que l'on trouve tout en haut du palmarès de ces dernières années (ci-après). ___

Les 'Césars' du public

Les 'best-sellers' du marché français (1956-1983)

Titre du film, nationalité, spectateurs (en millions)

● La Grande Vadrouille (F)	17,226	● La Chèvre (F)	6,933
● Il était une fois dans l'Ouest (I)	14,256	● Michel Strogoff (F)	6,868
● Ben Hur (USA)	13,465	● Le gendarme se marie (F)	6,786
● Le Pont de la rivière Kwaï (G.B.)	13,419	● Sissi (AU)	6,593
● Les Dix Commandements (USA)	13,348	● Goldfinger (G.B.)	6,465
● Le Jour le plus long (USA)	11,756	● Sissi impératrice (AU)	6,393
● Le Corniaud (F)	11,722	● La Cuisine au beurre (F)	6,381
● Le Livre de la jungle (USA)	10,223	● Le Bon, la brute et le truand (I)	6,277
● Les Canons de Navarone (USA)	10,166	● Les Dents de la mer (USA)	6,238
● Les Cent Un Dalmatiens (USA)	10,003	● Le Gendarme et les extra terrestres (F)	6,222
● Les Misérables 2 Époques (F)	9,938	● Oscar (F)	6,092
● Docteur Jivago (USA)	9,700	● Mourir d'aimer (F)	5,914
● La Guerre des boutons (F)	9,465	● Guerre et paix (USA)	5,856
● Les Aristochats (USA)	9,161	● L'Aile ou la Cuisse (F)	5,839
● La Vache et le prisonnier (F)	8,843	● Le Bossu (F)	5,820
● La Grande Évasion (USA)	8,735	● Sissi face à son destin (AU)	5,777
● Emmanuelle (F)	8,710	● Les Fous du stade (F)	5,740
● West Side Story (USA)	8,367	● À nous les petites anglaises (F)	5,703
● E.T., l'extra-terrestre (USA)	7,879	● Notre-Dame de Paris (F)	5,675
● Le Gendarme de St-Tropez (F)	7,780	● La Vérité (F)	5,655
● Les Bidasses en folie (F)	7,454	● Orange mécanique (USA)	5,625
● Les Aventures de Rabbi Jacob (F)	7,353	● La Folie des grandeurs (F)	5,562
● Les Sept Mercenaires (USA)	7,024	● Les Valseuses (F)	5,558
● Les Grandes Vacances (F)	6,944	● Le Cerveau (F)	5,540
		● Le Petit Baigneur (F)	5,539
		● Le Gendarme à New York (F)	5,494

C.N.C.

Les millionnaires 1983

Films ayant réalisé plus d'un million d'entrées en 1983

Titre du film, nationalité, spectateurs (en millions)

• Les dieux sont tombés sur la tête (Afrique du Sud)	4,923	• La Crime (F)	1,796
		• L'Africain (F)	1,777
• Le Marginal (F)	4,619	• La Boum n° 2 (F)	1,771
• L'Été meurtrier (F)	4,447	• Coup de foudre (F)	1,596
• Banzaï (F)	3,736	• Le Bourreau des cœurs (F)	1,551
• Papy fait de la résistance (F)	3,700	• Furyo (NZ)	1,511
• Flashdance (USA)	3,686	• La Femme de mon pote (F)	1,455
• Les Compères (F)	3,616	• Le Prix du danger (F)	1,380
• Tootsie (USA)	3,583	• Staying alive (USA)	1,330
• Le Ruffian (F)	3,372	• Danton (F)	1,310
• E.T., l'extra-terrestre (USA)	3,291	• Garçon (F)	1,258
• Blanche Neige et les 7 nains (USA)	2,982	• Outsiders (USA)	1,210
• Le Retour du Jedi (USA)	2,929	• Au nom de tous les miens (F)	1,140
• L'Œil du tigre (USA)	2,781	• Superman 3 (USA)	1,133
• Octopussy (G.B.)	2,664	• Le Choix de Sophie (USA)	1,113
• Rambo (USA)	2,577	• Vivement dimanche (F)	1,113
• J'ai épousé une ombre (F)	2,520	• Dark Crystal (G.B.)	1,090
• Gandhi (G.B.)	2,384	• Pinocchio (USA)	1,038
• Tonnerre de feu (USA)	2,590	• Victor, Victoria (G.B.)	1,006
• Le Battant (F)	1,921		
• La Balance (F)	1,850		

On note, dans les classements, la part considérable prise par les films 'à gros budget'. Le cinéma est un art où il devient aujourd'hui difficile de réussir sans investir. Il faut offrir à un public de plus en plus exigeant les acteurs, les décors, les truquages, la qualité technique (sans oublier la promotion !) auxquels il est maintenant habitué. Ce goût croissant pour la **performance** tend à favoriser les grandes productions américaines, au détriment des films français, plus intimistes. Avec, heureusement, quelques exceptions qui ont permis à des Truffaut ou à des Sautet de faire vivre un cinéma qui donne plus à penser qu'à voir. Il ne faut cependant pas exagérer la part du cinéma américain qui, bien qu'en croissance régulière, ne représentait en 1983 que 35 % des entrées contre 53 % aux films français. _____

Le rire reste un genre apprécié au cinéma.

La tradition comique du cinéma français est bien vivace. Louis de Funès avait su faire oublier la disparition de Fernandel. Il avait même réussi la performance incroyable de placer 13 de ses films (dont 4 *Gendarme*) dans la liste des 50 plus gros succès des 25 dernières années (page précédente). Coluche apparaît comme son successeur incontesté. Plus proche sans doute de Fernandel que de Louis de Funès, depuis qu'il a prouvé qu'il était capable de faire dans le drame (*Tchao Pantin*) aussi bien que dans la bouffonnerie.

DE LA MUSIQUE AVANT TOUTE CHOSE

Les Français écoutent de plus en plus de musique. Les équipements dont ils disposent les incitent à privilégier les cassettes par rapport aux disques. En attendant la prochaine révolution : le disque compact.

Le disque ne tourne plus rond

Telle une drogue, la musique a envahi peu à peu la vie des Français. Le nombre des postes de radio équipés de la modulation de fréquence (p. 363), l'engouement pour les radios libres (p. 364), les ventes de chaînes hi-fi et de magnétophones (ci-après) en sont une éclatante illustration. La musique fait aujourd'hui partie de la vie quotidienne. Que ce soit à la maison, en voiture ou même dans la rue, avec le fameux Walkman et ses dérivés. La chaîne hi-fi est devenue, au fil des années, le complément indispensable des meubles du salon ou de la chambre à coucher.

La hi-fi se déchaîne

33 % des foyers sont équipés d'une chaîne haute-fidélité. Un million ont été achetées en 1984 (dont près de 80 % de fabrication étrangère).

Il faut y ajouter les 800 000 tuners, les 500 000 électrophones et les 2 millions de magnétophones qui sont venus compléter, avec la radio et la télévision, l'équipement musical des Français.

Face aux nuisances engendrées par la société industrielle (p. 194), la musique apparaît comme un moyen d'enjoliver l'environnement. Avec le risque de participer aux nuisances auxquelles on s'efforce d'échapper...

Pourtant, ce besoin irrépressible de musique ne profite guère à l'industrie du disque, qui connaît des années difficiles.
● *Les ventes de 33 tours baissent régulièrement (-28 % de 1978 à 1984).*

Après la fantastique envolée des années 60 (c'était l'époque des Beatles et de *Salut les copains*), le disque avait continué à progresser jusqu'en 1978. Six ans plus tard, en 1984, les Français ont acheté 120 millions de disques (v. tableau). Ce sont les 33 tours qui se vendent le moins bien, alors que les 45 tours et surtout les cassettes continuent leur progression.

La musique adoucit la vie.

L'usure des 33 tours

Structure des ventes de disques (millions).

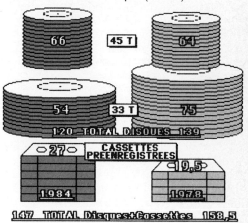

	45 T	
66		64
54	33 T	75
120	TOTAL DISQUES	139
27	CASSETTES PREENREGISTREES	19,5
1984		1978
147	TOTAL Disques+Cassettes	158,5

S.I.E.R.E.

Parmi les raisons souvent avancées pour expliquer cette érosion des ventes de disques, on peut citer le développement récent du piratage (on estime que 5 % des cassettes pré-enregistrées vendues sont des cassettes pirates), l'accroissement de la TVA (de 18,60 % à 33 %) ou encore la disponibilité croissante de la 'musique gratuite' à la radio (surtout les radios-libres). Sans oublier, sans doute, l'évolution du pouvoir d'achat.

On cite aussi, souvent, l'importance de la copie privée, liée au développement des ventes de magnétophones, radio-cassettes et cassettes vierges. Un argument réfuté par une étude réalisée par le CETREC pour les fabricants de matériel : 45 % des possesseurs de magnétophones (et 55 % des moins de 25 ans) affirment que l'enregistrement privé les incite à l'achat de disques ou de cassettes.

Quant à la qualité de ce qui est proposé au public, elle n'est apparemment pas en cause si l'on en juge par les taux d'écoute élevés des émissions de radio et télévision consacrées à la musique.

Le phénomène concerne la plupart des pays occidentaux.

Malgré ses difficultés, la France n'est pas la plus touchée. Les États-Unis, le Japon ont connu des situations particulièrement difficiles. Aux États-Unis, de grandes firmes d'édition musicale n'ont dû leur salut qu'à la notoriété internationale de certaines de leurs vedettes. C'est le cas, par exemple, de CBS qui n'a pu survivre que grâce au phénomène Michael Jackson, record mondial des ventes de ces dernières années. _____

Des variétés peu variées

Les goûts des Français en matière de musique évoluent relativement peu. Seuls les spécialistes s'attachent de façon exclusive à un type de musique très précis à l'intérieur d'un genre musical. Il n'est pas toujours aisé, par exemple, de faire la distinction entre le hard-rock, le rockabilly, la funky-music, etc., que beaucoup rangent ensemble dans la catégorie plus large du rock ou de la musique pop. _____

Pourtant, la musique anglo-saxonne ne représente pas l'essentiel des disques et des cassettes achetés par les Français (encadré), contrairement à une idée répandue et souvent confortée par l'écoute de la radio. _____

Les Français achètent français

Part des différents genres musicaux dans les ventes de disques (1983).

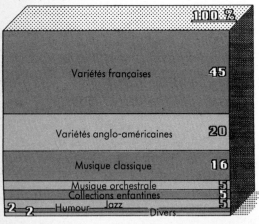

S.A.E.R.E.

Si la musique classique représente 16 % du nombre des disques achetés, elle constitue en réalité une part plus importante du budget disques des Français, puisqu'il s'agit dans presque tous les cas de 33 tours. _____

Le salut est dans le disque compact

Face à ces difficultés, les professionnels de l'industrie du disque placent l'essentiel de leurs espoirs dans le développement du disque compact. Après la stéréo, la quadriphonie, les minichaînes et les mini-enceintes, l'invention du lecteur de disques à laser représente une percée technologique de grande envergure. Le système présente en effet des avantages déterminants : qualité de reproduction incomparable, usure pratiquement nulle, encombrement réduit. Lancé au Japon en octobre 1982 et aux États-Unis en juin 1983, il connaît déjà un succès spectaculaire. En France, le démarrage s'annonce plus lent, avec 25 000 appareils achetés à la fin de 1983. Les perspectives, au niveau mondial, étaient de 1 million de lecteurs en 1984 et de 25 millions de disques. _____

Le disque compact est le premier pas dans un univers extrêmement prometteur.

L'avenir du disque laser devrait être d'autant plus brillant qu'il constitue la première application 'grand public' d'une technologie totalement nouvelle. La lecture au laser peut en effet s'appliquer à la vidéo (les systèmes vidéodisques sont actuellement au point, même si leur prix de vente est élevé) et à l'informatique personnelle. Un vidéodisque compact de 12 cm de diamètre peut contenir l'équivalent d'une grande bibliothèque. Quelques secondes suffisent pour retrouver une information précise et la faire apparaître sur l'écran. Le principal inconvénient du disque compact par rapport à la cassette, (ne pas pouvoir être effacé) est en train de disparaître. Les recherches entreprises par les grandes firmes d'électronique devraient permettre de mettre sur le marché un disque effaçable et enregistrable indéfiniment. De bons moments en perspective pour les fanatiques de l'audiovisuel. _____

Le raz de marée du vidéo clip

La vague du vidéo clip s'est abattue sur la France en 1982. Le phénomène s'imposait très vite comme une forme nouvelle de l'art contemporain, mariant les principaux ingrédients de la culture audiovisuelle. La qualité des images, la force de la musique et celle des effets spéciaux donnent à ces minispectacles de trois minutes un formidable impact. Principalement destinés aux jeunes, ils sont un reflet fidèle de leur vision du monde actuel. Et ce n'est pas par hasard que le pessimisme, le narcissisme, la violence, le goût pour le fantastique et le besoin d'évasion y sont plus souvent présents que le romantisme, l'humour ou la joie de vivre.

Dans la société du vidéo clip, le disque compact est appelé à jouer un grand rôle. Il permettra demain à chacun de se constituer une vidéodiscothèque, reléguant ainsi les 33 tours et 45 tours d'aujourd'hui au musée des objets d'un autre temps.

LECTURE : GUTENBERG N'A PAS ÉCRIT SON DERNIER MOT

Parmi les médias, c'est la presse qui, la première, s'est adaptée aux nouveaux modes de vie. Elle offre aujourd'hui à ses lecteurs des choix propres à satisfaire la vaste palette de leurs centres d'intérêt. De son côté, le livre a fait aussi beaucoup d'efforts. Sans négliger la littérature, il apporte de plus en plus une réflexion et des réponses aux questions, de toutes natures, qui intéressent les Français.

Presse : l'âge de la 'démassification'

Un homme informé en vaut deux. La complexité croissante de la société n'a fait que renforcer la véracité de la maxime. Pendant longtemps, le besoin d'information fut essentiellement lié au souci d'une connais-

sance générale. Il concerne aujourd'hui tous les aspects de la vie courante. Comment travailler efficacement sans savoir comment évolue le métier qu'on exerce, l'entreprise dans laquelle on est employé, son secteur d'activité, etc. Comment organiser sa vie et celle de sa famille sans suivre l'actualité économique, politique, juridique, internationale ? _____

La presse a réussi à trouver sa place dans l'orchestre des médias.

Ce sont les journaux et les livres qui, jusqu'au milieu du XXᵉ siècle, ont assuré l'essentiel de l'information. Mais les besoins de la société et les possibilités de la technologie (il est possible que les secondes aient précédé les premiers) ont bouleversé en quelques décennies le paysage très monolithique des médias. La radio, puis la télévision ont donné de la vie et de la voix à la communication, jusqu'ici écrite, avec le public. _____

Un statu quo avait été rapidement trouvé. La presse assurait son rôle d'informateur ; la radio diffusait de la musique ; la télévision se concentrait sur le spectacle. _____

C'était compter sans l'ambition et l'imagination des pionniers de l'époque. Les hommes de radio se rendirent bien vite compte du parti qu'ils pouvaient tirer des possibilités du direct. La guerre d'Algérie fut à cet égard un fantastique terrain d'expérience et l'impact de mai 68 doit sans doute beaucoup à la radio, présente sur les barricades. _____

De leur côté, les hommes de télévision eurent bientôt l'intuition que l'image pouvait être encore plus forte au service de l'actualité qu'à celui de la chansonnette. De sorte que la presse, coincée entre la radio et la télévision, ses deux sœurs cadettes surdouées, dut redéfinir complètement son rôle. On vit alors apparaître de nouveaux magazines. Certains, comme *l'Express*, privilégiaient le texte. D'autres, comme *Paris-Match*, s'intéressaient davantage à l'image. Les 'news magazines' et les 'picture magazines', avec leur rythme hebdomadaire, offraient aux lecteurs un recul et une réflexion utiles face à l'actualité.

Les Français lisent moins la presse

	1981 %	1973 %
Lisent une revue d'actualité politique ou sociale...		
• régulièrement	13,2	16,7
• de temps en temps	10,7	9,8
• rarement	7,1	5,9
• pratiquement jamais	67,6	67,0
• Ne se prononcent pas	1,4	0,6
	100,0	100,0
— Un magazine féminin ou familial...		
• régulièrement	20,3	26,7
• de temps en temps	14,7	15,7
• rarement	7,3	6,3
• pratiquement jamais	56,4	50,8
• Ne se prononcent pas	1,3	0,5
	100,0	100,0
— Une revue littéraire, artistique, scientifique, d'histoire, etc.		
• régulièrement	11,3	12,2
• de temps en temps	11,5	10,4
• rarement	6,6	6,6
• pratiquement jamais	69,2	70,0
• Ne se prononcent pas	1,4	0,8
	100,0	100,0

	1981 %	1973 %	1967 (I.N.S.E.E.) %
Lisent un quotidien...			
• tous les jours ou presque	46,1	55,1	59,7
• plusieurs fois par semaine	10,3	7,5	11,4
• une fois par semaine	9,0	8,4	7,8
• plus rarement	5,9	5,8	
• jamais ou pratiquement jamais	28,7	23,2	21,1
	100,0	100,0	100,0

La spécialisation est la réponse de la presse aux attentes du public et à la concurrence.

Beaucoup d'éditeurs de journaux et de magazines ont compris que la diversité était indispensable à l'intérieur des médias. Il devient difficile d'offrir tout à tout le monde, sans être amené à faire des compromis rédactionnels de moins en moins acceptables. La **spécialisation** permet de s'adresser de façon plus efficace à un public spécifique, aux besoins bien identifiés. La liste est longue de ces magazines qui, de l'automobile à l'informatique, en passant par le sport ou le jardinage, se sont installés au cours de ces

dernières années dans les 'créneaux' ouverts par les nouveaux centres d'intérêt des Français. D'adaptation en adaptation, de succès en échec, la presse française s'est ainsi complètement remodelée pour survivre et se développer face à ses deux grands concurrents électroniques. Il lui faudra la même volonté et la même imagination pour survivre demain au développement des médias informatiques (banques de données, etc., voir p. 361).

Les quotidiens connaissent un déclin régulier
• 250 titres en 1885,
175 en 1939, 70 environ aujourd'hui.
• Depuis 1946, le tirage des quotidiens
est passé de 9 à 7 millions d'exemplaires,
alors que la population augmentait
de 18 millions.
• 45 % des Français lisent un quotidien
tous les jours ou presque, contre 60 % en 1967.

Ces chiffres montrent bien la désaffection croissante des Français pour les quotidiens. À la concurrence radio-télé s'est ajoutée celle, tout aussi forte, des magazines. Pour beaucoup de Français, le journal télévisé du soir et les informations entendues à la radio en prenant le petit déjeuner constituent la dose journalière nécessaire et suffisante.

Du tirage dans la diffusion

Nombre de lecteurs des quotidiens nationaux.

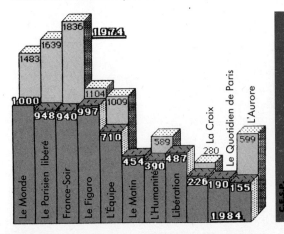

Pour ceux qui souhaitent en savoir plus, les analyses proposées par les hebdomadaires sont une solution efficace et agréable. Moins longue et moins coûteuse, en tout cas, que la lecture assidue d'un quotidien. _____

Les quotidiens nationaux sont les plus touchés. Entre 1982 et 1983, 600 000 personnes ont abandonné les quotidiens nationaux suivis par le *C.E.S.P.* (Centre d'études des supports de presse). La chute est surtout sensible à Paris, où seulement 39 % des habitants (plus de 15 ans) lisent un quotidien contre 58 % en province pour les quotidiens régionaux. Le seul à ne pas être concerné par cette érosion est *Libération. Libé* (pour ses intimes, de plus en plus nombreux) a inauguré un nouveau genre journalistique ; moderne, irrespectueux et bien informé. Un regard aigu et sans complaisance sur la société telle qu'elle est. _____

Les magazines font preuve d'une grande vitalité.

Face à la presse quotidienne, ou plutôt à côté d'elle, la presse des magazines fait preuve depuis quelques années d'un réel dynamisme. L'évolution défavorable des habitudes de lecture des Français (p. 374) n'a pas

empêché la mise en orbite de 'best-sellers' tels que *Prima, V.S.D., Vital, Newlook, Femme actuelle* ou *7 Jours Madame*, le relancement réussi d'anciens poids lourds amaigris comme *Paris-Match, le Chasseur français* ou *Actuel*, ou la croissance spectaculaire de magazines tels que *Télé-Star, Cosmopolitan* ou *Première*. Il suffit de porter un regard panoramique sur les rayons d'un kiosque pour avoir une vision complète et précise des motivations actuelles des Français. La liste des lancements fournit aussi des indications passionnantes sur leur évolution (p. 377). Les échecs sont, à cet égard, aussi riches d'enseignement que les succès. _____

Le prix du quotidien

Parmi les raisons qui expliquent la désaffection vis-à-vis des quotidiens, celle de l'évolution de leur prix de vente ne saurait être sous-estimée. En 20 ans, le prix des quotidiens nationaux a en effet été multiplié par 13, alors que l'indice des prix n'était multiplié que par 4,8.

Sachant qu'un journal valait 0,30 F en 1964, il devrait valoir aujourd'hui 1,50 F s'il avait suivi la hausse des prix. Il vaut en réalité en moyenne 4 francs.

Après la forte croissance des années 60, les **magazines d'actualité** reprennent leur souffle. Indépendamment des efforts publicitaires et promotionnels de chacun d'eux, c'est l'importance des événements et la qualité des enquêtes, documents et dossiers spéciaux qui conditionnent le tirage. _____

Les **magazines féminins** se portent globalement assez bien. Après les lancements un peu élitistes et féministes de ces dernières années (*Biba, Cosmopolitan, Vital...*), on a vu le retour des magazines destinés à une audience plus traditionnelle et moins 'parisienne'. Avec des résultats spectaculaires comme ceux de *Femme actuelle*, ou de *7 Jours Madame*, dont les tirages ont rapidement atteint des sommets (le million d'exemplaires dépassé pour *Femme actuelle*, sœur hebdomadaire de *Prima*). _____

Les **magazines familiaux** ont bien résisté à la concurrence des suppléments hebdoma-

Les 10 rouleaux compresseurs

Classement 1984 des magazines.

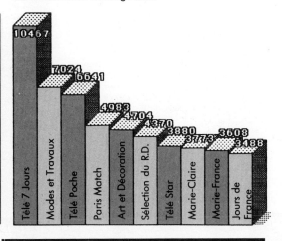

Lectures pour tous

Nombre de lecteurs des principaux magazines en 1984 :

Quotidiens

Quotidiens nationaux

- La Croix	226 000	- Libération	487 000
- L'Équipe	710 000	- Le Matin	454 000
- Le Figaro	997 000	- Le Monde	1 000 000
- France-Soir	940 000	- Le Parisien	
- L'Humanité	390 000	libéré	948 000

Quotidiens régionaux

- Groupe Grand-Ouest	5 854 000	- Centre-France	1 184 000
- La Nouvelle République du Centre-Ouest	817 000	- Journaux de l'Ouest	2 446 000
- Groupe Sud-Ouest	1 432 000	- Groupe le Progrès	1 135 000
		- Ouest-France	2 186 000
		- La Voix du Nord	1 280 000

Hebdomadaires d'actualité générale et économique

- L'Express	2 364 000	- Paris-Match	4 983 000
- France-Dimanche	2 336 000	- Le Pèlerin	2 308 000
- Ici Paris	1 640 000	- Le Point	2 090 000
- Le Journal du dimanche	1 151 000	- Spéciale Dernière	1 214 000
- Minute	625 000	- Valeurs actuelles	497 000
- Le Nouvel Économiste	651 000	- La Vie	1 771 000
- Le Nouvel Observateur	1 866 000	- V.S.D.	2 488 000
		- L'Expansion (bimensuel)	1 182 000

Féminins et Familiaux

Hebdomadaires

- Bonne Soirée	839 000	- Jours de France	3 488 000
- Chez Nous	1 116 000	- Modes de Paris	2 206 000
- Confidences	1 182 000	- Nous Deux	2 377 000
- Elle	2 388 000	- Point de vue-Images du monde	1 079 000
- Femmes d'Auj./Echo de la mode	2 399 000		
- Intimité	1 699 000		

Mensuels

- Biba	1 321 000	- Marie-Claire	3 773 000
- Bonheur	2 771 000	- Marie-France	3 608 000
- 100 Idées	1 389 000	- Modes et Travaux	7 024 000
- Clair Foyer	1 515 000	- Parents	3 235 000
- Cosmopolitan	1 173 000	- Prima	3 430 000
- Enfants Magazine	1 283 000	- Santé Magazine	1 991 000
- Femme pratique	2 073 000	- Vital	1 364 000
- Ma maison - Mon ouvrage	1 060 000	- Votre beauté - Votre santé	2 074 000

Bimestriel - la Bonne Cuisine — 1 924 000

Hebdomadaires Télévision

- Télé Guide	919 000	- Télé 7 jours	10 467 000
- Télé Poche	6 641 000	- Télé Star	3 880 000
- Télérama	1 862 000	- Télé Z	857 000

Automobile

Bimensuel — - L'Auto-Journal — 1 822 000

Mensuels

- L'Action automobile	2 285 000	mobile	2 030 000
- Auto Loisirs	914 000	- Auto-Moto	2 534 000
- L'Auto-		- Échappement	1 448 000
		- Sport Auto	1 151 000

Décoration - Maison - Jardin

Hebdomadaire — - Rustica — 854 000

Mensuels

- L'Ami des jardins et de la maison	991 000	- Maison & Jardin	1 182 000
- Bricolage - Tout faire	1 156 000	- Maison française	663 000
- La Maison de Marie-Claire	1 365 000	- Mon jardin et ma maison	1 548 000
		- Système D	1 323 000

Bimestriels

- Art & Décoration	4 704 000	- Votre maison	1 517 000
- Maisons & Travaux	1 710 000	- La Maison individuelle	698 000

Distraction - Loisirs-Culture et Divers

Hebdomadaires

- L'Équipe du lundi	2 236 000	- France Football	897 000
- La France agricole	1 112 000	- L'Officiel des spectacles	1 252 000
		- OK Magazine	1 191 000

Bimensuel — - Salut ! — 1 276 000

Mensuels

- Actuel	1 175 000	- Photo Magazine	1 840 000
- Ça m'intéresse	1 737 000	- Podium-Hit	1 342 000
- Le Chasseur français	2 784 000	- Première	1 741 000
- L'Étudiant	848 000	- Rock & Folk	1 547 000
- Géo	2 905 000	- Science et Vie	3 061 000
- Historia	1 420 000		
- Mondial	1 322 000	- Sélection du Reader's Digest	4 370 000
- Notre temps	1 947 000		
- Le Nouveau Onze	1 959 000	- Télé 7 Jeux	3 475 000
- La Pêche et les Poissons	1 169 000	- Tennis Magazine	1 142 000
- Photo	2 077 000	- Vidéo 7	1 217 000

Bimestriels

- Grands Reportages	709 000	- Jeux et Stratégie	1 003 000

C.E.S.P.

À nouvelle société, nouvelle presse.

daires des quotidiens (*le Figaro Magazine*, *France-Soir Magazine*, *l'Équipe Magazine*).

Les **magazines de télévision** restent les champions incontestés du tirage, prouvant que des médias a priori concurrents peuvent non seulement coexister mais se compléter. Il en est de même pour la vidéo et l'informatique, qui ont engendré une presse spécialisée qui est en train de prendre sa place.

Parmi les autres catégories de magazines, il faut noter le poids du secteur **maison-**

Gutenberg et McLuhan, réconciliés.

décoration, dont 8 titres dépassent le million de lecteurs (nombre d'exemplaires vendus par taux de circulation). On peut saluer aussi la performance d'un magazine *Actuel*, qui, avec ses 2 millions de lecteurs, prouve que les Français sont de plus en plus réceptifs à un ton et à un style où la décontraction n'exclut ni la qualité de l'information ni le talent.

Afin de mieux s'adapter à sa clientèle, la presse monte aux 'créneaux'.

Face à l'expansion de la galaxie McLuhan, la galaxie Gutenberg a su se remettre en question et s'adapter avec intelligence et imagination. C'est même elle qui, la première, a montré la voie de la 'segmentation' du public selon ses centres d'intérêt et ses modes de vie. Les 'créneaux' ne manquent pas ; il suffit de bien repérer la cible et de bien viser...

Les petits derniers

Lancements de magazines 1983 et 1984.

	1983	1984 (1)
Nombre (tirage initial de 50 000 exemplaires ou plus)	52	28
● dont magazines tirés à 100 000 exemplaires ou plus	21	11

Plus gros tirages initiaux :

	1983
● Journaux de guerre (H)	500 000 ex.
● New Look (M)	350 000
● Le Guide du Potager (H)	350 000
● Télé k 7 (H)	300 000
● Relations (M)	300 000
● Animalia (M)	250 000
● Vous et votre avenir (M)	250 000
● TV couleur (H)	200 000
● Numéros Un (M)	200 000
● Grand Public (H)	150 000

	1984
● Femme actuelle (H)	1 000 000
● 7 Jours Madame (H)	750 000
● Déclic (M)	300 000
● L'Idiot international (H)	250 000
● Voir (H)	204 000
● Télé plus cuisine (H)	200 000
● Soft et micro (M)	150 000
● First star (M)	150 000

(H) hebdomadaire.
(M) mensuel.

(1) À fin octobre 1984.

Les Styles de Vie et la presse

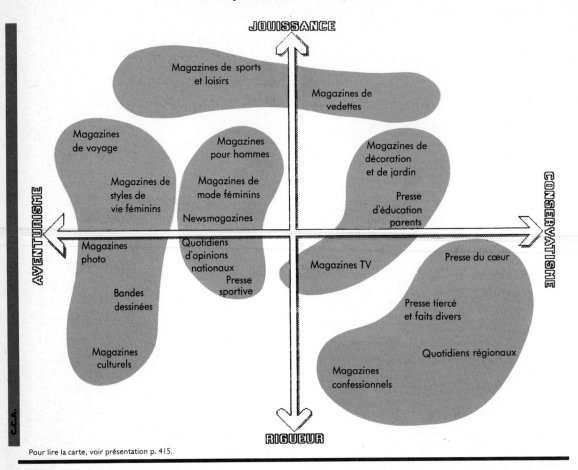

Pour lire la carte, voir présentation p. 415.

Aux 3000 titres de la presse française, il s'en ajoute chaque année environ 200 nouveaux. Les trois quarts environ survivent à leur première année d'existence. Signe qu'au royaume de l'audiovisuel la presse n'a pas dit (ou plutôt écrit) son dernier mot. _____

Livres : Gutenberg immortel ?

Si les Français lisent beaucoup moins de journaux et un peu moins de magazines, ils s'intéressent davantage aux livres. L'explosion récente de l'audiovisuel n'a donc pas fait oublier le temps où la connaissance se transmettait par l'écrit. Radio, télé, cinéma et littérature ne sont d'ailleurs pas que des concurrents. Les machines à sons et images puisent abondamment dans les livres pour y trouver leur matière. _____

À l'inverse, des émissions de télévision ou de radio deviennent des livres, de sorte que McLuhan n'a pas, comme on pourrait le penser, perpétré la mort du père (Gutenberg).

Les adultes lisent plus.
● *3 adultes sur 4*
lisent au moins un livre par an ;
1 sur 3 en lit au moins 10.
● *Les plus gros lecteurs sont les 15-20 ans,*
les diplômés
et les habitants des grandes villes.

Montre-moi ta bibliothèque, je te dirai qui tu es

Nombre de livres possédés selon la catégorie socioprofessionnelle (1981).

	aucun livre %	moins de 10 %	de 10 à 19 %	de 20 à 49 %	de 50 à 99 %	de 99 à 199 %	plus de 200 %	Total %
Agriculteurs, exploitants et salariés	36	2	7	20	9	13	13	100
Patrons industrie et commerce	17	—	8	18	15	16	26	100
Cadres supérieurs, prof. libérales	3	—	—	5	11	22	59	100
Cadres moyens	3	—	3	10	12	28	44	100
Employés	9	1	5	18	22	23	22	100
O.Q., contremaîtres	16	2	5	19	20	20	18	100
O.S., manœuvres, personnel de service	21	2	9	24	17	18	9	100
Élèves et étudiants	6	2	—	11	16	27	38	100
Autres et inactifs	28	2	6	14	14	16	20	100

Ministère de la Culture

● *28 % des possesseurs de livres en ont plus de 200.*

Les non-lecteurs (26 %) sont principalement des agriculteurs et des inactifs (en particulier des personnes âgées), et leur nombre tend à diminuer. D'une façon générale, les Français lisent d'autant plus de livres qu'ils en ont déjà dans leur bibliothèque. Mais il est difficile de savoir lequel de ces deux phénomènes est la cause de l'autre ! Les romans sont les plus nombreux dans les bibliothèques, en particulier les romans contemporains, dont les lecteurs les plus assidus sont les femmes inactives de moins de 60 ans, les employés et les Parisiens. Les livres de poche occupent une place importante dans la bibliothèque des jeunes, des cadres moyens et des employés. On en trouve moins en milieu rural que dans les grandes villes. _____

Les Français achètent en moyenne un million de livres par jour.
● *360 millions d'exemplaires en 1983, répartis sur 27 000 titres.*
● *2 fois plus qu'il y a 20 ans.*
● *56 % des plus de 15 ans ont acheté au moins un livre.*

L'édition française est prolifique (même si plus de la moitié des titres édités sont en fait des rééditions). Avec 220 000 titres existants, le catalogue de l'édition française est l'un des plus riches du monde. On compte, parmi

70 titres par jour

Nombre de titres et nombre d'exemplaires édités en 1983 dans chaque catégorie de livres.

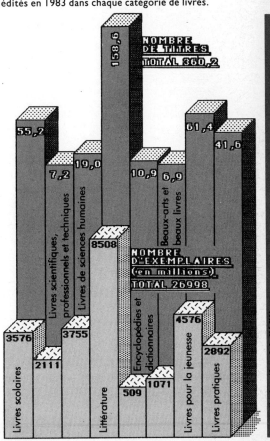

Syndicat national de l'édition

ces titres, nombre de chefs-d'œuvre de la littérature qui ont très largement contribué à l'image culturelle de la France dans le monde. Même si elle n'est pas aussi prestigieuse que par le passé (mais cela, seul l'avenir le dira avec certitude), la production actuelle (celle en tout cas qui est lue) constitue un reflet fidèle de l'état des connaissances et des préoccupations des lecteurs. ⎯⎯⎯⎯

Les Français achètent de plus en plus de romans contemporains, qui représentent près des deux tiers de leurs dépenses dans la catégorie des romans. Les ouvrages très actuels, tels que Mémoires, témoignages, essais ou biographies, connaissent aussi une évolution favorable. Les progressions les plus

spectaculaires, en nombre d'exemplaires, concernent les livres de sciences humaines et les livres pratiques, qui poursuivent une croissance amorcée depuis quelques années. Elles consacrent l'intérêt croissant des lecteurs pour les livres qui leur permettent de comprendre un peu mieux qui ils sont (psychologie, sociologie, etc.) et pour ceux qui les aident à améliorer la qualité de leur vie courante (cuisine, bricolage, sport...). Mais il faut mentionner aussi la part prise par les romans populaires (collections Harlequin, Duo, voir p. 381), qui explique à elle seule une bonne partie de la croissance en volume de ces dernières années. Les encyclopédies et dictionnaires connaissent, en revanche, une certaine désaffection depuis 1980. Les Français hésitent sans doute à acheter ou à renouveler des livres coûteux, qui ne représentent pas, en période de baisse du pouvoir d'achat, des dépenses prioritaires. ⎯⎯⎯⎯

Best-sellers en tout genre

Meilleures ventes 1983

● **Romans**
1. *La Bicyclette bleue*, Régine Deforges (Ramsay).
2. *Les Trois Quarts du temps*, Benoîte Groult (Grasset).
3. *Harricana*, Bernard Clavel (Albin Michel).
4. *Le Roi vert*, Paul-Loup Sulitzer (Éditions n° 1/Stock).
5. *La Nuit du sérail*, Michel de Grèce (Olivier Orban).

● **Autres**
1. *Toujours plus*, François de Closets (Grasset).
2. *Contre mauvaise fortune*, Guy de Rothschild (Belfond).
3. *Quand la rose se fanera*, Alain Peyrefitte (Plon).
4. *Mémoires*, Raymond Aron (Julliard).
5. *Comment les démocraties finissent*, Jean-François Revel (Grasset).

Meilleures ventes 1984 (fin septembre)

● **Romans**
1. *101, avenue Henri-Martin*, Régine Deforges (Ramsay).
2. *L'Insoutenable Légèreté de l'être*, Milan Kundera (Gallimard).
3. *Je vous écris d'Italie*, Michel Déon (Gallimard).
4. *Jeanne*, Nicole Avril (Flammarion).
5. *Les Jupes-culottes*, Françoise Dorin (Flammarion).

● **Autres**
1. *Avec mon meilleur souvenir*, Françoise Sagan (Gallimard).
2. *Deux Français sur trois*, Valéry Giscard d'Estaing (Flammarion).
3. *Jacques Brel : une vie*, Olivier Todd (Laffont).
4. *L'Art du temps*, Jean-Louis Servan-Schreiber (Fayard).
5. *La baronne rentre à 5 heures*, Nadine de Rothschild (J.C. Lattès).

Livres de France

Le marketing à la page.

Les enfants délaissent la lecture.

La tendance observée depuis quelques années se maintient : baisse relative du nombre des albums ; stabilité du nombre des livres pour la jeunesse (romans, histoires...) ; croissance des bandes dessinées, bien qu'inférieure à celle des années précédentes. ⎯⎯⎯⎯

En dehors des bandes dessinées, que tous

ou presque affectionnent, beaucoup donnent la priorité à des activités plus proches de l'audiovisuel (cinéma, musique, télévision, etc.) et aux magazines spécialisés correspondants. Est-ce que cette désaffection des jeunes pour la lecture persistera lorsqu'ils seront adultes ? C'est la question que les éditeurs (et les parents) se posent. ⎯⎯⎯

Adolescents : plutôt McLuhan que Gutenberg

● **Les jeunes (12-17 ans) n'ont pas une attitude commune devant le livre.** 26 % d'entre eux en ont toujours un en cours de lecture ; 27 % en lisent très rarement ou jamais. 60 % avouent que la lecture de certains livres les a beaucoup touchés, mais 75 % déclarent qu'aucun livre n'a eu de réelle influence sur eux.

● **Les filles sont plus attirées par la lecture que les garçons.** 35 % d'entre elles ont toujours un livre sous la main, contre 26 % des garçons. Lorsqu'ils choisissent un livre, garçons et filles se moquent du nom de l'auteur et plus encore de celui de l'éditeur ou de la collection. Le seul critère de choix est l'histoire qu'il raconte. Les conseils des professeurs et des amis jouent un rôle beaucoup plus important que ceux prodigués par les parents ou les médias.

● **La B.D. d'abord.** La moitié des livres lus par les garçons sont des bandes dessinées, un peu moins chez les filles. On retrouve là le goût des jeunes pour l'image, dont l'impact immédiat les séduit plus que le texte.

L'aventure en hausse, l'amour en baisse

Préférence des 12-17 ans selon les genres de livres*

Garçons		Filles	
L'aventure	67 %	L'aventure	68 %
Le sport	64 %	La science	55 %
Les techniques		Les romans policiers	54 %
modernes	61 %	L'histoire	42 %
La science-fiction	57 %	La science-fiction	42 %
La science	53 %	L'amour	39 %
Les romans policiers	52 %	Le sport	38 %
L'histoire	51 %	L'art	38 %
Les biographies	24 %	Les techniques	
L'art	23 %	modernes	33 %
L'amour	18 %	Les biographies	33 %

* Proportion ayant répondu qu'ils étaient 'beaucoup' ou 'assez' intéressés par le genre de livre cité.

Télérama/IFOP (mars 1982)

*La 'culture de poche'
représente un tiers des livres achetés.
● Sur les 27 000 titres parus en 1983,
les deux tiers étaient des livres de poche.*

La belle vitalité de l'édition française tient pour une large part aux performances des livres au format de poche. La plupart des titres sont des rééditions de livres anciens ou récents (environ deux ans). Outre sa commodité (idéal pour les transports en commun), le livre au format de poche a permis à un grand nombre de Français d'accéder à peu de frais aux grandes œuvres de la littérature française et étrangère, à travers quelque 21 000 titres, répartis dans plus de 300 collections. ⎯⎯⎯

Le marketing au service du livre

Pendant longtemps, le livre a été considéré comme un 'objet intellectuel' très particulier, dont le contenu devait parler pour lui-même. Il ne pouvait donc décemment recourir pour sa promotion aux mêmes méthodes que les lessives et autres produits de grande consommation. Aujourd'hui, un nombre croissant d'éditeurs regardent le livre comme un véritable produit, sans doute particulier, mais susceptible de bénéficier de toutes les aides à la commercialisation.

5 millions de Français adhèrent à des *clubs de livres.* Le plus grand d'entre eux, France-Loisirs, compte en France 3 800 000 adhérents, qui ont acheté en 1984 environ 25 millions de livres. Les *'romans roses'* modernes ont donné un second souffle au livre au format de poche. Le lancement de la collection Harlequin en 1978 constitue à cet égard un événement de première importance. En quelques années, Harlequin est devenue la première collection de poche avec plus de 30 millions d'exemplaires vendus !

Les encyclopédies par fascicules sont à mi-chemin entre le livre et le magazine. Tous les Français se souviennent de la première collection Alpha-Encyclopédie. La recette (une encyclopédie en petits morceaux vendus en kiosque au prix d'un magazine) a depuis fait école : 60 millions de fascicules vendus en 1983.

Bien sûr, les obsédés de la 'Culture' avec une majuscule traitent par le mépris ces genres de littérature, de même que les moyens qui leur ont permis de s'imposer. Mais ils oublient que c'est grâce à ces mêmes moyens que le livre a pu pénétrer dans des foyers où il n'était jamais entré.

L'électronique menace-t-elle vraiment l'avenir du livre ?

La question est à l'ordre du jour. Les mots, aujourd'hui imprimés sur des livres de papier et de carton, auront-ils demain un support électronique ? Les amoureux de la chose imprimée, déjà courroucés par le fait qu'on n'ait plus à couper les pages d'un roman, tremblent devant les possibilités de la technologie moderne. Il est vrai que le contenu des livres peut être proposé sous d'autres formes que le papier. Mais le livre est aussi un objet, que l'on peut compulser, ranger dans sa bibliothèque et avec lequel on entretient un rapport particulier et peut-être irremplaçable.

Il ne faudrait donc pas exagérer l'importance de la menace électronique. De même que la radio n'a pas tué le disque, de même que la télévision n'a pas tué le cinéma, on peut penser que l'électronique ne tuera pas le livre. Pourvu que les éditeurs fassent les efforts d'adaptation nécessaires pour définir, au fil du temps, les conditions d'une cohabitation harmonieuse entre des modes d'expression qui répondent à des besoins complémentaires. Pourquoi Gutenberg et McLuhan ne feraient-ils pas match nul ?

La carte des médias

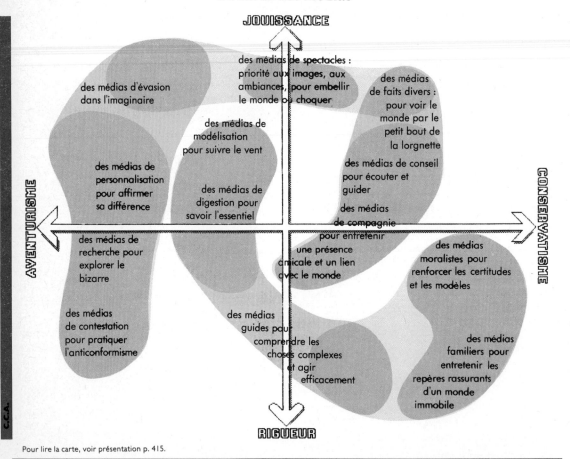

JOUISSANCE

des médias de spectacles : priorité aux images, aux ambiances, pour embellir le monde ou choquer

des médias d'évasion dans l'imaginaire

des médias de faits divers : pour voir le monde par le petit bout de la lorgnette

des médias de modélisation pour suivre le vent

des médias de conseil pour écouter et guider

AVENTURISME

des médias de personnalisation pour affirmer sa différence

des médias de digestion pour savoir l'essentiel

des médias de compagnie pour entretenir une présence amicale et un lien avec le monde

CONSERVATISME

des médias de recherche pour explorer le bizarre

des médias moralistes pour renforcer les certitudes et les modèles

des médias de contestation pour pratiquer l'anticonformisme

des médias guides pour comprendre les choses complexes et agir efficacement

des médias familiers pour entretenir les repères rassurants d'un monde immobile

RIGUEUR

C.C.A.

Pour lire la carte, voir présentation p. 415.

La revanche du corps sur l'esprit

SPORT :
LA TÊTE ET LES JAMBES

Pendant longtemps, on a cherché à séparer les choses de l'esprit et celles du corps. Aujourd'hui, la tendance est au mélange des genres, dans un but d'équilibre et d'harmonie. La liste des sports phares des années 80 montre un profond désir de réunification des deux dimensions essentielles de l'individu.

L'autre culture

L'honnête homme du XVIIe siècle était celui qui avait réussi la synthèse des principales disciplines de l'esprit et du corps et qui, comme les Femmes savantes de Molière, avait des 'clartés de tout'. Tout en ne se 'piquant de rien', comme le conseillait La Rochefoucault… Les choses avaient ensuite plutôt tourné à l'avantage de celles de l'esprit.

L'honnête homme de cette fin de XXe siècle est à la recherche d'un nouvel équilibre. Et la culture, au sens classique du terme, fait aujourd'hui bon ménage avec la… culture physique.

Les années 80 auront été marquées, en France et dans la plupart des pays occidentaux, par la redécouverte du corps (p. 3). Dans un désir, collectif et inconscient, de mieux supporter les agressions de la vie moderne par une meilleure résistance physique. Mais aussi parce que l'apparence est un atout important dans une société qui valorise la forme (y compris physique) autant que le fond. Parce qu'elle donne, enfin, l'agréable impression de l'immortalité…

Globalement, la pratique des sports est en forte hausse.
* *52 % des hommes et 40 % des femmes s'adonnent à une activité sportive (dont deux sur trois régulièrement)*
* *Les chiffres étaient respectivement de 41 % et de 28 % en 1973.*

Jogging, natation, foot, gymnastique, vélo, ski, voile, judo…, tous les moyens sont bons pour entretenir son corps et (éventuellement) se faire plaisir. Mais les Français ne choisissent pas au hasard l'activité physique qui leur permettra de mieux profiter de la vie et de retarder les effets redoutés du vieillissement. L'évolution dans les préférences et dans la pratique est très significative des grands mouvements qui ont affecté la société depuis quelques années. _____

Les années 80 marquent le triomphe des sports individuels.
● *32 % des Français pratiquent un sport individuel (25 % en 1973).*

Le sport en hausse

Pourcentage des personnes dans chaque catégorie ayant exercé au moins une fois en 1981 les activités :	FOOTING	NATATION	FOOTBALL	GYMNASTIQUE	TENNIS	VÉLO	SKI	VOILE	PING-PONG	ÉQUITATION	JUDO	DANSE	BOULES	MOTO	TIR À LA CARABINE	GOLF	TIR À L'ARC	AUTRE
Ensemble	18,0	14,7	11,1	10,0	9,5	7,8	7,5	2,9	2,5	1,8	1,4	0,9	0,8	0,7	0,4	0,2	0,1	3,5
Sexe :																		
Hommes	21,5	15,2	18,3	6,8	11,7	9,1	8,4	4,0	4,1	2,0	2,2	0,1	1,6	1,4	0,6	0,3	–	5,2
Femmes	14,7	14,2	4,4	13,3	7,4	6,6	6,5	1,9	0,9	1,5	0,6	1,6	0,1	0,1	0,2	0,1	0,1	1,9
Âge :																		
15 à 19 ans	27,5	31,1	44,5	27,2	20,9	10,9	11,0	6,0	7,5	5,1	5,7	2,5	0,5	2,0	0,7	0,3	0,2	8,2
20 à 24 ans	28,4	26,0	19,0	12,1	17,3	9,1	14,7	7,2	5,5	3,3	3,7	1,5	0,7	1,1	0,5	0,4	0,3	5,6
25 à 39 ans	20,1	19,0	12,9	11,1	14,7	11,6	12,2	5,1	2,8	2,5	1,3	1,3	1,3	1,3	0,7	0,2	–	5,1
40 à 59 ans	16,3	10,0	3,6	7,6	4,7	6,2	4,1	0,4	1,2	0,6	0,2	0,2	0,5	–	0,1	0,2	–	1,9
60 à 69 ans	11,3	6,0	0,4	5,9	0,6	5,1	1,7	0,2	0,1	0,2	0,2	–	0,9	0,2	0,2	0,2	–	1,0
70 ans et plus	6,9	0,6	–	1,3	0,4	1,4	0,7	0,1	0,1	–	–	–	0,6	–	0,1	–	–	–
Catégorie socioprofessionnelle :																		
Agriculteurs	14,2	8,8	11,4	7,3	5,4	5,6	6,0	2,2	2,4	2,6	0,2	1,0	0,5	0,5	1,1	0,3	–	4,8
Petits commerçants et artisans	20,4	17,6	11,7	9,7	9,8	9,5	12,1	2,5	1,8	4,7	0,9	0,9	0,5	0,4	–	–	–	4,9
Gros commerçants et industriels . . .	23,1	16,7	21,7	17,6	13,6	6,4	17,7	11,3	1,6	7,3	2,0	2,0	2,7	–	–	–	–	7,8
Cadres sup. et prof. libérales	31,3	29,9	11,0	18,2	27,1	11,6	17,9	9,1	5,1	3,1	2,2	3,0	1,3	0,9	–	0,7	–	6,6
Cadres moyens	28,1	27,4	19,5	14,8	21,1	11,8	14,4	7,4	4,9	3,7	1,7	1,4	0,6	1,0	1,0	0,9	0,3	5,9
Employés	24,0	19,2	13,2	13,7	13,2	13,3	9,8	2,4	4,3	2,2	1,7	1,0	0,5	1,7	0,5	0,2	–	3,2
O.Q. et contremaîtres	16,7	15,7	14,5	11,7	9,1	9,3	6,1	2,5	2,2	0,6	2,0	0,8	0,7	1,2	0,4	–	0,1	2,9
O.S., manœuvres, pers. de service . .	15,5	12,8	13,8	9,5	6,1	6,9	4,4	1,2	2,0	1,2	2,5	0,6	1,2	0,4	0,4	–	0,1	3,8
Inactifs de plus de 60 ans	9,5	3,0	0,6	3,6	0,1	2,7	1,2	0,4	0,3	0,2	0,1	–	0,8	–	0,1	0,1	–	0,5
Autres inactifs	16,0	11,5	7,2	7,9	7,3	5,3	6,9	2,4	2,2	0,8	0,9	0,4	0,6	0,6	–	–	–	2,1

Pourcentage des personnes dans chaque catégorie ayant exercé au moins une fois en 1981 les activités : *(suite)*	FOOTING	NATATION	FOOTBALL	GYMNASTIQUE	TENNIS	VÉLO	SKI	VOILE	PING-PONG	ÉQUITATION	JUDO	DANSE	BOULES	MOTO	TIR À LA CARABINE	GOLF	TIR À L'ARC	AUTRE
Taille de l'agglomération :																		
Communes rurales	11,4	8,8	8,3	7,4	5,0	6,1	4,8	0,8	2,1	1,5	0,5	0,2	0,4	0,3	0,3	–	–	2,4
Moins de 20 000 habitants	17,7	12,6	8,4	8,4	6,1	8,6	5,6	1,7	2,6	1,4	1,3	0,8	0,9	0,9	0,1	0,1	0,1	2,5
20 000 à 100 000 habitants	18,8	13,3	11,4	10,8	10,1	8,9	6,3	2,0	3,3	1,5	1,9	0,5	0,7	0,6	0,2	0,4	0,2	3,8
Plus de 100 000 habitants	23,0	18,8	14,5	11,4	12,7	8,7	10,8	4,3	2,3	2,1	1,4	0,8	1,2	0,9	0,7	0,3	–	3,9
Paris intra-muros	20,3	24,4	8,2	7,6	15,5	6,3	11,1	6,9	3,3	3,1	1,8	1,8	0,7	0,7	–	0,2	0,3	2,6
Reste de l'agglom. parisienne	20,0	18,8	13,5	15,0	13,3	7,9	8,0	5,6	2,6	1,8	2,8	2,4	0,9	0,8	0,5	0,2	–	6,3
Diplôme de fin d'études :																		
Aucun diplôme	9,1	8,0	9,3	7,8	3,8	3,6	2,4	0,2	0,7	0,4	0,9	0,5	0,8	0,4	0,1	–	–	1,6
Certificat d'études primaires	12,0	6,4	5,0	6,1	2,5	5,6	2,5	0,4	0,9	0,6	0,2	0,2	0,3	0,7	0,6	–	0,1	1,4
Brevet ou C.A.P.	21,7	18,6	16,4	13,4	11,1	10,0	8,4	3,4	3,6	2,5	2,4	1,2	1,3	1,0	0,3	0,1	0,1	5,4
Baccalauréat et plus	32,4	28,8	14,3	13,4	24,2	12,8	18,6	9,1	5,1	3,5	2,2	1,8	1,0	1,4	0,6	0,9	0,1	5,5
Situation de famille :																		
Mariés	17,6	13,3	7,3	8,5	8,1	8,1	6,8	2,0	2,0	1,3	0,9	0,5	0,9	0,5	0,3	0,2	–	2,7
Célibataires	26,2	26,0	29,5	18,5	15,6	10,3	13,1	6,9	6,4	4,2	3,8	2,3	1,1	1,7	0,8	0,4	0,2	7,7
Veufs, divorcés	7,6	4,6	1,5	4,1	2,0	2,4	2,6	1,3	0,4	0,4	–	0,4	–	–	–	0,2	0,1	0,9

Ministère de la Culture

La grande lame de fond de l'individualisme ne pouvait pas épargner le sport. Le raz de marée du jogging, puis celui de l'aérobic en sont la spectaculaire illustration. On peut y ajouter le tennis, l'équitation, le ski, le squash, le golf et bien d'autres encore. Même la voile, qui était autrefois surtout pratiquée en équipage, a acquis ses titres de noblesse avec les courses transatlantiques en solitaire. _____

Les femmes, auparavant moins concernées que les hommes, ont trouvé dans le sport la réponse à certaines de leurs préoccupations (p. 387) : rester en bonne forme physique ; se forger un corps séduisant ; conquérir un domaine jusque-là surtout réservé à l'homme ; lutter contre les signes apparents du vieillissement. _____

Les hommes trouvent dans le sport individuel des motivations différentes de celles qu'ils avaient trouvées dans le sport d'équipe. Ce dernier leur permettait de s'amuser ou de se mesurer aux autres. Le sport individuel les aide à se façonner un physique résistant, agréable à regarder. La seule compétition qu'il autorise est celle qu'on se livre à soi-même. Il ne s'agit donc pas, avec le sport individuel, de se **faire plaisir** mais de se **faire du bien**. Même s'il faut pour cela se 'faire du mal' en cherchant à reculer ses propres limites. _____

La grande inégalité

Plus encore que les autres activités de loisirs, la pratique sportive est éminemment variable selon les catégories sociales. Le sexe, l'âge et la profession sont les variables qui décrivent le mieux ces différences, tant en ce qui concerne la nature des activités que l'intensité de leur pratique. _____

D'une manière générale, les Français sont d'autant plus sportifs qu'ils occupent une position élevée dans la hiérarchie sociale. Ainsi, le tennis, dont on a beaucoup vanté l'apparente 'démocratisation', est pratiqué par 27 % des cadres supérieurs et... 5 % des agriculteurs (p. 384). _____

L'âge reste un facteur déterminant.

Pourtant, les 'nouveaux vieux' s'intéressent de plus en plus au sport (p. 156), à commencer par ceux qui leur sont le plus accessibles comme la natation, le cyclisme ou la gymnastique classique. Il est probable que l'influence de l'âge sur la pratique sportive se fera de moins en moins sentir. _____

Lorsque la capacité physique n'est pas en cause, les obstacles à la pratique du sport chez les adultes d'âge mûr sont liés à la tradition, qui réservait le sport plutôt aux gens aisés, disposant du temps et de l'argent nécessaires.

La planche
gardera-t-elle le vent en poupe ?

Le goût du sport diminue avec l'âge

Proportion (en %) d'individus ayant pratiqué au cours des 12 derniers mois en 1981 :

GYMNASTIQUE JOGGING	SPORTS INDIVIDUELS	SPORTS COLLECTIFS
15-19 ans 75,6	56,2	53,3
20-24 ans 52,6	54,1	27,5
25-39 ans 40,1	44,8	18,5
40-59 ans 26,1	27,2	7,4
13,2 60 et +	5,8	2,4

cessaires. Si les contraintes matérielles ont, pour la plupart, disparu, les contraintes culturelles demeurent. _____

*Les femmes
sont en train de rattraper les hommes
dans la pratique des sports individuels.*

En 10 ans, les femmes ont beaucoup réduit leur retard sur les hommes en matière sportive. Les sports d'équipe continuent de ne pas les passionner, mais les possibilités qui leur sont offertes en ce domaine restent peu nombreuses. Elles se ruent en revanche sur les sports individuels (p. 387). _____

● *Depuis 1973,
elles sont deux fois plus nombreuses
à pratiquer le jogging ou l'aérobic.*

Moins nombreuses encore que les hommes, elles pratiquent en général plus régulièrement. Il suffit de se rendre dans les nouvelles salles de culture physique qui fleurissent dans les grandes villes pour s'en rendre compte. _____

De leur côté, les hommes ne sont pas restés inactifs. À l'instar des femmes, leur motiva-

Le sport unisexe ?

Ministère de la Culture

	1973 (*)		1981 (*)	
	Hommes	Femmes	Hommes	Femmes
- Gymnastique, jogging	20,8	16,6	37,8	32,0
• dont régulièrement	12,8	10,0	18,2	16,5
- sports individuels	30,2	21,1	38,4	26,0
• dont régulièrement	11,8	6,4	18,0	9,3
- sports d'équipe	19,0	5,6	23,6	8,5
• dont régulièrement	11,1	2,6	12,7	2,6
- Tous sports	41,1	28,0	52,2	39,9
• dont régulièrement	22,0	13,5	31,0	21,4

(*) Taux de pratique 12 derniers mois.

tion n'est pas seulement d'entretenir leur forme physique ou leur capacité de séduction. Il s'y ajoute le désir de la compétition, qui reste plus typiquement masculin, bien que les femmes y soient moins insensibles aujourd'hui. Sans oublier le besoin de jouer et de se retrouver entre copains, qui explique l'engouement persistant pour certains sports d'équipe.

Sports des années 80 : forme, individualisme et sophistication

Le nombre des Français licenciés dans les différentes fédérations sportives est en augmentation constante. Cette évolution ne donne bien sûr qu'une vision très partielle de la pratique sportive (combien de 'joggers', de skieurs, de cyclistes ou de... boulistes

Licenciement collectif

Nombre de licenciés des fédérations sportives.

Ministère du Temps libre, de la Jeunesse et des Sports

	1983	Proportion de femmes	1971
- Fédérations olympiques	5 620 000	25 %	2 409 958
- Fédérations non olympiques	2 191 000	20 %	1 053 705
- Fédérations et groupes multisports	1 218 000	29 %	620 015
- Fédérations scolaires et universitaires	2 338 000	37 %	1 443 644
- Total	11 367 000	27 %	5 527 322

sont-ils inscrits à une fédération ?). Mais elle reflète la bonne santé globale du sport de masse.

La volonté de progresser dans un sport est de plus en plus répandue.

L'accroissement du nombre des licenciés révèle une tendance relativement nouvelle : le désir croissant des Français de bien pratiquer le sport de leur choix. Cette volonté s'est logiquement assortie de l'inscription à une fédération, qui consacre le passage du statut de simple amateur à celui de sportif véritable.

À cet égard, le cas du tennis est très significatif. Alors qu'autrefois les pratiquants se contentaient d'échanger quelques balles sur un court pour s'amuser, ils ont aujourd'hui d'autres exigences. Sans rêver d'imiter les grands champions qu'ils suivent à la télévision, beaucoup veulent améliorer leur technique et figurer dans le club, sélectionné, des 'classés'. Le formidable succès des stages intensifs, le développement des ventes d'équipement témoignent sans ambiguïté de cette soif de progresser. Une tendance particulièrement sensible chez les jeunes, qui prennent le sport très au sérieux et cherchent très vite à faire des performances.

Le sport d'élite, dont la qualité reflète généralement celle du sport de masse, devrait logiquement profiter de cette évolution. La France peut donc espérer retrouver demain les champions qui lui manquent tant aujourd'hui dans certaines disciplines.

Le nombre de ceux qui pratiquent le jogging ou l'aérobic a doublé en 10 ans.
• *Un Français sur cinq pratique le jogging.*
• *Un sur huit pratique la gymnastique.*

Ce n'est pas une mode mais un grand mouvement de fond qui pousse chaque semaine des millions de Français à s'essouffler dans les bois ou à transpirer dans les salles. Dans la longue liste des sports, le jogging et l'aérobic occupent des places à part, d'ailleurs complémentaires. Le jogging permet de cultiver le souffle et la résistance, néces-saires à un bon équilibre général. L'aérobic et la musculation qui lui est souvent associée permettent de sculpter son corps et de ren-forcer son pouvoir de séduction (tant vis-à-vis des autres que vis-à-vis de soi-même). Et ce n'est pas un hasard si les femmes, longtemps hostiles à toute mise en évidence de leurs muscles, se retrouvent aujourd'hui dans les salles de musculation. _____

Plus qu'un simple moyen de garder la forme, l'aérobic est devenu un véritable art de vivre, une messe du corps célébrée plusieurs fois par semaine dans une ambiance de musique disco et de transpiration. C'est le culte du corps que l'on célèbre ainsi dans les salles spécialisées, temples d'une nouvelle reli-gion : l'**égologie** (p. 54). _____

La tendance est à la sophistication.

Le corps, à bras-le-corps.

L'évolution de la pratique sportive traduit un double mouvement. La recherche de la **sophistication sociale** pousse les sportifs, les jeunes en particulier, vers les sports bénéficiant d'une 'image sociale' favorable : tennis, planche à voile, ski, golf, squash, etc. D'autre part, la **sophistication technolo-gique**, qui caractérise l'époque en général, concerne de plus en plus le sport. La voile, l'U.L.M., le ski, et, à un moindre degré, le ten-nis ou le cyclisme en ont largement bénéficié.

Aussi, les sports qui sont aujourd'hui à la mode nécessitent un équipement de plus en plus complet et requièrent un apprentissage de plus en plus long. Ce qui est cohérent avec le goût actuel pour les sports où l'on s'investit (au propre comme au figuré), et dans lesquels l'amateurisme au sens tradi-tionnel n'est plus de mise. _____

Le choix d'un sport n'est pas neutre. Il a toujours une signification individuelle et sociale. _____

Les sports et la crise

Les sports dits chers ont subi de façon diverse la crise économique et la baisse du pouvoir d'achat qu'elle a provoquée.

La voile : avis de coup de vent. Il y a en France 500 000 bateaux de plaisance (les deux tiers ne dépassent pas 6 mètres) et 2 millions de Français font plus ou moins régulièrement de la voile. Si la passion reste forte, les finances ne suivent plus. En 1983, les Français ont acheté 15 % de bateaux de moins que l'année précédente. Crédit coûteux, fiscalité lourde, manque de place dans les ports, etc.

La planche... de salut ? Moins chère, plus facile à transporter et à utiliser, la planche à voile a connu en quelques années un développement spectaculaire. À tel point que la France détient aujourd'hui, avec 450 000 planches (pour 900 000 véliplanchistes), le premier parc du monde. Elle en est aussi le premier producteur. Pourtant, 1983 a vu un net repli des achats de planches, contrastant avec la forte croissance des années précédentes.

Le golf commence à faire son trou. Malgré ses larges espaces et sa faible densité, la France n'est pas encore une terre d'élection pour le golf. La Fédération tente pourtant de le rendre accessible à un public plus large, en créant par exemple des golfs municipaux et en multipliant les stages d'initiation. Mais les réticences ne sont pas seulement financières. La fréquentation des golfs (55 000 pratiquants) n'atteint pas encore celle des stades de football, et le brassage social y reste plus limité.

U.L.M. : décollage vertical. Inconnu il y a quelques années, l'ultraléger motorisé est à l'aviation ce que la planche à voile est à la plaisance. L'engouement instantané des Français s'explique à la fois par leur goût pour l'évasion et l'aventure et par la facilité nouvelle de réaliser le vieux rêve d'Icare. Pourtant, l'absence de réglementation initiale a conduit à quelques accidents spectaculaires, qui ont rendu les candidats à la troisième dimension plus méfiants. Après un décollage fulgurant, l'U.L.M. n'a pas encore atteint son altitude ni sa vitesse de croisière.

LOISIRS CRÉATIFS :
LA RÉÉDUCATION

Dans une société où la machine occupe une place croissante, les Français avaient un peu oublié l'usage de leurs mains. Conscients de cette lacune, ils s'efforcent aujourd'hui de retrouver les gestes oubliés. Conscients aussi que le plaisir de la vie ne peut être complet sans celui de la création.

Le bonheur multidimensionnel

La définition du bonheur, en cette fin du XXᵉ siècle, s'exprime simplement. Il s'agit d'obtenir que chacune des multiples activités quotidiennes contribue à l'épanouissement complet de l'individu. _____

Contrairement aux apparences, cette définition n'est pas banale. On peut même dire qu'elle est révolutionnaire, dans la mesure où elle traduit deux bouleversements dans la conception que les Français ont de la vie.

Le bonheur des uns n'est pas celui des autres.

L'affirmation ne date pas d'aujourd'hui. Pourtant, elle prend de plus en plus d'importance dans la façon dont chacun conduit sa propre vie. La décennie passée, avec la crise économique et morale qui la caractérise, a tué les derniers espoirs d'un bonheur collectif. Dans tous les domaines, l'individu prend le pas sur le groupe. _____

Les Français veulent pouvoir exprimer toutes les facettes de leur personnalité profonde.

Le second changement important dans la conception du bonheur est que la vie ne devrait pas être découpée en tranches indé-pendantes les unes des autres. Pourquoi accepter que les activités obligatoires, travail en tête, soient moins enrichissantes que celles qui sont librement choisies ? Pourquoi faudrait-il mériter quelques instants de bonheur par des moments de contrainte ou d'ennui ? Les Français sont de plus en plus hostiles à la bipolarisation de leur vie dans tous ses aspects. Ce qu'ils veulent est au fond bien simple : pouvoir exprimer tour à tour les différentes facettes de leur personnalité profonde, sans avoir à en refouler aucune. Ne plus être réduits à une seule de leurs composantes, mais pouvoir les expérimenter toutes. _____

Dans la vie personnelle, la traditionnelle opposition entre le corps et l'esprit est aujourd'hui dépassée (p. 383). Les preuves, en ce dernier domaine, ne manquent pas. Le développement récent de la pratique sportive et surtout l'évolution des motivations qui l'expliquent en sont une première illustration (p. 384). L'engouement actuel pour les activités manuelles et créatrices en est une autre, tout aussi importante. _____

Activités manuelles :
les gestes qui sauvent

Les machines ont progressivement pris le relais de la main humaine. Comme autant de prothèses qui ont à la fois amplifié son pouvoir et réduit son indépendance. De sorte que l'individu ne crée plus aujourd'hui comme il créait hier. Ses réalisations sont beaucoup plus indirectes, puisqu'elles transitent le plus souvent par la machine. Elles sont aussi beaucoup plus partielles puisque les travaux de fabrication ont été de plus en plus divisés, afin d'en accroître l'efficacité. Le sentiment de la création personnelle, matérialisé par l'objet fabriqué par un seul homme, s'est donc éloigné, tandis que se développait la société industrielle. _____

Conscients de cet appauvrissement de leur vie créatrice, les Français commencent à rechercher les moyens d'une 'rééducation'. C'est ce qui explique en partie la croissance des loisirs créatifs, tels que le bricolage, la cuisine, la musique ou la photographie. _____

*On bricole et on jardine
à la fois par plaisir et par nécessité.*

Rien d'étonnant à ce que le bricolage connaisse depuis quelques années un fort développement. D'un côté, des motivations d'ordre psychologique : le besoin de faire quelque chose de ses mains, dans une société où l'activité professionnelle le permet de moins en moins. Ce qui explique d'ailleurs pourquoi les employés ou les cadres sont mieux disposés à l'égard du bricolage que les ouvriers ou les artisans, moins frustrés sur le plan manuel. _____

De l'autre côté, les motivations d'ordre économique balaient les rares réticences qui subsistent. En période de réduction du pouvoir d'achat, il est facile, grâce à quelques outils et un peu de temps, de réduire ses dépenses d'entretien ou d'ameublement dans des proportions considérables. C'est d'ailleurs pourquoi une part importante de l'économie domestique est liée au bricolage (p. 214). À titre d'exemple, le 'kit' (montage de meubles, de cuisines, mais aussi de ba-

teaux, voire de chaînes hi-fi) représente déjà 3 % du marché de l'ameublement. Il pourrait atteindre 20 % en 1990. _____

Parallèlement au bricolage, le jardinage connaît aussi un fort engouement. Les Français sont de plus en plus nombreux à disposer d'une maison individuelle, donc d'un jardin. Il faut y ajouter le nombre croissant de ceux qui, habitant en appartement, souhaitent lui donner des airs de campagne. Le mythe de la nature reste donc fort chez les Français. Beaucoup souhaitent préserver, même au milieu de la ville, leurs racines paysannes. Le mouvement actuel de retour vers les campagnes (p. 123) devrait encore favoriser ce goût pour le jardinage. _____

*Il y a loin de la cuisine-devoir
à la cuisine-loisir.*

Les Français ressentent de plus en plus le besoin de faire la fête, pause appréciée dans le tourbillon et la froideur de la vie. Parmi les différentes formes qu'elle peut prendre, le bon repas partagé avec les proches est sans aucun doute l'un des plus recherchés. La cuisine de fête revêt aujourd'hui des aspects plus variés que par le passé. Du plat unique, dont la recette est empruntée aux traditions régionales les plus anciennes (pot-au-feu, cassoulet, choucroute, etc.) à la cuisine la plus exotique (chinoise, africaine,

---

Bricolage et jardinage sont les deux mamelles de ... l'économie domestique

Bricolage

● 13 millions de foyers bricolent (ils n'étaient que 4 millions en 1968). Plus au nord qu'au sud, plutôt lorsqu'ils sont propriétaires que locataires.

● 66 % des bricoleurs le sont à titre régulier, contre 38 % en 1968.

● Le budget annuel d'un bricoleur s'élève en moyenne à 1 800 francs.

● 40 % des foyers possèdent une boîte à outils. Plus de 20 % ont leur propre établi.

Jardinage

Les dépenses consacrées au jardin augmentent de 20 % par an depuis 1976.

● 35 % ont une tondeuse à gazon.

● 13 % ont un motoculteur.

● On trouve environ 140 millions de plantes vertes dans les maisons et les appartements. Entre 1972 et 1982, les dépenses consacrées aux plantes de la maison ont été multipliées par 6,5 (218 millions de francs en 82).

UNIBAL - Promojardin

F.C.A.

La fête se vend bien.

mexicaine...) en passant (plus rarement) par la nouvelle cuisine. _____

Opposée à la cuisine-devoir par définition, la cuisine de fête, ou cuisine-loisir, en est aussi le contraire dans sa conception. Le temps ne compte plus, seule importe la qualité des ingrédients. Si le menu est profondément différent, la façon de le consommer ne l'est pas moins : le couvert passe de la cuisine à la salle à manger ; la composante diététique, souvent intégrée dans le quotidien (p. 149), est le plus souvent absente de la fête. Enfin, les accessoires prennent une importance croissante : bougies, décoration de la table et des plats, etc. La cuisine-loisir est de plus en plus marquée par le polysensualisme auquel aspirent les Français (p. 56). Le goût, l'odorat, l'œil, le toucher y sont particulièrement à l'honneur. Une douce musique de fond viendra flatter l'oreille, afin que le plaisir soit à son comble. _____

La cuisine n'est pas, on le devine, une activité comme une autre. C'est tout l'être profond qui s'exprime face au premier besoin de l'individu, celui de manger. Rien n'est donc gratuit dans les rites qui président à sa célébration. _____

Les activités artistiques permettent aux Français d'exprimer d'autres facettes de leur personnalité.

Leur besoin d'épanouissement total ne pouvait ignorer ce qui, plus peut-être que tout autre aspect, caractérise la nature humaine : la **sensibilité**. On retrouve bien dans les tendances actuelles cette volonté de rééquilibrer des activités professionnelles souvent froides, rationnelles, par d'autres qui le sont moins. _____

L'évolution de la société française depuis 30 ans avait laissé peu de place à la vie intérieure de l'individu. La mode n'était pas à l'expression des pulsions artistiques, mais aux joies plus primaires du matérialisme et de la consommation. Si ces habitudes sont loin d'avoir disparu (p. 139), beaucoup de Français souhaitent aujourd'hui les compléter par d'autres, jusqu'ici refoulées. _____

C'est pourquoi ils sont nombreux à s'intéresser à la musique, à prendre des cours de peinture ou de sculpture, à s'adonner aux joies de l'écriture ou de la photographie. _____

Des artistes par millions

Au cours des 12 derniers mois :	1973 %	1981 %
● *ont fait de la musique ou du chant dans le cadre d'une organisation ou avec un groupe d'amis*	5,1	5,1
- avec un groupe amateur de pop, de folk, de rock ou de jazz	1,5	2,3
- avec une chorale	1,5	1,8
- avec une formation d'amateurs de musique classique	0,5	0,5
- avec un groupe musical folklorique	0,6	0,3
- avec une fanfare, une harmonie	1,1	0,3
● *ont pratiqué, en amateur, des activités littéraires ou artistiques*	11,4	12,6
- poésie, littérature	2,9	3,5
- peinture, sculpture, gravure	4,4	3,5
- poterie, céramique, reliure ou autre	2,5	2,2
- théâtre d'amateur	0,9	1,3
- danse classique ou folklorique	1,5	1,9
- autre chose	3,4	3,8
● *ont pratiqué cette ou ces activités* - en privé	8,2	8,7
- dans le cadre d'une organisation, d'un club, d'un centre culturel, d'une maison de jeunes	3,1	14,8

Ministère de la Culture (1981)

Vacances à tout prix

VACANCES D'HIVER, WEEK-ENDS : LA VOGUE DES LOISIRS À LA PETITE SEMAINE

Les 'petites vacances', que l'on prend en hiver ou à l'occasion des week-ends, tendent à se généraliser. L'instauration de la cinquième semaine de congés payés n'y est bien sûr pas étrangère. Mais ce goût croissant pour des parenthèses plus nombreuses dans la vie quotidienne traduit aussi un nouvel état d'esprit face aux loisirs.

Vacances d'hiver : le coup de pouce de la cinquième semaine

Les Français avaient jusqu'ici montré une préférence très nette pour les formules groupant en une même période l'ensemble des vacances de l'année. La nouvelle dimi-

nution du temps de travail (p. 265), le développement des emplois à temps partiel (p. 267) et la cinquième semaine de congés payés vont dans le sens d'une remise en cause de cette pratique. Si travail et temps libre ne peuvent pas, par définition, être vécus simultanément, la tendance est aujourd'hui au morcellement des loisirs, en allongeant les soirées et les fins de semaine. Parce que la recherche actuelle de l'équilibre et de l'harmonie (p. 111) s'accommode mal de l'idée de n'être bien dans sa peau qu'un mois par an.

La 'mentalité des congés payés' devrait donc changer progressivement, dans le sens d'une plus grande intégration du temps libre dans l'emploi du temps quotidien. Face aux 'grandes vacances', les 'loisirs à la petite semaine' ont un bel avenir devant eux.

Les vacances d'hiver sont encore un phénomène minoritaire et sélectif.

Les longues files de voitures qui se croisent, en février, sur les routes des stations de sports d'hiver ne doivent pas faire oublier que la plupart des Français restent encore chez eux.

Il est difficile de dire aujourd'hui, trois ans après l'instauration d'une cinquième semaine de congés payés pour tous les salariés, si la ruée attendue vers l'or blanc a bien eu lieu (v. tableau). La conjoncture économique de ces dernières années a sans doute incité beaucoup de Français à mettre à profit ces quelques jours supplémentaires pour rendre visite à leur famille ou se lancer dans des travaux de bricolage jusqu'ici délaissés, faute de temps. Il n'en reste pas moins que les Français sont de plus en plus nombreux à partir en vacances d'hiver, même si tous ne se dirigent pas vers les pistes enneigées. ____

En 10 ans, le taux de départ est passé de 16 à 26 %.

L'évolution est semblable à celle constatée pour les vacances d'été (p. 398). Mais, plus encore qu'en été, les taux de départ en vacances d'hiver sont éminemment variables selon la profession exercée, le lieu d'habitation et l'âge (ci-dessous). ____

10 % des Français se rendent dans les stations de ski.

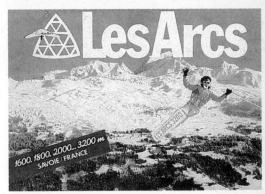

Le grand rêve blanc.

Vacances d'hiver : le dégel

Taux de départ et nombre moyen de journées par personne partie pour l'ensemble de la population :

Ensemble de la population	Taux de départ (en %)		Jours par personne	
	vacances d'hiver	dont sports d'hiver	vacances d'hiver	dont sports d'hiver
Hiver 1974-1975	17,1	4,3	14,3	12,7
Hiver 1975-1976	18,1	4,8	15,4	13,2
Hiver 1976-1977	17,9	5,5	14,6	11,4
Hiver 1977-1978	20,6	6,6	13,7	10,2
Hiver 1978-1979	22,1	7,1	13,9	10,4
Hiver 1979-1980	22,7	7,8	14,3	10,0
Hiver 1980-1981	23,8	7,9	14,0	9,9
Hiver 1981-1982	24,6	8,2	14,2	9,8
Hiver 1982-1983	24,3	9,2	14,4	9,6
Hiver 1983-1984	26,2	10,0	13,8	9,4
Commune de résidence (1983-1984)				
● Commune rurale....................	14,1	5,8	12,8	8,9
● Agglomération : de moins de 20 000 hab............	22,6	9,3	12,2	9,0
de 20 000 à 100 000 hab.	27,1	10,4	13,3	9,6
de plus de 100 000 hab. (sauf agglom. de Paris)	29,9	11,9	13,4	9,8
parisienne (sauf Paris)	43,0	14,5	14,8	9,1
● Ville de Paris	47,4	16,2	18,9	10,4

La durée moyenne des vacances d'hiver est assez élevée : 13,8 jours en 1984. Elle tient compte des vacances prises à Noël et de celles prises plus tard, en particulier au moment des vacances scolaires.

Un tiers seulement de ceux qui partent en vacances d'hiver les passent à la montagne. Le 'boom' des sports d'hiver, décrit chaque année par les médias au moment des migrations de février, n'est donc en fait qu'une déflagration de faible intensité, même si elle fait chaque année un peu plus de bruit. ——

La prétendue démocratisation de la neige ne résiste pas à l'analyse. Les inactifs (généralement âgés et donc peu tentés par le ski, que beaucoup n'ont jamais eu l'occasion de pratiquer) ne sont quasiment pas représentés. De même, les ouvriers et les agriculteurs restent pour la plupart très peu concernés par le phénomène. Peut-être le seront-ils demain (p. 395). ————————

Le prix des vacances de neige décourage beaucoup de Français.

Les raisons de la désaffection de certaines catégories sociales vis-à-vis des sports d'hiver sont de deux ordres. D'abord, les vacances de neige sont les plus coûteuses : le budget d'une famille de quatre personnes, dont deux enfants en âge de skier, varie entre 5 000 et 10 000 francs pour une semaine, selon la date. On comprend que cela décourage bon nombre de prétendants à l'ivresse des cimes. ——

Viennent ensuite s'y ajouter des raisons d'ordre psychologique : pour beaucoup, le ski reste une activité liée à un certain statut social, du type 'Parisien aisé'. Ce sont

Attention aux départs !

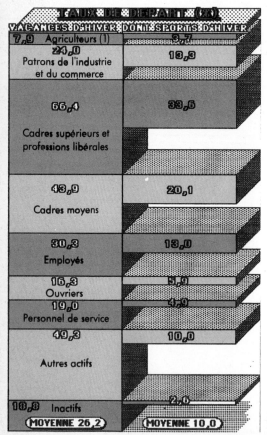

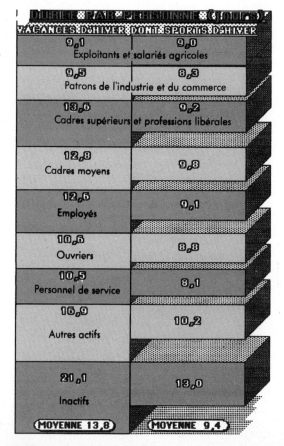

(1) Exploitants et salariés agricoles

d'ailleurs souvent les mêmes personnes qui sont concernées par les obstacles financiers et psychologiques. De sorte que l'élévation générale du pouvoir d'achat n'est pas la seule condition à une véritable démocratisation de la neige. _____

*Le ski de fond, la cinquième semaine
et la multipropriété
devraient favoriser les vacances de neige.*

Le développement spectaculaire du ski de fond explique en partie l'accroissement des départs constaté depuis quelques années. Le frein représenté par l'âge (beaucoup hésitent à commencer le ski de piste à 40 ou 50 ans) devenait d'un seul coup moins décisif. Sur le plan financier, le ski de fond présente aussi des avantages déterminants : pas de dépenses de remontées mécaniques ; achat ou location d'équipements moins onéreux. Plus récemment, la cinquième semaine de congés payés, obligatoirement prise en dehors des 'grandes vacances' traditionnelles, a levé un autre frein. Les Français devraient moins hésiter à l'avenir à consacrer au ski une petite partie de leur précieux **capital-vacances**. _____

Enfin, la croissance de la multipropriété (encadré) a transformé pour quelque 70 000 ménages une partie des dépenses en investissement. On peut donc logiquement penser que les stations de ski, dont la France est particulièrement riche, n'ont pas encore vécu leurs plus belles années. Quitte à spéculer sur l'or, autant choisir l'or blanc ! _____

Multipropriété : la piste blanche

Née en 1967 à Superdévoluy, la multipropriété (ou propriété à temps partagé) s'est rapidement développée dans tous les sites de vacances. Sur les 70 000 périodes vendues, les deux tiers le sont à la montagne. Malgré une conjoncture difficile dans l'immobilier, le secteur de la multipropriété a bien résisté à la crise. Les prix (de 25 000 à 50 000 francs pour une semaine) varient selon la période choisie, la renommée de la station et la surface de l'appartement (la plupart sont des studios ou des deux-pièces). Les propriétaires qui ne souhaitent pas occuper leur période peuvent la louer ou l'échanger contre une autre période dans un autre lieu de vacances. Ils ne sont cependant que 5 % à profiter de la bourse

d'échange mise en place par les principaux promoteurs. Profiter de la montagne tout en réalisant un investissement, telle est la motivation essentielle des 'multipropriétaires' (le plus souvent des familles ayant des revenus compris entre 180 000 et 280 000 F par an, déjà propriétaires de leur habitation principale et d'une ou de plusieurs résidences secondaires). Les différentes formules, souvent originales, présentent cependant quelques inconvénients : les charges sont élevées (500 à 800 francs par semaine) ; la revente n'est pas toujours facile pour les périodes situées en dehors des vacances scolaires. Tout n'est donc pas rose au royaume de l'or blanc !

Week-ends :
les Français aiment les dimanches

Les week-ends (pardon, les fins de semaine) représentent, par leur côté régulier et répétitif, un aspect particulier des vacances des Français. Si le dimanche est une vieille conquête (presque centenaire), son jumelage avec le samedi (ou le lundi) est beaucoup plus récent. Même si tous les Français n'en bénéficient pas, de par les conditions particulières de leur activité professionnelle, la plupart apprécient cette parenthèse hebdomadaire entre deux semaines de travail. _____

*59 % des Français considèrent le dimanche
comme un jour à part.
Ils ne sont que 11 % à le haïr,
comme dans la chanson de Juliette Gréco.*

Le dimanche est donc, pour la majorité de nos concitoyens, un jour exceptionnel, synonyme de fête et de famille, une pause appréciée dans un emploi du temps généralement chargé. Un point de repère, aussi, dans le déroulement de la vie. _____

Grasse matinée et beaux habits

Les Français ne sont que 7 % à se lever avant 7 heures le dimanche. Les autres échelonnent leur lever entre 7 et 9 heures. À 10 heures, 83 % des Français sont debout. Le niveau atteint 94 % à 11 heures.
Après la toilette et le petit déjeuner, les Français s'habillent. 36 % continuent de 's'endimancher', tandis que 11 % font plutôt moins d'effort que pendant la semaine.

Le Journal du dimanche/ Ifres (janvier 1983)

*Le repas de midi est une étape importante
du rituel dominical.
60 % des familles
font plus de cuisine le dimanche
que pendant la semaine.*

Le repas de midi commence généralement
par un apéritif (64 % des foyers). Les Français restent en majorité fidèles au traditionnel poulet et au gigot. ————————

42 % d'entre eux terminent le déjeuner par
un gâteau (ils sont même 56 % parmi les
plus de 60 ans ; gourmandise ou tradition ?).
En matière de tradition, celle de la messe est
en train de se perdre, puisque moins d'un
quart des ménages se rendent à l'église le
dimanche. Les loisirs dominicaux ont, semble-t-il, moins évolué que la pratique religieuse : famille, amis, télévision et promenade y tiennent la plus grande place. À noter
le nombre élevé (25 %) de ceux qui s'accordent ce jour-là une petite sieste. ——————

Un dimanche comme les autres

Activités pratiquées le dimanche.

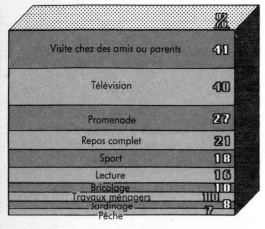

Total supérieur à 100 en raison des réponses multiples

*La télévision et les visites à la famille
restent les occupations favorites du dimanche.*

La télévision n'a pourtant pas tué le cinéma

puisque 36 % des Français profitent parfois
du dimanche après-midi pour se rendre dans
une salle obscure. Il semble que la télé n'ait
pas non plus tué l'amour, pratiqué par 35 %
des Français, bien que la majorité d'entre
eux (59 %) ne considère pas le dimanche
comme un jour privilégié en ce domaine. ——

Mais ces activités sont largement détrônées
par le sport, pratiqué par plus de deux personnes sur trois (encadré ci-dessous). Quant
au sport hippique, les Français s'y intéressent surtout en tant que parieurs : 27 %
d'entre eux jouent au tiercé ou au quarté le
dimanche (p. 300). ————————————

Sports-dimanche

69 % des Français font du sport le dimanche.

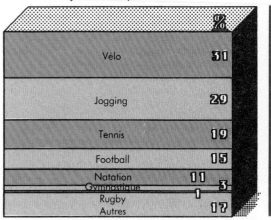

Total supérieur à 100 en raison des réponses multiples.

*Les Français passent en moyenne 8 week-ends
hors de chez eux chaque année.*
● *2 500 000 foyers
possèdent une résidence secondaire.*
● *20 % n'y vont pratiquement jamais.*
● *43 % s'y rendent régulièrement,
toute l'année ou seulement à la belle saison.
(Ministère de la Culture).*

Les départs en week-end ne s'expliquent pas
seulement par le nombre élevé des résidences secondaires (p. 127). Beaucoup de Fran-

çais vont à l'occasion passer un ou deux jours chez un membre de leur famille ou chez des amis. Les Parisiens sont sans conteste les champions de la discipline. Les bouchons qui se forment sur les autoroutes au départ de la capitale dès le vendredi soir en sont l'illustration. _____

Quel que soit l'emploi du temps de la vie qui prévaudra demain, il devra sans doute, comme aujourd'hui, ménager des pauses régulières. Afin de rythmer le déroulement souvent heurté de la vie quotidienne et d'en faire accepter plus facilement les contraintes. _____

GRANDES VACANCES : BRONZER INTELLIGENT POUR NE PAS VIVRE IDIOT

Fête, repos et défoulement restent les principales motivations des Français en congés. Mais un mouvement se dessine vers un autre type de vacances, susceptible d'apporter un enrichissement sur les plans physique et culturel. Plus que la peur de 'mourir idiot' c'est la volonté de 'vivre intelligent' qui caractérise la nouvelle conception des loisirs.

Partir, c'est vivre un peu

Les Français ont entamé leur conquête des congés payés en 1936. Ils n'ont cessé depuis de gagner de nouvelles batailles. La dernière en date (1982) portait à cinq le nombre de semaines de vacances payées à tous les salariés. Mais beaucoup, par le jeu de l'ancienneté ou de conventions particulièrement avantageuses, disposent en fait d'au moins six semaines de congés annuels. _____

Jusqu'ici, les vacances se déroulaient essentiellement en été. Le soleil de la mer ou de la campagne venait récompenser onze mois d'efforts, de contraintes, voire de frustrations. Pour être réussies, les vacances devaient être en contraste total avec les onze mois qui les précédaient : farniente, bronzage, gastronomie, fête et insouciance… _____

Cette vision est encore partagée par la majorité des Français. D'autres, en nombre croissant, refusent que l'équilibre de leur vie soit fait d'une moyenne entre deux périodes (de longueur très inégale) dont l'une serait caractérisée par la contrainte, l'autre par le défoulement. _____

Les Français sont habitués à ce que la France soit aux 'abonnés absents' chaque année à la même époque, gagnée par un genre d'hibernation très particulier (qui n'aurait lieu qu'en été !). Pourtant, s'il est vrai que la machine économique est en panne, il ne faut pas en déduire pour autant que chaque habitant de l'Hexagone a mis la clef sous la porte. _____

45 % des Français ne partent pas en vacances.

Même si l'on trouve au mois d'août beaucoup de monde sur les routes, dans les gares ou dans les aéroports (les vacanciers ont la mauvaise idée de partir en même temps et d'aller aux mêmes endroits), les statistiques montrent que près de la moitié des Français restent chez eux. Certains parce qu'ils en ont envie (pourquoi se mêler à la foule quand on est si bien chez soi ?) ; d'autres parce qu'ils en ont besoin (des travaux à faire, un autre métier à exercer…) ; d'autres enfin parce qu'ils n'ont pas les moyens de faire autrement. _____

Les chiffres laissent à penser que c'est cette dernière raison qui est la plus répandue. Mais les obstacles financiers sont d'origine diverse : nécessité d'économiser l'argent des vacances dans la perspective d'un gros achat (voiture, travaux d'aménagement de la maison, etc.) ; refus de devoir se priver pendant onze mois pour se donner le sentiment de dépenser sans compter pendant quelques semaines. _____

Un été 84

— **Évolution du taux de départ en vacances d'été** (%) :

	1970	1977	1978	1979	1980	1981	1982	1983	1984
● Taux	44,6	50,7	51,7	53,3	53,3	54,3	54,5	55,2	53,9
● Durée moyenne de séjour (jours)	nd	25,6	26,2	25,4	24,8	24,7	24,6	24,7	24,7
● Proportion de séjours à l'étranger (%)	nd	18,3	18,3	16,5	16,5	17,1	16,2	14,9	16,9

— **Taux de départ selon la catégorie socioprofessionnelle en été 1984** (%) :

● Exploitants et salariés agricoles	22,2
● Patrons de l'industrie et du commerce	52,5
● Cadres supérieurs et professions libérales	85,1
● Cadres moyens	79,2
● Employés	66,8
● Ouvriers	50,7
● Personnel de service	47,5
● Autres actifs	68
● Inactifs	37,9
Ensemble de la population	53,9

— **Taux de départ selon le lieu de résidence habituel en été 1984** (%) :

● Commune rurale	35,7
● Agglomération :	
de moins de 20 000 hab.	47,7
de 20 000 à 100 000 hab.	56,6
de plus de 100 000 hab.	
(sauf agglom. de Paris)	62,2
parisienne (sauf Paris)	75
● Ville de Paris	79,9

— **Quand ?** (%)

● Mai	4,8
● Juin	8,6
● Juillet	40,3
● Août	39,1
● Septembre	7,2

— **Où ?** (%)

● Mer	45,5
● Campagne	23,1
● Montagne	16,1
● Ville	8,4
● Circuit	6,9

— **Quel hébergement ?** (%)

● Résidence principale (parents, amis)	26,2	● Résidence secondaire (parents, amis)	9,5
● Tente et caravane	21,7	● Hôtel	5
● Location	16,6	● Autre	7,2
● Résidence secondaire	13,8		

I.N.S.E.E.

La proportion des départs a augmenté d'un tiers en 20 ans.

Les agriculteurs, traditionnellement peu concernés par les vacances, sont 2,4 fois plus nombreux à partir qu'en 1965 (encadré). Il n'empêche que la ressemblance entre la hiérarchie des professions et celle des départs en vacances reste frappante. Mais, comme c'est le cas pour l'échelle des salaires (p. 314), l'éventail tend à se resserrer et les différences à s'estomper. On retrouve ici la double évolution visible dans beaucoup de domaines : nivellement par le haut et constitution d'une vaste catégorie moyenne. ⎯⎯⎯⎯⎯

Des vacances, pour quoi faire ?

Les motivations des Français en vacances sont assez simples. Beaucoup souhaitent profiter de ce temps privilégié pour se reposer et 'recharger les batteries' avant une nouvelle année de travail C'est en particulier le souhait des vacanciers âgés de 30 à 50 ans. Telles des batteries solaires, ils offriront alternativement leurs deux pôles (dos et ventre) à l'astre du jour, afin d'emmagasiner la précieuse énergie... ⎯⎯⎯⎯⎯

Les boulimiques de l'activité tous azimuths se recrutent surtout chez les jeunes. Mais le mouvement semble gagner peu à peu les autres catégories. Même les personnes du troisième âge souhaitent, de plus en plus, des vacances actives. Pour apprendre des choses nouvelles et pour ne pas s'ennuyer.

La formule des '3 S' (Sea, Sun, Sex ; mer, soleil, amour) semble donc reculer devant celle inaugurée il y a longtemps par le Club Méditerranée : animation, fête, activités. Formule qui n'exclut d'ailleurs aucune des trois motivations précédentes... ⎯⎯⎯⎯⎯

Les vacanciers actifs souhaitent d'abord pratiquer le sport.

Si la majorité des Français en vacances veulent 'vivre leurs fantasmes', l'affirmation recouvre des réalités différentes selon les individus. Le sport occupe la première place chez les moins de 40 ans. Parmi les plus jeunes (moins de 20 ans), la recherche de l'aventure amoureuse n'arrive qu'en seconde position. Mais il est permis de mettre en doute ce classement, sachant que certains fantasmes sont plus faciles à avouer que d'autres ! On sait que les vacances restent pour les adolescents l'occasion principale du premier flirt et des premiers rapports sexuels (p. 110).

Face aux activités physiques en tout genre, la lecture occupe une place de choix dans les vacances des Français. Est-ce parce qu'ils regardent moins la télévision que pendant l'année (faute, souvent, de disposer d'un poste) ou simplement parce que l'ambiance des vacances est plus propice à cette activité et qu'ils disposent du temps nécessaire ? La frontière qui sépare la vie quotidienne de la vie de vacances s'estompe (p. 400). On ne vit qu'une vie…

Destination France

Les catalogues et les affiches ont beau faire rêver les Français de paradis éloignés sur fond de soleil et de paysages exotiques, ceux qui passent du rêve à la réalité restent peu nombreux. Cinq vacanciers sur six restent en effet fidèles à l'Hexagone.

Les contraintes financières pèsent de tout leur poids. Près de la moitié des vacanciers déclaraient en 1984 qu'ils avaient dû modifier leurs habitudes et rechercher des vacances plus économiques. De sorte que 49 % ont été hébergés gratuitement, dans la famille, chez des amis ou dans leur propre résidence secondaire (encadré, p. précédente).

La mer fait toujours recette.

Est-ce la mer ou bien le soleil, son complément naturel, qui attire les Français ? Sans doute l'image symbolique, fortement ancrée dans l'inconscient collectif, d'un lieu créé de toute évidence pour les vacances. Mais les Français, qui rêvent toujours de mer et de

---

Vacances de rêve

Dans quel pays ou région du monde voudriez-vous aller en priorité (sur 34 pays proposés) **?**

Pour un séjour d'une semaine		Pour un mois ou deux		Pour habiter 6 mois ou plus	
1. Espagne/Portugal	11,4 %	1. Antilles	7,5 %	1. Canada	8,8 %
2. Grande-Bretagne	7,6	2. États-Unis	7,1	2. États-Unis	8,2
3. Italie	7,1	3. Canada	5,4	3. Antilles	6,4
4. Grèce	6,7	4. Amérique latine	4,7	4. Australie	6,2
5. Antilles	4,5	5. Grèce	4,7	5. Îles des mers du Sud	4,3
6. Pays scandinaves	3,9	6. Mexique/Amérique		6. Amérique latine	3,9
7. Allemagne	3,5	centrale	4,4	7. Espagne/Portugal	3,3
8. États-Unis	2,8	7. Espagne/Portugal	4,3	8. Mexique/Amérique	
9. France	2,4	8. Pays scandinaves	3,5	centrale	2,3
10. Maghreb	2,3	9. Afrique noire	3,5	9. Italie	2,3
		10. Italie	2,8	10. Afrique noire	2,1

Si vous aviez un mois de vacances en plus, à quoi souhaiteriez-vous l'employer ?

1 Réaliser un grand voyage auquel je tiens	22,7 %	7 Réaliser un grand projet qui me tient à cœur	6,7 %
2 Retrouver des amis, de la famille, s'amuser	18,8	8 Ne rien faire au soleil	4,9
3 Apprendre à connaître les gens qui m'entourent, les régions de France	13,4	9 Faire la fête	4,6
4 Améliorer mon cadre de vie, bricoler	12,3	10 Faire un stage de sport	3,6
5 Partir sans but à l'aventure	8,9	11 Apprendre ou me perfectionner dans une langue étrangère	3,1
6 Prendre le temps d'aller au théâtre, au concert, au cinéma, lire, réfléchir, me cultiver	7,6	12 Apprendre ou me perfectionner dans une activité, un travail manuel	2,4

Totaux supérieurs à 100 en raison des réponses multiples

C.C.A.

soleil, en connaissent bien les inconvénients estivaux : difficulté d'hébergement, inflation des prix, omniprésence de la foule… C'est pourquoi ils se tournent de plus en plus volontiers vers les régions intérieures, plus accessibles, qui gagnent à être connues. ____

Moins longtemps et moins loin,
tel fut le signe de ralliement
des dernières vacances d'été.

La moitié des vacanciers ont déclaré avoir fait des économies par rapport à leurs habitudes. Le budget distractions a été le premier touché. Les fins de soirée dans les discothèques ont été plus rares et, en tout cas, accompagnées de moins de consommations. La nourriture elle-même a fait l'objet de certaines restrictions : repas de midi remplacé par un pique-nique ; apéritifs moins nombreux ; menus moins copieux. Beaucoup d'hôteliers et de restaurateurs ont vu leur chiffre d'affaires stagner, voire régresser par rapport à l'année précédente. _____

Après plusieurs années pendant lesquelles ils avaient décidé d'oublier la crise au moins un mois par an, les Français sont donc revenus aux dures réalités. D'autant qu'il leur faut aujourd'hui financer une semaine de plus tous les ans. Partir plus souvent est un souhait de plus en plus répandu ; encore faut-il en avoir les moyens. _____

Vacances à l'étranger : cap au sud

Les Français ne sont pas, en vérité, de grands voyageurs. Un sur six seulement de ceux qui partent en vacances passe une frontière. C'est bien peu par rapport aux autres Européens. Ce faible taux explique au moins autant l'excédent de la balance touristique de la France (1,5 milliard de francs) que l'affluence des touristes dans notre pays. ____

Lorsqu'ils vont à l'étranger,
les Français ont le réflexe soleil.

C'est ce qui explique que les plus grands courants de migration se font dans le sens nord-sud. La plupart des départs concernent les destinations européennes proches

comme l'Espagne ou l'Italie (plus d'un tiers à elles deux). ____

Les étrangers sont de plus en plus nombreux à visiter la France.
● *Un million et demi d'Américains au cours de l'été 84.*
● *Plus du double qu'au cours de l'été 1982.*

Nul doute que la parité franc-dollar a incité nombre d'Américains à visiter un pays qui, outre ses attraits touristiques, leur permettait de réaliser de bonnes affaires. Un véritable pactole pour les hôtels de luxe, dont les chambres (parfois à plus de 1 000 francs la nuit) se sont arrachées. Paris a vu défiler près de 500 000 Américains, des Champs-Élysées à Beaubourg, en passant par Pigalle et la tour Eiffel. _____

Mais la France reste d'abord la destination privilégiée des Belges, des Hollandais et, à un moindre degré, des Anglais. Il faut dire qu'elle est pour eux un point de passage obligé vers la mer et vers d'autres destinations ensoleillées telles que l'Espagne ou l'Italie. _____

Le goût des vacances intelligentes

Pour la grande majorité des vacanciers, la réussite des vacances n'est plus proportionnelle à l'intensité du bronzage qu'on en ra-

À la recherche du soleil.

mène. Cette évolution des mentalités n'est pas encore totale, mais elle est significative. Si le bronzage est de moins en moins associé à l'image des vacances, ce n'est pas seulement parce que les Français savent que le soleil est dangereux pour la peau et pour les poumons (ils disposent avec les pilules bronzantes de moyens permettant d'échapper à ces risques). La vraie raison est qu'ils veulent aujourd'hui profiter de leurs vacances pour « faire des choses ». _____

À la recherche des civilisations perdues.

*Les activités sportives
restent les plus pratiquées...*

Pour beaucoup, les vacances sont l'occasion unique de s'initier à la pratique d'un sport ou de se perfectionner (p. 399). Les préférences vont au tennis et au vélo, suivis de près par la planche à voile. Les stages d'initiation ou de perfectionnement connaissent depuis quelques années un succès considérable. Ceux de tennis attirent chaque été des dizaines de milliers de vacanciers de tous âges. Les performances de Noah et de quelques autres ont déclenché des vocations. Le sérieux et l'effort y sont de mise, assurés par des moniteurs sévères et le regard impitoyable des caméras vidéo. _____

*Mais les activités
culturelles et intellectuelles
se développent.*

Le souci des Français de donner libre cours à tous les aspects de leur personnalité est de plus en plus apparent (p. 347). Il les incite à profiter de leurs vacances pour enrichir leurs connaissances et découvrir des activités auxquelles ils n'avaient jamais eu l'occasion de s'intéresser. Là encore, les stages sont de plus en plus appréciés. Que ce soit pour s'initier à l'informatique, à la pratique d'un instrument de musique ou à la dégustation des vins. Du plus sage au plus farfelu, les stages proposent aujourd'hui des dizaines d'activités culturelles, artistiques, traditionnelles ou récentes, qui permettent à chacun de réveiller une vieille vocation endormie ou oubliée. _____

*Le besoin de vacances « intelligentes »
est l'un des aspects
de la grande mutation des mentalités.*

Qu'ils s'agisse de sport ou d'informatique, les motivations qui poussent les Français à ne pas « bronzer idiot » en vacances sont de deux types. _____

La volonté, d'abord, de **progresser** à titre personnel, en profitant d'une période privilégiée, sans autres contraintes que celles qu'on s'impose. Afin de mettre à jour ses connaissances pour s'adapter à l'évolution de plus en plus rapide des techniques, des métiers et des modes de vie. _____

Le désir, ensuite, de **s'épanouir** en découvrant de nouveaux domaines, en laissant s'exprimer des penchants personnels pour telle ou telle activité, que l'on n'avait pu jusqu'ici explorer. Pour s'enrichir et, qui sait, faire un jour d'un hobby découvert en vacances un véritable métier dans lequel on se sentira mieux en accord avec soi-même.

Il en est donc des vacances comme de toutes les activités des Français. La séparation, jusqu'ici totale, entre les périodes de congés et celles consacrées au travail apparaît de moins en moins satisfaisante. Pour beaucoup, l'équilibre de la vie ne peut résider dans le contraste entre des occupations opposées, mais, au contraire, dans une plus grande intégration de chacune dans le quotidien. ___

L'homme est par nature un personnage multidimensionnel (p. 408). C'est en assumant de façon continue ses différentes composantes qu'il a le plus de chances de rencontrer l'harmonie. Ce que certains appellent plus simplement le bonheur… ———

Les Styles de Vie et les vacances

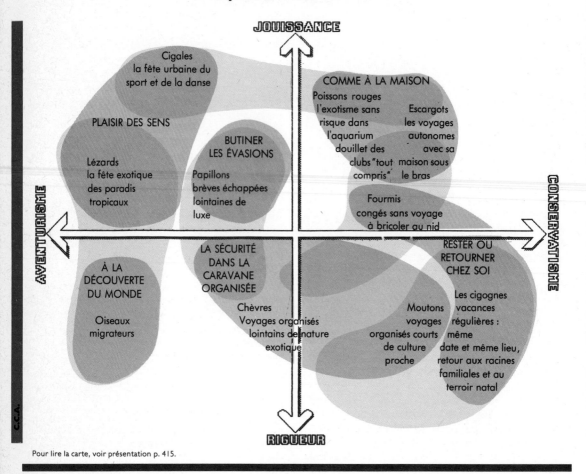

Pour lire la carte, voir présentation p. 415.

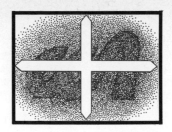

Les Styles de Vie et les loisirs

LA MOSAÏQUE

Les attitudes des Français face au loisir et la place qu'ils leur accordent dans l'emploi du temps de leur vie dépendent d'un grand nombre de facteurs. Parmi ceux-ci, c'est la conception **sociale** du loisir, c'est-à-dire la façon dont chacun intègre les autres dans ses activités librement choisies, qui paraît déterminante. Cette approche permet d'isoler quatre comportements fondamentaux de loisirs, correspondant à quatre groupes distincts sur la carte des Styles de Vie. _____

Loisirs utiles pour les Rigoristes

Pour les Rigoristes, l'oisiveté est mère de tous les vices. Le temps libre doit avoir une utilité, vis-à-vis de l'entourage immédiat ou de la collectivité. À la maison, ils se consacrent à tout ce qui peut améliorer le confort du foyer ou renforcer son autonomie. À l'extérieur, ils donnent l'essentiel de leur temps à des clubs ou associations dans lesquels ils ont la sensation d'être utiles. _____

Leurs loisirs sont donc la prolongation de leur travail et l'idée d'obligation, de devoir y est aussi prépondérante. Tout au plus acceptent-ils de temps à autre de partir en vacances ou de faire une promenade en forêt. Mais c'est avec l'alibi de se reposer, de « recharger les batteries » ou de se « changer les idées ». Afin qu'on ne puisse pas les suspecter de prendre vraiment du plaisir à des activités socialement inutiles. _____

Loisirs en famille pour les Matérialistes et les Vigiles

Leur conception des loisirs est assez proche de celle des Rigoristes. Mais, plus que la **maison,** lieu de résidence qui abrite la vie quotidienne, c'est la **famille** qui les intéresse en priorité. Si le bricolage et les activités d'autoproduction occupent une part non négligeable de leur temps, c'est plus par goût ou par nécessité économique que par devoir. Mais ils s'efforcent aussi de conserver du temps pour des activités plus gratifiantes, de préférence pratiquées en famille : des occupations passives, comme la télévision ou la radio, à d'autres plus actives, comme le sport, qui apparaît aux plus jeunes comme une condition nécessaire à l'équilibre et à la santé.

Loisirs en bande pour les Dilettantes, Profiteurs, Frimeurs et Défensifs

Les Décalés les plus proches du pôle sensualiste et les plus jeunes des Égocentrés ont une vision commune des loisirs. Le temps libre est pour beaucoup d'entre eux la grande priorité, dans la mesure où leur activité professionnelle ne les satisfait pas pleinement. Le désir d'évasion est très présent dans leurs comportements de loisir, pendant les vacances ou dans la vie quotidienne. Le besoin de « s'éclater » leur fait préférer les sports de compétition, en particulier ceux qui permettent un certain exhibitionnisme. Dans les activités qu'ils choisissent, la possibilité de les pratiquer en bande, entre copains, est souvent déterminante. C'est pourquoi la musique moderne, qui conjugue à la fois une certaine violence et la communion occupe une grande place dans leur vie. ——————————————

Loisirs solitaires pour les Activistes et les Libertaires

Les Activistes ne disposent pas de beaucoup de loisirs, de par leur vie professionnelle généralement chargée. Lorsqu'ils en prennent, leurs comportements les rattachent aux Décalés, (Libertaires en particulier), dont ils partagent le goût pour l'épanouissement individuel. Un goût qui se traduit par la volonté d'apprendre ou de se perfectionner. Il arrive aussi aux Activistes de consacrer du temps à des activités à caractère social. Mais leur motivation est alors différente. Tandis que les Rigoristes se sentent plus ou moins obligés de se rendre utiles à la collectivité, les Activistes y trouvent au contraire un moyen supplémentaire de mettre en valeur leurs qualités de leaders ou d'organisateurs. Les loisirs des Activistes sont donc principalement tournés vers l'enrichissement personnel. La motivation des Libertaires est comparable. Mais elle s'exprime plus souvent par la recherche de la culture générale que par celle d'un perfectionnement dans des domaines directement utilisables dans la vie professionnelle. ——————————————

Les Styles de Vie et les loisirs

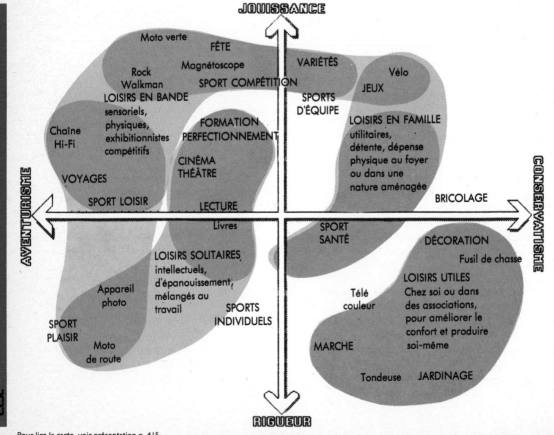

Pour lire la carte, voir présentation p. 415.

SYNTHÈSE

L'état des Français

LES GRANDS MOTS

On a une bonne idée du chemin parcouru par la société française lorsqu'on compare les grandes tendances d'aujourd'hui avec celles qui prévalaient hier. ——————————

Les Grands Mots, ceux qui expriment les idées générales acceptées par la majorité, ne sont plus les mêmes qu'il y a trente ans. Au point qu'on a l'impression que la plupart d'entre eux ont été remplacés par leur contraire. Chacun de ces mots clés témoigne des efforts de la société pour s'adapter aux nouvelles aspirations de ses membres, tout en subissant les pressions de son environnement. Les Grands Mots d'aujourd'hui seront-ils les grands remèdes de demain ? ——

Hier	Aujourd'hui
Collectivité ————→	Individu
Travail ————→	Loisirs
Patrie ————→	Entourage restreint
Famille-tribu ————→	Famille-association
Religion ————→	Matérialisme
Effort ————→	Jouissance
Esprit ————→	Corps
L'homme ————→	Les deux sexes
Plus tard ————→	Maintenant
Certitude ————→	Doute
Optimisme ————→	Angoisse
Gigantisme ————→	Petites unités
Centralisation ————→	Décentralisation
Hiérarchies ————→	Structures transversales
Croyance dans le progrès —→	Peur technologique
La même chose pour tous —→	Multiplicité des choix
L'homme uni-dimensionnel ————→	L'homme multi-dimensionnel
Idéologie ————→	Pragmatisme
Mode ————→	Look
Solidarité ————→	'Égologie'
Paraître ————→	Être
État-providence ————→	'État d'exception'
Société 'centripète' —→	Société 'centrifuge'
Épargne ————→	Consommation

DÉCADENCE OU RENAISSANCE ?

Après des siècles d'engourdissement et de frustration, les Français se trouvent placés aujourd'hui devant une chance historique. Celle de pouvoir construire une nouvelle civilisation, plus proche de leurs aspirations profondes que toutes celles qui ont précédé. Une civilisation capable de concilier les revendications contradictoires de la liberté et de la sécurité, du général et du particulier, du national et du local, du présent et de l'avenir. ——————————

Une véritable **renaissance** est donc possible, permettant l'épanouissement du plus grand nombre, par l'expression de l'**ensemble** des facettes de la personnalité de chacun. Une sorte d'âge d'or de la société française (et occidentale), après ce qu'on pourrait appeler l'obscurantisme individuel des siècles passés… ——————————

L'émergence d'un tel type de société implique un changement d'échelle fondamental : **l'affirmation de la prépondérance de l'individu sur la collectivité.** Cette profession de foi a eu lieu. Elle caractérise même l'évolution sociale de ces vingt dernières années. Mais elle porte en elle autant de risques que de promesses. Il paraît en effet plus facile de sortir de la crise actuelle en privilégiant la collectivité que l'individu. L'égocentrisme des années 80 pourra-t-il venir à bout des difficultés multiples qui freinent encore l'épanouissement individuel ? ——————

Pour qualifier les problèmes qui se posent à eux, les Français choisissent dans le dictionnaire des termes forts mais qui ont tous le sens d'**éphémère** : les **crises**, les **défis**, les **chocs** sont par nature des incidents dont on peut sortir sans trop de dommages et qui ne remettent pas en cause les orientations fondamentales. C'est ce qui explique qu'il a fallu pratiquement dix ans aux Français pour accepter de regarder les réalités en face. Ces difficultés 'passagères', si elles se poursuivaient, devraient alors être baptisées à l'aide de termes au sens plus permanent : **glissement, dérapage, déclin, régression, décadence**...

La renaissance ou la décadence. Telles sont donc bien les deux destinations possibles.

Avec le siècle, c'est un monde qui est en train de finir. Mais un autre prendra la relève, qui se dessine déjà.

La fin des certitudes

Les sociétés précédentes étaient fondées sur un petit nombre de certitudes, acquises dès l'enfance par l'intermédiaire de la famille, de l'école et, surtout, de la religion. L'ensemble de ces certitudes constituait un cadre de référence, un modèle du monde dans lequel chacun trouvait assez facilement sa place. La règle fondamentale de la vie consistait ensuite à tenir cette place du mieux possible, en se gardant de modifier l'ordre établi, approuvé par chacun, au moins en apparence.

L'histoire des quarante dernières années est justement celle d'une mise en question progressive de l'ordre établi. Dans toutes les démocraties, la révolution de l'information a permis aux masses d'exercer un **contrôle** sur les appareils du gouvernement. La révolution industrielle, en créant la prospérité économique, apporta aux Français l'**argent**, condition première de l'autonomie, et augmenta le **temps libre,** condition de l'individualisme. Et puis les vingt dernières années ont marqué la faillite des grandes entités auxquelles ils avaient confié leur sort. L'Église, l'État, la Nation, la Société n'ont pas su s'adapter à l'évolution du monde et préserver les Français des traumatismes. De sorte que la crise essentielle n'est sans doute pas celle de l'économie, mais celle de la **confiance.** Les Français portent aujourd'hui le deuil de leurs certitudes. Une situation sans doute inconfortable, mais qui fournit

une occasion inespérée : la création d'une nouvelle civilisation.

La fin des modèles

La faillite des grandes valeurs traditionnelles s'est accompagnée logiquement de celle des modèles. Les stéréotypes des années 50 ou 60, organisés autour du 'paraître' et de la consommation, ont vécu. Comme a vécu le modèle américain, ou celui du jeune cadre dynamique façon 1970. Les Mentalités et les Styles de Vie d'aujourd'hui ne sont pas des modèles, mais des groupes dont les membres ne savent pas toujours auxquels ils appartiennent. Les catégories inventées par les jeunes (baba-cool, new wave, branché, etc.) sont plus la conséquence d'une volonté de se différencier des autres que de se ressembler à l'intérieur d'une même catégorie.

L'agonie des modèles sociaux, qui s'ajoute à la mort des certitudes, explique le réseau de contradictions présent aujourd'hui dans l'attitude et le comportement de chacun : cohabitation difficile du citoyen et du consommateur ; revendications simultanées de la liberté pour tous et de la sécurité pour chacun ; volonté d'individualisme et désir de solidarité.

La fin du manichéisme

Les Français savent depuis longtemps que la vie est complexe. Ils savent maintenant que la société, qui en est le cadre, ne l'est pas moins. Les difficultés, les événements et les questions restées sans réponse au cours de ces dix dernières années les ont convaincus de cette réalité. Elle se traduit aujourd'hui par une aversion croissante pour les découpages binaires, trop simplificateurs. Les manifestations de cette aversion sont sensibles dans tous les domaines.

En politique, le débat **droite/gauche** n'intéresse plus les Français. Dans l'entreprise, le débat **employeurs/employés** est en train de prendre une autre forme, plus constructive. Dans la vie quotidienne, la dichotomie **travail/loisirs** apparaît de moins en moins satisfaisante. Dans le couple, **l'homme et la** femme se rapprochent de plus en plus. Dans la vie personnelle enfin, la traditionnelle opposition entre le **corps et l'esprit** est aujourd'hui dépassée, comme apparaît dépassée la séparation entre les **actifs** et les **inactifs**. La vie, comme le bonheur qui en constitue l'objectif essentiel, ne peut donc plus se résumer à des prises de position de type binaire, qui obligent à choisir entre deux extrémités, en oubliant toutes les nuances intermédiaires. —————————————

Les Français sont en train de se souvenir qu'ils sont, fondamentalement, des êtres **multidimensionnels.** —————————

Le Français multidimensionnel

Il ne s'agit pas de conclure, car l'histoire des Français ne s'arrête pas à la dernière page de ce livre. Encore moins de tracer le portrait-robot de l'introuvable 'Français moyen', forgé par trente années de prospérité, rectifié par dix années de crise. Toute description, lorsqu'elle s'efforce de rendre compte d'une réalité complexe et multiforme, est nécessairement réductrice. Pour ceux qui les observent, les Français ressemblent à des particules prises dans le mouvement brownien de l'Histoire. Mais, comme pour l'électricité, les déplacements apparemment désordonnés des particules finissent par former des courants. Ce sont précisément les grands courants de la société française que nous avons tenté de décrire à travers les différents aspects de la vie quotidienne de ses membres.

Face à la multitude et à la diversité des informations disponibles, on est saisi de vertige. Comment généraliser des comportements qui, pour être importants, ne touchent le plus souvent qu'une partie des Français ? Comment concilier des attitudes qui paraissent parfois contradictoires ? Comment définir sans le trahir le type de société dans lequel nous entrons ? Eh bien, cette synthèse, bien improbable au début, s'est peu à peu imposée à nous. Au fil de nos recherches, nous avons vu se dessiner les contours d'une nouvelle civilisation, mélange des aspirations des Français à la veille du XXIe siècle et de l'évolution de leur environnement. Sa caractéristique essentielle est de permettre, pour la première fois, l'émergence de l'individu dans sa complexité fondamentale. Il aura fallu des siècles de refoulement pour que le **Français multidimensionnel** puisse espérer voir le jour. —————————————

Il est clair que la civilisation de la masse fait place à celle de l'individu. Mais il est encore trop tôt pour dire s'il s'agit d'une étape décisive vers la renaissance ou le début d'une décadence définitive. Pendant quelques années encore, la société française restera en transit. —————————————

STYLES DE VIE :
LA FRANCE EN MIETTES

*Une interview-synthèse de Bernard Cathelat
directeur du Centre de communication avancé*

Les études de Styles de Vie du C.C.A. constituent une sorte de 'check-up' de la société, actualisé en permanence. Lorsque vous vous penchez sur les dernières 'radiographies' de la France et que vous les comparez aux précédentes, quel est votre diagnostic ? Comment se porte la société française aujourd'hui ? _____
On est en train de redécouvrir actuellement que la santé d'une société, ce n'est pas seulement la force de sa monnaie, le nombre de brevets technologiques qu'elle dépose, la balance de son commerce extérieur ou sa puissance militaire. La santé d'une société, c'est également le moral de ses troupes, c'est-à-dire, au fond, la psychologie collective de ses citoyens. _____

La première chose qui frappe, dans cette radiographie de la société française, c'est l'émiettement, le morcellement qui la caractérise aujourd'hui. Jamais sans doute, en tout cas depuis le début du siècle, nous n'avons connu une société aussi diversifiée, éclatée en une mosaïque de Styles de Vie, de plus en plus nombreux, de plus en plus éloignés les uns des autres et dérivant dans des directions différentes. On ne peut plus parler d'échelle sociale, mais plutôt d'une sorte de galaxie, miroir brisé où les familles sociales ne peuvent plus se définir simplement par leurs caractéristiques sociodémographiques. Elles se définissent aujourd'hui par leurs mentalités, leurs systèmes de valeurs, leurs croyances et leurs mœurs. Si l'on veut comprendre le monde ouvrier, il faut distinguer 3, 4 ou 5 Styles de Vie différents. Si l'on veut comprendre les cadres, il va falloir distinguer au moins 3 Styles de Vie. Si l'on veut parler de la jeunesse, il va falloir aussi en parler au pluriel. _____

Le sociologue que vous êtes peut-il affiner son diagnostic ? Est-ce là le symptôme d'une maladie grave ou au contraire un début de réaction salutaire, assimilable à la fabrication d'anticorps par l'organisme social ? _____
Tout d'abord, il y a un aspect très positif dans cette mosaïque sociale : c'est une certaine tolérance. On peut aujourd'hui s'habiller de façon différente des autres, parler de façon différente, croire à des choses différentes, manger de façon différente. Les individualités peuvent s'épanouir plus facilement qu'auparavant ; il y a plus de tolérance, on supporte mieux les différences. Mais il y a aussi un aspect négatif, ou tout au moins dangereux, à cela. Cette tolérance aux individualités risque de devenir un encouragement à l'individualisme. Il faut bien reconnaître que nous sommes dans une société qui a énormément de mal à se mobiliser ou à se rassembler autour d'un projet. Il est très difficile aujourd'hui de vendre le même produit à tous, de mobiliser tous les citoyens autour d'une seule politique, d'intéresser tout le monde par le même spectacle, le même journal ou la même émission de télévision ou de radio. Les spécialistes de marketing le savent bien ; il faut segmenter les offres, les produits. D'où une difficulté certaine en matière sociale et politique de réunir les Français autour d'un même projet. Le deuxième risque est que cette mosaïque sociale devienne une sorte de ghetto, composé de gens différents mais indifférents les uns aux autres. Chacun vivrait replié dans son coin, dans son mode de vie, dans son propre uniforme, sans plus guère entrer en contact avec les autres. Même si cette attitude paraît favorable à une paix sociale, elle conduirait à un appauvrissement des échanges et de la fécondation mutuelle nécessaires à une société dynamique. _____

On ne peut parler de l'état de la France sans parler de la crise qu'elle connaît depuis un peu plus de dix ans. Comment cette crise a-t-elle modifié la carte des Styles de Vie et quels sont les types de comportement qu'elle a engendrés ? _____
Il faut dire tout d'abord que, sociologiquement, la crise est très récente. Je veux dire par là que ce n'est que très récemment que les Français, en majorité en tout cas, en ont pris conscience. De 1972 à 1982, pendant dix ans, elle avait été considérée par le corps

social comme une sorte de 'démangeaison', puis comme une menace, un péril. Mais celui-ci restait extérieur à la société française, extérieur aussi au mode de vie de chacun. La crise ne remettait pas en cause profondément les certitudes acquises pendant les années 60. Ces certitudes, c'était que notre société était une société de progrès permanent, que l'expansion économique serait infinie et que le destin de chaque individu était de s'enrichir plus, de consommer plus et d'accéder à une meilleure qualité de vie. Ces certitudes, que l'on peut résumer par le mot de progrès, étaient très profondément ancrées dans les mentalités. Les dix années de crise de 1972 à 1982 n'avaient pas réussi réellement à les entamer. Ce n'est que très récemment, en 1983 et 1984 notamment, que, très brutalement, l'idée de crise s'est installée au cœur de notre société. Elle n'est plus une menace extérieure, mais une sorte de cancer intérieur. Aujourd'hui, une majorité de Français considèrent la crise avec une très grande angoisse. _____

Cette prise de conscience tardive n'a-t-elle pas abouti à une dramatisation excessive ? _
Absolument. On pourrait presque dire que, pendant dix ans, on a pratiqué la méthode Coué et qu'aujourd'hui on paie cette surdité sociologique, cet aveuglement, en accumulant, en quelques mois, toute l'inquiétude que l'on n'a pas voulu avoir pendant ces dix années. Il y a donc une hyperdramatisation, qui a un aspect d'autant plus négatif qu'elle n'est pas complètement rationnelle. À la limite, on a eu moins peur qu'il ne le fallait pendant des années, on a aujourd'hui sans doute plus peur qu'il ne le faudrait. La crise apparaît aujourd'hui aux Français comme un démon, un fantôme, un diable. Et pourquoi ? Parce que, au fond, personne — ni les hommes politiques, ni les économistes, ni les grands penseurs — n'a expliqué d'où venait cette maladie, quelles étaient ses causes, comment elle se développait et donc comment on pouvait la comprendre et la soigner. On a devant la crise les mêmes attitudes irrationnelles que l'on a encore devant le cancer ; on en a d'autant plus peur qu'on ne le connaît pas. Cela dit, cette prise de conscience de la crise a aussi un aspect positif. Après une dizaine d'années de mollesse et de passivité, il y a enfin une certaine remobilisation, un renouveau d'énergie. _____

Renouveau d'énergie, sans doute. Mais l'énergie peut servir à créer et à construire lorsqu'elle est canalisée vers une cause d'intérêt général, à détruire lorsqu'elle est utilisée de façon agressive… ou à rien lorsqu'elle ne sait pas à quoi s'appliquer. _____
Sur ce point, le diagnostic sur la société française n'est pas très positif. Il y a bien effectivement un redémarrage des énergies, mais il ne sait pas sur quoi se porter. On pourrait presque dire que, au milieu de cette mosaïque de Styles de Vie des Français, au milieu de ce morcellement des nouvelles classes sociales, il y a non pas un drapeau, non pas un totem, non pas un grand projet mobilisateur, mais un trou noir. Vous savez, un peu comme ces trous noirs en astronomie qui sont des endroits de l'Univers d'où rien ne sort jamais, où rien n'est jamais redonné, où tout n'est qu'ensevelissement. Eh bien, on peut parler de trou noir sociologique. C'est une sorte d'incertitude, d'angoisse collective, de néant ou de vide socioculturel. Ça veut dire quoi ? Si on dramatise moins, cela signifie tout simplement que ces Styles de Vie très différents ne sont pas fédérés par quelque chose au niveau collectif. Il y a de moins en moins de racines, de traditions, de mythes du passé qui mobilisent tous les Français dans une même aventure culturelle. Il y a de moins en moins de grandes valeurs, qu'elles soient morales, religieuses, politiques, idéologiques, philosophiques ou humanistes, qui soient aujourd'hui partagées par les Français. Il n'y a pas une éthique qui soit aujourd'hui le point de rassemblement de tous ces individus. Il n'y a pas non plus, je l'ai dit tout à l'heure, d'explication à la crise, de grand modèle intellectuel qui serve à tous de système de référence. Enfin, il n'y a pas, et cela depuis maintenant presque vingt ans, de grand projet qui soit proposé aujourd'hui aux Français pour les réunir et les mobiliser au-delà de leurs différences. _____

Ce trou noir dont vous parlez, ce vide social, beaucoup de Français le ressentent, même confusément. Pour le qualifier, le mot qui vient immédiatement à l'esprit, c'est bien sûr celui de décadence. _____

Eh bien, si on veut être très pessimiste, on peut se dire qu'effectivement cela pourrait être le premier signe d'une sorte de décadence, c'est-à-dire d'une absence d'idéal, comme on dit communément. Mais on peut aussi considérer que ce trou noir est une chance, parce que, dans une période de crise, avoir trop de certitudes c'est peut-être parfois être prisonnier de son expérience, être trop immobile. Si l'on est plutôt interrogatif que plein de certitudes, c'est la porte ouverte à l'innovation, à l'inspiration, à de nouveaux projets de société. _____

La société française se trouve aujourd'hui au carrefour entre deux cultures, entre deux types de civilisation. Cette situation est très inconfortable pour les Français. Elle explique leur angoisse face à un avenir qu'ils n'arrivent pas à imaginer. Comment cet inconfort se traduit-il dans le comportement social en général ? _____

Ce que l'on constate aujourd'hui, c'est un rejet de plus en plus net des grandes institutions. Les citoyens sont méfiants vis-à-vis des grands mécanismes qui ont servi pendant longtemps de cadre à la société. Ils se détournent du gouvernement, de l'État et des grandes administrations. Les grands partis politiques souffrent encore plus et les syndicats sont en perte de vitesse. Si les organisations et les appareils bureaucratiques sont rejetés, on fait plus confiance aux personnalités, hommes ou femmes, à condition qu'ils apparaissent libres. Dans le domaine intellectuel, technologique ou scientifique, on fait aujourd'hui moins confiance aux grandes organisations ou associations qu'à quelques vedettes que les médias ont fait connaître et qui ont un certain charisme de communication. _____

Est-ce que ce rejet de l'État et des institutions signifie que les Français ne veulent plus être dirigés ? _____

Bien au contraire. Je pense qu'il y a un très, très profond besoin de chefs. Il y a un très grand besoin de père, de mère, il y a un très grand besoin de guide. Cela est d'ailleurs tout à fait caractéristique d'une période de crise. Le bateau, pris dans la tempête, a besoin d'un capitaine qui inspire confiance. Dans l'esprit de beaucoup de Français, les vieilles institutions, qu'elles soient politiques, étatiques, syndicales ou industrielles, sont liées à la période d'expansion et sont donc coresponsables de la crise.

Aujourd'hui, on recherche un autre profil de chef, moins technocrate, moins économiste, ce que l'on appelle un chef charismatique. C'est-à-dire quelqu'un qui sache parler du passé et de l'avenir et pas seulement gérer le présent, quelqu'un qui s'adresse au cœur autant qu'à la tête et qui inspire de l'autorité (à ne pas confondre avec l'autoritarisme). Ce besoin d'un nouveau profil de chef, on peut dire qu'il n'est pas satisfait, dans la mesure où toute une génération de managers, de dirigeants formés à l'école de la technocratie ne répondent plus à l'attente sociale. _____

Cette crise de confiance vis-à-vis des hommes et des organisations est généralement attribuée à leur façon de parler, ou parfois de ne pas parler, des problèmes actuels. _____

Il faut bien reconnaître, si l'on revient à notre cartographie des Styles de Vie, qu'une minorité de Français se laissent aujourd'hui intéresser et mobiliser par un discours de nature économique. Vous le savez comme moi, 90 p. 100 des hommes politiques, 100 p. 100 presque des patrons et des syndicalistes, beaucoup de journalistes et de penseurs, bref les gens qui s'adressent aux Français parlent avant tout d'une chose, de la crise, mais sous l'angle exclusivement économique. Il y a une sorte d'obsession sociale de l'économie. Or, ce que l'on observe à travers les sondages du C.C.A., c'est en fait que, depuis trois ou quatre ans maintenant, cet enthousiasme pour l'économie n'a pas cessé de baisser. Aujourd'hui, seuls les Activistes, des Styles de Vie, qui ne représentent guère que 13 p. 100 de la société française, sont mobilisés de façon active, portés à l'innovation, à l'esprit d'entreprise et à l'esprit de modernisation par ces discours économiques. Ceux que nous appelons les Matérialistes, eux, sont intéressés par l'économie, mais, effrayés, ils ont tendance à adopter une attitude passive, de repli frileux et d'assistés. Les autres citoyens sont peu ou pas intéressés par l'économie, et, en tout cas, ils ne pensent pas que c'est par la gestion économique que l'on sortira efficacement de la crise.

Éclatement social, trou noir sociologique, absence de projet mobilisateur, perte de crédibilité des grandes institutions et de leurs dirigeants... le portrait que vous tracez de la société actuelle n'est pas particulièrement optimiste ! La France dispose tout de même de quelques atouts pour l'avenir.

On pourrait croire, bien sûr, comme je l'ai dit tout à l'heure, à une sorte de décadence, mais, pour ma part, je ne le crois pas réellement. Nos études de Styles de Vie font apparaître trois grands dynamismes dans la société française. Ils sont aujourd'hui divergents, mais ils peuvent devenir complémentaires. Il y a tout d'abord le dynamisme de ceux que nous appelons les Décalés. Nous l'observons depuis 1981 maintenant. C'est un dynamisme qui est particulièrement fort chez les jeunes qui habitent les grandes villes, chez ceux qui font des études longues, qui vont devenir très vite les cadres, les ingénieurs, les chefs, les leaders du système social. Chez ces jeunes, on trouve essentiellement un dynamisme de créativité technologique, un esprit d'aventure mondialiste. Ce sont des personnes qui ont envie d'inventer un monde nouveau en se servant de toutes les possibilités de la science et des technologies modernes, en étant ouvertes à toutes les formes d'échange au niveau international. Bref, des gens directement branchés sur le XXIᵉ siècle. Il y a là un formidable potentiel d'innovation, non pas simplement pour gérer la crise ou y survivre, mais pour en sortir en inventant réellement une civilisation nouvelle.

Mais il y a aussi un risque. Si ce dynamisme n'est pas dirigé vers un grand projet collectif, ce sera seulement l'aventure pour l'aventure. Il y a donc le risque que l'on voie cette énergie créative dériver, devenir asociale, se perdre dans des aventures individuelles sans réelle productivité collective.

Les Décalés sont, sans aucun doute, les mutants de la société actuelle, ceux qui peuvent conduire la création de la société postindus-trielle. Quels sont les autres dynamismes présents aujourd'hui ?

On trouve à l'opposé, de façon presque contradictoire avec ce décalage créateur, une nouvelle tendance, beaucoup plus récente. C'est ce que nous avons appelé le courant Rigoriste, qui représente déjà un Français sur cinq en ce moment. C'est un courant profondément conservateur, traditionaliste, attaché aux valeurs d'ordre, de loi, de morale, de patrimoine. Il est très profondément ancré dans ce que l'on a pu appeler la culture bourgeoise de la fin du XIXᵉ siècle et de l'avant-guerre. Ce qui est nouveau, c'est que cette tendance est en train de renaître et de s'incarner dans des Styles de Vie résolument contemporains, résolument conservateurs. Un conservatisme moderne est en train de naître. C'est un dynamisme de morale, à la recherche de valeurs, de retour aux sources. Un aspect potentiellement dangereux dans ce courant est son caractère réactionnaire. Les Styles de Vie Rigoristes ont tendance spontanément à critiquer tout ce qui est moderne, tout ce qui est libéral, à condamner la permissivité de la société moderne. Dans ce qu'on appelle la révolution conservatrice, il y a donc incontestablement un risque de crispation, de rigorisme disciplinaire, autoritariste, il y a un risque de père-la-pudeur dans les années qui viennent. Mais, en même temps, ce rigorisme renaissant est une grande richesse. Il comporte, lui aussi, un important potentiel d'innovation. Je dirais que les Rigoristes sont les innovateurs du retour aux sources, par opposition aux Décalés, qui sont les innovateurs de la course au XXIᵉ siècle. Redonner un sens à la vie, redonner un sens et une valeur à l'économie, les Rigoristes peuvent en être les initiateurs. Enfin, une dernière tendance est en train d'animer aujourd'hui la société française. Nous la trouvons dans un profil de Style de Vie extrêmement récent, que nous avons baptisé les Égocentrés. C'est une tendance qui se développe, comme le Décalage, chez des jeunes, mais de milieux beaucoup plus modestes, jeunes ouvriers et employés, notamment dans les très grandes villes. Ces gens connaissent bien les difficultés économiques ; la crise n'est pas pour eux une abstraction, mais une réalité concrète, qui les menace à la fois dans leur pouvoir d'achat et dans leur emploi. Et qui leur pose directement la question de l'adaptation à la société et au monde moderne. On trouve chez eux un certain dynamisme, qui est un dynamisme émotionnel. Ce n'est pas un dynamisme intellectuel, ce n'est pas un dynamisme d'innovation technologique, ce n'est pas un dynamisme moral. C'est simplement un élan du cœur, une énergie disponible, une grande capacité à s'enthousiasmer, à s'intéresser et à se passionner. Mais ce moteur, cette énergie, si elle n'est animée, comme c'est le cas aujourd'hui, que par la peur et l'inquiétude du lendemain, va se traduire par des comportements dangereux, des comportements d'autodéfense, qui mènent tout droit au corporatisme, à la xénophobie, au racisme, à l'isolationnisme, au protectionnisme... En revanche, si cette énergie émotionnelle est canalisée vers des espoirs et des projets sociaux, alors il y a dans ce groupe social une réelle capacité de changement. _____

C'est sur ces trois courants porteurs de dynamisme que la société devra s'appuyer pour sortir du 'trou noir'. Mais pourra-t-elle vaincre les forces internes de décadence dont nous parlions il y a un moment ? _____
Il y a dans la société actuelle, industrielle et en crise, deux forces contradictoires. Il y a, d'un côté, une force incontestable de décadence, de désolidarisation, de déstructuration de l'effort social, qui se traduit par cette mosaïque de Styles de Vie que plus grand-chose ne réunit et qui ne croient plus guère dans les mécanismes économiques des années 60. Il y a, à l'inverse, trois grands dynamismes qui, si on savait les associer, seraient formidablement créatifs. Il y a le dynamisme de l'innovation technologique, celui du cœur et de l'énergie, celui de la morale et de la rigueur. Ce sont les cartes, ce sont les atouts avec lesquels la société française, ses dirigeants et les citoyens eux-mêmes auront à

jouer, me semble-t-il, dans les années qui viennent. _____

L'enjeu est-il le même pour l'ensemble des pays occidentaux industrialisés ? _____
Les grands phénomènes que nous avons observés dans l'évolution des Styles de Vie des Français depuis quinze ans sont les mêmes dans tous les pays occidentaux industrialisés. On a vu se développer, dans les années 50 et 60, un grand courant moderniste, technocrate, économiste. On a vu ce modèle de société industrielle s'essouffler et être contesté de l'intérieur dans tous ces pays entre 1966 et 1972 avec, en point culminant, les révoltes des jeunes en mai 68. On a vu ensuite ce grand modèle industriel de production, de consommation et de progrès s'étioler tout au long des années 70, alors que naissait et se développait une grande poussée de recentrage, à la recherche de qualité de vie, de paix, de confort et d'équilibre chez soi. Plus récemment, au cours des années 80, on note, dans tous ces pays industrialisés d'Occident, deux phénomènes complémentaires : d'un côté, une radicalisation du recentrage, vers le conservatisme ; et, à l'opposé de ce néoconservatisme, un hypermodernisme porté par les jeunes Décalés, qui peut s'apparenter, dans ces pays, à une marginalisation en douceur des jeunes élites intellectuelles. L'enjeu, pour la décennie qui vient, me paraît être le même pour tous les pays industrialisés. _____

Est-ce que ces pays seront capables de faire leur révolution culturelle, c'est-à-dire d'oublier les modèles des années passées ? Est-ce que ces pays seront capables d'inventer de nouvelles recettes, un nouveau mode de fonctionnement qui tienne compte à la fois du besoin de racines, de traditions, de morale des Rigoristes, et du besoin d'aventure technologique et mondialiste des Décalés ? La réponse appartient à chacun. _____

Bernard Cathelat et Gérard Mermet sont les auteurs de *Vous et les Français* (Flammarion) dans lequel vous trouverez une description détaillée des Styles de Vie des Français.

Les Styles de Vie

On ne sait pas grand-chose d'un individu lorsqu'on sait que c'est un homme de 35 ans, qu'il est cadre moyen et qu'il habite dans une ville de plus de 100 000 habitants. Il manque à cette description des informations sur la *manière dont il vit*, qui est de plus en plus indépendante de ses caractéristiques sociodémographiques (sexe, âge, activité, lieu de résidence…).

C'est pourquoi la connaissance des Styles de Vie des Français devient un complément de plus en plus nécessaire à la compréhension de la société. Voici une description des 5 Mentalités et des 14 Socio-styles qui composent la carte de la société française d'aujourd'hui. Elle vous permettra, tout au long du livre, de lire les cartes illustrant certains thèmes et celles présentées en synthèse à la fin de chaque chapitre.

Le mariage de la sociologie et de l'ordinateur

Le Style de Vie d'un individu est la façon dont il s'intègre à la société. Il est le résultat d'un compromis permanent entre des éléments souvent contradictoires : valeurs et contraintes collectives ; valeurs et aspirations personnelles ; obligations familiales, professionnelles, sociales… Par exemple, la façon de s'habiller d'un individu est le résultat de l'arbitrage entre ses goûts personnels, ceux de son entourage, son pouvoir d'achat, le climat, la morale du pays et de l'époque, et les pressions de toutes natures qui peuvent s'exercer sur lui.

L'étude des Styles de Vie permet de décrire la société actuelle à travers l'observation de ses membres dans leur vie quotidienne. Elle permet aussi de mesurer l'évolution sociale dans le temps. Elle peut expliquer la nature des changements qui se produisent, effec-

tuer des projections ou imaginer des scénarios pour l'avenir.

*C'est l'empirisme
qui caractérise l'étude des Styles de Vie.*

Le principe est simple. On interroge régulièrement un large échantillon représentatif des Français (encadré) sur tous les aspects de leur vie quotidienne, ce qu'ils pensent, ce qu'ils font, leurs projets, leurs rêves…, puis on regroupe l'ensemble des réponses en grandes familles homogènes.

Dans la réalité, ce travail est extrêmement complexe, puisqu'il s'agit de comparer entre elles des dizaines de milliers de données. Il n'a pu être réalisé que grâce aux progrès de l'ordinateur et des techniques de traitement de données (analyses multivariées, analyses en composantes principales, etc.).

Les résultats obtenus sont donc par principe indépendants de tout modèle, théorie, idéologie ou dogme posé a priori et destiné à être vérifié par l'expérience. C'est l'un des intérêts essentiels de cette méthode, aujourd'hui unique au monde.

*L'ordinateur n'est qu'un outil
au service de l'étude sociologique.*

Le 'paysage social' de la France, tel qu'il ressort de l'ordinateur, est donc l'aboutissement d'un travail sophistiqué, permettant de passer de plusieurs centaines de dimensions (une par question posée aux interviewés) à un espace à deux dimensions principales, qui devient alors compréhensible par un être humain. Il reste ensuite à interpréter ces dimensions, qui sont celles qui résument le mieux l'état des Français à un moment donné. C'est tout le travail des sociologues qui vont analyser chacune des grandes familles de Français, les baptiser, décrire leurs caractéristiques et mesurer leur évolution.

12 000 heures d'interviews tous les 2 mois

Pour chacune des études sur les Styles de Vie de la population française, renouvelée tous les deux ans, le C.C.A. interviewe à domicile 3 500 Français de plus de 15 ans pendant 3 heures 30. Le questionnaire porte sur 4 types de questions : Que faites-vous ? Que pensez-vous ? Que voulez-vous ? De quoi rêvez-vous ? Les 150 questions posées aboutissent à 3 500 variables, qui sont traitées mathématiquement sur ordinateur.

Parallèlement à cette enquête globale, des études sectorielles sont réalisées (environ 6 chaque année), sur des thèmes aussi différents que la beauté, la banque, l'automobile, l'alimentation, la maison, le travail, etc.

Enfin, le Baromètre du C.C.A. permet de mesurer tous les six mois l'évolution des attitudes et des comportements des Français.

La carte de France des Styles de Vie

La carte 1985 des Styles de Vie (p. 416 et 417) est déterminée par ses deux axes :
● l'*axe horizontal*, qui va du *Conservatisme* (à droite) à l'*Aventurisme* (à gauche) ;
● l'*axe vertical*, qui va de la *Rigueur* (en bas) à la *Jouissance* (en haut).

Cette carte montre que les Français se répartissent aujourd'hui en 5 grandes familles, appelées *Mentalités*. Ce sont les MATÉRIALISTES (27 % de la population), les ÉGOCENTRÉS (22,5 %), les RIGORISTES (20 %), les DÉCALÉS (17 %) et les ACTIVISTES (13,5 %). Chaque Mentalité se divise en 2 ou 3 Socio-styles (Moralisateurs, Exemplaires, Militants, Libertaires, Défensifs, etc.). La société française compte au total 14 Socio-styles, représentant chacun entre 3 et 11 % de la population.

Le centre de la carte représente le Pragmatisme. C'est par rapport à lui que se définissent les Français aujourd'hui (p. 236).

Comment lire la carte des Styles de Vie ?

Chacun des 14 *Socio-styles* de la carte est représenté par un *point*. Les caractéristiques d'un *Socio-style* donné dépendent de sa *distance* par rapport aux deux axes : tendance plus ou moins grande au *Conservatisme* ou à son contraire, l'*Aventurisme* (axe horizontal) ; tendance plus ou moins grande à la *Rigueur* ou à son contraire, la *Jouissance* (axe vertical). Ainsi, les Libertaires sont des individus attirés à la fois par les valeurs de Rigueur et d'Aventurisme. Plus les Socio-styles sont éloignés l'un de l'autre sur la carte, plus ils sont différents.

Contrairement aux Socio-styles, les Mentalités ne sont pas représentées par un point, mais par une *surface*. Cela explique, par exemple, que la Mentalité d'Égocentrage regroupe à la fois des individus à forte tendance conservatrice (les Vigiles) et d'autres beaucoup plus aventuristes (les Frimeurs). Il en est de même pour la Mentalité de Décalage, qui regroupe les Profiteurs, attirés par les valeurs de sensualisme et de jouissance, et les Libertaires, attirés au contraire par la rigueur et l'ascétisme.

LES ACTIVISTES : LE POIDS DES IDÉES, LE CHOC DES INNOVATIONS

Oui, on est bien en crise. Les Activistes la ressentent très fortement et la considèrent comme une menace de déclin, voire de décadence pour la France et ses habitants. Il faut donc réagir et s'adapter, avant qu'il ne soit trop tard. L'adaptation des Activistes est caractérisée par le *réalisme* et le *court terme*. Pas de 'grand projet' fumeux et lointain pour ces pragmatiques, qui se battent au jour le jour, préférant la réforme à la révolution, croyant plus à l'action qu'aux raisonnements intellectuels.

Leurs atouts sont de deux ordres : une position sociale souvent assez élevée (beaucoup sont cadres, patrons ou exercent une profession libérale ; d'autres, d'origine modeste, sont cadres sociaux, syndicaux, autodidactes de haut niveau, responsables politiques) ; une 'surinformation' puisée dans les médias et entretenue par les discussions quotidiennes.

FRIMEURS 6,5%
Profiter de la vie,
au jour le jour,
en attendant
la chance.

ÉGOCENTRÉS 22,5%
Non à la crise mondiale.
Priorité à la défense corporatiste
des acquis pour préserver
les plaisirs de la vie.

PROFITEURS 5,8%
Jouir au maximum des "jeux"
du monde moderne,
sans se laisser embrigader.

ENTREPRENANTS 10,1%
Combattre
pour sa réussite personnelle
et l'expansion de la société
en compétition
économique libérale.

DILETTANTES 5,7%
S'exprimer, s'accomplir,
soi d'abord hors des sentiers
battus et des institutions.

ACTIVISTES 13,3%
Priorité à l'action
pragmatique innovatrice,
pour réussir sa vie
compétitivement,
en changeant le monde
avec réalisme.

AVENTURISME
Evasion, modernisme

DÉCALÉS 17,3%
Non à la crise
industrielle.
Priorité aux
aventures
individuelles
pour échapper à
la décadence
de la civilisation.

MILITANTS 3,2%
Lutter pour l'amélioration
du monde et sa propre vie,
par l'action politique
dirigiste.

LIBERTAIRES 5,8%
Rester lucide et libre,
sans soumission
ni concession
et tirer son épingle
du jeu.

CCA

JOUISSANCE
Consommation, matérialisme

DÉFENSIFS 7,3%
Conquérir et s'approprier
un avoir bien à soi
sans perdre les plaisirs
de la fête entre amis.

VIGILES 8,7%
Défendre et préserver
les acquis contre
toute menace extérieure,
en restant de bons vivants.

EXEMPLAIRES 10,6%
Gérer l'équilibre
et la qualité de vie familiale
dans le cadre microsocial.

UTILITARISTES 7,9%
Survivre en circuit fermé familial
par la résistance passive au changement.

MATÉRIALISTES 26,8%
Priorité
à l'organisation solidaire
de l'assistance des individus
pour préserver la qualité
de vie microsociale.

CONSERVATISME
Tradition

ATTENTISTES 8,3%
Vivre calmement, protégé
des agressions du monde
par un État-providence.

CONSERVATEURS 5,1%
Demeurer paisiblement
fidèle à ses idées et ses racines,
loin des agitations du monde moderne.

RIGORISTES 20,1%
Non à la crise du modernisme.
Priorité au retour aux valeurs ancestrales
pour retrouver l'ordre perdu.

RESPONSABLES 8,5%
Ressourcer le monde moderne
dans les valeurs ancestrales
d'une élite morale.

MORALISATEURS 6,5%
Retrouver l'ordre
des grands principes de Foi,
Avoir et Autorité.

RIGUEUR
Matérielle et morale

L'Ambition, la réussite et le goût du 'leadership' les motivent plus que le luxe ou la richesse. Une très forte ambition personnelle les pousse à réussir. Les responsabilités, la gloire, la volonté d'accomplir son destin, la satisfaction d'être le premier (dans la hiérarchie professionnelle, dans celle du savoir ou des idées) passent avant l'argent. Celui-ci n'est qu'une récompense, qui leur permet de se procurer les symboles de leur réussite. Le *standing*, dont ils sont très friands, est en effet le signe extérieur de leur appartenance à l'élite de la nation. Ils n'ont donc pas pour habitude de garder l'argent gagné pour l'accumuler et le transmettre à leurs enfants. Ils préfèrent le dépenser en objets de loisirs ou en gadgets technologiques, indispensables à leur position sociale. ⎯⎯⎯⎯⎯⎯⎯⎯⎯

S'ils se battent surtout pour eux-mêmes, ils sont aussi désireux de faire progresser la société. Le spectre de la décadence sociale leur donne des ailes. Refusant de subir ce processus, ils s'efforcent de l'enrayer. Pour cela, il leur faut transformer la société en l'exposant au choc du futur. Face à la majorité de Français qui se replient et cherchent par tous les moyens à se protéger, eux restent sur le pont du navire, bien décidés à l'empêcher de couler et résolus à secouer les autres par l'électrochoc des innovations. L'introduction de nouvelles technologies (robotiques, bureautique, micro-informatique) est pour eux une évidente nécessité. Le doute et les sentiments n'assaillent pas ces professionnels qui veulent avant tout préserver leur pouvoir. ⎯⎯⎯⎯

Mais les Activistes sont moins créatifs et audacieux qu'autrefois. Ils parlent de surmonter la crise et d'adapter le monde moderne industriel plutôt que de créer une société post-industrielle. Et ils se fient aux recettes traditionnelles sans réellement inventer de nouveaux modèles de fonctionnement social :

— pour les uns (Socio-style Entreprenant), le libéralisme économique radical, les lois de l'offre et de la demande concurrentielles, la gestion pure et dure, le capitalisme demeurent les règles d'or pour surmonter la crise ;

— pour les autres (Socio-style Militant), au contraire, le collectivisme, les nationalisations, la planification et le dirigisme économique de conception marxiste sont les clés magiques du changement.

Que leur sensibilité politique se situe plutôt à droite (Entreprenants) ou à gauche (Militants), ils font de moins en moins confiance aux idéologies. Ils recherchent plutôt des leaders pragmatiques et des hommes d'action pour 'piloter à vue', se méfiant des bureaucraties, des experts, des commissions et des discussions sans fin. ⎯⎯⎯⎯⎯⎯⎯⎯⎯

Actifs, résolus, dynamiques, prêts à prendre des risques, les Activistes d'aujourd'hui apparaissent peu innovateurs. Ce réservoir de chefs et d'entraîneurs est déchiré entre des options politiques et économiques opposées. ⎯⎯⎯⎯⎯⎯⎯⎯⎯

La tentation de l'action pour l'action s'exerce au détriment de la réflexion. Le pragmatisme quotidien et le système D risquent de couper les ailes de l'innovation à long terme. ⎯⎯⎯

LES SOCIO-STYLES DE LA MENTALITÉ ACTIVISTE

Les Entreprenants
Libéralisme - Élitisme - Compétition - Technologie - Pragmatisme - Innovation.
Leur mode de vie est centré sur le travail. Ils sont attirés à la fois par le modernisme technologique et la gestion participative des hommes. Ils veulent être des leaders ; le pouvoir les motive plus que la richesse. Ils sont optimistes quant à la survie de la société industrielle et la sortie de la crise... à condition qu'on leur donne les moyens d'investir et de mettre en place un nouveau libéralisme économique à visage humain. Sur le plan économique, ils jouent avec l'argent, consomment des biens d'équipement de haut de gamme, très modernes mais plutôt discrets. Ils se sentent injustement frappés par la crise et par le fisc. Leur information est plus pragmatique qu'intellectuelle, centrée sur l'actualité. ⎯⎯⎯⎯⎯⎯⎯

Les Militants

Progrès - Dirigisme - Solidarité - Idéologie - Lutte - Fidélité.

Leur mode de vie se partage entre le militantisme sur le lieu de travail et les loisirs utiles à la maison. Ils sont motivés à la fois par la réalisation de leur idéal humanitaire et par le souci d'une installation familiale confortable. Socialement, ils sont actifs, dynamiques, combatifs, et s'appliquent à promouvoir le bonheur matériel dans une société qu'ils souhaitent égalitaire mais dirigiste. Économiquement, ils investissent prioritairement dans l'acquisition et l'installation du foyer, faisant largement appel au crédit, et recherchent les bonnes affaires. Leur vie culturelle se partage entre les distractions télévisées et la presse d'opinion. __

LES MATÉRIALISTES : LE CHARME DISCRET DE LA VIE TRANQUILLE

Face aux Activistes bouillonnants, les Matérialistes tranquilles représentent l'autre versant de l'adaptation à la crise. Si l'objectif est toujours de *survivre*, eux considèrent que c'est à la *solidarité nationale* d'y veiller et à l'État-providence de l'organiser. __

Appartenant aux classes moyennes, ouvriers, employés, les Matérialistes éprouvent un sentiment d'humilité et d'impuissance personnelle devant cette crise dans laquelle ils se sont retrouvés bien malgré eux. Leur réaction naturelle est de déléguer aux 'spécialistes' (hommes d'État, techniciens, technocrates) le soin de s'arranger des grandes questions nationales. Pour le reste (vie privée, régionale, locale), c'est à une *décentralisation* totale qu'ils aspirent afin de s'occuper eux-mêmes de leurs affaires. __

Ils cherchent l'ordre et la tranquillité dans le repli sur la famille. Les Matérialistes consacrent l'essentiel de leur énergie à la *Vie 'microsociale'* (famille, amis, clubs, associations,

entreprise), dont ils attendent confort et harmonie. Ces nostalgiques du *'bon vieux temps'* (la campagne, l'artisanat, les petits commerces) ont besoin d'ordre. Ils acceptent le monde moderne, mais à condition que celui-ci n'empiète pas sur leur territoire et surtout à condition qu'il ne bouscule pas leurs habitudes et ne tue pas les relations humaines, auxquelles ils sont très attachés. Toute agression ou menace extérieure les fait réagir très vivement, par le corporatisme, la xénophobie, voire l'autodéfense ; une main de fer dans un gant de velours. Ce sont eux qui demandent à la justice plus de sévérité. Leur repli les conduit aussi à favoriser toutes les formes d'*autoproduction* : jardinage, bricolage, décoration… __

Le confort et la qualité de la vie sont leurs aspirations essentielles. Le bien-être matériel est aussi important que la tranquillité d'esprit et la sécurité. Les Matérialistes s'attachent à leur maison, à leur emploi et aux principaux points d'ancrage de leur vie quotidienne. Ils cherchent partout cette *chaleur humaine* dont ils ont tant besoin. S'ils rêvent d'un État-providence, ils aspirent également à une entreprise *paternaliste*, si possible préservée de l'invasion des robots, de l'ordinateur et du béton. Les lieux dans lesquels ils vivent doivent ressembler à des nids douillets, dans lesquels on peut couler des jours paisibles. Bien à l'abri d'un monde extérieur dur, dangereux et trop compétitif. __

L'organisation actuelle de la société industrielle ne les mobilise guère. Elle tend au contraire à les effrayer et à développer chez eux une mentalité d'assistés. Pourtant, les Matérialistes peuvent se mobiliser et être dynamiques, à condition que la machine sociale et économique sache s'adapter à leur psychologie : par la décentralisation et la déconcentration, par l'humanisation de la technologie, par l'esprit de groupe et d'équipe, mais aussi sur des objectifs concrets, à leur dimension et à court terme. __

Les Matérialistes sont partagés dans leurs convictions politiques, mais ils restent légalistes, respectueux de l'État et des institutions. Leur civisme et leur participation personnelle s'expriment d'autant mieux qu'ils se sentent dirigés par un gouvernement sûr de lui, protégés par un État-providence et compris par des chefs paternalistes. _____

LES SOCIO-STYLES DE LA MENTALITÉ MATÉRIALISTE

Les Utilitaristes

Enracinement - Famille - Paternalisme - Patriotisme - Protectionnisme - Autorité.
Ils vivent repliés sur la famille, le foyer, le petit patrimoine qu'il faut entretenir et transmettre aux générations suivantes. Ils restent fidèles à leurs racines culturelles et régionales, à leurs traditions et à leurs habitudes. Ils tendent à se couper de la société pour se protéger du choc des innovations de toutes natures. Peu impliqués politiquement, ils sont attachés à une conception traditionnelle de la patrie. Sur le plan économique, ils sont généralement modestes et sobres. Ils achètent peu, des produits utilitaires, et cherchent à produire eux-mêmes la plus grande partie de ce dont ils ont besoin pour vivre. Ils recherchent dans l'information les aspects essentiellement pratiques, microsociaux, rassurants. _____

Les Attentistes

Inertie - Convivialité - Épargne - Respectabilité - État-providence - Inquiétude.
Leur vie privée est très individualiste, enracinée dans les principes et les habitudes, sans ambition. Ils apprécient les relations amicales, par exemple au sein des associations. Ils se désintéressent de la vie économique, culturelle et politique et délèguent leurs problèmes à l'État et aux institutions. Sans être hostiles aux innovations en général, ils les refusent dans leur vie quotidienne. Leur consommation est très modeste, à l'exception de la voiture et des soins corporels, et ils privilégient l'épargne. Ils sont culturellement sous-informés. Leur désarroi devant la crise entraîne chez eux des réactions de passivité et une très forte demande d'assistance, dans de nombreux domaines. _____

Les Exemplaires

Ordre - Civisme - Foyer - Paix - Équilibre - Effort.
Leur motivation essentielle est une vie familiale équilibrée dans une maison confortable, qu'ils aménagent, entretiennent et embellissent avec passion. Ils se replient sur la vie locale, microsociale, et s'efforcent de défendre, jusqu'au protectionnisme, leur emploi et leurs privilèges menacés par la crise. Sur le plan économique, ils donnent la priorité à l'équipement du foyer et à son confort, ainsi qu'à l'automobile, au détriment des vacances ou des plaisirs de la table. Sur le plan culturel, ils apprécient le sport à la télé, les magazines pratiques et les médias de compagnie. _____

LES RIGORISTES : AU NOM DES GRANDS PRINCIPES

À l'opposé des Matérialistes, les Rigoristes considèrent que la crise qui frappe la société française n'est pas économique. Cette crise est pour eux celle du monde moderne, porteuse d'une *décadence* inéluctable des valeurs, des religions et de la morale. C'est donc contre cette décadence qu'il faut lutter, plutôt que contre ses manifestations économiques (chômage, inflation, etc.). _____

Le regard qu'ils portent sur la société actuelle n'est ni optimiste ni tendre : les jeunes n'ont plus de morale ; la famille 'fout le camp' ; l'État n'a plus d'autorité ; les immigrés sont des parasites... C'est le *laisser-aller*, sensible aussi bien dans la politique que dans l'enseignement ou même l'Église, qui est pour eux responsable du déclin des institutions et des valeurs morales. _____

La solution passe par le retour aux grands principes. Comme les Matérialistes, les Rigoristes se replient sur la famille. Mais la leur est plus *traditionnelle*, élargie aux parents plus éloignés. La microsociété dans laquelle ils vivent est organisée autour de la *religion*, des *associations* et des *collectivités locales*. _____

Leur attitude est de plus en plus *réactionnaire* (au sens de 'refus') face à un monde qui se dérobe sous eux et qu'ils ne reconnaissent plus. Il s'agit d'abord pour eux de retrouver l'ordre perdu, par la discipline, la rigueur, l'autorité, voire la répression. Ils appellent donc de leurs vœux un leader charismatique, seul capable de provoquer le sursaut nécessaire. _____

L'argent est, plus qu'un simple moyen, une valeur en soi. Les Rigoristes ne sont pas opposés au bien-être matériel. Mais à la condition qu'il soit amplement *mérité* par l'effort, le sacrifice, l'austérité et l'épargne. Leur *ascétisme* profond les prédispose peu à profiter des plaisirs de l'argent. Aux achats de biens éphémères, ils préfèrent la satisfaction de *laisser quelque chose derrière soi*, dans un souci de pérennité et de tradition. Bâtir un patrimoine et le préserver, telle est la grande mission de leur vie. _____

Déçus et désarçonnés par la société en crise, les Rigoristes en appellent aux certitudes et aux valeurs qui ont fait hier la grandeur de la France. Du fait de leur âge, souvent élevé, et de leur faible importance économique (très inférieure à leur importance numérique), il n'est pas sûr que leur appel soit entendu. _____

Mais le Rigorisme est aussi une tendance dynamique : une renaissance des valeurs spiritualistes et moralistes, analogue à la 'révolution néoconservatrice' qui touche les États-Unis depuis quelques années. _____

Aux antipodes sociologiques des Décalés, ultramodernistes, asociaux et amoraux, les Rigoristes incarnent le dynamisme du retour aux sources des valeurs ancestrales. _____

La mentalité Rigoriste est de sensibilité élitiste : on n'y croit guère à l'égalitarisme total, aux vertus collectivistes ; les Rigoristes font plus confiance aux individualités fortes, aux chefs-nés, aux prophètes, et sont prêts à leur déléguer tout pouvoir et à leur obéir. _____

Cette mentalité renaît depuis 1983, principalement chez les petits patrons, artisans et commerçants, cadres moyens des villes moyennes et d'âge moyen. Elle constitue la branche spiritualiste du grand courant de Recentrage dont les Matérialistes sont l'autre composante. _____

LES SOCIO-STYLES DE LA MENTALITÉ RIGORISTE

Les Responsables

Autorité - Morale - Libéralisme économique Religion - Standing - Façade sociale.

Leur mode de vie est orienté vers la gestion rigoureuse d'un capital familial, matériel et financier qu'ils s'efforcent de protéger contre tous les risques. Socialement, ils sont pessimistes et tendent à revenir aux valeurs traditionnelles, tout en prônant l'ultralibéralisme sur le plan économique, par la défense de la libre entreprise et du pouvoir patronal. Économiquement, ils sont tentés de réduire leur épargne pour maintenir une consommation de standing indispensable à leur statut social de notable. Leur culture est classique, tournée vers l'information pratique, écrite, rigoureuse. _____

Les Conservateurs

Religion - Patrie - Respectabilité - Conformisme - Sécurité - Patriotisme.

Ils sont très repliés sur la vie familiale et microsociale, enracinés dans le terroir d'origine, et s'efforcent de résister à la déstabilisation amenée par l'innovation technologique. Ils délèguent aux institutions le soin de maintenir l'ordre dans une société menacée par la violence et restent profondément patriotes. Ils subissent avec fatalisme la rigueur économique et font preuve d'un relatif optimisme à moyen terme. La crise a encouragé leur tendance à l'autoproduction, à l'épargne et aux achats de précaution. Leur vie culturelle est avant tout religieuse et ils recherchent des médias de soutien moral et de compagnie. Les plus jeunes sont favorables à une véritable 'révolution conservatrice'.

Les Moralisateurs

Travail - Famille - Patrie - Morale - Ordre - Austérité.

Leurs motivations principales sont la respectabilité sociale, la protection de leur foyer et le développement de leur patrimoine. Socialement, ils aspirent à plus d'ordre, de discipline et d'assistance ; ils restent prêts à se battre pour défendre les principes et les idées de la nation. Sur le plan économique, ils privilégient l'autoproduction, l'épargne sans risque et l'assurance. Culturellement, ces patriotes, religieux, recherchent un renforcement de leurs convictions dans une presse traditionaliste et régionale, et trouvent à la radio et à la télévision les distractions et la présence dont ils ont besoin. ____

LES DÉCALÉS : L'AVENTURE PERSONNELLE ASOCIALE

Né dans les années 80, le courant de Décalage est l'un des plus caractéristiques de la réaction à la crise. Il se développe surtout chez les jeunes (35 % des Décalés ont moins de 25 ans) urbains, étudiants ou déjà cadres ou professions libérales. Il se traduit principalement par un refus de l'intégration jugée aliénante au modèle de la société industrielle actuelle. ____

Sous des dehors parfois farfelus (mais parfois sages), les Décalés sont extrêmement *lucides*. Bien informés sur ce qui se passe autour d'eux, ils ont une façon bien particulière d'y réagir. ____

Ils constatent sans angoisse l'échec du monde industriel et en tirent les conclusions. Pour eux, la crise n'est pas un accident de parcours de la société industrielle mais bien une décadence irrémédiable. Les anciennes recettes, les valeurs idéologiques et les institutions ont fait faillite. Il n'est donc pas question de les respecter ni de les répéter. Le regard des Décalés est à la fois *sans illusion et cynique*. Peu intéressés par la société en tant que va-

leur collective, ils ne sont pas disposés à lui venir en aide. Leur souci essentiel est de *tirer leur épingle du jeu* à titre individuel. Face aux difficultés croissantes de la vie en société, ils développent une *stratégie d'adaptation minimale* à caractère un peu parasitaire, sans contestation mais sans militantisme. ____

Les Décalés mènent une double vie. L'une est privée, l'autre est sociale ; l'une est profonde, l'autre artificielle. Seule leur vie privée mobilise les Décalés. C'est là qu'ils puisent toutes leurs satisfactions, faites de passions, d'aventures et d'émotions intenses. Tout est bon pour 's'éclater' le plus loin possible du conformisme social et de la morale conventionnelle : danse, musique, cinéma fantastique, jeux, moto… Jusqu'à la drogue et même, dans certains cas, le suicide. Leur goût des voyages et de l'exotisme s'exerce autant dans la réalité que dans l'*imaginaire*. Leur *instabilité* les incite à dépenser leur temps et leur argent dans le superflu, bien avant le nécessaire. ____

Mais il y a la vie sociale, à laquelle ils ne peuvent se dérober totalement. Alors les Décalés rusent. Ils font semblant de se fondre dans le système de l'entreprise et de la société, en y consacrant le minimum d'énergie. L'intérim, le travail à temps partiel, l'absentéisme les aident à supporter les contraintes de la vie professionnelle. ____

La vie des Décalés est avant tout solitaire et sans racines. Ils n'ont vraiment ni famille, ni classe, ni patrie. Leur souci permanent est de profiter au maximum de cette société en faillite, tout en s'en éloignant le plus possible. ____

Mais ces Styles de Vie sont peut-être déjà en train d'inventer la société du XXIᵉ siècle. Ils entrent de plain-pied dans l'électronique, l'informatique, ils sont prêts au télé-travail et à la mobilité géographique au niveau planétaire. Ils associent les cultures intellectuelle et sensorielle, du livre et de la bande dessinée, de l'informatique et de la musique.

Les Décalés ont le cœur plutôt à gauche, mais à l'extrême gauche utopiste plutôt qu'au collectivisme bureaucratique. Cependant, ils ne militent plus et se retirent du jeu politique, non inscrits sur les listes électorales ou abstentionnistes, spectateurs ironiques et cyniques de jeux politiques qu'ils jugent stériles. _____

Le courant de Décalage se caractérise par la fuite des énergies. Ces jeunes élites ne participent plus à une société qui ne sait pas les motiver. L'enjeu le plus important des années 90 est sans doute là : les hommes politiques, les patrons sauront-ils réconcilier ces Décalés avec la société et les remettre au travail ; sauront-ils, comme c'est le cas aux États-Unis, en faire une famille innovatrice et productive, en respectant leur mode de double vie ? C'est de la réponse à cette question que dépend en partie l'avenir de la France. _____

Cette mentalité typique des années 80 est née à la fin des années 70 après le grand déclin de l'esprit de mai 68. Ce phénomène restera sans doute limité à une minorité d'individus, mais son impact social sera considérable de par l'importance intellectuelle et culturelle de ses membres. _____

LES SOCIO-STYLES ET LA MENTALITÉ DE DÉCALAGE

Les Profiteurs

Avant-garde - Sensualisme - Permissivité - Luxe - Gadget.
Ils s'intéressent avant tout aux loisirs, aux vacances et à la mode. Sur le plan social, ils sont démotivés et ne croient pas en l'avenir de la société industrielle. Ils cherchent seulement à en tirer profit, sans en subir les contraintes. L'essentiel de leur énergie est consacré à leur épanouissement personnel, par le sport, le voyage ou l'imagination, plutôt que par les activités économiques, professionnelles ou politiques. Leur consommation est ostentatoire, orientée vers le superflu et volontairement provocatrice. Ils appartiennent à la civilisation de l'image, du fantastique et de la science-fiction. _____

Les Dilettantes

Dynamisme - Hédonisme - Individualisme - Technologie - Mobilité.
Leur mode de vie est caractérisé par une grande disponibilité personnelle aux aventures et aux stimulations, et par la recherche constante du plaisir. L'absence de grands projets mobilisateurs dans le domaine politique ou économique les pousse à mettre leur potentiel intellectuel innovateur à leur propre service. Ils donnent la priorité aux consommations d'évasion et de loisir, généralement de haut de gamme, et sont à l'affût de la nouveauté technique. Culturellement, ils sont partagés entre l'intellectualisme de la presse d'opinion et le sensualisme des médias audiovisuels. _____

Les Libertaires

Radicalisme - Cynisme - Imagination - Liberté - Pessimisme.
Solitaires et instables, ils sont à la recherche de leur propre identité par les stimulations culturelles, sans souci d'installation matérielle. Ils rejettent les priorités économiques d'une société dont ils prévoient la décadence irrémédiable et se comportent en spectateurs ironiques de la crise. Ils fuient la réalité sociale pour se consacrer à leur développement personnel. Généralement modestes, ils préfèrent dépenser leur argent pour des biens culturels plutôt que pour une installation 'bourgeoise'. Comme chez les Dilettantes, leurs intérêts se partagent entre l'intellectualisme et le fantastique, entre la presse d'opinion et la bande dessinée. _____

LES ÉGOCENTRÉS : L'AUTODÉFENSE DES ACQUIS

Les Égocentrés sont les derniers-nés de la crise, puisqu'ils ne sont apparus en tant que groupe homogène qu'en 1984. Comme les Décalés, ils sont plutôt jeunes, mais la grande différence avec ces derniers est qu'ils sont souvent moins bien armés qu'eux pour la vie, de par leurs origines sociales plus modestes et leur niveau plus faible de formation : jeunes de formation technique, ouvriers et employés de faible qualification, jeunes chômeurs souvent dans les banlieues des régions industrielles. _____

Leur attitude générale devant la vie se caractérise par le refus de la rigueur générale et de ses implications sur le plan personnel. Leur réflexe est de se replier, d'*attendre que les choses se passent*, tout en se protégeant. ____

Ils sont les plus angoissés par les difficultés économiques. Leur pessimisme général tourne même au catastrophisme lorsqu'il s'agit de l'emploi, compte tenu de leur vulnérabilité particulière dans ce domaine. Cette crainte permanente les rend assez *critiques* à l'égard des autres Français. La tentation est donc de rejeter tous ceux qui, par leur présence ou leurs privilèges, 'prennent leur travail'. Que ce soit à l'intérieur (immigrés, femmes, fonctionnaires, retraités…) ou à l'extérieur du pays (Américains, Soviétiques, émirs et autres, responsables à leurs yeux de la crise), sans parler des machines, des robots et des ordinateurs qui constituent autant de boucs émissaires. La *xénophobie*, le *goût du protectionnisme et de l'ordre* constituent des traits courants chez les Égocentrés. Comme les Matérialistes, ils délèguent le soin de rétablir l'ordre à l'État, qu'ils souhaitent plus fort, autoritaire et dur, et sont de farouches partisans de l'*autodéfense*. _____

Les satisfactions matérielles constituent une revendication primordiale. Le désir profond des Égocentrés est de s'affirmer. Pour eux, la vraie réussite est celle de l'argent, qui permet à la fois de 'frimer' et de s'installer, deux manières d'affirmer leur existence à la face du monde. Sur le plan matériel, ils cherchent à satisfaire un goût certain pour la propriété : une maison bien à soi pourvue de tous les produits en vue de la société de consommation, parmi lesquels les vêtements et surtout l'*automobile* jouent un rôle de premier plan. Leur installation est aussi, dès que possible, *sociale*. Les Égocentrés aiment vivre dans des *clans*, au sein desquels ils prennent du bon temps… et exhibent les attributs de leur réussite. Ils sont de bons vivants, généreux avec leurs amis, aimant boire, manger, danser, faire la fête. _____

Mais, sous cette carapace un peu primaire, sectaire, et sous ce goût prononcé pour l'argent, se cache une âme plutôt romantique. L'attrait des films de guerre et de la science-fiction ne parvient pas à étouffer celui de la presse du cœur et le culte du vedettariat. Le rêve, le merveilleux, le grand spectacle ont leurs faveurs : rêves noirs du 'no future' désespéré ou rêves roses des romans-photos, l'avenir dira ce qui finalement l'emportera chez ces bons vivants inquiets. _____

La mentalité d'Égocentrage est faite de paradoxes : amour de la vie et de la fête et inquiétude agressive ; amitié et convivialité généreuse pour ses amis et racisme xénophobe ; esprit tribal corporatiste et individualisme d'autodéfense égotiste ; esprit revendicatif et antisyndicalisme ; besoin d'un État fort et de l'autorité et esprit frondeur à l'égard des institutions… ces paradoxes sont typiques d'une génération et d'une classe (les jeunes d'origine ouvrière surtout) désorientées par la crise. _____

Les Égocentrés, d'origine populaire, ont souvent une tradition de gauche. Mais ils se reconnaissent de moins en moins dans les institutions politiques, syndicales et sociales. Certains virent même au poujadisme antipoliticien, tentés par l'extrême droite ou à la recherche de nouveaux leaders hors du club des hommes politiques traditionnels. _____

LES SOCIO-STYLES DE LA MENTALITÉ D'ÉGOCENTRAGE

Les Vigiles

Protectionnisme - Autodéfense - Isolationnisme - Ordre - Pouvoir d'achat.
Ils veulent avant tout protéger leur vie privée, leur foyer, leur famille (élargie aux amis) de toute agression extérieure. Très inquiets des menaces que la crise fait peser sur eux,

ils cherchent des boucs émissaires et réclament plus de sévérité envers la délinquance, plus de fermeté envers les étrangers. Ils ont l'ambition d'acquérir par un travail acharné des biens et un pouvoir d'achat élevé. L'aménagement du foyer et l'automobile passent avant les dépenses de loisirs et les vacances. Ce sont plus des émotionnels que des intellectuels. Ils sont peu intéressés par l'actualité sociale et cherchent au contraire à s'en évader dans la fiction sentimentale ou le fait divers. ————————————————

Les Défensifs

Pessimisme - Corporatisme - Fête - Matérialisme - Protectionnisme - Installation.
Leur mode de vie est tout entier tourné vers un rêve d'installation et de confort. Ils compensent l'inaccessibilité actuelle de ce rêve par la fête bruyante ou les sports exhibitionnistes. Leur vision de l'avenir est très pessimiste, voire catastrophiste. Elle engendre la délégation passive de la gestion du pays à l'État et le rejet des 'responsables' de la crise, en particulier les étrangers. Sur le plan économique, leur frustration est permanente, et

ils s'efforcent de la compenser en vivant au-dessus de leurs moyens, en recourant par exemple au crédit. Leur culture est à tendance nihiliste ('no future') ; elle dissimule un besoin profond de romantisme et un côté 'fleur bleue', provisoirement occultés par la crise. ————————————————

Les Frimeurs

Copains - Fête - Dépense - Évasion - Force - Frustration.
Très inquiets des difficultés actuelles, ils recherchent l'évasion par la fête et l'imaginaire au sein d'une bande de copains qui leur tient lieu de famille et de tribu sociale.

Déracinés et sans avenir, frustrés sur le plan économique, ils reportent sur la classe politique la responsabilité de la crise et cherchent à se 'débrouiller' à titre individuel. Ils dépensent la totalité de leur argent en achats ostentatoires, mais rêvent de pouvoir s'installer confortablement. Leur culture, souvent exhibitionniste, et leur culte de la force et de l'ordre traduisent leur déstabilisation face à la crise et à l'évolution sociale. ————

INDEX

REMERCIEMENTS

Ce livre est avant tout le résultat de l'analyse des travaux et des idées des personnes et des organismes les plus qualifiés dans chacun des domaines abordés. Nous sommes donc très reconnaissants à tous ceux qui ont bien voulu être nos interlocuteurs, nous fournir des informations, souvent inédites et nous prodiguer leurs conseils. Nos remerciements s'adressent en particulier à :

- **Bernard CATHELAT,** sociologue, directeur du Centre de communication avancé.
- **François de CLOSETS,** journaliste, écrivain.
- **Hugues de JOUVENEL,** directeur de *Futuribles.*
- **Joël LE BIGOT,** directeur de l'Institut de l'enfant.
- **Michel MAFFESSOLI,** sociologue, professeur à la Sorbonne, directeur du C.E.A.Q.
- **Edgar MORIN,** sociologue, professeur à l'École des hautes études en sciences sociales.
- **Jean-Daniel REYNAUD,** sociologue, professeur au C.N.A.M.
- **Roger SUE,** sociologue.
- **Alain TOURAINE,** sociologue, directeur d'études à l'École des hautes études en sciences sociales.

Nous tenons également à remercier les organismes suivants :

- A.E.S.O.P. (Association pour l'étude des structures de l'opinion publique). **Eric STEMMELEN.**
- Amnesty International. **M. DURAND.**
- C.D.E. (Centre de documentation EUROCOM). **Claude BARRIÈRE.**
- C.D.I.A. (Centre de documentation et d'information de l'assurance). **Chantal HEDAL.**
- C.E.O. (Centre d'études d'opinion). **Isabelle de BROGLIE.**
- C.E.R.C. (Centre d'études et de recherches sur les coûts). **Philippe MADINIER.**
- CEREBE (Centre d'études et de recherches sur le bien-être). **Catherine BIDOU.**
- C.E.S.E.M. (Centre d'études socio-économiques et de management). **Jacques ANTOINE, Anika MICHALOWSKA.**
- C.N.C. (Centre national de la cinématographie) Service de l'information et des études.
- C.N.R.S. (Centre national de la recherche scientifique). **Madeleine ROMER,**

Victor SCARDIGLI.
- COFREMCA. **Gérard DEMUTH.**
- CREDOC (Centre de recherche pour l'étude et l'observation des conditions de vie). **André BABEAU** (1983).
- C.R.E.P. (Centre de recherche sur l'épargne et le patrimoine). **André BABEAU** (1984).
- France-Soir/Ifres. **M. BŒUF.**
- I.N.S.E.E. (Institut national de la statistique et des études économiques). **Alain DESROSIERES, Annie FOUQUET, Philippe L'HARDY, Jean-François MOREAU, Caroline ROY.**
- I.N.S.E.R.M. (Institut national de la santé et de la recherche médicale). **G. PEQUIGNOT, Mlle MOGEOL.**
- Journal *Libération.* **Didier POURQUERY.**
- Ministère des Affaires sociales et de la Solidarité nationale. (SESI). **Danièle LE ROUX, Dominique WALTISPERGER.**
- Ministère du Commerce extérieur et du Tourisme. **Alain LE ROHELLEC.**
- Ministère de la Culture. Service des études et recherches. **Geneviève GENTIL, Martine TAYEB.**
- Ministère de l'Intérieur et de la Décentralisation. **Xavier MAUREL.**
- Ministère de la Justice (Service des études, de la documentation et des statistiques). **Jean-Paul DUPERTUYS.**
- Ministère du Temps libre, de la Jeunesse et des Sports (Bureau des études et de la statistique).
- UNICEF. Comité français, 35, rue Félicien-David, 75781 Paris. Cedex 16.
- Secrétariat d'État auprès du Premier ministre chargé de l'Environnement et de la Qualité de la vie. **Annie COÏC.**

• Coordination	:	Ghislaine DELEAU assistée de Martine LEJEUNE
• Secrétariat d'édition	:	Anne FEFFER
• Correction, révision	:	Bernard DAUPHIN, Annick VALADE
• Maquette	:	Serge LEBRUN, Juan COUSIÑO d'après un projet de Alain BOUDIER et Didier BELLUE
• Iconographie	:	Eric FONTAINE
• Fabrication	:	Claude GUÉRIN

Photocomposition SCIA — La Chapelle d'Armentières.

Imprimerie JOMBART, ÉVREUX. — Dépôt légal Avril 85. — N° de série Éditeur 12665. IMPRIMÉ EN FRANCE *(Printed in France).* — 503001-Avril 1985.

Tous les graphiques ont été réalisés par Pierre DUSSER sur matériel MACINTOSH, grâce à la collaboration de la société APPLE.